黔东南民族职业技术学院志

黔东南民族职业技术学院志编纂委员会　编

方志出版社
Publishing House of Local Records

图书在版编目（CIP）数据

黔东南民族职业技术学院志 / 黔东南民族职业技术学院志编纂委员会编 .—北京：方志出版社，2022.5
ISBN 978-7-5144-5194-8

Ⅰ . ①黔… Ⅱ . ①黔… Ⅲ . ①黔东南民族职业技术学院—校史 Ⅳ . ① G719.287.32

中国版本图书馆 CIP 数据核字（2022）第 187027 号

责任编辑：丛　珺
责任校对：刘玉霞
责任印制：梅中英
出 版 者：方志出版社
地　　址：北京市朝阳区潘家园东里 9 号（国家方志馆 4 层）
邮　　编：100021
网　　址：http://www.zgfzcb.cn
发　　行：方志出版社图书营销中心（010-67110500）
印　　刷：昆明鹰达印刷有限公司
开　　本：889 毫米 ×1194 毫米 1/16
印　　张：33.75
字　　数：1079 千字
版　　次：2022 年 5 月第 1 版
印　　次：2022 年 5 月第 1 次印刷
定　　价：288.00 元

黔东南民族职业技术学院志编纂委员会

顾　问

单洪根　曾纪长　余晓林　王家祥　孙洪祥　周邦豫　王兆石

姚明英　魏永建　罗贤光　秦念皖　郃化彩　文合义　吴才斌

孙克英　傅存平　李兴平

主　任

◆ 2016.05—2020.01

张恩莲　陈文祥

◆ 2020.01—

邱兴萍　杨　玲

副主任

◆ 2016.05—2020.01

潘盛荣　王贵生　曹庆旭　杨　玲　罗春寒　吴文勇

◆ 2020.01—

吴一生　曹庆旭　罗春寒　吴文勇　杨文富

成　员

◆ 2016.05—2020.01

杨昌权　杨文富　王俊杰　吴如金　石开鹏　屈维彪　李　欢

雷建邦　吴　勇　杨天林　石平昌　郑晓峰　陈晓明　周尚智

吴格娥　江　波　张宜坤　龙春平　吴德诚　吴寿峰　潘晓蜀

张兴权　杨胜坤　苏晓红　田景德　胡　松　张永斌　舒选璧

石红卫　李志强　刘书华　闻　芳　邹　波　宋开旭　吴开岑

龙章烈　郑凯平　石向欣　周媛祚　陈治敏　包　羽　莫宇英

刘　静　吴正凯　欧阳克祥

◆ 2020.01—

吴如金　龙　军　杨昌权　杨　群（监察室）　龙昌武　陈再东

张宜坤　郑晓峰　吴　勇　周尚智　石平昌　江　波　龙　勇

苏晓红　李钰强　李树禄　黄显琴　龙章烈　邹　波　石红卫

杨胜坤　舒选璧　杨天林　雷建邦　张永斌　田景德　谢　宏

龙治峰　石向欣　吴寿峰　闻　芳　杨　群（财经系）　吴格娥

吴开岑　宋开旭　郑凯平　吴正凯　潘恒志　蒋友财　朱方来

王　红　刘　静　杨廷彪　陈朝霞　莫　丽　谭继鹏

院党委：邹黔荣　王贵生

党政办：邹黔荣

教务处：吴 勇

学生处：屈维彪

总务处：石平昌

科研处：郑晓峰

计财处：肖　敏　雷建邦

审计科：雷建邦

保卫处：杨天林

医卫系：刘光梓

护理系：张绍敏

财经系：杜富麾

党的建设：邹黔荣

学生组织：刘 静

内设机构：吴如金

人员编制：吴如金

科学研究：郑晓峰

设施建设：石平昌

环境管理：石平昌

财务管理：肖 敏

安全保卫：杨天林

图书档案：吴　宇　邹黔荣

学报网络：苏晓红　杨凯雪

驾驶学校：代 勇

宣传统战部：李立新

纪检监察室：杨 静

机关党总支：王俊杰

临床医学系：罗建平

医药技术系：王 敏

口腔医学系：苏晓红

建筑工程系：全宏旭

学院行政机构：吴如金

技能实训中心：吴寿峰

附属高级中学：龙章烈

精神文明创建：李立新　胡毓璐

校园文化建设：屈维彪

公共教学基础部：董清正

马列主义教研部：刘光梓

生物与环境工程系：田景文

汽车与机电工程系：李民和

旅游与商务管理系：赖建书

国家职业技能鉴定所：李应东

人物名录：《院志》编辑部

附　录：《院志》编辑部

后　记：《院志》编辑部

索　引：《院志》编辑部

序一

六十年办学积淀深厚，半世纪桃李芬芳。

2016年，正值黔东南民族职业技术学院建校60周年之际，学院成立黔东南民族职业技术学院志编纂委员会，拟将学院的历史记之于文字，存史资治，启迪后人。转眼三年，一部满载着黔东南民族职业技术学院60年积淀的著作——《黔东南民族职业技术学院志》即将付梓出版，可喜可贺，使学院发展前有所鉴，后有所稽。

编纂志书，古来被称为善举。有“存史、资治、教化”之功能，亦有师泽怀惠、继承优良、铭记艰辛、展示优异、激励后人、肩负继往开来之重任。

以志为镜，览古照今；以史明理，可昭心智；以理励志，可启后人。《黔东南民族职业技术学院志》（以下简称《院志》）是岁月的眼睛、历史的橱窗，它如实记载学院发展的历史和前进的足迹，感受黔东南高等职业教育律动的脉搏，既是一部创业史，也是一部历史教材。本志以时间为经，用事实作纬，通过上、中、下3篇24个部类全面记载学院跨越岁月的沧桑与变迁，系统叙述学院的建设与发展，客观记述学院的历史和现状，全书详略结合，对积累和保存学院历史文化，研究职业教育现状和学院管理，制定学院未来长远规划提供科学依据；对以史为鉴，兴教育人，有着极为重要的现实意义和深远的历史意义，读来令人鼓舞，催人奋进。

一个甲子，在历史的长河中无疑是短暂的瞬间。然而，却镌刻着一所学校奋进前行的年轮，犹如步入“花甲”之年的践行者，既有拓荒的艰辛，更有成功的喜悦。学院的历史可追溯到1956年创建的黔东南民族农业学校，1958年创建的黔东南州卫生学校，1963年创建的黔东南州财贸学校，1988年建成的黔东南州民族林业学校。2001年，四所中专学校合并组建高等职业技术学院——黔东南民族职业技术学院。回眸60年，身沐风雨，步履坎坷，历尽沧桑。60年的求索，60年的艰难探索旅程；60年的跋涉，留下一滴滴辛勤的汗水，一串串坚实的脚印，一项项骄人的业绩，一份份珍贵的记忆。

一个甲子，在学院的创业征途上是漫长的。对于全体职院人来说，最为宝贵和值得自豪的是在60年的奋斗中形成的职院精神和光荣传统——格物精技、敬业乐群的精神和追求卓越、争创一流的雄心；团结奋发、严谨创新的风尚和优秀人才脱颖而出的环境；坚持教育为社会主义建设服务与生产劳动相结合的德、智、体全面发展的方针以及高度重视思想政治工作和党的自身建设等好传统。黔东南民族职业技术学院的创立，奠定黔东南民族地区高等职业技术教育的里程碑。

编辑《院志》，是一项严谨而细致的工作。因为“志”的素材只能来源于真实的历史记录，几乎无法抄录和摹仿其他同类文本，编者只能踏踏实实、细致入微地查阅、考证每一份档案、资料或证言，科学严谨地收录、加工和编辑所有内容。严谨之缘由，在于恐其不慎密，惧其不周至。

阅读《院志》，方感修撰的重要和艰辛。透过《院志》，学院60年的历史画面一幕幕呈现于眼前。有些事故变迁虽已久远，却仍历历在目；有些事情鲜灵活现，仿佛置身其中。全志的最大亮点就是其客观性和真实性，最大的特色就是其民族性。各承编人员视“修志”为大局，认真核实史实，反复修改文字，精益求精，克服困难，沉身静心，合力攻关，用短短三年时间，完成如此烦琐、沉重的编修工作，精神难能可贵，绩效非同一般，由此也进一步感到编者付出的巨大努力，谨向他们致以谢意。

感悟《院志》，仍能体会“人无完人、事无完美”之真谛。60年的成果固然令人鼓舞，但办学历程中的许多缺憾也令人酸楚，特别是自1956年农校始建至1980年之间的这段历史可查阅的史料无几，笔重而言轻，自在情理之中。在学校的发展历史中，也曾有过一些良好的机遇，因未能恰当把握，与我们擦肩而过，使学院的发展多了几分迂回和曲折，其中的经验教训也值得深思。从这个意义上说，《院志》也不失为一部“警示录”，提醒人们以史为鉴，面向未来，有所作为。

凡事以史为鉴，方兴未尽事业。值此院志修成之际，抚今追昔，百感咸集。诚望学院同仁，再接再厉：以史励志，塑师表精魂，滋兰树蕙，同心同德；为人修身，谱和谐华章，腾蛟起凤，再创辉煌！祝黔东南民族职业技术学院，青春永在；学院大业，永铭金石！

是为序。

中共黔东南民族职业技术学院委员会原书记　张恩莲

中共黔东南民族职业技术学院委员会原副书记、学院原院长　陈文祥

2019年12月

序二

“前事不忘，后事之师。”修志是观今鉴古、继往开来、服务当代、造福子孙的千秋大业，是时代的需要、历史的需要，也是学院发展的需要。

《黔东南民族职业技术学院志》（以下简称《院志》）经过多年努力，终于定稿正式出版，在建院20周年之际与读者见面，这是反映学院办学历史的第一部志书，是值得庆贺的一件大好事。

《院志》以马克思列宁主义、毛泽东思想、邓小平理论、“三个代表”重要思想、科学发展观、习近平新时代中国特色社会主义思想为指导，坚持辩证唯物主义与历史唯物主义的立场、观点和方法，观察、分析、处理问题，观点正确、史料翔实、内容丰富、图文并茂、文笔朴实，确切、客观地记述学院创建与发展的全貌。这对于认识学院、建设学院、发展学院、办好学院以及“存史、资治、教化”都具有重要的历史意义和现实意义。

编写院志是一项极其艰巨、复杂的系统工程。它的出版是与各级领导的重视与关怀，各部门、各系的支持与配合，教职工及校友的关心与爱护分不开的。更凝结着编志人员的辛勤汗水和心血，他们以高度的事业心、责任感、紧迫感和乐于奉献的精神，忘我耕耘，收集、积累大量的资料，一丝不苟、不厌其烦地进行反复考证、核实、鉴别，去伪存真，方予采用；同时按照编写大纲的要求，认真加以组织、筛选、推敲和反复修改，胜利地完成百余万字的志稿撰写任务。

长江后浪推前浪，不尽长江滚滚来。《院志》为学院的过去写下了光辉的一页，这只是历史长河的一个良好开端。衷心希望全院上下同心协力，不忘初心，牢记使命，锐意改革，开拓进取，为创办“民族标杆、全省领先、全国知名”的高职院校谱写更加辉煌的篇章！

中共黔东南民族职业技术学院委员会书记　邱兴萍

中共黔东南民族职业技术学院委员会副书记、学院院长　杨　玲

2022年1月

凡 例

一、本志以马克思列宁主义、毛泽东思想、邓小平理论、“三个代表”重要思想、科学发展观、习近平新时代中国特色社会主义思想为指导，坚持辩证唯物主义和历史唯物主义的立场、观点和方法，坚持全面、系统、真实、客观的志书编纂原则，力求做到思想性、资料性、科学性的有机统一。

二、本志记述上限为1956年，下限止于2015年。图集、大事记、人物部类的内容延至2020年12月。

三、本志采用篇章节目体，述、记、志、传（简介）、图（照）、表、录、索引诸体综合运用，以志为主。数字用法、标点符号、计量单位分别执行国家标准《出版物上数字用法》（GB/T15835—2011）、《标点符号用法》（GB/T15834—2011）、《国际单位制及其应用》（GB3100—1993）和《有关量、单位、符号的一般原则》（GB3101—1993）。

四、全志分上、中、下篇，上篇四校由黔东南民族农业学校、黔东南州卫生学校、黔东南州财贸学校、黔东南州民族林业学校构成，每校1章；中篇学院由党群组织、行政机构、教学机构、教师、学生、教育教学、科学研究、图书档案网络、精神文明建设、后勤保障10章构成；下篇人物由人物简介、职工一览表、校友选录构成。以志为主，横排门类，纵述史实，述而不论。记述事物、事件和人物，寓观点于记述之中。

五、本志对机构名称、组织单位、领导职务等的称谓，首次出现时用全称（可括注简称），其后一般用简称。如：黔东南民族职业技术学院简称“学院”，中国共产党黔东南民族职业技术学院委员会简称“学院党委”，贵州省黔东南民族农业学校简称“黔东南民族农业学校”，黔东南苗族侗族自治州卫生学校简称“黔东南州卫生学校”，黔东南苗族侗族自治州财贸学校简称“黔东南州财贸学校”，黔东南苗族侗族自治州民族林业学校简称“黔东南州民族林业学校”，其他名称类推，以不产生歧义为原则。

六、本志人物简介以学院领导、专家教授、代表委员、先进模范四个部类录入，并按此顺序依次排列。“学院领导”为学院党政领导班子成员；“专家教授”为主任医师、正教授、研究馆员等正高级职称人员；“代表委员”为州级以上党代表、人大代表和政协委员；“先进模范”为获得省部级以上表彰人员，均采取以事系人的记述方法。四个部类有人员交叉重复的按四个部类先后顺序录入，前面部类已录入的，后面部类不再录入。学院领导按职务从高到低和任职先后排列，先排正职后排副职顺序排列，同时任职的按当时任职排位先后顺序排列；专家教授按职称晋升时间先后顺序排列，同时晋升同一职称的按出生年月排列；代表委员按任职高低和任职时间先后顺序排列；先进模范按获得表彰级别高低和获得表彰时间先后顺序排列。专家教授、先进模范、代表委员同时晋升，获得表彰、任职且级别相同的，按出生年月先后顺序排列。

七、本志资料主要来源于黔东南民族职业技术学院的历史档案，以及公开出版的图书和报刊，使用中一般不注明出处；学院内单位和个人提供的文字和图片资料，一经采用，统一列入资料和图片提供人员名单，概不单独署名。

校园风光

黔东南民族职业技术学院景观（2016年　摄）

学院大门（2013年 摄）

学院行政楼（2012年　摄）

学院图书馆（2018年　摄）

校园一角（2016年　摄）

学院运动场（2018年　摄）

学院丹寨万达校区明德楼（2018年　摄）

学院丹寨万达校区明礼楼（2018年　摄）

学院丹寨万达校区体育馆（2018年　摄）

学院丹寨万达校区学生公寓——憬园、恬园、怡园（2018年　摄）

发展变迁

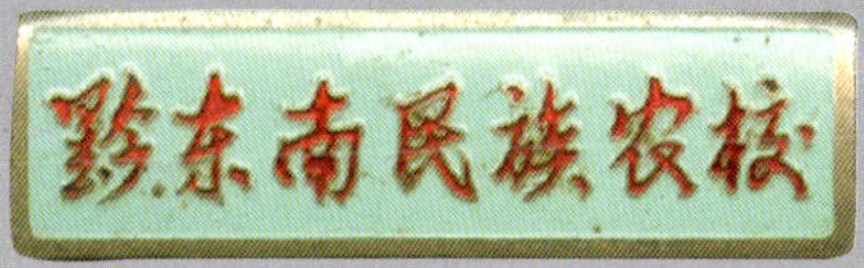

黔东南民族农业学校校徽

黔东南卫生学校校徽

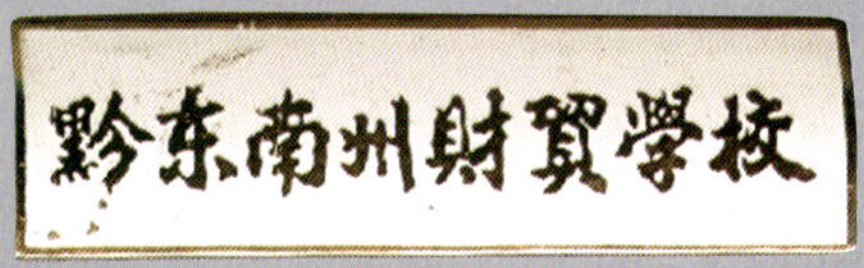

黔东南州财贸学校校徽

黔东南民族林业学校校徽

合并前四校校徽

20世纪90年代，黔东南民族农业学校大门

20世纪90年代，黔东南民族农业学校校园

20世纪90年代，黔东南民族农业学校全景

20世纪80年代，黔东南州卫生学校全景

20世纪90年代，黔东南州卫生学校大门

黔东南州卫生学校全景（2002年　摄）

1987年12月，黔东南州卫生学校新校区开工典礼教职工合影留念

2001年，黔东南州卫生学校获国家级重点中专称号，建“国重亭”以示纪念

20世纪90年代，黔东南州财贸学校全景

20世纪90年代，黔东南州财贸学校大门

20世纪90年代，黔东南州民族林业学校全景

1988年9月10日，黔东南州民族林业学校建校暨开学典礼

1994年9月9日，黔东南州民族林业学校、黔东南州森工技校两校合并留影

2002年5月28日，黔东南民族职业技术学院成立大会

2002年5月28日，黔东南民族职业技术学院成立大会举行授牌仪式

2002年5月28日，黔东南民族职业技术学院成立大会庆典

2002年5月28日，黔东南民族职业技术学院成立大会（生物技术系）

2002年5月28日，黔东南民族职业技术学院成立大会（林学系）

2002年5月28日，黔东南民族职业技术学院成立大会（医卫系）

2002年5月28日，黔东南民族职业技术学院成立大会（财经系）

学院一校区大门（原卫校 2012年　摄）

学院二校区大门（原林校 2012年　摄）

学院三校区大门（原农校 2012年　摄）

学院四校区大门（原财校 2012年　摄）

黔东南民族职业技术学院新校区选址地点概貌（2006年　摄）

2008年12月17日，黔东南民族职业技术学院新校区修建性详细规划评审会现场

学院新校区建设（2009年　摄）

学院新校区建设中（2012年4月　摄）

学院新校区建设中（2012年5月　摄）

学院新校区建成（2012年10月　摄）

学院新校区远眺（2016年　摄）

2012年10月26日，学院新校区启用仪式暨办学10周年纪念大会

2012年10月26日，学院新校区启用仪式暨办学10周年纪念大会会场一角

学院丹寨万达校区大门（2019年　摄）

领导关怀

2002年5月28日，中共黔东南州委书记刘光磊在学院成立大会上讲话

2009年4月，中共黔东南州委副书记韩卉（前排左三），州人民政府副州长刘晓春（前排左五）等领导为学院新校区奠基

2013年9月，卫生部统计信息中心主任孟群（右五）到学院指导工作

2015年9月，黔东南州人民政府州长冯仕文（右二）到学院考察

2016年9月，中共黔东南州委书记李飞跃（右四）一行到学院开展教师节慰问活动

2018年9月，中共黔东南州委书记桑维亮（左二）一行到学院开展教师节慰问活动

2019年9月，黔东南州人民政府州长罗强（前排中）一行到学院指导工作

党群建设

1999年12月，中共黔东南州卫生学校党员大会合影

1999年12月，中共黔东南州民族林业学校党员大会合影

2001年11月，黔东南州卫生学校第12届学生思想政治工作研讨会合影

2004年1月18日，学院召开业余党校成立大会暨第一期党员培训班开学典礼

2008年10月8日，学院召开深入学习实践科学发展观活动专题辅导报告会

2009年6月30日，学院新党员在建党88周年之际进行入党宣誓

2009年9月19日，学院召开学生思想政治教育工作会

2010年12月4日，学院召开竞争性选拔副县级中层领导干部定向民主差额推荐大会

2014年2月28日，学院召开党的群众路线教育实践活动动员部署会

2015年6月27日，中共黔东南民族职业技术学院第一次代表大会代表合影

2019年，学院向锦屏县河口乡文斗（加池）村捐助扶贫资金11万元

2019年9月7日，学院财经系学生龙美君参加中国共产主义青年团贵州省第十四次代表大会

2019年9月10日，学院召开"不忘初心、牢记使命"主题教育部署会

2019年12月10日，“不忘初心、牢记使命”主题教育省委指导组与学院领导、护理系第一党支部党员合影

2020年1月14日，学院党委书记邱兴萍（右四），党委副书记、院长杨玲（左二）等一行慰问学院驻村干部

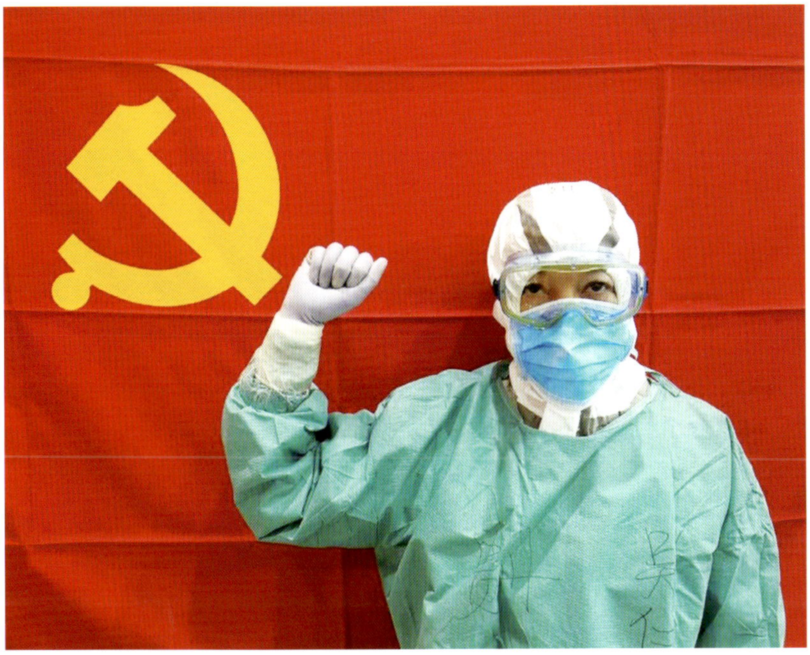

2020年2月，学院2008届护理专业毕业生吴仁桂，参加贵州省第二批援鄂医疗队奔赴湖北武汉

2020年2月，学院2009届护理专业毕业生帅应凤，参加贵州省第二批援鄂医疗队奔赴湖北武汉

2020年4月1日，学院召开新冠肺炎疫情防控工作调度会

2020年6月24日，学院2017级在校生，援鄂抗疫勇士龙旭婷（前排右九）凯旋合影

2020年5月20日，学院第三届第六次教职工代表大会暨第三届第五次工会会员代表大会第一次全体会议代表合影

2020年12月7日，中共黔东南民族职业技术学院党委第二次代表大会代表合影

2020年12月5 日，学院召开样板支部——护理系第一支部创建工作实地考察验收会

教学科研

2003年，全国高等职业教育卫生部规划教材《内科学》定稿会在学院召开

2005年1月，学院临床医学专业评估汇报会现场

2006年10月24日，学院人才培养水平评估汇报会合影

2010年11月，贵州省第一期残疾人义齿加工培训班开班典礼在学院举行

2011年3月30日，学院召开申报口腔医学专业审核工作汇报会

2011年8月，贵州省课程改革专家组到学院作专题报告

2011年11月16日，学院召开迎接省级示范性高等职业院校评选汇报会

2016年10月18日，贵州省卫计委专家组考察评估学院申报医学影像技术专业汇报会召开

2020年9月16日，学院召开2019年度政府履行教育职责督察检查工作汇报会

2020年11月27日，学院召开创建省“双高校”动员大会

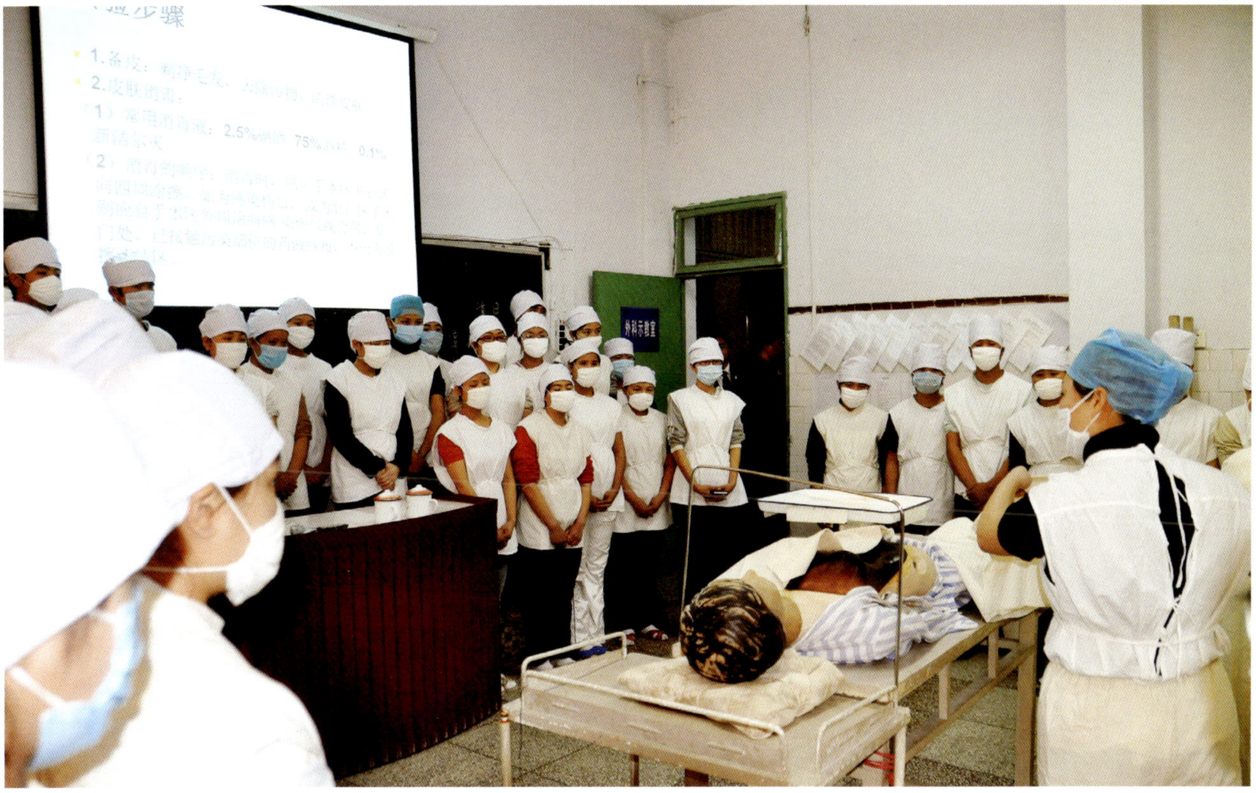

外科实训教学（2011年　摄）

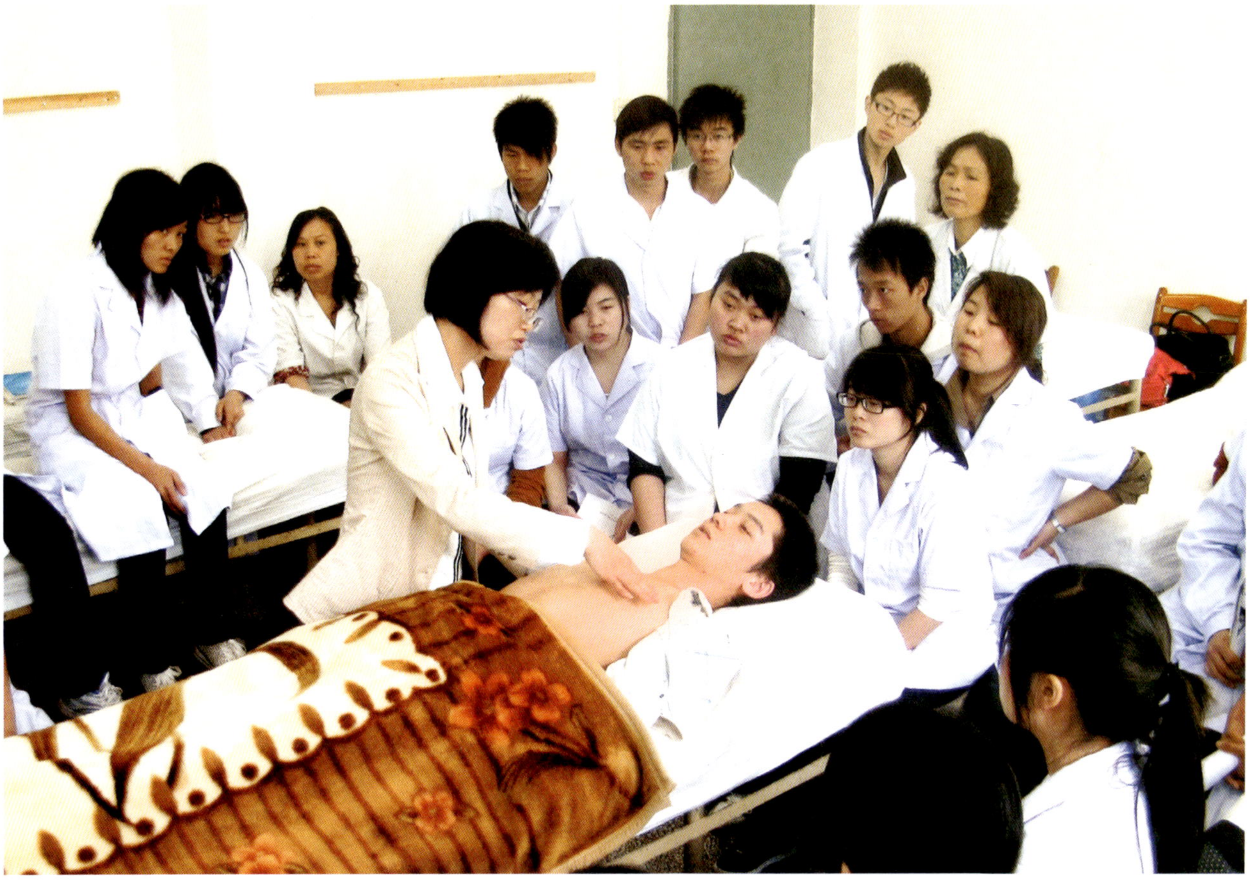

外聘专家讲授内科实训课（2011年　摄）

临床专业实训教学（2011年 摄）

护理专业实训教学（2011年 摄）

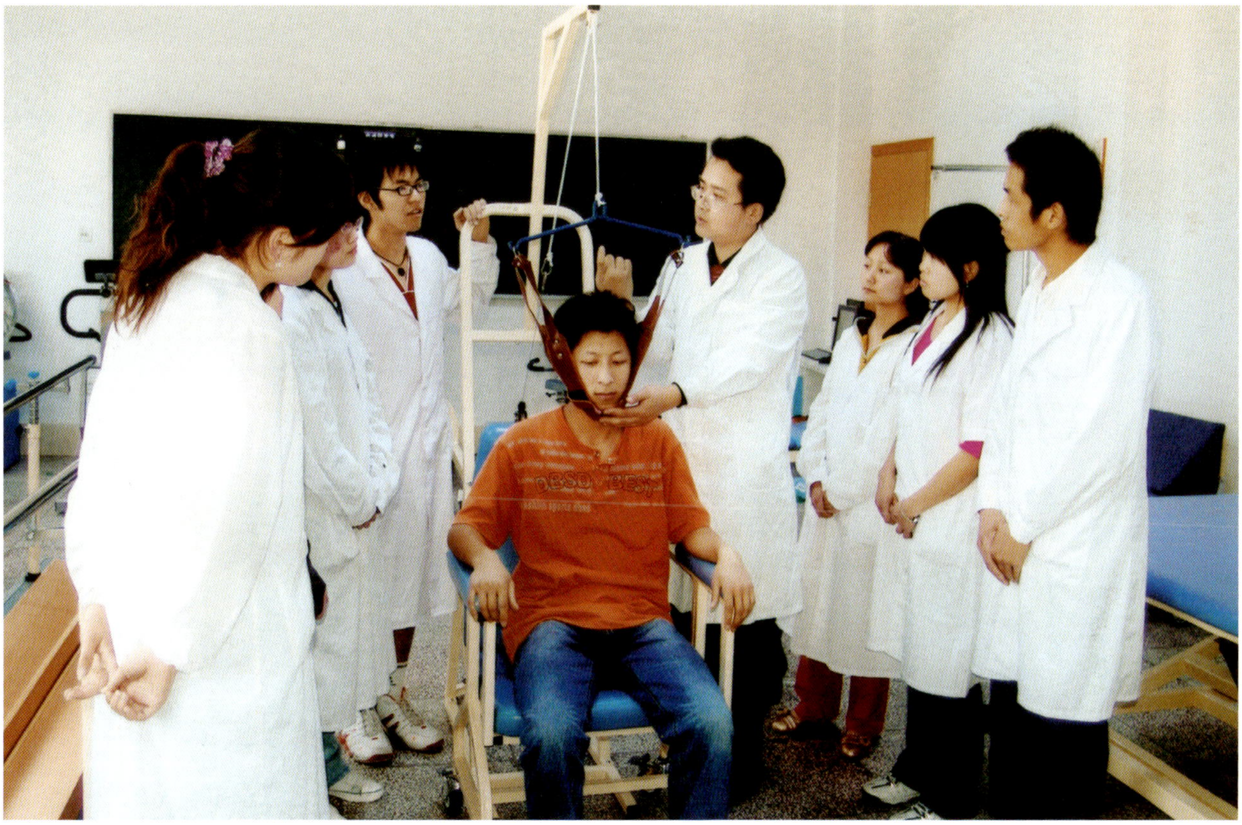

医学康复技术专业实训教学（2009年　摄）

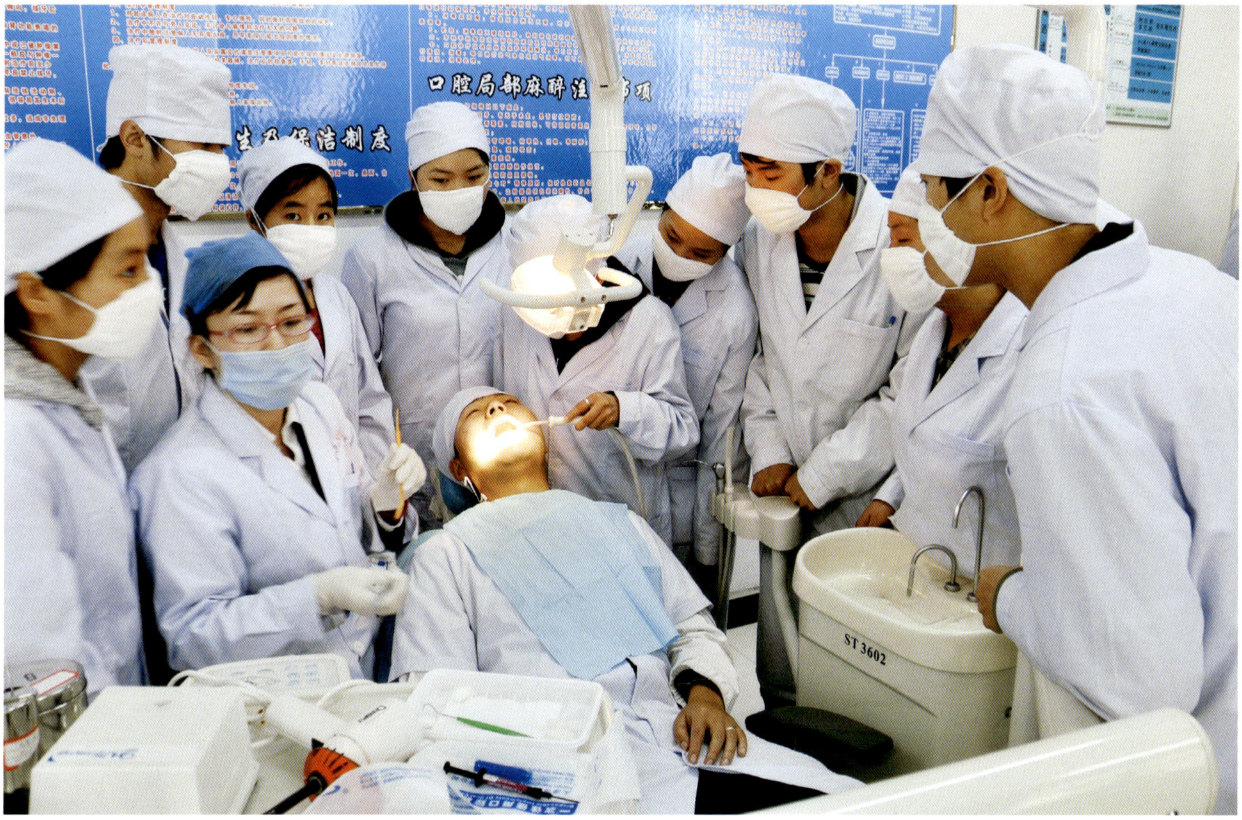

口腔医学专业实训教学（2011年　摄）

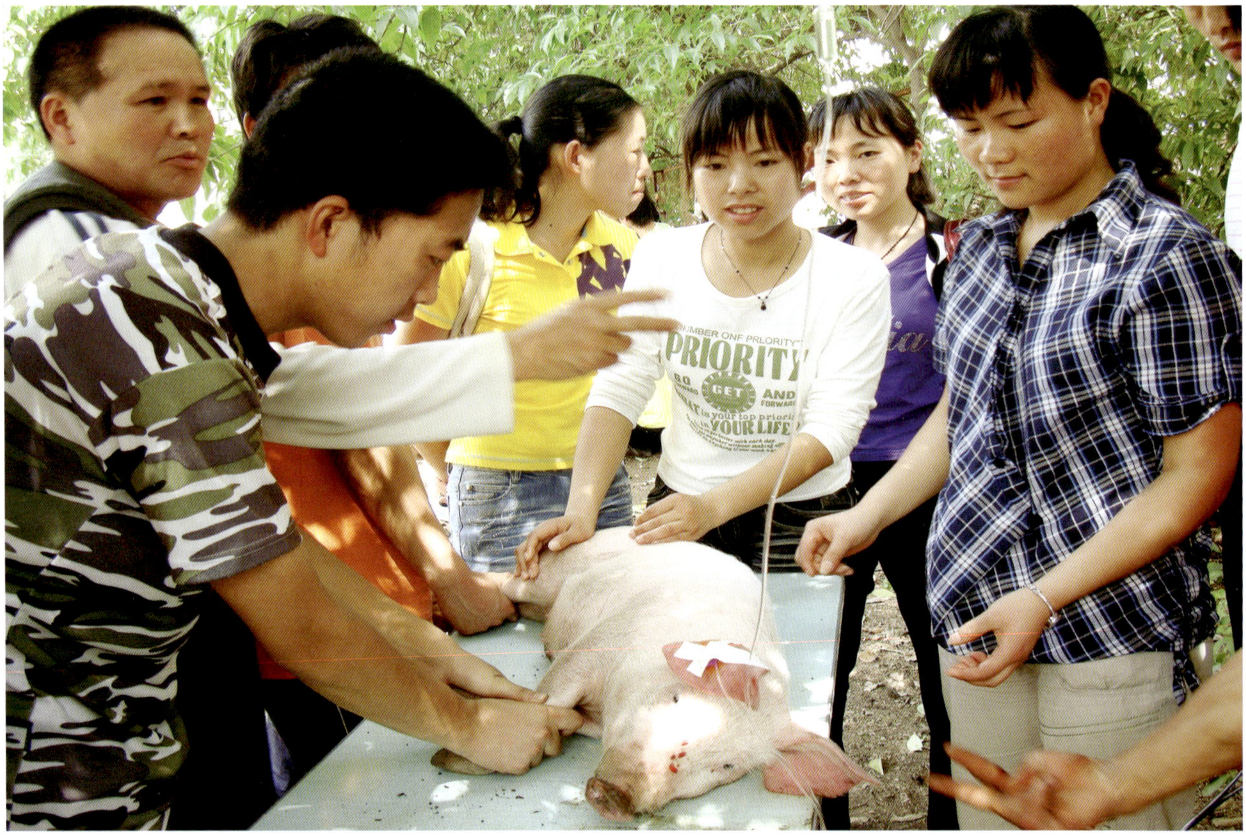

畜牧兽医专业实训教学（2009年　摄）

园林专业实训操作（2010年　摄）

教师李玉琦（右二）指导学生实训（2011年　摄）

汽车检测与维修专业实训操作（2009年　摄）

机电一体化专业实训操作（2009年　摄）

刺绣班学生在刺绣（2016年　摄）

2007年，学院护理系获贵州省“科学出版社杯”职业院校学生护理技能比赛团体二等奖

2009年5月23日，学院选手和带队老师参加贵州省职业院校技能大赛合影

2011年，学院学生参加第二届中国大学生职业规划设计大赛贵州赛区预决赛获奖学生合影

2011年，学院财经系学生参加贵州省会计技能大赛取得优异成绩

2017年11月2日，学院代表队在"中华会计网校杯"第七届校园财会大赛全国总决赛中获特等奖

2015年11月，学院银饰刺绣蜡染产业人才培养成果展合影

2016年9月，学院民族文化专业创新创业团队作品展

2013年，学院第六届大学生职业生涯规划设计大赛参赛选手合影

2015年5月，学院第七届大学生求职简历暨模拟面试大赛获奖学生合影

2016年2月，学院教学暨科技工作大会合影

2016年12月，学院社会科学界联合会成立大会暨第一次代表大会合影

2018年12月，学院科学技术协会成立大会暨第一次代表大会合影

2007年4月，学院组培中心技术人员到麻江下司进行脱毒草莓苗推广咨询服务

2013年6月，学院参加“太子参种源筛选及种源基地建设”项目子课题签约仪式

2016年7月，学院举行“黔东南民族工艺品制作工艺品制作工艺关键技术研究及产业化”启动仪式

2017年8月25日，学院教授吴格娥（左二）在台江县革一镇培训枇杷种植户，并捐送自编教材《枇杷栽培技术图解》

2019年9月3日，学院教授李民（左三）和在实地指导贫困户养蜂

2009年9月，“特有种质贵州禾品种比较及丰产栽培研究”——从江高增乡田间试验测产

学院太子参脱毒苗（2014年　摄）

学院组培中心草莓脱毒苗基地（2015年　摄）

2011年4月，学院“草莓脱毒快繁关键技术研究与应用”——种质资源圃

2010年4月，学院“麻江红蒜良种繁育体系及组培快繁技术研究”——品比试验

交流合作

1993年，德国著名林业专家、教授威德·尔特（前排左二）在时任黔东南州人民政府副州长单洪根的陪同下，视察黔东南州民族林业学校

2003年8月，全国高等卫生职业技术教育协作会第三届代表大会召开

2004年，世界旅游组织首席专家迈克尔·麦克诺蒂与贵州省旅游局领导视察学院

2004年，贵州省高（中）职院（校）外语教研工作会在学院召开

2009年9月，中国科学院院士、博士生导师、研究员杨乐到学院讲学

2009年11月，美国专家（左一）及贵州大学副校长赵德刚（左二）到学院组培中心视察工作

2010年3月18日，学院领导与西江镇党支部书记在雷山西江大学生社会实践基地挂牌时合影

2010年8月，比利时王国驻华大使赖斯（中）考察访问学院

2011年10月18日，学院生物与环境工程系“校企合作建立校中厂”座谈会召开暨“贵通汽车修理厂”成立

2015年8月，黔东南州党政领导向学院“黔东南电子商务人才培训基地”授牌

2015年8月，学院党委委员、副院长杨玲（第一排右六）带队赴新加坡，参加“职业教育产教融合与校企合作模式改革”专题培训并合影

2019年9月，学院学生赴台湾大仁科技大学交流学习

2020年5月11日，学院党政主要领导见证校企合作签约仪式

2020年6月10日，贵州医科大学第二附属医院领导专家一行到学院考察校医合作留影

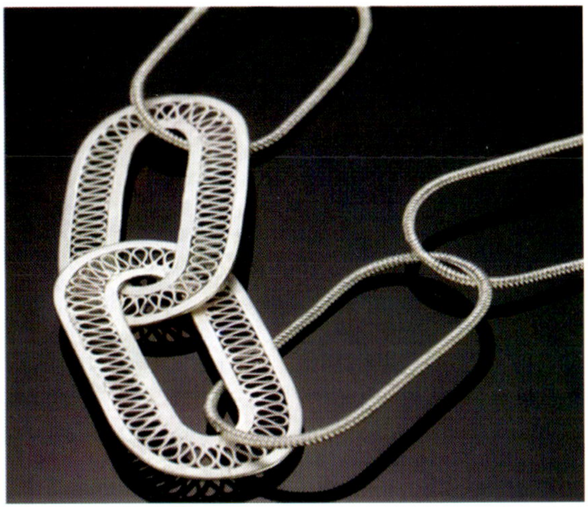

2017年9月3日，学院2016届旅游工艺品设计与制作专业毕业生杨从森参与跨界合作的银饰系列，首次进入荷兰CODA博物馆

2020年7月20日，学院与黔东南州中医医院签约临床技能实训基地揭牌

2020年9月18日，学院与贵州医科大学第二附属医院签订合作协议

校园文化

2003年12月9日，学院首届校园歌手大赛在三校区大礼堂举行

2007年6月14日，学院红十字会参加世界献血日宣传活动

2008年6月23日，学院学生举行禁毒宣誓

2008年11月25日，学院学生参加黔东南州首届教育系统民族文化进校园合唱大赛

2009年9月30日，学院举行师生共庆祝祖国在我心中——新中国60华诞大型文艺晚会

2010年6月27日，学院举办第三届职业生涯规划大赛

2011年1月15日，学院学生参加贵州春晚和百花迎春晚会

2011年4月15日，学院举办2011年"动感地带"科技文化艺术节暨第五届技能竞赛活动月开幕式

2012年10月26日，学院办学十周年庆典大会合唱

学院16级工艺班学生展示制作的作品（2016年　摄）

学院教师向学生介绍传统蜡染工艺（2016年　摄）

2018年学生运动会之田径比赛

2019年3月23日，学院举行“世界节水日”签名活动

2019年5月22日，学院教职工参加登山比赛

2019年9月15日，学院14名在校学生应征入伍欢送仪式合影

学院2019级新生军训汇报表演

历史记忆

黔东南民族农业学校1967级毕业生留影

黔东南民族农业学校1980届（首届）全体团员毕业留影

黔东南民族农业学校1985届（首届）土化专业学生毕业留影

1993年1月，贵州省中专教育学会黔东南分会成立10周年留影

黔东南民族农业学校实习农场一角（1994年 摄）

黔东南民族农业学校柑橘园实习基地（1994年 摄）

黔东南民族农业学校枇杷实习基地（1994年　摄）

黔东南民族农业学校葡萄园和桃园实习基地
（1994年　摄）

黔东南民族农业学校组培园（2001年　摄）

20世纪80年代，黔东南民族农业学校果蔬专业实习基地

黔东南州卫生学校1959届进修班学员毕业留影

1959年10月，黔东南州卫生学校组队参加镇远县庆祝建国十周年运动会获奖留影

黔东南州卫生学校20世纪60年代毕业合影

1966年7月，黔东南州卫校、铜仁卫校劳动实习生留影

黔东南州卫生学校20世纪70年代毕业合影

黔东南州卫生学校20世纪80年代毕业合影

1983年，首届（1981级）口腔医士班全体师生合影

20世纪80年代，黔东南州卫生学校附属医院

1992年，黔东南州卫生学校附属医院在凯里洗马河开办

黔东南州卫生学校附属医院、凯里汽车运输总公司职工医院联办医院大门

1976年8月，黔东南州财贸学校厨师、税务干训班结业合影

1979年9月，黔东南州财贸学校恢复建校后首届毕业生合影

黔东南州财贸学校恢复建校后20世纪70年代毕业合影

黔东南州财贸学校20世纪90年代毕业合影

黔东南州财贸学校每年一届的校内珠算大赛（1998年　摄）

20世纪90年代，黔东南州财贸学校综合教学楼

1988年9月，黔东南州民族林业学校教职工与首届学生合影

1992年，黔东南州民族林业学校首届毕业生合影

1982年7月，黔东南州森工技校首届毕业班合影

1988年6月，黔东南州森工技校第七届毕业合影

1990年9月，黔东南州森工技校10周年校庆合影

黔东南州民族林业学校1998届毕业生师生合影

黔东南州民族林业学校实训基地（1991年　摄）

黔东南州民族林业学校学生进行林棚育苗（1991年　摄）

修志工作

2020年7月8日，《黔东南民族职业技术学院志》终审会参会人员合影

2020年7月8日，《黔东南民族职业技术学院志》终审会场

2020年7月8日，《黔东南民族职业技术学院志》终审会编委合影
（前排左起：杨文富、罗春寒、吴一生、邱兴萍、杨玲、曹庆旭、吴文勇、龙军；
后排左起：吴泰苇、李元星、杨昌权、吴谋高、吴如金）

2020年7月8日，《黔东南民族职业技术学院志》编辑部人员合影
（前排左起：邹黔荣、张恩莲、杨玲、单桢梅、陈琳；
后排左起：吴泰苇、李元星、杨昌权、邱兴萍、吴谋高、吴仕金）

目　录

上　篇　四　校

中 篇 学 院

下　篇　人　物

概　述

一

黔东南民族职业技术学院位于黔东南苗族侗族自治州首府凯里市。2000年6月，州人民政府向省人民政府报送关于合并贵州省黔东南民族农业学校（以下简称“黔东南民族农业学校”）、黔东南苗族侗族自治州卫生学校（以下简称“黔东南州卫生学校”）、黔东南苗族侗族自治州财贸学校（以下简称“黔东南州财贸学校”）、黔东南苗族侗族自治州民族林业学校（以下简称“黔东南州民族林业学校”）创建黔东南民族高等职业技术学院的请示。2001年8月，经教育部备案、贵州省人民政府黔府函〔2001〕423号批复，四校合并组建黔东南民族职业技术学院（以下简称“学院”）。2002年5月28日，学院举行成立大会，原四校设为四系（四个校区），即生物技术系、医卫系、财经系、林学系。2012年8月，学院整体从凯里市区搬迁至凯里经济开发区，结束了分散办学的历史。

1956年12月，黔东南农业合作干部学校创建，1957年3月，学校设农作、会计、畜牧3个专业；1958年，校名更名为凯里农业大学；1959年，凯里农业大学更名为黔东南苗族侗族自治州中等农业技术学校，1961年7月，停办，1963年，恢复，1964年9月，恢复招生；1968年底，学校再次停办，1973年7月，学校恢复招生，更名为贵州省黔东南农业学校，1983年1月，更名为贵州省黔东南民族农业学校，1985年3月，试行校长负责制，1988年，与黔东南州广播电视大学联合办学，开办农业师资大专班。

1958年10月，黔东南第一卫生学校与州人民医院附属护士学校合并组建黔东南州卫生学校，校址位于原镇远师范学校；1958年11月，黔东南州卫生学校成立。12月，开办黔东南州卫生学校附属医院。1961年8月，黔东南州卫生学校附属医院停办。1967年9月23日，成立黔东南州卫生学校革命委员会。1972年9月，恢复中断6年之久的招生。1975年4月，恢复附属医院。1977年12月，黔东南州卫生学校决定招收贵阳医学院黔东南医专班。1981年10月，开设口腔医士专业，这是全省中专卫生学校首设专业，面向全省招生。1984年7月2日，州机构编制委员会办公室批复，黔东南州卫生学校设办公室、教务科、人保科、学生科、总务科、附属医院。1987年12月，黔东南州卫生学校新校舍在凯里破土动工。1988年1月2日，州机构编制委员会办公室核定黔东南州卫生学校人员编制为245人，其中校本部125人，附院120人。1995年10月7日，结束8年搬迁、4年一校两地教学的历史，新老校首次合并举办开学典礼。1998年5月15日，成立黔东南州卫生学校、凯里汽车运输总公司联办医院管理委员会。2000年7月2日，黔东南州卫生学校为省级重点中专学校。2001年3月5日，教育部明确黔东南州卫生学校为国家级重点中专学校。

1958年，黔东南州党政机关从镇远县搬迁凯里市后，州政府筹办黔东南州财经职工培训学校，1963年2月正式建立，校址定在凯里市清水江路凯里面粉厂内。主要进行财贸系统干部培训。1967年初，州财经职工培训学校停办，1972年，州政府提出恢复州财经职工培训学校。1977年11月14日，黔东南州财经职工培训学校更名为黔东南苗族侗族自治州财贸学校，纳入黔东南州事业编制，正县级单位。1982年，黔东南州财贸学校举办全省工商系统在职职工成人班，同时开设工业会计专业。

1986年12月，黔东南州民族林业学校经贵州省人民政府批准筹建。1987年10月，孙洪祥任黔东南州民族林业学校副校长，主持工作。1988年9月，黔东南州民族林业学校正式建立，首批招生90人，实现建校与招生同步进行。1994年7月，经州人民政府批准，黔东南州森工技校并入黔东南州民族林业学校，集中两校人、财、物并调整重组，实行一个机构、两个牌子的管理模式。12月3日，州机构编制委员会办公室批准黔东南州民族林业学校内部机构设置为8个科室。是年，国家第四十三技能鉴定站在黔东南州民族林业学校挂牌成立，主要开展林业行业特有工种职业技能鉴定。

从1956年9月黔东南农业合作干部学校创建至2002年学院成立，黔东南州四所中专学校历经停办、恢复、发展、快速发展过程。“四校”建校之初，有教职工104人，建校舍等设施面积1.99万平方米，馆藏图书一无所有，至2002年学院成立时，有在职教职员工524人，增长4.03倍；有校舍等设施面积8.17万平方米，增长3.1倍；馆藏图书达17.3万册；培养各类人才3.13万人。黔东南州“四校”开办专业覆盖四大行业体系，为黔东南州培养大量农业、医疗卫生、财经、林业专业人才。这些人才逐渐成为四大行业的专业技术骨干，大批毕业生走上州直各单位以及各县市、局、站、所、医院领导岗位。黔东南州“四校”为黔东南经济、社会发展和人才的成长作出积极贡献。

二

自2002年学院成立至2015年，经13年快速发展，学院办学取得新的成就，累计招生数5.17万人，在校生数1.16万人，为社会输送各类毕业生3.24万人，其中高职毕业生2.03万人，中职1.2万人。毕业生“双证率”达100%；初次就业率达98%以上，专业对口就业率达85%以上，用人单位满意率均在90%以上。2010年后，学生在国家技能大赛中获奖34项，在省技能大赛中获奖232项，其中，一等奖38项、省级行业赛特等奖3项。

在专业建设上，突出“医药卫生、民族文化、生态农业”办学重点，重点建设医药卫生、民族文化、生态农业三个专业集群。设有护理系、临床医学系、医药技术系、口腔医学系、财经系、生物与环境工程系等10个教学系，开设高职专业57个，经优化有招生专业38个；有国家重点建设专业5个、国家示范建设专业1个，省级教学团队3个、省级精品资源共享课1门、省级精品在线课程2门、省级精品课程10门。

校园占地面积100.23万平方米，总建筑面积34.55万平方米，总投资6.9亿元；馆藏纸质图书36.57万册，电子图书11.3万册；教学科研仪器设备总值6800万元；建有贵州省第六十二国家职业技能鉴定所、黔东南州会计电算培训中心、黔东南职业考试培训中心、黔东南导游服务中心、校园民族文化技术实践基地、附属口腔医院、汽车检测与维修中心、生态园林绿化公司等校内生产性实训基地和各专业校内实训基地；建有167个稳定的校外实践教学基地，能一次性接纳学生顶岗实习4000余人；拥有州人民医院、州中医院两所三甲医院医学实践教学基地；现有护理、临床医学、口腔医学、药学、基础医学、会计、旅游、建筑工程技术、园林技术等198个专业实训实验室；与154家企业、医院签订实习就业协议。

建院后，地厅级以上科研项目立项115项，其中省部级以上立项项目32项。获地厅级以上科研成果奖43项，出版专著9部，申请专利1项。公开发表论文1254篇，其中中文核心期刊发表论文176篇。出版教材83部，其中校本教材17部；学院植物组织培养中心是贵州省高校唯一获人社部、教育部授予的“全国教育系统先进集体”称号的集体。

成人学历教育有专科、本科专业78个，成人学历教育近7000人，现有在籍学员9937人，三年内毕业学员2650人；开展非遗传承、公务员、事业单位人员、从业资格考试、“阳光工程”“融入工程”等各类社会培训5.3万人以上，职业技能鉴定工种有126个，其中5个为省内唯一开展鉴定的工种，开展鉴定2.6万余人次，获中华全国总工会授予学院“全国职工素质培训示范学校”称号；为产业培育植物组培苗推广辐射面积1333.33万平方米、总产值3亿元以上，与企业共同开发苗侗医药新产品28个、产值近5000万元；驾校开展培训近2万人，获“贵州省文明驾校”荣誉称号。

三

至2020年，学院有在职教职工720人，其中女383人、男337人；汉族206人、少数民族514人；专任教师626人，正高职称教师27人，副高职称教师175人；博士、硕士158人；中共党员681人。高中中专学历11人，大专41人，大学本科以上学历668人。“双师型”教师437人，州管专家3人，客座教授60人，引进人才454人，校外兼职教师135人。其中，省级职教名师5人，省级大师3人，省级教学团队4个。

学院注重从以下方面提高人才队伍能力：培养科技研究开展能力；培养科研攻关能力；培养领导带头能力；培养科研成果转化、推广、包装、宣传的能力。在科研人员培养方式上：以师带徒模式，建立“师带徒”等内部人才培养机制，做好“传、帮、带”等制度建设，利用内部讲课、演示、试验等方式加强对青年人才培育。以“引进来，走出去”模式，每年定期邀请国内知名高校专家到学院授课，汲取外部养分，积极将学院的青年骨干人才送出去，输送到国内外其他大学深造。举办培训班模式，每年定期举办各类培训班，激励技术人员学习深造，将考、学、用紧密结合，考核与考试“双考”结合。与其他高校合作模式，针对学院科研技术人才成长的需要，积极与其他重点院校合作，利用其他高校资源对学院技术人员进行定期培训，采取专业深造、岗位锻炼、理论学习相互结合、整体提高的方式，建立科研技术人才批量成长的培养机制。

对科研人才实行动态管理，根据员工的职业兴趣、职业目标、职业发展阶段和职业生涯等个人特点，有目标、有计划地针对不同类型的员工进行职业咨询、指导、设计等职业生涯规划管理，以不断探索建立人尽其用、人尽其才、人院双赢的职业生涯发展模式。对有上进心、乐于学习、积极进取的新入职大学生进行系统培养，使其逐步成为部门技术骨干、业务骨干；对学院有两年以上工作经验、有进一步培养潜质的普通员工进行针对性培养，使其逐步成长为各职能部门的中坚力量。对能够担当一般和较大项目和课题的负责人、带头人进行压力式培养，促使他们积极带领技术团队展开对重大课题和项目或者项目难点的突破，并能取得实际成绩，有计划、有目标、有控制地指导课题工作开展。

学院成立后，注重科研人才发展保障措施的实施：政策保障，不断制定完善一系列有助于人才发展、成长的政策和措施，制定出台科研奖励办法，制定每年的人才培训计划等；组织保障，每年在全院工作计划中把如何加快人才培养、做好人才工作作为全年的重要工作目标，并在日常工作中将人才引进、培养同全院的长远发展紧密结合在一起进行战略性人力资源规划，制定短期的战术性人力资源规划和中、长期的战略性人力资源规划；引进保障，学院每年从名牌院校引进毕业学生，重点以硕士为主。同时提高薪酬待遇，积极引进能独当一面、具有丰富工作经验的高、精、尖人才；资金保障，学院每年在进行人才培训计划制定的同时制定人才培养资金的预算，以保障培训计划得以顺利实施。同时，在教职工薪酬分配中向有高学历、高职称、职业资格等人群、人才倾斜，鼓励广大员工不断深造，提高理论水平、技能水平和各方面的综合素质。

四

学院秉承“格物精技、敬业乐群”的校训，坚持“学校融入区域发展、专业融入产业发展、教师融入行业发展、学生融入岗位发展”办学理念，深化“产教融合、校企一体、工学结合、师傅带徒”现代学徒人才培养机制，健全“校企合作、校政合作、校校合作”多元一体集团化办学机制，实施质量立校、人才强校、特色兴校发展战略，加强内涵建设，加快转型发展，着力创建国内一流高职院校，更好更多地为区域经济社会发展培养高素质技术技能人才。

学院根据专业建设的基本思路，通过实施省级示范性高等职业院校建设项目计划，构建以园艺技术专业为重点，以农业技术、林业技术、农产品质量监测为支撑的专业群；以药学专业为重点专业，以中药制剂、中药材种植、药品营销为支撑的专业群；以旅游管理专业为重点专业，以酒店管理、导游为支撑的专业群；以会计电算化专业为重点，以市场营销、投资理财为支撑的专业群。全面构建面向市场、特色鲜明、宽窄并存、结构优化的专业体系；紧扣贵州及黔东南区域社会经济建设发展的需要，建立专业建设、改革、调整机制，优化专业内涵；针对区域社会经济发展的要求，灵活调整和设置专业，形成自我约束和自我发展的专业调整机制。强化学院与企业的密切合作，搭建校企深度融合的人才培养平台，落实工学结合人才培养模式改革，形成校企合作的长效机制。

以转变教育观念为先导，以市场需求为导向，以课程体系改革为核心，通过专业教学改革，创新人才培养模式，全面提高教学质量，办出特色，培养适应社会需求的高等应用型技术人才。至2015年，评出院级教学成果奖5个，获省级教学成果三等奖1个。课程建设探索中，突出对学生综合素质和应用能力的培养。学院现有省级精品课程4门，院级精品课程5门，主编和参编各类教材15部，初步形成高职教育特色。

以科研成果促进教学改革。2006年以来，学院连续四年独立承担黔东南州科技局立项的“红蒜组织培养技术研究”“黔东南州番茄品种改良及良繁试验研究”“非洲菊优良品种引种试验及组培技术研究”“黔东南州油茶离体培养及快繁技术研究”等课题；2008年独立承担贵州省教育厅哲学社会科学研究项目“黔东南民族文化产业化研究”“黔东南乡村旅游管理规范研究”“高职院校学生思想道德修养实证研究”；2009年独立承担贵州省农业攻关项目“麻江红蒜良种繁育体系及组织快繁技术研究”，作为主持单位承担教育部全国教育科学“十一五”规划课题“职业技能大赛对职业教育发展的影响力研究”等。

探索构建校企合作、校政合作、校校合作“多元一体”办学机制，推进职业教育集团化发展。学院与省中小企业局、州农委等省州职能部门建立行业技术技能人才培养联席会议机制；与贵州中科汉天下有限公司、贵州大地建设集团、港中旅酒店有限公司建立校企发展共同体，共建学院汽车与机电工程系、建筑工程系、旅游与商务管理系，以实现校企一体化育人、校企共同发展，与州人民医院、贵州互强药业有限公司、贵州丹寨宁航蜡染有限公司等150余家企事业单位建设校外实训基地；与贵州医科大学、苏州工艺美术职业技术学院、杭州职业技术学院等20余家高校开展校校合作，与台湾地区12所高校建立交流合作关系。

2012年起，学院每年按教育部相关规定及时填报教学改革管理情况。平台分为13块，76个数据表，填报数据量高达30余万条。指标分析涉及学院概况、基本办学条件、经费收支、师资队伍、专业与课程建设、校企合作、教学管理、社会评价等。如2015年学院填报内容有：管理机制创新、思想政治教育、教育教学改革、改善办学条件、科学技术工作、就业指导工作、高校章程建设、社会服务工作等。

五

学院基础设施建设规模发展迅速，设施体系更加高效、安全、可靠、绿色、智能、舒适，更好地满足广大师生和学院发展的需要。学院新校区绿树成荫，校园建设将中华文化、苗侗文化、企业文化的精髓融入校园建筑设计、文化设施建设、食堂命名、公寓命名、道路命名之中，精心营造浓郁的人文环境；学院图书馆、大礼堂、教学楼、行政楼、学生公寓、实训场所、大学生活动中心等建筑主体以及道路、草坪、广场、路灯等按实用与艺术的标准来设计，突出学院的职业特色，也是学院精神的升华，体现学院的内涵和品位。

全方位培育和弘扬学院精神，建设高品位的校园文化，塑造优秀的窗口形象，宣传办学成就和办学特色，扩大影响力，提升核心竞争力，增强师生员工的凝聚力、自信心和自豪感。通过广泛征集，凝练升华，形成具有自身特色的校训、校徽。

“格物精技、敬业乐群”的校训是学院师生的价值追求、办学理念和治校精神，历经“厚德笃行，自强不息”到“格物精技、敬业乐群”的凝练。校徽主体为圆形，寓意博大、浩淼，体现学院兼容并蓄、多元文化共存、民主开放的治学精神。

持续开展丰富多彩的校园文化活动，每年的“五四”青年节学院都举办纪念活动，班团支部策划主题活动方案，活动形式有青春感言征集、主题黑板报宣传、主题班会、座谈讨论会、演讲辩论会、诗歌朗诵会、故事讲述、新团员入团暨十八岁成人宣誓仪式、“五四”文艺晚会等主题团日活动。周一升旗仪式制度化，并进行国旗下的讲话。2004年开始，每年秋季举办校园田径运动会。2009年起，新增户外素质拓展运动会项目，至2015年，学院共举办十届校园田径运动会。2009年开始，举办中华经典诵读活动。每年开展“12·9”歌咏比赛、校园十佳歌手比赛和“庆国庆·迎新生”文艺晚会活动。同时，开展丰富多彩的大学生心理健康周、社会服务活动、社会实践活动、学生社团活动等。

学院60年的建设发展，几经周折，如今已日新月异。“四校”建校初，全体师生饱受磨砺，用心血和汗水推进学校前行；20世纪90年代，顺应改革的时代潮流，在校园管理和教研教改上做了积极探索，培养大量的自治州各行各业的基础人才；进入21世纪，“四校”合并成立黔东南民族职业技术学院，翻开崭新的历史篇章。学院坚持以育人为本、德育为先的校园文化建设，使广大师生在道德素质、责任意识、奉献精神等方面有明显增强；获得贵州省文明单位、贵州省特色文化学校、全省高职高专院校思想政治教育工作评估优秀学校、贵州省安全文明校园、全省学校安全稳定综合治理工作先进单位、贵州省安全文化建设示范校园等荣誉。2006年，学院通过全国高职高专人才培养工作水平评估；2007年护理专业被确定为国家重点建设专业；2011年，被列为贵州省示范性高等职业技术院校；2016年，学院获全国首批创新创业典型经验50强高校。学院先后被评为全国教育系统先进集体等；成为国家技能型紧缺人才“护理专业”培养基地、全国第一批卓越医生教育培养计划项目试点高校、首批全国职业院校民族文化传承与创新示范专业点、文化部认定的首批“中国非物质文化遗产传承人群研修研习”培训基地之一；学院大学科技园是目前全省七家省级大学科技园之一，以苗侗银饰刺绣蜡染为主题的“黔粹传人工作室”和以农业为主题的“黔东南培生星创天地”为国家级众创空间，省内高校有3个国家级众创空间，其中学院有2个。

学院人秉承“格物精技、敬业乐群”校训、发扬“厚德载物，自强不息”的精神，一路高歌猛进，开创良好的发展势头，创造辉煌的办学业绩，凝聚起无坚不摧的力量，为国家培养数万名建设者，为黔东南的美丽、富饶、文明和昌盛付出心血，为黔东南经济、社会、教育、卫生、文化发展作出贡献。

大事记

1956年

3月，中共镇远地委拟筹建黔东南农业合作干部学校。

9月，中共黔东南州委抽调吴传雍等10余名干部着手筹建黔东南农业合作干部学校。

12月16日，黔东南农业合作干部学校在凯里城东野狗冲（今北京东路31号）成立。

同日，吴传雍为黔东南农业合作干部学校校长兼党支部书记。

是年，黔东南州委举办黔东南州卫生干部训练班。

1957年

3月，黔东南农业合作干部学校（简称“黔东南农干校”）第一期培训班正式开学。由各县农村工作部输送241名学员，分5个班。设农作、会计、畜牧3个专业，5月底结业，学员回原地工作。同年6月和9月，分别举办第二、三期培训班，学员分别为219人和265人。

5月，黔东南农干校党支部升格为总支部，由校长兼任书记。

是月，黔东南农干校共青团建立总支委员会，吴家发任书记。

1958年

10月，黔东南州卫生学校由黔东南第一卫生学校与州人民医院附属护士学校合并建成，校址在原镇远师范学校。

11月14日，黔东南州卫生学校举行开学典礼，之后该日定为校庆日。

12月，开办黔东南州卫生学校附院，驻镇远城关和平村。设内科、儿科、中医科、理疗、检验；附设门诊部2个；病床50张。

是年，黔东南农干校第一期培训班分为初农班（农业技术初级水平，下同）和高农班（农业技术中专生水平，下同），学员250人；第二期除初农班和高农班的750名学员外，还开办1个30人的大学班（农业技术大学生水平，下同）。

是年，黔东南农业合作干部学校更名为凯里农业大学。

1959年

2月，黔东南州卫生学校组织高年级同学下到天柱、三穗、锦屏、炉山、镇远等县进行扑灭疫情工作，历时1个多月。

6月1日，州委农工部将凯里农业大学更名为黔东南苗族侗族自治州中等农业技术学校。

7月，州委农工部将黔东南苗族侗族自治州中等农业技术学校更名为凯里农业学校。

9月，谭承兴调离，王安生接任黔东南州卫生学校校长。

1960年

1月26日，黔东南州卫生学校师生90余人前往镇远县青溪、中寨及三穗县瓦寨等地区扑灭疫情，3

个班的师生分赴天柱、三穗、镇远、雷山等县扑灭疫情和整顿食堂，历时2个月。

是月，镇远县中寨、青溪两个临时医院集中收治病人1190人。

3月14日，州人委调黄平中学校长朱明海任凯里农业学校副校长，主持学校工作。

9月，黔东南州卫生学校师生走出校门，在杨柳冲办农场，养牛羊和种菜。

是年，凯里农业学校与凯里师范学校、凯里一中联合成立党总支，席普斌任书记。由于3所学校隶属关系不同，不久总支撤销。

是年，州财经职工培训学校招收一批学员，经一年的培训后，分配到州内各商业公司工作。

1961年

7月，凯里农业学校在校生211人全部下放回乡生产，学校停办。副校长朱明海调离农校。

7月，黔东南州卫生学校压缩学生101人，其中省外8人、省内93人，下放医护人员57人充实基层。

8月，黔东南州卫生学校附属医院停办。

1962年

3月，黔东南州卫生学校学生的成绩考核由五分制改为百分制记分法。

是年，新建州农业技术干部训练班（简称“农干班”），利用凯里农业学校培训农业技术干部252人。

1963年

3月16日，黔东南州卫生学校党支部负责人向全校师生作“向雷锋同志学习”的动员报告，掀起“向雷锋同志学习”的热潮。

6月12日，黔东南州卫生学校和镇远县医院订立医教合同，组成医疗教学领导小组，下设16人组成的医疗教学小组。

1964年

6月4日，镇远城关东关失火，黔东南州卫生学校全体师生到现场参加灭火救灾。

是月，黔东南州卫生学校全体师生参加灭火救灾、向灾民捐款捐物活动受到镇远县委赞扬；《健康报》刊发黔东南州卫生学校全体师生灭火救灾、捐款捐物的通讯。

8月28日，教师吴才斌、隆道金带领黔东南州卫生学校护士304班毕业生到黄平县谷陇劳动锻炼半年。

9月，凯里农业学校恢复招生，共招86人，分设作物栽培、土壤肥料两个专业，学制3年。

是年，凯里农业学校隶属州农牧局，州农干班副主任周邦豫主持农校工作。

是年，凯里农业学校建立团总支，周邦豫兼任团总支书记。

是年，贵州省凯里农业学校恢复。

1965年

5月25日，镇远山洪暴发，㵲阳河水猛涨，淹没车站加油站和面粉厂，黔东南州卫生学校全体师生参加抢救。《贵州日报》、贵州省电台和《健康报》分别专稿报道。

9月，凯里农业学校招初中毕业生102人。

11月，黔东南州卫生学校开展向雷锋式革命战士王杰学习活动，举办王杰事迹画展。

是年，农校2个篮球场建设由4个班学生投工投力完成。

1966年

2月8日，黔东南州卫生学校开展“向毛主席的好学生——焦裕禄学习”的活动，举办画展，其中自编自画60张。

6月23日，州“文化大革命”工作组进驻凯里农业学校，宣布全校停课，学校负责人周邦豫停职反省，一切工作由工作组领导。

7月中旬，镇远县委派工作组进驻黔东南州卫生学校，领导学校进行“文化大革命”运动。

是月，凯里农业学校成立“文化大革命”小组，教师林华章为主任，学生唐其发为副主任。

是月，凯里农业学校更名为黔东南东风农业学校。

9月下旬，黔东南州卫生学校师生到韭菜坪开荒种小麦，连续两月每天上山平均200人，种地6.67万余平方米，次年收小麦3000余千克。

1963年至1966年，州财经干校期间，张殿臣任校长，黄金秀任副校长。

1963年至1966年，州财经职工培训学校培训全州各县财贸系统的股长、经理等在职干部4期，约200人。

1967年

是年初，州财经职工培训学校停办，将教职工分流，大部分安排到商业、财税、银行等部门，少数安排到州委党校等单位。

9月23日，成立黔东南州卫生学校革命委员会，李仕才主持工作。

1968年

是年春，黔东南州卫生学校成立革命委员会，学生李军为副主任。

7月，黔东南州革命委员会派出工人阶级宣传队30余人进驻黔东南州卫生学校，主持学校的斗、批、改。

8月，黔东南州卫生学校“文化大革命”前招收的最后一期学生——助产201班、护士207班学生毕业。

12月，黔东南东风农业学校172名在校生分配到全州各县农业部门工作。学校再次停办。

1969年

11月，黔东南州卫生学校教职工学习中发〔1969〕71号文件。“军宣队”到校支左。

1970年

5月26日，经州支左领导小组和州革命委员会批复，黔东南州卫生学校完成校革命委员会“补台”。

10月，为支援湘黔铁路建设，黔东南州卫生学校抽调干部和教师29人到凯里铁路野战医院工作。

1971年

5月，黔东南州卫生学校在台江县施洞设教学点。

11月，施洞教学点正式开学，学员55人。

1972年

9月，黔东南州卫生学校恢复中断6年的招生，100名新生到校，教职工全面投入教学。

11月1日，黔东南州卫生学校成立临时党支部。

是年，凯里农业学校开始实施“农业生物防治”教学与实践。

是年，州政府提出恢复州财经职工培训学校，校址选在凯里市营盘西路州供销社内。

1973年

7月，凯里农业学校更名为贵州省黔东南农业学校（简称“黔东南农校”），学校恢复招生，招收农学专业学生96人，设两个班。

7月至8月，黔东南州卫生学校开展整党建党活动，选出校党支部成员，林乃普任副书记。

8月，黔东南州卫生学校先后从州、县调进11名医生充实教师队伍。

9月，省革命委员会将黔东南农业学校划归黔东南自治州农牧局主管，计划办成在校生规模为480人，设农学、植保、畜牧兽医专业，学制2年。

11月，任命周邦豫为黔东南农校副校长，主持学校工作。

12月1日，共青团黔东南州卫生学校委员会建立，张峰为书记。

是年，州财经职工培训学校根据州政府要求，招收并培训知识青年80余人，经一年培训毕业，学员分配到州级财政、税务、银行、外贸等单位工作。

1974年

2月，黔东南州卫生学校全校师生253人投入所谓“批林批孔”运动。

6月10日，黔东南州卫生学校林乃普一行9人赴湖南省邵阳、常德、衡阳三地区卫生学校学习，历时8天。

6月22日，中共黔东南州委发出《关于恢复州财经职工培训学校的通知》，从各相关部门调配领导干部和教职工17人。

10月，黔东南州卫生学校医士207班、助产202班90人到黎平、榕江、从江三县参加防疫会战。

是年，黔东南农校招收植保专业新生96人。

1975年

4月，黔东南州卫生学校恢复附属医院，设病床50张。

是年中期，黔东南州革命委员会决定成立五七农业大学，将黔东南农校改名为五七大学农业分校。

8月，黔东南州卫生学校工农兵学员4个班177人入学。

9月，黔东南州卫生学校行政办公楼竣工投入使用。

11月，由县、公社推荐，经州科教办统一招收五七农业大学农学班42人，牧医班47人，学制2年，按朝阳农学院的形式办学。

是年，州农业局副局长、五七大学农业分校校长李继红兼任支部书记，副校长周邦豫兼任副书记。

是年，根据州委文件，州财经职工培训学校成立临时党支部，邓功秋任书记，许明畤任副书记。

1976年

3月18日，经改选，州财经职工培训学校党支部由5人组成，邓功秋任支部书记。

10月中旬，传达打倒江青反革命集团的文件，黔东南州卫生学校全校师生投入批判江青反革命集团罪行的活动。

是年冬，黔东南农校教师带领全体学生到海南岛三亚市藤桥公社具体承担杂交水稻育种任务。

1977年

2月，黔东南州卫生学校助产203班、医士211班98人，由张峰带队到从江参加灭疟疾疫情大会战，历时10个月。

是年夏，五七农业大学学生89人全部回乡，没有分配工作。

7月，州委任命潘昌凡为五七农业大学副校长。

是月，工宣队全部撤离黔东南州卫生学校。

10月，农校设农学专业，统一招生136人，学制3年。

11月14日，黔东南州财经职工培训学校更名为黔东南苗族侗族自治州财贸学校，纳入黔东南州事业编制，正县级单位。学校从高溪疗养院搬迁至凯里市洗马河畔环城北路48号，校区占地面积1万平方米，建筑面积8440平方米。

是年，黔东南州财贸学校春季、秋季招收学员名额200名，招生专业为财税、商业、供销、粮食4个专业班级。

1978年

1月，动工修建黔东南州卫生学校教学楼，拟定面积870平方米。

3月，黔东南州卫生学校医专班，护士109、110班新生入学。这是改革招生制度后的第一次新生入学。

4月25日，黔东南州财贸学校共青团总支部委员会建立，潘飞文任书记。

9月，云南省军区蒙自军分区政治部副主任薄秀山转业到黔东南州卫生学校任校长。

是月，州委安排军队转业干部田宏畯任黔东南农校副校长。

是年，黔东南农校统招新生138人，其中农学47人，牧医91人，在校生达274人。

是年，黔东南农校团委建立，梁庄源任专职副书记。

是年，黔东南州财贸学校正式面向社会招生80人，对象为高中毕业生，专业为商业会计，学制2年。

1979年

1月，黔东南农校接收鸭塘原州奶牛场三队的全部房屋、土地及人员，作学校实验农场。

是月，黔东南农校改招农学专业初中毕业生80人，学制3年。

2月26日，黔东南农校党支部成立。副校长潘昌凡兼任党支部书记，副校长周邦豫、田宏畯兼任副书记。

9月，黔东南州卫生学校面向黔东南州首次招收妇幼医士专业学生50人。

11月，黔东南州卫生学校徐蕴等5人参加省卫生厅组成的教学质量检查团，到黔南州、黔东南州和铜仁地区卫校检查教学质量。

1980年

5月13日，黔东南州森林工业技工学校建立，招生建校同步进行，所设专业为木材采运、木材加工综合利用。

9月，黔东南州卫生学校教工宿舍楼竣工，教工40户乔迁新居。

12月6日，周季叔、单洪根任州森工技校副校长。

是年，黔东南州财贸学校修建三层教学楼1栋，每层4个教室，办公室4间。

是年，农校招收初中毕业生117人，其中，农学专业62人，牧医专业55人。

1981年

2月，州委任命田宏畯为黔东南农校校长，兼任党支部书记。

5月13日，欧阳毅任州森工技校党支部书记。

6月5日，河北保定地区卫生学校、保定地区第一医院和黔东南州卫生学校建立协作关系。

9月，黔东南州卫生学校面向黔东南州首次招收口腔医士专业学生30人。

10月13日，黔东南州卫生学校教师评定职称工作开始。

11月13日，黔东南州卫生学校第一届工会建立，主席林乃普。

12月9日，黔东南州卫生学校学生宿舍楼失火，烧毁学生宿舍12间，损失金额4.5万元。

是年，省政府批准，黔东南农校规模为在校生480人，设农学、土壤肥料专业，学制3年。

是年，农校教师姚民英参与完成的“几种主要低产田改良利用”获省科技成果三等奖；参与完成的“黔东南州第二次土壤普查三穗试点”获州科技成果二等奖。

是年，农校改招高中毕业生85人，为农学专业和牧医专业。

1982年

5月，黔东南州卫生学校召开首届职工运动会。

9月，黔东南州卫生学校招收首届民族医士班学生。

9月，黔东南州卫生学校徐蕴一行13人，前往河北省保定市卫生学校参观学习。

10月20日，黔东南州卫生学校王芳勋等16位教师晋升讲师。

11月，黔东南州财贸学校第一次开展职称评定工作。

是年，省农业厅对全省农牧学校的专业设置进行统一调整，确定黔东南农校继续开办农学专业，增设的土肥专业面向黔东南、黔南两自治州和铜仁地区招生。牧医专业停招。

1983年

1月23日，省人民政府批转省农业厅《关于调整我省中专农牧学校名称、规模和专业设置的请示报告》，将黔东南农业学校改名为贵州省黔东南民族农业学校，规模为480人，学制3年，设置农学、土肥2个专业。

是月，潘文政任黔东南州财贸学校副校长。

4月28日，共青团黔东南州财贸学校委员会成立，钟代政任书记、杨瑞良任副书记。

7月5日，由州民委拨款10万元修建的黔东南州卫生学校实验大楼竣工，验收合格交付使用。

是年，黔东南州财贸学校聘请国家工商总局刘杰、省工商局曹武森、州工商局李良平到学校授课和培训。

是年，农校增设职工中专班，招生52人，学制3年。

是年，黔东南中专教育学会在凯里成立，黔东南民族农业学校副校长周邦豫任理事长。

是年，农校组队参加凯里地区中专学校学生篮球运动会，获得男子组第一名。

1984年

3月，李可扬任黔东南民族农业学校副校长。

4月8日，州政府任命刘光坤为黔东南州卫生学校校长，高忠武、欧克群为副校长。

7月2日，黔东南州卫生学校设办公室、教务科、人保科、学生科、总务科和附属医院。

是月，黄洪飞任黔东南民族农业学校校长，徐国苏任副校长；田宏畯任校党支部书记，免去校长职务；副校长周邦豫任调研员。

是月，贵州省农业学校校际会议和校际运动会在黔东南民族农业学校举行。

10月，黔东南州财贸学校工会委员会成立，杨远治、郭守江任副主席。

是年，黔东南州财贸学校领导班子调整，潘文政任党支部书记，梁自齐、冯素德任副校长。

1985年

3月27日，黔东南民族农业学校试行校长负责制，原校长黄洪飞任专职支部书记。

8月中旬，黔东南州卫生学校第一届民族医士301班37人全部毕业，全部回原区乡卫生院工作。

12月20日，黔东南州财贸学校团委会进行换届选举，高清江任书记，龚校军任副书记。

是年，黔东南州财贸学校设中华会计函授学校黔东南函授站，并在黎平、锦屏、三穗、施秉4县设函授点，开办函授中专班。

1986年

3月，黔东南州卫生学校改革对学生助学金的发放方式，采用奖学金与助学金相结合发放的办法。

5月6日，黔东南州卫生学校党支部整党工作结束，历时9个月，参加整党的22名正式党员全部合格。

是月，黔东南州财贸学校党总支委员会成立，下辖6个党支部。

7月26日，州中专教育学会年会在黔东南州卫生学校召开。

9月，黔东南民族农业学校校长黄洪飞、副校长李可扬调离学校，州委组织部任命黄乃锦为副校长主持工作，校办公室主任雷安阳升任副校长。

10月17日，黔东南州卫生学校首次招收在职职工中专班，37名学员入学。

12月3日，黔东南州卫生学校举办“社会主义精神文明建设知识智力竞赛”，民族医士204班队获第一名。

12月8日，贵州省人民政府批准筹建黔东南州民族林业学校。

是年，黔东南民族农业学校不再招高中毕业生，改为招生应届初中毕业生，学制4年；同时试办农村青年不包分配班50人，学制3年。

是年，黔东南民族农业学校教师姚民英被省农业厅、省教育厅评为优秀教师。

1987年

3月，金武才任黔东南民族农业学校校长兼校党支部书记。

9月，黔东南州民族林业学校与州国营林场达成协议，州林场无偿将牛场坝梁上1200平方米土地划拨给黔东南州民族林业学校使用。

10月，孙洪祥任黔东南州民族林业学校副校长，主持工作。

11月4日，州卫生局下发《关于对中共黔东南州卫生学校总支委员会的批复》，由刘光坤等5人组成黔东南州卫生学校总支委员会，刘光坤任总支副书记。

11月28日，黔东南中专教育学会“专业课教学研讨会”在黔东南民族农业学校召开，各校教务副校长和专业课教师代表60人参加会议。

12月，黔东南州卫生学校新校舍在凯里破土动工。

1986年至1987年，黔东南民族农业学校刘业海参加“黔东南土壤普查和土地资源概查”项目工作获贵州省农业厅和土地管理局颁发的科技成果二等奖。

是年，黔东南民族农业学校教师姚民英等完成的“黔东南州土壤硼、锌、钼、硫元素普查及施用技术调查研究”项目获省科技进步二等奖；“利用航卫电判译编制土地利用现状图”项目获省科技进步四等奖。

是年，梁自齐任黔东南州财贸学校校长。

1988年

1月2日，州机构编制委员会办公室核定黔东南州卫生学校人员编制为245人，其中校本部125人，附院120人。

2月，黔东南民族农业学校党支部提名校办主任杨庆龄任校团委书记，由共青团按组织程序办理任职手续。

6月16日，贵州省林业厅、计委下达黔东南州民族林业学校1988年基本建设资金为77万元。

6月24日，中共黔东南州民族林业学校支部建立，孙洪祥任书记，徐国苏、严锦山任委员。

7月16日，州机构编制委员会办公室核定州森工技校编制45人。

8月31日，黔东南州政府任命黔东南州民族林业学校孙洪祥为高级工程师、徐国苏为高级讲师，姚录林为中学高级教师。

9月10日，黔东南州民族林业学校开始招生，首批招生90人。

9月21日，凯里市建设局批准黔东南州民族林业学校占地面积5.67万平方米。

11月9日，全国政协医卫体委员会到黔东南州卫生学校视察。

11月12日，省林业厅黄茂辉、张义昌副厅长等13名专家、教授在副州长姚茂森陪同下对黔东南州民族林业学校进行考察和指导工作。

12月，州委组织部任命曾纪长为黔东南州卫生学校副校长（主持工作）。

是年，黔东南民族农业学校与黔东南州广播电视大学联合办学，开办农业师资大专班，学制3年，招生46人。

是年，黔东南民族农业学校增设园艺专业。

1989年

1月20日，黔东南州卫生学校召开全校教职工大会，传达州委组织部关于刘光坤、欧克群任黔东南州卫生学校党总支书记、副书记，曾纪长、李乾元任副校长的通知。

5月，共青团黔东南民族农业学校第四次代表大会召开，选举杨庆龄任校团委书记，童淑英、廖立新（学生）任副书记。

6月30日，卫生部科教司副司长秦兴华一行8人，到黔东南州卫生学校凯里新校区工地和镇远老校区视察。

9月14日，州教委、计委调整黔东南州民族林业学校招生计划为122人，是年招生122人。

是年，黔东南民族农业学校魏永建被农业部评为全国优秀教师，并获晋升一级工资奖励。

是年，黔东南州财贸学校吴国滔获财政部年度先进教育工作者称号；杨先祥被评为贵州省财政系统先进教师，吴康鑫、郑一鸣被评为先进教育工作者。

是年，黔东南民族农业学校副校长黄乃锦调离学校。

1990年

1月19日，省卫生厅聘请黔东南州卫生学校曾纪长任贵州省中等医学教育研究委员会委员。

2月5日，副省长张玉芹一行6人到黔东南州卫生学校凯里新校区工地视察，副校长曾纪长汇报工作。

是月，黔东南民族农业学校校长兼校党支部书记金武才调离；州农业局局长胡礼仁兼任校长，教务科副科长姚民英升任副校长。

5月18日，州机构编制委员会办公室黔东南州民族林业学校增加人员编制20名，加上学校原有编制53名，至此学校编制达73名。

5月，李江贡、杨昌洲调任黔东南民族农业学校副校长。

7月20日，林业部副部长徐有芳在省林业厅厅长覃绍德、州委书记胡贤生等领导的陪同下到黔东南州民族林业学校视察工作。

7月，卫生部部长陈敏章一行10余人到黔东南州卫生学校凯里新校区工地视察，并题词“教书育人，为黔东南各民族人民的健康卫生事业培养优质人才”。

10月，成立黔东南民族农业学校党总支，副校长杨昌洲任副书记。

11月20日，黔东南州卫生学校首届班主任政治思想工作研讨会在镇远老校召开。参加研讨会的有黔东南州卫生学校领导、中层干部、历任班主任、教师等40余人。

是年，黔东南州财贸学校首次招收自费生。

是年，黔东南州财贸学校综合教学楼动工建设，总投资58.04万元。

1991年

2月，黔东南州卫生学校新校实验大楼竣工，建筑面积5107平方米。

3月18日，黔东南州卫生学校在凯里新校区举行搬迁庆典，省、州、市党政领导和有关负责人，以及黔东南州卫生学校部分师生300余人参加。

5月18日，州森工技校与铜仁地区林业局签订关于开办《黔东南森工技校铜仁技工班》的协议，每年招生50人，学制3年，在校生150人。

5月25日，反映黔东南州卫生学校历史和现状的电视纪录片——《啊！州卫校》拍摄完成。

是月，杨庆龄任黔东南民族农业学校第五届团委书记，杨佐斌任副书记。

6月3日至4日，黔东南中专教育学会“实践教学经验交流会”在农校召开，凯里地区八所中专、师范学校的领导、教务科、学生科及有关教师71人出席会议。

8月3日，黔东南州卫生学校282名师生员工、家属迁入凯里市。

8月，黔东南州民族林业学校完成计划招生120名。

9月10日，黔东南州民族林业学校召开学年度总结表彰大会，对优秀教师、先进教育工作者、先进班主任、学生干部、优秀学生进行表彰。

12月13日，黔东南州卫生学校第二届班主任政治思想工作研讨会在凯里新校区召开。

是年，黔东南民族农业学校接受全国农业中专教育系统办学水平综合条件评估，被评为B等二级合格学校。

是年，黔东南州财贸学校与贵州民族学院合作，以委托培养形式，利用黔东南州财贸学校教学资源，开设经济管理与财会专业教学班，学制2年，大专层次。

1992年

1月，人事部、卫生部授予黔东南州卫生学校曾纪长“全国卫生系统模范工作者”称号。

3月11日，吴凡、吴长青、刘运锋3位同学代表黔东南州民族林业学校参加全州绿化知识竞赛，获得中专、中技组第一名。

3月16日，德国著名林业专家威德·尔特教授到黔东南州民族林业学校访问视察并进行学术座谈。

3月23日，中共黔东南州委任命孙洪祥为黔东南州民族林业学校校长，杨光周、秦念皖、梁志雄为副校长。

3月26日，贵州省林业厅杨铁等3位正副厅长，在州委书记胡贤生、州长姚茂森、州林业局张锦林陪同下到黔东南州民族林业学校视察指导工作。

4月10日，州党干任〔1992〕021号通知，任命曾纪长为黔东南州卫生学校校长，欧克群为副校长。

6月10日，黔东南州民族林业学校党支部委员换届选举，孙洪祥任书记，杨光周、秦念皖、梁志雄、徐国苏任支委。

7月，黔东南州民族林业学校首届毕业生85人，同时完成是年招生人数120名。

7月，全省农牧中专职工运动会在遵义农校举行。黔东南农学专业学生获男子象棋团体第一名、男子乒乓球团体第一名、女子排球第三名。

10月5日，由南京爱德基金会资助开办的黔东南州卫生学校爱德村医班开学，学员50人。基金会张作俭和省、州有关领导22人应邀参加开学典礼。

10月27日，经省教委中专评估领导小组第七专家组徐棣华等6人复评，黔东南州卫生学校办学水平获总分84.1分，B等。

12月17日，黔东南州卫生学校与遵义医学院联合开办临床医学专科班，学员毕业后在州内享受专科待遇。

是年，黔东南民族农业学校姚民英“主要生态环境对柑橘品质影响的调查研究”项目获州科技进步二等奖；刘业海“黔东南主要生态环境对柑橘品质影响的调查研究”项目获州科技进步二等奖；屈维彪被评为全省农业系统先进工作者。

是年，黔东南州财贸学校与黔东南民族农业学校签订协议，黔东南民族农业学校转让洗马河水果批发市场约3333平方米试验田给黔东南州财贸学校建设学生运动场。

9月10日，黔东南州民族林业学校对1991年至1992年度先进集体、先进教师、先进教育工作者、先进班主任进行表彰。

11月28日，共青团中直机关团委扶贫团王正、苏春雨、陈嘉文到黔东南州民族林业学校视察调研。

1993年

5月，黔东南州财贸学校投资25万元修建女生宿舍。

9月10日，香港滋根基金会资助黔东南州卫生学校开办的滋根村医班举行开学典礼。

9月2日，州组干任〔1993〕008号通知，刘光坤任黔东南州卫生学校党总支书记，曾纪长、欧克群任副书记。

9月，遵义医学院黔东南临床医学专科班举行开学典礼，首批学员98人。

9月，黔东南州民族林业学校实行招生改革制度，是年招收林业经济管理专业高中自费生80人，林业实践班80人，毕业生人数117人。

10月，在全国卫生学校第二届学生作文竞赛中，黔东南州卫生学校钟家英的《鼓楼里的故事》获一等奖；刘兰的《凝聚在山崖上的灵魂》获二等奖。

12月27日，在全州第二届大中专、师范、中技文艺会演中，黔东南州民族林业学校获得团体总分第三名。

是年，黔东南民族农业学校增设经济作物专业，招生40人，在校生达518人。

是年，农校在施秉地坝建立校外实习基地，每年统一安排学生到基地毕业实习半年。

1994年

4月27日，黔东南州民族林业学校姚录林、刘焘获高级讲师任职资格。

5月12日，林业部副部长刘于鹤率考察团一行7人视察黔东南州民族林业学校工作。

6月，黔东南州卫生学校党总支获“州直机关先进基层党组织”称号。

7月21日，黔东南州森工技校和黔东南州民族林业学校合并。

8月，州农业局局长胡礼仁不再兼任黔东南民族农业学校校长，由副局长龙定熙（正县级）兼任校长。

9月，黔东南州民族林业学校并校后完成招生计划人数160人，毕业生人数85人。

10月13日，州委书记杨光林到黔东南州民族林业学校视察指导工作。

同日，林业部原副部长蔡廷松等一行到黔东南州民族林业学校视察工作。

11月17日，黔东南州民族林业学校建立临时党总支委员会，孙洪祥任书记，秦念皖、梁志雄、杨光周、周季叔任委员。

11月18日，黔东南州民族林业学校举办并校后首届田径运动会，有24个教学班的130名学生参加本次运动会。

12月10日，中国林科院及直属单位向黔东南州民族林业学校捐赠图书8199册，价值2万余元。

12月12日，经贵州省技工学校教学评估委员会评审，州森工技校被评为二类技工学校。

12月31日，黔东南州民族林业学校内部机构的设置为办公室、教务科、总务科、学生科、保卫科、培训部、工会、团委8个科室。

是年，黔东南民族农业学校屈维彪被农业部评为全国优秀教师，姚民英被省农业厅评为优秀教师，魏永建被省农业厅评为全省农业系统先进工作者。

是年，黔东南州财贸学校修建职工集资建房宿舍20户，建筑面积1300平方米。

是年，黔东南民族农业学校增设农业师资班专业。

1995年

4月12日，黔东南州民族林业学校党支部改选，徐国苏任第一支部书记，王贵生任第二支部书记、吴朝银任第三支部书记，王其佑任第四支部书记。

6月10日，纪念《中共中央关于教育体制改革的决定》发布10周年教育改革经验交流会在黔东南民族农业学校召开，凯里地区各中专、师范学校的领导和教师代表70人出席，省教育厅、州政府、州农牧局、州教委、州科协等单位领导应邀参加会议。

6月22日，全州林业技术工人培训开学典礼在州林校举行，参加培训1100人次。

7月2日，黔东南州卫生学校举行首届遵义医学院黔东南临床医学专科班毕业典礼，首批毕业学生81人。

8月8日，黔东南州民族林业学校杨光华、徐国苏、杨秀微、姚录林获30年教龄称号。

8月10日，贵州省林业厅表彰黔东南州民族林业学校为全省林业行业思想政治工作先进单位。

8月26日，由世界银行卫IV项目投资兴建的黔东南州卫生学校教学大楼竣工，建筑面积2483平方米。

10月7日，黔东南州卫生学校结束8年搬迁、4年一校分两地教学的历史，新老校区首次合并举行开学典礼。

10月18日，国务委员、国家计生委主任彭珮云一行10人，在副省长张玉芹的陪同下到黔东南州卫生学校视察。

是月，省委、省政府授予黔东南民族农业学校“贵州省民族团结进步先进集体”称号。

11月25日，黔东南州民族林业学校杨光华、杨剑华、徐明佩、郑周英获高级讲师职务任职资格。

是年，黔东南民族农业学校胡松、屈维彪、吴正凯等人承担的“吨粮土”栽培模式研究获黔东南州科技进步三等奖。

是年，黔东南州财贸学校申报并开始计算机应用、基建财务会计、财务会计电算化、现代文明与公关4个专业的招生，分批选送教师参加全省电算化培训。

是年，黔东南州财贸学校新建会计模式实验室和微机室。

1996年

1月14日，州党干任〔1996〕7号通知，任命曾纪长为黔东南州卫生学校党总支书记、校长，王兆石为党总支副书记、副校长（正县级），罗贤光为副校长。

1月，黔东南州民族林业学校并校后第一届工会委员会选举产生，刘国琪任主席、赵小玲任副主席。

3月10日，黔东南民族农业学校举行建校40周年庆典活动。参加庆祝大会的有黔东南州、凯里市的党政领导，以及省农业厅、兄弟地区、州、市的代表。州委副书记王正福和副州长单洪根讲话，农校副校长姚民英作题为《桃李满园芳草绿，枝繁叶茂迎春晖》的讲话。

5月，黔东南州民族林业学校技术技能鉴定站贵州省第四十三站建立。

7月23日，州委、州政府授予黔东南州卫生学校“民族团结进步模范单位”称号。

9月18日，贵州农学院到黔东南州民族林业学校举行经济林函授大专班授牌仪式和开学典礼。

9月20日，黔东南州民族林业学校完成秋季招生293人，其中中专招生200人，中技招生93人，是年中专毕业197人，中技毕业292人。

11月，黔东南民族农业学校团委召开第七次代表大会，到会代表89人，选举产生杨佐斌等11人组成新一届委员会，杨佐斌当选书记。

12月31日，经上级组织考核验收，确认黔东南州民族林业学校档案工作已经达到省级档案管理标准，并获达标荣誉证书。

是年，黔东南民族农业学校开办农学专业村干部班（中专），学制3年，招生50人。

是年，黔东南民族农业学校教师姚民英获国务院政府特殊津贴，李阳升获省政府特殊津贴。

1997年

1月25日，中共黔东南州委任命黔东南民族师范高等专科学校副校长陈道明为中共黔东南州财贸学校总支委员会委员、书记。

4月，州委、州政府授予黔东南州卫生学校“市级精神文明单位”称号。

6月7日，全国人大民族事务委员会执法检查组到黔东南州卫生学校进行执法检查。

7月，黔东南州民族林业学校孙洪祥、杨爱群赴云南省思茅林校参加全国林校南方片区第13次协作会议。

8月12日，黔东南州民族林业学校郃化彩、王贵生赴江西井冈山参加全国中专林校思想政治工作研讨会。

10月至11月，黔东南州民族林业学校完成榕江、从江、天柱、锦屏、岑巩、剑河、台江、黎平、丹寨9县12期经济林培训任务。

11月27日，州人民政府任命陈道明为黔东南州财贸学校校长，吴康鑫、杨德敏为副校长。

12月，成立黔东南州财贸学校培训部，对成人教育和社会培训进行统一管理。

是年，黔东南民族农业学校魏永建等人承担的"水稻稻瘟病综合防治及配套技术研究"获州科技进步三等奖。"施秉县推广稻瘟病综合防治技术"获贵州省农业丰收二等奖。

是年，黔东南民族农业学校启动《省内持续农业干部培训》工作，培训对象为全州各县市分管农业的乡镇书记和乡镇长，每期培训时间为3个月。

是年，陈国楠代表农校参加凯里地区中专学校举行的迎接香港回归演讲比赛，获得第一名。

1998年

1月10日，共青团黔东南州民族林业学校委员会进行换届选举，王贵生、李胜儒、闻芳、苏晓红、姚渊、徐林静、肖子英、郃泰当选第四届委员会委员，王贵生任书记，李胜儒任副书记。

1月，共青团黔东南州财贸学校第二次代表大会召开，选举龚校军等7人组成第二届委员会，龚校军任书记。

5月15日，黔东南州卫生学校、凯里汽车运输总公司联办医院成立，杨世维任院长，陈玉琴为副院长。

5月22日，省档案局授予黔东南州卫生学校"档案工作省级先进单位"称号。

7月18日，黔东南州民族林业学校秦念皖、李胜儒赴安徽合肥林校参加南方片区中专林业第14次协作会议。

8月，龙定熙不再兼任黔东南民族农业学校校长；州委组织部任命余晓林为农校校长、党总支书记，胡松、魏永建任副校长。

10月3日，黔东南州卫生学校举行40周年校庆。参加庆典的有国家计委、国家民委、卫生部和省、州、市的领导，州、市有关单位的负责人和历届学生代表等3000余人。

是年，黔东南民族农业学校成立植物组织培养中心，投入项目经费18万元。

是年，黔东南民族农业学校魏永建被教育部授予"全国优秀教师"称号。

是年，共青团黔东南民族农业学校委员会召开第八次代表大会，周彰思当选为新一届团委副书记（主持工作）。

1999年

1月，国家体育总局授予黔东南州卫生学校"98全国全民健身宣传周活动先进单位"称号。

3月，省政府授予黔东南州卫生学校"省级精神文明单位"称号。

3月，黔东南州财贸学校党总支升格为黔东南州财贸学校党委。

4月22日，中共黔东南州卫生学校委员会成立，同时成立纪律检查委员会，设立党委办公室，与校办公室合署办公，实行一个机构、两块牌子。

4月，中共黔东南州委任命陈道明为黔东南州财贸学校党委书记。

8月18日至21日，黔东南州民族林业学校孙洪祥、郃化彩等赴云南昆明参加全国林业技校南方片区第九次协作会。

10月7日，黔东南州民族林业学校出台《关于实施教职工岗位津贴、课时津贴、超课时津贴的暂行办法》《关于实施教职工全员聘任制的暂行条例》《教职工考勤考核奖惩条例》。

是年秋，黔东南州财经职工培训学校挂牌，为正县级单位。

11月，黔东南州民族林业学校王贵生、吴开岑、张兴国、申京娥、郑凯平获高级讲师。

12月3日，选举产生中共黔东南州民族林业学校第一届委员会，孙洪祥、王贵生、秦念皖、郃化彩、杨爱群当选第一届党委委员，孙洪祥当选党委书记，王贵生当选纪委书记。

12月17日，州党干任〔1999〕90号通知，曾纪长任黔东南州卫生学校党委书记，王兆石任纪委书记。

是月，中共黔东南民族农业学校委员会建立，余晓林任书记，胡松任纪委书记，魏永建、屈维彪、杨爱兰为党委委员。

是年，黔东南民族农业学校杨世敏、魏永建、松会武等人承担的“潜叶蝇发生规律及综合防治技术研究”获州科技进步一等奖。

2000年

3月22日至24日，省中等专业学校办学水平评估专家组对省级重点中专办学基本条件和评估指标体系进行评估。黔东南州卫生学校名列全省第五名，通过省部级重点中专办学水平评估。

5月18日，黔东南州卫生学校与贵阳中医学院签订联合办学协议，从2000年秋季起，举办五年制“中西医结合专业”大专班。

5月，黔东南州民族林业学校聘请有关领导和专家组成评估组，评估建议开办园林专业、经济林专业。

6月2日，州委、州政府发出关于合并黔东南民族农业学校、黔东南州卫生学校、黔东南州财贸学校、黔东南州民族林业学校，成立申办黔东南民族高等职业技术学校筹备领导小组的通知。

6月9日，州人民政府向省人民政府报送关于合并黔东南民族农业学校、黔东南州卫生学校、黔东南州财贸学校、黔东南州民族林业学校，创建黔东南民族高等职业技术学院的请示。

6月22日，州府办发出《关于成立合并黔东南民族农业学校、黔东南州卫生学校、黔东南州财贸学校、黔东南州民族林业学校申办黔东南民族高等职业技术学院筹备领导小组办公室的通知》。

6月，黔东南州民族林业学校制定《教育教学改革方案》和实施细则。

7月2日，黔东南州卫生学校经贵州省人民政府批准为省级重点中专学校。

7月10日，州委、州政府作出《关于合并黔东南民族农业学校、黔东南州卫生学校、黔东南州财贸学校、黔东南州民族林业学校申办黔东南民族高等职业技术学院的决定》。

8月，黔东南州财贸学校动工修建学生宿舍，建筑面积4635平方米，投资225万元。

12月，黔东南州民族林业学校赵小玲、厉波、姜云平被评为高级讲师。

2001年

2月1日，国家民委常务副主任牟本理一行在州委书记刘光磊、州长刘晓凯、省政府副秘书长姚亚非等陪同下，到黔东南州卫生学校视察。

3月5日，教育部《关于公布第二批国家级重点中等职业学校名单的通知》，明确黔东南州卫生学校为国家级重点中等职业学校。

4月2日，黔东南州民族林业学校纪委书记王贵生到榕江县任党建扶贫工作队队长，挂任榕江县委副书记。

7月，州人民政府授予黔东南州卫生学校——国家级重点中专“集体三等功”荣誉称号。

8月10日，黔府函〔2001〕423号批复，黔东南民族农业学校、黔东南州卫生学校、黔东南州财贸学校、黔东南州民族林业学校四校合并组建黔东南民族职业技术学院。

11月19日，教育部公布备案的高等职业学院名单有71所，学院被列入其中。

11月2日，省教育厅下达学院各专业招生计划：高级护理50人、口腔工艺50人、医学美容50人、园林50人、园艺50人、财务会计（电算化）50人，学制3年；原黔东南州卫生学校办学点口腔工艺技术50人、美容技术50人、护理50人，学制5年。

12月31日，孙洪祥退休，由校党委委员、副校长部化彩负责主持黔东南州民族林业学校全面工作。

12月，黔东南州民族林业学校正式开办普通中学——东方实验学校。

是年，省精神文明建设指导委员会授予黔东南州卫生学校“1998—2000年度军民共建精神文明先进单位”。

2002年

3月27日，中共黔东南民族职业技术学院委员会（以下简称“学院党委”）成立，曾纪长任党委书记，余晓林、李炳昌任副书记；王贵生任纪委书记。

3月，州人民政府决定：曾纪长任学院院长，余晓林、李炳昌、陈道明任副院长。

是月，团省委授予黔东南州卫生学校贵州省“五四”红旗团委。

5月28日，学院举行成立大会，原四校设为四系，即生物技术系、医卫系、财经系、林学系。州委书记刘光磊在学院成立大会上讲话。

7月，学院成立教务办公室、学生办公室、人事办公室、计财办公室、助学贷款办公室。

10月，学院获全国高等卫生职业技术教育协作会常务理事单位。

2003年

1月1日，州长刘晓凯到学院高科技示范园调研，了解花卉产供销情况。

1月2日，学院决定原农校实习农场的财产移交鸭塘果园山庄管理。

1月7日，学院组织全院师生员工到州大礼堂听取美籍华人、美国坦普尔大学博士周家筑报告会。

1月17日，学院申报成人高等教育文秘与办公自动化、旅游与酒店管理、计算机与信息管理、会计电算化、城市园林设计与管理、高级护理、口腔工艺技术、园林、园艺9个专业获省教育厅批准。

1月24日，学院附属医院挂牌成立，州委、州政府及州级各有关单位的领导参加挂牌仪式。

1月24日，学院成立“黔东南州生态园林绿化工程有限责任公司”。

是月，学院实现四校人、财、物的统一管理。

3月14日，副省长刘鸿庥、省卫生厅厅长何崇远、副厅长杨克勤等在州政府秘书长杨云的陪同下到学院视察。

4月8日，学院植物组织培养研究与开发中心成立。

4月20日至25日，学院组织男女教工代表队参加由州直机关工委、州文明办、州体育局联合举办的“精神文明杯”篮球运动会，获女队第二名、男队第三名。

5月23日，学院医卫系组织开展“百科常识竞赛”活动，全系28个班级组队参赛。

5月，昆明园林专家、教授易林、高级工程师王蕴珍等4人应邀到学院实地考察，与学院签订鸭塘综合实习基地规划设计协议。

6月，黔东南州2003年全国专业技术人员计算机应用能力考试在学院财经系开考。此次考试历时1个月，参考人员总数达1800名，分别来自全州16个县市的行政、企事业单位。

7月2日，省政协副主席马文骏一行到学院视察。

7月7日，学院党委组建生物技术系、医卫系、财经系、林学系、院直属机关5个基层党总支。

8月7日，国家林业局人才开发交流中心主任安丰杰、副主任谢颖一行15人在副州长孙国吉的陪同下到学院视察，并拨款10万元支持林学系办学。

8月17日至20日，由学院主办、贵阳卫校协办的全国高等卫生职业技术教育协作会第三届年会在凯里召开，来自全国各地的158名代表参会。省政协副主席马文骏、州长刘晓凯等领导出席会议。会议由江苏省盐城卫校校长谷汉先和学院院长曾纪长共同主持。

是月，学院获“全国高等卫生职业技术教育协会第三届年会论文征稿活动优秀组织奖”。

9月15日，开办学院汽车驾驶员培训学校。

是月，学院获第六届全国“推广普通话宣传周组织奖”。

10月8日至10日，全国高等职业技术教育卫生部规划教材《内科学》定稿会在学院召开，来自全国各地19名专家、学者参会。

10月10日，学院与香港华夏基金会签订香港华夏基金会援助学院医卫系价值7.5万美元的口腔仪器设备协议。

11月10日，国家发展和改革委员会下达2003年中央预算内专项资金投资计划，学院获200万元教学实验设备项目补助。

11月14日，新疆昌吉州卫校党委书记赵金贵一行4人到学院参观考察。

12月3日，学院被教育部、卫生部列为国家技能型紧缺人才护理专业培养基地。

12月12日，邹黔荣被国家档案局、中央档案馆授予“全国优秀档案工作者”称号。

12月，香港华夏基金会执行总干事吴仲坚到学院指导工作。

2004年

1月18日，学院召开业余党校成立大会暨第一期党员培训班开班典礼。大会由学院党委委员、副院长陈道明主持，学院党委书记、院长曾纪长作报告。州委常委、州委副书记罗亮权出席大会并讲话。

2月，学院被评为“全州档案工作优秀集体”。

3月4日，爱尔兰国家旅游部原部长、欧洲旅游协会主席、世界旅游组织首席专家迈克尔·麦克诺蒂，在省旅游局局长助理、博士马彦琳，州委常委、副州长曾玉平，州旅游局副局长张远卿陪同下视察学院。

3月13日至14日，贵州省高、中职医学药理学院校际会在学院召开，参加会议的有毕节、铜仁、贵阳、遵义4所卫校，省医护校及六盘水职业技术学院的代表。会议由刘书华主持，主要讨论“药理学与职业指导”。

3月19日至20日，贵州省高、中职院校外语教研工作会议在学院召开。出席会议的有贵州省中专外语教研会会长王海山副教授、副会长汪月凤、学会秘书长余达仁及常务理事会成员。学院党委书记、院长曾纪长致欢迎辞。

4月6日至10日，首都铁路卫校党政领导丁会发、许强一行到学院考察，决定挂靠学院招生，发学院文凭，实施两校联合办学。

是月，学院被教育部、卫生部等六部委列为国家技能型紧缺人才“护理专业”培养基地。

是月，学院获凯里地区“五一”职工趣味比赛第一名。

5月25日，贵州省教育厅公布全省中等职业教育首批示范专业（点），学院医药卫生系美容技术与护理及口腔工艺两专业为全省示范专业。

6月22日，贵州省劳动厅教育培训中心与学院签订委托办学协议，培训省属企业的失业人员。

7月2日，学院贵州省第六十二国家职业技能鉴定所成立，同时撤销贵州省第四十三国家职业技能鉴定站和贵州省第七十七国家职业技能鉴定站。

7月22日，学院在凯里市腾龙凯悦酒店会议室举行客座教授聘请仪式，聘请爱尔兰旅游原部长、现欧洲旅游协会主席迈克尔·麦克诺蒂为学院旅游系客座教授。

7月28日，州机构编制委员会办公室批准学院设置副处级党政机构7个，副处级群团组织机构2个，副科级机构9个，人员编制480人。

8月5日，贵州省扶贫办劳动力转移培训示范基地黔东南州教学点授牌仪式在学院举行。学院和州技工学校成为首批贵州省扶贫办劳动力转移培训示范基地黔东南州教学点。

8月1日，州长刘晓凯、副州长曾玉平一行到学院调研。

8月18日，香港中文大学校友会联合教育基金会有限公司，中国教育发展基金会管理委员会主席张召一行到学院参观，并与学院达成意向性协议，香港中文大学师生义务到学院担任外教。

9月6日，学院组织上千名学生参加全州“中小学弘扬和培育民族精神月”活动启动仪式。

10月22日，黔西南州副州长罗国能、黔西南民族职业技术学院党委书记、副院长邵安民一行7人到学院指导工作。

10月22日，学院李炳昌获省级优秀教师称号。

12月20日，省委常委会会议决定组建中共黔东南民族职业技术学院委员会，余晓林任党委委员、书记。

2005年

1月16日，黔东南干任〔2005〕2号通知，曾纪长任学院党委副书记，不再担任学院党委书记职务。

是月，中国高等教育学会、中国教育报、中国教育学会、中国职教学会、教育部老干部协会、中国地区开发促进会授予学院“中国西部教育顾问单位”称号。

3月19日，教育部港澳台办公室主任余彬、香港华夏基金会执行总干事吴仲坚一行到学院考察。

4月14日，黔东南干任〔2005〕60号通知，免去曾纪长学院党委委员、副书记职务。

4月27日，黔东南府任〔2005〕4号通知，免去曾纪长学院院长职务。

5月19日，学院召开预防艾滋病动员大会暨预防知识培训会。培训会上发放宣传资料、播放艾滋病知识光碟，附属医院院长潘晓蜀作艾滋病知识讲座。

6月8日，学院在黔东南州直大中专院校“民族精神代代传”演讲比赛中获组织奖，胡俊梅获个人一等奖、夏良坤获二等奖。

7月4日，学院成立保持共产党员先进性教育活动领导小组，余晓林任组长。

7月14日，学院旅游系主任梁焰在共青团黔东南州委举办的“构建和谐黔东南”青年论坛演讲中获一等奖。

是月，学院制定下发《在职攻读研究生暂行管理规定》。

8月，学院召开“三项学习教育”活动动员大会。院党委书记余晓林作动员讲话，州“三项学习教育”活动领导小组组长杨再新到会作指导。

9月8日，学院植物组织培养中心完成的“多种植物组织培养技术研究”获黔东南州科学技术进步二等奖。

10月23日，学院旅游系举办的第一期“全国导游资格考试培训班”结束。

11月25日，学院召开先进性教育活动集中学习总结暨表彰大会。党委书记余晓林作总结讲话，省委高校督导组组长吴儒辉作指导讲话。大会表彰先进基层党组织5个、优秀共产党员16名、优秀党务工作者4名。

11月，学院医卫系王兆石被教育部等七部委授予全国职业教育先进个人称号。

12月18日，学院召开第一届工会会员代表大会和教职工代表大会，选举产生第一届工会委员会，部化彩任主席。会议通过学院《内部分配制度改革暂行方案》和《定岗定员与竞争上岗工作暂行方案》。

12月23日，贵州省教育厅公布学院医学基础实验室和计算机基础实验室为省级合格。

12月，学院旅游系梁焰获贵州省语言文字工作先进工作者称号。

12月，学院总务处被省教育厅评为贵州省高校后勤社会化管理先进集体，杨绍钦被评为高校后勤先进工作者。

2006年

1月，学院印发《定岗定员与竞争上岗工作暂行方案》和《内部分配制度改革暂行方案》，标志学院内部体制改革全面启动。

3月15日，贵州省公路运输管理局发布2005年度全省驾校教学培训质量检查结果公告，黔东南州名列全省第二名，学院驾校名列黔东南州第一名。

3月15日，学院附属医院与上海爱生医疗器械设备有限公司签订协议，合作开办附属医院。

3月19日，学院团委组织青年志愿者38人，到凯里挂丁开展“送科技下乡”活动。

3月27日，北京铁路卫校党委书记丁会发、校长陈乃和一行到学院进行校际交流。

4月8日，湖南永州职业技术学院党委书记刘平娥、院长卢桂珍一行到学院考察。

4月15日至24日，学院举行第四届学生篮球运动会。医卫系北校区代表队、附属高中代表队、医卫系南校区代表队分别夺得男子组前三名，医卫系北校区代表队、医卫系南校区代表队、信息系代表队分别夺得女子组前三名。

4月28日，学院举行“弘扬‘五四’精神，不负青春年华”纪念五四运动87周年大型文艺晚会。医卫系的民族舞《乡间晚风》、旅游系的侗族琵琶歌《丢久不见常相思》获一等奖。

4月29日，学院与西南大学研究生院联合开办的硕士学位研究生班举行开学典礼。研究生班67名学员，开设教育管理、课程理论两个专业，分别由西南大学教授王德清和博士王牧华主讲。

是月，学院开展教职工捐赠图书活动，至月底捐赠图书4277册。

5月26日，铜仁职业技术学院党委副书记、院长侯长林一行11人到学院考察。

5月27日，六盘水市人民政府副市长向红琼率考察团到学院考察。

6月3日，学院举行“迎接评估综合知识竞赛”活动，有43个班级212名学生代表参加。护理05019班、临床04002班获一等奖。

6月5日，学院举行聘任仪式大会，聘请世界著名数学家、美籍华人、博士周家足为学院名誉院长和特聘教授。

6月10日，学院举行动感地带杯“弘扬长征精神，建设美好贵州”征文演讲决赛。高护05014班的戴瑶获一等奖。

6月16日，学院老龄协会第一次会员代表大会召开，选举许志刚为第一届理事会会长、黄之一为理事会秘书长。

6月25日，教育部财务司巡视员崔邦焱一行对学院助学贷款工作进行调研。

是月，学院举办第二届大学生英语朗诵比赛。

7月17日，黔东南府任〔2006〕14号通知，免去陈道明学院副院长职务。

7月23日，学院组织2200名学生参加黔东南州50周年州庆活动。

8月22日，重庆医科大学附属康复医院院长、教授曹文富、副教授唐成林、重庆富侨保健服务有限公司董事长郭家荣、经理陈吉川一行到学院进行校际交流。

10月20日，州机构编制委员会办公室批复学院设副处级机构12个，正科级机构20个，副科级机构10个，人员编制480人。

10月24日至27日，以教育部评估专家委员会副主任、教授杨应崧为组长的教育部专家评估组对学院“高职高专人才培养工作水平”进行评估，认定学院人才培养工作水平为合格。

11月9日，成立学院教育督导室。

11月15日，学院设立直属机关、临床医学系、护理系、药学系、生物与环境工程系、信息工程系、旅游经济管理系7个党总支。

11月，首届黔东南州“导游之星”大赛，学院代表队夺得团体比赛第一名。

12月12日，黔南职院党委书记申玮、院长胡朝映一行11人到学院考察。

是年，学院“健康评估”被评为省级精品课程。

是年，学院鸭塘实习基地接受香港华夏基金会捐赠价值10万美元的教学仪器设备。

是年，学院制定“十一五”发展规划。

是年，学院获“多彩校园·闪光青春”——全省大学生校园文化活动月活动先进集体。

2007年

1月，学院决定将2007年确定为人才培养工作水平评估“教育教学质量整改提高年”。

3月，学院第一届二次教职工代表大会召开。出席大会的正式代表97名，列席人员13名。大会审议并原则通过《黔东南民族职业技术学院关于竞争上岗与内部分配改革方案的修订实施意见》。

3月8日，学院召开第二轮全员竞聘上岗工作布置会。

3月9日，学院向开发区管委会递交《关于请求划拨新校区土地的请示》及新校区规划方案。

3月17日，学院举行“感动中国2005年度人物、中国十大杰出青年李春燕事迹报告会”。学院领导及师生代表300余人参加。

3月29日，香港华夏基金会执行总干事吴仲坚到学院主持召开“香港华夏基金会成立25周年专题片《爱我中华》”拍摄筹备会议，会议决定，专题片由广东电视台负责拍摄，以学院及受香港华夏基金会资助的学生代表为拍摄对象。

3月，学院关工委、学生处、院团委共同举办“公民道德建设知识竞赛”，科技系代表队夺得第一名。

4月5日，学院团委、学生处、院机关工委共同组织1000余名师生，到凯里金泉湖革命烈士陵园开展以“缅怀先烈丰功伟绩，争当新时代四有新人”为主题的扫墓活动。

4月7日，院团委、院红十字会组织40名志愿者，到凯里市旁海镇开展“送科技下乡”活动。

4月9日，学院被贵州省招生考试中心批准为全国高等学校英语应用能力考试和大学英语四、六级考试考点。

4月27日至29日，在教育部主办的2007年“全国中等职业教育计算机应用技能大赛”贵州区选拔赛中，学院获团体二等奖

是月，学院举行第五届篮球运动会。运动会历时16天，参赛代表队11支。男子组前三名分别由附属高中代表队、信息系代表队、医卫系南校区代表队夺得；女子组前三名分别由医卫系北校区代表队、医卫系南校区代表队、信息系代表队夺得。

5月9日，州长李飞跃主持召开第十二届州人民政府第四次州长办公会，专题研究学院新校区规划建设问题。同意学院整体搬迁至凯里经济开发区教育科研园区。

5月26日，学院举办首届“说课”比赛。潘丽娜等9位教师分别获得一、二、三等奖。

5月27日，州人民政府成立以州长李飞跃为组长，常务副州长李再勇，副州长姜学东、刘晓春为副组长的学院新校区规划建设领导小组。领导小组下设办公室于学院，学院院长兼任办公室主任。

5月3日，宁波职业技术学院对口支援黔东南民族职业技术学院签字仪式在学院举行。宁波市教育局副局长阮志贤、宁波职业技术学院副院长姚汉康和学院党委书记余晓林等人出席签字仪式。

5月3日，学院以“强化专业技能，提高人才培养质量”为主题的“学生技能竞赛月”活动结束。竞赛活动历时20天，参赛选手220人，分别开展计算机基础知识、财务会计操作技能、护理专业技能操作等10个项目的竞赛。吴英燕、王凤仙等72名同学分别获一、二、三等奖。

6月2日，凯里经济开发区为学院下达选址批准书，办理新校区规划用地许可证。

是月，学院获贵州省“科技出版社杯”职业院校学生护理技能比赛二等奖。

是月，学院举办“知荣辱、树新风、促和谐”演讲比赛。

7月20日，黔干任〔2007〕301号通知，余晓林任凯里学院党委委员、纪委书记，免去其学院党委书记、委员职务。

是月，学院制定下发《关于聘任专业技术职务最低学历要求的暂行规定》。

9月29日，州委批复学院用地为100.83万平方米，其中一类用地约31.19万平方米，二类用地约7.02万平方米，三类用地约62.62万平方米。

10月1日，重庆城市管理职业技术学院党委副书记、副院长乐明于，副院长罗小秋等到学院考察。

11月18日，黔东南府任〔2007〕24号通知，陈文祥任学院副院长。

11月23日，铜仁职业技术学院副院长樊黔江一行到学院考察。

11月，华侨城控股股份有限公司“华侨城旅游‘十分爱’黔东南助学计划捐款仪式”在学院举行。李炳昌代表学院接受捐款19万元。

12月5日，学院与黔南职院、铜仁职院在铜仁召开首届校际协作交流会。

12月2日，《新校区修建性详细规划方案》设计开标在黔东南州建设工程交易中心进行，经评审委员会专家反复评审比较，确定贵州省建筑设计研究院为学院设计的《新校区修建性详细规划方案》为中标单位。

2008年

1月4日，学院召开各系各部门负责人会议，征求《新校区修建性详细规划方案》意见。会上，新校区建设办公室介绍详细规划方案在功能分区、道路交通、绿化景观、管网布局、建筑风格等方面的设计情况。

3月，学院获“全州档案工作优秀集体”称号。

4月8日，第十二届州人民政府第20次州长办公会议决定，学院新校区建设资金，由州人民政府融资筹措一次性解决，州财政局搭建融资还贷平台，州凯宏公司具体负责融资到位。

4月9日，学院召开党的基层组织建设年活动动员大会，纪委书记王贵生主持，全院党员200余人参加。会议对学院开展“党的基层组织建设年”活动进行全面的动员和部署。

4月18日，学院与凯里经济开发区管委会联合成立学院新校区建设征地工作领导小组。凯里经济开发区国土分局杨光成局长任组长，新校区建设办公室副主任张永斌、国土分局副局长王鲁刚任副组长。

4月18日至29日，学院举办首届大学生职业生涯规划大赛。

5月26日，学院师生向四川汶川地震灾区捐款2.07万元。

是月，学院参加在贵阳举行的“2008年全国职业院校技能大赛贵州赛区选拔赛”，计算机团体获二等奖2个，汽车单项和团体获总分第四名。

是月，学院获2007年度黔东南州“先进基层团委”称号。

6月6日，副省长刘晓凯到学院新校区规划用地现场调研。

6月20日，黔干任〔2008〕204号通知，王家祥任学院党委委员、书记。

是月，学院参加贵州第三届“多彩校园·闪亮青春”校园文化活动月，获先进集体奖。

7月1日，院党委书记王家祥主持编制《水土保持方案》《环境影响报告表》和《水污染专项治理》项目询价会议。会议决定：《水土保持方案》的编制由贵州华水建设项目管理有限公司承担；《环境影响报告表》与《水污染专项治理》项目的编制由贵州省环科院承担。

7月2日，宁波职业技术学院院长、教授苏志刚一行到学院指导工作。苏志刚首先在学院阶梯教室作《提升教师能力，建设特色高校》学术报告，然后在会议室举行座谈会。

7月3日，学院下发关于调整成立医药卫生类系部的通知。撤销医药卫生系，成立护理系、临床医学系、医药技术系、医学基础部。医学基础部与实训中心合署办公，即两个机构一套管理人员。

7月7日，省政协副主席、依法治省工作领导小组副组长武鸿麟一行6人及州人大常委会副主任、依法治州工作领导小组副组长欧阳武一行5人，就学院“五五”普法规划的贯彻执行情况进行检查指导。

7月9日，院党委书记王家祥主持新校区建设领导小组会议，就编制《发展规划方案》和评审等事宜与贵州省国际投资咨询公司代表商谈。贵州省国际投资咨询公司以15万元人民币承担该项目的编制任务和协助组织完成评审。

是月，2008年度贵州省高等职业教育精品课程评选揭晓，学院信息系杨群老师的“企业财务会计”课程被评为省级精品课程。

是月，学院获贵州省第七届高等教育“省级教学成果奖”。

10月2日，省教育厅下发《关于确定黔东南民族职业技术学院在校生规模的通知》，明确学院全日制普通高职在校生规模定为1万人。

10月6日，学院任命部化彩等69名中层干部。

10月28日，州教育局批准学院全日制中等职业教育在校生规模为2000人。

12月1日，黔东南干任〔2008〕160号通知，潘盛荣为学院党委委员、副书记。

是月，学院举行首届多媒体课件制作比赛。

2009年

1月6日，在以“红歌颂祖国，巾帼展风采”为主题的全州“三八”国际妇女节歌咏比赛决赛中，学院代表队获二等奖。

1月13日，学院召开深入开展学习实践科学发展观活动动员大会，教职工党员、学生党员代表和离退休老党员代表600余人参加。会议宣读学院党委《深入学习实践科学发展观活动工作实施方案》。

1月20日，学院举行深入学习实践科学发展观活动专题辅导，院党委书记王家祥作题为《用科学发展观引领黔东南民族职业技术学院跨越式发展》的报告。

是月，院党委书记王家祥主持召开人事改革专题会议，决定以双向选择为基础，全面推进和深化学院人事制度改革。

2月25日，学院中专部更名为黔东南民族职业技术学院附属中等职业技术学校。

4月15日，学院新校区建设奠基仪式举行。副州长刘晓春主持仪式，州委副书记韩卉讲话，院长代表学院作表态发言，州人大常委会副主任莫章海宣布新校区开工建设。

5月15日，学院举办纪念五四运动90周年“弘扬五四精神，争做四有新人”暨“新团员宣誓仪式”

大型文艺晚会。学院425名新团员参加入团宣誓。

6月17日，根据《中共黔东南州委、黔东南州人民政府关于命名表彰黔东南州州级拔尖人才的决定》，学院李炳昌、刘书华等获“黔东南州级拔尖人才”称号。

8月7日至9日，全国首届护理技能大赛在北京举行，学院护理系戴瑶、谭秋、陈杨、陈燕4名同学参加大赛。学院代表队获得高职团体三等奖，戴瑶获三项全能二等奖，陈杨获昏迷病人鼻饲技术三等奖，谭秋获徒手心肺复苏术优秀奖，陈燕获密闭式静脉输液技术优秀奖。

9月20日至21日，中国科学院资深院士、世界知名数学家、博士生导师杨乐访问学院。杨乐院士为学院作《数学·创新·成才》的专题报告，有1500余名师生聆听。

11月4日，学院与中国海王星辰连锁药店有限公司签署校企合作学生实习就业协议。

11月20日，永州职业技术学院院长李世胜一行到学院考察交流，并签订两院对口支援合作协议书。

11月20日至21日，学院党委书记王家祥率各党总支书记、专业教师一行16人组成的工作队，深入榕江县平江乡当鸠村开展传递温暖、农业科技培训、普法宣传等活动。

12月8日，全国人大常委会委员、贵州省纪委副书记杨桂新等组成的贵州省全国人大代表团一行10人，视察学院新校区建设情况。

是月，制定下发《黔东南民族职业技术学院教师工作量化考核方案（试行）》。

2010年

1月1日，学院第二届第一次教职工代表大会在一校区举行，参加会议的正式代表151人、特邀代表10人、列席人员2人共163人。会议审议通过《2009年行政工作报告》《2009年财务预决算及2010年财务预算报告》。

1月8日，浙江广厦建设职业技术学院与学院在一校区办公楼举行对口支援合作签约仪式。

2月2日，李炳昌《巴拉河流域乡村旅游发展战略研究》一文，获省社科联论文类三等奖。

3月19日，黔东南府任〔2010〕6号通知，杨政宇任学院副院长，免去陈文祥学院副院长职务。

4月6日，州机构编制委员会办公室批复学院党政管理机构由原设5个增设为10个，教学机构由原设6个增设11个，新增教学辅助机构2个，按章程和有关规定设置的机构由原8个增设为10个，副县级职数由原定19名增加为33名，事业编制由原定480名增加为820名。

4月7日，中共贵州省委教育工委副书记方仕平到学院调研。

4月23日至24日，学院全体师生员工在四个校区同时向玉树灾区群众捐款4.79万元。

4月27日至28日，贵州省教育厅高职高专思想政治教育工作评估专家组组长刘雷一行4人，对学院校园环境设施等各方面开展实地考察，并查阅有关材料、召开各类座谈会、开展学生问卷调查，对学院的思想政治教育工作进行全面检查评估。

4月4日，学院举办首届“大学生经典诵读”竞赛活动。大赛于4月24日落下帷幕，一等奖为旅游经济管理系A队；二等奖为生物与环境工程系B队、护理系B队、医药技术系A队；三等奖为信息工程系B队、生物与环境工程系A队、护理系C队、临床医学系C队、护理系A队。

5月24日至28日，学院党委书记王家祥带领各系党总支书记、党建思政职能部门负责人、辅导员23人，前往湖南永州职业技术学院、湖南怀化医学高等专科学校、黔南医学高等专科学校，开展党建与思想政治教育校际交流调研活动。

5月29日，北京赢冠义齿有限责任公司总经理郭大鹏一行在贵州省残疾人联合会和黔东南州残疾人联合会有关负责人的陪同下到学院洽谈校企合作。

6月15日，贵州省第二届大学生运动会乒乓球比赛在贵州大学落下帷幕。学院取得丙组女子团体第一名、男子团体第四名、女双第一名、混双第三名、男双第二名的成绩。

7月，学院党委被黔东南州委命名为2010年州级“五好”基层党组织。

9月2日，黔东南府任〔2010〕25号通知，姜达峻任学院副院长。

9月12日，贵州省第一期残疾人义齿加工培训班在学院正式开班。首期培训30名听力和言语残疾人来自全省9个市州地，培训时间为6个月，由省残联免费培训。开班仪式由州残联理事长朱建华主持。

9月27日，来自秘鲁、玻利维亚、厄瓜多尔、哥伦比亚、哥斯达黎加、墨西哥、委内瑞拉、乌拉圭、智利等拉美地区9个国家的官员专家团29人，在北京大学政府管理交流中心于海峰、张乐平等陪同下到学院考察交流。

11月5日，黔东南干任〔2010〕271号通知，免去李炳昌学院党委副书记、委员职务。

12月2日，学院召开行动导向教学全面推行动员暨教学表彰大会，纪委书记王贵生主持并宣读《关于课程教学质量测评优秀奖表彰的决定》。

是年，学院“财务报表分析”课程被评为2010年度省级精品课程，护理教学团队被评为2010年度省级教学团队。

是年，学院被评为“全省高职高专院校思想政治教育工作优秀单位”。

是年，学院制定下发《专业技术职务聘任暂行规定》。

是年，学院“我健康·我快乐”获贵州省大学生校园文化活动月优秀大学生心理健康教育主题活动三等奖。

2011年

1月1日，学院召开2010年招生就业工作总结会，对2010年就业工作先进集体进行表彰。学院党委委员、纪委书记王贵生与6个教学系部签订2011年就业工作目标责任状。

3月4日，黔东南府任〔2011〕9号通知，曹庆旭任学院副院长。

3月29日至30日，教育部、卫生部领导和专家一行5人，对学院申报口腔医学专业进行审核。

4月10日，学院第一次学生代表大会召开。6个代表团的178名代表参加。大会选举郭登喜为学院第一届学生会主席。通过《黔东南民族职业技术学院学生会章程》。

4月15日，学院2011年“动感地带”科技文化艺术节暨第五届技能竞赛活动月开幕式在一校区篮球场举行。

4月16日，学院第二届二次教职工代表大会在一校区阶梯教室召开。出席大会的正式代表150名，特邀代表12名，列席人员2名。大会审议通过《黔东南民族职业技术学院2010年度工作报告和“十二五”建设与发展规划》，审议通过《黔东南民族职业技术学院第二届第二次教职工代表大会决议（草案）》。

5月18日，湖南永州职业技术学院党委书记刘子秀一行6人到学院考察交流。

5月19日，学院召开“五先进一满意”深化创先争优活动动员大会，全院在职职工党员和30名学生党员代表参加，会议对“争创教学先进岗”“科研先进岗”“管理先进岗”“服务先进岗”“学习先进岗”“办人民满意大学”深化创先争优活动进行安排部署。

5月22日，学院举办庆祝建党90周年“学党史”知识竞赛。

5月，学院申办口腔医学专业（医学类3年制专科）通过教育部和卫生部审核合格，2011年开始招生。

6月1日，省教育厅厅长霍健康一行在副州长刘晓春等人的陪同下，对学院的办学环境、校园设施等进行考察。

是月，学院参加由省教育厅、省委教育工委、省文明办、团省委组织的第六届“多彩校园·闪亮青春”全省大学生校园文化活动月。“倾情触摸学生心灵世界，着力提升学生人文素质”项目获“高校优秀校园文化成果三等奖”，杨露撰写的《在党旗下成长》获在党旗下成长大学生征文比赛三等奖。

是月，在由全国老龄办、民政部、教育部、国家广电总局、共青团中央、全国妇联、中国关工委联合举办的2010年度“全国敬老爱老助老主题教育活动”中，学院教师董薇被全国敬老爱老助老主题教育活动组委会授予“全国孝亲敬老之星”称号。

10月25日，由黔东南州文明办、黔东南州公安局、黔东南州教育局共同主办的贵州省2011高校“文明交通行动计划”主题辩论赛黔东南赛区决赛暨黔东南州首届电视高校大学生辩论赛，学院获团体第二名。

10月，学院举办晨曦文学社第二届“晨曦之星”书法、绘画大赛。

10月3日，“安博杯”首届全国高校就业指导课程教学大赛贵州赛区决赛在贵州大学进行。学院吴格娥老师获二等奖、李燕老师获三等奖。

11月1日，由贵州省教育厅组织的省外高校对口帮扶贵州省高校集体签约仪式在贵州饭店国际会议中心举行。学院党委书记王家祥代表学院与天津医学高等专科学校纪委书记吕广石签订对口帮扶协议。

11月2日至4日，以“我运动、我提高、我参与、我快乐”为主题的学院第二届“动感地带杯”运动会暨第七届田径运动会在一校区田径运动场举行。有677名学生和215名教职工分别参加学生组和教职工组的69个项目的比赛，打破校纪录16人次。

11月4日，由中国汽车工程学会主办的“2011年全国汽车职业院校课程设计大赛”在杭州技师学院举办。学院李民和、涂文彪两位教师代表学院参赛获二等奖。

12月7日，省教育厅下发《关于公布2011年省级示范性高职院校名单的通知》，授予学院为贵州省省级示范性高等职业技术院校。

12月12日，黔东南民族职业技术学院——人才培养基地授牌仪式在学院行政楼9楼会议室举行。授牌仪式之后，国家质量认证培训中心主任成潮作ISO9000标准与人才就业报告。

是年，学院郑晓峰、黄刚、李竹莹、孙光英共同完成的“草莓组培快繁技术体系研究与推广应用”，刘书华完成的“全国医药高职高专‘十一五’精品规划教材《药理学》”，被州人民政府授予“2011年度州科学技术进步三等奖”。

是年，学院出台《黔东南民族职业技术学院双师型教师认定暂行办法》，并首次完成205名双师素质教师、双师型教师的认定工作。

是年，学院被评为全州勤政廉政建设先进集体。

是年，制定《黔东南民族职业技术学院“十二五”建设与发展规划》。

2012年

2月28日，在全州人才工作会议上，医药技术系教授刘书华被评为第二批州管专家。

3月5日，学院党委书记王家祥等12名干部与榕江县平江乡党委、政府领导座谈。学院党委安排资金20万元，作为平江乡村级产业扶持经费。

4月14日，学院第二届第三次教职工代表大会暨第二届第二次工会会员代表大会召开。

是月，学院申报的《民族地区教育优先发展的职业教育支撑系统研究》，经教育部组织专家论证评审，成为2012年度教育部人文社会科学重点研究基地重大项目。该项目自立项之日起3年内完成研究任务，项目经费20万元。

5月4日，共青团黔东南州委授予学院旅游与经济管理系团总支2011年度“全州五四红旗团总支”称号。

5月6日，学院举行2012年科技文化艺术节暨第六届技能竞赛活动月开幕式。本次科技文化艺术节有演讲征文大赛、校歌演唱大赛、知识产权知识网络竞赛、“中华经典”诵读及感悟征文比赛、职业生涯规划设计大赛、第四届求职简历大赛等13项活动。

5月15日，由学院主办，护理系、招生就业办承办的2012届护理专业专场招聘会在学院召开，30余家用人单位参加招聘会。900余名毕业生与用人单位进行交流、沟通，向意向用人单位投放个人简历材料，750余名毕业生与用人单位达成初步意向就业协议。

5月19日，学院校歌演唱大赛决赛在一校区篮球场举行。经初赛选拔有9支代表队进入决赛，旅游与经济管理系代表队获一等奖，并将代表学院参加全省高校校歌演唱大赛决赛。

5月22日，省委党建工作考核组组长、省经信委原机关党委书记赵振尧一行到学院考核2011年党建工作。

5月26日，学院举办以“弘扬中华文化，构建和谐校园”为主题的第三届“中华经典诵读”大赛。经决赛，临床医学系一校区高职代表队获一等奖，护理系一校区高职代表队、旅游系二队、护理系三校区高职代表队获得二等奖。

5月29日，学院召开家政服务培训验收会。从2011年10月至2012年5月进行六期600人次培训，有464人获得家政服务员技能等级证书，136人获得培训合格证。

是月，学院赵义、朱艳玲等68位学生被省教育厅评选为“2012届贵州省普通高校优秀大学毕业生”。

是月，由学院党委书记王家祥等主编的《高校德育创新与发展成果选编》（黔东南民族职业技术学院卷）获教育部高等职院社会科学发展研究中心“2012年高校德育创新发展研究成果”三等奖。

是月，启动《黔东南民族职业技术学院章程》建设工作。

6月9日，学院举办2012年学生户外素质拓展大赛，全院6个系600余名学生代表参加。

6月9日，成都万和投资有限公司总经理、四川大学锦城职院后勤集团公司总经理王军勇率成都企业家考察团一行到学院新校区考察。

6月29日，学院党委组织召开庆祝中国共产党成立91周年暨“七一”表彰大会。会上，学院党委命名“五好”基层党组织8个，表彰先进党组织10个、优秀共产党员30名、优秀党务工作者10名。

4月至6月，学院开展第六届“技能竞赛月”活动。在参加国家级技能大赛中获三等奖3个；参加省级技能大赛中获一等奖3个、二等奖3个、三等奖21个、优秀奖2个。

7月4日，学院获2011年度“贵州省模范职工之家”称号。

7月18日，学院召开“解放思想、推动跨越”大讨论活动动员大会。

8月8日，贵州省教育厅厅长霍健康一行到学院新校区调研、考察建设进展情况。

是月，学院整体搬迁至新校区，结束四个老校区分散办学的历史。

9月15日，学院设置口腔医学系、建筑工程系、汽车与机电工程系3个副县级教学机构，各设党总支书记和系主任各1名；设置民族职业教育研究所，为副县级研究机构，设所长1名。

9月27日，遵义医药高等专科学院党委书记涂小亭、院长高晓勤一行6人到学院就申办省级示范性高等职业院校进行交流。学院党委书记王家祥、副院长曹庆旭等参加交流座谈会。

9月15日至29日，学院党委副书记潘盛荣带领20名教师到新加坡参加高校办学理念与教学管理研修班学习。

10月26日，学院新校区启用仪式暨办学十周年纪念活动在新校区举行。教育部、武汉科技大学等18家单位或个人发来贺信、贺电。省有关领导及部门负责人，州、市四大班子领导及州内外部分院校，州直部门有关负责人出席仪式和纪念活动。活动期间，学院举办高等职业教育论坛、大学生创业技能展示、建院10周年展及民族技术文化展。

11月2日，学院开展“2012年防灾减灾暨消防疏散演练”活动。凯里军分区、凯里经济开发区消防大队官兵现场指导，参加学生4441人，是学院新校区启用后的第一次较大规模的集中演练活动。

11月9日，学院被教育部、卫生部批准为第一批卓越医生教育培养计划项目试点高校，培养“3+2”三年制专科临床医学专业人才。

11月16日，学院召开新校区建设暨办学10周年纪念活动总结表彰会。会议由学院党委书记王家祥主持。

11月23日，黔东南州“锦程杯”职业生涯规划大赛在凯里学院举行，学院获一等奖1名、二等奖2名、三等奖3名。

12月2日，澳大利亚博士山学院国际研究和项目专员袁方受邀到学院开展国际合作交流活动。

12月4日，学院召开2012年招生工作总结会。高职新生进校3831人、中职新生进校1484人，完成2012年学院总体招生工作任务。

12月14日，香港科技大学校长、香港浸会大学教授、原校长吴清辉一行到学院考察访问。

12月19日，重庆三峡医药高等专科学校校长周建军一行6人到学院考察交流。院领导王家祥、曹庆旭出席考察交流座谈会并签订校际合作协议。

12月29日，学院第二次学生代表大会召开。大会选举产生学院第二届学生委员会委员31人，选举产生学生会主席并通过提名副主席和内设机构负责人。

是年，学院启动少数民族技术文化流程数据库建设项目和少数民族科技史的编纂工作。公开发表《贵州省黔东南原生态民族文化旅游开发战略与对策建议》《民族地区农村留守儿童：困境与对策》等7篇民族类、教育类科研论文。

是年，学院《诵读经典·滋养人生——用中华经典国学文化浸润学生心灵》获贵州省优秀校园文化成果三等奖。

2013年

1月7日，黔东南州总工会副主席钟方远率考核工作组一行3人到学院对学院工会2012年工作进行目标考核，并对一年来的工作和取得的成绩给予肯定。

1月11日，学院党委召开以“党的十八大精神为指导，深入贯彻落实省第十一次党代会精神，坚持科学发展、坚持改善民生、坚持从严治党，坚持主基调和主战略，加强领导班子制度建设，保持党的先进性和纯洁性，为贵州科学发展、后发赶超提供坚强的政治保证”为主题的民主生活会。黔东南州第五纪工委书记龙之衡列席指导会议，学院党委成员王家祥、潘盛荣、王贵生、曹庆旭参加会议。

1月12日，学院首届大学生创业大赛全面启动。

1月22日，州委常委、州委组织部部长王贵一行4人到学院对州管专家、教授刘书华进行新年慰问，并对其在苗药研究方面取得的成绩表示肯定。

1月29日，学院党委书记王家祥一行前往学院党建帮扶点榕江县平江乡开展春节走访慰问活动。

同日，黔东南州人大常委会副主任石干昌一行到学院看望慰问高层次人才，并对学院取得的成绩表示充分肯定。

3月2日，学院召开第二轮大学生思想政治教育工作迎评动员大会，学院领导班子及全院教职工600余人参加大会。

3月7日，黔东南州学习型党组织创建活动评估验收组第三组组长、州公选办主任唐晓琴到学院临床医学系开展学习型党组织创建工作评估验收。

3月13日，学院与贵州三元太宝实业股份有限公司基地共同挂牌成立“黔东南民族职业技术学院中药材种苗繁育教学实训基地”。

3月14日，在黔东南州妇联组织开展的“评选表彰妇联系统先进集体、先进个人”活动中，学院被授予2012年度“巾帼建功先进集体”荣誉称号；旅游与商务管理系被授予2012年度“三八红旗先进集体”荣誉称号；邹黔荣被评为2012年度“三八红旗手”；郑晓峰被评为2012年度“巾帼建功先进个人”。

3月15日，学院召开道路交通安全宣传教育大会。学院各教学系主要负责人、院属有关部门负责人和7000余名师生参加。

同日，杭州市对口帮扶黔东南州工作考察组一行9人在州委常委、凯里市委书记黄远良，州人民政府副州长潘亮等陪同下到学院参观考察。

3月23日，学院召开第二届第四次教职工代表大会暨第二届第三次工会会员代表大会，党委书记王家祥主持开幕式，出席本次“两代会”的正式代表、列席人员、特邀代表179人。大会审议并原则通过了《黔东南民族职业技术学院院系两级管理体制实施办法（草案）》《黔东民族职业技术学院目标管理办法（草案）》《黔东南民族职业技术学院校内奖励绩效工资分配暂行办法（草案）》。

3月30日，学院“跳蚤市场”正式运营。

4月2日，学院举办2013年科技文化艺术节。

4月9日，由贵州省教育厅党组成员、纪检组长、贵州省委教育工委委员、纪工委书记罗润生等5人组成的贵州省普通高等学校思想政治教育工作评估专家组到学院开展大学生思想政治教育评估工作。

4月12日，黔东南州第一期家政服务培训班在学院举行。

4月26日，全国政协常委、中国民主同盟中央副主席、中国科学院院士田刚一行5人到学院参观视察。

4月27日，学院学生罗朝婷获得2013年贵州省职业院校高职英语口语技能大赛暨全国职业院校英语技能大赛选拔赛非英语专业组三等奖，肖梦菲获得优秀奖。

同日，学院学生王敏铮获贵州省第二届高等院校大学英语写作大赛二等奖，陈燕获三等奖。

5月10日至12日，在2013年贵州省职业院校技能大赛暨全国职业院校技能大赛选拔赛旅游服务类技能大赛中，学院学生韩奥兰获高职组普通话导游技能比赛一等奖，顾亚兰获高职组普通话导游技能比赛二等奖，吴佩芬获高职组中餐主题宴会设计一等奖，吴其英获高职组中餐主题宴会设计三等奖，韩燕获高职组西式宴会服务三等奖，李成英获中职组中餐宴会摆台三等奖，顾泽时获中职组客房中式铺床三等奖。

5月15日，黔东南州“融入工程”启动揭牌仪式暨第一期开班典礼在学院举行，贵州省综治办专职副主任方征，黔东南州委书记李飞跃等为“融入工程”揭牌并出席第一期开班典礼。

5月21日，学院举办党风廉政教育专题讲座，邀请黔东南州纪委监察局机关党委书记、黔东南州监察学会副会长、正县级纪检监察专员朱柏仁作专题讲座。学院党政领导班子、中层干部、各党支部书记及学生干部200余人参加。

5月27日，“百场院士专家科普报告黔贵行”活动在学院举行。

同日，学院69名应届大学毕业生获贵州省教育厅授予的“2013年贵州省普通高等学校优秀大学毕业生”荣誉称号。

6月1日至2日，学院副院长杨政宇率队赴成都纺织高等专科学校参加师生作品交流展活动。

6月25日，学院教授吴格娥到台江县革一乡作枇杷栽培技术培训，参加培训的有枇杷种植大户63人。

6月26日，学院直属机关党总支召开总支委员扩大会议，对庆祝中国共产党成立92周年活动作具体安排。

6月30日，学院教师代表参加2013年贵州省高等院校外语教学研究会年会，本次年会确定2014年的外语教学研究会年会将由黔东南民族职业技术学院承办。

7月5日，贵州省综治委校园及周边安全大检查黔东南检查组、贵州省卫生厅处长金海燕一行3人到学院开展校园及周边安全综合治理检查。

7月3日至5日，学院科研处组培中心新建智能温室扦插2.8万余株苗，组织培养技术研究获成功。

7月12日，学院选送参加“贵州省第十届职业教育优秀论文评选活动”的论文获奖。吴格娥、杨政宇、邹波的《农村劳动力就业期望分析》获二等奖；马原野、凌文霞、杨彩鸾、陈昌培的《高职医学教育核心竞争发展提升瓶颈要素相关性研究》获三等奖；万英的《构建高职院校校园文化的路径选择》获三等奖。

7月15日，学院2012年“阳光工程”青年农民创业培训通过黔东南州农业委员会验收。

7月17日，学院召开第三届学术委员会第一次全体会议。会议主要议程有：讨论《黔东南民族职业技术学院学术委员会章程（修订）》；选举产生第三届院学术委员会主任委员、副主任委员和秘书长；发放学术委员会聘书；推荐2013年贵州省教育厅高校人文社科辅导员项目申报。

7月18日，黔东南州人大常委会副主任、州总工会主席莫章海一行到学院针对临床医学专业和幼师专业的师资、办学规模、生源、课程设置、人才培养目标、人才培养方式以及就业等情况开展调研。

同日，贵州丹寨宁航蜡染公司校园工厂、太阳鼓苗侗刺绣公司校园工厂揭牌仪式在学院举行。

7月30日，中国人民大学原校长、国务院学位委员会委员、国务院参事室特约研究员、国家教育考试指导委员会委员、中国职业技术教育学会会长纪宝成到学院考察调研。

8月9日，湖南省怀化市人民政府副市长、民进怀化市委主任委员欧阳明率怀化职业技术学院党委副书记、院长王聪田一行到学院考察交流。

8月14日，贵州省民委授予学院“贵州省少数民族传统医药文化研究基地”称号。

8月30日，学院教师杨再琼获贵州省“最美教师”称号。

9月3日，黔东南州委州政府“优先发展教育办好人民满意教育”督查组到学院检查工作。

同日，铜仁职业技术学院党委书记杨春光、院长张景春一行到学院参观考察。

9月9日，黔东南州教育局组织全州16个县市边远农村部分小学校长到学院参观交流。

同日，州委书记李飞跃，州委常委、州委秘书长耿生茂，副州长刘晓春一行到学院开展教师节慰问活动。

9月11日，杭州市对口支援办公室副主任、市发改委副巡视员王祖兴率杭州市企业家代表团一行40余人到学院参观考察。

9月14日，学院副院长曹庆旭率教务处处长吴文勇、旅游与商务管理系主任闻芳、医药技术系主任刘书华一行15人前往贵阳职业技术学院参加2013年中国—东盟职业教育成果展。

9月15日至17日，学院派代表参加“2013年中国—东盟职业教育成果展”，并以展板、技能等形式直观展示学院丰硕的职业教育成果。

9月17日，中山职业技术学院院长吴建新一行到学院参观考察。

同日，常德职业技术学院院长杨文明一行6人到学院考察交流。

同日，卫生部主任孟群、贵州省卫生厅副厅长花继明一行到学院指导工作。

同日，学院12名教师申报的“贵州省教育厅高等学校人文社会科学研究项目”获得立项。

9月24日，黔东南州文明办副主任杨骏一行到学院对创建州级文明单位工作进行测评验收。

9月26日，学院获凯里经济开发区2013年度职工篮球运动会男女冠军。

10月16日至21日，黔东南州物价检查组到学院开展年度收费检查工作。

10月22日，学院成功举办2012—2013学年度人才培养质量报告评比活动。

10月25日，学院工会组织全院工会干部，以“深入贯彻学习中国工会第十六次全国代表大会精神，努力推进学院工会工作迈上新台阶”为主题的学习教育活动。

10月31日，学院副院长曹庆旭率领旅游与商务管理系主任闻芳、宣传统战部副部长杨捷一行9人到苏州工艺美术职业技术学院设在雷山县的教育教学实践基地、非物质文化遗产研发中心学习交流，随后双方就旅游工艺品设计与制作专业的办学进行了深入细致的交流沟通。

11月7日，黔东南州人民政府副州长刘晓春到学院调研。

11月9日，学院参加贵州省大学生五人制足球联赛获第二名，其中苏鑫获最佳射手，田晓凯、王坤获体育道德风尚奖，教师刘维思获最佳教练员。本次大赛有20所大专院校参加。

11月11日，苏州工艺美术职业技术学院党委书记王建良、党委副书记曹雪明一行9人到学院考察交流。

同日，以教授董华群为组长的贵州省中央财政支持高职院校提升专业服务产业发展能力建设项目专家检查组一行3人到学院开展林业技术、口腔医学两个专业提升专业服务产业发展能力建设项目验收。

11月13日，杭州第一技师学院院长洪春林、杭州轻工高级技工学校校长杨国强到学院参观考察。

11月15日，学院副院长曹庆旭率旅游与商务管理系主任闻芳，宣传统战部副部长杨捷等到贵阳市观山湖区国际会议展览中心观摩“2013多彩贵州旅游商品两赛一会”。

11月19日，学院与黔东南州农业科学院共同承办的“2013年度黔东南州基层农业技术推广体系改革与建设补助项目”培训班开班。

同日，学院举行由黔东南州世行办主办，学院旅游与商务管理系承办的黔东南州项目重点景区景点导游员、讲解员培训班的开班仪式。

11月25日，学院申报的《扬苗侗文化个性构多彩和谐校园》获贵州省第二届优秀校园文化活动二等奖。

11月28日，学院民研中心“少数民族技术文化数据库”引起国内多家媒体的广泛关注，该数据库为全国首个民族类的专题性数据库，在建设理念、民族教育、民族研究和管理上，都有创新意义。

11月30日，陈文祥任黔东南民族职业技术学院院长。

12月5日，学院科研处组培中心全体教师参观位于凯里市舟溪镇的黔东南州政府“台湾农业科技示范园”。

12月7日，学院教师邹黔荣的“卷件合一的档案装订夹”获贵州省科技厅、省经信委、省教育厅、省总工会、团省委联合主办的“贵州省第二届产品创新设计大赛”优秀奖。

12月12日，贵州省新闻出版局副巡视员刘筱平、省教育厅安稳处处长王应刚一行3人组成的贵州省校园及周边治安综合治理目标管理工作检查考核组到学院开展校园及周边安全综合治理检查考核，并给予高度评价。

12月13日，在黔东南州教育局、凯里军分区举办的“凯里地区2013年高校、高级中学第二届学生军事技能汇报表演”中，学院分别获军事技能展演和军体拳表演第二名。教师刘彦获得2013年学生军训工作“先进个人”称号。

12月20日，黔东南州民族高级中学党委副书记、纪委书记杨文羽，州工业学校副校长吴常青，州委教育工委组织宣传科科长一行3人代表黔东南州委教育工委到学院开展党建目标及党风廉政建设考核工作。

12月24日，学院门户网站在贵州省高等学校门户网站评估中获第五名。

2014年

1月5日，学院召开第二届第五次教职工代表大会暨第二届第四次工会员代表大会，出席大会代表

175人。会议表决通过《黔东南民族职业技术学院管理岗位调整方案》和《黔东南民族职业技术学院教职工代表大会实施细则》两个专题议案。

1月16日至22日，学院党委书记王家祥、院长陈文祥、党委副书记潘盛荣、纪委书记王贵生、副院长杨政宇、曹庆旭率领相关部门负责人分别深入四个老校区开展2014年春节慰问活动。

2月10日，学院召开第二批党的群众路线教育实践活动办公室工作布置会。

2月18日，贵州省副省长陈鸣明到学院检查教育“9+3”计划推进工作。

同日，学院召开党的群众路线教育实践活动专题培训会。

2月20日，学院苏晓红、王永昌、杨彩鸾、吴开岑、石玉昌、彭文亮6位教师分别获首届贵州省教育科学规划课题立项。

2月21日，学院党委书记王家祥、党委副书记潘盛荣、纪委书记王贵生、副院长曹庆旭一行10人前往岑巩县思旸镇开展干部职工扶贫个案管理调研工作。

同日，黔东南州副州长潘亮、凯里军分区参谋长韦桂黔一行60余人到学院检查人民武装工作，并对学院人民武装工作开展情况给予肯定。

2月22日，学院启动新学期全面工作督查活动。

2月25日，学院成功入选贵州省教育厅、省民委联合组织评选的“贵州省第四批民族民间文化教育项目学校”。

同日，学院召开2013—2014学年度第二学期学生思想政治教育工作专题会议。学院党委书记王家祥、院长陈文祥、党委副书记潘盛荣、纪委书记王贵生、副院长杨政宇、曹庆旭出席会议。

2月26日，学院院长陈文祥、副院长曹庆旭一行8人到州农委与州农委主任尹亮洽谈合作事宜。

2月27日，学院被黔东南州委、州政府授予“全州文明单位”称号。

2月28日，学院召开党的群众路线教育实践活动动员大会。

3月3日，学院旅游与商务管理系党总支被黔东南州委授予“学习型党组织”荣誉称号。

同日，学院党委召开教育实践活动督导组成员培训会。学院党委书记、教育实践活动领导小组组长王家祥，学院党委副书记、院长、教育实践活动领导小组常务副组长陈文祥，学院党委副书记、教育实践活动领导小组副组长潘盛荣，学院党委委员、副院长、教育实践活动领导小组副组长曹庆旭等督导组成员15人参加会议。

3月6日，学院团委举行共青团黔东南州十二次代表大会精神学习传达会。

3月9日至11日，学院院长陈文祥、副院长曹庆旭一行7人赴杭州职业技术学院会商对口帮扶事宜，双方共同商定签署《对口帮扶合作协议》。

3月10日，学院2014年第一期户外素质拓展培训结束，本期培训的学员47人。

3月12日，学院医药技术系领导班子前往贵州苗仁堂制药有限责任公司开展教学调研。

同日，全州事业单位新进人员首期岗前培训开班仪式在学院举行，来自全州16个县（市）事业单位的544名学员参加了培训开班仪式。

3月14日，学院户外素质拓展训练基地正式启用。

3月17日，学院被贵州省教育厅、省综治委校园及周边治安综合治理专项组授予“2013年学校安全稳定综合治理工作先进单位”“2013年贵州省安全文明校园”“贵州省安全文化建设示范校园”荣誉称号。

同日，学院为退休教师黄之一举行图书捐赠仪式，副院长曹庆旭代表学院接受黄之一捐赠给学院的各类图书近300册。

3月19日，学院举行“第九届‘多彩校园·闪亮青春’全省大学生校园文化活动月暨学院2014年

‘和’科技文化艺术节”开幕仪式。学院党委书记王家祥、副书记潘盛荣、纪委书记王贵生、副院长曹庆旭出席开幕式。

3月20日，凯里学院科研处处长周江菊、学生处处长郑和平、团委书记姚平伟、教务处副处长刘伦沛一行5人到学院考察交流。

3月21日，学院科研处组培中心与雷山县百佳尚品农业综合开发有限公司合作开展青钱柳项目研究。

3月26日，学院院长陈文祥、教务处处长吴文勇一行7人赴中科汉天下物联网科教产业园参观交流，并表示期望能与中科汉天下集团建立长久性战略合作伙伴关系。

3月27日，汽车与机电工程系领导到贵州黄帝车辆净化器有限公司洽谈校企合作事宜。

3月28日，学院举行2014年“和”科技文化艺术节重温习近平“5·9”重要讲话精神演讲比赛。

4月1日，黔东南州委第十四督导组组长涂国平和副组长易承黔、张明义，州委教育工委行业指导组组长杨光新一行6人到学院开展教育实践活动督查指导工作。

4月4日，学院护理系举办雷山县人民医院现场招聘会，有103名学生投递应聘书，计划录取10人。

4月8日，贵州省职业技能鉴定指导中心专家组到学院开展新增工种评审工作。

4月12日，学院召开2014年宣传思想工作会议，学院党政领导班子成员、副科级以上领导干部等190人参加会议。会议宣布学院党政《关于表彰2013年度新闻信息工作先进集体和先进个人的决定》《关于表彰2013年度门户网站建设评估工作先进集体和先进个人的决定》，并安排部署了2014年度门户网站建设和评估工作。

4月14日，美国国际科技大学（ITU）创校董事周伟钧、深圳深软新天科技有限公司总经理于宪明到学院考察。

4月17日，学院副院长曹庆旭及相关部门负责人到学院校企合作企业——九黎苗妹工艺品有限公司视察指导工作。

4月18日，学院举行2014年“和”科技文化艺术节“祭祀祖先·传诵经典”中华优秀传统经典朗诵会暨第五届“中华经典”诵读大赛。

同日，学院科研处及生物与环境工程系相关教师到黔西南州实地考察地方特色食品开发生产。

4月22日，学院2014年上半年科研课题结题验收工作完成，此次科研课题结题验收工作涉及省教育厅人文社科项目6个、院级课题1个共7个项目。

4月23日，宁夏吴忠市教育局党委书记、局长焦玉柱、宁夏民族职业技术学院党委书记温泽一行5人到学院考察交流，并与学院就民族职业院校的教育及专业方面的人才培养、课程体系改革、师资队伍建设等方面的合作交换意见，达成共识。

4月25日，贵州大学国家级农业生物实验教学中心主任、硕士生导师钱晓刚教授到学院作“科研项目申报与验收”学术讲座，全院有200余名教师参加此次讲座。

同日，学院成功举办第七届大学生职业生涯规划总决赛。

4月26日，学院副院长曹庆旭率领教务处、公共基础教学部等部门相关负责人一行16人参加由贵州省教育厅主办，高等教育出版社、贵阳护理职业学院承办的贵州省国家精品资源共享课培训班暨第二届全国高校微课教学比赛（高职高专）启动会。

4月27日，学院组织学生参加第九届全省大学生校园文化活动月之“学习习近平同志系列讲话精神、践行社会主义核心价值观”知识竞赛，在全省23所高职队中获优秀奖。

4月28日，杭州三替集团到学院考察交流，州政府副秘书长肖凯旋、州教育局副局长朱军、学院纪委书记王贵生等相关负责人陪同考察并作深入交流。

5月4日，学院教授吴格娥的“贵州农村劳动力就业期望研究——以黔东南州为例”课题获2014年贵州省社科联课题立项，成为全省仅有的15个立项项目之一。

5月7日，黔东南州委第十四督导组组长涂国平，副组长易承黔、张明义一行5人到学院检查指导教育实践活动。

5月10日，学院汽机系学生潘胜文、刘修金在2014年贵州省中等职业技能大赛中分别获二等奖和三等奖。项目指导教师金庆波获“优秀指导老师”称号。

5月11日，学院付燕、张华坤、张森、石向欣、邹波5名教师的课题获2014年州科技计划项目立项。

5月10日至11日，贵州省高等院校外语教学研究会2014年年会在学院召开。来自贵州大学、贵州师范大学、贵州财经大学等省内25所高校160名代表参加本次年会。学院教师唐子婷论文《浅谈高职高专英语口语技能大赛选手的选拔及培训》获二等奖；临床医学系的陈丹和口腔医学系的曾瑞雪双双获“2014年贵州省高等院校大学生英语写作大赛”二等奖。

5月11日，2014年贵州省职业院校技能大赛，学院生物与环境工程系刘三三、杨琪园以总成绩第四名获园林景观设计（团体项目）三等奖。教师王有林获“优秀指导教师”称号。

5月13日，学院招生就业指导处邀请澳大利亚阳光国际集团陈光耀总经理、山东省外派劳务护士培训基地国际护士部王祝文经理在学院图书馆多功能厅举办“涉外护理就业推介会”。

5月14日，广西现代职业技术学院院长李卫东一行6人到学院考察指导工作。

同日，杭州职业技术学院院长贾文胜一行4人到学院就学院办学特色、办学定位、校企合作、专业建设的经验做法及对口交流具体合作等事宜进行考察交流。

5月15日，贵州省委活动办第七督导组副组长潘康、州委活动办指导组副组长陈祖红等到学院就党的群众路线教育实践活动在学院开展的工作情况进行督查指导。

5月9日至16日，学院女子篮球队参加贵州省教育厅、贵州省体育局主办的贵州省第三届大学生运动会篮球比赛获高职高专组第一名。

5月16日，学院护理系学生陈燕获2014年贵州省优秀在读高职院校学生赴加拿大学习奖学金。

5月21日，学院院长陈文祥在全院副科级以上领导干部会议上传达教育部发展规划司副司长陈峰在贵阳医学院作的《关于中国高等教育改革发展若干问题的报告》。

5月22日，州委宣传部副部长、州文明办主任文必武一行4人到学院对学院省级文明单位创建工作进行考评。

同日，黔东南州委常委、凯里市委书记黄远良和州委第十四督导组长涂国平一行6人到学院检查指导教育实践活动。

5月24日，学院男子足球队获贵州省第三届大学生运动会足球比赛（高职高专组）冠军。

5月27日，黔东南州公安局党委副书记韩华一行7人到学院检查指导安全稳定工作。

5月28日，学院院长陈文祥一行5人到苏州工艺美术职业技术学院进行学习交流，并与苏州工艺美术职业技术学院院长廖军共同签署两院战略合作协议。

同日，学院召开党的群众路线教育实践活动“查摆问题、开展批评”环节工作会议。

5月29日，学院院长陈文祥一行5人到学院酒店管理专业上海实习基地进行调研，校企双方就共建二级学院，全面深化校企合作进行磋商，并初步达成合作意向。

同日，学院院长陈文祥一行5人到上海工艺美术职业学院进行学习交流。

同日，杭州职业技术学院书记安蓉泉一行到学院洽谈帮扶合作。

6月7日，学院首次试点开展实训室8S管理评比活动并取得成功。

6月10日，学院召开教育实践活动第二环节“查摆问题，开展批评”工作会议。

6月12日，学院第一个校中厂试运营良好，建设达到预期目标。

6月13日，台湾朝阳科技大学校长、博士钟任琴到学院访问。

6月14日，根据黔东南府任〔2014〕20号文件通知，杨玲任学院副院长。

6月18日，台湾万能科技大学国际暨两岸交流中心主任苏俊雄到访学院就合作交流问题及未来两校师生合作项目进行座谈讨论。

同日，黔东南州委第十四督导组组长涂国平一行到学院向学院通报对院领导班子征求到的相关意见和建议，并对班子成员进行谈话提醒。

6月19日，学院科研处组织医卫类四系到州卫生局就学院科研工作开展调研。

6月20日，学院党员干部38人参加省教育厅党组成员、纪检组长、省委教育工委委员、纪工委书记罗润生主持的全省教育系统学习党纪党规党法专题辅导视频会议。

6月21日，学院为雪花啤酒凯里分公司30名班组长以上的公司管理干部开展以“熔炼团队、高效执行、角色认知”为主题的体验式课程培训。

6月24日，贵州建设职业技术学院到学院考察交流。

6月25日，学院承办的贵州省职业技能鉴定考评员资格认证培训班结束。

6月27日，学院党委书记王家祥、纪委书记王贵生一行5人前往岑巩县思旸镇实地了解干部职工扶贫工作的开展情况。

7月1日，学院党委召开庆祝中国共产党成立93周年暨表彰大会。

7月4日，学院工会职工歌舞协会、书画协会成立。

7月9日，黔东南州导游服务中心在学院旅游与商务管理系正式挂牌成立。

7月10日，学院推荐退休职工黄润军参评“贵州魅力老人”。

7月21日，贵州省财政厅教科文处长吴仲萍带队赴学院进行现代职业教育发展调研。

7月29日，陈文祥院长率队赴贵州省中科汉天下电子有限公司洽谈校企合作事宜。

7月31日，香港新一代文化协会港台教师考察交流团到学院参观交流。

8月9日，苏州工艺美术职业技术学院党委副书记、纪委书记曹雪明、苏州美院雷山研发中心主任仲溪一行4人到学院开展校际交流与合作洽谈会。

8月14日，陈文祥院长参加中国职教学会旅游文化专业委员会筹备工作会议。

9月1日，学院院长陈文祥、副院长曹庆旭代表学院参加东盟教育交流周开幕式、中国—东盟职业教育成果展、中国—东盟大学校长国际合作论坛等活动，并在成果展上与贵州中科汉天下公司签署合作协议。

9月5日，黔东南州委副书记、州长廖飞到学院调研附属医院的规划建设情况。

9月8日，学院植物组培中心获2014年全国教育系统先进集体。

9月17日，全省教育系统安全工作大检查第七检查组到学院开展校园安全检查工作。

同日，州档案局副局长龙建华一行5人到学院进行档案行政执法检查。

9月18日，贵州省中科汉天下电子有限公司总经理陈庆一行到学院汽车与机电工程系开展调研。

9月19日，贵州省教育厅“9+3”办常务副主任万山一行4人到学院检查校园文化及道德讲堂建设情况。

9月20日，贵州省卫生计生委医政医管处处长刘志远、贵阳医学院神奇学院药学系主任（组长）郝小燕、遵义医学院教务处副处长覃晓龙、遵义医学院附属医院护理部主任医师李永红、省卫生计生委主任科员王蕾到学院对学院中职医药卫生类专业开展复评审定工作。

9月24日，全国人大教科文卫委员会副主任委员吴恒一行10人到学院就职业教育改革与发展的问题对学院进行工作调研。

9月26日，黔东南州委副书记桑维亮到学院考察指导工作。

9月27日，学院财经系中职学生获“用友新道杯”沙盘模拟经营大赛全国总决赛三等奖。

9月30日，学院医药技术系党总支被黔东南州委评为“五好基层党组织”。

同日，学院组织师生20余人参加黔东南州首个烈士纪念日公祭活动。

10月12日，副州长刘晓春到学院对学院关于第五届贵州省残疾人职业技能竞赛的筹备情况进行检查和指导。

同日，学院旅游与商务管理系党总支被省委教育工委授予“五好基层党组织”称号。

10月13日，台湾大仁科技大学校务发展处副处长林明哲、国际及两岸事务处主任邱俊彦就合作交流事务到访学院。

10月14日，第五届贵州省残疾人职业技能竞赛在学院开幕。

10月18日，学院院长陈文祥率队参加在苏州工艺美术职业技术学院举行的“百工录”“中国工艺美术非遗传承与创新”国家职业教育专业资料库建设启动暨专题培训。

10月19日至21日，学院临床医学系主任吴勇、招生就业指导办公室副主任黄擎赴福建省闽江进行考察，并代表学院初步达成与闽江服务中心建立“医学类普通高校毕业生就业安置合作”意向。

10月21日，学院教授刘书华率队参加全国苗医药学术研讨会暨中国民族医药学会苗药分会成立大会。

10月24日，学院老年人男女队参加全州气排球比赛，皆获优秀奖。

10月30日，学院的吴格娥、石玉昌老师分别获首届贵州省教育科学研究优秀成果三等奖。

10月31日，学院12名教师获贵州省教育厅人文社科研究项目立项。

同日，学院4名教师参加“全国高校慕课（MOOCs）课程开发与教学模式创新暨微课设计与制作研修班”的交流研讨会。

11月3日，学院旅游与商务管理系学生参加贵州省雷山县2014苗年节表演，获得雷山苗年节组委会的高度赞扬。

11月5日，黔东南州政协主席梁承祥携驻州省政协委员一行10余人到学院视察指导工作。

11月6日，贵州省教育厅专家组杨继东、刘惠平一行4人到学院检查成人教育函授站工作开展情况。

同日，台湾东南科技大学国际与两岸交流中心主任郑辅仁一行到学院进行交流访问。

同日，学院科研处组织有关专家完成学院2014年下半年度科研课题结题验收工作，此次科研课题结题验收工作涉及省教育厅人文社科项目4个、院级课题1个共5个项目。

11月12日，学院综合档案室主任邹黔荣一行2人前往云南省昆明理工大学参加西南高校档案工作联盟第二届学术会议。

11月16日，学院教师彭文亮、曹庆旭、丁爱芹、万英分别申报的地市高职教育研究中心重点研究课题、教育科学规划课题、指定性学校安全稳定课题获立项。

11月17日，学院旅游与商务管理系肖端龙获“2014黔东南州首届中华优秀传统文化‘青春使者’暨民族服饰‘形象大使’”提名奖。

11月18日，学院旅游工艺品设计与制作专业师生赴苏州工艺美术职业技术学院并以“苗绣在现代服饰中的运用与推广”为课题进行学习研究。

11月19日，学院成为省民宗委扶持民族手工艺发展试点单位。

同日，黔西南民族职业技术学院院长姜紫勤、副院长黄波一行8人就职业教育和办学等问题对学院进行考察。

11月21日，学院春晖行动社前往翁义小学开展爱心服务活动。

11月27日，黔南民族职业技术学院党委书记罗俊、院长胡朝映一行29人就地方政府对职业教育的支持、院系管理、招生就业、技能培训等相关工作到学院进行考察交流。

12月4日，省校园及周边治安综合治理目标管理工作检查考核组到学院开展校园及周边安全综合治理检查考核。

12月5日，州委第二巡回督导组到学院就学院党的群众路线教育实践活动整改落实和作风建设情况进行督导检查。

同日，学院职业技能鉴定所首次到黄平开展职业技能鉴定工作。

12月9日，全国“最美社区人”刘兴顺到学院宣讲。

12月10日，学院完成黔东南州2013年家政服务项目培训工作验收考核，此次家政服务培训历时7个月，完成500人培训任务。

12月12日，学院和温氏集团凯里畜牧有限公司举行校企合作签约仪式。

12月17日，贵州省人民政府副省长何力一行6人到学院就人才培养、专业建设、科技创新、成果转化、产学研合作等工作展开调研。

12月18日，学院院长陈文祥一行4人前往苏州工艺美术职业技术学院参加项目合作交流会，两校就共建一支科研教学团队、共建一个教学科研平台、共同编撰一套教材、共同出一批成果达成共识。

12月19日，学院副院长杨玲率党政办相关负责人出席在黔西南州兴义市举办的全省九市州高职院校校际协作会一届三次会议。

12月23日，学院退休教师孙洪祥被聘为贵州省教育系统首批道德讲堂“德师”。

12月24日至27日，学院党委副书记潘盛荣带领章程建设领导小组办公室有关人员到北京外国语大学、天津电子信息职业技术学院考察学习高校章程建设工作。

12月30日，学院38名学子和2个班级分别获省级“三好学生”“优秀学生干部”和“先进班集体”荣誉称号。

2015年

1月6日，黔东南州学习型党组织创建活动考核验收第二工作组对学院直属机关党总支创建县级学习型党组织活动进行考核验收。

同日，学院工会和团委主办、工会职工书画协会和团委清风书画协会承办的“迎新春”师生艺术展览活动举行。

1月14日至16日，学院举办为期三天的副科级以上领导干部培训班。

1月16日，贵州省委党校副教授黄琛到学院作以《培育和践行社会主义核心价值观》为主题的道德讲堂专题讲座，学院副科级领导干部参加专题培训。

1月19日，黔东南州委第二巡回督导组组长易承黔一行3人到学院开展党的群众路线教育实践活动第二轮巡回督导工作。

2月11日，学院党委召开“传达贯彻贵州省高校党委换届工作部署会议和贵州省教育系统党建工作会议精神”专题会议。

同日，黔东南州人大常委会副主任、州总工会主席莫章海到校看望彭艳、许晓红、曹建国三位身患重病的职工。

2月28日，学院开展安全隐患排查活动。

3月1日，学院召开“铸廉行动”动员大会。黔东南州第五纪工委书记龙之衡参加会议。

3月4日，学院组织党政领导、各系、各部门负责人参加2015年全省教育“9+3”计划暨中小学院职业院校开学工作部署视频会议。

3月9日，石红卫任学院生物与环境工程系党总支书记；田景德任学院汽车与机电工程系党总支书记。

3月10日，学院章程《第六章　经费、资产和财务管理》编写组召开讨论会。

3月10日，台湾东南科技大学副校长董益吾和两岸交流中心主任郑铺仁到访学院。

3月12日至13日，学院举办第一届辅导员职业能力竞赛。

3月14日，学院召开第二届第六次教职工代表大会暨第二届第五次工会会员代表大会，179名代表参加会议。

3月18日，学院旅游与商务管理系2013级学前4班获2014年度贵州省中等职业学校“先进班集体”荣誉称号。2013级营销班马富维获省级“优秀三好学生”，2013级营销班秦红、2013级中职旅游与管理班董传辉分别获省级“优秀学生干部”称号。

3月19日，学院召开第三届学术委员会第二次会议，15名委员参加会议。讨论和修改5项科研制度征求意见稿：《黔东南民族职业技术学院横向科研课题管理暂行办法》《黔东南民族职业技术学院纵向科研课题管理暂行办法》《黔东南民族职业技术学院科研成果管理暂行办法》《黔东南民族职业技术学院科研成果奖励办法（修订）》《黔东南民族职业技术学院科研工作评价办法（修订）》。

3月20日，学院举行消防知识讲座暨疏散演练活动。

3月24日，学院副处级以上领导干部参加2015年度全省教育系统党风廉政建设暨警示教育视频会议，学习中纪委五次全会、全省党风廉政警示教育大会、省纪委四次全会和国务院、省政府第三次廉政工作会议及全国教育系统党风廉政建设暨治理教育乱收费工作会议精神。

3月24日至28日，学院党委副书记潘盛荣率党政办、学生处、宣传统战部、总务处、保卫处、团委等部门负责人及各教学系党总支书记16人，就大学生思想政治教育、学生日常管理和校园环境建设等工作赴杭州职业技术学院、苏州工艺美术职业技术学院考察学习。

3月25日，学院召开“锦绣计划”手工艺品技能培训动员会，黔东南州妇联副主席王晓琴到会指导，学院副院长杨玲发表讲话。该培训于2013年7月启动，培训计划为500人次。

3月26日，台湾弘光科技大学国际暨两岸事务处处长陈俊良到访学院，介绍台湾弘光科技大学专业设置、学生情况、医学类专业的特点及与大陆医学专业的不同之处，并就两校未来合作进行讨论。

同日，根据州政府黔东南府任〔2015〕10号通知，江波任黔东南民族职业技术学院学报编辑部主任；张宜坤任黔东南民族职业技术学院中专部主任；吴格娥任黔东南民族职业技术学院民族职业教育研究所所长。

3月27日，黔东南州州长廖飞，副州长刘晓春，州政府副秘书长王蕾，州教育局局长张荣根一行到学院调研指导工作。

3月27日至29日，学院教师夏建程在由中共贵州省委教育工委、省教育厅主办，贵州大学、贵州省高等学校辅导员培训中心承办的第二届贵州省高校辅导员职业能力大赛中，获一等奖。

4月3日，学院召开2015年党的建设工作会议，学院党委领导班子成员出席会议，副科级以上党员领导干部、各党总支委员、各党支部书记和支委参加会议。

4月3日，学院团委、学生处组织100余名师生到凯里市革命烈士陵园开展以“弘扬先烈遗志　增强爱国情感”为主题的清明节扫墓活动。

4月8日，学院召开改革和发展“十三五”规划编制相关工作组工作部署会，党委副书记潘盛荣强调学院改革和发展“十三五”规划编制工作的重大意义、主要任务、指导思想和基本原则；纪委书记王贵生要求与会各工作组要紧紧围绕“建设国家一流高职院校”的目标去谋划工作。

4月9日，学院旅游与商务管理系2012级学前4班前往凯里市小海龟儿童康复中心开展爱心公益活动。

4月10日，根据州委黔东南干任〔2015〕125号通知，周尚智挂任中共锦屏县委委员、常委、副书记。

4月13日，苏州工艺美术职业技术学院——黔东南民族职业技术学院“首饰饰品实务设计与制作合作课程”正式开班。

同日，副院长曹庆旭率图书馆副馆长刘琳丰，副馆长刘艳一行4人前往铜仁职业技术学院考察学习。

4月14日，贵州省科技厅知识产权管理处处长方来福到学院开展“知识产权与创新发展”学术讲座，学院各系各部门200余名教师和学生代表参加讲座。

4月15日，上海文化产权交易所董事长寿光武一行7人到学院考察民族文化保护传承教学情况。

4月17日，学院职业技能鉴定所完成贵州省民政厅第三期全省养老护理员鉴定工作，此次鉴定工作范围涉及贵阳、六盘水、安顺、毕节、铜仁、贵航集团等136名学员。

同日，贵州省关岭布依族苗族自治县卫生和计划生育局针对学院2015届临床医学专业和医学检验专业的应届毕业生举行招聘会，149名学生面试合格。

4月20日，学院临床医学系副主任董薇、教师李芳菲前往湖南，与马王堆医院（原长沙疗养院）、中南大学湘雅二医院、湘南学院附属医院达成学生就业协议。

4月21日，苏州工艺美术职业技术学院与黔东南民族职业技术学院第二期主题教学合作成果——首饰实务设计合作课程成果展在学院图书馆一楼大厅举行。

同日，贵州省科技厅高新处调研员何琼一行5人到学院开展调研工作。

4月24日，黔东南州就业局与学院招生就业指导办公室联合组织的黔东南民族职业技术学院大学生首期GYB创业意识培训班正式开班。

4月27日，福建省闽江人才服务中心到学院招聘10位2015届毕业生及40位就业实习一体化学生。

4月29日，学院组队参加由黔东南州总工会、州直机关工委等6家单位共同举办的“2015年共筑‘中国梦’庆祝‘五一节’职工歌咏比赛”，以总分排名第四的成绩获二等奖。

4月30日，学院参加由贵州省科技厅主办的“贵州省科技创新券发放暨技术市场启动会”。

5月7日，学院护理系2013级学生张银、任倩桃、蒋玲蓉通过加拿大堪纳多学院考核，获得2015年贵州省优秀在读高职高专院校学生赴加拿大学习奖学金项目录取资格。

5月7日，学院旅游与商务管理系电子商务专业代表队获贵州省教育厅主办的2015贵州省职业院校电子信息技能大赛第一名，并将代表贵州省参加全国职业院校电子商务技能大赛。

5月7日至9日，学院旅游与商务管理系代表队参加2015贵州省职业院校技能大赛暨全国职业院校技能大赛选拔赛，在高职组中餐主题宴会设计项目比赛中，王倩获一等奖，马莉获二等奖；在高职组导游服务项目的普通话导游比赛中，石庆龄获一等奖，文轶兴获三等奖；在高职组导游服务项目的英语导游比赛中，费义清、王杨洋分别获三等奖。

5月8日，学院建筑工程系代表队在由贵州省教育厅、贵州省住房和城乡建设厅主办的土建大类2015贵州省职业院校技能大赛暨全国职业院校技能大赛选拔赛中工程造价（广联达）、工程造价（斯维尔）项目分别获二等奖；建筑工程仿真、测绘项目分别获三等奖以及获集体优秀组织奖。

5月9日，学院汽车与机电工程系代表队在由贵州省教育厅主办，贵州交通职业技术学院承办的2015贵州省职业院校交通运输类技能大赛中，学院教师罗嗣乾和杨伟在教师组汽车故障诊断与排除中获一等奖；胡其龙、邰桂芳、舒吉江、龙见军同学在高职组汽车检测与维修综合技能比赛中获三等奖；王成、杨佐奎同学在高职组汽车营销比赛中获三等奖。

同日，学院职业技能鉴定所完成2015年第一期职业技能鉴定工作，此次鉴定有12类工种，鉴定人数1438人，其中高级工1016人、中级工422人。

5月11日，根据黔东南府任〔2015〕19号通知，郑晓峰任黔东南民族职业技术学院科研处处长。

5月12日，学院与凯里经济开发区国土资源分局联合举办防灾减灾宣传教育活动，参加本次活动的有101地质大队总工程师邰胜鹏，凯里经济开发区国土分局党组成员、执法大队队长龙振江，法规矿产科科长石钰，学院保卫处副处长杨正怀及保卫处工作人员和旅游与商务管理系部分学生200余人。

同日，台湾大仁科技大学、国际暨两岸事务处副处长陈月红，国际暨两岸事务处秘书吴佩真一行，台湾辅英科技大学两岸交流中心副主任叶金麟一行分别到访学院，学院副院长曹庆旭出席座谈会，学院中专部主任张宜坤、护理系主任李志强、对外交流合作部部长龙先兰、招生就业办副主任杨廷彪、教务处学籍科科长张荣辉参加会议，并分别与台湾两校就双方未来合作方向进行深入探讨。

5月13日，贵州师范大学档案馆馆长姜萍、档案编研室主任杨彦勋一行3人，就“2015年西南地区高校档案工作联盟第三届年会”召开、选址等相关事宜及档案管理工作，到学院进行交流访问。

5月14日，根据州委黔东南干任〔2015〕185号通知，杨文富任黔东南民族职业技术学院纪委委员、副书记。

5月16日，学院旅游与商务管理系代表队在贵州省职业院校“献礼中国教育梦唱响职教好声音”合唱比赛中以第七名的成绩获高职组优秀奖，此次全省有41支队伍参赛。

同日，学院组织参加2015年黔东南州暨凯里市科技活动周启动仪式，发放教学科研成果技术资料500余份，此次启动仪式有州直部门、科研院所、州直学会、凯里市市直单位、科技型企业等81家单位参加。

5月17日至27日，学院男子足球队在江苏省扬州举行的“2014—2015特步中国大学生校园足球联赛高职组南区决赛”中获第七名。

5月18日，根据省委黔干任〔2015〕261号通知，张恩莲任黔东南民族职业技术学院党委委员、书记。

5月20日，贵州省普通高等学院毕业生就业工作办公室副主任李洪瑞一行2人到学院对毕业生就业创业工作进行调研，肯定了各个教学系部在就业工作中的新想法、新建议和取得的成绩，希望学院加强创新创业的指导培训和引导学生走企业、走基层，实现学院毕业生充分就业。

5月21日，学院民族技术文化展馆在由贵州省教育厅组织的“第三届校园文化建设优秀成果奖”评选活动中，获“贵州省优秀校园文化育人基地”称号。

5月25日，黔东南州药材公司到学院医药技术系举办实习招聘见面会，80余名同学到会，其中有12人与该公司达成实习意向。

5月26日，学院旅游与商务管理系在凯里市第三幼儿园举行“黔东南民族职业技术学院学前教育专业实习基地”挂牌仪式。

5月27日，文化部非物质文化遗产司副司长马盛德，中国非物质文化遗产保护中心管理保护部主任张勍倩一行到学院调研指导非遗传承保护工作。

5月28日，贵州省政府研究室社会处处长刘华东一行到学院就电子商务和大学生创业工作进行调研。

5月29日，学院直属机关党总支召开出席学院第一次党代会代表选举大会，选举产生出席学院第一次党代会代表44名。

5月30日，根据州人民政府黔东南府任〔2015〕25号通知，罗春寒、吴文勇任黔东南民族职业技术学院副院长。

5月31日，学院组队参加由贵州省教育厅、省文明办、团省委主办，贵阳中医学院承办的“多彩校园·闪亮青春”第十届全省大学生校园文化活动月之“弘扬宪法精神·建设法治中国”现场知识竞赛，在26所高职院校代表队中脱颖而出，获三等奖。

6月2日，医药技术系主任、教授刘书华带领《基于职业人培养的药学专业教学改革》调研团队和《苗侗药用植物栽培技术规范》编写组前往中国苗药基地开展实地调研。

同日，黔东南州检察院职务犯罪预防局局长潘涛在学院进行以“预防青少年违法犯罪，构建圣洁美好校园”为主题的法治进校园专题报告会，学院相关部门负责人、各系分管学生的系领导、各系学生代表1000余人参加。

6月5日，学院职业技能鉴定所到丹寨县民族中等职业学院开展职业技能鉴定工作。

6月6日，学院第五次学生代表大会胜利召开。大会审议通过《黔东南民族职业技术学院第四届学生委员会的工作报告》，选举产生第五届学生委员会委员。

6月8日至10日，旅游与商务管理系学生王倩在2015年全国职业院校技能大赛高职组中餐主题宴会设计赛项中获三等奖。

6月10日，贵州省科技厅高新处处长何琼带领专家组实地考察学院“黔粹传人众创空间”项目情况。

6月11日，学院与港中旅酒店有限公司共同组建的旅游与商务管理系（二级学院）正式成立。

6月15日，贵州众创联盟第一届第三次理事会暨会员代表大会在贵阳学院大学科技园——贵阳博雅众创空间召开，学院成为贵州省众创联盟理事。

6月27日至28日，中国共产党黔东南民族职业技术学院第一次代表大会开幕，贵州省委督导组组长汪海波到大会指导。大会选举产生中国共产党黔东南民族职业技术学院第一届委员会委员和第一届纪律检查委员会委员，通过《关于中国共产党黔东南民族职业技术学院委员会工作报告的决议》和《关于中国共产党黔东南民族职业技术学院纪律检查委员会工作报告的决议》。第一届党的委员会和第一届纪律检查委员会分别召开第一次全体会议组织选举，张恩莲当选党委书记，陈文祥、潘盛荣当选副书记；王贵生当选一届纪委书记、杨文富当选副书记。

6月29日，学院图书馆签收来自中国光华科技基金会捐赠的图书7.1万余册，涉及各个学科1.78万种。

7月1日，中共贵州省委教育工作委员会授予学院直属机关党总支“五好基层党组织”称号。

同日，建筑工程系举办黔东南州首届“南方测绘杯”高校测绘技能大赛。

7月2日，学院旅游与商务管理系2014级电子商务班代表队在2015年全国职业院校技能大赛高职组电子商务技能比赛中获团体三等奖。

7月8日，贵州省科技厅调研员何琼一行为学院“黔粹传人工作室”众创空间授牌。

同日，驾校成功获得A1、A2、A3、B1车型汽车驾驶员培训和道路旅客运输驾驶员从业资格培训业务经营许可资格。

7月9日，口腔医学系代表队在2015年全国职业院校技能大赛口腔技能表演赛中，2013级（2）班姜幸成获口腔技能表演赛“黄炎培杯”牙体制备组比赛个人三等奖；2014级（5）班李田焕获雕牙和排牙组比赛个人三等奖；姜幸成获第十三届“日进杯”全国口腔医学技能大赛窝洞制备组三等奖；李田焕获雕牙和排牙组中的雕刻组三等奖。

7月14日，贵州省委组织部副部长于杰一行到学院考察调研。

7月21日，由文化部主办的“中国非物质文化遗产传承人群研修培训计划”刺绣提高班开班仪式在学院举行。

8月6日，贵州省文化厅厅长许明一行到学院视察“中国非物质文化遗产传承人群刺绣提高培训班”培训开展情况。

8月12日，离退休干部党总支书记郤化彩和离退休第一党支部书记罗前珍带领学院一校区离退休党员医学专家、教授一行10人，前往三穗县城关镇开展为期一天的义务下乡送医送药活动。接诊病人115人，开具处方101张，免费发放各种常用药品价值700余元，发放健康与卫生防疫保健资料500多份。

同日，文化部非物质文化遗产司管理处处长荣书琴到学院检查指导工作。

8月21日，吴勇任学院教务处处长。

8月27日，淘宝大学黔东南电子商务人才培训基地授牌仪式暨黔东南州百千万电子商务人才培训启动仪式在学院举行。黔东南州委书记、州电商工作领导小组组长李飞跃一行参加仪式。学院被授予“淘宝大学黔东南电子商务人才培训基地”。

9月8日，护理系学生任倩桃获2015年赴加拿大学习奖学金。

9月11日，中国光华科技基金会捐赠的第二批4.5万余册图书到达学院图书馆，本批图书涵盖学院所有专业学科。

同日，学院召开第二届第七次教职工代表大会暨第二届第七次工会代表大会，学院领导张恩莲、陈文祥、潘盛荣、王贵生、曹庆旭、杨玲、罗春寒、吴文勇及教职工代表、特邀代表128人出席会议。本次会议专题讨论审议《黔东南民族职业技术学院章程（草案）》，并作出《关于黔东南民族职业技术学院章程（草案）的决议》。

9月14日，学院获贵州省省级大学科技园立项。

9月15日，学院教师李魏飞、李桂兰、杨珍珍入选2015年度黔东南州“三区”人才支持计划科技人员，并分别获项目经费2万元。

9月15日，学院教师刘志贻被录取为“西部地区人才培养特别项目”公派出国留学人员，留学期限为6个月，留学身份为美国加利福尼亚大学圣迭戈分校访问学者。

9月16日，黔东南州教育局第四检查组组长邓明等一行到学院检查2015年秋季开学工作。

9月17日，学院教师曹胜、邹波、周黎、田景文获2015年黔东南州科技计划项目立项。

同日，贵州省民族宗教事务委员会巡视员、省民宗委副主任刘晖一行到学院进行民族民间文化教育传承创新工作调研。

9月22日，贵州省职业技能鉴定指导中心专家组付也军、杨琳、熊代恩到学院开展新增鉴定工种评审工作。

9月25日，贵州省妇联副主席周培芝带领全国相关省区市妇联领导一行18人到学院开展调研活动。

9月26日，学院教师杨雄在贵州省外语学会年会暨贵州省第三届“创新杯”大学英语教学大赛中获专科组二等奖。

10月10日，湖南中医药大学党委委员、副校长、研究生院副院长周小青和国家新药评审专家、药学博士邹龙到学院进行学术交流。

10月12日，学院举行2015年全州基层农技人员培训第一期开班典礼，全州280余名农技人员参加培训。

同日，学院举行黔东南州SYB创业师资培训班开班仪式，全州各县就业局领导、职校教师和学院部分老师参加培训。

10月14日，学院退休教师黄润军在贵州省老龄委办、省委老干部局、当代贵州期刊传媒集团联合开展的“贵州魅力老人”评选活动中获“美丽贵州、魅力老人”称号。

10月15日至17日，西南地区高校档案工作联盟第三届年会暨学术会议在学院召开，此次会议有来自四川大学、重庆大学、云南大学、贵州大学等78所高校档案馆馆长、档案业务骨干等178人参加。

10月16日，贵州省教育厅安稳处处长王应刚一行到学院就校园安全工作进行检查。

同日，学院45位县处级以上领导干部深入锦屏县河口乡贫困村，走访慰问贫困户139户，发放慰问金8.75万元。

10月19日，学院教师黄文平、刘志贻、王诗渊、曾菲菲、杨亚琴、李魏飞、田景文，分别获贵州省教育厅2015年度高等学院人文社会科学研究项目立项。

同日，六盘水职业技术学院党委书记杨兴祥、副院长张加一一行到学院参观交流。

同日，学院召开深化“铸廉行动”暨党风廉政建设突出问题集中专项整治会议，副科级以上领导干部参加会议。

10月23日，学院2015年下半年度科研课题结题验收工作完成，此次科研课题结题验收工作涉及贵州省教育厅人文社科项目6个、省教科规划课题2个，院级课题1个共9个项目。

10月24日，杭州市副市长陈红英一行到学院开展帮扶考察工作。

10月28日，贵州省妇联副主席周培芝一行到学院开展“贵州省锦绣计划工作现场观摩会”筹备工作调研活动。

10月27日至29日，离退休教职工代表队在黔东南州老年人门球比赛活动中获“黔东南州优胜奖”。

11月1日，学院组队参加由贵阳学院主办的贵州省第二届“联盟杯”高校英语写作大赛，获组织奖。其中2015级药学专业学生韩昕霞获特等奖；2014级口腔专业学生张莉和2015级助产专业学生杨洪芝分别获一等奖；2015级助产专业学生魏田子、2015级口腔专业学生刘芸和伍雪燕分别获二等奖；2015口腔专业学生胡孝萤、2015级护理专业学生李明艳获三等奖。

11月3日，黔东南州乡镇公务员培训在学院开班，学员来自全州16个县（市）共80人。

同日，学院“一站式”学生事务服务中心正式启动运行。

11月5日，学院道德讲堂举行“弘扬传统美德，塑造美丽人生”主题宣讲活动。

11月6日，学院举行银饰·刺绣·蜡染产业人才培养成果展。

11月9日，学院汽车服务中心大学生创业团队项目正式启动。

11月10日，台湾嘉南药理大学副校长陈建民一行到访学院，双方进一步拓展两校之间的合作与交流。

11月11日，中共黔东南州委国家安全工作领导小组下发《关于成立黔东南民族职业技术学院国家安全小组的批复》。

11月16日，美国田纳西大学教授Dr.Robert N.Trigiano和Dr.Denita Hadziabdic-Guerry、贵州大学赵懿琛副教授一行到学院进行访问交流。

11月17日，学院举行纪念抗日战争暨世界反法西斯战争胜利70周年专题讲座。

11月19日，学院加入贵州省草莓产业技术创新战略联盟。

11月24日，学院获“第一届贵州省职业院校民族民间文化教育传承创新项目”立项，分别是罗春寒博士主持的“民族手工艺品设计与制作”专业获得“民族民间文化教育重点支持专业（学科）”立项；杨文斌老师主持的“草染技艺传承与开发”获得“民族民间文化教育名师工作室”立项。

11月25日，学院以黔东南州九黎苗妹工艺品有限公司为申报主体，申报的贵州省科技厅2015年社会发展领域科技重大专项项目——“黔东南民族工艺品制作工艺关键技术研究及产业化”获立项。该重大专项下设4个子课题，学院参与“民族工艺品创意设计”“民族工艺品云销售模式与业态”2个子课题的研究。

同日，学院获贵州省教育厅《关于同意组建贵州大健康产业职业教育集团的批复》。

11月26日，贵州省副省长陈鸣明率贵州省妇女特色手工产业“锦绣计划”推进会代表一行80余人到学院现场观摩校企合作情况。

11月28日，学院开展2015年第二期职业技能鉴定工作，此次鉴定涵盖20个工种2493人，其中14个高级工种1773人、12个中级工种720人。

12月3日，贵州省教育厅、贵州理工学院专家组一行7人到学院“一站式”学生事务服务中心进行检查验收，对学院“一站式”学生事务服务中心给予肯定。

同日，贵州省国土厅副处长王红梅率2015年全省校园及周边治安综合治理工作考核小组一行对学院综治工作进行检查，并给予肯定。

同日，学院举行道德讲堂“礼敬中华优秀传统文化，助推大学生良好德性养成”主题宣讲活动，各系带队教师及学生代表1000多人参加。

12月14日，郑晓峰主持的三地联建“施秉县中药材项目研究成果汇编及中药材生产技术丛书编写”项目在贵州省科技厅结题。

12月18日，学院举行质量管理体系项目建设工作培训会议，国培认证培训中心职业资格认证部常务副主任吴大圣、国家注册高级咨询师顾静负责此次专题培训，全院教职工638人参加会议。

12月22日，学院大学生创业园在大学生活动中心正式开业，并有20个学生创业团队入驻。

同日，贵州省人大常委会委员、省人大环境与资源保护委员会主任委员郭猛一行7人视察学院发展改革建设情况。

12月24日，学院获贵州省教育厅表彰：2014级护理17、18班获得2015年贵州省普通高等学院先进班集体，2013级学前教育4班获得2015年贵州省中等职业学院先进班集体，朱胜月等22人获得2015年贵州省普通高等学院三好学生，肖雯雯等3人获得2015年贵州省中等职业学院三好学生，何欢等8人获得2015年贵州省普通高等学院优秀学生干部，欧江平获得2015年贵州省中等职业学院优秀学生干部，307名学生获得2015年度国家励志奖学金。

12月26日，2015年黔东南州技师（高级技师）考评工作在学院举行，本次考评涉及9个工种60人，其中高级技师8人、技师52人。

12月30日，学院副院长罗春寒率众创空间及招生就业办一行4人，参加在贵阳学院举行的贵州省众创空间战略联盟2015行业年会。

2016年

1月10日，湖南中医药大学继续教育学院院长陈革新、书记蒋文明一行5人到学院检查湖南中医药大学贵州函授站工作。

1月14日，贵州省人民政府副省长何力一行到学院调研指导工作。

1月21日，在黔东南州2014年度“十百千人才”评选中，学院教师曹胜入选“百人创新创业人才”，田绍东、莘海亮入选“千人专业技术人才”。

3月15日，学院召开大学生诚信档案建设工作启动会。

3月31日，州人民政府授予吴格娥、吴开岑为黔东南州第三批州管专家，授予邹黔荣、黄刚为第二批州级拔尖人才。

4月11日，台湾树德科技大学助理校长洪春棋等到学院进行交流访问。两校就交换生、教师互访、合作办学等方面的工作进行深入交流与探讨。

4月27日，国务院妇儿工委“两纲”中期评估督导组在国务院扶贫办副主任洪天云带领下到学院检查指导工作。

5月7日，学院召开第六次学生代表大会。大会投票选举产生学院第六届学生委员会委员43人，生物与环境工程系李丹当选第六届院学生会主席。审议通过第五届学生委员会工作报告的决议。

5月11日，国家民委教育科技司司长田联刚一行5人到学院督查指导民族教育工作并召开座谈会。

5月14日，文化部副部长项兆伦一行深入学院调研指导非物质文化遗产传承人群培训实施及非物质文化遗产保护工作情况。

5月15日，学院特邀众国人才集团创始人、大学生就业创业俱乐部发起人李耀文主持《互联网+就业创业智慧》讲座，参会师生达1000余人。

6月6日，学院与苏州工艺美术职业技术学院联合举办的“融创——苗·韵”主题教学课程，在苏州工艺美术职业技术学院举行开班仪式。

6月28日，学院召开《黔东南民族职业技术学院志》编纂启动暨培训会议。党委书记张恩莲作动员报告，州修志专家吴谋高作培训讲话。

7月7日至8日，学院召开第三届第一次教职工代表大会暨第三届第一次工会会员代表大会，出席会议的代表115名。会议选举产生学院工会委员会委员和工会经费审查委员会委员，并通过《黔东南民族职业技术学院“十三五”发展规划》。

7月30日，学院获得全国首批创新创业典型经验50强高校，成为至2016年全国30个民族自治州和贵州省唯一获此殊荣的高校。

8月23日，根据黔东南干任〔2016〕24号通知，潘盛荣调任黔东南州教育局调研员。

9月8日，黔东南州委书记李飞跃一行到学院开展慰问座谈，并为优秀教师代表张立琴、邹雪颁奖。

9月18日，学院党委书记张恩莲率扶贫工作组一行10人到学院帮扶点锦屏县河口乡文斗村开展遍访调研精准扶贫工作。实地调研走访慰问文斗上、下寨和38户农户家，送去计生专项经费3000元；3户计生贫困户慰问金1500元；35户贫困户慰问金1.75万元。

9月29日，贵州师范大学求是学院副院长吴大军一行到学院参观“黔粹传人众创空间”“大学生创业园”创新创业基地。

10月13日，科技部发布《关于公示第一批“星创天地”备案名单的通知》，学院承担的“黔东南培生星创天地”入选。

10月25日，学院举行2016年“扶贫日”现场公募活动。本次活动筹集善款4.69万元，参加捐款人数497人。

11月7日至11日，广东文艺职院艺术设计系主任张丹丹一行5人到学院开展校际互动交流。

12月2日，学院大学科技园成为西南地区大学科技园联盟成员单位，此联盟有西南大学、四川大学、贵州师范大学等26个成员单位，黔东南民族职业技术学院是唯一的高职院校。

12月13日，黄刚、杨群、邹波、杨燕玲、吴文勇、吴格娥、郑晓峰、陈治敏、杨胜坤、吴晓燕、曹庆旭、苏晓红、曹胜、何武14位教师入选贵州省科技专家库专家。

12月23日，学院举行社会科学界联合会成立大会暨第一次代表大会。选举产生学院社会科学界联合会第一届委员会及其常务委员会，罗春寒当选社科联第一届委员会主席，郑晓峰、龙章烈、闻芳、龙春平、苏晓红当选社科联第一届委员会兼职副主席，郑晓峰当选秘书长。

2017年

1月6日，学院获省教育厅批准高等学院人文社会科学研究项目：规划项目1个，思政课项目3个，辅导员项目2个，青年项目3个，自筹经费项目12个，最后甄选出10个上报项目，其中重点课题3项，青年课题3项，一般课题4项。

3月3日，学院召开第三届第二次教职工代表大会暨工会会员代表大会和第二届教学科研工作大会。学院党政领导，教职工代表和工会会员代表150余人参加。

3月10日，在贵州省教育厅公布的2016年贵州省高等职业教育人才培养质量提升工程项目评审结果中，学院口腔医学专业和药学专业等7个项目获得通过。

3月15日至18日，学院院长陈文祥、副院长吴文勇率党政办、教务处、科研处、民族职业教育研究所及10个系（二级学院）的主要负责人及相关人员先后赴江苏省苏州工艺美术职业技术学院、常州纺织服装职业技术学院开展交流学习和合作洽谈。

3月25日，在2017年贵州省职业院校护理技能大赛暨全国职业院校护理技能大赛选拔赛中，学院教师组杨芳丽获一等奖，高媛获三等奖；学生高职组苏诗华获二等奖，罗雨菲获三等奖；教师曾菲菲、吴婷获得优秀指导教师。

3月26日，在2017年贵州省职业院校技能大赛暨全国职业院校技能大赛选拔赛中，学院生物与环境工程系分别获得高职组林木种子质量检测、鸡新城疫抗体水平测定一等奖。此次比赛取得2个一等奖，7个二等奖，1个三等奖。

4月10日，在由共青团中央、全国学联指导，全国大学生创新创业联盟、中国青年报社主办的“2017年全国大学生创新创业峰会暨第十一届KAB创业教育年会”中，学院毕业生何亚峰获“大学生创业英雄百强”称号。

4月23日，学院召开第七次学生代表大会，182名学生代表参加会议。审议通过学院第六届学生委员会作的工作报告。选举产生学院第七届学生委员会委员43人。财经系龙美君当选学院第七届学生会主席。

5月6日至9日，在“巽震杯”第九届全国旅游院校服务技能（饭店服务）大赛中，学院获1个优秀组织奖，1个二等奖、2个三等奖、1个优胜奖。此次大赛有全国258所院校799名选手参赛。

5月14日，在贵州省2017年第26届全国城市节水宣传周“贵州·凯里”全省启动仪式活动会上，学院被授予“省级节水型学院”称号。

5月16日至18日，学院党委书记张恩莲、院长陈文祥一行赴苏州工艺美术职业技术学院学习交流，苏州工艺美院党委书记孙丽华、院长范卫东等接待陪同。两校就专业建设、教学科研、人才培养等方面进行深入交流讨论。

5月24日，学院举行第四届学术委员会第一次会议，会议审议通过《黔东南民族职业技术学院第三届学术委员会工作报告》和修订的《章程》，选举产生新一届学术委员会主任罗春寒，副主任吴开岑、杨彩鸾、宋开旭、郑晓峰，秘书长郑晓峰。

27日，黔东南州委副书记杨昌鹏一行到学院走访慰问科技工作者。

6月8日，教育部思政课专家、贵州交通职业技术学院教授张静到学院开展思政课听课调研指导工作。

6月13日，文化部、教育部中国非物质文化遗产传承人群研修研习培训计划·黔东南民族职业技术学院刺绣培训班举行开班仪式。

24日，学院建筑工程系与贵州恩方工程建设咨询有限公司举行校企合作签约暨挂牌仪式，此次校企合作标志着双方在学生就业推荐、顶岗实习实训基地建设、大学生创新创业教育等多个方面合作关系正式建立。

7月7日，文化部、教育部中国非物质文化遗产传承人群研修研习培训计划——蜡染普及培训班在学院举行开班仪式。

7月19日，中国科学院院士、中国科学院水生生物研究所研究员、北京大学教授朱作言，中科院地理科学与资源研究所研究员张义丰一行到学院围绕学院建设和发展、教学科研召开座谈会。

7月30日，在贵州省第三届“互联网+”大学生创新创业大赛决赛中，学院学生设计的创业项目—“519校园团—贵州高校联盟”获得金奖，学院获得优秀组织奖。

8月27日，在由贵州省教育厅举办的2017年贵州省职业院校信息化教学大赛中，学院建筑工程系教师曾纪亮、宋林波、杨伊玲的《框架梁识图与工艺》信息化教学设计获高职组二等奖。此次比赛有全省各职业院校33个参赛队的102件参赛作品参加。

9月3日，学院2016届旅游工艺品设计与制作专业毕业生杨从森参与跨界合作的银饰系列作品——EIGHT银饰首饰系列九件套首次进入荷兰CODA博物馆。

9月15日，学院召开创建省级优质高职院校动员大会。学院党政领导出席会议，全院教职工及学生代表1000余人参加会议。

10月9日，学院万达校区图书馆开放使用，配有2个阅览室、1个电子阅览室，可同时容纳400余人阅读，有各类图书4万余册。

10月27日至28日，在由中国职业技术教育学会卫生教育专业委员主办的2017全国首届高等职业院校临床医学专业技能大赛中，学院临床医学系苏启财获胸膜腔穿刺技术个人项目二等奖；刘丹获肝脏触诊技术个人三等奖。此次全国有44所高等职业院校176名选手参赛。

11月6日，国家电子商务协会副会长闵祥涛一行到学院旅游与商务管理系就共建校企合作进行深度考察调研。

11月23日，学院院长陈文祥代表学院与苏州工艺美术职业技术学院签订对口帮扶协议。

11月25日，学院财经系15级会计专业学生张家梅获“中国电信奖学金·天翼奖暨践行社会主义核心价值观先进个人标兵”称号。

11月28日，2017贵州省优质校立项建设实地评审专家组组长、教育部职业教育诊断与改进专家委员会副主任委员、新疆农业职业技术学院原院长王毅一行到学院指导工作。

12月2日，在第八届“外研社杯”全国高职高专英语写作大赛总决赛中，学院2016级临床医学专业学生毛海鑫获全国非专业组二等奖。

12月7日，贵州民族大学美术学院党委书记王雅菲、副院长范昭平一行到学院“黔粹传人”众创空间参观考察。

12月8日，学院召开第三届第三次教职工代表大会，参会代表118人，大会审议通过《奖励性绩效工资分配办法》《超课时奖励性绩效工资发放办法》。

12月10日，前中美贸易全国委员会会长、现任卡特中心中国项目高级顾问、耶鲁大学中国现代史博士柯白一行到丹寨万达校区考察，柯白作题为“友谊之桥：回顾来华四十年故事，展望共同的未来”讲座，万达校区150余名师生参加。

12月26日，文化部、教育部中国非物质文化遗产传承人群研修研习培训计划·黔东南民族职业技术学院刺绣培训班在学院举行开班仪式。

12月27日，教育部公布教育部职业院校文化素质教育指导委员会委员名单，学院副院长曹庆旭当选校园文化建设专门委员会委员，副院长罗春寒当选文化传承与创新专门委员会委员，委员由教指委聘任，任期四年。

2018年

2月1日，黔东南州政协主席文松波到学院走访慰问高层次人才吴开岑、吴格娥。

3月5日至9日，学院建筑工程系对镇远县81名精准扶贫对象进行建筑技能上岗培训，涵盖钢筋工、混凝土工、砌筑工和弱电工4个工种。

3月19日，文化部、教育部中国非物质文化遗产传承人群研修研习培训计划·黔东南民族职业技术学院刺绣普及培训班举行开班仪式。

3月23日，学院召开第三届第三次教职工代表大会暨第三届第三次工会会员大会，117名与会代表和14名特邀代表参会。

3月24日，贵州省委副书记、省长谌贻琴到丹寨万达校区检察指导工作。

3月29日，学院召开校史馆、生态农业馆、黔东南民族医药馆三馆陈列大纲专家评审会。黔南州民族博物馆馆长韦云彪、黎平会议纪念馆馆长张中俞、镇远县文物管理局文博馆员胡弘、黔东南州民族医药研究院主任医师龙运光对“三馆”陈列大纲进行评审。

4月26日，学院举行文化和旅游部、教育部中国非物质文化遗产传承人群研修研习培训计划第二期刺绣培训结业典礼。

5月22日，浙江大学科技园主任、国家级大学科技园评估专家葛朝阳一行到学院实地考察大学科技园黔粹传人众创空间的银饰、刺绣创客空间，大学生创业园，走访黔承世锦创业团队，并开展“大学科技园运营及管理知识讲座”。

5月25日，北京市高等教育学会秘书长、北京教科院高教所研究员王晓燕一行到学院针对现代职业教育体系进行调研。

6月19日，学院副院长杨玲、罗春寒，组织部部长吴如金、宣传统战部副部长李立新、物联网技术系党支部书记田景德到剑河县南加镇开展脱贫攻坚春风行动大讲习活动。

6月25日，学院党委副书记、院长陈文祥一行到施秉县双井镇平寨村开展脱贫攻坚“春风行动”大讲习。

7月3日，审计署副审计长陈尘肇、贵州省副省长吴强一行到学院丹寨万达校区就培养技术型、应用型、创新型人才视察指导工作。

7月8日，中国人民大学党委书记靳诺一行到学院丹寨万达校区就办学特色、人才培养展开调研。

9月9日，首届黔东南民族服饰设计大赛决赛评委、东华大学服装学院教授王建萍一行到学院考察民族文化创意产业人才培养和专业办学情况。

9月14日，全国人大常委会副委员长曹建明率全国人大常委会专题调研组对贵州民族教育工作开展专题调研期间，深入学院进行走访，对学院的校企联合办学模式表示肯定。

9月18日，学院生物与环境工程系学生王娟负责的“飞剑潭景区林旅综合体”项目入围首届全国林业创新创业大赛命题组半决赛。

9月25日，学院陈文祥、吴文勇、闻芳、李欢、刘杰、杨清华、吴勇等完成的《“以生为本、三元贯通”的民族地区高职院校创新创业教育体系构建与实践》；闻芳、曹庆旭、杨曦、陈静、赖建书、赵玮、潘恒志、杨捷等完成的《民族地区高职特色旅游人才“一路径、双融入、三引领”培养模式的探索与实践》两项成果，获4年一度的国家级教学成果奖职业教育成果二等奖。

10月14日，中组部办公厅副主任王彦昆一行到学院就民族文化特色办学，深化校企合作办学思路和学生创新创业开展调研。

11月1日，贵州省职业技能鉴定指导中心副主任何德一行到学院进行职业技能鉴定工作质量评估检查和专项检查。

11月12日，学院黔粹传人众创空间入驻企业——丹寨县国春银饰有限责任公司总经理、民族文化创意产业系教师王国春获贵州省第二届“贵州工匠”。

11月19日，学院教师吕昌清、莘海亮入选贵州省第四批“甲秀之光”访问学者。

12月7日，贵州省委宣传部、省工业和信息化厅、贵阳市人民政府联合主办，省民宗委、省文化和旅游厅、省商务厅、省投资促进局、团省委、省妇联承办的“2018年中国（贵州）国际民族民间工艺品·文化产品博览会”中，学院民族文化创意产业系教师谢白杨的《牛角书生·漆乡银地》获铜奖。

12月21日，学院科学技术协会成立大会暨第一次代表大会召开，贵州省科协科普部部长黄穗，黔东南州科协副调研员刘志明，学院领导和200名科协代表参加大会。选举产生学院科协第一届委员会委员。学院党委委员、副院长罗春寒当选为第一届委员会主席，吴寿锋、邹波、宋开旭、郑晓峰当选为第一届委员会副主席，郑晓峰兼秘书长，王学陶为副秘书长。

12月25日，学院召开直属机关党总支换届选举党员大会。张恩莲、陈文祥、吴一生、曹庆旭、杨玲、杨文富、吴如金、龙军以普通党员身份参会，直属机关党总支全体党员参加会议。吴如金、李立新、刘静、杨昌平、黄显琴当选为新一届直属机关党总支委员。

2019年

1月11日，学院召开第四届教学科技工作大会。党委副书记、院长陈文祥出席会议并讲话。副院长杨玲、吴文勇，组织部部长吴如金，宣传统战部长龙军出席会议。各系、各部门主要领导及教学科技工作代表参加会议。会议由党委副书记吴一生主持。

3月7日，贵州省教育厅副厅长鞠洪一行5人到学院就学院安全稳定等工作调研督查。

3月10日，全国妇女手工协会副会长陈元绥一行到学院考察。

3月12日，台湾弘光科技大学两岸事务处执行长陈俊良到学院交流访问。双方就交换生、教师交流互访、科研合作等方面工作进行深入交流与探讨。

3月22日，学院党委书记张恩莲率队赴脱贫攻坚定点帮扶村——锦屏县加池村开展帮扶工作。

3月25日，中国（南方）现代林业职业教育集团2019年校长联席会议在学院召开。来自广西、广东、浙江等11个省的集团各理事单位负责人出席会议。学院党委书记张恩莲、副院长吴文勇出席会议，会议由广西生态工程职业技术学院院长、中国（南方）现代林业职业教育集团理事长罗掌华主持。

4月2日，学院召开扫黑除恶专项斗争推进会议。党委书记张恩莲出席会议并讲话。全体教职工参加会议。

5月14日，经省教育厅核准，《黔东南民族职业技术学院章程》正式印发，学院章程建设工作全部完成。

5月27日，“彩虹路——民族青少年艺术教育公益行活动”民族文化艺术交流座谈会在学院举行。国家民委港澳台办副主任兰海滨，中央人民政府驻澳门特别行政区联络办公室文化宣传部处长李凤洲等参加会议。

6月1日，学院学生陈正炎、刑菊等64人获“2019届贵州省普通高等学校优秀大学生”称号。

6月11日，学院召开第三届第五次教职工代表大会暨第三届第四次工会会员代表大会。院领导张恩莲、陈文祥、吴一生、杨玲、罗春寒、吴文勇、杨文富、吴如金、龙军出席会议。118名正式代表和7名特邀代表参加会议。会议补选5名工会委员会委员。

6月12日，学院召开民艺学院成立大会。会议选举产生第一届理事会领导班子并讨论确定民艺学院领导班子人选。大会举行揭牌仪式，张恩莲和杨仁福为民艺学院揭牌。

6月15日，学院召开第九次学生代表大会。党委副书记吴一生等学院领导及凯里学院、贵州电子信息职业技术学院等兄弟院校学生会代表及学院学生代表182人参加大会。会议投票选举产生学院第九届院学生委员会委员59人，财经系学生蔡坤生当选为学生会主席。

7月1日，学院护理系第一党支部获黔东南州庆祝建党98周年“七一”表彰大会“全州脱贫攻坚先进党组织”称号。

7月2日，学院举行庆祝中国共产党成立98周年暨“七一”表彰大会。大会对54名优秀共产党员、21名优秀党务工作者、17个先进基层党组织进行表彰。

7月9日，美籍华人时装设计师、跨界艺术家陈野槐在学院以《非遗传承和时装结合》为主题作报告。

7月18日，学院党委书记张恩莲率党委副书记吴一生等学院领导到月亮山腹地从江县加鸠镇裕民村走访护理系扶贫班学生王凤兰、蒙诗涵等。

8月5日，中国人民大学哲学院院长郝立新率中央马克思主义理论研究院、建设工程重大项目《马克思主义传播方式研究》、国家社科基金重大项目《中国特色社会主义文化发展道路研究》课题组一行13人到学院开展调研指导工作。

8月29日，学院党委副书记吴一生，党委委员、纪委书记杨文富一行5人赴剑河县南加镇开展脱贫攻坚帮扶调研。

9月3日，学院苗侗汉三语唱响《我和我的祖国》快闪视频在贵州卫视进行长达1分多钟的播报。

9月9日，黔东南州委副书记、州长罗强到学院慰问教师代表徐万明、郑盼盼。

9月23日，第二十二届全国推广普通话宣传周闭幕式在学院举行。教育部副部长、国家语委主任田学军，贵州省副省长、省语委主任魏国楠等领导出席。

9月27日，学院举办“不忘初心、牢记使命，我与祖国共奋进”庆祝中华人民共和国成立70周年文艺晚会。

10月11日，学院举行第十四届技能竞赛月活动暨民族文化创意产业系第二届民族民间手工艺创新创意技能竞赛。

10月23日，万达集团首席总裁助理刘明胜一行6人到学院参观调研。

10月31日，贵州省委组织部干部一处处长李军、黔东南州委组织部副部长潘秀宇、省委第七巡回指导组联络员杨杰勇一行到学院指导“不忘初心、牢记使命”主题教育相关工作。

11月8日，学院党委副书记、院长陈文祥率队赴榕江县兴华乡高排村开展扶贫调研。

11月11日，学院2019届毕业生潘凤英的优秀事迹被编入由贵州省教育厅编著、贵州出版集团贵州人民出版社出版的《追逐梦想2019·贵州百名优秀大学毕业生事迹选编》一书中。

11月21日至22日，由贵州省委教育工委、省教育厅主办，贵州民族大学承办的第六届贵州省高校辅导员素质能力大赛中，学院旅游与商务管理系辅导员杨雨婷获三等奖。

11月25日，在贵州省大学生校园文化活动之“青年说·70年”抖音视频大赛中，学院护理系18助产2班姬艳、龙晶晶，建工系18建筑2班刘嘉鑫、龙腾、熊倩、林丹，分别获三等奖；临床系18康复1班张应黎、李文艳获优秀奖。

12月20日，学院民族文化创意产业系获贵州省社会科学界联合会“学术先锋号”称号。

12月21日，在由贵州省教育厅主办、贵州师范学院承办的第十四届全省大学生校园文化活动月——首届贵州省高校师生文化创意大赛中，学院民族文化创意产业系工艺美术品设计专业的黄诗豪、李帅的作品《银鼠壶·珠联璧合银饰系列》获省级二等奖，何元松的作品《锤纹壶》获省级三等奖，陈恩江、杨熹的作品《一夜抱福·荷气生财》获省级优秀奖。

12月28日至29日，学院党委副书记、院长陈文祥一行深入锦屏县河口乡加池村、文斗村，走访慰问建档立卡贫困户，对学院帮扶加池村建立的养鸡基地和养蜂基地进行调研。

12月30日，根据黔干任〔2019〕864号文件通知，邱兴萍任学院党委委员、书记；张恩莲不再担任学院党委书记、委员职务。

2020年

1月8日，学院召开2019年度党总支书记抓党建工作述职评议会。

1月10日，根据黔府任〔2020〕2号文件通知，杨玲任学院院长，陈文祥不再担任学院院长。

同日，学院“不忘初心、牢记使命”主题教育总结大会在行政楼9层会议厅召开。会议全面总结主题教育开展情况，对进一步巩固和深化主题教育成果作出安排部署。

1月14日，学院党委书记邱兴萍，党委副书记、院长杨玲率队到榕江县兴华乡高排村看望慰问学院挂职扶贫干部。

1月28日，学院党委召开专题会议，学习贯彻习近平总书记在2020年春节团拜会上的讲话精神和关于对新型冠状病毒感染的肺炎疫情防控工作的重要指示批示精神，贯彻落实中央、省、州关于新型冠状病毒感染的肺炎疫情防控工作重要会议和文件精神，安排部署相关工作。学院党委书记邱兴萍主持会议并讲话，学院党委副书记、院长杨玲作工作部署。

2月6日，学院召开抽派干部赴凯里市参加疫情防控工作行前动员培训会，此次抽派23名干部赴凯里参加疫情防控工作。

2月10日，学院组建4个临时党支部，全面负责4个老校区家属区的疫情防控工作，提供24小时全天候服务。

2月22日，学院护理系2017级学生龙旭婷作为贵州省第九批援鄂医疗队成员之一，前往湖北省鄂州市参加援鄂抗疫工作。

2月27日，学院党委书记邱兴萍率队赴榕江县兴华乡高排村开展扶贫调研。

3月13日，学院与剑河县人民政府签订“校农结合”框架协议。学院党委副书记吴一生主持签约仪式。剑河县委副书记罗忠勇与学院党委委员、副院长罗春寒代表双方签署协议。

3月16日至17日，学院党委书记邱兴萍，党委副书记、院长杨玲率队到榕江县兴华乡高排村开展脱贫攻坚调研帮扶工作。调研组举行“学院‘双扶’课堂”挂牌仪式，并就“双扶”课堂的扶贫工作目标、扶贫思路与高排村村干进行深入交流。

3月20日，学院医药技术系教师潘大波主持的《苗药复方苗格郎妇人福HPLC指纹图谱构建、化学成分检识及治疗盆腔炎性疾病后遗症的多靶点作用机制研究》项目获贵州省科技厅2020年度科技支撑计划项目立项。

3月22日，中国振华电子集团有限公司党委书记、董事长付贤民一行到学院开展合作交流。参观学院“黔粹传人”国家级众创空间，并就下一步推进相关专业人才培养、公司文化产品开发、研发基地共建等进行座谈。

3月24日，学院党委委员、副院长罗春寒一行到榕江县兴华乡高排村调研党建扶贫工作，并对高排村农产品产销形态进行全面调研。

3月25日，黔东南州委常委、州人民政府副州长郑秀全一行到学院调研指导工作。参观学院医药技术系的实验室、研究室、实训中心和种子备份基地。

3月23日至25日，学院建筑工程系2020年省级科技特派员团队成员何亚峰、钱正安、部昌东、宋林波、全宏旭，深入从江县洛乡镇、加鸠镇开展科技服务，实地走访平洛村、新平村、合法村等14个行政村，为当地种桑养蚕、生猪养殖和地质灾害安置等项目规划提供无人机航拍技术服务。

3月25日至26日，学院党委书记邱兴萍率队走访慰问学院派驻锦屏县河口乡加池村脱贫攻坚驻村干部潘胜维，挂任黎平县平寨乡党委副书记伍宏成。

4月15日，学院申报的“黔东南民族民间工艺品产业链构建研究”项目获2020年度州委重大问题调查研究课题立项。

4月22日，黔东南州委教育工委副书记、州教育局党组成员吴作钊一行到学院检查开学防疫准备工作。实地察看学院大门检测点、行政楼检测点、观察室、医务室、食堂等地的准备和使用情况，认真听取学院领导关于开学各项准备工作的情况汇报。

4月23日，学院获黔东南州精神文明建设指导委员会办公室命名表彰为2017—2019年度全州“文明单位”。

4月27日，学院在2019年度州直单位定点扶贫工作考核中获黔东南州扶贫开发领导小组评为“优秀”等次。

4月27日至29日，学院组织召开“职业教育兴黔富民行动计划”特色骨干专业建设项目院级评审。有9个专业、7个教学系参评。

4月30日，学院召开2020年春季学期领导干部会议。学院党委书记邱兴萍主持。

5月8日至9日，学院举行2020年春季学期第1期辅导员培训，学院全体辅导员参加，党委委员、副院长曹庆旭到会指导。

5月11日，学院召开关心下一代工作会议。会议宣读新一届关工委领导成员名单，传达《黔东南州教育关心下一代工作委员会2020年工作要点》《学院关心下一代工作委员会2020年工作要点》。

同日，学院获中共黔东南州委、黔东南州人民政府联合授予的“文明单位”称号。

同日，学院党委书记邱兴萍，党委副书记、院长杨玲一行赴中国振华电子集团考察交流。双方就下一阶段在产学研方面的合作进行座谈交流，对科技项目申报、教师能力提升、人才培养和学生就业等问题达成共识，并举行校企合作签约仪式。

5月15日，学院党委召开2020年党风廉政建设工作部署会暨警示教育大会。学院副科级以上领导干部参加会议。

5月20日，学院召开第三届第六次教职工代表大会暨第五次工会会员代表大会。学院领导及119名正式代表和7名特邀代表参加会议。审议通过学院《2019年财务收支执行和2020年财务收支安排情况报告》《2019年工会工作报告》《2019年度工会财务及经费审查工作报告》。

5月21日至22日，学院党委书记邱兴萍，党委副书记、院长杨玲带队到榕江县开展定点帮扶和教育扶贫调研，实地查看学院参与帮扶的高排村停车场、垃圾车等项目，听取学院派驻高排村第一书记杨宏松对高排村目前村容村貌、生猪销路等情况的汇报；到榕江县中等职业学校就帮扶“9+3”县职业教育高质量发展助推脱贫攻坚工作与榕江县教育科技局党组第一书记杜玉清及榕江县中等职业学校相关负责人进行座谈交流。

5月27日，学院获省委教育工委、省教育厅、省精神文明办、省委网信办、团省委共同举办的第十四届“多彩校园·闪亮青春”全省大学生校园文化活动19个奖项表彰，其中特等奖1项，一等奖1项，二等奖2项，三等奖8项，优秀奖4项，优秀组织奖1项，优秀易班轻应用快搭奖1项，最佳项目奖1项。

同日，学院党委书记邱兴萍，党委副书记、院长杨玲、党委副书记吴一生、副院长吴文勇一行6人到贵州医科大二附院开展校院合作洽谈。双方就建立沟通协调机制，分专业、分层次开展全面沟通交流，制定细化合作方案，明确具体合作内容，建立共建共享合作机制等方面达成共识。

5月29日，第四个全国科技工作者日，黔东南州人民政府副州长秦扬远到学院开展慰问活动。

同日，学院召开党委理论学习中心组集中学习研讨会。党委书记邱兴萍主持会议并作总结讲话。党委副书记、院长杨玲，学院其他党政领导班子成员，各党总支、系（部）主要负责，直属正科级部门主要负责人参加会议。

6月2日，学院民族文化创意产业系党总支副书记郑凯平（主持工作），率队到贵州锦绣空间装饰公司就产教融合等工作进行座谈交流。

6月5日，学院张江龙等6位教师主持的项目获得省教育厅2020年度高等学校人文社会科学研究立项项目。

同日，贵州省教育厅督学（正厅级）、省委教育工委委员王碧海，黔东南州委副书记汤越强一行到学院调研指导工作。

6月12日，学院举行“2020年中国文化和自然遗产日”暨黔东南职业技术学院民艺学院成立一周年纪念活动。活动发布“2020届民艺学院毕业生作品展”“学院与苏州工艺美术职业技术学院主题教学——黔东南工坊成果展”。

同日，贵州省人大选任联委副主任委员、州关工委主任梁承祥一行到学院开展调研指导工作。

6月13日，学院举办2020年“文化和自然遗产日”暨以“非遗传承，健康生活”为主题的非遗小工匠蜡染体验活动。

6月22日，学院召开《学院学报》复刊座谈会。党委书记邱兴萍出席座谈会并讲话。

6月24日，在黔东南州社会科学界联合会第七次代表大会上，学院罗春寒当选州社科联第七届委员会兼职副主席，苏晓红当选州社科联第七届委员会委员。

同日，学院党委第四轮巡察集中反馈会召开。学院党委书记邱兴萍出席会议并讲话。学院党政领导班子成员出席会议，各系各部门负责人参加会议。

6月28日，学院党委副书记吴一生率队到锦屏县加池村开展扶贫调研，实地查看学院帮扶项目蜜蜂养殖情况，并与村两委座谈。

同日，万达集团董事长王健林到学院丹寨万达校区考察。

6月28日至29日，学院党委书记邱兴萍一行深入榕江县寨蒿镇、榕江县兴华乡、榕江县高排村开展“迎七一、学党史、话脱贫”主题党日活动，并组织学院民主党派人士深入高排村开展“送医送药”活动。

6月29日，学院举办第五届全省高校青年教师教学竞赛院内选拔赛。选拔赛有文科、医科、高职高专理科、高职高专工科、思政专项等5个组别。学院有医学、艺术、旅游等多个专业的11名青年教师参加。评选出院级一等奖1名、二等奖2名、三等奖3名，推选5个作品分别参加第五届全省高校青年教师教学竞赛的5个竞赛组别。

6月30日，学院举办“青春向党·职教报国”诗歌朗诵比赛。党委书记邱兴萍等学院领导出席。临床医学系代表队获一等奖，丹寨万达校区、护理系、文产系代表队获二等奖，医技系、物联网系、财经系、生环系、建工系、口腔系分别获三等奖。

同日，学院召开庆祝中国共产党成立99周年暨“七一”表彰大会。学院党委书记邱兴萍等领导均出席会议。大会表彰24个先进基层党组织、74名优秀共产党员以及21名优秀党务工作者。

7月8日，学院召开《黔东南民族职业技术学院志》终审会。学院党委书记邱兴萍主持会议。州政府办、州委宣传部、州地方志办、州教育局有关领导，学院有关退休老领导及老代表，以及调离学院的有关领导，学院领导班子成员，院志编纂人员50余人参加会议。《黔东南民族职业技术学院志》以高质量，全面通过州级终审。

7月15日，在由黔东南州人力资源社会保障局联合州发改委、州科技局、州扶贫办、团州委、州残联主办的以“创响新时代，共圆中国梦”为主题的第四届“中国创翼”创业创新大赛贵州赛区黔东南州选拔赛中，学院护理系“黔康月嫂”“众康护理”分别获创业主体赛创新组、创业项目组三等奖；生物与环境工程系“革一枇杷”“林下蜂狂”分别获创业主体赛创新组二等奖、创业扶贫专项组优秀奖。

7月20日，学院与黔东南州中医院举行签约仪式。学院党委副书记、院长杨玲等领导参加仪式。双方共同签订《黔东南州中医医院、学院合作协议》，并举行黔东南州中医医院临床技能实训基地揭牌仪式。

7月23日，学院与黔东南州农业农村局签订校政合作框架协议。学院党委副书记、院长杨玲，黔东南州农业农村局党组书记、局长王辉等出席签约仪式。双方签订《黔东南州农业农村局学院合作协议》。

8月5日，学院民族文化创意产业系以“黔艺·融”为时装主题参加“2020年中国（河南）国际大学生云上时装周”系列活动，并进行云上时装周首场院校毕业设计作品T台秀。学院参赛作品设计灵感来源于贵州世居少数民族技艺以及少数民族的服饰文化，主要以黔东南苗侗服饰进行提炼，用学生的视野诠释新奇的黔东南，让中国风时装更具别样风韵。

8月13日，学院召开关于做好政府履行教育职责评价迎检工作动员会。党委副书记、院长杨玲出席会议并讲话。学院领导吴一生、曹庆旭、罗春寒、吴文勇、杨文富出席会议，党政办、组织部、宣传部等相关部门负责人参加会议。会议由副院长吴文勇主持。

8月30日至31日，学院党委书记邱兴萍，党委副书记、院长杨玲带队到榕江县兴华乡高排村开展扶贫调研，并与村“两委”及学院派驻干部开展座谈交流。

9月1日，贵州省非物质文化遗产传承人群研培计划学院第18期（蜡染）普及培训班结业。本次培训有大师讲座、传统技艺实践操作、设计创新训练、实地考察观摩、结业作品创作等。

9月2日，学院召开2020年秋季学期开学全体教职工大会，学院党政班子成员出席会议。全体教职员工参加会议。大会由学院党委副书记吴一生主持。会议表彰冉丽等101名优秀教师，胡蓉等28名优秀辅导员。

9月3日，根据黔东南干任〔2020〕765号通知，曾令波任学院党委委员、组织部（党校）部长（校长）。吴如金不再担任学院组织部（党校）部长（校长）职务。

9月7日，在贵州省教育厅举办的2020年贵州省职业院校技能大赛教学能力比赛中，学院旅游与商务管理系和民族文化创意产业系《民俗产品开发与服务》获一等奖；财经系《企业与员工的博弈》、护理系《“心中送炭”——教您如何正确地止血》获二等奖；物联网技术系《简易库题App设计》、临床系《心与心的交融》、马列部《习近平新时代中国特色社会主义思想》获三等奖。

同日，黔东南州委书记桑维亮到学院进行教师节慰问。学院党委书记邱兴萍，党委副书记、院长杨玲及其他班子成员参加慰问活动。

9月14日，学院“带货主播”成功晋级贵州省大学生巩固脱贫攻坚网络“带货主播”评选大赛复赛。

9月15日，根据黔东南府任〔2020〕63号通知，吴如金任学院副院长。

9月16日，学院召开2019年度政府履行教育职责督察检查报告会。贵州省督导办调研员肖润、黔东南州教育局副局长谢志军及学院领导杨玲、吴一生、曹庆旭、杨文富、吴如金出席会议，相关职能部门负责人参加会议。

9月18日，学院与贵州医科大学第二附属医院举行合作签约仪式。贵州医科大学第二附属医学院党委书记饶立、院长陆方阳，学院党委书记邱兴萍，党委副书记、院长杨玲等出席仪式。双方共同签订贵州医科大学第二附属医院与黔东南民族职业技术学院合作协议。

同日，学院党委书记邱兴萍，党委副书记、院长杨玲一行到贵州电子信息职业技术学院交流学习，双方就两校专业特色、人才培养、优势资源共享进行座谈交流。

同日，学院组织科级干部50人到麻江县反腐倡廉警示教育基地开展警示教育活动。

10月13日，学院举行2020级新生军训动员大会。学院党委副书记吴一生、凯里军分区参谋张国宏及学院其他领导，相关部门负责人，各系党总支书记、专职副书记参加大会。

同日，贵州盛华职业学院副校长盛华一行到学院围绕办学情况、学科和团队建设进行调研，实地参观校史馆、蜡染教室、银饰制作工作室以及大学生创业基地。

同日，学院举行“砥砺青春使命，思辨2020”辩论赛总决赛。大赛特邀贵州大学辩论赛冠军顾业嵩、黔东南广播FM89.8主持人乐天和思扬、凯里学院辩论团队参加活动。

10月15日，学院组织召开2020年党务工作务虚会议，党委书记邱兴萍出席并讲话。会议围绕加强基层党组织建设、意识形态工作、思想政治教育、基层团组织建设、职工福利发放等事宜展开讨论。

10月21日，学院旅游管理专业示范点获全国优秀旅游类示范专业点。

同日，黔东南州委副书记、州长罗强到学院调研。学院党委书记邱兴萍，党委副书记、院长杨玲向罗强汇报学院近年来的办学成效和贵州省“双高”项目申报情况。

10月22日，黔东南州委副书记、州长罗强到学院，以“趁青春乘风破浪　以奋斗逐梦远航”为题作脱贫攻坚形势与政策报告。

10月26日至27日，学院党委书记邱兴萍，党委副书记、院长杨玲率队到榕江县高排村开展扶贫调研工作，并增派3名干部充实高排村脱贫攻坚力量。

10月28日，凯里学院院长宋建波、副院长龙健一行5人，围绕两校整合各自优势资源，进一步加强合作，共同为地方输送更多优秀的医疗健康行业人才等方面到学院考察交流。

11月5日，学院承办的2020年度州委重大问题调研课题——“黔东南民族民间工艺品产业链构建研究”在专家评审中获一等奖。

同日，学院党委书记邱兴萍、党委副书记吴一生一行5人到台江县萃文街道南省村开展产业调研。实地察看南省村的油茶、黄精和白茶种植基地，并看望学院选派到萃文街道的挂职干部李林静。

11月6日，学院召开“十四五”发展规划编制工作推进会。党委副书记、院长杨玲，党委副书记吴一生，副院长吴文勇等领导出席会议。学院“十四五”发展规划各编制工作组负责人参加会议。

11月9日，在2020年贵州省职业技能大赛——全省水果行业职业技能竞赛中，学院生物与环境工程系代表队获果树组织培养、嫁接、病虫害识别防治及农药配制三个比赛项目的二等奖2个，三等奖2个。

11月11日，学院民族文化创意产业系代表队在第二届贵州省高校师生文化创意大赛中，谢白杨、卿斐的作品《归去来兮·漆语系列》获教师组冠军；17级工艺美术品设计专业吴华明的作品《以梦为马》、吴必坤的作品《扇天下》获学生组二等奖。

11月13日，伊春职业学院党委委员、副院长范烨一行4人到学院就校企合作、招生就业、课程设置、学生实训、实习等情况进行考察交流。

同日，学院举行“国家金牌导游黔东南工作站”挂牌仪式。

11月14日，学院召开第十次学生代表大会，学院党委副书记吴一生出席会议并讲话。凯里学院、贵州电子信息职业技术学院等兄弟院校学生会代表及学院180名学生代表参加大会。审议通过学院第九届学生委员会作的题为《坚定信念跟党走　改革创新寻发展　在促进校园文化大发展、大繁荣的征程中唱响青春之歌》的工作报告决议。投票选举产生学院第十届学生会主席团5人。

11月20日，在由省委教育工委、省教育厅举办的2020年贵州省高校“请抬头——听我来讲思政课”大学生讲思政课风采展示大赛决赛中，学院学生代表队获高职组“形势与政策”科目优秀奖。

11月24日，在由贵州省教育工委、贵州教育厅、共青团省委主办的“青春思辨·2020全省大学生辩论赛”中，临床医学系的郑诗垚、董玉龙，旅游与商务管理系的姚守环和口腔医学系的王浩辰4人组成的学院辩论代表队，获贵州省大学生辩论赛高职组季军。

同日，学院与福建省石狮市人力资源和社会保障局联合举办“招才引智·筑梦狮城——2020年学院—福建石狮名企”专场招聘会。本次招聘有20家知名企业参会，为会计、服装设计、电商等多个专业的学生提供150余个岗位。

11月26日，学院贵州省中药材产业——黔东南苗侗特色中药材产业实训基地项目通过贵州省教育厅、贵州省农业农村厅、贵州省中医药管理局的验收。

11月27日，学院召开创建省“双高”校动员大会，会议由学院党委书记邱兴萍主持。

12月1日，在贵州省第十五届“青春聚力，黔货出山”农产品品牌包装与设计大赛决赛中，学院选送的“耕萌——蜂蜜品牌包装设计·中国‘地图村’高排扶贫计划”获省级二等奖。

12月4日，黔东南州委常委、副州长魏世平到学院临床医学系第一党支部，作题为《贯彻新发展理念构建新发展格局，以忠诚干净担当在新发展阶段砥砺前行》的党的十九届五中全会精神宣讲。

12月5日，由凯里学院党委组织部部长杨和平任组长的全省高校党建示范创建和质量创优验收工作第六考察组，对学院护理系第一党支部全国高校党建工作样板党支部开展验收工作。

12月7日，学院党委第二次代表大会召开，黔东南州委常委、州委组织部部长王勋国到大会指导并讲话。大会正式代表100名，实际到会代表100人。

12月8日，学院党委第二次代表大会闭幕。大会选举产生新一届党委委员9人，分别是龙军、杨玲、杨文富、吴一生、吴如金、邱兴萍、罗春寒、曹庆旭、曾令波全票当选；纪委委员5人，分别是龙昌武、杨群、杨文富、张宜坤、陈再东全票当选。大会表决通过《中国共产党学院第二次代表大会关于〈中国共产党学院委员会工作报告〉的决议》《中国共产党学院第二次代表大会关于〈学院纪委工作报告〉的决议》以及《中国共产党学院第二次代表大会关于学院党费收缴、使用和管理情况报告的决议》。

12月14日，学院选送的《暖暖》获省委教育工委、省教育厅、省精神文明办、省委网信办、省文化和旅游厅、省团委主办的贵州省大学生“听黔地之风赞美好生活”民族团结主题舞台剧大赛决赛三等奖。

12月16日，学院教师彭文亮《贵州苗侗视域下养老护理产教融合与属地化创新》（著作）获贵州省教育厅举办的第四届高校人文社会科学研究优秀成果奖三等奖。

12月21日，学院清风书画协会唐文声的书画作品《反对铺张浪费，厉行勤俭节约》获贵州省教育厅主办的全省第六届大学生艺术展演书法类二等奖；手艺人协会的杨倩、郭艳红、周红艳的作品《黔艺蔚蓝》获设计类三等奖。

12月31日，学院生物与环境工程系教授吴格娥获贵州省教育厅颁发的贵州省高校服务农村产业革命“先进个人”荣誉称号。

上　篇

四

校

第一章 黔东南民族农业学校

第一节 发展概况

1956年，农村由初级农业生产合作社过渡到高级农业生产合作社，急需大量农业生产技术人才和经济管理干部。为此，贵州省人民委员会决定，每个专区创办一所农业合作干部学校，培训高级社主任、副主任、会计及农牧技术人员。3月，中共镇远地委拟筹建黔东南农业合作干部学校。9月，中共黔东南州委抽调吴传雍等10余名干部，着手筹建黔东南农业合作干部学校。12月16日，黔东南农业合作干部学校在凯里城东野狗冲成立，校长吴传雍。

1957年3月，学校第一期培训班正式开学。由全州各县农村工作部输送学员241名，分5个班，设农作、会计、畜牧3个专业，5月底结业后学员回原地工作。6月，举办第二期培训班，学员219人，9月底结业。10月，举办第三期培训班，学员265人，12月底结业。3期共培训学员725人。

1958年，第一期培训班分为初农班和高农班，学员250人。第二期培训班除初农班和高农班外，还开办一个大学班，初农班和高农班有学员750人，大学班有学员30人。同年，更名为凯里农业大学。

1959年6月1日，州委农工部将凯里农业大学更名为黔东南苗族侗族自治州中等农业技术学校。

7月，州委农工部恢复“凯里农业学校”（简称“凯里农校”）。

1961年7月，省委决定撤销农校，教职工全部分配到州、县农业系统各单位工作，在校生全部下放回乡生产。农校田土交由农民耕种，校舍由州农业、水利、气象等单位迁入办公，师生生产的粮食、蔬菜、禽畜等移交州农业局食堂，折价公款1.34万元上缴国库。

1962年至1963年，新建“黔东南州农业技术干部训练班”（简称“农干班”），周邦豫任副主任并主持工作。两年中，“农干班”培训农业技术干部252人。

1964年，恢复凯里农业学校，由农干班副主任周邦豫主持工作。9月，农校招生86人，分设作物栽培、土壤肥料两个专业，学制为3年。1965年9月，招初中毕业生102人。

1966年6月23日，州“文革工作组”进驻农校，7月成立“文化大革命”小组，领导学校进行“文化大革命”。同时，将学校更名为黔东南东风农业学校。1968年春，成立农校“革命委员会”。是年底，在校生全部分配到各县农业部门工作。学校再次停办。

1973年9月，省革命委员会将黔东南农校划归黔东南自治州农牧局主管，计划办成在校生规模为480人，设农学、植保、畜牧兽医专业，学制2年。是年招收农学专业学生96人，次年招收植保专业新生96人。

1975年，在全国“学朝农”（朝农：“朝阳农学院”的简称）的浪潮中，黔东南州革命委员会决定成立“五七农业大学”，将农校改名为“五七大学农业分校”。是年“五七大学农业分校”中专班停止招生，由县、公社推荐，州教办统一招收农学班学生42人、牧医班47人，按朝阳农学院的形式办学，学制2年。1977年夏，“五七农业大学”89名学生全部回乡，没有分配工作。

1977年10月，恢复招生考试制度后，“五七大学”农业分校设农学专业，统招新生136人。按照农业部颁发的中专教学大纲和教学计划设置课程，学制3年。1978年，增设畜牧兽医专业，统招新生138人，其中农学47人，牧医91人。全校在校生有274人。

1979年1月，农校接收州奶牛场三队位于鸭塘的全部房屋、土地及人员，作为校办实验农场。是年，农校招初中毕业生80人（农学专业），学制3年。1980年，招初中毕业生117人，其中农学专业62人，牧医专业55人。1981年，招高中毕业生85人，为农学、牧医专业。受州委组织部、州农委、州农业局委托，增设农业干部训练班，负责培训区、乡农业领导干部及管理干部，每期培训时间3个月。

1982年，省农业厅对全省农牧学校的专业设置进行统一调整，确定黔东南农校继续开办农学专业，增设土肥专业，面向黔东南、黔南两自治州和铜仁地区招生。是年招高中毕业生80人，牧医专业停止招生。

1983年1月23日，省人民政府批转省农业厅《关于调整我省中专农牧学校名称、规模和专业设置的请示报告》，农校改名为贵州省黔东南民族农业学校，规模为480人，学制3年，设置农学、土肥2个专业。是年，统招高中毕业生80人；增设农学专业职工中专班，招生52人，学制3年。1984年，招高中毕业生80人，专业为农学、土肥；职工中专班招生27人。1985年，农学、土肥专业招高中毕业生80人；职工中专班招生36人。

1986年，改招应届初中毕业生，学制4年；试办农村青年不包分配班50人，学制3年。1987年，招生130人，其中不包分配班50人。1988年起，增设园艺专业。1993年9月，增设经济作物专业，招生40人。全校在校生达518人。

1994年9月至1998年9月，增设农业职业师资班，每年招一个班。1995年9月，增设乡镇企业管理、环保、果树、茶叶4个专业，在校生达714人。1996年9月，增设农产品加工专业。1998年9月，增设畜牧专业，在校生达1200人。此后，学校招生人数逐年减少，在校生人数下降。至2001年9月，招生164人，其中畜牧36人，生物技术50人，计算机应用46人，农业综合技术32人，在校生人数降到490人。

2001年8月，黔东南民族农业学校与黔东南州卫生学校、黔东南州财贸学校、黔东南州民族林业学校合并，组建黔东南民族职业技术学院。

从1956年至2001年的45年间，黔东南民族农业学校为黔东南、黔南、黔西南、铜仁、毕节、六盘水等地培养毕（结）业生6467名，其中有不少的毕业生成长为优秀人才。有的获得农业部农牧渔业丰收奖，全国农业科技先进工作者称号，全国边陲优秀儿女金质奖章，省科技成果奖；有的成为全省十大杰出青年，全国优秀教师，省、州先进工作者；有的走上乡镇、县、州（厅）级领导岗位，为当地的经济建设或其他工作作出重要贡献。

第二节　机构沿革

行政机构

领导班子　1956年12月，黔东南州人委报省人民委员会批准，任命吴传雍为黔东南农业合作干部学校校长。1959年12月，吴传雍调离农校。1960年3月，朱明海任副校长。1961年7月，学校停办。

1964年，农校恢复招生办学，农干班副主任周邦豫为农校负责人主持工作。1966年6月23日，“工宣队”进驻学校，全校停课，学校负责人停职反省。

1973年11月，周邦豫任副校长主持工作，筹备招生办学等事宜。1975年，农校更名为“五七大学农业分校”，由州农业局副局长李继红兼任校长。1977年10月，潘昌凡任副校长。1978年9月，田宏畯任副校长，1981年2月任校长。

1984年3月，李可扬、徐国苏任副校长。是年，黄洪飞调任校长，免去田宏畯校长职务。1986年9月，校长黄洪飞和副校长李可扬调离农校，州委组织部任命黄乃锦副校长主持学校工作，雷安阳由校办主任升任副校长。1987年3月，州委组织部任命金武才为校长。之后至1990年1月，校级领导仅有校长1人。

1990年2月，校长金武才调离农校，是年后由州农牧局局长胡礼仁以及副校长龙定熙先后兼任校长。姚民英、李江贡、杨昌洲任副校长。

1998年8月，校级班子换届。州委组织部任命余晓林为校长，胡松、魏永建为副校长。2001年2月，副校长魏永建调离农校。此后至2002年3月“四校”合并，农校行政领导班子未变。

表上1-2-1

黔东南民族农业学校历任校长、副校长一览表

姓　名	性别	职　务	任职起止时间	备　注
吴传雍	男	校长	1956年12月至1959年12月	
朱明海	男	副校长	1960年3月至1961年7月	
周邦豫	男	负责人	1963年3月至1973年10月	主持工作
		副校长	1973年11月至1985年6月	
李继红	男	副校长	1975年10月至1977年6月	五七农大
潘昌凡	男	副校长	1977年10月至1981年2月	
田宏畯	男	副校长	1978年9月至1981年1月	
		校长	1981年2月至1984年3月	
黄洪飞	男	校长	1984年7月至1986年9月	
李可扬	男	副校长	1984年3月至1986年9月	
徐国苏	男	副校长	1984年3月至1987年3月	
黄乃锦	男	副校长	1986年9月至1989年2月	
雷安阳	男	副校长	1986年9月至1987年9月	
金武才	男	校长	1987年3月至1990年2月	
胡礼仁	男	校长	1990年2月至1994年8月	
龙定熙	男	校长	1994年8月至1998年8月	
姚民英	女	副校长	1990年2月至1998年8月	主持工作
李江贡	男	副校长	1990年5月至1998年8月	
杨昌洲	男	副校长	1990年5月至1998年8月	
余晓林	男	校长	1998年9月至2002年3月	
胡　松	男	副校长	1998年9月至2002年3月	
魏永建	男	副校长	1998年9月至2001年3月	

中层机构　1956年学校筹建期间，设办公室、教务科、总务科。州委调锦屏县民政科科长黄寿春、三穗县委办公室秘书陈其美任校办公室秘书；锦屏县农业局副局长童长茂任教务科副主任；岑巩县天马区副区长胡德东任总务科副主任。

1973年9月，农校设教务科和总务科，严锦山任教务科副主任，胡德东为总务科负责人。1978年9月，胡德东任总务科科长。

1979年1月，农校设实验农场，场长曹厚兴，副场长龙通吉、杨昌祥。10月，增设政工科，宋文清任科长。李经文、郑托先任总务科副科长。

1982年，严锦山任教务科主任，陈光远任副主任。

1984年3月，政工科更名为人保科，宋文清任科长，杨通平任副科长；增设校办公室，雷安阳任主任；增设学生科，梁庄源任科长，吴本平任总务科副科长。9月，赵家文任总务科科长；冯贤友任教务科副科长。

1985年4月，撤销人保科，其工作职能划归校办公室。9月，谷盛元任教务科科长。1986年11月，杨庆龄任校办公室主任，许志刚任总务科科长。

1987年，州农牧局将农业干部培训办公室划归农校，龙天德任主任。9月，许志刚任校办公室主任，吴育辉任实验农场场长。

1988年3月，恢复人保科，梁庄源任科长。是年，胡松任学生科科长，屈维彪任副科长；魏永建任教务科副科长；冯贤友、杨传燊任农干办副主任；胡德东任总务科科长；穆发茂任校办公室副主任。

1989年9月，张美玲、欧德昌任总务科副科长。1993年1月，陈晓明任校办公室副主任。1995年3月，刘业海任教务科副科长；杨爱兰任总务科副科长。1998年8月，吴育辉任总务科科长。1999年2月，吴如金任人保科副科长；周尚智任校办公室副主任；杨启璜任实验农场负责人；刘业海任教务科科长；屈维彪任学生科科长。2000年1月，邹波任教务科副科长。

管理体系　农业合作干部学校时期，学校基建款、教学设备款由省农业厅拨付，办学经费由学校财务人员将原始凭证送到省农业厅报销。1959年9月以后，改为省农业厅将办学经费划拨到州农业局，学校财务人员到州农业局报账。

1962年至1963年，农干班只设一名办公室副主任，直接管理有关工作。1964年9月，农校隶属州农牧局，教学设备费、人员工资、办公、差旅等费用全部到州农牧局领取和报销。

1977年9月起，农校进入稳步、健康发展的时期，管理体系逐步建立健全和完善。1978年3月，农校设会计、出纳，办学经费独立核算，由州财政局拨付州农业局，再转拨给农校。基建和教学设备由省农业厅投资。1990年3月起，办学经费由州财政局直接拨付农校，不再通过州农业局转拨。

党群组织

中共组织　1956年学校筹建期间，建立中共黔东南农业合作干部学校支部，吴传雍任书记。

1957年5月，党支部改建为总支委员会，吴传雍任书记。总支委下设6个支部，其中教职工支部吴家发任支书；学员临时支部5个班，每班1个，第一期有党员68名，第二期有党员48名，第三期有党员118名。

1958年6月18日，农校建立党组，吴传雍任书记，成员有陈其美、吴家发、童长茂。

1960年，凯里农业学校与凯里师范学校、凯里一中联合成立党总支，席普斌任书记，朱明海为组织委员。因3所学校隶属关系不同，师范、一中属宣传部领导，农校属农工部领导，不久党总支撤销。

1964年，建立农校临时党支部，周邦豫任副书记，严锦山、杨通权、郑邦琼、王家传为委员。1974年增补“工宣队”队长姚元清为支部委员。1975年，李继红任党支部书记，周邦豫任副书记，潘昌凡、严锦山、娄性忠、姚元清为委员。1977年姚元清随“工宣队”撤离农校后，增补田宏畯为支部委员。

1979年2月26日，农校党支部成立，潘昌凡任书记，周邦豫、田宏畯任副书记，严锦山、杨庆龄为委员。是年底，全校有党员12人。1980年12月发展中年教师入党3名。

1981年2月18日，潘昌凡调离农校，党支部调整为：书记田宏畯，副书记周邦豫，委员严锦山、宋文清、杨庆玲。

1982年5月18日，党支部改选，田宏畯任书记，周邦豫任副书记，委员严锦山、陈远光，宋文青。是年底，全校有党员17人。

1984年，党支部调整为：田宏畯任书记，李可扬任副书记，委员徐国苏、龙天德、杨庆龄。是年底，全校有党员27人。

1985年3月27日，黔东南民族农校试行校长负责制后，田宏畯任专职支部书记，黄洪飞为副书记。是年底，全校有正式党员35人，预备党员3人。

1986年9月，黄洪飞、李可扬调离农校。党支部黄乃锦任副书记，徐国苏、谷盛元、田宏畯、杨庆玲任委员。

1987年3月，州委组织部调金武才任农校党支部书记。1990年2月，金武才调离农校。10月，党支部升格为党总支，杨昌洲任副书记，姚民英、李江贡、许志刚、杨庆龄为委员。

1998年9月，余晓林任党总支书记，胡松、魏永建任委员。

1999年12月，党总支升格为党委，余晓林任书记，胡松任纪委书记，胡松、魏永建、屈维彪、杨爱兰为委员。

共青团组织 1957年5月，建立共青团农校总支委员会，吴家发任书记。是年，全校3期培训班学员中有团员276人。1958年9月，增补宋昭生、肖在书为团总支委员。

1964年，建立共青团农校总支委员会，周邦豫任书记，胡天瑞、吴永兴为委员。1965年，团总支下设5个支部，其中教职工支部1个，学生支部4个，团员近100人，

1978年，共青团农校委员会建立，梁庄源任副书记，李玉奇、潘玉英、吴述鹏、杨沛发、范建和为委员。1986年12月10日，团州委任命唐荷辉为农校团委副书记。1988年2月，农校党支部提名杨庆龄为团委书记，由共青团按组织程序办理任职手续。

1989年5月，召开共青团农校第四次代表大会，选举产生由杨庆龄、童淑英、王小松、郑晓峰、范爱红、廖立新、杨序朝、罗亨雄、杨兢9人组成的委员会。杨庆龄任书记，童淑英、廖立新（学生）任副书记。1991年5月，增补杨佐斌为团委副书记。

1993年8月，杨庆龄调离团委，在之后的第六次团代会上，杨佐斌当选为副书记（主持工作）。

1996年11月，召开共青团农校第七次代表大会，到会代表89人。会议选举产生由杨佐斌、周彰思、周欣、吴格娥、吴如金、吴昌润、秦湄、舒国勋、陈绍华、白绍华、罗爱淑11人组成的委员会，杨佐斌任书记。

1998年下半年，召开共青团农校第八次代表大会，周彰思当选团委副书记（主持工作）。2000年下半年，增补梁焰为团委副书记。

工会组织 1980年初，农校开始筹建工会组织。5月，由宋文清负责第一届工会工作。1982年12月，召开工会第一次代表大会，选举产生第二届工会委员会，周邦豫任主席，徐国苏任副主席。

1984年12月，召开工会第二次代表大会，选举产生第三届工会委员会，李可扬任主席，徐国苏任副主席。

1986年10月，召开工会第三次代表大会，选举产生第四届工会委员会。谷盛元任主席，李阳升任副主席。是年，全校有工会会员123人。1987年8月，杨通平任工会专职副主席。

1999年2月，召开工会第四次代表大会，选举产生第五届工会委员会，於根英任副主席（主持工作）。

第三节　教师工作

教师队伍

1957年，农业合作干部学校有专职教师8人，其中农作专业教师4人，畜牧专业教师2人，会计专业教师2人，均为本科毕业生。另有兼职教师1人（校医），系中专生。1958年新增教师11人，有教师19人。1959年新增教师4人，有教师23人。1961年7月农校停办，专任教师除留6人看守校产外，其余均调

离学校。

1964年，农校恢复招生，增加教师8人，有教师14人，均为大学本科毕业生。1965年，教师增至19人，均为大学本科毕业生。

1977年恢复高考后，农校教师剧增。1978年有专职教师30人，其中大学本科毕业生24人，专科毕业生6人，另有兼职教师3人。1979年有教职工90人，其中男教职工55人，女教职工35人；大学本科毕业生24人，大学专科毕业生9人，中专毕业生13人，高中以下学历39人，文盲5人。1980年有专任教师32人，其中本科生21人，专科生7人，中专生4人，分设8个教研组。1982年有专任教师41人，其中男教师28人，女教师13人；大学本科31人，专科9人，中专1人。

1983年，新增教师3人，均为本科毕业生，年末有教师44人。1984年有教师46人，其中大学本科生27人，大学专科生10人，中专生9人。是年8月，畜牧专业停办，畜牧兽医教研组13名教师有9人调离学校，留下的4名教师有2名到农业干部培训班任教。1986年有专任教师39人，兼职教师9人，实习指导教师6人。

1988年，州机构编制委员会办公室核定农校教职工总编数为147人（含农业干部培训班13人，附属实验农场14人），行政、工勤人员不得超过教职工总数的35%。年末有教师65人，其中男教师35人，女教师30人。1991年有教职工147人，其中男教职工75人，女教职工72人；专兼任教师71人，其他专业技术人员19人，行政人员29人，生产和勤杂工人28人。1994年有教职工147人，其中教师73人，男教师45人，女教师28人；兼职教师2人，实习指导教师10人；大学本科毕业生42人，大学专科毕业生18人，中专毕业生13人；党员18人，团员12人。

1996年，经州教育局审核，63名教师获得教师资格证，12名实习指导教师获得实习指导教师资格证。1997年有教职工136人，其中教师71人，男教师38人，女教师33人；兼职教师1人，实习指导教师13人；大学本科毕业生40人，大学专科毕业生19人，中专毕业生12人；党员22人，团员11人。2000年有教职工126人，其中教师72人，男教师39人，女教师33人；兼职教师1人，实习指导教师13人；大学本科毕业生44人，大学专科毕业生20人，中专毕业生8人；党员16人，团员7人。2001年有教职工134人。

2001年12月黔东南民族农业学校教职工一览表

表上1-3-1

姓　名	性别	出生年月	职　务	职　称	学历	工作时间	入党时间
余晓林	男	1963.01	校长	副教授	大学	1984.07	1984.04
胡　松	男	1959.10	副校长	高级讲师	大学	1982.08	1992.12
魏永建	男	1955.10	副校长	高级讲师	大专	1975.08	1991.07
许志刚	男	1944.02	主任	高级讲师	大学	1967.09	1984.12
梁庄源	男	1955.04	科长	—	中专	1976.08	1985.06
吴育辉	男	1950.12	科长	讲师	大专	1969.02	1970.09
刘业海	男	1962.04	科长	高级讲师	大学	1983.08	—
屈维彪	男	1957.07	科长	高级讲师	大专	1977.04	1992.12
杨爱兰	女	1957.09	副科长	助理工程师	中专	1974.06	1977.01
陈晓明	男	1957.10	副主任	讲师	大学	1974.04	—
周尚智	男	1962.06	副主任	讲师	大学	1984.08	1989.06

续表上1-3-1

姓　名	性别	出生年月	职　务	职　称	学历	工作时间	入党时间
吴如金	男	1972.02	副科长	助讲	大学	1994.08	1995.06
杨启璜	男	1964.09	副场长	助理实验师	大专	1985.08	1994.06
於根英	女	1953.04	副主席	实验师	中专	1975.11	1991.07
邹　波	男	1964.01	副科长	高级讲师	大学	1985.08	—
雷安阳	男	1953.12	主任科员	—	中专	1975.12	1984.12
李华相	男	1952.07	副主任科员	—	中专	1975.12	—
胡元珍	女	1957.11	副主任科员	—	中专	1976.01	1989.07
王晓琴	女	1958.12	副主任科员	—	中专	1975.08	—
潘正先	男	1963.06	副主任科员	—	中专	1981.12	—
郭书宽	男	1958.04	副主任科员	—	中专	1977.01	—
吴道敏	女	1955.04	副主任科员	小教高级	中专	1974.07	1984.05
蒲学林	男	1956.02	副主任科员	小教高级	中专	1979.12	1987.12
孟朝秀	女	1962.09	副主任科员	小教一级	高中	1980.03	—
陈昌群	女	1952.04	副主任科员	—	初中	1973.09	—
申桂萍	女	1961.04	副主任科员	—	中专	1978.10	—
杨　梅	女	1962.11	副主任科员	—	中专	1981.08	—
张　艳	女	1959.08	副主任科员	—	中专	1975.08	1984.06
潘江凯	男	1961.04	副主任科员	—	大学	1980.11	1985.07
杨　靖	女	1968.10	副主任科员	—	中专	1986.12	—
顾　军	男	1968.03	科员	—	大专	1989.10	2000.01
熊　刚	男	1969.05	科员	—	大专	1990.07	—
刘　凯	男	1971.03	—	—	大专	1992.11	—
杨章慧	女	1973.10	—	—	中专	1994.11	—
杨方建	男	1971.09	—	—	中专	1995.11	—
李竹丰	女	1971.11	—	—	中专	1997.10	—
冯贤友	男	1953.11	—	高级讲师	大学	1973.09	—
康乐林	男	1951.10	—	中教高级	大专	1968.07	—
刘琳丰	女	1963.01	—	高级讲师	大学	1983.08	—
张秀花	女	1953.12	—	讲师	大专	1974.09	—
尹如秋	男	1955.08	—	讲师	大专	1974.03	—
宋云生	男	1961.11	—	讲师	大学	1982.08	—
张东风	男	1956.10	—	讲师	大专	1974.09	—
李玉琦	男	1955.03	副主任科员	讲师	大专	1976.09	—
郑晓峰	女	1965.11	—	讲师	大学	1986.08	—

续表上1-3-1

姓　名	性别	出生年月	职　务	职　称	学历	工作时间	入党时间
孙光英	女	1965.07	—	讲师	大学	1986.08	—
胡卫华	男	1962.07	—	讲师	大学	1982.08	—
吴文勇	男	1967.10	—	讲师	大学	1989.07	—
刘　玲	女	1968.07	—	讲师	大学	1990.08	—
程　红	女	1968.11	—	讲师	大学	1990.08	—
龙　滢	女	1966.12	—	讲师	大学	1989.08	—
平玲玲	女	1957.06	—	讲师	大专	1975.11	—
陈迎秋	女	1966.09	—	讲师	大学	1989.07	—
吴格娥	女	1968.06	—	讲师	大学	1991.08	—
常青馨	女	1965.09	—	讲师	大学	1988.07	—
代　勇	男	1965.01	—	讲师	大学	1987.08	—
潘世梅	女	1960.05	—	馆员	大专	1981.08	—
黄晓兰	女	1962.11	—	馆员	大专	1980.03	—
杨　琴	女	1951.01	—	实验师	大专	1976.09	1972.09
田态灿	男	1962.11	—	实验师	大专	1985.08	1985.06
何宪江	男	1963.09	—	实验师	中专	1983.03	—
杨通玉	女	1956.12	—	主管护师	中专	1974.07	—
王兰仙	女	1951.08	—	医师	中专	1969.05	1974.09
周晓红	女	1961.07	—	助理馆员	中专	1981.07	—
杨建兰	女	1971.10	—	助理馆员	大专	1992.08	—
赵家文	男	1950.12	—	助讲	大专	1976.09	—
刘晓筑	男	1963.11	—	助讲	大学	1984.08	—
龙晓幸	女	1963.03	—	助讲	大学	1984.08	—
吴化美	女	1963.12	—	助讲	大学	1986.09	—
杨海莉	女	1967.12	—	助讲	大学	1988.08	—
卢永平	男	1967.09	—	助讲	大学	1989.07	—
陈敞龙	男	1967.12	—	助讲	大学	1992.08	—
郭玉敏	女	1965.09	—	助讲	大学	1985.10	—
姚选林	男	1968.09	—	助讲	大学	1992.08	1995.12
田景文	男	1968.06	—	助讲	大学	1992.08	—
潘晓晴	女	1972.08	—	助讲	大学	1993.09	—
彭　艳	女	1969.02	—	助讲	大专	1987.09	—
梁　焰	女	1967.06	—	助讲	大学	1990.07	2000.04
陈　璇	女	1969.05	—	助讲	大专	1993.09	—

续表上1-3-1

姓　名	性别	出生年月	职　务	职　称	学历	工作时间	入党时间
胡　铨	男	1966.05	—	助讲	大专	1986.08	—
唐　红	女	1969.01	—	助讲	大专	1989.10	—
金　红	女	1967.05	—	助讲	大学	1989.10	—
刘　艳	女	1970.08	—	助讲	大学	1995.12	1992.12
杨宏松	男	1972.08	—	助讲	大专	1995.12	2000.01
潘晖辉	男	1970.11	—	助讲	大学	1996.12	1995.05
谭继鹏	男	1968.12	—	助讲	大学	1991.08	—
石　红	女	1973.07	—	助讲	大学	1996.12	—
龙乐乐	男	1974.10	—	助讲	大学	1997.12	—
李桂兰	女	1973.08	—	助讲	大学	1998.01	—
陈　弘	男	1975.08	—	助讲	大学	1996.12	—
杨　昕	男	1972.05	—	助理农艺师	大专	1992.08	1996.01
杨再思	男	1972.11	—	助理农艺师	大专	1993.09	1998.08
杨细华	男	1954.12	—	助理实验师	中专	1975.12	—
李竹莹	女	1963.05	—	助理实验师	中专	1982.12	—
余春香	女	1964.09	—	助理实验师	中专	1982.12	—
周晓琴	女	1963.05	—	助理实验师	中专	1983.01	—
邓燕红	女	1968.03	—	助理实验师	中专	1988.08	—
吴正凯	男	1969.12	—	助理实验师	大专	1990.07	—
马　雯	女	1970.05	—	助理实验师	大专	1992.07	—
黄　刚	男	1976.12	—	助理实验师	大专	1994.08	—
陈朝霞	女	1970.09	—	助理会计师	大专	1991.08	—
谷　亮	男	1974.09	—	助理会计师	大专	1996.12	—
沈　强	男	1973.01	—	—	大专	1995.11	—
杨　淼	男	1971.11	—	—	大专	1995.07	—
唐　蓉	女	1976.10	—	—	中专	1997.10	—
陈兴丹	女	1974.09	—	—	中专	1998.01	—
龙运文	男	1976.11	—	—	大学	2000.11	—
吴晓燕	女	1976.10	—	—	大学	2000.11	—
杨志明	男	1950.12	—	中级工程师	小学	1982.09	1971.07
黄天明	男	1956.10	—	中级工程师	中专	1973.06	—
廖启林	男	1965.03	—	中级工程师	初中	1983.05	—
阳开斌	男	1958.01	—	中级工程师	高中	1974.07	—
廖　晓	女	1969.09	—	中级工程师	大专	1989.12	—
邓小康	男	1962.09	—	初级工程师	中专	1982.04	—

续表上1-3-1

姓　名	性别	出生年月	职　务	职　称	学历	工作时间	入党时间
毛文斌	男	1967.04	—	初级工程师	高中	1986.11	—
欧阳平	女	1969.08	—	初级工程师	小学	1986.12	—
李俊波	男	1967.05	—	初级工程师	高中	1986.08	—
李　云	男	1972.12	—	初级工程师	高中	1991.12	—
周　欣	女	1971.07	—	初级工程师	大学	1992.09	—
骆　玲	女	1973.11	—	初级工程师	中技	1993.08	—
文首杰	男	1976.06	—	初级工程师	初中	1993.03	—
欧阳德川	男	1976.01	—	初级工程师	大专	1993.05	—
胡红阳	女	1968.09	—	普工	高中	1993.03	—
吴明海	男	1973.12	—	技工	中专	2000.05	—

教师培养

为完善和充实教师队伍，学校一方面接收部分应届大学毕业生并从基层选调一些具有实践经验的优秀人才到校从事教育教学工作；另一方面选送一些青年教师到有关大学进行提高学历的进修学习，选派一些骨干教师和青年教师到教育部、农业部、省教育厅、省农业厅和有关学术机构以及有关大学举办的各种学习培训班进行学习和培训。学校引入激励机制，鼓励教师职工通过自学、函授、夜大、广播大学、党校、离职脱产学习、进修等途径，提高知识能力水平和学历层次，以提高学校整个教师队伍的素质和能力水平。吴育辉、邹波、袁德君、魏永建、屈维彪等10余人分别到河北农业大学、浙江农业大学、南京农学院、西南农业大学、华中农业大学等10余所院校进修、培训、提高学历水平。

学校规范和提高外出学习和培训的有关待遇，解除外出学习培训教师后顾之忧。1995年，下文明确规定，凡经学校派出进修、培训、学习的人员，一个月以上的每人每天补助2元；六个月以上（含录取深造者）不能回家就餐的，不论同城或异地，每人每天补助8角；一个月以下的，一般地区每人每天补助8元，到特区学习培训的每人每天补助14元。三个月以内的各种学习班、培训班组织在外实习、参观、考察，凭学习班证明报销旅差费一次（市内交通费包干，住宿费按规定的80%报销），脱产学习一年以上在外实习、参观、考察等，凭证明报销车船费、住宿费的50%；学习期间符合探亲规定去探亲的，报销相关费用，计发学校服务性收入按在岗行政人员同等对待。在多年的教书育人、管理育人、服务育人的工作中，许多老师取得优异的成绩，受到各级政府和部门的表彰和肯定。姚民英1986年被省农业厅、省教育厅评为优秀老师，1994年被省农业厅授予优秀教师称号，1996年获得国务院特殊津贴。李阳升1996年获得省政府特殊津贴。魏永建1989年被农业部评为全国优秀教师，1994年被省农业厅评为全省农业系统先进工作者，1998年被教育部授予全国优秀教师荣誉称号。屈维彪1992年被评为全省农业系统先进工作者，1994年被农业部评为全国优秀教师。

教师职称

1982年，学校首次开展专业技术职务职称评定工作，7名教师获得讲师职称；4名教师获得畜牧兽医师职称，1名教师获得农艺师职称。

1987年，农校开始正常评聘教师专业技术职务工作。到1988年底，评聘高级讲师7人，讲师11人，助理讲师21人，教员1人，此外还评聘农艺师2人，工程师1人，中学一级教师2人，会计师1人，助理农艺师1人，助理实验师3人，实验员3人。1991年有高级讲师5人，讲师10人，助理讲师30人，教员3人，中教一级2人，助理实验师4人，实验员8人，高级农艺师1人，农艺师4人，工程师1人，会计师1人，馆员1人。1994年有高级讲师8人，讲师15人，助理讲师27人，教员1人，中学二级教师1人，实验师2人，助理实验师17人，实验员2人，高级农艺师1人，农艺师1人，会计师1人，馆员2人。

从1988年到1997年，黔东南州职改办下达农校专业技术职务岗位数量为高级职称23名，中级职称45名。1997年，有高级讲师10人，讲师23人，助理讲师18人，教员1人；中学二级、三级教师各1人，实验师2人，助理实验师11人，实验员2人；高级农艺师1人，农艺师1人，会计师、馆员各1人。2001年，在岗在职教师中有副教授1人，高级讲师8人，中教高级1人，讲师26人，教员1人；实验师4人，助理实验师9人，实验员2人，馆员2人。

历任黔东南民族农业学校教师高级职称名录

表上1-3-2

姓　名	性别	出生年月	民族	学历	工作时间	职称	任职时间
姚民英	女	1941.10	苗	本科	1961.8	高讲	1988.1—2000.3
李阳升	男	1939.11	汉	本科	1961.7	高讲	1988.1—1999.11
谷盛元	男	1937.11	汉	本科	1962.10	高讲	1988.1—1997.12
唐正英	女	1936.8	侗	本科	1961.8	高讲	1988.1—1992.9
林华章	女	1936.8	汉	本科	1958.9	高讲	1988.1—1992.9
范鸿湘	女	1934.2	汉	本科	1955.9	高讲	1988.1—1990.7
陈　銧	男	1927.12	汉	本科	1950.8	高讲	评退
李江贡	男	1941.11	汉	中专	1961.8	高农	1989.12—2000.3
杨传燊	男	1941.11	侗	本科	1963.9	高讲	1993.9—1999.11
杨久劲	男	1942.5	汉	本科	1966.9	高讲	1993.9—1999.11
刘厚官	男	1939.8	汉	中专	1961.9	高讲	1993.9—1997.12
胡明才	男	1938.9	侗	本科	1963.9	高讲	1993.9—1998.9
许志刚	男	1944.2	侗	本科	1967.9	高讲	1993.9—
胡　松	男	1959.10	苗	本科	1982.8	高讲	1993.9—
康乐林	男	1951.10	汉	大专	1968.7	中教高级	1994.4—
张荣轩	女	1946.1	汉	本科	1968.12	高讲	1996.4—1999.11
余晓林	男	1963.1	汉	本科	1984.7	副教授	1998.11—
刘业海	男	1962.4	侗	本科	1983.8	高讲	1998.11—
冯贤友	男	1953.11	汉	本科	1973.9	高讲	1998.11—
邹　波	男	1964.1	汉	本科	1985.8	高讲	1998.11—
刘琳丰	女	1963.1	汉	本科	1983.8	高讲	1999.12—
魏永建	男	1955.10	汉	大专	1975.8	高讲	2000.12—
屈维彪	男	1957.7	汉	大专	1977.4	高讲	2000.12—

第四节　学生工作

学生管理

管理机构　1978年以前，黔东南民族农业学校没有设置专门的学生管理机构。1979年10月，设立政工科、教务科、总务科和实验农场；1984年3月，政工科更名为人保科，增设办公室，学生科。从此，建立起一支以学生科、校团委、学生会及班主任为主体的学生管理机构队伍。在没有设置专门的学生管理机构之前，班主任按高教部颁布的《中等专业学校班主任工作须知》进行工作，受校长或副校长直接领导；团总支指导学生会开展工作，共青团工作与学生教育管理工作协调一致，紧密配合。设置学生科之后，主要负责学生的招生分配、学籍、日常行为、班主任和学生宿舍管理等工作。

学生科职责。制定学生工作规划、计划并组织实施；建立健全学生管理规章制度，负责检查、督促和贯彻落实；负责班主任队伍建设、考核工作；指导学生会工作；负责招生及毕业生工作的派遣；负责组织新生入学，入学教育、军训等；与团委配合，组织学生开展校园文体活动；负责学生日常行为管理，统筹相关部门开展学生日常管理工作；负责学生学籍管理，组织学生评优、违纪处分工作；负责学生助学金的评定、审核、执行；负责对学校值周、值班人员的管理，重点督促值班人员对学生管理工作的落实；完成学校交办的其他工作。

班主任职责。按照相关规章制度和培养目标要求，与任课教师和其他管理服务人员一道，履行学生德育工作、班级管理工作、组织班级活动、操行评定工作、沟通协调工作等方面的职责；深入了解、分析学生的思想、心理、学习、生活状况，开展思想道德教育，提升学生思想道德品质；针对学生在成长过程中遇到的实际问题，进行教育、引导和援助，帮助学生提高应对挫折、适应岗位、融入社会的能力；组建班委会，制定班级公约和学生自律规范，维护良好的教育教学秩序和生活秩序；客观、公正地做好学生的综合素质评价工作，对学生进行表扬和批评教育，向学校提出奖惩建议；加强安全教育，维护班级和学生安全；指导班委会、团支部开展工作，引导学生参加有利于健康成长的课外兴趣小组活动、文体活动以及其他社会实践活动。开展形式多样的主题班（团）会活动；教育、引导学生树立正确的职业观，形成良好的职业道德，铸就良好的职业素养；帮助学生走向工作岗位；全面及时了解学生在家庭和社会的表现，帮助、引导家长配合学校做好学生的教育和管理工作；组织学生参加实习实训，在学生实习期间，与实习单位共同做好学生的教育和管理工作。

管理教育　1966年以前，农校领导每月向全校师生作一次时事报告，让大家了解一个时期的重大政治、经济、社会情况，开阔眼界，培养师生关心国家大事的习惯。班主任、团总支制订工作计划，组织学生学习党在各个时期的路线、方针和政策，学习党的优良传统和作风，加强学生的思想政治教育。1978年以后，随着教育部《普通中等专业学校学生学籍管理暂行规定》、国家教委《普通中等专业学校学生学籍管理规定》、贵州省教委《贵州省中等专业学校学生学籍管理补充规定（试行）》和贵州省农业厅《贵州省中等农牧学校学生学籍管理的补充规定》等文件的颁布实施，农校的学生管理工作得到规范和加强。学校先后制定《黔东南民族农业学校学生管理细则》《黔东南民族农业学校学生操行评分办法》等规章制度，并组织实施。

中层干部及教师值周制度。值周教师负责处理学生班级早操、晚自习、清洁卫生区状况以及学生日常事务。周五早操时间进行总结点评，并作为先进班级评选的重要参考条件。

班会制度。是班主任或班委会对班级进行有效管理、指导和教育的重要途径和形式。有定期班会和非定期班会。定期班会通常每月举行一次，内容比较固定；非定期班会，由班主任临时决定召开，解决具体的实际问题。在班会上，每个同学都可以发表自己的意见，参与集体管理，研究解决班级中的各种问题。

班委会制度。由班主任或班长主持召开，每周一次。会议主要是总结上周工作情况，安排本周工作任务；班委会成员交流工作经验，提出问题，解决问题；讨论并解决其他需要由班委会会议决定的问题。

考勤制度。为维护学校的正常教学秩序，严肃纪律，使学生自觉遵守学习时间和学校纪律。学生在校期间的课堂教学、实习实训、生产劳动以及学校组织的集体活动，如集会、早操、课间操等一律实行考勤制度，通常由副班长负责考勤工作。

晚自习制度。是农校实施管理教育的传统，也是学校课堂教学的有效补充。由学生科统筹管理，学生会负责检查督促，班委会负责具体实施。

清洁区域检查评比制度。校园内学生学习、生活、活动等场所的清洁卫生，每周末进行一次大扫除，由学生会组织各班劳动委员按学校制定的评分标准进行检查评分，作为先进班级评选的重要指标。

评优制度。评优、评先是农校实施管理教育的重要手段，以学期为单位进行评选。主要有三好学生、优秀班团干部、优秀团员、先进个人、先进班级以及先进小组（一月一次）、文明寝室（一月一次）等。

学生干部 学生干部是协助学校进行管理工作的一种特殊学生身份，是联系学校和广大学生的纽带和桥梁，在各级党、团组织、班主任指导下开展工作。学生干部在学校管理教育中是学生工作顺利和有效运行的中坚力量，是形成良好校风、班风的“领头雁”“排头兵”。学生干部除了自身搞好学习外，还要具备较强的思想政治素质和具备良好的组织活动能力，以赢得其他同学的信服，带动学生群体素质的提高。

团支部。1965年，农校团员有近100人，团总支下设5个支部，其中教职工支部1个、学生支部4个。1977年后，随着学校团委的设置组建，团支部作为同广大团员青年有着最直接、最广泛联系，团的各项工作显示终端的最基层一级组织，以教学班级为单位成立组建。班级团支部接受学校团委和学校党政的领导，学生科和班主任负有指导班级团支部工作的责任和义务。班级团支部设书记、组织委员和宣传委员各1人。团支书负责班级团员整体管理工作；组织委员负责班级团员的发展工作，团员档案管理，团员转入、转出、统计；宣传委员负责本班黑板报，每月确定主题组织开展一次团组织生活。

学生会。1964年以前，农校的学生都是短期培训班学员。1964年9月，农校开始招收学制为三年的作物栽培、土壤肥料专业学生86人。是年，成立学生团支部和学生会。“文化大革命”期间，学生会组织发展极不平衡，工作极不稳定。1977年恢复高考后，随着农校招生、教学、管理、服务等工作的全面提升与推进，学生会组织建设获得健康发展。学生会设主席1人、副主席2人，学习部部长1人、副部长2人，文体部部长1人、副部长2人，生活部部长1人、副部长2人，纪检部部长1人、副部长2人。学生会主席负责传达上级精神并贯彻落实上级安排的各项任务，代表学生的利益，及时反映同学的意见和建议，指导和监督各部门工作，鼓励各部门创造性地开展工作，加强内部管理，强化学生干部的思想建设和业务培训，建立健全的各项制度。副主席以协助主席处理学生会日常事务为工作中心，协调各部门的关系，促进学生会各项工作的开展。学习部负责组织学生开展与学习有关的活动，促进师生交流，提高教学质量，开展各类竞赛活动，提高学生学习能力，积极加强与教务科、图书馆联系，为学生提供各种学习信息，对各班学习委员进行考核。文体部负责策划组织各种文艺活动，活跃校园气氛，指导各班开展各种丰富多彩的文艺活动，对各班文艺委员进行考核；负责全校各班的早操考勤及统计上报工作，体育竞赛活动的组织协调工作，组织学校各种体育活动。生活部协助学校对学生公寓进行管理，引导同学营造文明、舒适的生活环境，养成良好的生活习惯，负责学生日常生活卫生区域检查评比，学生与食堂联系工作。纪检部负责纪律、卫生等方面的监督检查工作，监督学生会内的纪律检查，对各班纪律委员进行考核。

班委会。班学生委员会简称班委会，由全班学生民主选举产生，是学校学生工作的基本单元。班委会是班集体最重要的组织机构，班级成员通过这一机构实现自治。班委会的主要职责是，代表全班同学，向学校领导、班主任和有关老师反映班级情况，提出班级学生的正当要求；组织参加学校规定的各项有益的班集体活动；代表班级对学校教学、管理提出改进的意见和建议；对全班的工作提出意见、建议或表扬批评；对评定先进集体或个人等提出意见、建议。

农校在短期培训班办学期间，班委会设班长、学习委员和劳动委员。随着学生入学接受教育培养，班委会组织建设逐步得到加强和完善。班委会成员主要包括班长、副班长、学习委员、纪律委员、文艺委员、体育委员、生活委员、劳动委员。班长全面主持班级日常工作，领导各部委员搞好班级纪律、劳动、学习、生活、活动对外联络各项工作。监督考察班干部的工作业绩。传达和协助班主任工作。副班长协助班长工作。学习委员主抓班级学风建设，作业收集、与任课老师的沟通协调工作。纪律委员负责本班同学考勤，上课期间学习纪律。文艺委员组织开展本班文艺活动，组织本班同学积极参与学校各类文艺活动。体育委员组织开展本班体育活动，协助体育老师上好体育课，组织本班同学参加学校各类体育活动。生活委员负责班费开支与记载。劳动委员组织每天的教室及公共区域卫生，监督同学们日常卫生习惯。

品德教育

时事政策教育　1981年，农校团委响应团中央《关于开展文明礼貌活动的倡议》的号召，开展“五讲四美三热爱”活动，要求学生做一个自觉遵守纪律的好青年。师生员工共同搞好环境卫生，解决一个“脏”字，加强组织纪律性，解决一个“乱”字，提高教学质量，解决一个“差”字。从80年代起，农校不同时期的主要领导，每年都会在开学典礼上与师生见面并作重要讲话，并定期、不定期地为学生作时事政策、法制教育宣讲报告。尤其是已故校长田宏畯为学生做的革命传统教育报告，以亲身经历讲述抗美援朝的艰辛与不易，他把一直保留在身边已褶皱、泛黄的党费证出示给同学们过目的感人场景，给学生们留下终身难以忘怀的印记。

劳动教育　农校坚持校内教学与社会生产实践相结合的方针，突出农业中专教育鲜明的实践性和普及性。农校实习农场有生产试验田土6.67万平方米，师生人均耕种田土667平方米，学生生产劳动时间占总学时的三分之一。每星期劳动两个半天；并根据农村或临时需要集中3天或10天不等的校内劳动和下乡支农劳动；学生拾牛粪、打（采）秧青、耕田播种是基本功；校领导，教职员工全部跟班劳动。80年代以后，农校优良、特有的传统教育继续得到坚持；注重实践应用教学，狠抓专业技能训练，突出学校特色，广泛开展科研、试验和示范工作。农业高科技示范园，配有自动喷、滴灌全自动温控系统，现代化连栋温室，植物组织技术研究与应用，良种猪养殖场，多次成为全州农业新技术应用推广的样板；每个教学班都有自己负责生产、管理乃至销售的土地，种什么、怎么种，全部由班级学生自己决定；校园内所有学生学习、生活、活动的场所，都根据班级数量划分清洁卫生区域，每周末进行一次大扫除，由学生会组织各班劳动委员按学校制定的评分标准进行检查评分，作为先进班级评选的重要指标。

校园活动　一年一度的班级篮球赛，教学期间每天的早操、课间操，每年元旦文艺晚会，节庆日的书法、演讲比赛等，都是农校的传统校园文化活动内容。1983年秋，农校组队参加凯里地区中专学校篮球比赛，获男子组第一名。1997年，凯里举行迎香港回归演讲比赛，农校学生陈国楠获凯里地区中专学校第一名。随着办学条件的逐步改善，学校建起室外砖结构黑板报墙，按班级分块，每两周更新一次内容。80年代中后期起开始实施每年为期一周的新生军训，由学生科牵头，新生班班主任全程参与，承训单位为黔东南武装警察一中队。

招生　毕业

招　生　农校于1957年3月正式开办培训班，学员由各县选送。第一期学员241名，分5个班教学，开设农作、会计、畜牧3个专业；第二期学员219人；第三期学员265人。每期培训时间3个月。1958年3月，农校第一期招收学员250人，分初农班和高农班；9月举办第二期，招收初、高农班学员750名，同时开办大学班，招收30名，仍属短期培训。

1959年，学校被明确为中专层次。同年7月招牧医专业学生206人，实行统招统分。

1962年至1963年，州农干班举办农业技术干部培训班，两期培训252人。

1964年9月，农校恢复招生，首次招收初中毕业生86人。1965年9月，招生102人，在校生达188人。1973年7月，从工人、农民中间选拔学员96人，设农学班2个。1974年，增设植保专业，招收新生96人，设班2个。1975年11月，统招大学班农学专业42人、牧医专业47人，学制2年，按朝阳农学院的模式办学。

1977年，恢复高考，当年招农学专业136人，学制3年。1978年，增设畜牧兽医专业，招农学专业46人、畜牧兽医专业92人。1979年，招初中毕业生农学专业80人，学制3年。

1980年，招初中毕业生农学专业63人、土壤肥料专业54人，学制3年。1981年，招高中毕业生农学专业40人、牧医专业45人，学制3年。1982年，土肥专业面向全省招收高中毕业生80人。1983年，统招高中毕业生农学专业40人、土肥专业40人；增设职工中专班（农学专业）招生52人，学制3年。1984年招农学专业40人、土肥专业40人，职工中专农学专业班27人。1985年，招农学、土肥专业80人，职工中专班36人。1986年，农学、土肥专业由招高中毕业生改为招收应届初中毕业生80人，学制4年；试办农村青年不包分配班50人，学制3年。1987年，农学、土肥专业招130人，其中不包分配班50人。1988年农学、土肥专业各招40人，增加园艺专业招生40人。1989年，农学、土肥、园艺专业各招40人。

1990年，农学、土肥、园艺专业各招40人。1991年，农学、土肥、园艺专业各招40人。1992年，农学、土肥专业各招40人，园艺专业招38人；1993年，农学专业招80人，其中农学专业经济作物班40人，土肥、园艺专业各招40人。1994年，农学专业招生120人，其中职师（师范类）班40人、经济作物班40人；土肥、园艺专业各招40人。1995年，招农学专业184人（包括农学、职师、乡企、环保、农经等专业），土肥专业40人，园艺专业130人（包括园艺、果树、茶叶等专业）。1996年，招农学专业310人（包括农学、职师〈师范类〉、乡企、环保、农经、加工等专业），土肥专业90人，园艺专业50人。1997年招农学专业200人（包括农学、职师〈师范类〉、乡企、环保、农经等专业），土肥专业100人，园艺专业50人。1998年招农学专业150人（包括农学、职师〈师范类〉、乡企、农经等专业），土肥专业50人，园艺专业100人，植物保护专业50人，畜牧兽医专业50人。1999年，招农学专业52人、土肥专业33人、园艺专业37人、畜牧兽医专业94人。1992年至1998年，实施单独招生，1996年招生人数达到最高点，是年招生450人，1999年，恢复统一招生；实施单独招生后，单独招生专业由之前的农学、土肥、畜牧兽医、园艺扩展到农学、土肥、园艺、牧医、职师（师范类）、乡企、环保、农经、加工、经作、果树、茶叶、农牧等专业，较好地对接市场，满足社会经济对人才的需求，但因扩展专业名称不规范，给后续的证书管理留下隐患。

2000年，招农学专业38人、畜牧专业36人、农业综合技术36人。2001年，招畜牧兽医专业36人、生物技术50人、计算机应用46人、农业综合技术32人。

毕　业　1957年至2001年，农校有毕业生（含结业生）6000余人。学生毕业后，一般由国家分配安排工作。“文化大革命”以前，分配工作由主管部门与人事部门共同负责，坚持从哪里招来就分配回那里去的原则。1977年恢复高考后至1997年，毕业生原则上按生源地安排在农业系统工作，由黔东南州农业局、农校提出分配方案，报黔东南州教育局审批实施。

1998年至2001年间，约有70%的农校毕业生毕业后数年间通过招考途径进入事业单位或行政部门，20%的学生自谋职业，10%的学生自主创业。1980年以前，毕业生的工资待遇，见习一年定为行政25级和技术16级，从1980年11月起，提高一级。1983年规定，凡是分配到边远县和县以下（不含县）农村工资向上浮动一级，8年后转为本人固定工资。

1957年至2001年黔东南民族农业学校学生基本情况统计表

表上1-4-1　　单位：人

年月	学制	招生数	在校生数	毕业生数	招生专业基本情况
1957.3	3个月	241	241	241	开设农作、会计、畜牧兽医专业
1957.6	3个月	219	219	219	学习农业基本知识、技能
1957.9	3个月	265	265	265	学习合作社基本知识
1958.3	短期	250	250	250	设初级农业班和高级农业班
1958.9	短期	780	780	780	除初农班和高农班外，另办30人大学班
1959.7	二年	206	206	—	开设畜牧兽医专业，统招统分
1961.7	—	—	206	206	下放农村或返乡生产
1962/1963	短期	250	250	250	学习农业基本知识、技能
1964.9	二年	86	86	—	开设作物栽培、土肥专业，学习农业基本知识、技能
1965.9	二年	102	188	—	开设作物栽培、土肥专业，学习农业基本知识、技能
1968.9	二年	—	172	172	统一分配工作
1973.7	二年	96	96	—	开设农学专业
1974	二年	96	192	—	开设植保专业
1975.11	二年	89	185	96	开设农学、畜牧兽医专业，按朝阳农学院模式办学；分配工作
1976.9	二年	—	89	96	分配工作
1977	—	—	—	89	未分配
1978.1	三年	136	136	—	开设农学专业
1978.9	三年	138	274	—	增设畜牧兽医专业。其中，农学46人，畜牧兽医92人
1979.9	三年	80	354	—	改招初中毕业生，农学专业80人
1980.9	三年	117	335	136	农学专业62人，牧医专业55人
1981.9	三年	85	282	138	改招高中毕业生，农学专业40人，畜牧兽医专业45人
1982.9	三年	80	282	80	农学专业40人在黔东南招生，土肥专业40人向全省招生
1983.9	三年	132	297	117	农学40人，土肥40人，增招52人职工中专班（农学）
1984.9	三年	107	319	85	农学40人，土肥40人，另招职工中专班（农学）27人
1985.9	三年	116	355	80	农学40人，土肥40人，另招职工中专班（农学）36人

续表上1-4-1

年月	学制	招生数	在校生数	毕业生数	招生专业基本情况
1986.9	三年、四年	130	353	132	农学、土肥专业改招初中应届毕业生（各40人），学制4年；试办农村青年不包分配中专班（50人），学制3年
1987.9	三年、四年	130	376	107	农学、土肥专业招初中应届毕业生（各40人），学制4年；农村青年不包分配中专班（50人），学制3年
1988.9	三年、四年	120	380	116	农学、土肥、园艺专业各40人
1989.9	三年、四年	120	450	50	农学、土肥、园艺专业各40人
1990.9	三年、四年	120	440	130	农学、土肥、园艺专业各40人
1991.9	三年、四年	120	440	120	农学、土肥、园艺专业各40人
1992.9	三年	158	478	120	其中，农学专业80人，土肥专业40人，园艺专业38人
1993.9	三年	160	518	120	其中，农学、经作、土肥、园艺专业各40人
1994.9	三年	200	598	120	其中，农学、职师（师范类）、经作、土肥、园艺专业各40人
1995.9	三年	354	714	238	其中，农学、职师（师范类）、乡企、环保、经作184人，土肥40人，园艺、果树、茶叶各13人
1996.9	三年	450	1004	160	其中，农学、职师（师范类）、乡企、环保、经作、加工310人，土肥90人，园艺50人
1997.9	三年	350	1154	200	其中，农学、职师（师范类）、乡企、环保、经作200人，土肥100人，园艺50人
1998.9	三年	400	1200	354	其中，农学、职师（师范类）、乡企、经作150人，土肥50人，园艺100人，植保50人，畜牧50人
1999.9	三年	216	966	450	其中，农学52人，土肥33人，园艺37人，畜牧94人
2000.9	三年	110	726	350	其中，农学38人，畜牧36人，农业综合技术36人
2001.9	三年	164	490	400	其中，畜牧36人，生物技术50人，计算机应用46人，农业综合技术32人
合　计		6973	16346	6467	

说明：毕业生数含结业生

第五节　教育教学

培养目标

1956年创办的黔东南农业合作干部学校，培养对象是各县基层的农业合作社主任、副主任、委员、农业生产队长、会计、记工员、社员等，培训时间3个月，主要向学员传授一般农业科学知识，加强社内财务管理制度，达到增加生产，合作分配，办好合作社的目的。从而坚定农民走社会主义道路的信心。

1958年，学校将第一批250名学员分为初农班和高农班。通过培养，使初农班学员达到初等农业技术水平，高农班学员达到农业中专生水平。第二批培训班学员达750人，从高农班中选拔30名学员组成大学班，开办凯里农业大学，为本州培训农业大学生。

1959年6月，州委农工部确定撤销凯里农业大学，并于7月更名为凯里农业学校，其性质为中专，任务为本州农业生产培养中等技术人员。学校贯彻“教育必须为无产阶级政治服务，教育必须与生产劳动相结合”和“劳动人民要知识化，知识分子要劳动化”的教育方针，把“生产劳动”作为学生必修课程。

1964年，凯里农业学校恢复招生，确定招生对象为农村人民公社经过劳动锻炼一年以上，具有初中毕业文化程度的农村知识青年。学生毕业后仍回社工作，为农村人民公社培养具有社会主义觉悟、能文能武，又红又专的农业技术人才。1968年底，在校学生172名全部分配工作，否定了1964年的“社来社去”的分配原则。

1973年，恢复“黔东南农业学校”，农学专业招生两个班。

1975年3月，黔东南农业学校农学专业全体师生赴黄平县红梅公社实习半年。

10月，黔东南农业学校74级植保专业学生由校领导带队参加州委赴岑巩县“普及大寨县”工作队，到大有公社、栗元公社实习8个月。

1976年冬季，农学班参加州委组织的“南繁工作队”，由教师带领全班学生到海南岛三亚市藤桥公社具体承担杂交水稻的育种任务，于1977年夏返校结业回乡。牧医班学生由教师带领到施秉县各公社兽医站实习。牧医班学生到省畜牧学校随培训班学习一个半月的理论课。

1979年9月，农业部颁布《中等农业学校农学、畜牧、兽医专业教育计划（试行草案）》的通知以后，学校坚持按照德智体全面发展的方针培养学生，使学生初步懂得马列主义、毛泽东思想的基本原理，教育学生热爱社会主义，热爱祖国、具有良好的道德品质，树立起为社会主义农业现代化作贡献的思想。在业务学习方面，要求学生掌握专业基本知识和基本技能。对农学专业学生要求学会作物丰产栽培，良种选育，病虫防治和一般的科学试验方法。懂得按照生产规律组织管理生产，具有一定的分析问题、解决问题、因地制宜推广农业科学技术的能力。对畜牧兽医专业学生要求学会畜禽饲养管理、繁殖改良、常见病的预防和畜牧试验方法，学会畜禽常见多发病防治技术。总结推广畜牧生产先进经验，普及兽医科学技术和分析问题，解决问题的能力等。

专业课程

专业设置 1977年9月，农学专业招生136人，学制3年。1978年，增设畜牧兽医专业，农学、畜牧兽医两个专业招生138人，学制3年。

1982年，省农业厅对全省10所中等农牧学校进行专业调整，黔东南农校在保留原有农学、畜牧兽医两个专业的基础上，增设土肥专业，面向全省招生，学制3年。受州委组织部、州农委的委托，增设“农业干部培训班”，负责培训县市区、乡农业领导干部和管理干部，每期3个月。

1983年1月，学校更名为贵州省黔东南民族农业学校，学制3年，设农学、土肥两个专业。是年统招高中毕业生80人，增设职工中专班（农学专业）招生52人，学制3年。

1986年，增设农学专业果蔬班，不包分配班，学制3年。

1986年至1991年，农学、土肥招初中毕业生，学制4年；园艺专业学制3年。

1989年，开始探索面向“三农”多渠道，多形式，多层次办学，形成中、高、初的办学格局。中专层次保留原来的三个专业继续按1988年设的规模招生；大专层次与州广播电视大学联合办学，开设农业师资班；初级与施秉、黄平等县教育和农口部门配合开办农民“绿色证书”培训班。

1993年，增设经济作物专业，招生40人，学制3年。

1994年，增设职师（师范类）专业，招生40人。

1995年，农学、土肥、职师（师范类）、乡镇企业管理、环境保护、经济作物栽培、园艺、果树栽培、茶叶9个专业招生354人，学制3年。

1998年，增加植物保护和畜牧专业，招生400人，学制3年。

2001年，开设畜牧、生物技术、农业综合技术、计算机应用4个专业，招生164人，学制3年。

从1957年至2001年，黔东南民族农业学校先后设置农学、植保、土肥、畜牧兽医、园艺（果蔬）、食品加工、茶叶、蚕桑、经济作物栽培、职校师资、乡镇企业经营管理、农业环境保护、农业综合技术、生物技术、计算机应用、烟草等中专层次的专业。大专层次与州电大联办农学师资班。干部及职工培训层次开设农业干部培训班，绿色证书培训班，职工中专班。

课程设置 1957年，农业合作干部学校开办培训班。作物专业开设政治、体育、作物栽培、土壤、病虫害防治课程；畜牧专业开设政治、体育、畜牧、畜病防治；会计专业开设政治、体育、算术、珠算、会计、经营管理课程。

1960年至1961年，农业专业开设政治、语文、物理、化学、体育、土化、植物、作物生产劳动；土化专业开设政治、语文、数学、物理、化学、体育、植物、土壤微生物、生产劳动课程；蔬果专业开设政治、语文、数学、物理、化学、体育、果树栽培学、土壤肥料学、植物学、生产劳动课程；畜牧专业开设政治、语文、数学、物理、化学、体育、解剖、饲料课程。专业课程成绩考核方式有平时考查（提问和笔测，其他作业等），期终评定，学期考试（口试、笔试），学期评定，学年评定。平时成绩以5、4、3、2、1五级记分方法。学期考试及学期评定以百分制计算成绩，根据学年评定成绩和操行评定成绩决定升级或者补考。操行成绩分为甲、乙、丙、丁。

1964年，作物栽培专业开设政治、语文、体育、数学、物理、化学、繁殖育种、植保、植物、作栽课程；土化专业开设政治、语文、体育、数学、物理、化学、土壤、肥料、农化分析课程。生产劳动时间占总学时的三分之一，采取分散劳动和集体劳动两种方式进行，每星期劳动两个半天。

1965年，作物栽培专业设政治、语文、体育、数学、物理、化学；土肥专业设政治、语文、体育、数学、物理、化学课程。

1973年9月，恢复招生后，农学专业第一学期设政治、语文、体育、数学、化学课程；第二学期设植物、土肥、育种、植物生理课程。

1974年，增设植保专业，第一学期课程设政治、语文、体育、数学、化学课程；第二学期师生到锦屏农村进行实践教学。

1975年，学习“朝阳农学院”的办学方式，到实践中学习，未进行正式课堂教学。

1978年9月，农业部颁发《中等农业学校农学、畜牧、兽医专业教学计划（试行草案）》。此后至2001年，按农业部颁发的全国中等农牧学校教学计划执行。

农学专业。基础课开设政治、语文、数学、化学、物理、体育、英语、微机等课程；专业基础课开设植物学、植物生理学、土壤肥料学、农业气象学、测量学、农业微生物学、果蔬栽培等课程；专业课开设作物栽培学、作物遗传育种学、田间试验与生物统计、农业技术推广、农业经济管理、农业机具、作物病虫害防治等课程。

土化专业。基础课开设政治、语文、数学、物理、英语、微机、体育等课程；专业基础课开设基础化学、分析化学、生物化学、植物与植物生理学、农业微生物学、农业气象学、农业技术推广学、农业经济学、畜牧学、测量学、农业环境保护学等课程；专业课开设土壤附地质学、农业化学、土壤农化分析、作物栽培学、植物保护学、蔬菜栽培、茶叶栽培、田间试验与生物统计等课程。

畜牧兽医专业。基础课开设政治、体育、数学、物理、化学、英语、语文、微机课程；专业基础课开设动物解剖学、家畜繁殖、兽病诊断、生物化学、动物遗传病防治、动物寄生虫等课程；专业课开设养禽学、养羊学、养牛学、养猪学、饲料学、中兽医学、内科学、药理学、生物统计学等课程。

园艺专业（果蔬专业）。基础课程开设政治、语文、化学、数学、物理、体育、英语、微机课程；专业基础课程开设农业经济、食品分析、食品工艺、市场营销、土壤肥料、食品卫生等课程；专业课开设果树栽培、蔬菜栽培、果树病虫害防治、蔬菜病虫害防治、育种学、作物病虫害防治、田间试验与生物统计、园林设计等课程。

农产品加工专业。基础课程开设政治、语文、数学、英语、物理、化学、体育等课程；专业基础课开设食品分析、食品微生物、食品生化、机械制图、微机等课程；专业课开设食品加工、食品工艺、果品贮存、软包装技术、食品酿造、软饮料制作、食品工厂设计、果树栽培、商品美学等课程。

茶叶专业。基础课程开设语文、政治经济学、英语、物理、数学、化学、体育等课程；专业基础课开设植物及植物生理、生物化学、土壤肥料、测量与规划、微机、畜牧学等课程；专业课开设茶叶栽培、茶叶病虫害防治、茶叶商品、制茶学、食品包装学、茶叶机械、田间试验与生物统计等课程。

农业师资大学班。基础课开设政治、语文、数学、英语、化学、体育课程；专业基础课开设植物学、植物生理学、土壤肥料学、微机、农业气象学等课程；专业课开设教育学、心理学、作物栽培学、作物病虫害防治、作物遗传与育种、田间试验与生物统计、农业技术推广等课程。

植物保护专业。基础课的开设与农学专业相同，专业基础课开设植物学、植物生理学、生态学、微生物学、土壤肥料学、农业推广学、农业气象学、微机应用等课程。

职师（师范类）专业。基础课程开设政治、语文、数学、化学、物理、微机、英语、体育等课程；专业基础课开设音乐、美术、生物学、微生物学、生态学、土壤肥料学、农业气象学等课程；专业课开设教育学、心理学、教育法、作物栽培、果树栽培、观赏植物栽培、作物病虫害防治、畜牧学基础等课程。

经济作物栽培专业。基础课程的开设与农学专业相同，专业基础课开设农业经济管理、市场学、农化分析、财政金融、商业会计、商品美学等课程；专业课开设会计原理、统计原理、股企经营、经济作物栽培、植物病虫害防治、农业新技术推广等课程。

乡镇企业管理专业。基础课开设语文、计算技术、英语、政治、微机等课程；专业基础课开设经济法、政治经济学、管理心理学、营销心理学、会计原理、农经济分析、经营管理等课程；专业课开设乡企经营、乡企决策、质量管理、企业财务管理、市场营销、统计原理、审计学、农业基础、乡企研究等课程。

环境保护专业。基础课开设语文、数学、英语、政治、化学、体育等课程；专业基础课开设分析化学、生态学、环境学概论、农业气象学、环境微生物、环境保护法规等课程；专业课开设环境监测、环境污染防治、环境工程、环境评价、噪声控制、环境治理、环境废弃物处理等课程。

农学专业烟草班。基础课的开设与农学专业相同；专业基础课开设农业气象、土壤肥料、农业微生物、植物学、植物生理学等课程；专业课开设烟草栽培、烟草育种、烟草调制、烟草分级、作物栽培、烟草国情分析、职业道德、企业管理等课程。

农业综合技术专业。基础课开设经济政治、应用文写作、法律、政治、体育等课程；专业基础课开设农业经济、农业微生物、植物学、植物生理学、农业气象、畜牧兽医基础；专业课开设作物栽培、观赏植物栽培、植物保护、蔬菜栽培、杂交育种、农业适用新技术推广、市场营销等课程。

生物技术专业。基础课开设语文、政治、数学、物理、化学、英语、体育课程；专业基础课开设植物学、植物生理学、微生物学、作物遗传与育种学、生态学、环境概论、职业道德、计算机等课程；专业课开设动物学、植物保护学、植物组织培养、会计学、文字处理等课程。

教学计划

计划制定 1956年至1976年，教学计划主要参照农业部和贵州农业厅制定的《中等农牧学校教学计划》，结合黔东南州农业和农村工作来执行。1977年，全国统一恢复招生考试后，各专业的教学计划均参照农业部和贵州省农业厅科教处下达的教学计划大纲制定农校各专业的教学计划。教学计划由学校教务科制订，下达各专业和教研组，具体将教学任务落实到每个任课教师。各专业每学期的教学计划又分解至每一门课程，由任课教师报学校教务科审批和备案。学校教务科根据审批后的授课计划指导任课教师的教学过程，包括备课、课堂教学、实验教学、辅导、考查和考试、试卷分析、补考等内容。

计划实施 每个专业每招生一届都要制订一份专业教学计划，对所开办专业的整个学制年级内的教学时间，进度作出安排，指导教学的全过程。在不同年代，教学计划因专业和当时农业发展现状与水平要求会作出相应的变化和调整。1957年至1978年，虽然也有省农业厅科教处指导性的教学计划，但受政治运动影响较大，往往经常调整甚至难以完成。

备课。由任课教师按照授课计划和课程的教学大纲进行备课。

课堂教学。是实施教学计划的主要过程。任课教师按照学校统一安排的课程表在规定的时间内完成课堂教学和实验教学。

考核。教学计划设置的课程分为考试课和考查课两类。考试课在教学过程中进行考查，如阶段测验，半期测验，期末由学校教务科组织统一考试。考查课由课任教教师组织考查。各种考核成绩一律记入学习成绩册，再由教务科统一汇总，分别记入学生学籍档案。对学习成绩不及格的学生按规定进行补考。教案、日志，成绩册，试卷和试卷分析在学期结束时一同上交教务科备案。

教学管理

教务科职责 贯彻党的教育方针，对教师进行思想政治、师德、师风方面的教育，组织教师进行业务学习和教学研究，围绕本地区农业新技术的研发，推广开展相关的科研活动，不断改革教学内容和教学方法，加强重点专业的建设，提高教学质量；负责拟定各专业的教学计划，统筹教学进度，组织教学督导、督查和教学质量的考核，完成教学任务，培养面向农业的适用型人才；加强教师队伍建设，做好教师的配备、培养、组织安排学术活动、教研活动及科研活动、提高教师素质；确定考试考查及实施方法，审定考试试题，组织和督查考试，管理学生学习成绩档案；提出对教学设备的充实与发展意见，加强与上级业务部门、校际和社会有关行业及单位的教学协作与业务联系。

教研组职责 根据各专业教学计划、课程设置安排，调配授课教师，并上报教务科；组织召开本教研室教师及授课班级的学生座谈会，了解教学情况，征求意见并及时反馈给教务科和任课教师，不断完善和改进本专业教学；经常组织和开展教研活动，不断改进课堂和实验教学方法，组织学生进行专业技术考核。

教师职责 高级讲师职责。胜任本专业1～3门课程的讲授及其他教学工作，组织指导各个教学环节；主持或编写审议与本专业相关的教材、教学参考书及其他教学文件，主持教学研究、科研课题设计、论文答辩、指导和主持实验室建设和校外实习基地建设，研究教学规律、总结教学经验，提出科研课题，撰写学术论文，掌握本学科的国内外学术、技术发展动态，主持或参加科学研究、技术创新、社会咨询及其他科学技术工作，培养和指导年轻教师，解答本专业的疑难问题；掌握一门外语，并辅导其他教师不断提高外语水平。

讲师职责。胜任本专业1～2门课程的教学工作，组织与指导实验实习、社会调查、课程设计；

主导毕业设计、论文答辩；参加编写教材，教学参考书及其他教学文件。了解本专业的国内外学术，技术发展动态，参加科学研究、技术开发。社会咨询及教学研究；主持实验室建设，独立承担具有一定水平的科研工作；指导教学和助讲提高业务水平，解决本专业的一般性疑难问题；承担教学管理工作、班主任工作，为人师表，做好学生的思想教育工作；掌握一门外语，能较好地查阅外文资料。

助理讲师职责。独立承担本专业一门课程的教学工作，指导实验、实习、课程设计，毕业设计及学生基本技能的训练；参加实验室建设、教学实习和带学生的毕业实习；参加教学研究和相关的科研工作，协助讲师和高级讲师对新进教师进行业务辅导；承担班主任工作，为人师表。

教员职责。承担本专业部分课程的教学工作，协助指导教师辅导学生实验、实习，课程设计及学生基本技能训练；参加实验室建设，业务实践和其他相关教学工作；承担班主任工作，及时了解国内本专业先进技术及发展动向。协助讲师和高级讲师做好教学和科研工作，备课和讲课，不断提高教学水平。

教学建设

工作制度　教学计划。教务科根据招生专业，参考上级下达的指导性教学计划和颁发的教学大纲，提出专业实施教学计划及教学任务，报分管教学的副校长审批。审批通过后，由教务科将实施教学计划再分解为学期教学计划，安排和分配教学任务到各教研室（教研组），教研室主任（教研组长）将教学任务分配给任课老师，在新学年开始前提交学校批准下达执行。由任课教师制定具体的学期授课计划，遵循教学原则，保证教学效果。

教学大纲和授课计划。凡有上级颁发的统一教学大纲的学科，教研组组织本学科教师研究和讨论大纲，编写实施细则；无统一大纲的学科，教研组组织本学科教师编写教学大纲，报学校审批后执行。任课教师课程定下来后，及时编写学期授课计划一式两份，一份教务科存档，一份任课教师执行。

备课。要求做到备大纲、备教材、备教法和备学生。钻研大纲，明确课程要求、达到教学目的；根据大纲确定教材内容的难点、重点，做到脱稿讲课；采用引导、演示、启发等教学方法，师生互动，激发学生的学习兴趣；对学生的学习强调因材施教。

讲课。教师要贯彻“少而精”的原则，克服照本宣科和“满堂灌”，做到语言生动、准确，达到教学目的明确，“三基”内容突出。发挥教师的主导作用，利用灵活的教学方法，调动学生学习的积极性和主动性。

新教师培养管理。试讲制度。新进入学校的教师，由教务科组织安排试讲，本教研组及相关学科教师参加听讲。试讲后由教务科组织评议，达不到要求者重新备课后再试讲。听课制度。由教务科统一安排和组织，一学期至少2～3次听课。主要是听新教师和学生反映较多的任课教师的课。在听课后对上课教师的教学方法、教学过程及教学效果进行客观评价，加强指导，从而促进教师，特别是新进教师提高课堂教学质量。

课堂教学。要求教师做到课堂有教案，讲普通话、口齿清晰，语言生动，板书工整、规范；注意科学性，系统性，连续性，逻辑性；理论联系实际，培养学生分析问题和解决问题的能力。采用启发式，注意提问、小结、引导、布置复习思考题等环节。

实验课和教学实习。按教学大纲和授课计划规定，任课教师与本教研组的实验室工作人员配合，负责完成本课程的实验和教学实习任务。最后一学期的毕业实习，由教务科统一组织，与校内实验基地（实验农场）对接后，安排3～5名教师到校内或校外实习基地带学生实习。通过实验实习、教学实习、毕业实习，使学生进一步掌握基本理论、基础知识，提高动手能力。

教研活动。教研活动由各教研组组长安排。目的是通过教研活动探讨研究大纲和教材，以及教学方法、教学手段的改革等，对教学经验进行总结，对教学和管理工作提出建设性意见。

评教。评教活动由教务科统一组织。评教方法采取听（听课和听取学生评论）、看（看大纲、授课计划、教案书写、板书、作业与试卷批改、学生成绩及学习效果）、评（学校领导、教研组教师之间、学生测评）进行，最后将评教结果量化记分存档，与年度绩效考核和职称评定挂钩。

质量管理。教师教学质量的界定按学校制定的教师教学质量量化考核办法执行。学生学习成绩考核分考试、考查两种。

实习基地建设 校内实习基地3处。洗马河实习实验基地：面积1.4万平方米，其中稻田1.07万平方米，土0.33万平方米，1991年改建为水果批发市场，作为果树专业营销实习基地。校本部实习基地：有旱土1.2万平方米，建有标准温室大棚10个，可满足种植类相关专业教学和生产实习的需要，建有实验楼一栋，实验教室10间，组培室1个，可满足实验教学和科研的需要。实验农场实习基地：有住房两栋，面积1000平方米；果园有枇杷、梨、桃等果树，面积12万平方米，供实验实习和生产科研用的田地3.33万平方米；鱼塘5333平方米，可满足校内各专业的教学实习和实验实习。校外基地：为培养学生从事农业新技术推广示范的能力，1992年至1998年，在施秉、凯里（炉山）建立稳定的校外实习基地。种、养殖类专业的学生毕业实习半年，统一安排到校外实习基地进行。

教学成果

黔东南民族农业学校办学45年来，坚持党的教育方针，坚持社会主义的办学方向，坚持为农业、农村、农民服务的办学宗旨，实行以中专学历教育为主，多层次、多形式、多渠道办学，培养中专毕业生6467人，大专毕业生43人，基层农业管理干部620人，村干49人，农民“绿色证书”获得者420人。

1967届土肥专业毕业生游本华，1988年、1990年获农业部全国农牧渔业丰收奖，1994年获省政府特殊津贴，1995年获全国农业科技推广先进工作者；1980届农学专业毕业生罗永芬，要求到榕江县八开乡工作，两次获省科技成果二等奖，先进工作者，1984年参加国庆观礼，1985年被评为全国边陲优秀儿女获金质奖章一枚；1981届农学专业毕业生龙家磅，分配到榕江工作，1988年带职带薪到榕江县八开乡创办林场，至1994年林场面积达1亿平方米，总产值超亿元，1994年被评为贵州省第二届十大杰出青年，贵州省支援农业、乡镇企业先进个人。

黔东南民族农业学校在1991年全国农业中专教育系统办学水平综合评估中，被评为B等二级合格学校；1995年被省人民政府授予“民族团结进步先进集体”；1996年分别获黔东南州人民政府、中共贵州省委组织部和省农业厅的表彰和奖励。

第六节　教学研究

科研成果

黔东南民族农业学校一贯注重实践应用教学，狠抓专业技能训练，突出学校特色，广泛开展科研、试验和示范工作。设有农业高科技示范园、配有自动喷、滴灌全自动温控系统，省内一流水平的现代化连栋温室，植物组织培养技术研究与应用，良种猪养殖场，使学校实习农场多次成为全州农业新技术应用推广的样板。1995年以综合性防治稻田温病为课题，到施秉县地坝村进行生产实习，综合防治，师生通过发动群众，传授技术，有效防止稻瘟病的发生，是年该村水稻大幅度增产，夺取315.87万平方米水稻高产，《贵州日报》作专题报道。1996年，《贵州日报》以《少见的好油菜》为题，高度评价学校科学种植所取得的优异成绩。同时，学校开辟校外实习基地，实行教学、技术服务、生产实践三结合，实施科教兴农。1999年，农校与州农技站联合实施的优质脱毒甘薯引种品比试验，获黔东南州科技进步三等奖。

在教学和科研中，不少教师努力钻研，大胆实践，取得丰硕成果。姚民英等完成的“黔东南州土壤硼、锌、钼、硫元素普查及施用技术调查研究”，1987年获贵州省科技进步二等奖；“利用航卫电判译编制土地利用现状图”，1987年获贵州省科技进步四等奖；参与完成的“几种主要低产田改良利用”，1981年获贵州省科技成果三等奖，“黔东南州第二次土壤普查三穗试点”，1981年获“黔东南州科技成果二等奖”，“主要生态环境对柑橘品质影响的调查研究”，1992年获黔东南州科技进步二等奖。刘业海1986年至1987年参加“黔东南土壤普查和土地资源概查”，获贵州省农业厅和土地管理局科技成果二等奖；参与“黔东南主要生态环境对柑橘品质影响的调查研究”，1992年获黔东南州科技进步二等奖。胡松、屈维彪、吴正凯等人承担的“吨粮土”栽培模式研究，1995年获黔东南州科技进步三等奖。姚民英、刘业海、陈泽美、代勇、程红、潘玉英参加的“提高化肥利用率的研究”获1996年黔东南州科学技术进步三等奖。魏永建、刘琳丰、吴格娥、何宪江、黄刚等人承担的“水稻稻瘟病综合防治及配套技术研究”，1997年获黔东南州科技进步三等奖；“施秉县推广稻瘟病综合防治技术”，1997年获贵州省农业丰收二等奖。吴格娥、魏永建、刘琳丰、何宪江等人承担的“稻曲病发生及防治对策研究”，1999年获黔东南州科技进步三等奖。杨世敏、魏永建、松会武等人承担的“潜叶蝇发生规律及综合防治技术研究”，1999年获黔东南州科技进步一等奖；“潜叶蝇发生及综合防治技术研究”，2000年获贵州省科技进步三等奖。

论文论著

1981年至2002年，农校教师在《遗传》《生命的化学》《植物生态学通讯》《中兽医学杂志》《贵州农业科学》《种子》《耕作与栽培》《贵州畜牧兽医》《贵州师范大学学报》《中国青年农业科学学术年报》《全国第二届青年农学学术年会论文集》《黔东南民族师范高等专科学校学报》《贵州中等农业教育》《贵州农业科教》等报纸杂志和文集，发表论文（文章）百余篇。

教师参加编写教材和教学参考书有：李阳升主编全国农业中专教材《农用化学基础》，参编全国农业中专教材《基础生物化学》，主编《快速记忆法在农业学校教学中的应用》。姚民英参与《贵州土壤》《黔东南土壤》的编写，参加雷公山区土壤和宜林评价兼论山地黄棕壤的归属问题部分的编写。屈维彪参编贵州省农业厅科教处《农作物杂种优势利用及良种繁育》。

黔东南民族农业学校教师发表论文（文章）统计表

表上1-6-1

作　者	论文标题	发表刊物	发表时间
李阳升	帮助记忆核酸结构的顺口溜	《遗传》	1981（04）
杨传燊	“理中汤”主药刍议	《中兽医学杂志》	1982（03）
杨传燊	对《中兽医学》试用教材中某些问题的商榷	《中国兽医杂志》	1982（09）
杨传燊、潘开华	中西药结合治疗大家畜陈旧性扭伤	《中兽医学杂志》	1983（02）
杨传燊	中西结合治疗大家畜陈旧性捩伤	《畜牧与兽医》	1983（04）
杨传燊	草药土方治牛血尿	《中兽医学杂志》	1984（04）
李阳升	α-碳原子二面角纸片演示模型	《生命的化学（中国生物化学会通讯）》	1986（02）

续表上1-6-1

作　者	论文标题	发表刊物	发表时间
杨传燊	治仔猪白痢的民间单方——扑地虎	《中兽医医药杂志》	1986（06）
雷帮海、松会武、黄乃锦	黄胸鼠种群繁殖研究初报	《贵州农业科学》	1987（01）
廖臻瑞、姚民英	黔东南土壤硫的含量与硫肥的施用	《耕作与栽培》	1987（04）
李阳升	遗传密码与氨基酸侧链极性	《生命的化学（中国生物化学会通讯）》	1990（02）
屈维彪	育性鉴定——花粉镜检中一个值得注意的问题	《贵州中等农业教育》	1990（1）
屈维彪	一次别开生面的遗传学教学活动	《贵州中等农业教育》	1990（1）
李阳升	也谈呼吸作用方程式的正确写法与读法	《植物生理学通讯》	1991（05）
屈维彪	W6154S和W6111S在凯里的出叶状况及其育性表达的探讨	《贵州中等农业教育》	1991（1）
屈维彪	从操行加减评分法谈学生思想品德的量化考核	《贵州中等农业教育》	1991（1）
杨传燊	石蒿汤治猪余热医案	《中兽医学杂志》	1992（04）
屈维彪	紧凑型玉米掖单4号、掖单2号的亲本特性观察及在制种中应用探讨	《贵州农业科学》	1992（03）
杨传燊	石蒿汤治猪余热医案	《中兽医学杂志》	1992（04）
屈维彪	这片热土上的追求与拼搏——记黔东南民族农业学校的一次毕业实习	《贵州中等农业教育》	1992（2）
屈维彪	《作物遗传与育种学》的实践性教学探索	《贵州中等农业教育》	1992（1）
李阳升	“高能磷酸键”教学中的两个问题	《生命的化学（中国生物化学会通讯）》	1993（06）
杨传燊	前胃弛缓和大戟散	《畜牧与兽医》	1993（05）
胡松、屈维彪、吴正凯	分带轮作中掖单13号的密度及钾、氮施用量的研究	《贵州农业科学》	1993（03）
屈维彪	论班主任工作成效与主观要素的关系	《贵州农业科教》	1993（1）
陈泽美	黔东南柑橘园土壤及增施磷、钾肥对柑橘品质的影响	《耕作与栽培》	1994（06）
杨传桑	用“郁金散”加减治疗牛马急慢性肠黄	《贵州畜牧兽医》	1994（02）
邹　波	葡萄夏季修剪要点	《农技服务》	1994（04）
屈维彪、胡松	麦玉苕套种不同带比对产量影响的试验研究	《贵州农业科学》	1994（04）
陈泽美	发展绿肥生产是提高农业效益的重要措施	《耕作与栽培》	1995（04）
余小平、屈维彪	黔东南杂稻制种高产配套技术探讨	《种子》	1995（1）
屈维彪	667平方米用0.5千克种，照样夺丰收	《贵州农民报》	1995年3月3日第三版
屈维彪	黔东南“两高一优”杂交水稻技术体系的形成与思考	《全国第二届青年农学学术年会论文集》	中国农业科技出版社.1995

续表上1-6-1

作　者	论文标题	发表刊物	发表时间
屈维彪、余小平、雷邦海	优多系1号与汕优63的产量与抗性比较分析	《种子》	1995（3）
刘业海、姚民英、陈泽美 代勇、程红、潘玉英	水稻肥料利用率研究	《耕作与栽培》	1996（06）
李玉琦	胎儿碎尸法救治犬难产二例	《中国养犬杂志》	1996（04）
杨传燊	中草药治疗家畜关节挨伤	《贵州畜牧兽医》	1996（05）
邹　波	柑橘施采果肥应注意些什么	《农村经济与技术》	1996（10）
吴格娥、魏永建、刘琳丰 黄刚、肖定明	黔东南州稻瘟病的发生流行原因及防治对策	《贵州农业科学》	1996（05）
李玉奇	对犬肠炎型细小病毒病治疗的探讨	《中国兽医杂志》	1996（09）
吴格娥、魏永建、刘琳丰	水稻不同叶面肥肥效对比试验初报	《耕作与栽培》	1996（04）
魏永建、刘琳丰、吴格娥	杂交水稻新组合对稻瘟病的抗性比较试验	《耕作与栽培》	1996（04）
刘琳丰、吴格娥、魏永建	不同药剂对稻瘟病的防效试验	《耕作与栽培》	1996（04）
邹　波	果蔬饮料浑浊的处理方法	《农村实用工程技术》	1996（08）
龙滢、邹波、余春香 李竹莹、潘玉英	不同化学保鲜剂处理温州蜜柑常温保鲜贮藏试验报告	《黔东南民族师专学报》	1996
龙　滢	凯里地区短角外斑腿蝗核型分析初探	《黔东南民族师专学报》	1996
李玉奇	对犬肠炎型细小病毒病治疗的探讨	《中国兽医杂志》	1996（09）
龙　滢	凯里地区短角外斑腿蝗核型分析初探	《黔东南民族师专学报》	1996
程　红	土地测量学教学改革刍议	《黔东南民族师专学报》	1996
李玉奇	糟辣椒治疗犬疥螨病	《贵州畜牧兽医》	1996（03）
屈维彪	杂交与常规稻种的比较	《贵州农民报》	1996年1月18日第三版
代　勇	锌钼肥对油菜产量和农艺性状的影响	《黔东南民族师专学报》	1997（S1）
黄晓兰	学校图书馆读者群阅读心理与导读工作初探	《黔东南民族师专学报》	1997（04）
邹波、李竹莹	果农家庭贮藏柑橘的几种简易方法	《农村实用工程技术》	1997（12）
李玉奇	用截胎法救治难产犬两例	《畜牧与兽医》	1997（05）
吴文勇	发挥优势建设黔东南果树基地	《贵州农业科学》	1997（04）
邹　波	刺梨酒酿制方法	《农村实用工程技术》	1997（07）
邹　波	提高果树硬枝扦插成活率的方法	《农村实用工程技术》	1997（02）
代　勇、姚民英、刘业海 陈泽美、程红、潘玉英	黄黏泥土玉米推荐施肥量研究	《贵州农业科学》	1997（05）
常青馨	阿特拉津与乙草胺混用防除玉米田杂草试验报告	《杂草科学》	1997（01）

续表上1-6-1

作　者	论文标题	发表刊物	发表时间
屈维彪	关于细胞分裂的教学研讨	《贵州师范大学学报》	1997 总第43期
屈维彪	Ⅱ优多系1号高产群体的构建与调控	《中国青年农业科学学术年报》	1997
冯贤友	杂交玉米营养球、营养块育苗移栽与直播对比试验初报	《耕作与栽培》	1998（03）
邹波、李竹莹、刘业海	番茄不同成熟度主要营养成分差异	《贵州农业科学》	1998（02）
刘业海、姚民英、邹波、胡卫华	果园土壤与柑橘品质	《贵州农业科学》	1998（01）
周晓琴、田态灿	家庭制作草莓酱	《黔东南民族师专学报》	1998（S1）
王青、补云芳、申小丽、杨海莉	菜心在凯里地区引种试验	《黔东南民族师专学报》	1998（S1）
杨海莉	“云湖氮源”对大白菜产量影响的试验报告	《黔东南民族师专学报》	1998（05）
杨世敏、松会武、魏永建 杨倏幸、龙清凤	黔东南州斑潜蝇的发生分布与防治	《贵州农业科学》	1998（05）
杨海莉、高相福	大白菜喷施浓一清肥效试验	《贵州农业科学》	1998（04）
屈维彪、杨启璜、余小平 胡建平	Ⅱ优多系1号产量构成因素与高产对策的探析	《贵州师范大学学报》（自然科学版）	1998（03）
杨庆龄、梁焰	青年教师思想道德素质培养之管见	《黔东南民族师专学报》	1998（03）
杨传桑	中草药治疗关节扭伤	《中国乡村医药》	1998（05）
杨传桑	中西结合治疗猪传染性胃肠炎效果好	《贵州畜牧兽医》	1998（01）
吴文勇、吴达武	几个板栗品种物候期的观察	《贵州林业科技》	1999（03）
刘琳丰、魏永建、吴格娥 王小松、何宪江	稻曲病的发生与防治对策	《贵州农业科学》	1999（02）
吴格娥、魏永建、刘琳丰 何宪江	稻曲病的药剂防治试验	《农药》	2000（10）
马文、邹波、於根英、黄刚	生根灵对金叶女贞和一串红扦插生根效果试验	《黔东南民族师专学报》	2001（06）
李竹莹、邹波	草莓酱的制作方法	《黔东南民族师专学报》	2001（06）
潘晖辉、代勇、邓燕红、马文	油菜硼肥肥效研究	《黔东南民族师专学报》	2001（03）
杨传桑	对中专《兽医临床诊断学》教材中某些问题的刍议	《黑龙江畜牧兽医》	2001（01）
代勇、胡铨、刘业海 姚民英	黔东南州油菜化肥利用率研究	《西藏农业科技》	2002（03）
田景文、代勇、吴正凯 郑晓峰、常青馨	杂交玉米育苗方法试验初报	《黔东南民族师范高等专科学校学报》	2002（06）

续表上1-6-1

作　者	论文标题	发表刊物	发表时间
潘晖辉、代勇、郑晓峰、吴正凯、常青馨	杂交玉米不同肥土比例肥球育苗移栽试验初报	《黔东南民族师范高等专科学校学报》	2002（06）
谭继鹏	獭兔常见传染病的防治	《四川畜牧兽医》	2002（11）
金　红	试论管理创新	《黔东南民族师范高等专科学校学报》	2002（04）
张秀花	英语非限定动词的逻辑主语刍议	《黔东南民族师范高等专科学校学报》	2002（04）

第七节　设施建设

教学楼所

1956年，黔东南农干校筹建之初，在凯里城东野狗冲（今北京东路31号）进行校区建设，规划中的学校校址紧邻黔东南师范学校（即后来的师范专科学校）。按建校规划，是年开工建设，至1957年完工的项目：砖木结构两层的教学楼、办公楼和学生宿舍楼各1栋，面积各为860平方米；干打垒房屋2栋，面积分别为240平方米和200平方米；木结构房屋7栋，面积分别约为200平方米，以及砖木结构厨房1栋、木结构厕所2栋。1958年底，建成砖木结构礼堂1栋，面积825.6平方米（后在礼堂西侧配建学生食堂、储藏室及工作室）。

1964年，进行建校义务劳动，组织全校各班同学划分施工任务，修建运动场地1350余平方米，安装篮球架两套，解决学生的体育锻炼和室外活动场所。

1979年至1980上半年，建成3层3单元18套砖混结构职工宿舍楼1栋，解决部分教师的住房问题。1980年至1981年，建成砖木结构平房宿舍2栋，解决8户教职工住房。1981年至1982年，建成规划教学楼2312平方米，砖木结构平房2栋。1983年，新修砖木结构厕所2栋；修建浴室500平方米和锅炉房100平方米，解决师生员工的如厕和洗澡问题。

1983年至1984年，由州委组织部出资，州农业局和农校负责施工，修建农业干部培训大楼1栋约1800平方米，竣工后，二楼整层、一楼西侧和三楼大教室用于农业干部培训用房，其余房间均作为学校办公室和会议室。

1985年至1987年，省拨基建款80万元，州拨基建款30万元。修建三层楼的教师宿舍2栋1820平方米，入住教职工30户；续建教学楼1156平方米（至此楼高四层的农校新教学楼整体完工）；建成四层楼的实验楼2600平方米，并在实验楼西侧修建砖混结构平房1栋，用于食品加工及食用菌生产；拆除0278部队建的简易房后修建足球场1个；接收州公安局移交的两层宿舍楼1栋360平方米。

1991年初，将洗马河占地面积1万平方米的实验基地改建成水果批发市场，同时作为果蔬专业的市场营销实习基地。年底建成后学校采用学校职工承包经营方式经营管理水果批发市场10年。随着城市建设的发展，凯里市政府将水果批发市场搬迁至凯运大道，致使学校水果批发市场闲置。学校与州建公司（中兴房地产公司）签约，将其改建成集市场、住宅一体的商住楼。签约规定，建成后黔东南民族农业学校享有2000平方米的沿街门面（“四校”合并后由学院接收处理）。

1993年，学校开始集资建房。1995年完成第一栋五层集资宿舍楼的修建，入驻教职工20户，同时完成一号宿舍楼增加卫生间、四号和七号宿舍楼增加房间配套约14平方米的修建；1996年完成第二栋六层集资宿舍楼修建，入驻教职工24户；1998年完成第三栋七层集资宿舍楼修建，入驻教职工28户；

1999年完成第四栋七层集资宿舍楼修建，入驻教职工24户。至此，基本解决学校教职工的住房问题。

实验设施

教学设备 1956年建校时，办学经费由省农业厅拨给，购置木制算盘50把、显微镜10台等教学实验设备。1957年至1958年，继续添置专业需要的教学实验设备。1961年7月至1964年8月学校停办，教学仪器及教学器材损失较大。从1964年复校至1978年，学校利用原有的实验器材以尽量满足各科教学实验的需要。1979年以后，逐年添置部分实验设备。1982年至1986年，省农业厅每年拨专款5万元用于购置教学仪器和设备。1987年教学仪器设备价值达26万元，基本满足学校各专业的教学需要。

交通运输工具 1958年，学校只有丰收牌拖拉机1台。1973年购进丰收牌27型拖拉机1台。1978年购进南京产2500千克跃进牌汽车1辆（1982年变卖）。1982年购5000千克解放牌汽车1辆，1988年底拨给实验农场，1991年学校收回后送废旧公司报废。1984年州农业局赠送学校丰收27型旧拖拉机1台。1988年9月购进云南产兰箭牌1500千克双排座汽车1辆。1992年学校购进50座云马牌大客车1辆，用于运送学生到实验农场或下县进行教学实习和毕业实习。1992年，农场将丰收27型旧拖拉机报废，农机局补贴和学校出资为实验农场购进神牛牌拖拉机1台（用于试验田土的犁耙和农家肥及农产品运输）。1993年购进北京吉普车1辆；州农业局赠送学校熊猫牌半旧中巴车1辆。1998年购进上海大众2000型桑塔纳轿车1辆。

实验基地

建校初期，学校占地面积很大。至70年代，农校实验用地有四片。即：洗马河实验地（1.33万平方米，1991年改建为凯里市水果批发市场）；州工商银行后实验地（6667平方米，80年代中期随着城市建设，凯里市公安局占用修建收容所和办公楼及宿舍楼）；校本部（东至麻子山脚，北接凯里师专和凯里一中，南抵永华厂路边，西抵文化南路，面积20余万平方米）；鸭塘实习农场（房屋4栋、土地100余万平方米）。

1980年后，随着国家在农村逐渐推行联产承包责任制，鸭塘实习农场将土地承包到职工，直到1988年底结束。从1989年起，农场开始实行联系教学专供教学实习服务的功能职责，即学生班级到农场安排实验或生产劳动，农场职工跟班劳动并参与带实习，同时负责该试验田或实习田块平时的田间管理，生产的产品属农场所有。

同时，学校在实验农场土地范围内的荒山开辟两片山地进行果树栽培，建成一个面积6.67万平方米以柑橘为主的果园和一个面积为5.33万平方米的枇杷园，分别承包给学校职工经营管理。自1990年冬季起，学校连续3年组织学生（农场职工参与）进行土变田的农田基本建设1.53万平方米。1994年，学校出资修建鱼塘5333平方米。至此，实验农场有果蔬专业实习的果园近13.33万平方米；农学专业实习的稻田1.53万平方米、旱地1.67万平方米；畜牧专业实习的鱼塘5333平方米，同时利用两果园的养殖场进行实习。为满足学生学习期间的教学、实习、科研及生产劳动，学校先后在农场修建食堂、厕所、篮球场和烤烟烘烤棚，维修农场职工宿舍和办公楼，开办托儿所、幼儿园和医务室。

第二章　黔东南州卫生学校

第一节　发展概况

1956年，黔东南州卫生干部训练班成立，1957年在训练班基础上开办州卫生干部进修班。1958年4月22日，省卫生厅决定在黔东南苗族侗族自治州建立一所卫生学校。建校筹备委员会由黔东南州人民政府副州长王耀伦任主任委员，有关单位负责人王毅然、杜兴良、房本广、王洪勇、高惠民、袁兴衡、王成基、高勇任委员。第一卫生学校是在州卫生干部进修班的基础上建立起来的，校址设在镇远青龙洞。同时，在黔东南州人民医院建立附属护士学校，校址设在州人民医院，即后来镇远卫校校址。

1958年6月17日，由于教师力量和生源不足，省卫生厅决定将贵阳医士学校和遵义护士学校的部分师生分配充实到黔东南州卫生学校，其中贵阳医士学校教职员工8人，学生1个班43人，即医士301班；遵义护士学校教师2人，学生2个班79人，即护士301班35人，护士202班44人。学校新招生254人，其中招初中毕业生114人，分成两个班。所招生源有初中文化的在本州招65人，另由省统一在四川省招生49人；招高小毕业生140人，分为3个班。时值“大跃进”时期，学生进校后即投入“大炼钢铁”运动，黔东南州卫生学校和州人民医院附属护士学校的师生员工到镇远县的涌溪、水花、鼓楼坪、小溪等地砍树、烧炭、挖矿、炼铁。

1958年10月，州人民医院附属护士学校和第一卫生学校合并为黔东南州卫生学校。11月14日，黔东南州卫生学校成立。全校有教职工43人，学生417人，开设医士、护士、公卫医士、检验士、助产士5个专业8个班，其中医士专业2个班103人，护士专业3个班114人，公卫医士3个班54人，助产士3个班54人。正式开学上课后，学校地址搬到镇远师范学校。同时，学校以临床、基础课教师和干部进修班学员为基础，组建黔东南州卫生学校附属医院，院址设在镇远县舞阳镇和平村。11月2日，附属医院开业，设内科、儿科、中医科、理疗、检验等，有门诊部2个，病床50张。至1958年底，全校教职工有60人，其中教师30人。

1959年4月中旬，由于经济困难，黔东南州卫生学校将3个高小毕业生班140人留下56人作为卫干短训班培养，其余均动员回乡。同时对学校专业设置进行调整，只开设医士、护士、干部进修班，停办检验、助产专业，公卫医士专业更名为医士专业。1960年，黔东南州卫生学校招生3个班152人，即1个初中毕业生班63人，2个高小毕业生班89人。1961年，贯彻中央“调整、巩固、充实、提高”八字方针，学校对2个高小毕业班和少数其他班次的学生精简压缩返乡。8月，撤销附属医院，下放部分教职工和医务人员到基层医疗单位或回乡生产，并将学校本部整体搬迁到大菜园。全校学生规模控制在150人内，只招收1个护士班35人。1963年，随着国民经济的恢复，黔东南州卫生学校招生由1962年的1个班增加到2个班94人，其中护士专业干部进修班1个。1964年，招生95人，增设助产士专业。1965年，招收医士、护士、干部进修班各1个班，146人。

1966年“文化大革命”开始后，黔东南州卫生学校发展受到严重影响。10年间，全校招生556人，在校生1201人，毕（结）业生811人，其中1966年至1968年未招生，1972年至1973年没有毕业生。1972年恢复招生时，全校教职工有57人，其中教师38人，开设护士、助产士、医士、赤脚医生等专业。1975年和1976年，开设“五七大学班”和干部进修班。

1977年至1988年，黔东南州卫生学校进入恢复发展时期，学校共计招生1905人，在校生达4640人，毕业生1342人。

1987年12月，凯里新校舍破土动工。1995年10月7日，学校搬迁结束，举行新、老校区合并后的开学典礼。从1987年至1998年，学校迁建资金投入1600余万元，兴建校舍2.58万平方米，其中教学办公用房1.05万平方米、生活用房1.53万平方米。1993年，世界银行贷款农村卫生人力开发项目（以下简称“卫IV项目”或“世行卫IV项目”）启动实施，给学校注入新的活力和生机。学校不断购置更新教学、实验、图书、办公等设备。新校各项设施基本齐全，功能齐备，满足学校教育发展的要求。1987年至1998年共计招生6655人，在校生达1.63万人，毕业生4466人。

1999年至2001年，黔东南州卫生学校进入稳步发展期，教职工队伍发展壮大，教学水平、教学质量上一个台阶。2000年7月8日，黔东南州卫生学校获评省级重点中专学校；2001年4月10日，黔东南州卫生学校获评国家级重点中专学校，被卫生部、教育部指定为护理专业紧缺人才培训培养基地。其间，学校在原专业设置基础上，新设美容及护理、口腔工艺、中医大专、卫生保健、药品营销、医学美容等专业，招生3536人，在校生达1.09万人，毕业生3680人。学校形成固定资产2324万元，有在岗教职员工213人。

2001年8月，黔东南州卫生学校与黔东南民族农业学校、黔东南州财贸学校、黔东南州民族林业学校合并为黔东南民族职业技术学院。

第二节　行政机构

校级机构

1958年，黔东南州卫生学校创建初期，设校长1人，副校长2人，何俊任校长，张选祥、高勇任副校长。建有校务委员会，校长兼任主任委员。1959年6月至1967年10月，学校体制不变，谭承兴、王安生、徐蕴先后任校长。

1967年11月，黔东南州卫生学校“革命委员会”成立，行政机构被革命委员会取代，一直延续到1978年8月，李仕才、刘洪恩、李应才、林乃普、徐蕴先后任革命委员会负责人、副主任。1978年9月，恢复学校行政领导体制，至1992年2月，薄秀山、刘光坤先后任校长，徐蕴、林乃普、李应才、高忠武、欧克群、曾纪长、李乾元先后任副校长，其中1988年至1992年由副校长曾纪长主持工作。1992年至2002年，曾纪长任校长，欧克群、李乾元、王兆石、罗贤光先后任副校长。

黔东南州卫生学校历任行政领导一览表

表上2-2-1

姓　名	性别	民族	籍贯	职　务	任职时间
何　俊	男	汉	江西	校　长	1958.10—1959.7
高　勇	男	汉	安徽	副校长	1958.10—1959.7
张选祥	男	汉	湖南	副校长	1958.10—1959.3
谭承兴	男	汉	山东	校　长	1959.6—1959.9
李秀元	男	汉	贵州	副校长	1959.6—1960.12
王安生	男	汉	山东	校　长	1959.9—1961.8
徐　蕴	男	汉	山东	第一副校长	1962.12—1967
杨树华	男	汉	云南	副校长	1962.12—1967

续表上2-2-1

姓 名	性别	民族	籍贯	职 务	任职时间
欧德辉	男	苗	贵州	副校长	1965.12—1967
李仕才	男	汉	贵州	革命委员会负责人	1967.10—1968.3
刘洪恩	男	汉	贵州	革命委员会副主任	1968.11—1970.4
李应才	男	汉	陕西	革命委员会副主任	1970.5—1979.6
林乃普	男	汉	山东	革命委员会副主任	1975.7—1979.6
徐 蕴	男	汉	山东	革命委员会副主任	1975.8—1979.6
周光华	男	汉	贵州	革命委员会副主任	1975.12—1977.9
薄秀山	男	汉	山东	校 长	1978.9—1984.4
徐 蕴	男	汉	山东	副校长	1979.9—1984.4
林乃普	男	汉	山东	副校长	1979.9—1984.4
李应才	男	汉	陕西	副校长	1979.9—1984.4
刘光坤	男	侗	贵州	校 长	1984.4—1988.12
高忠武	男	汉	湖南	副校长	1984.4—1988.12
欧克群	男	苗	贵州	副校长	1984.4—1995.4
曾纪长	男	汉	江西	副校长	1988.12—1992.4
李乾元	男	汉	四川	副校长	1988.12—1998.5
曾纪长	男	汉	江西	校 长	1992.4—2002.3
王兆石	男	汉	上海	副校长	1996.1—2002.3
罗贤光	男	布依	贵州	副校长	1996.1—2002.3

中层机构

1958年，黔东南州卫生学校中层行政机构设“两处一室一院”，即教务处、总务处、办公室、附属医院。教务处、总务处各配备副主任1名，办公室未配备主任，附属医院由分管副校长兼任副院长。

1960年，充实和加强中层干部队伍，办公室明确主任、附属医院明确医护干事负责日常工作。1961年8月，撤销附属医院，中层机构设置为教务处、总务处和办公室，一直延续到1966年。1967年11月，黔东南州卫生学校成立“革命委员会”，下设“联合总部”“斗批改组”“政工组”“专案组”等。1972年8月，州科教办明确黔东南州卫生学校教务处副主任和门诊部主任。

1977年，黔东南州卫生学校中层机构增设为“三处一室一院”，即政治处、教务处、总务处，办公室、附属医院。1981年4月，州科教办党组任命教务处、办公室主任和政治处副主任、附属医院副院长。

1984年机构改革中，黔东南州卫生学校中层机构调整为办公室、教务科、人保科、学生科、总务科、附属医院，同时配齐中层干部。

1985年8月至1986年，黔东南州卫生学校中层机构设校办公室、教务科、学生科、总务科、人保科、基建房产科和附属医院，同时对中层干部做部分调整。1989年，撤销基建房产科；1994年11月，增设人事科、计财科；1997年5月，与凯里运输公司建立联办医院；1999年10月，增设美容培训中心。此后，黔东南州卫生学校中层机构设置直到2002年“四校”合建时不变。

黔东南州卫生学校中层机构历任负责人一览表

表上2-2-2

姓　名	职　务	任职时间	姓　名	职　务	任职时间
张如金	教务处副主任	1958年	曾纪长	教务科科长	1986年
李应才	总务处副主任	1958年	罗贤光	校办主任	1989年
张选祥	附院副院长	1958年	苏秉芬	教务科科长	1989年
欧德辉	校办主任	1960年	李加南	学生科科长	1989年
林乃普	教务处副主任	1960年	杨世维	总务科科长	1989年
欧克群	附院医护干事	1960年	潘晓蜀	联办医院院长	1999年
欧克群	治保主任	1962年	王芳勋	附院院长	1989年
张　峰	治保副主任	1962年	杨绍猷	人保科副科长	1989年
刘光坤	教务处副主任	1972年	潘永明	教务科副科长	1989年
欧阳广清	门诊部主任	1972年	龙向源	附院副院长	1989年
刘光坤	教务处主任	1981年	隆道金	附院副院长	1989年
欧克群	办公室主任	1981年	龙昌烈	人事科科长、校办主任、党办主任	1996年
张　峰	政治处副主任	1981年	罗前珍	学生科科长	1994年
俞宗玉	附院副院长	1981年	张　峰	总务科科长	1994年
罗贤光	校办副主任	1984年	田景德	保卫科科长	1994年
蒋大惠	教务科科长	1984年	吴德诚	教务科副科长	1994年
张　峰	总务科科长	1984年	王学兰	教务科副科长	1994年
韩碧煦	学生科科长	1984年	张兴权	学生科副科长	1994年
俞宗玉	附院院长	1984年	李光耀	保卫科副科长	1994年
王芳勋	附院副院长	1984年	李立新	计财科副科长	1994年
龙　泉	教务科副科长	1984年	吴永祥	附院副院长	1994年
张道益	总务科副科长	1984年	魏晓平	附院副院长	1994年
李加南	学生科副科长	1984年	龙　军	教务科负责人	1996年
吴必英	教务科科长	1985年	吴　英	学生科负责人	1996年
罗前珍	学生科副科长	1985年	石红卫	办公室负责人	1996年
王芳勋	附院院长	1985年	侯胜华	总务科负责人	1996年
隆道金	附院副院长	1985年			

第三节　党群组织

中共组织

党支部　1958年黔东南州卫生学校创立后，于同年8月在校内建立党的支部委员会，何俊任党支部书记。1959年5月，州委派工作组到学校帮助整风后，书记调离学校。1963年1月，徐蕴调任黔东南州卫生学校党总支书记。

1966年后，黔东南州卫生学校党支部处于瘫痪状态。1972年9月，学校开始恢复招生，全校有党员18人，其中教职工党员9人，学生党员9人，由李应才、林乃普、孙有才、欧克群、潘秀芳5人组成中共黔东南州卫生学校临时党支部委员会，李应才任书记，林乃普任副书记。

1973年7至8月，临时党支部建立整党建党领导小组开展整党建党工作。10月2日，林乃普、李应才、欧克群、孙有才、张峰5人组成黔东南州卫生学校党支部委员会，林乃普任支部副书记。1975年12月26日，州委组织部明确工宣队队长周光华任党支部副书记。1978年9月，州委组织部明确薄秀山任党支部副书记，1979年6月14日，明确薄秀山任党支部书记。

1983年底至1984年初，州卫生局党组对黔东南州卫生学校领导班子进行考察后，州委组织部于1984年3月15日对机构改革后领导班子成员进行调整，明确校长刘光坤任党支部副书记。1984年6月27日，黔东南州卫生学校党支部由刘光坤、欧克群、罗贤光组成，刘光坤任副书记。

党总支　1986年11月12日，黔东南州卫生学校党支部向中共州直机关党委请求，拟将党支部改建为党总支委员会。1987年1月12日，中共黔东南州卫生学校总支委员会成立。同年10月29日，经支部大会民主选举，刘光坤、欧克群、罗贤光、曾纪长、杨绍猷5人组成黔东南州卫生学校总支委员会委员，刘光坤任总支副书记。下设行政、教务、附院3个支部，张峰任行政支部书记，曾纪长任教务支部书记，龙向源任附院支部书记。

1988年12月，党总支委员会对支委分工作调整，刘光坤为总支书记，欧克群为总支副书记，杨绍猷任组织委员，曾纪长任宣传委员，罗贤光任青年委员，欧克群兼任纪检委员。

1991年，设新校临时党支部，欧克群任书记。1993年设立新校和老校党支部，罗前珍任新校支部书记，张峰任老校支部书记。

1996年，党总支下设学生、教务、行政、离退休、附院5个支部，张兴权任学生支部书记，罗前珍任教务支部书记，龙昌烈任行政后勤支部书记，王兆石任离退休支部书记，王守清任附院支部副书记。

党　委　1999年12月，成立中共黔东南州卫生学校委员会，曾纪长任党委书记，王兆石任党委副书记兼纪委书记，党委委员有罗贤光、张兴权、管绍兰。此后至2002年3月“四校”合建黔东南民族职业技术学院时，黔东南州卫生学校党委领导任职不变。

黔东南州卫生学校党组织历任负责人一览表

表上2-3-1

姓　名	党组织名称	职　务	任职时间
何　俊	支部委员会	书　记	1958.8
谭承兴	总支委员会	书　记	1959.7
李秀元	总支委员会	副书记	1959.7
王安生	总支委员会	书　记	1959.10
李秀元	总支委员会	副书记	1959.10
徐　蕴	总支委员会	书　记	1963.1
李应才	临时党支部	书　记	1972.9
林乃普	临时党支部	副书记	1972.9
林乃普	支部委员会	副书记	1973.10
薄秀山	支部委员会	书　记	1979.6

续表上2-3-1

姓　名	党组织名称	职　务	任职时间
刘光坤	总支委员会	副书记	1988.11
刘光坤	总支委员会	书　记	1988.12
欧克群	总支委员会	副书记	1996.1
曾纪长	总支委员会	副书记	1993.9
曾纪长	总支委员会	书　记	1996.1
王兆石	总支委员会	副书记	1996.1
曾纪长	党委	书　记	1999.12
王兆石	党委	副书记	1999.12

党建工作

1959年，黔东南州卫生学校党支部贯彻省委一届十次全委会和中共镇远县委扩大会议精神，在党内开展整风运动。是年11月23日开始至1960年1月14日结束，历时51天。通过整风，全面贯彻党的“教育为无产阶级政治服务，教育与生产劳动相结合”的教育方针，开展勤工俭学活动。结合专业特点，解决理论教育与实践相结合，因陋就简，自力更生，办起附属医院、药厂和模型制造厂。

1963年3月，党总支为建立和健全组织生活制度作出规定：组织生活会每两周1次，总支委员会每月1次，党员大会一学期3次；总支委员会每月向州直属机关党委汇报工作1次；支部每月向总支汇报1次，党课每月1次。同年3月5日，毛泽东主席向全国发出“向雷锋同志学习”的号召，党总支立即在全校开展学习运动，把学习雷锋当成活的党课教材，作为推动学校教学工作的动力，提出以提高教学质量，开展增产节约的实际行动学习雷锋，并请老红军到校向师生员工进行革命传统教育。5月初，通过评比树立标兵，表扬雷锋式的好人好事，树立高鼎文、陈宝莲、郭承玲3名“三好”学生为学习雷锋的标兵。暑假期间组织学生作社会调查，写“四史”（即家史、村史、厂史、革命斗争史），进行阶级教育。9月，党总支针对支委会存在问题，提出《关于加强集体领导的意见》。

1964年3月，党总支制定“五好”科室和职工、班级的评比条件，开展评比活动。1965年11月，在全校开展“向共产主义战士王杰同志学习”的活动。1966年2月，在全校开展“向毛主席同志的好干部——焦裕禄同志学习”的活动，举办焦裕禄事迹画展。1966年“文化大革命”开始，工作组进驻学校后，党支部处于瘫痪状态，终止一切活动。

1972年9月，建立黔东南州卫生学校临时党支部委员会。此间，临时党支部对师生进行阶级教育，请铁二局四处老工人徐师傅作忆苦思甜报告。在毛泽东“向雷锋同志学习”题词10周年之际，组织师生学习题词，走雷锋成长的道路，评选出潘秀芬、杨再云、田茂珍、罗贤光等14名先进学生进行表彰。学校还组织教职工学习《唯物主义和经验主义批判》《共产党宣言》《国家与革命》《反杜林论》等有关内容和毛泽东的《实践论》《人的正确思想是从哪里来的》《矛盾论》的部分内容。

1973年7至8月，黔东南州卫生学校临时党支部在州卫生局核心小组的指导下开展整党建党工作。整党后报经中共黔东南州委组织部批准，恢复组建黔东南州卫生学校党支部。1976年10月后，党支部作出《关于迅速掀起学习毛泽东思想群众运动新高潮的意见》，进行一系列拨乱反正、落实干部政策，对建校后特别是“文化大革命”后的处理案件进行复查落实，落实干部政策14人，平反冤假错案13人，解决历史遗留问题。

1979年，中共十一届三中全会召开后，党支部确定以教学为中心的指导思想，把师生员工的思想引导到为四化建设服务的轨道上来，实现安定团结，为国家培养卫生战线德、智、体全面发展的中等卫生技术人才。以党团员和老教师为骨干，着重进行坚持四项基本原则、爱国主义、集体主义、道德品质、革命人生观、社会主义法制、时事政策和革命纪律教育。在党团员中组织学习新党章，党内政治生活若干准则，党的若干历史问题的决议，新团章和团的基本知识，在学生和青年中进行专业思想教育，开展学雷锋，树新风，创“三好”和“五讲四美”活动，进行文明宿舍、文明小组、文明课堂、文明班级和文明班支部等评比，其中1981年全校表彰和奖励先进团员青年17名，“三好”学生6名，先进班、团干部11名；1982年表彰和奖励先进团员青年36名，“三好”学生26名，先进班、团干部20名。

1983年3月至7月，党支部分别利用19个党员活动日，对新党章进行系统学习。9月至12月，党支部对学习《邓小平文选》作出安排，要求各科室人员每星期用两个半天学习28篇文章，其他人员用一个半天学习12篇文章。

1985年8月，黔东南州卫生学校党支部成立学校整党工作指导小组。整党按学习、对照检查、登记三个阶段进行，结束时22名正式党员全部通过登记。1986年7月9日，州卫生局党组对黔东南州卫生学校进行整党验收，验收结果为基本完成整党任务，同意整党结束转入正常的建党工作。

1986年11月12日，党支部向州直机关党委请求，拟将学校党支部改建为党总支委员会。1987年1月12日，中共黔东南州卫生学校总支委员会建立；11月25日，党总支提出《关于认真组织学习党的十三大文件的意见》，要求各支部、各部门把组织学习十三大文件作为中心任务来抓，组织学习。是年，曾纪长被中共州直属机关委员会表彰为优秀共产党员，罗贤光被州卫生局直属机关党委表彰为优秀共产党员。

1989年，黔东南州卫生学校领导体制实行党、政分开。党总支把加强思想建设，提高党员的政治素质作为一项重要任务来抓，对党员开展党的基本路线教育，加强党的组织建设，严格党的组织生活制度；加强党风建设，克服不正之风，清除消极腐败现象。书记曾纪长拒收基建承包人贿赂，受到州卫生局纪检组的通报表扬。

1990年，党总支坚持“三会一课”制度。在贯彻中央《关于加强党同人民群众联系的决定》中，总支委员会提出《关于加强党的领导理顺党政关系的意见》，强调“学校无论实行何种领导体制，党委都是学校的政治核心，全面领导思想政治工作，管理干部，同时支持行政领导独立负责工作，力戒包揽行政事务”。是年，黔东南州卫生学校党组织开展民主评议党员，全校优秀及合格党员50人。

1997年2月24日，黔东南州卫生学校党总支举办首届“入党积极分子培训班”，参训26人，历时5天。培训期间分别请州直属机关工委、州讲师团、黔东南州卫生学校领导等讲授党的基本知识等。

1999年12月，成立中共黔东南州卫生学校委员会。

2001年1月6日至3月15日，黔东南州卫生学校领导班子和党员干部进行以“讲学习、讲政治、讲正气”为主要内容的党性党风教育。“三讲”按照上级的安排和要求进行，集中学习和自学结合，撰写心得体会，听取意见和建议，深刻剖析存在问题的根源，制定整改措施并落实。学校领导班子的凝聚力和战斗力得到进一步增强，领导干部的政治鉴别力、政治敏锐性及驾驭复杂局势的能力得到提高，为学校深化教育改革及各项工作的开展打下坚实的组织基础和思想基础。

共青团

1959年1月，建立共青团黔东南州卫生学校委员会。至1966年6月，团组织停止工作。1973年12月11日，恢复建立校团委员会，至2002年机构不变。

开展共青团的政治思想教育活动。贯彻执行党的教育方针，进行专业思想教育，进行阶级教育和革命传统教育，进行共产主义道德品质教育，开展向雷锋等英雄模范人物学习等。在组织建设上，严格团的组织生活，坚持每一二周过一次团的组织生活；加强团的纪律教育，发挥共青团的模范带头作用；开展评比活动。2001年，获团省委授予“贵州省青年志愿者活动集体贡献奖”。2001年，获团省委授予省“五四”红旗团委称号。

历任团委书记为张峰、杨先凤、欧玉珍、张兴权、常海；历任团委副书记为杨深健、王光福、舒选璧。

工　会

第一届工会委员会于1981年11月13日成立。主席林乃普。副主席李应才。委员蒋大惠、郃刚华、周兰英、董正刚、黄之一。第二届工会委员会于1984年9月7日成立。主席欧克群。委员吴才斌、蒋大惠、董正刚、李加南、周兰英、杨凤安、周水菊。第三届工会委员会于1988年4月2日换届至2002年。主席欧克群。副主席孙有才。委员杨凤安、刘书华、徐凤生、姚元珍、李正凡、王名炎。

1988年12月17日，镇远县总工会授予黔东南州卫生学校工会“先进职工之家”称号。

学生会

从建校起，学生会隶属教务处，1984年以后隶属学生科领导。学生会从建立到2002年，在带头遵守学校规章制度、中专生守则、维护教学秩序、贯彻执行教育方针等诸方面，起到良好作用。

学生会组织全校学生坚持周清洁大扫除，负责评比各班每两周的黑板报，负责出版每月一期的油印小报，负责学校广播室的播音和每星期六的电视放映。

校学生会由学校学生代表大会选举产生。学生会设主席1人，副主席2人，下设宣传部、生活劳动部、体育部、文娱部、保卫部等组织并开展相关的工作。学生会分为校学生会、级委会和班委会三级。

1958年至1988年学生会主席为李国良、袁隆峰、唐耀卿、乐光敏、高鼎文、王国芝、杨国先、胡朝根、舒国英、彭桂荷、马发芝、彭珍平、陈荣、游群慧、黄烈华、肖激。

第四节　教师工作

教师结构

1958年建校初期，全校教职工60人，其中教师27人，占总人数的45%。1963年，教职工45人，其中教师21人，占总数的46.6%。1966年，教职工56人，其中教师29人，占总数的51.7%。1972年，教职工57人，其中教师36人，占总数的63.2%。1978年，教职工119人，其中教师39人，占总人数的41.2%。1985年，教职工193人，其中教师62人，教辅人员9人。

1989年，黔东南州委确定黔东南州卫生学校规模为教职工250人，其中专任教师63人，教辅人员19人。专任教师中有本科28人，专科毕业及本、专科肄业23人，中专、高中毕业12人。高级讲师职称9人，中级职称讲师16人。1991年底，教职员工224人，其中校本部165人（专任教师95人，教辅人员17人，行政管理人员27人，工勤人员26人）；附院59人（医务人员53人，行政管理人员3人，工勤人员3人）。在教职员工224人中，女职工111人，占总数的49.56%；少数民族职工108人，占总数的48.2%；高级职称13人，中级职称32人，初级职称139人，初级以上职称占总数的82.1%。

1995年，全校教职工224人（其中男116人，女108人），专职教师108人，教辅人员20人，其他人员96人。高级专业技术人员13人，中级43人，初级123人，行政管理人员24人，工勤人员21人。附属医院51人。

2001年，全校在岗教职员工221人，其中少数民族117人，占52.94%。专任教师90人，有本科学历84人，专科学历4人；有高级专业技术人员21人，中级56人，初级13人；“双师型”教师42人。

2001年12月黔东南州卫生学校教职工一览表

表上2-4-1

序号	姓　名	性别	出生年月	职　务	职　称	学历	工作时间	入党时间
1	曾纪长	男	1942.04	校长	高讲	本科	1963.09	1975.08
2	王兆石	男	1946.03	副校长	主治医师	本科	1969.09	1983.04
3	罗贤光	男	1955.03	副校长	馆员	中专	1974.10	1975.12
4	龙昌烈	男	1946.12	科长	—	本科	1969.10	1974.04
5	石红卫	男	1964.01	副主任科员	—	大专	1986.08	1999.06
6	罗前珍	男	1951.09	科长	高讲	大学	1968.04	1970.08
7	杨绍猷	男	1940.10	副科长	主治医师	中专	1960.08	1970.03
8	李立新	男	1963.04	副科长	—	大专	1982.08	1987.07
9	石平昌	男	1967.09	主办会计	—	中专	1986.07	1990.11
10	田景德	男	1961.08	科长	—	本科	1984.08	1985.08
11	李光跃	男	1960.01	副科长	—	中专	1976.03	—
12	张　峰	男	1940.07	科长	—	中专	1960.07	1962.10
13	侯胜华	男	1952.07	—	助讲	大专	1975.12	—
14	吴德诚	男	1956.12	副科长	高讲	大学	1978.09	1988.07
15	常　海	男	1968.07	团委书记	—	本科	1991.08	1995.06
16	舒选璧	男	1964.03	团委副书记	讲师	大专	1985.07	1985.07
17	张兴权	男	1956.12	副科长	—	大专	1976.12	1978.06
18	甘朝衔	男	1949.01	经理	—	初中	1971.03	—
19	邹黔荣	女	1965.06	—	馆员	大专	1984.08	—
20	李秀梅	女	1964.09	科员	—	高中	1978.07	—
21	郭秀霖	男	1958.02	—	—	初中	1977.04	—
22	田洪珍	女	1955.12	—	—	中专	1974.03	—
23	肖　敏	女	1969.01	—	—	中专	1990.11	—
24	付小明	男	1961.01	—	—	高中	1979.12	—
25	杨诗锦	女	1957.07	—	—	初中	1975.09	—
26	龙　军	男	1960.01	—	讲师	本科	1983.09	—
27	吴　英	女	1954.09	—	高讲	大学	1974.03	—
28	王学兰	女	1948.11	—	讲师	中专	1966.09	—
29	张体强	男	1952.07	—	—	中专	1972.12	1979.07
30	韩碧煦	男	1940.01	—	高讲	本科	1963.09	1968.07
31	林雅静	女	1967.03	—	助讲	本科	1990.07	—
32	孙　聪	男	1969.07	—	助讲	本科	1992.10	1992.06
33	聂　芸	女	1973.05	—	助讲	本科	1994.09	—

续表上2-4-1

序号	姓　名	性别	出生年月	职　务	职　称	学历	工作时间	入党时间
34	杨再旭	男	1961.12	—	讲师	本科	1985.07	1985.07
35	王在朴	男	1961.04	—	讲师	本科	1984.08	—
36	刘光梓	男	1963.12	—	讲师	本科	1987.09	—
37	雷　刚	男	1955.04	—	讲师	大学	1980.02	1975.09
38	吴桂叶	女	1968.05	—	讲师	本科	1991.08	—
39	董清正	男	1960.09	—	讲师	本科	1982.08	—
40	淳友忠	男	1964.10	—	助讲	本科	1988.08	—
41	杨凤安	男	1955.03	—	高讲	大学	1977.08	—
42	欧阳清明	男	1954.06	—	助讲	大学	1977.09	—
43	杨先泽	男	1956.12	—	讲师	本科	1978.08	—
44	曹庆旭	女	1968.12	—	讲师	本科	1991.07	—
45	龙根友	男	1964.09	—	讲师	本科	1986.09	—
46	王永昌	男	1966.08	—	讲师	本科	1989.07	—
47	张　媛	女	1963.11	—	助讲	本科	1985.07	—
48	文明娟	女	1974.10	—	见习期	本科	1999.03	—
49	杨胜坤	男	1967.10	—	讲师	本科	1990.08	—
50	杨祖文	男	1967.05	—	助讲	本科	1987.07	—
51	潘永明	男	1956.03	—	讲师	大专	1975.12	1985.07
52	刘传荣	男	1969.08	—	助讲	本科	1994.08	—
53	张华坤	男	1971.08	—	助讲	本科	1996.08	—
54	龙　泉	男	1948.12	—	高讲	大学	1967.10	—
55	邓梅芳	女	1947.12	—	高讲	大专	1966.09	1988.07
56	王晓勇	男	1972.01	—	助讲	本科	1998.01	—
57	龙治锋	男	1966.03	—	讲师	本科	1989.08	—
58	禹俊梅	女	1967.02	—	助讲	本科	1988.07	—
59	聂　静	女	1969.04	—	助讲	本科	1991.07	—
60	李加南	女	1946.05	—	高讲	本科	1970.09	—
61	邵正维	女	1965.01	—	助讲	本科	1988.08	—
62	姚冬英	女	1972.11	—	助讲	本科	1998.01	—
63	刘书华	男	1957.02	—	高讲	大学	1977.08	1995.07
64	潘　刚	男	1968.07	—	讲师	本科	1991.08	—
65	胡美娜	女	1971.08	—	助讲	本科	1994.10	—
66	李　礼	男	1973.05	—	助讲	本科	1998.01	—
67	吴寿峰	男	1964.07	—	助讲	本科	1989.08	—

续表上2-4-1

序号	姓　名	性别	出生年月	职　务	职　称	学历	工作时间	入党时间
68	管绍兰	女	1950.02	—	高讲	大学	1968.02	—
69	杨世维	男	1941.08	—	副主任医师	本科	1966.09	—
70	龙向源	男	1939.09	—	副主任医师	本科	1965.08	1984.02
71	马原野	男	1967.08	—	主治医师	本科	1991.08	—
72	陈劲松	男	1964.11	—	讲师	本科	1986.08	—
73	张先智	男	1967.04	—	助讲	本科	1991.08	—
74	陈镇兰	女	1973.05	—	助讲	本科	1997.07	—
75	黄　涛	男	1963.08	—	医师	本科	1988.09	—
76	何　军	男	1968.11	—	医师	本科	1991.08	—
77	苏　萍	女	1968.01	—	助讲	本科	1991.08	—
78	周媛祚	女	1974.09	—	见习期	本科	1999.03	1997.03
79	李树禄	男	1965.10	—	主治医师	本科	1990.08	—
80	谢　宏	男	1969.08	—	助讲	本科	1993.12	—
81	喻　平	女	1963.07	—	讲师	大专	1983.08	—
82	李正凡	女	1952.11	—	讲师	大专	1968.12	1978.01
83	黄之一	女	1944.09	—	高讲	本科	1968.12	—
84	李　芳	女	1970.09	—	助讲	本科	1996.01	—
85	王守清	男	1942.08	—	主任医师	本科	1965.08	1972.08
86	欧祥林	男	1954.10	—	副主任医师	大学	1974.08	—
87	陈　闯	男	1966.08	—	助讲	本科	1988.08	—
88	王永良	男	1942.01	—	讲师	大专	1965.09	—
89	游少雄	男	1969.03	—	医师	本科	1993.12	—
90	刘德权	男	1949.11	—	讲师	大学	1970.04	—
91	杨燕玲	女	1960.01	—	副主任医师	本科	1977.07	—
92	王　红	男	1969.05	—	医师	本科	1992.10	—
93	徐　阳	男	1970.02	—	医师	本科	1992.10	—
94	金记平	女	1972.08	—	助讲	本科	1996.08	—
95	李志强	男	1972.11	—	助讲	本科	1996.08	—
96	吴　勇	女	1966.05	—	医师	本科	1991.08	1989.10
87	魏小平	男	1962.12	—	主治医师	本科	1985.08	—
88	李　宏	女	1971.03	—	助讲	本科	1994.08	—
89	杨彩鸾	女	1970.12	—	医师	本科	1997.08	—
90	欧　军	男	1965.07	—	讲师	大专	1985.07	—
91	徐凤生	男	1956.07	—	讲师	大专	1975.12	—

续表上2-4-1

序号	姓　名	性别	出生年月	职　务	职　称	学历	工作时间	入党时间
92	彭兰桂	女	1963.10	—	实验师	中专	1984.08	—
93	龙跃娥	女	1957.12	—	实验师	大专	1977.09	—
94	姚元珍	女	1958.10	—	实验师	大专	1976.04	—
95	杨和平	男	1956.05	—	主管技师	中专	1974.10	—
96	谢尚群	女	1952.12	—	主管护师	中专	1975.12	—
97	龙本秀	女	1955.01	—	实验师	大专	1981.08	—
98	肖开莲	女	1954.09	—	主管护师	中专	1976.12	—
99	饶焕筑	女	1949.07	—	讲师	大专	1966.09	—
100	邰昌国	男	1962.10	—	助讲	大专	1984.08	—
101	杨礼玉	男	1962.03	—	助讲	大专	1985.09	—
102	姚本丽	女	1964.12	—	助讲	大专	1985.08	—
103	闻大书	女	1959.12	—	主管护师	大专	1977.04	—
104	倪木兰	女	1954.12	—	讲师	大专	1971.09	—
105	李　春	男	1957.11	—	主治医师	大专	1975.01	—
106	全洪美	女	1959.03	—	—	中专	1977.07	—
107	黄文平	女	1966.12	—	—	大专	1983.10	—
108	杨廷彪	男	1974.01	—	—	大专	1997.08	—
109	田必华	男	1961.03	—	高工	初中	1979.03	—
110	吴晓碧	女	1969.03	—	助讲	大专	1989.10	—
111	黄　琪	女	1970.12	—	—	大专	1991.09	—
112	胡明军	男	1961.05	—	高工	初中	1979.03	—
113	胡英秋	女	1956.11	—	—	初中	1985.04	—
114	龙晓方	男	1970.11	—	—	高小	1991.10	—
115	孔庆梅	女	1956.09	—	—	初小	1985.07	—
116	杨政华	男	1955.08	—	中级工	初中	1974.05	—
117	陈守强	男	1956.03	—	—	高小	1984.08	—
118	孔庆涛	男	1957.02	—	高工	初中	1979.03	—
119	王治忠	男	1953.06	—	中级工	高小	1975.04	—
120	胡明成	男	1964.02	—	—	初中	1981.02	—
121	王黔英	女	1961.06	—	—	初小	1981.02	—
122	肖洪荣	男	1963.09	—	中级工	高小	1981.02	—
123	孔　芸	女	1971.07	—	—	高中	1992.01	—
124	滕建新	男	1954.11	—	高工	初中	1971.04	1976.09
125	王惠芳	女	1946.07	—	助会	初中	1971.07	—

续表上2-4-1

序号	姓　名	性别	出生年月	职　务	职　称	学历	工作时间	入党时间
126	张政明	男	1953.06	—	中级工	高小	1975.12	—
127	潘晓蜀	女	1960.10	附属医院院长	主治医师	大专	1980.02	1994.06
128	向南群	女	1950.12	—	护师	中专	1975.12	—
129	吴枝梅	女	1966.03	—	护师	中专	1987.08	—
130	伍美青	女	1965.04	—	护师	中专	1980.07	—
131	吴继红	女	1964.07	—	—	高中	1984.01	—
132	杨瑾华	女	1962.04	—	医师	中专	1982.08	—
133	张照凯	男	1968.03	—	医师	中专	1989.08	—
134	王志芬	女	1963.06	—	护师	中专	1985.08	—
135	李炳香	女	1958.04	—	主管护师	中专	1974.05	—
136	杨秀琼	女	1964.08	—	护师	中专	1987.08	—
137	杨素华	女	1952.03	—	主管护师	中专	1968.09	—
138	李泽辉	男	1963.07	—	检验师	中专	1984.08	—
139	陈爱珍	女	1962.12	—	护师	大专	1980.12	—
140	黄　敏	女	1952.02	—	助会	中专	1969.02	—
141	方家玲	女	1949.12	—	主治医师	中专	1969.10	1985.02
142	王明忠	男	1953.11	—	主治医师	大学	1978.10	1982.12
143	杨泽长	男	1950.01	—	医师	中专	1968.01	1970.05
144	毛夏英	女	1951.09	—	护师	中专	1968.10	—
145	王庆芝	女	1952.03	—	护师	中专	1976.02	—
146	龙光文	男	1951.11	—	药剂师	中专	1969.03	1973.02
147	黄春兰	女	1962.12	—	护师	中专	1978.01	—
148	张满华	女	1958.01	—	—	中专	1975.09	—
149	舒正英	女	1961.08	—	护师	中专	1983.08	—
150	刘玉兰	女	1963.11	—	护师	中专	1983.08	—
151	黄华英	女	1956.02	—	药师	大专	1972.02	—
152	黄　靖	男	1966.01	—	药师	中专	1985.08	—
153	杨炳英	女	1966.02	—	护师	中专	1988.03	1988.07
154	李　琼	女	1962.04	—	—	高中	1981.02	—
155	李　燕	女	1962.01	—	药师	中专	1980.01	—
156	杨先爱	女	1966.02	—	护师	中专	1988.08	—
157	吴天平	女	1962.12	—	护师	中专	1986.07	—
158	杨小凤	女	1957.08	—	—	初中	1980.01	—
159	丁海燕	女	1964.07	—	主管护师	中专	1982.08	—

续表上2-4-1

序号	姓　名	性别	出生年月	职　务	职　称	学历	工作时间	入党时间
160	杨秀堂	男	1952.04	—	药师	中专	1975.12	1972.09
161	潘　江	男	1966.03	—	药师	中专	1986.08	—
162	李　俊	男	1965.04	—	检验师	中专	1985.08	—
163	刘先惠	女	1956.07	—	护师	中专	1981.08	—
164	张永斌	男	1964.10	—	检验师	中专	1985.07	—
165	赵学兰	女	1953.03	—	—	初中	1980.01	—
166	冉贞惠	女	1950.12	—	—	高中	1981.12	—
167	邓吉莲	女	1947.10	—	护师	中专	1966.09	1982.12
168	陈惠远	女	1948.05	—	助会	中专	1968.12	—
169	曾如琼	女	1952.07	—	助会	初中	1975.12	—
170	杨志银	男	1963.02	—	—	初中	1980.02	—
171	郭　锐	男	1973.05	—	—	高中	1992.12	—
172	龙金玉	女	1957.07	—	—	高中	1975.09	1991.05
173	杨昌英	女	1963.11	—	—	中专	1980.12	1987.05
174	宋景耀	男	1974.09	—	—	大专	1996.01	—
175	廖庭惠	女	1971.04	—	—	高中	1992.03	—
176	龙张华	女	1975.09	—	—	大专	1997.10	—
177	张建菊	女	1974.11	—	—	大专	1997.07	—
178	彭文琼	女	1958.11	—	医师	大专	1977.08	—
179	龚贵兰	女	1963.10	—	助讲	大专	1985.08	—
180	彭桂荷	女	1957.05	—	医师	大专	1978.03	1975.09
181	王新安	男	1964.04	—	—	初中	1980.12	—
182	陈福燕	女	1972.09	—	—	大专	1996.08	—
183	杨　剑	男	1972.09	—	—	大专	1994.12	—
184	禹荣珠	女	1957.11	—	助馆	中专	1975.04	—
185	龙桂仙	女	1962.12	—	医师	大专	1982.08	—
186	欧　勇	男	1953.12	—	助讲	大专	1974.03	—
187	董　薇	女	1962.05	—	助讲	大专	1984.12	—
188	孙晓英	女	1959.03	—	主管护师	中专	1977.08	—
189	王兴琴	女	1958.07	—	医师	大专	1975.08	—
190	张　敏	女	1964.09	—	医师	大专	1983.09	—
191	吴展奎	男	1964.01	—	检验师	中专	1985.08	—
192	邰纲华	男	1950.04	—	医师	大专	1969.04	—
193	杨深建	男	1957.11	—	医师	中专	1980.09	1988.01

续表上2-4-1

序号	姓　名	性别	出生年月	职　务	职　称	学历	工作时间	入党时间
194	吴家莲	女	1963.04	—	主治医师	大专	1982.08	1985
195	叶　梅	女	1962.12	—	护师	中专	1986.09	—
196	张绍敏	女	1972.08	—	护师	大专	1995.09	—
197	邰通珍	女	1958.04	—	护师	中专	1980.08	—
198	粟多菊	女	1954.02	—	护师	中专	1973.10	—
199	杨　捷	男	1969.01	—	助讲	大专	1990.08	—
200	宋芳梅	女	1965.02	—	护师	大专	1984.08	—
201	李　军	男	1957.01	—	—	大专	1975.12	—
202	欧卫华	女	1966.08	—	护师	大专	1984.08	—
203	宋爱萍	女	1963.11	—	护师	大专	1985.08	—
204	周水菊	女	1964.01	—	护师	中专	1982.08	—
205	王艳兰	女	1965.01	—	护师	大专	1985.08	—
206	李　峰	男	1964.10	—	—	大专	1986.12	—
207	杨政文	男	1957.04	副主任科员	—	中专	1977.08	—
208	隆益强	男	1968.03	科员	—	大专	1991.12	—
209	姚　莉	女	1973.10	—	—	大专	1996.10	1995.07
210	杨　洋	女	1968.11	—	—	大专	1990.08	—
211	欧向阳	男	1967.11	—	助讲	大专	1990.08	—

教师培养

黔东南州卫生学校历来注重师资业务素质和能力的提高，师资的知识更新以及师资学历的提高，以适应深化教学改革的需要，提高专业水平和教学质量的需要。学校一方面招用部分本科院校毕业生到校从事医学教育工作，充实教师队伍；另一方面选派部分从事多年医护骨干进行提高学历进修培训，以提高教师队伍素质。1994年，学校教师获州教育局颁发教师资格证书。

2000年和2001年，黔东南州卫生学校相继下发《关于教职工提高学历学习期间的学费住宿费报销的规定》和《关于教职工提高学历学习期间学员住宿费报销的补充规定》，规范教职工外出业务进修学习的待遇，调动教职工学习业务的积极性。明确规定，凡在2001年学校同意报考被录取提高学历学习人员，学习期间的学费、住宿费报销比例及金额，脱产就读研究生人员，学业期满取得硕士研究生学位的，凭学位证书予以报销学费60%，住宿费每年补助800元；脱产学习就读本科、专科学历的，学校报销50%学费，每年补助600元住宿费，函授就读本科，专科学历人员，学习期满取得本科，专科学历人员，学校报销80%的学费，凡高学历学习的人员，若经费有困难，每年可向学校借支部分经费。学校的这些规定，给外出进修提高的教职工解决部分经济困难问题，使他们无后顾之忧，安心学习，返校发挥教学骨干作用。

学校引入激励机制，鼓励教职工通过自考、函授、夜大、脱产离职学习及选送临床进修等途径，提高学历层次和知识能力水平。2001年通过全国成人高考，就读黔东南州委党校大专班有12人，就读省委党校本科班7人（其中4人免试推荐入学），就读贵阳中医学院高护专业本科（夜大）5人，就读贵州民族学院本科班3人（其中1人脱产，2人函授）；选送报考硕士研究生4人（其中3人为医学类），到遵义医学院、华西医科大学、州人民医院进修培训23人。

教师职称

1981年10月至1982年3月，黔东南州卫生学校首次开展技术职称评定工作，由学校评定，报省教育厅批准。符合参加职称评定条件的教师57人，除外出进修学习的外，实际参加47人。全校有16名教师获得讲师职称，分别是王芳勋、王顺秋、朱文竹、孙有才、刘光坤、吴才斌、沈旭初、杨德均、李星晟、张开琳、俞宗玉、董正刚、曾纪长、隆道金、蒋大惠、韩碧煦。从事临床教学和临床医疗工作的教师和医生，有17名取得主治（管）、医、护师职称。

1987年7月至1988年2月，黔东南州卫生学校开展第二次职称评定工作，有16人申报高级技术职称。黔东南州人民政府州府任命担任高级技术职务，高级讲师有孙有才、刘光坤、吴才斌、苏秉芬、张开琳、高忠武、曾纪长、隆道金、韩碧煦，副主任医师王芳勋、李星晟。至2002年，全校续任和新任的高、中、初级专业技术人员91人，其中高级职称18人、中级职称40人、初级职称33人。

2002年黔东南州卫生学校教师高级职称一览表

表上2-4-2

姓　名	性别	出生年月	教龄（年）	学历	职称	专业实践年限
韩碧煦	男	1940.12	36	本科	高讲	36
曾纪长	男	1942.02	35	本科	高讲	36
龙向源	男	1939.09	13	本科	高讲	34
王守清	男	1942.08	9	本科	主任医师	34
杨世维	男	1941.08	26	本科	高讲	33
李加南	女	1946.03	26	本科	高讲	26
龙　泉	男	1948.12	23	本科	高讲	23
邓梅芳	女	1947.12	20	大专	高讲	22
刘德权	男	1949.11	22	本科	高讲	22
罗前珍	男	1951.09	21	本科	高讲	21
杨凤安	男	1955.03	21	本科	高讲	21
刘书华	男	1957.02	21	本科	高讲	21
黄之一	女	1944.09	21	本科	高讲	21
吴德诚	男	1956.12	21	本科	高讲	21
吴　英	女	1954.09	11	本科	高讲	18
欧祥林	男	1954.10	18	本科	高讲	18
杨燕玲	女	1960.01	16	本科	高讲	16
管绍兰	女	1950.02	7	本科	高讲	7

2002年黔东南州卫生学校教师中级职称一览表

表上2-4-3

姓　名	性别	出生年月	教龄（年）	学历	职　称	专业实践年限
王永良	男	1942.01	34	大专	讲师	34
王学兰	女	1948.11	29	中专	讲师	33
饶焕筑	女	1949.07	11	大专	讲师	25
倪木兰	女	1954.12	19	大专	讲师	25
肖开莲	女	1954.09	7	中专	主管护师	24
杨和平	男	1956.05	24	中专	主管技师	24
谢尚群	女	1952.12	6	中专	主管护师	24
潘永明	男	1956.03	24	大专	讲师	24
李正凡	女	1952.11	22	大专	讲师	22
徐凤生	男	1956.07	20	大专	讲师	20
龙跃娥	女	1957.12	13	大专	实验师	18
闻大书	女	1959.12	8	大专	主管护师	18
李　春	男	1957.11	18	大专	主治医师	18
潘晓蜀	女	1960.10	1	大专	主治医师	18
姚元珍	女	1958.10	12	大专	实验师	17
董清正	男	1960.09	17	本科	讲师	17
曹庆旭	女	1968.12	17	本科	讲师	17
喻　平	女	1963.07	11	大专	讲师	16
杨先泽	男	1956.12	16	本科	讲师	16
龙　军	男	1960.01	16	本科	讲师	16
彭兰桂	女	1963.10	15	大专	实验师	15
王在朴	男	1961.04	15	本科	讲师	15
杨再旭	男	1961.12	14	本科	讲师	14
舒选璧	男	1964.03	14	大专	讲师	14
陈劲松	男	1964.11	13	本科	讲师	13
龙根友	男	1964.09	13	本科	讲师	13
刘光梓	男	1963.11	12	本科	讲师	12
龙本秀	女	1955.01	12	大专	实验师	12
王永昌	男	1966.08	11	本科	讲师	11
吴寿峰	男	1964.07	11	本科	讲师	11
黄　涛	男	1963.08	1	本科	讲师	11
龙治峰	男	1966.03	10	本科	讲师	10
林雅静	女	1967.03	9	本科	讲师	9

续表上2-4-3

姓　名	性别	出生年月	教龄（年）	学历	职　称	专业实践年限
杨胜坤	男	1967.10	9	本科	讲师	9
雷　刚	男	1955.04	19	本科	讲师	9
吴桂叶	女	1966.05	8	本科	讲师	8
潘　刚	男	1968.07	8	本科	讲师	8
马原野	男	1967.08	8	本科	讲师	8
李树禄	男	1965.10	8	本科	讲师	8
吴　勇	女	1966.05	8	本科	讲师	8

2002年黔东南州卫生学校教师初级职称一览表

表上2-4-4

姓　名	性别	出生年月	教龄（年）	学历	职称	专业实践年限
周媛祚	女	1974.06	1	本科	助讲	1
欧阳清明	男	1954.06	21	本科	助讲	21
郜昌国	男	1962.10	15	大专	助讲	15
杨礼玉	男	1962.03	14	大专	助讲	14
张　媛	女	1963.11	14	本科	助讲	14
姚本丽	女	1963.11	14	大专	助讲	14
杨祖文	男	1967.05	11	本科	助讲	11
陈　闯	男	1966.08	11	本科	助讲	11
淳友忠	男	1964.10	10	本科	助讲	10
禹俊梅	女	1967.02	9	本科	助讲	9
聂　静	女	1969.04	8	本科	助讲	8
何　军	男	1968.11	8	本科	助讲	8
苏　萍	女	1968.01	8	本科	助讲	8
张先智	男	1967.04	8	本科	助讲	8
孙　聪	男	1969.07	7	本科	助讲	7
王　红	男	1969.05	7	本科	助讲	7
徐　阳	女	1970.02	7	本科	助讲	7
游少雄	男	1969.11	6	本科	助讲	6
邵正维	女	1965.01	6	本科	助讲	6
李　宏	女	1971.03	5	本科	助讲	5
胡美娜	女	1971.08	5	本科	助讲	5
聂　芸	女	1973.05	5	本科	助讲	5
谢　宏	男	1968.08	5	本科	助讲	5
刘传荣	男	1969.08	5	本科	助讲	4

续表上2-4-4

姓　名	性别	出生年月	教龄（年）	学历	职称	专业实践年限
张华坤	男	1971.08	3	本科	助讲	3
金继萍	女	1972.08	3	本科	助讲	3
李志强	男	1972.11	3	本科	助讲	3
李　芳	女	1970.09	3	本科	助讲	3
杨彩鸾	女	1970.12	2	本科	助讲	2
陈镇兰	女	1973.05	2	本科	助讲	2
李　礼	男	1973.05	1	本科	助讲	1
姚冬英	女	1972.11	1	本科	助讲	1
王晓勇	男	1972.01	1	本科	助讲	1

教师表彰

黔东南州卫生学校每年度在教师节期间表彰奖励教育教学、医疗、行政管理及后勤服务工作中作出贡献的教师、教育（医务）工作者和班主任。

1998学年至1999学年先进教师：邓梅芳、黄之一、李加南、姚元珍、潘永明、杨和平、杨再旭、刘光梓、舒选璧、罗前珍、杨凤安、饶焕筑、李正凡、龙军、喻平、谢尚群、龙本秀、姚本丽、刘德权、吴英、邵正维；先进工作者：聂云、张兴权、田洪珍、付晓明、胡英秋、邓吉莲、石平昌、石红卫、赵学兰、孔庆涛、王红、毛夏英、黄春兰、杨泽长、黄靖、方家玲、孔庆梅；先进班主任：姚本丽、王兴琴、饶焕筑、彭兰桂、张媛、彭桂荷、姚莉、谢宏。

1999学年至2000学年先进教师：杨凤安、董清正、杨再旭、林雅静、管绍兰、李正凡、饶焕筑、姚本丽、彭文琼、喻平、杨燕玲、邓梅芳、龙泉、刘书华、李加南、谢尚群、彭兰桂、潘永明；先进教育（医务）工作者：杨廷彪、聂芸、全洪美、孙聪、孔芸、邰通珍、孔庆涛、胡英秋、邓吉莲、郭秀霖、龙金玉、邹黔荣、甘朝衔、赵学兰、杨胜坤、杨捷、魏小平、王红、隆益强、龙桂仙、吴展奎、吴晓璧、谢宏、吴勇、刘光梓、杨礼玉、黄涛、李俊、龙本秀；先进班主任：张媛、彭兰桂、饶焕筑、彭桂荷、姚元珍、杨燕玲、谢尚群、欧卫华；扶贫支教先进工作者：王永昌、王在朴、田景德。

2000学年至2001学年先进教师：杨再旭、王在朴、文明娟、罗前珍、邓梅芳、潘永明、刘书华、龙泉、杨胜坤、宋爱萍、管绍兰、姚本丽、彭桂荷、喻平、王艳兰、吴英、张兴权、吴德诚、舒选璧、彭兰桂、王永昌、龙军、肖开莲、黄春兰；先进教育工作者：田景德、石红卫、田洪珍、胡明军、石平昌、孔庆梅、侯胜华、潘晓蜀、李春；先进班主任：张媛、杨燕玲、刘德权、杨凤安、姚元珍、李正凡、欧卫华、饶焕筑。

第五节　学生工作

学生管理

管理机构　黔东南州卫生学校建立初期，学生管理多以班为单位，设兼职班主任负责管理。后学校规模不断扩大，学生班级增加，遂设专门管理机构学生科，领导班主任负责学生管理工作。

学校对学生实行分班管理，班级组织由班长、副班长和委员组成班委会，每班设共青团支部。学生干部有：班长、学习委员、体育委员、治安委员、文娱委员、生活委员、卫生委员和团支部书记、组织委员、宣传委员。学生干部的职责是：做好各项班级工作，带领全班同学坚持德、智、体、美、劳全面发展；严以律己，在各方面成为同学榜样，团结同学，与同学打成一片，经常与老师取得联系，及时听取任课老师意见；积极配合学生会各部工作，开展第二课堂活动；大胆管理，勇于创新，求真务实，做好班级工作。

规章制度 黔东南州卫生学校在学生管理工作实践中不断形成、修订、完善一整套规章制度。主要有：学生守则、学生德育达标标准、学生考勤请假制度、学生纪律处分规定、学生故意损坏公物赔偿的暂行规定、学生学业检查细则、学生综合测评办法、三好学生优秀学生干部条件及评选办法、优秀团员评选条件、先进班集体评选办法、实习管理制度、劳动课管理制度、卫生清扫制度及检查评比办法、奖学金评定暂行办法、学生宿舍管理规则、学生放假毕业返校离校规定、学生图书借阅资料阅览管理规定等。

星期一升旗制度。利用早操时间举行升国旗仪式，由校领导讲话，对学生进行爱国主义教育。之后召开学生大会，讲评上一周工作，通报表扬奖励或批评、处分有关事项，提出新一周要求。升旗仪式在每周星期一早操时间举行，重大节日或纪念日要举行升旗仪式。

班主任例会制度。学生科每周召集一次班主任例会，收集一周情况，总结、研究工作，布置任务。

值周检查制度。由学生科人员和班主任组成小组，从星期一至星期日进行不定时的检查，随时掌握学生的学习、出勤、纪律、卫生、活动等情况。检查结果纳入学生个人综合测评和班级考评。

学生干部培训制度。每学期开学前和期中对学生干部进行集中培训、短训各一次，帮助其熟悉工作任务，掌握工作方法，提高组织能力和管理水平。

学生干部例会制度。学生科每周召集一次学生干部参加的例会，汇总情况，交流经验，分析形势，部署一周工作。

联系学生家长制度。利用电话联系、书信沟通、登门走访、约请来校面谈等形式，与学生家长保持密切联系。建立“联手教育手册”，每学期末与“家庭通知单”“致学生家长的一封信”一起交学生家长，通报学生在校表现，征求家长意见和建议，有效进行联手教育。

科务会制度。学生管理科每周一次科务会，总结上周工作，明确问题和不足，研究改进措施，布置新一周工作任务。

管理教育 管理教育有阶段性教育和经常性教育。阶段性教育分为入学教育、实习前教育和毕业教育。

入学教育内容包括军训和介绍校史。军训是新生入校进行军事训练，请当地驻军到校对新生进行一些基本军事科目的训练，以队列训练和内务整理为重点，学习军队的军容风纪和优良传统作风，培养学生的组织纪律性和吃苦耐劳精神，初步养成集体活动和集体生活习惯。介绍校史是进行艰苦奋斗和革命传统教育，启发教育学生树立爱校、建校、矢志成才、为校争光的精神。传达学习学校有关规章制度，进行纪律教育。传达教学计划，为学好业务课建立思想基础。

实习前教育是讲清实习意义，传达实习计划安排，提出遵章守纪要求。

毕业教育是教育学生进一步树立远大理想和正确的择业、就业观念，坚持学习，不断努力，在工作岗位上积极进取，实现自我价值，为母校赢得荣誉。

经常性教育分为学英模、创三好教育、遵纪守法教育、成人、成才、成功教育、“三观”教育、职业道德教育和特长教育。

学英模、创三好教育是将学习英雄模范人物、争当三好学生教育贯穿办学全过程，体现时代特点。

遵纪守法教育是每年请司法部门到校作法制报告，以案说法，讲案论纪，提高学生遵纪守法观念。把法制、纪律教育作为学生常规教育的重要内容，与“一五”“二五”“三五”“四五”全民普法学习有机结合，同步进行。

成人、成才、成功教育教会学生做人；能学到真实本领；能找到一份适当的工作。

“三观”教育是把世界观、人生观、价值观“三观”教育形成规范性教育。以政治课课堂教育为主渠道，以参观学习、专题讲座、先进典型报告会、主题班会、演讲会、社会公益活动、大讨论等为辅渠道。

职业道德教育是安排一定时数的“医德课”“职业道德课”，有时由校领导对学生进行教育。

特长教育是注重开展特长教育，提高学生综合素质，增强学生择业、就业竞争能力。主要内容为：普通话、礼仪、写作、书画、音乐、舞蹈、计算机、针灸、心电图、B超、医学美容等，由专业老师任教。

素质教育

思想政治教育　黔东南州卫生学校历来重视对学生的思想教育工作，开展有针对性的、不同形式的教育活动。坚持立足疏导，正面教育为主的原则，进行革命理想、社会主义法制、时事政策、爱国主义、共产主义道德品质、革命纪律、集体主义、专业思想、团的基本知识等教育，使学生树立阶级观点、劳动观点、群众观点和辩证唯物主义观点。

建校初期，凡中央、省、州下达的有关文件，都按规定的层次，分别向学生传达。在重大节日进行时事、政策教育。元旦、国庆组织学生学习社论，介绍祖国经济、政治、文化建设形势和成就；“五一”“七一”介绍工人运动和党的历史；“五四”“一二·九”进行爱国主义和革命传统教育，开展有意义的文体活动。在每个寒、暑假期间，布置学生搞社会调查，访“三老”（老工人、老贫农、老红军或老干部），写“四史”（家史、队史、寨史、公社史）。学校经常请老红军、老工人、老贫农作革命传统教育和忆苦思甜的报告。号召、组织学生读有关革命教育、前途教育的小说和文章，每月组织放映一次有教育意义的电影，加强对学生的革命传统教育。

1963年至1964年，在开展向雷锋学习活动中，结合向英雄学习，开展“五好”科室、“五好”班级，“四好”宿舍等竞赛活动，评选“三好”生，激发学生比先进、赶先进，积极进步的热情，涌现出很多优秀事迹和先进人物。学生自动组织搞校内环境卫生，组织公共场所搞卫生、做好事。积极参加义诊、义务劳动。在实习基地的学生，增强为人民服务的观念，主动为病人办好事。如喂饭、洗衣、洗头、送病人回家，有的用自己的饭票打饭招待病人的家属。在州人民医院实习的宋肇琴、杨秀桃同学，牺牲休息时间，为病房做60个枕头，受到医院和病人的好评。1965年5月25日，镇远山洪暴发，㵲阳河水猛涨，淹没车队加油站和县面粉厂，全体师生冒雨抢救出大量汽油和粮食，《健康报》和贵州广播电台进行报道。

1979年，学校强调保持班主任的稳定，跟班到底（从入学到毕业），非特殊情况（如调离、外出进修等）不得调换班主任。使班主任能全面掌握本班学生的思想动态。中共十一届三中全会后，学校始终把思想政治工作和德育工作放在首要位置，贯彻党的教育方针和卫生工作方针，以培养“四有”新人为目标，健全德育工作网络体系，形成合力齐抓共管。同时，加强校园设施、校园文化建设，优化育人环境，积极开展各种教育活动，引导学生树立全心全意为人民服务的思想和高尚的道德情操。

1984年，学校组织“第三次浪潮”读书报告会，对开阔学生眼界，振奋精神，激发学习热情起积极作用。1985年，两次邀请边防战士到校作报告。

1985年，学生科重新修订《班主任工作条例》。要求新生入学后，通过分析书面材料，谈话和调查，把了解学生和教育学生紧密结合起来。明确第一学年重点进行学习目的和专业思想教育；第二学年，重点进行勤奋学习和“三个面向”的教育；第三学年重点进行医德方面以及毕业实习与服从分配的教育。组织学生学习党的方针、政策和重要文章，培养良好学风和班风。班主任随时下班，一至二周召开一次班委会或班会，解决一个或两个突出的问题。做好每学年“三好”生、先进学生和先进学生干部的评选和奖励工作，并在青年中培养发展共青团员。同时，做好“双差生”（道德品质差、学习成绩差）的教育转化工作。积极组织学生为黑板报、《白衣战士》油印小报和广播室写稿，坚持表扬和批评相结合；指导学生积极参加课外文体活动和校内外各种有益于身心健康的竞赛活动。教育学生顾全大局，搞好班与班的团结，为全校工作和形成好的学风贡献力量。

1989年，李乾元、李加南参加黔东南州召开的“中专学生思想政治工作研讨会”。李乾元撰写的论文《全方位进行思想教育工作》，全面系统地总结和论述黔东南州卫生学校进行思想政治教育的经验、做法，引起与会人员较大反响，会议作为优秀论文选登。

1991年，党总支成立中心学习组，制定学习制度，以中心学习组的学习带动全校的政治理论学习。1992年2月，党总支制定《关于加强学校思想政治工作的意见》；6月，学校成立思想政治工作领导小组和办公室。学校坚持每周的政治学习制度、每月班主任业务学习制度及每年班主任工作研讨会。组织全体教职员工学习马列主义、毛泽东思想和邓小平理论，学习党在新时期的基本路线、方针、政策和法规，进行思想政治工作和德育工作的探索与学习。要求班主任用马列主义、毛泽东思想教育学生，把本班培养成为积极向上、勤奋学习、团结友爱的坚强集体，统一协调本班教学工作；全面关心学生的思想品德、学习、生活和健康、促进学生德、智、体全面发展。通过劳动，课外活动、班级活动和班干联系等方式接近学生，了解学生情况。依靠班干、团干和积极分子，开展班上的行政、思想工作。抓先进、促后进，对后进学生个别谈心，注意其点滴进步，启发诱导、促其全面发展。对新班，摸清学生情况，建立班级组织，稳定学生情绪，建立学生卡片；对老班，在巩固纪律和集体主义教育的基础上，加强共产主义品德德育，经常注意学生各方面的成绩，及时总结汇报。要求全体教师、行政管理人员和后勤服务人员坚持身体力行、言行一致、为人师表，提高自身素质，做到“教书育人、管理育人、服务育人”。各级领导做好干部的表率，党员、团员做好群众的模范，教职员工做好学生的榜样。

1997年，党总支作出工作规划，加强思想建设，组织党员和师生员工学习六中全会精神和江泽民重要讲话。以全心全意为人民服务为核心，以爱祖国、爱人民、爱劳动、爱科学、爱社会主义为要求，在党员和师生员工中深入开展社会主义公德、职业道德和家庭美德教育，全面加强社会主义道德建设，提高认识，统一思想，增强自信心和责任感。在党内，进行党风党纪教育，着重解决思想信念和思想作风存在的问题，要求科级以上领导干部带头廉洁自律，坚持自重、自省、自警、自励，以身作则，言行一致。同时，以香港回归祖国为契机，深入开展爱国主义教育，教育党员和师生员工认清只有社会主义才能救中国，只有社会主义才能发展中国的真理，发扬自尊、自信的民族精神。组织全校师生员工参加全国“学法律、讲道德”宣传教育活动，增强法律意识，提高法制观念、知法、守法、依法办事，维护国家、集体和自身合法权益。

1995年至2000年，学校参加义务健康咨询，科普宣传，送卫生下乡，到盲哑学校助残服务、社会福利院服务师生达数千人次，接受服务群众逾万人，散发科普资料3000份，为灾区、贫困地区及特困生捐款4万余元，衣物580件（条）救助剑河县南明镇、从江县往洞镇9名失学儿童重返学校。获得省、州、市多项先进、优秀集体和个人奖励。

2001年12月23日，学校召开第十二届学生思想政治工作研讨会。除各班主任教师、政治教研室教师、校各部门负责人外，并邀请黔东南州教育学会理事、黔东南民族农业学校、黔东南州财贸学校、黔东南州民族林业学校学生科负责人及部分班主任参加。会上交流学习思想政治工作经验，心得体会论文17篇，讨论新时期新形势下职业学校学生思想政治工作面临的主要困难和工作方向。

2002年，校党委对职工的政治理论学习和思想道德教育制定具体计划并组织实施。继续坚持在“中心学习组”学习的带动下，分行政后勤、教务、附院3个小组每周三的学习日制度，学习江泽民“三个代表”重要思想，“七一”重要讲话精神，党的十五届六中全会精神，邀请州讲师团专题讲座“十五”规划，中国加入WTO及国际国内形势；在教职工中广泛开展师德师风教育。

道德教育 思想政治工作和德育工作是一个系统工程，涉及学校整个组织管理。学校加强道德教育工作，实施“五个建设工程”：

领导班子建设。学校始终坚持党对德育工作的领导，狠抓校级领导和中层干部的勤政廉政建设，杜绝腐败现象，做到公正无私，不徇私情，处处以身作则，领导班子尤其是党政主要领导能率先垂范，在群众中树立威信，产生凝聚力，为推动学校德育工作奠定坚实的基础。

师资队伍建设。教师是德育工作的重要力量。在教育中培养一批愿做、会做思想政治工作的骨干队伍。提高政治课教师的业务水平，学校特别注重加强班主任队伍素质建设，狠抓职业道德教育，引入激励机制，教师德育工作队伍得到充实和壮大。

校园文化建设。校园文化是学校德育工作的重要载体。长期以来，学校狠抓“四风”（校风、班风、教风、学风）建设，促进校园文化建设。1998年3月，专门下达《黔东南州卫生学校校园文化建设规划》，对校园文化的目标建设，形态建设、活动建设和组织机构建设作出部署。形式多样、丰富多彩的校园文化生活。使学生在潜移默化中受到行为养成的教育和道德情操的陶冶。

实践基地建设。校内外实践基地是德育工作的重要场所。校内实践基地包括建立入党积极分子培训班，业余团校和校风校纪纠察岗等，使学生提高自身政治思想素质，参加校园管理，培养他们自我教育、自我管理和自我服务的综合能力，激发他们艰苦奋斗、勤俭建校的精神。每年寒暑假组织学生到农村搞社会调查和社区实践服务活动。组织学生参加青年志愿者活动，送卫生下乡活动，学校还选定剑河县南明小学和从江县往洞小学作为希望工程定点基地；学校把凯里市凯棠乡作为医疗扶贫的基地；并把金泉湖烈士陵园作为爱国主义教育基地，每年清明节都与军民共建单位凯里市人民武装部协同对学生进革命传统教育。

激励监督机制建设。教师激励监督机制：在教师中开展“教书育人”的评优活动，学校把德育教育实施列入每位教师年终考核内容之一。对班主任工作进行量化管理，每学期进行评比表彰，每月对班主任的主题班会进行评比。对评出的先进给予精神物质奖励，在评定职称、进修、任用、住房分配等方面予以优先考虑，激发和鞭策广大教师爱岗敬业的精神。学生激励监督机制：学校制定《学生德育量化管理规定》，每个月对学生进行一次全面综合的思想操行考核，对一学期德育量化不及格的不予升级，不予毕业分配。制定《学生德育系列化方案》使学校德育工作更具针对性和实效性。在学生中开展先进集体和个人评比活动，形成人人争先创优的激励机制；开展先进班级、先进团支部、六项常规、文明寝室、先进个人、奖学金等评比活动，在监督管理中，充分发挥学生自己管理的作用，学生会下设学习部、宣传部、劳动部、治保部、生活部、文艺部、体育部和邮政部，学生科还组建成立校风校纪纠察岗，加强学生日常生活的管理和检查，充分发挥自治、自理的管理功能，形成上下结合，师生监督，齐抓共管的良性循环的德育工作新局面。

1996年，学校健全德育工作领导小组和网络，领导小组由党总支书记、校长曾纪长任组长，副校长王兆石、罗贤光任副组长。领导小组下设办公室，张兴权为主任，吴德诚、常海为副主任。建立一支以专职干部和班主任为骨干，以教育为主体的专兼职相结合的思想政治工作和德育工作队伍，在校党总支的直接领导下，有组织、有计划地开展德育教育。

学校制定每学年每年级德育方案。方案注重学生的素质培养，以爱国主义、集体主义、职业道德和法制教育为主线，对教育的内容、时间作具体安排。

一年级：主要进行入学教育、新生军训、国防知识、行为规范、集体主义和爱国主义、专业思想和素质。“三好”“四有”“五自”珍惜时光等教育和讲文明树新风活动，使学生树立正确的世界观、人生观和价值观及学年总结。

9月，国防、行为规范教育。进行军训；学习校规校纪和“守则”；竞选班委、团支委、建立班集体；开展“尊师爱校”“校园保洁需要我”活动。主题班会：做合格中专生

10月，社会主义、集体主义和爱国主义教育。学习邓小平理论；进行社会主义、集体主义、爱国主义教育；开展演讲比赛活动。主题班会：祖国在我心中。

11月，专业思想和素质教育。开展“爱我专业”座谈会和体操比赛活动。主题班会：争做“三好四有”新人。

12月，三好四有五自教育。学习毛泽东、邓小平、江泽民等领导人题词；进行“三好”“四有”“五自”教育；开展“12·9”歌咏赛活动。主题班会：做合格跨世纪人才

1月，珍惜时光教育。珍惜时间，学好所学功课；进行有关纪律教育，开展以优异成绩迎新年活动。主题班会：莫让年华付流水。

3月，讲文明树新风教育。学雷锋精神；进行文明礼貌教育；开展比、学、赶、帮、超活动。主题班会：新学期新风貌。

4月，革命传统教育。学英雄模范；进行陵园墓前革命传统教育；开展“我为校园做什么？”座谈活动。主题班会：走英雄路创英雄业绩。

5月，弘扬五四精神做跨世纪新人。学习毛泽东关于五四运动著作；进行历史使命感教育；开展“义诊”系列活动。主题班会：我是跨世纪青年。

6月，世界观、人生观、价值观教育。学习有关理论；进行“人生航标”教育；开展“人生价值”讨论活动。主题班会：我把才华献社会或走好人生第一步。

7月，学年总结。学习有关政策；端正学习态度，争考优良成绩；接受检验、总结得失。主题班会：我为班级争光彩。

二年级：进行尊师重教、爱国主义教育、文明与法制、理想与前途，孝敬父母教育，学雷锋，创“三好”，革命传统教育，走好人生路教育，医德医风教育及总结两年理论学习情况。实习前职业教育。

9月，尊师重教教育。开展“教师您辛苦了”“我最敬佩的老师”座谈、演讲等系列活动。主题班会：假如我是一名教师。

10月，爱国主义教育。开展“热爱祖国、建设家乡”教育和演讲活动。主题班会：我为农乡建设添砖加瓦。

11月，文明与法制教育。开展“学法、用法、守法”“与社会共建精神文明”座谈和体操比赛活动。主题班会：文明社会与法制建设。

12月，理想前途教育。进行“青春的年华”“中专医学生热点问题”讨论；开展“12·9”歌咏比赛活动。主题班会：成长在今天。

1月，孝敬父母教育。开展“可怜天下父母心”“我走上领奖台”教育活动。主题班会：做孝敬父母的好儿女。

3月，学雷锋创三好。开展“爱我学校”“爱我班级”“五讲四美”座谈讨论。主题班会：我为校园争光辉。

4月，革命传统教育。开展“迈步新的长征路”“墓碑下的誓言”“职业道德”教育。主题班会：新长征新风貌。

5月，走好人生路教育。开展“2000年畅想曲”“实习前打算”“义务咨询”等活动。

6月，医德素质教育。开展“做生活的强者”“医德医风”教育活动。主题班会：做合格的医生。

7月，总结两年理论学习情况。开展“人生能有几回搏”“做全面发展的中专生”教育活动。主题班会：走向灿烂的明天。

8月至次年5月，医德医风教育。培养爱岗位敬业精神；树立行业新风。

6月至7月，毕业前思想教育。实习归来谈感受；开展“母校深恩留我心”联欢会；接受选择，报效祖国。

三年级：进行医德医风，爱岗敬业奉献精神及毕业前思想教育。

在德育实施过程中，适时开展护理操作，病历书写，书画比赛，宣讲比赛，辩论会，坚持收看中央台新闻联播，执行升降旗制度和国旗下的讲话等形式多样、内容丰富的活动。进行“两操”、学习纪律、劳动卫生、建校劳动、文明宣传、文明行为“六项常规评比”。广泛开展“做合格中专生”“护士修养”“毒品与健康”“崇尚科学，反对迷信”“文明社会与法制建设”“洁身自爱”等主题班会。

1995年2月25日，学校制定《关于学生德育管理规定》。规定分六个部分：学生德育分计入学籍；学生德育量化分评定项目；评定标准；学生德育奖励；学生德育分作用；学生德育分的统计公布。

德育内容：要求领导干部做到“七带头、七防范”，即带头加强修养，防范言行不当；带头建功立业，防范不求进取；带头改革创新，防范墨守成规；带头钻研业务，防范盲目指导；带头求真务实，防范浮夸做假；带头雷厉风行，防范散漫拖沓；带头遵纪守法，防范以权谋私。

要求教职工做到“七要”“七不要”，即要敬业爱生，恪尽职守，不要敷衍塞责，应付差事；要遵纪守法，为人师表，不要违法乱纪，自毁形象；要仪容整洁，举止文明，不要不修边幅，言行不当；备课认真，精心上课，不要出现错误，误课拖堂；要因材施教，循循善诱，不要歧视差生，冷遇乱罚；要勤奋学习，钻研业务，不要不求进取，故步自封；要关心集体，团结互助，不要难于共事，损人利己。

要求学生做到“三爱、四禁、五讲、六不”，即爱国、爱校、爱自己；禁止考试作弊，禁止吸烟喝酒，禁止看黄色作品，禁止打架斗殴；言行举止讲礼貌，寝室卫生讲整洁，男女交往讲文明，爱护公物讲责任，节水惜电讲自觉；公共场所不零吃，按时作息不喧哗，打水就餐不插队，果壳纸屑不乱扔，墙壁课堂不刻画，勤劳诚实不偷窃。

主要活动有：

主题班会。每个月开展一次不同内容的主题班会，班会主题紧扣时代脉搏，学生有浓厚兴趣参加。班会主题内容包括：做合格中专生、祖国在我心中、争做“三好四有”新人、做合格跨世纪人才、莫让年华付流水、走英雄路创英雄业绩、我是跨世纪青年、我把才华献社会或走好人生第一步、我为班级争光彩、假如我是一名教师、我为农乡建设添砖加瓦、文明社会与法制建设、成长在今天、做孝敬父母的好儿女、我为校园争光辉、“迈步新的长征路”、走好人生路、做合格的医生、走向灿烂的明天、培养爱岗位敬业精神、实习归来谈感受、爱岗敬业与奉献精神。

义务劳动。建校初期，开展勤工俭学，到拉坝、小溪、鼓楼坪、蚂蟥井等地烧炭、挖矿、炼铁。到郊种菜；在校内建简陋的模型制造厂，制造一些简单的模型，绘制一些简单的教学挂图；建简易药厂，生产小檗碱，建病房病床40余张，做垫单、被单40余床，给病房做痰盂、药架、病历柜、药箱、修理床铺等。1960年至1961年，学校在杨柳冲办农场，每逢学校劳动课或星期六，学生赶去送肥料，上山种地，场内养牛9头，羊30余只，收获大量的南瓜、辣椒和苞谷、麦子。1966年历时两个多月，全校师生到韭菜坪生产队开荒6.67余万平方米，种小麦，次年春天收小麦3000余千克。1964年9月，学校217人去镇远牙溪公社、涌溪公社的16个村寨21个生产队，帮助83户贫下中农秋收，历时12天，抢收谷子13.87余万千克，送公粮3800余千克。1964年8月28日，护士304班到黄平县谷陇区岩英公社、加巴公社5个生产队进行劳动和防疫工作，参加劳动319人次。

义诊。附属医院经常组织医卫人员上街提供义诊和"敬老义务医学咨询服务"活动，为过往行人免费查体温、测血压、量身高、测体重、释疑解难等，查出有病需治疗者，立即开处方取药。学校经常派出医疗队下乡开展义诊活动，受到当地政府和群众的欢迎。

扶贫济困。学校常年派员到贫困乡镇开展帮扶工作，田景德、吴德诚等教师下乡扶贫两年。还开展支教支农、向贫困地区、灾区开展捐助活动，捐献财物不计其数。

学校狠抓落实德育工作，取得较好实际效果，主要体现在以下四个方面：

理顺德育工作关系，加强对德育工作的领导，形成党总支主要抓；分管校长具体抓；学生科和团委牵头抓；各职能部门配合抓的工作格局，建立学校、家庭、社会"三位一体"的德育工作网络体系，各有分工，各尽其责，保证德育教育工作的进行。

教师队伍政治业务素质有提高。教职员工党员人数由1987年的44人发展到2002年的61人，教师学历达标率提高明显，中专学历占3.1%；大专学历占33.6%；本科学历占63.3%。

推动广大学生整体素质的提高，受到表彰奖励的学生数量逐年增加。

教学质量有大的提高。94级第一学期补考率为6.1%，97级第一学期补考率则下降到2.2%；94级护士专业学习总平均成绩为75.5分，97级护士专业学习总平均成绩上升到79.6分。

招生毕业

招　生　1958年，由于生源不足，省卫生厅决定由贵阳医士学校转1个班学生43人、遵义护士学校转2个班学生79人到黔东南州卫生学校。同年学校新招生254人，其中初中毕业生114人，高小毕业生140人。

1960年，学校招生3个班152人，即1个初中毕业生班63人，2个高小毕业生班89人。1961年招收1个护士班35人。1963年招生两个班94人。1964年招生95人。1965年招收医士、护士、干部进修班各1个班，146人。

1966年至1976年，学校招生556人，其中1966年至1968年未招生。

1977年至1988年，学校进入恢复发展时期，招生1905人。1989年以后，学校随着凯里新校址的逐步建成和办学条件的完善，招生逐年增加。1990年招生304人；1991年招生349人。至1991年底，在校正式生（含预科班）18个班级666人，其中，男生242人，女生424人，少数民族学生500人，占总人数75.1%。开设有民族医士、民族妇幼医士、民族助产士、口腔医士、护理、公卫医士、6个专业和民族预科班。

1992年，招生276人，其中招高中生111人，初中生165人。学校为解决边远偏僻的行政村医务缺医问题，得到省卫生厅和省委统战部的帮助，先后引进南京爱德基金会和香港滋根基金会村医培训项目。是年开始招收一年制的村医培训班50人。为保证学员结业后能安心工作，学员结业时，基金会和黔东南州为每个学员配备200元的医疗设备和药品，学校发给结业证书，州卫生局发给乡村医生证书。同年，世行卫IV项目启动，招收在职人员培训246人。

1993年，在完成国家统招268人的同时，积极争取到南京爱德基金会和香港滋根基金会的村医培训项目，秋季招收一年制村医班150名。学校与遵义医学院联合开办两个医专班招收96名，招收社区医士专业自费生141名。

1994年，秋季招生774名，其中，中专统招学生349名，职高社区医士自费生87名，临床医学大专班124名，村医班214名（卫IV项目村医培训114名，爱德村医班100名）。

1995年，学校全部搬迁凯里新校址，结束凯里、镇远两地办学的历史。省计委下达黔东南州卫生学校招生计划为420人（国家任务230人，计划内自费190人）。学校实际录取420人，全额完成招生计划，其中民族医士专业112人，口腔医士专业60人，护理专业112人，妇幼医士专业56人，社区医学专业80人。

1996年，招收新生1021名，在校生规模始终保持在全州至省同级同类学校的领先位置。

1997年，中等职业教育处于艰难处境，省内许多中等专业学校，中等职业技术学校生源困难，有的甚至停办。黔东南州卫生学校深化教学改革，办学更具活力。秋季招生719名，其中计划外生168名。学校新增设美容技术与护理专业，在黔南、铜仁、黔东南三地区计划招生180名，完成139名。

1998年，秋季招生护理3年制3个班180名，护理4年制1个班60名，妇幼医士3年制2个班120名，社区医士（民医、乡医）3年制3个班180名，爱德一年半制2个班100名，大专两年制1个班100名，口腔医士3年制1个班50名，总数为13个班790名。另外，学校招收职高生医士专业72名，护理专业72名，妇幼专业66名，口腔专业10名，累计220名。是年招生总数达到1010名，是自黔东南州卫生学校创办后招生最多的一年。

1999年，招生555人，其中护士专业104人，四年制口腔医士88人，民族医士专业58人，民族妇幼医士59人，社区医士131人，美容115人。

2000年，招生565人，其中护士专业85人，口腔医士101人，民族妇幼医士118人，社区医士181人，美容43人，口腔工艺37人，中医大专85人。

2001年，招生460人，其中护士109人，妇幼医士41人，口腔医士71人，社区医士111人，口腔工艺20人，中医大专28人，药剂32人，高级护理27人。

1956年至2001年黔东南州卫生学校历年招生、在校生统计表

表上2-5-1　　　　单位：人

年份	招生人数	在校生数	专业名称	备　注
1956	101	85	州卫生干部训练	
1957	52	52	州卫士训班、医士进修班	州卫干训班结业57人
1958	170	345	护士、医士、医士进修班	首次招生医士
1959	144	302	医士、护士、医士进修班	首次招生护士
1960	63	266	医士、护士	
1961	35	187	医士、护士	
1962	40	138	医士、护士	
1963	89	164	医士、护士、护士进修班	
1964	95	224	护士、助产士	首次招生助产士
1965	173	317	医士、护士、医士进修班	
1966	—	96	护士、助产士、医士工读班	含工读班结业27人
1967	—	49	医士、护士	
1968	—	—	医士	
1971	55	55	赤脚医生班	赤脚医生班结业55人

续表上2-5-1

年份	招生人数	在校生数	专业名称	备注
1972	108	108	医士、助产士	
1973	206	314	医士、助产士	
1974	111	317	医士、助产士	
1975	36	186	医士、助产士、五七大学班	
1976	40	76	干部进修班	含干部进修班结业40人
1977	151	187	护士、医专班、西学中班等	西学中班结业18人
1978	150	282	护士、助产士、医专班等	
1979	150	432	护士、妇幼医士、助产士等	首次招生妇幼医士
1980	150	450	护士、妇幼医士、助产士	
1981	150	450	护士、妇幼医士、口腔医士	首次招生口腔医士
1982	150	450	护士、口腔医士、民族医士	首次招生民族医士
1983	122	422	护士、口腔医士、民族医士	
1984	121	393	护士、口腔医士、民族医士	
1985	173	416	护士、口腔医士、民族医士	
1986	169	463	护士、民族医士、职中（职工中专，下同）护士	首次招生职工护士
1987	215	557	护士、职中药剂士、职中医生、口腔医士等	首次招生职工药剂士、职工医士、民族妇幼医士
1988	204	588	口腔医士、代培医士等	首次招生代培医士
1989	337	756	护士、口腔医士、职中公卫医士、民族妇幼医士等	首次招生职工公卫医士
1990	295	836	护士、口腔医士、民族医士等	
1991	349	981	护士、助产士、民族医士等	
1992	276	1111	护士、民族医士、爱德村医等	首次招生爱德村医
1993	655	1421	民族护士、遵医大专班等	首次招遵医大专班
1994	774	1673	卫IV中专班、助产士等	
1995	420	1753	口腔医士、民族医士、社医等	
1996	1021	2030	中西医士、护士、民族医士、社医等	首次招中西医士
1997	955	2234	中西医士、护士、民族医士、社医等	
1998	1010	2314	护士、口医、民族医士、社医等	
1999	555	2283	美容、社医、口医、民族妇幼医士等	首次招美容及护理
2000	565	1978	口腔工艺、中医大专、社医、护士	首次招口腔工艺、中医大专
2001	460	2218	药剂士、口腔工艺、中医大专等	
总计	11095			

黔东南州卫校历届毕业生统计表

表上2-5-2　　　　单位：人

年度	医士					护士				助产士	妇幼医士	口腔医士	药剂士	美容与护理	五七大学班	医专班	遵医大专班	爱德村医	进修短训班	总计
	小计	医士	民医	社医	职医	小计	护士	民护	职护											
1957	—	—	—	—	—	—	—	—	—	—	—	—	—	—	—	—	—	—	57	57
1958	—	—	—	—	—	—	—	—	—	—	—	—	—	—	—	—	—	—	51	51
1959	43	43	—	—	—	33	33	—	—	—	—	—	—	—	—	—	—	—	46	122
1960	—	—	—	—	—	43	43	—	—	—	—	—	—	—	—	—	—	—	53	96
1961	77	77	—	—	—	—	—	—	—	—	—	—	—	—	—	—	—	—	—	77
1962	31	31	—	—	—	26	26	—	—	—	—	—	—	—	—	—	—	—	—	57
1963	31	31	—	—	—	—	—	—	—	—	—	—	—	—	—	—	—	—	—	31
1964	—	—	—	—	—	32	32	—	—	—	—	—	—	—	—	—	—	—	—	32
1965	—	—	—	—	—	37	37	—	—	—	—	—	—	—	—	—	—	—	40	77
1966	—	—	—	—	—	84	84	—	—	45	—	—	—	—	—	—	—	—	75	204
1967	—	—	—	—	—	43	43	—	—	—	—	—	—	—	—	—	—	—	—	43
1968	49	49	—	—	—	—	—	—	—	—	—	—	—	—	—	—	—	—	—	49
1971	—	—	—	—	—	—	—	—	—	—	—	—	—	—	—	—	—	—	55	55
1974	56	56	—	—	—	—	—	—	—	50	—	—	—	—	—	—	—	—	—	106
1975	159	159	—	—	—	—	—	—	—	41	—	—	—	—	—	—	—	—	—	200
1976	59	59	—	—	—	—	—	—	—	51	—	—	—	—	—	—	—	—	40	150
1978	—	—	—	—	—	—	—	—	—	—	—	—	—	—	36	—	—	—	18	54
1980	—	—	—	—	—	80	80	—	—	—	—	—	—	—	—	—	—	—	—	80
1981	—	—	—	—	—	98	98	—	—	50	—	—	—	—	—	52	—	—	—	200
1982	—	—	—	—	—	99	99	—	—	—	49	—	—	—	—	—	—	—	—	148
1983	—	—	—	—	—	102	102	—	—	—	50	—	—	—	—	—	—	—	—	152
1984	—	—	—	—	—	81	81	—	—	—	40	29	—	—	—	—	—	—	—	150
1985	37	—	37	—	—	79	79	—	—	—	—	32	—	—	—	—	—	—	—	148
1986	43	—	43	—	—	51	51	—	—	—	—	30	—	—	—	—	—	—	—	124
1987	40	—	40	—	—	49	49	—	—	—	—	31	—	—	—	—	—	—	—	120
1988	92	—	92	—	—	42	42	—	—	—	—	31	—	—	—	—	—	—	—	165
1989	82	—	82	—	—	77	40	—	37	—	—	—	—	—	—	—	—	—	—	159
1990	89	—	47	—	42	—	—	—	—	—	48	31	42	—	—	—	—	—	—	210
1991	156	48	108	—	—	—	—	—	—	—	—	40	—	—	—	—	—	—	—	196
1992	143	52	59	—	32	76	—	—	—	—	44	35	—	—	—	—	—	—	—	298

续表上2-5-2

年度	医士					护士				助产士	妇幼医士	口腔医士	药剂士	美容与护理	五七大学班	医专班	遵医大专班	爱德村医	进修班短训班	总计
	小计	医士	民医	社医	职医	小计	护士	民护	职护											
1993	95	54	41	—	—	81	81	—	—	—	61	34	—	—	—	—	—	49	—	320
1994	153	62	91	—	—	42	42	—	—	42	49	41	—	—	—	—	—	99	50	476
1995	210	—	119	—	91	82	37	—	45	45	—	37	—	—	—	—	82	100	—	556
1996	252	90	52	59	51	134	90	44	—	57	—	37	—	—	—	—	95	98	—	673
1997	233	119	114	—	—	112	50	62	—	45	—	40	—	—	—	—	103	96	—	629
1998	279	35	126	118	—	118	118	—	—	—	64	56	—	—	—	—	97	50	—	664
1999	364	58	—	306	—	123	123	—	—	—	122	52	—	—	—	—	91	92	—	844
2000	171	—	—	171	—	225	167	58	—	—	115	48	—	—	—	—	85	49	—	693
2001	406	—	—	406	—	112	53	59	—	—	113	54	—	—	—	—	—	—	—	685
2002	468	—	—	468	—	152	152	—	—	—	104	24	—	149	—	—	—	92	—	989
合计	3818	—	—	—	—	2313	—	—	—	426	859	682	42	149	36	52	553	725	485	10140

毕　业　1957年至2002年，学校培养各专业毕业生1.01万人，其中护士毕业生2313名，医士毕业生3818名，助产士426人，妇幼医士859人，口腔医士682人，药剂士42人，美容护理149人，五七大学班36人，医专班52人，遵医大专班553人，爱德村医725人，进修培训485人。

1958年至1974年，毕业生由国家统一分配工作。1975年至1976年，学生一部分由国家统一分配，一部分“社来社去”。1977年至1983年，各届毕业生均由国家统一分配工作。1984年至1998年，毕业学生改为按照分数和在校表现，优者优分。1998年以后，毕业生由各地人事部门组织考试，考试优秀者国家录用，其余的双向选择，自主择业。随着大中专毕业生分配改革的不断深化，毕业生就业走上“双向选择、自主择业”之路。

20世纪90年代前，毕业生大多分配到州、县级医院和计划生育部门。之后，自主择业，有的进入州、县级医院，有的进入乡镇医院，有的进入劳务输出行列。

第六节　教育教学

办学宗旨

1958年至1961年，根据中央卫生部制定的中等医药专业的培养目标：“培养具有社会主义觉悟、脑力劳动和体力劳动相结合的，掌握一定的医药卫生专业知识和技术的、身体健康的中级卫生人才。”1962年到1966年上半年，按照中央教育部中等医药学校各专业总的培养目标：“具有爱国主义、国际主义精神，拥护共产党的领导，拥护社会主义，愿意为社会主义事业服务，为人民服务，培养共产主义道德品质和无产阶级的阶级观念，具有相当高中程度的、中等专业人才所必需的普通文化科学知识，掌握一定的基础理论、专业知识和实际技能，具有健全的体魄”为办学宗旨。

1966年至1977年，办学方针以“五七指示”为纲，以“6·26指示”为方向，以抗大为榜样，坚持医院学习与参加劳动相结合的办学形式。1972年恢复办学后，学校确立的办学宗旨是：开门办学，把医疗卫生工作的重点放到农村去，让学生参加集体劳动，忆苦思甜，上好阶级斗争课，把学校办成无产阶级专政的工具。

1977年，尤其是中共十一届三中全会以后，学校遵循邓小平“教育要面向现代化，面向世界，面向未来”的指示，确立的办学宗旨是：“贯彻执行党的教育方针和卫生工作方针，为祖国社会主义革命和建设事业培养德智体美劳全面发展的医疗卫生人才”。改革开放为社会主义建设开创出生动活泼的政治局面，卫生教育事业欣欣向荣。20世纪90年代后，学校的办学宗旨是：在邓小平理论、“三个代表”重要思想指导下，全面贯彻党的教育方针和卫生工作方针，培养与祖国社会主义现代化建设和市场经济需要相适应，德智体美全面发展，具有必要的理论知识、较强的操作技能和良好的职业素质的面向医疗卫生服务一线需要的高素质、实用型专门卫生人才。

专业设置

从建校至1966年，学校设置公卫医士专业、医士专业和护士专业，学制三年。“文化大革命”中持续6年未招生。1972年恢复招生至1976年，设置医士专业和助产士专业，学制二年。

1975年，州卫生局安排招收“五七”大学医专班（社来社去）。1977年至1988年，设置护理专业、医专班、妇幼医士专业、口腔医士专业、民族医士专业，学制三年。

1988年至2002年，学校先后开办的专业（班）有护理、医士（民族医士、乡村医士、社区医士）、助产士、口腔医士、妇幼医士、公卫医士、药剂士、中西结合医士、贵阳医学院黔东南医专班、贵阳中医学院中西结合专业五年制大专班教学点、南京爱德基金会和香港滋根基金会一年制村医培训班，其中1999年增设美容技术与护理专业。

教学计划

计划管理 教学计划制定。建校初期即执行贵州省统一的教学计划。“文化大革命”时期，教学计划的执行受到影响。1978年开始执行卫生部颁发的教学计划（草案），1979年全部实施卫生部颁布的13个专业的教学计划和教学大纲。此后至2002年，一直执行国家颁布的教学计划和大纲。

教学计划执行。学校根据各专业教学计划制订学期教学计划，下达各部门至教研组，分派教学任务。学期教学计划由专业教学计划分解而成，是某学期的阶段性教学计划。各任课教师根据学期教学计划及教学大纲编写授课计划，一式两份。学期授课计划报学校审批。以经批准后的授课计划，指导任课教师的教学过程，包括备课、课堂授课、实验教学、辅导、考查和考试、试卷分析、补考等内容。

计划内容 教学计划与专业设置和招生计划相一致，每个专业每招生一届都要制订一份专业教学计划，对所开办专业的整个学制年度内的教学时间进度作出安排，指导全程教学实施。在不同的年代，教学计划相应发生变化。1958年至1978年，虽有省统一教学计划，但受政治运动影响较大，难以完成。教学计划的稳定实施是在1979年部颁计划和教学大纲之后，沿用至1996年未作彻底的改革。1997年，学校改变中专教学存在的“学校型”的办学模式，对社会医学、妇幼卫生、护理、口腔医学等专业、制订实施性教学计划。

实施性教学计划是一次重要的改革，具有以下特点：为实用型人才的培养，淡化学科意识，减少理论教学时间，增强实践性环节，时间为44周，调整实习内容；由于执行“三一”制（一年普通基础，一年临床实习，一年毕业实习）部分课程的理论课时作删减；增设基层工作需要的内容，如社区医学、妇幼卫生、口腔医学护理常识及护理技术操作内容；增加基层工作的常见病内容，增设耳鼻咽喉学科的毕业实习时间；对实践为主的课程，改革实践考试方法和记分方法，规定毕业考试要进行理论和实践技能考试，对学期考试科目及毕业考试科目进行调整。

教学管理

岗位职责 分为教务科、教研组和教师职责。

教务科职责。贯彻党的教育方针，加强教师的思想政治教育和师德修养，坚持四项基本原则，按教育规律办事，组织教师学习教育和教学理论，更新教育理念，积极探索人才培养模式，不断改革教学内容和教学方法，加强重点专业建设，提高教学质量。负责安排教学计划，统筹教学调度，组织教学督导督查、教学事故追究和教学质量考核，完成教学任务，培养面向医疗卫生服务一线需要的高素质、技能型实用人才。

加强师资队伍建设，做好教师的配备、培养，组织安排学术活动和教研活动，积极提高教师素质，建立一支素养全面、优化高效的教师队伍。确定考试考查及实施办法，审定考试试题，组织和督查考试，管理学生成绩档案，提供毕业生各种成绩。提出对教学设备的充实与发展意见，加强与上级业务部门、校际和社会有关行业的教学协作和业务联系。负责各专业强化班的组建训练、护理毕业生就业考前辅导等专项教学工作，培养素质全面的学生，创出学校品牌。

教研组职责。调配授课教师，并上报教务科。组织召开本教研室教师及授课班级的学生座谈会，了解教学情况，征求意见及时反馈给教务科和任课教师，不断改进和完善本专业教学。拟定本组教师培养计划，提高教师整体素质。经常开展教研活动，不断改进课堂和实验教学方法。在学生中经常组织专业技术考核与比武活动。加强与兄弟学校业务联系，取长补短，争创一流教学水平。

教师职责。分为高级讲师、讲师、助理讲师和教员职责。

高级讲师职责。在科主任领导下工作；胜任1～2门课程的讲授及其他教学工作，组织指导各个教学环节；主持或编写审议教材、教学参考书及其他教学文件，主持教学研究、课题设计、论文答辩；指导和主持实验室建设、设计、革新实验手段或开设新的实验项目，研究教学规律，总结教学经验，提出科研课题，撰写学术论文；掌握本学科的国内外学术、技术发展动态，主持或参加科学研究、技术开发、社会咨询及其他科学技术工作；培养教师和进修人员，解答本专业的疑难问题；承担教学管理工作，班主任工作，学生思想工作；掌握一门外语，并辅导其他教师不断提高外语水平。

讲师职责。在科主任领导下工作；胜任一门或一门以上课程的讲授及其他工作；组织与指导实验实习、社会调查、课程设计；主持毕业设计、论文答辩；参加编写教材、教学参考书及其他教学文件，了解本专业的国内外学术技术发展动态，参加科学研究、技术开发、社会咨询及教学研究；主持实验室建设，独立承担具有一定水平的科研工作；指导教员、助讲提高业务水平，解决本专业的一般性疑难问题；承担教学管理工作、班主任工作，为人师表，做好学生的思想教育；掌握一门外语，较顺利、准确地阅读外文书籍。

助理讲师职责。在科主任领导下工作；独立承担课程讲授和教学工作，指导实验、实习、课程设计、毕业设计及学生基本技能的训练；参加实验室的建设、业务实践、社会调查及教学研究；承担班主任工作，为人师表，做好学生的思想工作；协助讲师、高级讲师对新教师进行业务辅导；认真备课讲课，及时辅导，能按教学大纲要求，讲授完毕一门课程，教学效果较好。

教员职责。在科主任领导下工作；在指导教师的指导下，担任本专业的全部或部分课程的讲授任务；协助指导教师辅导实验、实习、课程设计及学生基本技能的训练；参加实验室建设、业务实践和社会调查工作；承担班主任工作，为人师表，做好学生的思想工作；及时了解国内本专业的先进技术，协助讲师及高级讲师做部分科研工作；加强本专业的基础理论学习。

运行机制 新学年开始，教务科提出专业实施性教学计划及教学任务，报分管教学的副校长审批。审批通过后，由教务处将实施性教学计划再分解为学期教学计划，由部系主任安排和分配教学任务到各教研室，教研室主任将教学任务合理分配给任课教师，并组织教师讨论学科的教学计划、教学大纲和教科书的内容，由任课教师制订具体的学期授课计划，教研组讨论通过后报批，任课教师按计划备课，写好教案，遵循教学原则，仔细授课，保证教学效果。教务科对整个教学过程自始至终进行全面监督和检查。教师授课质量由专门设立的机构根据教师教学质量考核办法来考评，学生的学习成绩考核由教务处统一组织，任课教师按规定时间阅卷并统计成绩，填写成绩册，做好试卷分析，交教务科。教务科将学生成绩汇总到学生学籍表中，原始成绩册交档案室存档。教务科对任课教师的教学质量、师德修养、工作业绩进行量化管理考核，作出综合评价。

教学管理运行机制主要通过以下环节实现。

提出教学计划。教务科提出专业教学计划的具体安排及各学科的教学任务，在新学年开始前提交学校批准下达执行。

编写教学大纲和授课计划。上级颁发的统一教学大纲的学科，教研组组织本学科教师研究和讨论大纲，编写实施细则；无统一大纲的学科，教研组组织本学科教师根据专业特点、教学任务、教材内容编写教学大纲，交学校审批后执行；应及时地把教学任务落实到教师，教师应及时编写学期或学年授课计划，授课计划应在教学计划下达后半月内报批；学期或学年授课计划一式二份，一份教务科存档，一份任课教师执行；在实施过程中，有重大变动时要经过教研室讨论通过，报教务处审定批准后实施。

备课。任课教师要求做到四备，即：备大纲、备教材、备教法和备学生。钻研大纲，明确课程要求，达到教学目的。熟悉教材是备课的主要环节，根据大纲确定教材内容的难点和重点。注意教材内容有无错误，是否要增减，结构安排是否合理。教材内容不要随意“拔高”。已确定的教材要精通，不要一知半解，严防知识“失真”，要精读教材，争取做到脱稿授课。同课教师做到授课内容一致，深度、广度和进度一致。教学方法要为教学内容服务，在吃透教材内容的基础上要研究教学方法，注意总结经验，不断提高教学质量。要充分了解自己的教育对象，对学生的学习既要统一要求，又要承认差别，因材施教。

新教师在备课的基础上，教务科安排试讲。由教务科领导、本科教研组及部分高年资教师参加听讲，试讲后组织评议，达不到讲课要求者重新试讲，不具备讲课条件者不允许上课。为便于新教师更好地完成由学生到教师的角色转换，尽快熟悉教学过程的各个环节，汲取老教师的教学经验，提高教学水平，制定听课制度；教务科第一学年内至少安排2次新教师听课，并在听课后，从新教师的“教”（教学内容、教学方法、教学组织、教学调控）和学生的“学”（参与状态、情绪状态、思维状态、交互状态）两个方面进行客观评析，加强指导。新教师第一学年要随本教研组老师听课，学习借鉴老教师的教学方法，熟悉教学过程，不断提高课堂授课质量。本着自愿的原则，新教师可随其他教研组中的老教师听课，广泛汲取教学经验，不断完善自己。新教师之间可互听互评，开展自查与他查，相互参照，互学互助，共同提高。新教师第一学年结束后要写出听课小结，小结交教务处存档。

提高课堂授课水平。课堂教学是教学的中心环节，应充分发挥教师在教学中的主导作用，教师应不断提高课堂授课水平。教师必须按备好的教案进行授课，不可无教案上课。课堂教学要注意科学性、系统性、连续性、量力性和艺术性，做到理论联系实际，培养学生分析问题和解决问题的能力。要采用启发式，注意精讲多练和双边活动。讲课内容要重点突出，层次分明，口齿清晰，语言生动，尽量使用普通话，教态自然，板书、板图文字要规范。要注意提问、小结、复习题、布置作业等环节。维护正常的教学秩序。教师自己不能随便调课，需要调课时，须经教务处批准。教师要按时上课，下课，不迟到，不提前下课，也不要拖堂，更不准空堂、停课。教师每次上课要检查学生出勤，填写教室日志，注意学生学习动态、课堂礼节和课堂纪律，要求学生注意听讲，做到既教书又育人。

讲课贯彻“少而精”的原则，教学方法要灵活，在讲课中克服贪多求全，克服“满堂灌”。做到教学目的明确，“三基”内容突出；注意逻辑性和前后连贯；教师语言生动、准确。讲练结合，大部分作业在课内完成。加强课堂直观教学。在教学过程中，教师自己动手制教具、模型、标本、挂图。并做到充分使用教材，减少笔记。在教学环节的掌握方面，强调对“五段教学法”的灵活运用，克服过去的机械死板。主要做到发挥教师的主导作用和调动学生积极思维。

组织实验课和教学实习。由各教研组任课教师负责完成实验和教学实习任务。通过实验和教学实习，使学生进一步掌握基本理论、基础知识，锻炼基本技能。实验和教学实习须有计划地安排，课前应编写教案，注意教学效果。实验和教学实习，应增加学生独立操作的机会，充分发挥学生的积极性，每堂课结束后应写实验实习报告或小结，教师批改。

加强辅导教学。为提高教学质量，必须加强辅导，以便随时了解学生对本门课程的理解深度和实际掌握深度，做到因人因材施教。辅导教学采取集体辅导或个别辅导等不同形式，除按教务处规定的辅导时间外，其他课余时间任课教师自行安排。要做好辅导记录，包括内容、方式、时间及效果。

开展教研活动。教研活动是教研室主任组织教师进行的经常性教学研究活动，是不断提高教师教学水平和教学质量的重要措施之一。教研活动内容：教学方法和教学手段改革，对大纲和教材的研究；对理论的讨论研究，医学模式的转变，对先进教学经验的学习和推广；研究模型、挂图、标本等教具的试制；对讲课、实验、实习、批改作业等教学环节的讨论及研究，如何开展第二课堂；考试、考查方法和命题的研究；对教学管理工作的评价或建议，研究如何教书育人。

严格评教。评教是贯彻群众路线，反馈教学质量的主要形式。通过这项活动激励教师的积极性，不断总结经验，肯定成绩，找出差距，改进教学工作，提高教学质量。评教活动由教务处组织实施。评教方法采取听、看、座谈、学生书面评议等方式进行。听：听课和听取学生评议。看：看大纲、授课计划、教室日志、教案书写、板书、作业与试卷批改、学生成绩。最后，将评教计分存档。

质量管理 学生学习成绩考核分考试、考查两种。教师教学质量的界定按教师教学质量考核办法来考核。学生成绩考核办法和教师教学质量考核办法在实践中不断修改和完善。学校制定教学质量管理的一系列文件，如《关于学生考试考查暂行规定》《考试规则》《监考教师职责》《教考分离实施细则》《关于学生考试纪律有关规定》《考试纪律》《教研组长工作量化管理条例》《教研组长工作量化管理办法》《关于教案检查等级评审的规定》《关于严肃教学纪律杜绝教学差错、事故的规定》《关于成立教学质量管理小组的通知》和《黔东南州卫生学校任课教师月工作量化考核评分标准》等。

实习基地

附属医院和院办药厂是学校学生实习的重要基地，学校安排大量的医务人力带教实习、见习，1987年，实习、见习人数占全校医护人员总数的68%，1988年为70.8%。学校每年安排数千人次的学生到附院实习、见习，以1987年见习情况为例，全年有9个班组、401名学生进病房见习，先后达1.25万人次，其中内科3021人次，儿科655人次，中医2660人次，基护366人次，五官科637人次，妇产科304人次，外科4581人次，口腔科86人次。随着专业设置增多，学生人数剧增，附院实习已不能满足学生实习的需要。为此，学校在州人民医院、州中医院、418医院和16个县市医院相继建立一批实习基地。

教学建设

课程设置 从建校至1966年，黔东南州卫生学校设置公卫医士专业、医士专业和护士专业。公卫医士专业（在未改为医士专业前），曾设无机化学、有机化学、分析化学、流传病及接种、消毒、食品卫生、环境卫生、劳动及工业卫生、学校卫生、保健组织及卫生防疫和卫生统计、卫生学及宣传教育等课程。课程设置最多到31门，而总的学时没有增加。医士专业的培养目标是：“主要进行常见病、传染病、地方病的诊断、治疗，并掌握正常接生和一般的卫生预防治疗知识和技术，毕业后在工矿和人民公社各级卫生机构工作。”医士专业的课程设置，普通学科设：政治、语文、数学、物理、化学、体育6门，636课时；基础学科设：生物、解剖、生理、病理学总论、药理学及处方（含拉丁文）、微生物寄生虫、卫生及保健等7门，588课时；临床学科设：内科及护理、外科、妇产科、儿科、流行病及传染病、皮肤病、五官、针灸、中医学概要9门，1008课时，总计22门课，2332课时。护士专业培养目标是：“熟练掌握护理、病房管理的知识和技术，并具有一般卫生预防工作能力，毕业后在医院、门诊和其他医疗机构独立地担任各种护理工作。”护士专业的课程设置：普通课6门，1362课时；基础课七门，859学时；临床课设：一般护理，内科及护理，外科及护理（包括战伤外科），流传病及护理，妇产科及护理，儿科、儿童解剖生理及护理，皮肤性病及护理，耳、鼻、喉科及护理，理疗法及按摩，针灸，中医学概要，眼科及护理12门课程，1019课时，共计25门课程，3240课时。在具体执行中，1958年曾一度把物理、数学课减掉，1959年恢复。1959年开设中医课。由于教师和设备的限制，解剖与生理合并，临床课的皮肤、流行病及传染病与内科合并，增加药用植物学，护理专业增加物理诊断。

1972年恢复招生后，虽然复课，但轻视基础理论知识的学习，强调“开门办学”。当时按规定应设18门课程，学校实际开设：医士专业15门，即政治、劳动、军体、解剖生理、病因病理、新药学、微生物寄生虫、基本技术操作、内科、妇产科、外科（包括皮肤科、战伤救护）、儿科（包括传染病）、五官科、卫生保健、中医学基础。助产士专业开设16门：即政治、劳动、军体、解剖生理、病因病理、药物方剂、微生物寄生虫、临床基本操作、中医学基础、内科（包括诊断学基础）、外科（包括皮肤病、战伤救护）、妇科、产科、儿科（包括小儿传染病）、五官科、卫生保健（包括传染病、三防知识）。两个专业均未开设语文、理化课。

1973年10月，省制定《省中等医药卫生学校医士、助产士专业教学计划（试行草案）》，提出医士专业目标是：“能掌握防治各种常见病、多发病、普遍存在的病、战伤急救、卫生防疫、计划生育知识、中医基本理论和简易的实际技能。”助产士专业目标是：“能掌握计划生育、新法接生、难产急救，防治以妇产科为主的常见病、多发病、战伤急救、卫生防疫等方面的中西医基本理论知识和简易技术。”按照这个原则，课程设置恢复化学和物理学。语文课是结合所谓“尊法批儒”进行的。

1975年招收一年制进修班，课程设置是：政治、军体、劳动、解剖生理、微生物寄生虫、病理、中草药、药理、中医针灸、诊基、内科、外科、妇产科、卫生保健、儿科、五官科15门课程。基础和临床课740课时，普通课政治每周4学时，军体2学时，劳动2学时。是年州卫生局安排招收的“五七”大学医专班（社来社去），其课程是参照医士专业教学计划进行的，并采取开门办学的形式。

1977年，改革招生制度，实行统考。1978年春新生入学，两个班未开设物理课。新设医专班，开设12门课程，除英语课是采用广播教材1册至2册外，其他课均使用医学院高等教材授课。

1979年3月，设妇幼医士专业，设14门课程，有政治、外语、体育、物理、药理、中医、内科、外科、产科、妇科、儿科、流行病传染学、五官、卫生等。1981年3月，设口腔医士专业，口腔医士专业设24门课程，其普通课与其他专业相同。临床课设中医、内科、外科、儿科、眼、耳、鼻、喉科、卫生学、流行病传染病学。另设有专业课：口腔解剖生理、口腔组织学及病理学、口腔内科学、口腔外科学、口腔矫形学。1982年3月，设民族医士专业，按医士专业培养目标要求，课程21门，不上外语，加设数学课，其他与医士专业课程设置同。职中（职工中专）班各专业的教学计划，都是参照统招班相同专业教学计划制定的。

1988年至2000年，学校先后办的专业（班）有护理、医士（民族医士班、乡村医士班、社区医士班）、助产士、口腔医士、妇幼医士、公卫医士、药剂士、中西结合医士、贵阳医学院黔东南医专班、香港滋根基金会和南京爱德基金会一年制村医培训班。1999年，增设美容技术与护理专业，并成立黔东南州美容美发培训中心，设立贵州省第77国家职业技能鉴定站。

这一阶段的课程设置，因实际情况有所变化，但大体一致。社区医士课程：政治、英语、语文、数学、物理、化学、生物学、解剖学与组织胚胎学、生理学、生物化学、免疫学基础与病原生物学、病理学、中医学概要、内科学、外科学、妇产科学、儿科学、传染病学、五官科学、皮肤病学、医学心理学、护理技术、美育、计算机应用基础。妇幼医士课程：政治、体育、语文、数学、英语、物理、化学、生物化学、生物学、解剖学与组织胚胎学、生理学、微生物学及寄生虫学药理学、病理学、内科学、外科学、儿科学、中医学、预防医学、传染病学、皮肤病学、五官科学、妇科学、产科学、医学心理学、常用护理技术、美育、计算机应用基础。口腔医士课程：政治、体育、语文、英语、数学、物理学、化学、生物学、解剖学与组织胚胎学、生理学、生物化学、免疫学基础与病原生物学、病理学药理学、口腔解剖生理学、口腔组织与病理学、内科学、外科学、预防医学、口腔内科学、口腔外科学、口腔矫形学、眼耳鼻咽喉科学、医学心理学、护理常识、美育、基础计算机应用基础。药剂士课程：政治、体育、语文、化学、生物学、数学、物理、解剖学、生理学、病理学、药理学、有机化学、分析化学、药用植物学、生药学、天然药物学、药物化学、药剂学。乡村医士课程：政治、体育、语文、化学、生物学、解剖学、生理学、生物化学、微生物学、病理学、药理学、中医学、诊断学、内科学、外科学、妇产科学与妇女保健、儿科学与儿童保健、传染病及流行病学、急救医学、五官科学、皮肤病学、农村卫生、医学心理学、常用护理、农村卫生管理。美容技术课程：美学基础、化妆品与化妆学、美容心理学、美容皮肤护理学美容外科护理学、口腔美容与护理、实用美容技术、推拿与美容、遗传学基础、美容管理与营销。

1999年，学校成立骨干专业建设领导小组及专家咨询组，进一步深化教学改革，调整专业结构，在积极创办新专业的同时，巩固和加强口腔医士、护理两个骨干专业建设，适当压缩医士专业招生，适应社会发展的需要。

2001年，学校依据本地区经济发展的需要及建设旅游大州的实际，完成殡仪、旅游、药品营销和社区服务4个专业的考察、论证和报批，新增4个专业。

教　材　建校之初，学校无统一教学计划、课程设置和标准教材及教学要求。起初选用部分旧教材及自编部分讲义。后来使用省、校自编教材。“文化大革命”时期，参加政治活动，毛泽东著作取代政治教材，学农支农，下乡巡诊，影响正常教学计划执行。教材突出无产阶级政治，强调走与工农兵相结合的道路，学制缩短，教材较为简单。1978年启用新版教材。20世纪80年代，统一使用卫生部规划教材，教师也根据需要自编部分教材。

教学改革

管理方式改革　从1988年起，学校就进行考试方法改革的尝试。过去对学生成绩考核，多采用由任课教师自己出题、自己评分的办法。1987年和1988学年的第二学期的毕业考试和部分学科的学期考试，试行由教务科组织同科教师集体出题、评卷的统考尝试。具体做法：考核学生的实际工作能力，基本操作技能和笔试理论知识两部分，由3名教师主考和评卷。其结果，对促进教师理解教学大纲、吃透教材，正确取舍教材，提高课堂讲授质量和对学生学习的自觉性，都起到积极的作用。

1994年，开始全面推行目标教学，建立专业目标、单元目标和课时目标教学体系，对学生从知识、技能、态度进行培养。课堂教学注重学习方法指导，强调教师为主导，学生为主体，培养学生自主学习、分析问题、解决问题的能力。

1995年，学校制定新的学习评定方案，成绩评定包括知识、技能、态度的考核，部分课程技能考试成绩单列。

1997年，建立微机题库，各门课程学期考试教、考分离、微机出题，毕业技能考试不及格者不予毕业。

1998年，学校作出《关于严肃教学纪律杜绝教学差错事故的规定（试行）》。学校在教学管理方面，锐意改革，与时俱进，不断总结和完善教学管理的经验，使教学管理实现全方位的系统化、规范化，以提高教学质量为重中之重。

2001年8月19日，制定下发《黔东南州卫生学校教学管理暂行规定》。规定分总则、教学行政管理、教学文件管理、主要教学文件管理、师资管理及附则五个部分30条7个附件。包括排课、调课、代课及停课制度；教材管理制度；教学档案管理制度；教学检查实施细则；师资培养若干规定；学生学业检查工作细则；教师试讲规定等。

教学管理改革的目的是提高教学质量，特别是1996年铜仁教改会议后，学校加大工作力度，执行部颁教学计划，全面推行目标教学。主要采取以下措施：

提高教师自身素质。加强教师职业道德教育。每周用一个下午7～8节课的时间组织全体教师进行职业道德教育及对有关资料的学习，使全体教师热爱党的教育事业，忠诚党的教育事业，团结同志，热爱学生，尊重学生，为人师表，严于律己，无私地将自己的知识毫无保留地传授给学生；提高教师工作能力，教务科每周组织教师进行一次有关现代教育理论的学习，使全体教师掌握现代教育理论及熟悉现代教育理论的运用技巧；要求各教研组每周必须至少进行一次集体备课，开展老带新、一帮一的活动，使青年教师在短时间内熟悉业务，把握好教学环节；选派教师外出进修学习及参加各种短期培训班学习；举办短期培训班；取长补短，使知识纵横联系，普通课、基础课及临床课之间互相渗透，使教师不只限于本课程的内容，丰富知识面和教学经验；开展公开课教学活动，由教学经验丰富的高级讲师或讲师进行公开课教学，全体教师参加听课，课后组织评议。学校利用卫IV项目实施，进行师资学历培训与业务培训。

开展教评活动，提高教师教学的积极性。成立以分管校长挂帅、教务科负责、各学科带头人组成的教学质量评课检查组，对每位教师课堂教学情况进行评议，并及时将评议情况向教师反馈，使教师更好地完成教学任务。学生对本班课任教师的教学情况进行评议，根据各测评项目得分总和的高低，按优、良、合格、差四等进行评分。质量检查组评议的结果和学生评议的结果作为教师质量奖发放的年终考核的主要依据之一。

检查教案。学校对教师书写的教案采取日检、月查、组内自评、学科检查、质量组抽查相结合的方式进行检查，教师的教案课前送交教务科由值班人员进行检查认定等级进行登记，方能上课；每月底对每位教师一个月的教案再次由本教研组及学科检查认定等级，最后交质检组复查定等，对教案书写认真，按要求书写的教师给予表扬，全体教师对评出的优质教案进行传阅。教案优劣作为教学质量奖发放和教师年终考核的重要依据。

完善考试制度。为完善考试制度，成立分管校长领导下，教务科负责，由各学科高资历、教学经验丰富的教师组成的考试领导小组，强化考试管理，规范考务要求，每门课程对学生的考查均包括知识、技能、态度三方面。

严格理论考试和技能考核。理论成绩按平时成绩和期终成绩各占40%和60%组成。考试科目的考试和毕业考试由教务科统一安排，进行教考分离，教务科指定非任课教师出题或从题库抽题组卷。严格考场纪律，采取单人单座，考场主考教师1人，监考教师2人。教学分管校长、教务科、学生科负责人负责巡视，对作弊考生给予记过处分、记零分、停发生活费、取消补考资格等处理。考风考纪严格，有力地遏制考试作弊现象。

技能考核按新教学大纲和新教学计划规定，对所有专业有选择性地进行考核，把知识、技能贯穿教学的全过程。部分科目的技能考核成绩除占该科目总成绩的30%以外，还进行成绩单列，对于考核不合格者，不予毕业。

另外，学校除按卫生部要求，积极推行目标教学，探索全面提高学生素质的方法外，以培养实用型人才为目标，强化总体观念，淡化学科意识，注重能力培养，对三年制岗位培训进行教改探索。从1994年起，开始“强化能力培养的实践教学模式”教改试点。每年设置一个与普通班对照的教改试点班，加强临床实践教学，对教改班实行自制教学计划。实行“三一”制，一年文化基础课教学，一年临床课教学，一年实习。优化教材内容，压缩理论课286学时。第二学年开始，每周安排3个半天到医院进行临床见习；暑假期间，由教师带队，分别到学校确定的5个社区教学实习基地进行4周的社区实践教学。

通过教改计划的实施，理论和技能成绩与非试点班相比，有显著提高，3个试点班完成论文、调查报告185篇。

社区医学教改 学校提出以个人、家庭和人群的健康促进疾病的预防、治疗和康复为重点的教学管理目标。决定以94级社区医学、95级社区医学作为改革的试点班，目的是通过试点班的教改管理，总结经验，带动其他学科的改革，全方位提高学校教育教学的质量。

学校制定相应的教改试点班社区医学教育实施方案，内容包括入学教育、理论技能教育、实践教育三个阶段。入学教育阶段，重点对学生进行学习目的的教育，通过这阶段的教育，使学生增强对医学和健康事业的社会作用，社会主义卫生工作方针的全面了解，树立预防为主的观念和社区医学的观念。理论教育阶段，分基本理论方法和教学实践两个部分，基本教材设置基础课，临床技能课。社区实践教育阶段，提高学生处理社区预防、诊治疾病及健康等方面的实践工作能力，为学生服务社区卫生工作打下基础。

教学改革管理制度规定。严格教学计划审批，定期检查教学计划的执行情况，保证教学计划的实施。严格执行调、代、停、补课制度，严格申请单的审批手续。严格教学纪律、教学值班，课堂登记和统计。严格任课教师填写教学工作日志，并定期进行检查。严格教师备课，编写教案制度。严格任课教师按教学大纲规定布置作业和批改作业，课后辅导。进行课堂教学检查与评估，以学科为单位组织交叉学习性听课，组织教师有针对性进行检查性听课，组织公开教学，强化实训管理，进行教师、教研组长、学科主任的量化考核。进行考务管理，严肃考务纪律，学期考试科目，考教分离，试卷打印、分卷管理，安排毕业考试及各科补考，对学期考试、毕业考试的试卷进行考试质量分析。围绕教学、教法、集体备课等内容开展教学研讨活动。进行毕业实习管理，拟订毕业实习计划，掌握毕业实习阶段的质量控制。严格毕业生的毕业证书验印。

课程设置改革 学校课程设置及改革的指导思想和原则：突出专业特点，注重理论知识的实用性，注重对学生知识、技能、态度综合目标的培养，拓宽学生的知识面，以适应医学模式的转变，为学生毕业后就业和发展打下坚实基础。

1995年，调整教学计划，削减理论课学时数，增加毕业实习时间，突出实践性教学环节。1996年，试点班部分基础课进行综合化处理。微寄病合并为病因病理学，解剖、生理合并为人体机能学，护理专业开设护理心理学、医学伦理学等。1997年，护理专业开设整体化护理课程。1998年，社区医学专业增加预防医学课程学时，54～120学时，护理专业增设营养与膳食，增加人文社会科学课程。合并解剖生理学。1999年，各专业开设计算机课程。

开放办学 1982年，试行改革招生，从招生计划中拨出部分指标，实行单独招生，将指标分配到乡、镇，从高分到低分录取，重点解决乡、镇一级卫生人才缺乏问题。

1987年和1988年，先后开办职工中专护士、职工中专医士班，招收学员100名。

1989年，开始试收民族预科班，从是年有民医招生指标的乡、镇的落选生中择优录取1名，进校补习一年文化课，考试合格转为正式生，考试不合格退回原地，另重新录取其他学员。

1993年，开办民族护士班，招收在职的初级女卫生员，解决乡镇医院护理缺乏的问题。与州人民医院、418医院、州卫生干部学校、黎平县职校联合开办护士班、公卫医士、药剂士、民族医士班，招收学生150名。同时，黔东南州卫生学校与遵义医学院联合开办黔东南临床医学专科班，重点解决工作在第一线的中专毕业生的业务提高和学历低的问题。招生采取宽进严出办法，入学不考试，由县卫生局保送，按成人教育严格要求，毕业成绩合格者，发给遵义医学院未经省验印的大专文凭，在州内享受大专待遇。该医学大专班是年招收92名，1994年招收118名，1995年招收103名，1996年招收99名，1997年招收92名，1998年招收85名，共招生6期。

1996年，黔东南州卫生学校与黔东南州中等中医卫生职业学校（黔东南州中医院）联合办学，开办96级中西医结合医士专业班。1999年，黔东南州卫生学校与黔东南州电大分校联合办班，招收医士专业60人，高级护理专业60人，学制均3年。

1999年，学校调查表明，黔东南州各美容班（室）从业人员绝大多数未经正规培训，技术水平低，整体素质不高，不时出现医疗纠纷。学院利用学校师资和设备力量，新设美容技术护理专业，并建立黔东南州医学美容美发培训中心，负责对全州美容美发从业人员进行岗前培训。

第七节 教学研究

管 理

管理组织 教研组是学校贯彻执行党的教育方针、实行教学科研的基层单位。从建校之初到1984年，学校设3个学科教研组。普通学科教研组，包括政治、语文、数学、物理、化学学科；基础学科教研组，包括生物、解剖、微生物寄生虫、药理、生理、生化、病理等；临床学科教研组，包括内科、外科、基护、流传、卫生、妇产、儿科、中医、五官科等。每学科教研组设科主任，由校长聘任，任期一年，可连聘连任。学科主任，在主管业务副校长和教务主任领导下，审查各学科教学计划，核定执行情况。平时除负责召集科务会议，主持日常事务外，还负责召集本学科各教师进行政治和业务学习，研讨教学，不断改进教学方法，提高教学质量。

1984年，在3个学科下按专业和各科教师情况，分为9个教研组。1986年分为15个，1988年分为21个。普通学科下分语文外语、物理、政治、化学、体育、数学6个教研组；基础学科下分微生物寄生虫、解剖、药理、生理生化、生物、病理6个教研组；临床学科下分内科、外科、儿科、妇产科、五官科、口腔、护理、流传病及卫生学、中医9个教研组。教研组长的职责是在学科主任的指导下行使职权：组织本教研组教师讨论各科授课计划，检查执行情况和实施效果，检查备课情况；组织公开教学课程和新老教师互相听课，组织教评，交流经验；组织教师研究改进教学方法；组织本组教师研究各课的实验实习、示教等教学活动；组织教师开展科研活动；组织本组教师的业务学习和政治学习等。学科主任和教研组长都是聘任业务能力较强，有教学经验的教师担任，在教学活动中发挥重要作用。如1988年，基础学科以学科主任林孟华为主，组织该科教研组长，对本学科各门课的任课教师进行听课，抽查备课笔记，课时授课计划，进行教评。同时在听课后进行理论、实际技能的统考，并召开有关班级的学生座谈会，征求学生对任课教师的意见。对统考成绩进行统计学的处理和分析，写出对中专教师教学质量考评的论文，从而摸清本科各位教师授课的质量差距，对教师帮助很大。

从90年代至2002年，学校开展学科和教研活动，提高课堂教学效果和教学质量，加强教学科研工作，设6个学科主任，26个教研组，任命各学科各教研组负责人。各学科在校长领导下开展工作，其任务是：贯彻执行党的教育方针和科技方针，为培养适应社会经济发展需要的应用型技术人才，对中专医学教育改革中面临的问题进行探讨，尤其是教学改革的研究；推动各科开展实验研究、总结经验、理论探讨，不断提高业务水平和教学质量；及时获取最新科技信息，开展继续教育，更新教师及全体科技人员的知识；加强同有关学术会议、团体的联系与学术交流；提出年度学术活动计划，负责学术年会的筹备，组织审阅和论文评奖；负责科研基金的使用，对使用范围和对象的初评，对研究课题和成果的评审鉴定，提出意见和建议；负责学校主办的其他学术研究及工作。

管理制度 管理制度主要有教学研究制度、科研制度和教科研信息收集整理制度。

教学研究制度。配合教务工作重点，开展教研、教改工作，旨在提高教学水平和教学质量。按时完成学校和教务处交给的教研、教改工作任务。对教育理论、教学方法、教学手段和大纲及教材进行研讨，及时推广先进的教学经验。组织教研活动，对教学质量进行调查研究。对教学各环节进行研究，不断提出改进措施。

科研制度。充分调动业务人员的科研积极性开展科研，引进先进技术，进行实验革新和教学资源的开发等工作。做好科研管理工作，受理科研申请，组织科研课题论证，向主管部门申报研究课题。申报立项后的科研课题，落实研究计划，做好协调、督导、鉴定、推广、应用方面的工作。收集科研信息，综合研究课题，引进开发革新项目，及时拟定工作意见供领导参考。负责校内外科研基金的使用。

教科研信息收集整理制度。收集、统计每年度报刊发表、学术会议交流的论文。进行校内学术交流。组织科技学术讲座和教研报告。负责与上级教研组织和学术组织的教研、信息交流。筹办年度学术年会。

教师兼任社会职务 学校每年列支学术活动专项经费，支持专业人员参加校外的各级学术活动，促进师资队伍在教学、科研、学术等方面水平的提高，以增强学校技术人才的实力。学校注重学科带头人的培养，鼓励教师成为各级学术组织和学术团体的负责人，成长为专业学科带头人，为卫生教育事业的发展多作贡献。全校参加学会（协会）61人，分别属于28个学会（协会）。

科研与成果

自办讲座 1958年至1988年，学校在校内自办讲座24次，请校外人讲座4次。自办讲座内容为：教育学基础知识（一、二、三）、国内外计划生育动态、细胞染色体、关于《塑料》、毛主席诗词欣赏、眼底检查的临床意义、气管切开术、洋地黄中毒的心电图表现、关于生命体征及病情交班报告书写、心脏病诊治分型、心电图浅谈、心理护理学、肺心病的氧疗、责任制护理、大咯血治疗体会、试论医院临床用药、浅谈课堂教学、浅谈备课、护士素质的培养、合理使用抗生素、肾病综合征的治疗体会，主讲教师为杨树华、王顺秋、林乃普、蒋大惠、韩碧煦、李星晟、安性仁、周兰英、李春、苏秉芬、郭佩金、杨素华、刘叔伟、刘书华、曾纪长、龙向源等。

科研论文 1958年至1988年，全校教师发表各种体裁的文章50篇（省级以上刊物发表或大会交流25篇，在地州级刊物发表或大会交流25篇）。重要论文及文章：韩碧煦的《中草药制剂选编》《贵州省中草药新医疗法资料汇编》《耳源性颅内并发症手术20例》《中专语文教学刍议》《不要丢买路钱》（中国农村经营报一等奖），《未来的文字应用黄金铸》（大西南文学获优奖），《关于放屁》（四川“雪莲杯”文学比赛新人奖），《苗岭的记忆》（全国首届纪实文学大赛鼓励奖）；李星晟的《扁桃体剥离与挤切550例分析》《中西医结合治疗鼻源性颅内并发症4例》《鼻源性颅内并发症4例治疗体会》；王芳勋的《胆道大出血》；蒋大惠的《抓好公开课的教评》；廖朝铭的《中草药治疗百日咳365例体会》；谌业泰的《治疗急性黄疸型肝炎的体会》；高忠武的《浅谈中级卫校（内科学）教材》；刘书华的《时间药理学》《“三论”在现代学生管理中的实践》《DNA代谢与调控的数学模型》《心理因素致病的量子生物学机制》；杨世维的《马桑中毒急救》；董正刚的

《体育方法学运用的初步探讨》；曾纪长的《对全国中专卫校（化学）教材的意见》《关于法定计量单位》《浅谈备课》；李加南的《补体综述》；孙成林的《胃底静脉的X线诊断》；龙泉的《接下老一辈的教鞭》《怎样才能改变这种状况》；潘永明的《睾丸动脉的变异一例报导》；舒增寿的《生化简介》《针对学生特点搞好生化教学》《师德点滴——对学生的感情投资》；黄之一的《试论中等卫生学校师资队伍建设若干问题》；刘书华、黄之一、林孟华的《对教学质量综合评定的初步探讨》；邓梅芳的《从一所学校想到的》；罗前珍的《略论中等卫生学校课堂外语教学》《浅谈记词汇》；徐凤生的《浅谈直观教学的体会》；杨世维的《浅谈怎样当好一个实习生》；林孟华的《关于中等卫生学校教科书中"细胞膜转运功能的初探"》；向秀芳的《用比较和联想法在中专妇产科学教学中的应用》；吴德诚的《浅谈化学教学中的辩证唯物主义观点》；杨凤安的《浅谈"三论"对教育和教学研究的必要性》等。

1989年至2003年，学校注重教学与科研结合，鼓励教师和附院医务人员进行科研工作，并对科研项目作合理安排。教师在科研经费投入不足的情况下，除完成教学、医务工作任务外，充分利用时间，展开科研，并将科研成果写成学术论文，分别发表在国家、省、部级和校内刊物。其间发表论文154篇，其中王守清的《中西医结合治疗面神经瘫痪》，1991年获黔东南州人民政府三等奖，1998年获98世界医药成果博览暨现代医学论坛大会组委会国际优秀奖；《中西医结合治疗原发性三叉神经痛》，1995年获黔东南州人民政府四等奖；《中西医结合治疗复发性口疮68例》，1997年获世界中医药学会国际金奖。

1987年至1999年黔东南州卫生学校教师发表论文统计表

表上2-7-1

姓　名	论文标题	发表刊物或收入文集名称	年份、期
邓梅芳	生理课堂反馈教学的点滴体会	中等医学教育	1989（增）
	为讲述动脉血压形成而设计的小装置	生理通讯	1993.12
刘书华	米非司酮、米索前列醇的药效学、临床应用与管理	贵州省中等医学教育理论与实践研究	1996.9
	村级医生的药理需求及其教学	四川省生理科学杂志	1993.15（4）
	瑶药"黔林舒"浓缩液治疗糖尿病148例近期疗效观察	中国药理学通报	1999
舒选璧	中西医联合治疗肺结核	中国当代医学教育理论与实践研究	1998
	谈英语教学中课堂目标的分解和展示	贵州省中等医学教育理论与实践研究	1997.8
	谈主语和谓语一致的几点问题	高校学术研究文库（中）	—
龙向源	怎样读好多音节词的重音	贵州省中等医学教育理论与实践研究	1997.8
杨世维	中西医结合治疗脑膜炎非典型性伤寒1例临床体会	中华综合医学研究	1998.6
	肾盂肾炎型非典型性伤寒病例报告	中国医药荟萃、临床医学与急诊急救	1998.5
	太阳蓄水征诊治体会	黔南民族医专学报	1997.4
	重视脾胃之气，促进疾病的康复——学习《内经》心得之一	黔南民族医专学报	1998.1
陈镇兰	654–2治疗输液反应12例	中国实用临床医药学	1999

续表上2-7-1

姓　名	论文标题	发表刊物或收入文集名称	年份、期
姚元珍	卫IV项目学员的药理实验教改探索	中国药理学通讯	—
	目标教学中的达标设计初探	中国当代医学教育理论与实践研究	—
	大剂量伊曲康唑致严重不良反应1例	中国现代应用药学	—
刘德权	试论中医内科的学术争鸣	中国医学研究与临床实践	1997.5
	当好临床课教师之管见	中华中等医学教育与运用	1997.5
李加南	“微寄”教学中的学生能力培养	全国现代学校优秀论文集	1994.12
徐凤生	人肌腱袖肌群的构筑学研究	四川解剖学杂志	1996.4
	人肩胛下肌群的构筑学研究	遵义医学院学报	1997.5
	人前臂肌群的构筑学研究	四川解剖学杂志	1998.6
杨燕玲	加用板蓝根注射液治疗重型乙脑29例体会	贵阳中医学院学报	1996.18卷
	试论中医院的经营管理	中医药管理杂志	1995
	瘀血与月经病的关系及治则	山东中医杂志	1996.15卷
	谈产后的中医护理	浙江中医学院学报	1996
吴德诚	课堂教学质量评估的结果浅析	中华医学会医学教育学术年会论文汇编	1991.9
欧　军	《浅谈苯及芳香烃》的教学	贵州省化学校际（二等奖）	—
龙　泉	作业本里的甜味	中等医学教育	1989.12（增）
	接下老前辈的教鞭	生理通讯	1987.11
杨和平	徒手切片法在病理实验课中的应用	中国医疗卫生荟萃实用诊疗与护理学	1995.11
	在医学基础课教学中培养学生动脑思考	中国医疗卫生荟萃实用诊疗与护理学	1995.1
吴　英	山莨宕碱治疗流行性乙型脑炎12例临床疗效观察	中国医药荟萃	—
闻大书	浅谈儿童肥胖症的防治	中国临床医药卫生与保健（中）	1996.11
	面部烧伤病人的心理护理	中国临床医药卫生与保健（下）	1996.11
	慢性肺源性心脏病的临床护理体会	中国临床医学与卫生学（下）	1996.11
	青少年近视眼的防治	中国临床医药	1996.11
姚本丽	诊断学基础中心电图检查教学初探	中国预防医学与临床医药学（中）	1997
	诊断学基础教学中技能目标实施体会	中国临床医学与卫生学（下）	1997
管绍兰	东莨菪碱治疗支气管哮喘13例临床观察	急诊急救与创伤医学（中）	1997
	试谈解决民族地区中等卫校见习难	中国医药荟萃（上）	1997.9
	疏甲丙脯氨酸治疗充血性心衰8例疗效观察	遵义医学院学报	1998.6

续表上2-7-1

姓 名	论文标题	发表刊物或收入文集名称	年份、期
管绍兰	谈“三个优化”在目标教学中的作用	中等学业校教育改革与实践	1997
	接触青霉素过敏引起下腹剧痛性休克1例报告	中国医药荟萃（上）	1997.09
王在朴	目标教学中课堂教学的反馈与控制	中等医学教育	1999（增）
张 媛	目标教学要重视学生自学能力的培养	目标教学研究	—
倪木兰	集体备课在目标教学中的作用	中等医学教育特刊	1996
	桉叶油体外抗菌作用的初步实验研究	中国临床医药药物学与临床医药药物学与临床	1995
	医学微生物学教学中应用直观与启发式教学的体会	微生物与医学专辑	1994
龙本秀	浅谈分娩各产程的观察护理	中国预防医学与临床医药学	1998
	中西医结合治疗妊高征	中国临床诊疗与药学、疾病预防与诊治	1997
	加强班主任的素质教育	—	1997
谢 宏	治疗婴儿手足搐搦症用药的改进	中国预防医学与临床	—
	中西医结合治疗难治性肾病综合征16例	中国预防医学与临床	—
龙跃娥	目标教学在生化实验课中的几点做法	贵州省中等医学教育理论与实践研究	1998.7
	肝中酮体生成用猪的肝脏和肌肉取代小白鼠的肝脏和肌肉探讨	贵州省中等医学教育理论与实践研究	1998.7
黄之一	97级十个班解剖学统考分析	全国第五届解剖学中专校际教学研讨会	1998
马原野	溯本求源，知常达变	辽宁中医杂志	1998
	从脾胃升降理论拓展根除幽门杆菌的临床思路	华人消化杂志	1999
	夏枯草治胸膈痞满	中医杂志	1998
	祛湿健脾治疗小儿秋季腹泻65例	实用中西医结合杂志	1998.1
	整体护理医学护理模式改革的必然转轨	改革开放与市场经济文选	1994.5
王守清	浅谈学校管理的关键——调动教师的积极性和创造性	贵州省中等医学教育理论与实践研究	1998.7
潘 刚	药理学教学中激励动机的设计	贵州省中等医学教育理论与实践研究	1991
李 礼	对“静脉滴注林可霉素后出现口周麻木1例”的进一步探讨	中国新药与临床杂志	1998.11
	病理快速印片诊断在临床上的价值	中国民族医药理论与实践	—

教材编写 1958年至1988年，黔东南州卫生学校教师参加编写教材及编写教学资料14次（省级）。1989年后，学校各专业课程教学，主要使用国家统编的中等卫生学校教材，少数教材由黔东南州卫生学校教师与外校联合编写。教师在编写过程中，阅读收集大量资料，总结自己的教学成果，汲取现代新理论、新技术、新知识，使教材内容具有现代性、前沿性。

1961年至1988年黔东南州卫生学校教师编写教材统计表

表上2-7-2

姓　名	教材名称	任职	教材用途	时间
张开琳	《药理学》补充教材	主编	贵州省中等卫生学校教材	1961
王顺秋	《妇产科学》	主编	贵州省中等卫生学校教材	1961
曾纪长	《医用理化基础》第一章	主编	贵州省中等卫生学校教材	1973
吴才斌	《微生物及寄生虫学》寄生虫学（初版）	主编	贵州省中等卫生学校教材	1973
李星晟	《五官科学》	主编	贵州省“赤脚医生”教材	1974
吴才斌	《微生物及寄生虫学》寄生虫学（第二版）	主编	贵州省中等卫生学校教材	1975
李星晟	《五官科学》	主编	贵州省中等卫生学校教材	1976
吴才斌	《微生物及寄生虫学》	主编	贵州省乡村医生教材	1976
蒋大惠	《化学实验报告》	主编	贵州省中等卫生学校教材	1984
曾纪长	《化学》第一章、第二章	主编	贵州省乡村医生教材	1988
李乾元	《儿科学》消化系统、小儿体液疗法	主编	贵州省乡村医生教材	1988
周兰英	《护理学》病人饮食及护理	主编	贵州省乡村医生教材	1988
李星晟	《五官科学》喉部、耳部	主编	贵州省乡村医生教材	1988
龙　泉　邓梅芳等	《生理学试题及答案》	合编	贵州省中等卫生学校教材	1988

1989年至2002年黔东南州卫生学校教师编写教材统计表

表上2-7-3

姓　名	教材名称	任职	发行	出版社	出版时间
李加南	《病因病理学》	主编	公开	贵州科技出版社	1994.10
李加南	《免疫学基础与病原生物学》（上、下）	主编	公开	贵州科技出版社	1997.7
曾纪长	《医用化学》	主审	公开	贵州民族出版社	1999.7
吴德诚	《化学》	副主编	公开	南海出版社	1995
吴德诚	《医用化学》	主编	公开	贵州民族出版社	1999.7
徐凤生	《解剖学组织胚胎学》	参编	公开	贵州科技出版社	1996.11
徐凤生	《解剖学组织胚胎学题解》	参编	公开	黔南新华出版社	1994.1
徐凤生	《解剖学组织胚胎作业图》	参编	内部	—	1992.4
徐凤生	《解剖学组织胚胎学习题指导》	参编	—	河南人民出版社	1993.7
徐凤生	《解剖学组织胚胎学精编试题与答案》	参编	—	沈阳出版社	1994.11

续表上2-7-3

姓　名	教材名称	任职	发行	出版社	出版时间
王在朴	《社会主义爱国主义教育新论》	参编	公开	成都科技大学出版社	1993.10
邓梅芳	《生理学业达标与测评》	参编	公开	贵州科技出版社	1996.4
邓梅芳	《生理学试题与答案》	参编	公开	贵州人民出版社	1998.1
邓梅芳	《生理学实验教程》	参编	公开	福建科技出版社	1991
刘书华	《简明医学拉丁语》	—	内部	—	1995
刘书华	《药理学补充知识》	—	内部	—	1993
刘书华	《药理学教材分析与基础知识训练》	主编	公开	贵州科技出版社	—
刘书华	《药理学业》目标丛书	副主编	公开	贵州科技出版社	—
欧祥林	《口腔外科学》	参编	公开	人民卫生出版社	1989.8
刘德权	《中医学概要》	参编	公开	贵州科技出版社	—
罗前珍	《英语知识手册》	副主编	—	中国华侨出版社	1997.10
雷　刚	《体育》	副主编	公开	石油大学出版社	1999.6
王学兰	《病理学复习指南》	—	内部	—	—
杨胜坤	《心理修养与成才》	参编	公开	陕西人民出版社	1999.5
杨胜坤	《医用生物学》	参编	公开	贵州民族出版社	1998.8
龙　军	《内科学》目标丛书	副主编	公开	贵州科技出版社	1996.2
龙　军	《临床基础》	副主编	公开	贵州科技出版社	1998.4
李正凡	《基础护理学》目标丛书	参编	公开	贵州科技出版社	1996.10
王永良	《外科学》目标丛书	副主编	公开	贵州科技出版社	1998.6
饶焕筑	《预防医学》	参编	公开	贵州民族出版社	1997.6
吴　英	《儿科学》目标丛书	副主编	—	贵州科技出版社	1998.2
刘书华	《药理学》中专教材	主审	—	贵州民族出版社	2001.6
邓梅芳	《生理学》高等教材	副主编	—	中医古籍出版社	2002.9
杨燕玲	《中医诊断学》高专教材	副主编	—	中医古籍出版社	2002.8
刘德权	《中医基础理论》高专教材	副主编	—	中医古籍出版社	2002.8
潘永明	《人体解剖学》高专教材	参编	—	中国古籍出版社	2002.8
李志强	《针灸推拿学》高专教材	参编	—	中医古籍出版社	2002.8
潘永明	《解剖学及组织坯胎学》	常务编委	—	贵州科技出版社	1996
董清正	《体育》	副主编	—	中国商业出版社	2001
喻　平	《基础护理学》	编委	—	贵州科技出版社	1996

自制教具　20世纪90年代，教师创新改革，并自制教具，用于具体课程教学性，提高教学质量，也为学校节省开支，体现教师的主人公精神和强烈的责任感。

在自制教具中，主要有郜昌国自制的根管治疗步骤、前后牙石膏牙模、仿真全口牙模。杨礼玉自制的牙髓腔标本、雕牙用石膏、雕牙用蜡块。杨和平自制的脑栓塞与梗死挂图、门静脉高压侧支挂图、脓肿蜂窝组织炎挂图、栓子运行途径挂图。潘永明自制的肘关节、下颌关节、上肢关节、肝、脾、直肠、左肺及肺门、肾血管、泌尿生殖整体、膀胱、心腔、上肢血管神经、静脉瓣、心及动脉主干、眼球、脑的血管、小脑及脑干、面神经、肩关节、膝关节、颅顶解剖、足关节、颈部肌、女性盆腔切面、头颈部切面、呼吸整体观、纵隔标本、视器及眼外肌、头颈部血管、脑的水平切面、三叉神经标本、上肢浅静脉、骨架、手关节、下肢肌、小腿肌、足背血管。徐凤生自制的骨架、膝关节、男骨盆、膝关节半月板、咀嚼肌、右肺及结构、脊髓及肋间神经、骨的结构、手的血管及神经、上肢血管神经、下肢血管神经、上肢浅静脉、下肢浅静脉、内分泌整体观、前臂骨间膜、手关节、髋关节、男骨盆及韧带、下肢肌、食管、胰及十二指肠、喉软骨及甲状腺、脾门结构、气管及支气管、胸腔及结构。龙泉自制的三尖瓣模型。邓梅芳自制的动脉血压形成原理模型。

第八节　设施建设

学校迁建

1987年初，向卫生部呈报《关于要求迁校凯里的情况反映》，详细陈述学校面临办不下去的困难。其主要是学校从建校至1987年，仍在远距州府凯里150千米外的镇远县城大菜园边的一座小山头上，其地势狭窄，严重阻碍学校的发展。因条件差，所需的大学毕业生分不来、教师调不进，无法解决提高现有教师业务水平之急。人才普遍不安心，外流严重，仅1966年、1967年外流的教职员工就达35人，其中大专22人，中专13人，致使一些专业因无教师而停课。学校是在原镇远专区医院3幢旧房基础上开办的。三十年中除省卫生厅拨款24万元修建一幢宿舍外，未得过财政基建拨款。学校有学生11个班，仅有9间教室；16个教研组仅有7个办公室。学校没有饭厅，没有礼堂，学生露天吃饭，露天集会。全校仅有2个篮球场，学生做广播操都挤在走廊和公路上。至1967年，全校危房总面积达2777平方米，其中仅有的9间教室也是危房。学校所在地镇远，城镇居民2万余人，只有一个县医院，病人和病种少，无法满足学生的见习和实习要求，学生很难亲历、亲见病人，常年教学是“空对空”，致使学生实际操作能力差，严重影响教学质量。

1987年春，面对学校搬迁凯里的重大问题，时任学校总支委员、教务支部书记曾纪长，在贵州省卫生教育工作座谈会上，作黔东南州卫生学校向何处去的重点发言，提出“黔东南州卫生学校的出路只有一条，那就是搬迁凯里，应从政治的高度，从医疗卫生职业扶贫的高度来看待搬迁的问题。”会后，《健康报》驻黔东南记者舒立志采访曾纪长和学校，以呼吁黔东南州卫生学校搬迁为内容。同年4月，《健康报》记者金玉洪、戴崇兴带着卫生部领导的关怀，专程从北京赶到学校。他们通过采访调查，写出《解决黔东南州卫生学校的搬迁是医疗卫生扶贫的一件大事——关于黔东南州卫生学校情况的调查报告》，具体反映黔东南州的医疗状况，学校办学艰难的现状。提出“解决黔东南州卫生学校的搬迁问题已是当务之急，应作为医疗卫生事业扶贫的特殊措施对待”，建议采取卫生部、贵州省、黔东南州各拿出一点经费的办法给予解决。8月18日至25日，曾纪长与州长吴邦建到北京向国家有关部委争取建校资金，国家民委和国家计委分别批给20万元。是月，黔东南州卫生学校搬迁凯里。12月30日，学校新校舍在凯里举行奠基仪式。贵州省人民政府副省长张玉芹，黔东南州、凯里市党政领导，以及黔东南州卫生学校师生员工代表百余人参加奠基典礼。

黔东南州卫生学校凯里新校区位于凯里市红洲路金泉湖东侧，占地面积6.53万平方米。1990年10月，第一栋教工宿舍竣工。1991年2月，实验大楼竣工，学生食堂交付使用。第一批职工64人、学生185人迁入新校工作和学习。1992年10月，第二栋职工宿舍竣工，20户职工陆续迁入。1994年1月，第三栋职工宿舍楼竣工，31户职工迁入。1995年8月，由世界银行卫IV项目投资兴建的教学大楼竣工。1995年10月7日，学校结束8年搬迁、4年一校两地分开教学的历史，新、老校首次合并举行开学典礼。由于教职工和学生的逐年增加，1996年4月建成第4栋职工宿舍，1996年9月建成第二栋学生宿舍。

1987年至1998年期间，新校建设投入资金1600余万元，其中自筹资金400万元。兴建校舍2.58万平方米，其中教学办公用房1.05万平方米，生活用房1.53万平方米。校舍规划合理，各项设施基本齐全，功能较完备，能满足2000余名在校学生的学习和生活。

实验基地

建校之初，学校仅有实验室2个、显微镜5台、儿童人体标本1具和少数模型、挂图。1962年，实验室增加到10个。1963年，设小型图书室1个。1964年，有显微镜58台，大小人体标本10具，温箱、冰箱、分析天平各1件。购置和自制一些标本、模型和挂图。物理、化学、微生物寄生虫、生物、药理、内科、外科、妇产、卫生等科，各有1个实验室。

1966年“文化大革命”开始后，学校教学秩序全被打乱，各个实验室的器材、药品等惨遭破坏。1978年和1979年，学校为购置教学仪器、医疗器械投资8.11万元。1979年底，有小型实验室8个、显微镜58台、各种仪器17件、成人人体标本5具，电光分析天平1台。

1981年，州民委拨专款12万元修建实验大楼，1983年底投入使用，面积2466平方米。全校实验设备有显微镜68台，各种仪器53件，成人人体标本9具。1984年，修建动物房1栋，4间（40平方米），饲养兔子、豚鼠、小白鼠等动物。

1988年，全校投资于专业设备的经费3124.72万元，购置电动记纹单鼓6台，生理实验多用仪2台，电动记纹双鼓、电动多用记纹鼓、双目显微镜、投影仪、电热恒温水保箱、冰箱、冰箱全自动保护器、油电两用恒温培养箱、电热恒温干燥箱、电热恒温箱控温仪、电泳仪、人体解剖塑料挂图、激光治疗仪、超声波治疗机、特定电磁波（tpp）、高速涡轮手机、口腔探器、307-2型台式牙钻机、远红外线治疗机各1台（套），简易牙科椅10张，yzt-1型台式牙钻机7台，1型台式牙钻机23台。解剖教研组还自制模型70项97件，节约资金约5000元。

1993年，世界银行农村卫生人力开发项目启动实施后，土建和设备总投入120万元，其中设备价值81万余元，学校的设备、设施条件得到较大改善。

1994年至1998年，学校加大教学、实训硬件投入，自筹资金260余万元用于教学设备仪器、图书的添置更新，重点装备了解剖、口腔、护理、微寄、内科、美容技术与护理等实验室及语音室、微机室、电教室、电子阅览室、校园闭路电视教学网和图书室、阅览室，丰富教学资源，教学和管理手段逐步实现现代化。

至2000年，学校实验室建筑总面积7161.58平方米，实验设备总值448万元。还配置计算机（100台）、电化教学设施设备和体育器材设施设备。教学设备的健全，保证课堂理论基础课教学与实践的有机结合，使学生的科学理论水平和实验、实习技能得到巩固提高。各专业设置的课程，严格遵照教学大纲规定的实验项目和实习项目，配置设备。如化学课，按教学大纲规定实验项目，各专业的化学实验设备齐全，可同时进行3～4人一组的实验教学。物理、生理学、生物化学、生物学、病理学、药理学、药物学、人体解剖学、解剖与组织胚胎学、免疫与病原生物学、内科学、妇产科学、内科护理学、外科护理学、口腔外科学、传染病护理学、眼耳咽喉科学以及护理学基础等基础和专业课程，都按各学科课程大纲规定实验项目配置设备，进行实验教学。骨干专业社区医学专业应开实验181个，实开181个，主要设备有B超、心电图机、空调、多功能触诊所诊器、无影灯、手术包、手术床、血压计、麻醉机、观片灯、裂隙灯、尿八项目分析仪等。妇幼卫生专业，应开数175个，实开数175个，主要设备有胎儿监护仪、胎心监护仪、新生儿抢救台、妇产科手术包、骨盆测量仪、产床、各种模型等。护理专业应开数234个，实开数234个，主要设备有重症监护仪、多功能护理床、心电图机、护理模型人、抢救车、器械车、发药车、护理床等。口腔医学专业，应开数255个，实开255个，主要设备有牙科综合治疗机椅、高速温轮机、台式电钻、牙科X机、口腔颌面全影X线机、光固化机、烤瓷炉、高速离心铸造机等。

图书馆

黔东南州卫生学校在镇远办学期间，建图书室218平方米，设阅览室1个，资料室1个，有藏书2.04万册，其中专业杂志150余种、其他杂志120余种，常年订国家级和省级报纸20余种。

学校搬迁凯里后，新建图书馆面积481.4平方米，设学生阅览室3间，教师阅览室1间，电子阅览室1间。有藏书11.3万册，报纸27种，期刊147种，联网阅读电脑60台。图书采编、资刊、流通及咨询服务健全，建有完整的管理制度。

第三章　黔东南州财贸学校

第一节　发展概况

1959年，黔东南苗族侗族自治州人民政府提出筹办黔东南州财经职工培训学校，校址选定于今清水江路凯里面粉厂内。学校由州政府财贸办公室主管，有教职工20余人，校长张殿臣，副校长黄金秀。1960年，学校招收第一批学员，经过一年培训后分配到各商业公司工作。1963年2月，黔东南州财经职工培训学校成立，主要对财贸系统干部进行培训，至1966年培训全州各县财贸系统的股长、经理等在职干部4期约200人。1967年初，由于"文化大革命"运动等原因，学校停办，将教职工分流，大部分安排到商业、财税、银行等部门，少数安排到州委党校等单位。

1972年，由于财贸、税务等系统人员短缺，在职的工作人员业务能力和水平亟须提升，需要专门培训机构进行业务能力提升，因此州政府提出恢复州财经干部学校。筹建工作从1972年开始，校址选在营盘西路现州供销社内。筹建初期，学校招收知青80余人，经过一年培训后分配到州级财政、税务、银行、外贸等单位工作。

1974年6月22日，中共黔东南州委下发《关于恢复州财经职工培训学校的通知》，从各相关部门调配领导干部和教职工17人。经各部门大力支持，筹备工作取得较快进展，于1975年秋正式恢复并挂牌黔东南州财经干部学校，为正县级单位。由于校址是临时性的，各种办学条件较差，教室、食堂、住宿等满足不了培训学员的基本需要。州委将州民政局所属高溪疗养院划归黔东南州财贸学校办学。1975年，学校在疗养院先后轮训财税、信用社、粮保、工商等300余名干部职工。

1977年，黔东南州财贸学校春季、秋季招收学员200名，对象为是年参加高考上分数线的学生。招生专业为财税、商业、供销、粮食4个专业班级，着重培养财会、统计业务人员。是年11月14日，黔东南州财经职工培训学校更名为黔东南苗族侗族自治州财贸学校，纳入黔东南州事业编制，为正县级单位。学校从高溪疗养院搬迁至凯里市洗马河畔即现在的环城北路48号州政府群众工作中心（当时的凯里县商业局东方红旅社饭店），校区占地面积约1万平方米，建筑面积8440平方米，全校有教职工37人。

1978年，随着国家恢复高考，黔东南州财贸学校正式面向社会招生，招生对象为高中毕业生，专业为商业会计。是年春季招生80人，分两个班，学制两年，学生主要来自黔东南和黔南州。1982年，学校开设工商行政管理专业；1983年开设商业会计专业；1984年开设企业管理专业；1985年举办全省工商系统在职职工成人班，同时开设工业会计专业；1986年开设商业会计、财政和工业企业管理专业；1988年开设审计专业。至1988年，黔东南州财贸学校有教职工77人，其中专职教师28人，行政兼职教师4人，教学辅助人员10人，管理人员35人。有图书1.5万余册，每年订阅报纸杂志150余种。有电视机、录放机、电影机等较完善的电教器材。

1995年，黔东南州财贸学校申报并开办计算机应用、基建财务会计、财务会计电算化、现代文秘与公关4个专业并招生，分批选送教师参加全省电算化培训。同时，加大资金投入，购置教学设备，新建会计模拟实验室和微机室。1997年11月，为进一步适应现代信息化教学需要，撤销原电算化教研室，在此基础上成立计算机培训中心，负责计算机应用专业和会计电算化等课程教学、机房建设和管理、社会培训等。12月，成立培训部，对成人教育和社会培训进行统一管理。1998年，开设国有资产管理专业，初中毕业生学制3年，高中毕业生学制2年。2000年，申报并开办旅游与导游、酒店服务与管理、金融与保险等专业并开始招生，招生对象为初中毕业生，学制3年。同时，学校领导班子进行全方位的改革。在学校管理上，强化现代化管理意识，通过深化学校人事改革及分配制度改革、教职工竞聘上岗、后勤食堂全面承包等，调动教职工积极性，提高工作效率；在教学工作中，逐步转变教学观念，以培养具有高技能高素质人才为出发点，深化教风、学风和教师队伍建设；在办学模式上，实行成人、高中、初中多层次，大专、中专、短训多种形式，校校联办、校厂联办的多渠道、多专业并重的办学模式，紧密结合区域经济的发展，优化教育资源，强化内部管理，致力于提高教育教学质量和办学效益，不断提高办学水平。至2002年“四校”合并前，学校拥有校园面积3.45万平方米，建筑总面积1.95万平方米。有教职工70余人，其中高级讲师10人，讲师26人，形成一支具有本科以上学历、讲师及以上职称的高素质的专业教师队伍。学校教职工先后主编参编财经类教材30余种、计算机类教材10余种，发表论文100余篇。在校学生1000余人，开设专业有会计电算化、计算机及应用、基建财务、财政与税务、市场营销与广告、工商企业管理等。除全日制中专班、职工中专班外，还办有长、短期培训班、函授大专班、高等教育自学考试辅导班等。建有微机室、会计模拟实验室、图书室、阅览室、资料室、医务室、礼堂、餐厅、洗衣房、舞厅和完备的田径运动场、篮球场、排球场等。主要教学仪器设施300余台（件），其中教学用计算机200余台。图书馆藏书12万册，阅览室有各类杂志120余种、报纸40余种。计算机中心承担全国计算机等级考试和黔东南州会计电算化培训。

黔东南州财贸学校从1963年建校至2002年，为黔东南州培训财经干部1300余人，为全省培养输送财经人才近万名。从该校毕业的学生遍及全省各地的财政、工商、税务、金融等部门，素质和能力得到社会各界的充分肯定和好评，已成为财政、工商、税务、金融等部门的中坚力量。

第二节　机构沿革

行政机构

校级班子　1963年至1966年州财经干校期间，张殿臣任校长，黄金秀任副校长，各任职4年。1975年财干校转为黔东南州财贸学校后，随着各项工作的开展，校级班子由邓功秋任党支部书记兼副校长，王永建任副校长。1983年初，增派潘文政为副校长。1984年，校领导班子调整，邓功秋、王永建退居二线任调研员，潘文政任党支部书记，梁自齐、冯素德任副校长。1987年，梁自齐任校长。

1996年，学校主要党政领导因重大经济案件被组织调查。1997年1月25日，中共黔东南州委任命民族师范高等专科学校副校长陈道明为黔东南州财贸学校总支委员会委员、书记；同年11月27日，州人民政府任命陈道明为黔东南州财贸学校校长，主持学校党政工作，吴康鑫、杨德敏任副校长。

黔东南州财贸学校历任领导名录

表上3-2-1

姓　名	性别	民族	职　务	任职起止时间
邓功秋	男	汉族	临时党支部书记	1975.7—1976.2
			党支部书记	1976.3—1983.12
			副校长	1975.7—1983.12
许明畴	男	汉族	临时党支部副书记	1975.7—1976.2
			支部委员	1976.3—1978.5

续表上3-2-1

姓 名	性别	民族	职 务	任职起止时间
吴 华	男	汉族	副校长	1976.4—1977.9
			支部委员	1976.3—1977.9
王永建	男	汉族	党支部副书记	1979.5—1983.12
			副校长	1979.4—1983.12
潘文政	男	苗族	党支部书记	1984.3—1986.12
			总支书记	1987.1—1997.1
梁自齐	男	侗族	副校长	1984.2—1986.12
			校 长	1987.1—1997.1
			总支副书记	1987.12—1997.1
冯素德	男	汉族	副校长	1984.3—1997.1
			总支委员	1987.1—1997.1
吴康鑫	男	侗族	副校长	1987.1—2002.2
			总支副书记	1999.1—1999.4
陈道明	男	汉族	总支书记	1997.1—1999.12
			校 长	1997.11—2002.2
			党委书记	1999.4—2002.2
杨德敏	女	汉族	副校长	1997.11—2001.1

中层机构 1975年至1996年，黔东南州财贸学校先后设置校办公室、教务科、学生科、总务科、人保科、工会、团总支等中层机构。1997年成立计算机中心、培训中心，原人保科分离为人事科和保卫科。至2002年四校合并前，黔东南州财贸学校中层管理和教学机构如下：

办公室。是协调学校党政事务管理的综合职能部门，作为学校的窗口部门，主要任务是负责组织、协调、部署全校性工作；督促检查党政决定的贯彻落实情况；党政领导公务活动安排；起草、印发和管理学校工作、规划、计划、请示和报告等重要文件，完成职责范围内的各项日常工作和领导交办的其他工作。从恢复建校以后，办公室在做好日常工作的同时，精心筹划，周密部署，尽心尽力地组织好每一个会议，协调好每一次活动，使学校的人力和财力发挥最大效益。做好各项工作的计划和安排，从而使各项工作有条不紊地开展。

历任办公室主任为杨远智、吴国滔，副主任杨远智、吴国滔、付存平、舒勤、龙章烈。

教务科。1977年成立，职责是专业建设和课程设置，教师培养，管理教师的授课任务、目标、进度及计划，学生的学习要求、目标、计划及考试等教与学、专业建设、教学计划制订实施、教材建设与供应、实验实习实训管理和教学改革与研究等各方面的事务。在教学管理中，20世纪90年代中期前，实行的是计划经济模式的教育体制，教育教学按照教育部门统一的教学计划，统一的课程安排制定培养方案，每一门课程按照统一规范的教学大纲组织教学。90年代中期以后，随着国家不再统一分配毕业生，为适应市场经济体制下培养的自主择业的技能型人才，教学模式逐步转向以培养技术应用能力为主线，设计学生的知识能力、素质结构和培养方案，以应用为主旨和特征构建课程和教学内容体系。为此，建立一支素质高、责任心强的教师队伍，是实施教学管理目标提供人力资源的根本保障。为培养高素质、事业心，责任心强的教师队伍，教务科牵头制定一系列的管理制度，包括讲授、晚自习辅导、教学督导、教学检查、学生评教等，明确教师肩上的责任，使教师自觉加强自身修养，加强学习，不断实践，增强职业道德意识，爱岗敬业。同时切实关心和爱护每个教师的成长，加大师资队伍的培训和继续教育工作力度，积极创造条件派送教师进修、提高教师待遇、提升教师职称等。

历任教务科科长为冯素德、吴康鑫、周寅福，副科长郑一鸣、唐世杰、吴康鑫、宋兆昇、顾仁孝、罗协平、杨贞斌、杨德敏、杨解生、王远湘。

学生科。主要负责招生、学生分配和在校学生日常管理，学生活动的开展等。从最初的摸索到坚持“稳定为先，学生为本，管理为重，发展为魂”的教育理念，以校园文化建设为载体，激发学生兴趣爱好，致力提高学生的精神面貌；以“德育目标具体化、德育内容系列化、德育活动经常化、德育考核制度化”的要求为重点，加强德育工作的精细化管理；以促进学生发展为目标，不断深化和细化学生日常行为规范养成教育，重视班集体建设和班主任队伍建设，开展切合学生实际，行之有效的德育工作，充分发挥德育在学校教育为先的重要作用。严格队伍管理，逐步形成一支以身作则、率先垂范的班主任管理队伍，强化班主任的责任意识、目标意识、大局意识、服务培养学生“自我教育、自我管理、自我服务、自我约束”的能力，让学生成为学习的主人、活动的主人、管理的主人。在学生工作上，要求班主任做到勤思考、勤学习、勤调研、勤奉献，管理中充分发挥学生会和班委、团支部的作用，充分实现学生在纪律、卫生、寝室等的自主管理。由于市场经济环境下国家不再统一分配大中专毕业生，针对这一情况，学生科积极开拓就业市场，逐步探索校企合作的新模式。

历任学生科科长为钟代政、周寅福、席道林，副科长裴西城、杜怡平、吴维忠。

总务科。主要负责学校后勤保障，包括办公设施、固定资产、物资采购、校医务室、食堂、锅炉房等。学校成立之初，由于没有学生食堂，学校后勤从最初简陋的工棚食堂，逐步发展到建立各项服务到位的后勤保障系统，坚持“服务于教学，服务于师生”的原则，紧紧围绕学校工作中心，坚持后勤为教育教学服务，为师生生活服务的宗旨，逐步建立健全后勤内部各项管理机制，包括后勤人员、教学设施、水电、食堂食品安全卫生、学校财物、财务、锅炉及热水供应、校园学生服务等。随着餐厅大楼的建成，形成管理较完善，硬件设施齐全，多家良性竞争的格局。

历任总务科科长为郑一鸣、孙兴泉、孙克英，副科长郭守江、孙克英、杨贞斌、赵禄权、杨绍钦。

人保科。主要负责全校职工调动，办理有关调入、调出手续和临时工用人计划申报，学校教职工工资、人员调动、校园安全、各种办学资源统计、干部统计、党员统计和各种报表工作。组织实施师资队伍建设规划、人事工作计划、人员编制计划、档案管理。党员教育、党员管理和发展党员工作，加强基层党组织建设。全校教职工和离、退休人员的人事档案管理工作和专业技术人员业务档案管理工作和人事处文书立卷归档。1997年，人保科分为保卫科和人事科。

历任人保科科长为潘飞文，副科长高清江、李兴平。

计算机中心。1997年11月成立，除开展正常的专业教学外，还从事计算机等级考试和财会从业人员计算机培训。从1998年开始，组织全州各县市财会从业人员的电算化培训，至合并前，总计培训财会从业人员近1万人。在开展会计电算化培训的同时，组织计算机等级（一、二级）培训和考试。1999年，学校建立黔东南州会计电算化培训基地。1997年宋开旭任计算机中心副主任，1998年任主任，同年任命杨群为副主任。

培训部。1997年12月成立，主要负责组织开展财会人员知识更新培训。主任席道林，副主任杨荣卿。

函授站。1985年成立中华会计函授学校黔东南州财贸学校函授站，负责开展成人财会专业函授教育，包括自学、面授、作业、答疑辅导、考核等。负责人顾仁孝。

党群组织

中共组织 1975年，学校成立临时党支部，由邓功秋、许明畴、郑一鸣、吴德中、王庭忠、张洪政、杨星光、陈光坤、李瑞荣9人组成，邓功秋任书记，许明畴任副书记。

1976年3月18日，经改选，中共黔东南州财贸学校支部委员会由邓功秋、吴华、潘飞文、许明畴、郑一鸣5人组成，邓功秋任书记。

1978年，黔东南州财贸学校党支部改选，邓功秋任支部书记，潘飞文、孙兴泉、郑一鸣任支部委员。1979年5月，增补王永建为党支部副书记。

1979年，黔东南州财贸学校党支部改选，产生新一届支部委员会，由邓功秋、王永建、潘文政、潘飞文、郑一鸣、孙清泉、吴康鑫7人组成，邓功秋任书记，王永建、潘文政任副书记。至1980年12月，学校有党员14人。

1981年，学校举办第一期党员培训班，培训党员32人。

1984年，调整黔东南州财贸学校党支部成员。支部委员会由潘文政、梁自齐、潘飞文、冯素德、吴康鑫5人组成，潘文政任书记，梁自齐任副书记。

1986年5月，学校成立党的总支委员会，下辖6个党支部。人保科党支部，潘飞文任书记；工会总务科党支部，杨远志任书记；教务科党支部，吴康鑫任书记；学生党支部，吴国韬任书记，陆洪根、吴位荣为支部委员；第一干训党支部，罗万举、胡贤宣、梁福友、吴启标、易大圣为支部委员，罗万举任书记，胡贤宣任副书记；第二干训党支部，张元平、谢永隆、潘中亮、黄腾椿、蒋启标为支部委员，张元平任书记，谢永隆任副书记。

1990年12月，全校有党员37人，其中学生党员5人。

1995年6月，由于学校5个党支部的书记、委员已任职多年，经总支委员会研究，黔东南州财贸学校党总支所属各支部进行换届选举。选举结果为教务科支部委员会由吴康鑫、周寅福、张新亚组成，吴康鑫任书记；学生科支部委员会由席道林、杜怡平、雷建邦、刘桂英组成，席道林任书记，杜怡平任副书记；总务科支部由赵禄权任书记；人事科（党群）由付存平任书记；老干部支部委员会由潘飞文、郑一鸣、吴国韬组成，潘飞文任书记（1997年改选由郑一鸣任书记）。

1996年，因人事支部（党群）党员退休和调离，只有党员2名，与总务支部合并为行政党支部。是年12月，全校教职工党员37人。党总支评选表彰邓功秋、潘飞文、杨远志为优秀党员。

1998年3月4日至28日，黔东南州财贸学校党总支举办“中行杯”学习党的十五大文件知识竞赛。参加竞赛的党员44人。

6月，成立学校中心学习小组，学习党章、党的十五大精神等。中心学习小组组长陈道明，副组长吴康鑫，成员李兴平、赵禄权、付存平、席道林、杨解生、张新娅、吴维忠。是年，州委组织部表彰杨晓玲为优秀支教人员。《黔东南日报》对其优秀事迹进行介绍。

1999年3月，黔东南州财贸学校党总支升格为黔东南州财贸学校党委。4月，黔东南州委任命陈道明为黔东南州财贸学校党委书记。是年，黔东南州财贸学校党委表彰吴维忠、潘存文为优秀党员。

2000年，州直机关表彰李兴平为优秀党员。学校党组织评选杜怡平、宋开旭、付存平为先进党员，学生党支部为先进党支部。

2001年，学校党组织评选学生党支部为先进党支部，杨润华、王正海、潘家珍、龚校军为优秀党员，付存平为优秀党务工作者。

表上3-2-2

黔东南州财贸学校历年教职工党员发展情况表

姓　名	入党时间	职　业	姓　名	入党时间	职　业
杜怡平	1977年	教师	吴康鑫	1981年	副校长，教师
高清江	1983年	教师	田　荣	1984年	行政
王正本	1984年	职工	许小红	1984年	教师
宋兆昇	1984年	教师	潘存文	1986年	教师
周寅福	1986年	教师	席道林	1986年	教师
王正海	1986年	教师	杨仕雄	1986年	图书管理
潘家珍	1986年	校医	宋开旭	1987年	教师
杨绍钦	1988年	行政	雷建邦	1988年	教师
张兴娅	1989年	教师	龙章烈	1991年	教师
胡正明	1991年	教师	李海荣	1994年	教师
周　娟	1994年	行政	吴维忠	1995年	教师
孙克英	1995年	行政	李　萍	1996年	教师
王远湘	1996年	教师	杨荣卿	1997年	教师
杨解生	1997年	教师	杨晓玲	1998年	图书管理
舒　勤	1997年	教师	杨德敏	2000年	教师
杨润华	2000年	教师	龙　勇	2001年	教师

表上3-2-3

黔东南州财贸学校历年学生党员发展情况表

姓　名	入党时间	职业	姓　名	入党时间	职业
雷建邦	1988年	学生	杨宁静	2000年	学生
屈金元	1988年	学生	杨建荣	2000年	学生
朱永红	1988年	学生	唐志玲	2000年	学生
梁俊羽	1994年	学生	杨长富	2000年	学生
林　勰	1998年	学生	杨晓奇	2000年	学生
李时勋	1998年	学生	肖祥洲	2000年	学生
顾业冲	1999年	学生	李玉国	2000年	学生

共青团组织　1978年4月25日，黔东南州财贸学校共青团总支部委员会成立，委员会由潘飞文、杨素平、罗安民、郑桂权、罗协平5人组成，潘飞文任书记。

1979年12月，增补杨瑞良、滕建忠、姜以贵、雷婷惠、段秀强5人为团总支委员。

1980年4月28日，团总支委员会由潘飞文、杨瑞良、杨贞斌、欧阳广群、姜以贵、雷婷惠、段秀强7人组成，潘飞文任书记。

1983年4月28日，共青团黔东南州财贸学校委员会成立。委员会由钟代政、杨瑞良、高清江、冯力、姚碧5人组成，钟代政任书记、杨瑞良任副书记。

1985年12月20日，共青团黔东南州财贸学校委员会改选，由高清江、龚校军、孙定娥、付文红、舒贵河5人组成，高清江任书记，龚校军任副书记。

1991年4月6日，原书记高清江停薪留职，由副书记龚校军主持工作，增补教师陈治敏、金虎庭为团委委员。

1993年8月，龚校军带薪脱产学习，雷建邦临时负责学校团的工作。1994年4月，学校团委推行的学生团干部轮流值班制度作为创新团的工作典型经验在全省中专中师学校团委书记会上介绍。5月4日，成立黔东南州财贸学校教职工团支部，何祖金任书记，杨润华任副书记。

1996年6月6日，为进一步规范团委工作，开展丰富的学生校园活动，团委在经过学生选举并进行综合考察后，下发《关于校团委各部长、副部长任职的决定》，组织部部长韦良杰，副部长雷康文；宣传部部长欧君武，副部长龙志波；文体部部长白羽，副部长岑丽江、周星；纪检部部长王军，副部长郤斌。

1997年，由于学校成立新一届党委、行政领导班子，为加强对团的工作指导，在进行充分的准备后，召开共青团黔东南州财贸学校新一届团组织代表大会，选举龚校军、张宜坤、李萍、杨庆华、李海荣、欧阳大福（学生）、杨频（学生）、龙景荣（学生）、刘玲（学生）为团委委员。选举龚校军为团委书记。会议通过共青团黔东南州财贸学校委员会团支部工作及支部委员工作业绩量化考核办法。

1998年1月，共青团黔东南州财贸学校第二次代表大会召开，选举龚校军、张宜坤、李萍、杨庆华、李海荣、欧阳大福、杨频7人组成第二届委员会，龚校军任书记。3月，召开第一次团干工作会议，安排布置学年团的各项工作。

历届黔东南州财贸学校团总支（团委）书记、副书记名录

表上3-2-4

姓　名	职　务	任职时间	备　注
钟代政	书　记	1983—1984年	兼　任
杨瑞良	副书记	1983—1984年	后调入州纪委
高清江	书　记	1985—1986年	兼　任
龚校军	副书记	1985—1997年	—
	书　记	1998—2001年	2001年后调黄平县浪洞镇任书记
张宜坤	副书记	2000年3月	主持工作

从1978年团总支（团委）成立后，为丰富学生校园文化生活，发挥学生自我管理能力，1979年9月开始在各教学班成立班级团支部。团组织每年开展纪念“一二·九”运动活动文艺晚会、秋季学生篮球赛、百科知识竞赛、棋类比赛、书法摄影绘画展、辩论会等，活跃并丰富校园文化活动，多角度多层次开拓学生的视野。校团委与学生科、教务科合作，开辟学生的第二课堂，走向街头，宣传团的宗旨、财会知识答疑等，使学生从实践中加深对专业知识的理解。

1983年开始，校团委主办内刊《财校团讯》，宣传党和国家的方针政策、传达各级团组织的精神和工作要求、介绍团的知识、学生社团活动和文学爱好者的作品等。同时，为加强学生政治思想教育，通过办宣传栏、黑板报、上团课、讲座、知识竞赛、广播专题等形式，加强学生的政治修养，坚

定信念，增强使命感、责任感。从“三好学生”“优秀班干”“优秀共青团员”“优秀共青团干部”中重点考察人选，推荐加入中国共产党。加强团组织的规范管理，要求每个班级建立团员卡和团员档案，进行奖惩登记，实行团员注册和团员评议制度，每学期团的工作有计划和总结等。

1995年12月20日，黔东南州财贸学校举办第十三届“迎新杯”篮球运动会。1995年后，团组织开展的主要文体活动包括文艺晚会、演讲、体育、摄影、书法等。

1997年3月22日，举行第二届财会知识竞赛。5月3日，举办“迎回归，庆五四”文艺演出。10月25日，举办第九届百科知识竞赛——香港回归祖国专题。10月，举办第一届职工运动会。12月9日，举办纪念中国红军长征60周年暨“12・9”爱国运动61周年文艺演出。是年，还举行现场书法比赛、广播体操比赛和结合应用文教学演讲比赛。

1998年5月，参加全省第六届演讲比赛。97第三班吴燕获三等奖，吴敏敏获优秀奖。11月，举办第三届班际辩论赛。

1999年12月13日，举办澳门回归知识竞赛。12月15日，与州气象局共同举办迎澳门回归联谊晚会。

工会组织　1984年10月，成立黔东南州财贸学校工会委员会，由杨远智、郭守江、付存平、冯祥龙、张新亚5人组成，杨远治、郭守江分任副主席。1997年增补张新亚为工会主席。

工会设立俱乐部，开展职工活动。从1998年开始，每年开展春季教师趣味运动会，以教研室或科室为单位组队参加。项目有接力赛、篮球、棋类等。

第三节　教师工作

教师队伍

黔东南州财贸学校成立之初，办学条件艰苦，教学和管理人员严重不足，全校只有10人可从事教师工作，学历以中专为主，缺乏必需的专业教师。为正常开展培训教学和管理工作，经校党支部研究决定，从各县和州直部门选调人员。1975年从雷山县调入朱元富、李玉珍，从州外贸局和州财政局调入许社霞、邱均奇。1977年，从学校分配中专毕业生罗协平、龙胜远从事教学工作。1978年从各县及州级单位调入部分管理人员和教师，有州医药公司吴康鑫、州供销社张秀祥、州交通局何福良、州外贸局赵玉华、州纺织品公司孔凡铎，州烟酒糖公司陈德柱、州中药材公司杨世雄、州农业局邓祥林、黄平县商业局裴西成、黄平县旧州区广播站李兴平、台江县施洞公社孙克英、州供销社杨远志、州粮食局郭守江，同时接收贵大毕业分配学生吴维忠和退伍军人付存平。至是年底，全校教职工总数增加到37人。

1981年后，学校教职工除正常的调出调入和录用外，来源主要是各大专院校分配的学生。其中，1983年至2000年，有毕业分配学生35名：1983年龚校军，1984年许小红、张东红，1985年宋开旭、龙春平、舒勤，1986年杨德敏、李诗花，1987年王正海、杨志红、杨群、潘远才、田再建，1988年刘舜青、杨含瑛、谢光琪、饶红、杨永旭、雷建邦，1990年杨解生、金虎庭，1991年张学杰、杨润华、龙勇，1992年杨晓玲、戴玲、李玉清，1994年杨丽蓉、张宜坤，1995年杜富麾、黄华，1996年龙旺、王庭鑫，1997年杨庆华、李海荣。2000年，特聘贵州民族学院教授林敬凡为计算机任课教师。

1988年开始，由于受国家政策影响，少数教师停薪留职下海，或外出经商不归，至1992年有3人被除名。1994年4月，学校办公会议研究决定，教师一律不实行停薪留职或带薪外出，必须坚守教学岗位，完成教学任务。在此之前停薪留职2人，要求于4月底之前返校。

从学校恢复建校到四校合并，教职工整体变动较大，历年调出人员有吴华、许明畴、陈学智、孔凡铎、吴德中、王庭忠、张洪政、杨星光、陈光坤、李瑞荣、廖小平、马素萍、罗协平、王黔林、顾仁孝、谢朝凤、朱建华、熊丹青、冯素德、刘舜青、金虎庭、杨志红、饶红、杨贞斌、万华斌、雷子江、杨瑞良、罗安民、李启辉、曹丰平、张建忠、唐世杰、李玉珍、朱元富、杨林凤、陈德柱、何福良、邓凯、刘兴兰、刘海霞、张东红、伍盛林、钟代政、李诗花、吴绍忠、王跃、穆桂华、杨德敏、龚校军、舒勤、杨解生、杨先祥、熊敏、杨晗英、戴玲、孙继雄、姜田竹、李玉清。

离退休人员享受副县级及以上待遇有：邓功秋（原副校长，1985年6月离休，副厅级待遇）；孙兴泉（原总务科长，1985年6月离休，副县级待遇）；郭守江（原工会副主席，1991年1月离休，副县级待遇）；宋兆昇（原教务科副科长，1985年6月退休，副县级待遇）；潘飞文（原人保科科长，1992年4月退休，副县级待遇）；郑一鸣（原总务科科长，1992年10月退休，副县级待遇）。

至2002年四校合并前，黔东南州财贸学校有教职工68人。

2001年12月黔东南州财贸学校教职工名录

表上3-3-1

姓　名	性别	出生年月	职　务	职称	学历	调入时间	调入前单位
吴康鑫	男	1942.1	副校长	高级讲师	中专	1978.5	州医药公司
王正本	男	1945.4	—	—	初中	1979.12	招工
陈道明	男	1946.7	书记、校长	—	本科	1997.3	黔东南师专
郑小康	男	1947.1	—	—	中专	1975.8	招工
赵禄权	男	1949.7	副科长	—	初中	1990.8	州武警支队
潘存文	男	1949.11	—	—	大专	1977.12	学校分配
熊方贵	女	1951.4	—	—	中专	1975.12	省财校分配
胡正明	女	1951.4	—	助理讲师	大专	1982.12	招工
文德芳	男	1951.9	—	—	初小	1977.3	招工
潘家珍	女	1952.9	—	主治医生	大专	1978.11	学校分配
李兴平	女	1954.1	副科长	—	大专	1978.8	黄平广播站
龙胜远	男	1954.3	—	—	中专	1977.12	学校分配
席道林	男	1954.11	科　长	高级讲师	大专	1979.11	学校分配
付存平	男	1955.1	副科长	助理讲师	本科	1978.9	部队退伍
向发英	女	1955.10	—	助理馆员	中专	1984.9	黄平一碗水小学
王胜贵	女	1955.10	—	—	初中	1980.4	州砂石厂
张新亚	女	1955.12	工会副主席	高级讲师	大专	1981.3	榕江一中
王妮娜	女	1956.1	—	—	高中	1978.8	罗甸人事局
杨荣卿	男	1956.10	—	高级讲师	本科	1981.7	榕江中学
杜怡平	女	1958.2	副科长	高级讲师	大专	1981.7	凯里开怀小学
李建军	女	1958.8	—	—	初中	1984.8	天柱三团政府
赵玉华	女	1958.8	—	—	中专	1978.8	州外贸局
邓　林	男	1959.4	—	—	初中	1982.12	部队退伍
高清江	男	1959.9	副科长	助理讲师	大专	1979.8	留校学生

续表上3-3-1

姓　名	性别	出生年月	职　务	职称	学历	调入时间	调入前单位
许小红	女	1960.5	—	高级讲师	本科	1985.7	学校分配
潘远才	男	1962.4	—	助理讲师	本科	1987.8	学校分配
姜田竹	女	1963.1	—	高级讲师	本科	1999.12	剑河民中
田再建	男	1963.2	—	高级讲师	本科	1987.8	学校分配
陈朝霞	女	1963.2	—	助理讲师	大专	1990.9	天柱远口中学
宋开旭	男	1963.3	—	高级讲师	本科	1985.8	学校分配
龙春平	女	1963.3	—	高级讲师	本科	1985.8	学校分配
王　慧	女	1963.4	—	—	初中	1981.1	招工
田　荣	男	1963.6	—	—	大专	1992.8	部队转业
熊　敏	女	1963.8	—	高级讲师	本科	1986.1	凯运司
王正海	男	1963.11	—	高级讲师	本科	1987.7	学校分配
王远湘	男	1964.2	副科长	高级讲师	本科	1986.7	锦屏工商银行
何　武	女	1964.3	—	高级讲师	本科	1986.8	学校分配
杨绍钦	男	1964.11	副科长	—	大专	1998.5	凯里木浆厂
董汉英	女	1964.12	—	助理讲师	本科	1993.9	州粮食局
孙贵越	男	1965.9	—	—	中专	1982.12	招工
王晓琴	女	1965.10	—	—	中专	1992.9	岑巩县水泥厂
杨永旭	男	1966.2	—	助理讲师	大专	1988.8	留校分配
张学杰	男	1966.3	—	助理讲师	本科	1991.8	学校分配
陈治敏	女	1966.6	—	高级讲师	本科	1989.8	学校分配
朱方来	男	1966.8	—	助理讲师	本科	1996.1	招聘
龙章烈	男	1966.9	—	高级讲师	本科	1993.10	台江人事局
雷建邦	男	1966.11	—	助理讲师	大专	1988.8	留校分配
杨　群	女	1967.4	—	高级讲师	本科	1987.8	学校分配
梁艾丽	女	1968.1	—	—	中专	1993.3	招工
谢光琪	男	1968.4	—	助理讲师	大专	1988.8	学校分配
杨润华	男	1968.9	—	助理讲师	本科	1991.10	学校分配
龙　勇	男	1968.11	—	助理讲师	大专	1991.8	学校分配
李玉清	女	1970.6	—	助理馆员	大专	1992.9	学校分配
王庭鑫	男	1970.9	—	助理讲师	本科	1996.8	学校分配
杜富麾	男	1970.10	—	助理讲师	本科	1985.11	学校分配
梁开宇	男	1971.4	—	—	初中	1993.5	州汽运司
杨丽蓉	女	1971.11	—	助理讲师	本科	1994.8	学校分配
黄　华	女	1971.11	—	助理讲师	本科	1994.8	学校分配

续表上3-3-1

姓　名	性别	出生年月	职　务	职称	学历	调入时间	调入前单位
何祖金	男	1972.3	—	—	大专	1992.12	顶替
潘爱民	男	1972.8	—	—	大专	1994.12	学校分配
杨晓玲	女	1972.9	—	助理馆员	大专	1992.8	学校分配
李　萍	女	1972.11	—	教员	大专	1992.12	学校分配
龙　旺	男	1973.2	—	助理讲师	本科	1996.8	学校分配
杨庆华	女	1973.6	—	助理讲师	本科	1997.8	学校分配
李海荣	女	1973.8	—	助理讲师	本科	1997.8	学校分配
张宜坤	男	1973.11	—	助理讲师	大专	1994.8	学校分配
周　娟	女	1974.3	—	—	大专	1993.9	学校分配
白清玉	女	1985.4	—	—	中专	1978.9	三穗城关二小

教师职称

1982年至1983年，开展第一次职称评定工作。通过民主选举，学校建立教师中级职称评审委员会，由冯素德、吴康鑫、吴国韬、潘飞文组成。评审委员会通过对教师资历、专业能力的审查和教学效果的实际考核，结合单位评议和走访调查，首次评定讲师8人，其中会计统计4人。分别是曹丰平、吴康鑫、宋兆昇、何良福、冯素德、冯祥龙、周寅福、裴西成。

1987年底，成立黔东南州财贸学校教师系列初级职称评审委员会，由冯素德、吴康鑫、周寅福、吴国韬、潘飞文组成。经评审委员会评定，王远湘、杨德敏、何武、宋开旭、舒勤、龙春平、张东红为助理讲师。

1988年7月，评定宋兆昇、梁自齐、冯素德为高级讲师，杨荣卿、吴康鑫、周寅福、冯祥龙、黄学仁、席道林、杜怡平、张新娅、吴维忠为讲师。

1989年，田再建、潘远才、杨志红、杨群、龚校军、许小红、熊敏、王正海转为助理讲师；评定吴国滔、杨先祥、刘桂英、杨贞斌、付存平、高清江、刘舜青为助理讲师，王菊英为主治医师，邱均奇为会计师，李兴胜为实验师，马素平为助理会计师。

1989年，评定潘家珍为主治医师，王树云为主管护师。1990年，评定杨世雄为图书馆馆员。

1992年，调整教师系列初级职称评审委员会，由吴康鑫、周寅福、杜怡平、杨荣卿、张新娅、吴国滔组成，同时调整学校中级职称评审委员会，由吴康鑫、周寅福、杜怡平、杨荣卿、张新娅、吴国滔组成。是年，评定陈治敏、杨解生、谢光琪为助理讲师。

1993年，学校设高级职务岗位6个，中级职务岗位19个。1994年，雷建邦、杨永旭、杨润华、胡正明、许刚、张学杰、龙章烈、龙勇、董汉英、陈朝霞晋升为助理讲师；吴国滔、龙春平、王远湘、杨德敏、舒勤晋升为讲师。1995年，田再建、宋开旭、熊敏获讲师任职资格。1996年，杨群晋升讲师，李玉清、杨晓玲、戴玲晋升馆员。

1997年5月，成立黔东南州财贸学校教师系列初级职称评审委员会。是年，张宜坤、杜富麾、朱方来、黄华评为助教，杜怡平晋升高级讲师，杨解生、陈治敏、何武获中专讲师任职资格。1998年，评定龙旺、王庭鑫为助教，王正海为讲师，杨通堂、杨再运为高级工，梁开宇为中级工。1999年，评定李海荣、杨庆华为助理讲师，龙章烈晋升讲师，王远湘晋升高级讲师。2000年，舒勤晋升高级讲师，许小红晋升讲师。2001年，杨丽蓉、龙勇、杜富麾晋升讲师，宋开旭、田再建、杨德敏晋升高级讲师。2002年，龙勇、杜富麾、杨丽蓉、谢光琪、王庭鑫、黄华、陈朝霞晋升讲师，龙春平晋升高级讲师，评定李萍、李玉清、杨晓玲为助理讲师，向发英为馆员。

教师培训

黔东南州财贸学校为保证教育教学质量，提高教师教育教学水平，每年都选送部分教师到高等院校进修和参加各种学术交流研讨会，拓宽视野，学习交流教育教学方案，进行专业知识更新。同时，邀请校外其他学校教师到校讲学，相互学习交流。1985年至1988年，学校针对教师缺乏，专业知识不够，学历层次较低等情况，决定从学费收入中预算专项资金，鼓励教师进修培训。

黔东南州财贸学校教师进修情况表

表上3-3-2

序号	姓　名	起止时间	进修学校	进修专业	层次
1	刘桂英	1985年至1987年	西南师范大学	政教	大专
2	付存平	1985年至1987年	贵州省电大	中文	大专
3	熊　敏	1986年至1988年	贵州省电大	工业企业	大专
4	杨贞斌	1986年至1988年	贵州省经济管理学院	财税	大专
5	高清江	1986年至1988年	贵州省经济管理学院	财税	大专
6	万华斌	1988年至1990年	贵州省计划管理学院	税务	大专
7	胡正明	1989年至1991年	贵州省计划管理学院	统计	大专
8	许小红	1990年至1992年	贵州省教育学院	政经	本科
9	雷建邦	1990年至1992年	贵州省计划管理学院	财政	大专
10	杨永旭	1990年至1992年	贵州省计划管理学院	会统	大专
11	龚校军	1987年至1989年	贵州省计划管理学院	审计	大专
12	杨荣卿	1986年至1988年	东北财经学院	基财	本科

教师表彰

1986年，周寅福被评为黔东南州直机关事业单位先进工作者。1987年，宋开旭被评为黔东南州优秀扶贫队员（榕江县加宜乡）。1989年，吴国滔获财政部年度先进教育工作者称号；杨先祥被评为贵州省财政系统先进教师，吴康鑫、郑一鸣被评为先进教育工作者。1991年，宋开旭获第四次全国人口普查优秀数据录入员。1998年，胡正明被评为黔东南州优秀教师，杨晓玲被评为年度优秀支教队员（丹寨长青小学）。

第四节　学生工作

学生管理

管理组织　从建校起，为加强学生管理，学校设立学生会、团总支及劳动、纪律检查、宣传等机构和学生各社团组织，各班级成立班委会和团支部，制定学生纪律、校园活动等管理制度，严格学生考勤和纪律。

1992年10月，经学校办公会议研究决定，执行值日制度，从周一至周日安排学校和部门领导配1名职工在校园内日夜值班，主要维护教学秩序，管理学生寝室，处理各种突发事件。同时制定完善保卫人员岗位职责，配备必要的人员和设备，加强校园安全防护。学校成立关心下一代工作领导小组，邓功秋任组长。

学生活动 1994年，由93级学生袁冬梅、吴子健、刘诗琴组队参加团州委举办的凯里地区大中专辩论赛获团体第三名。1996年前，学校每年举办迎新篮球赛、“五四”和“12·9”文艺晚会；1996年后，增加班级辩论赛、演讲比赛、财会知识竞赛、百科知识竞赛、英语朗诵、书法比赛、棋类比赛等。85级学生黄勤参加省州环境保护征文竞赛，获州一等奖、省二等奖。

招生与就业

1977年起，黔东南州财贸学校招生对象为高中毕业生，统一考试，德智体全面衡量，择优录取。1983年开始定向招生。1990年招收自费生。1995年，开始招收初中毕业生。1977年至2001年，学校招收中专学生4471人，毕业3758人；职工中专班毕业学生1720人；各类干部和职工短期培训班2077人。

1991年，黔东南州财贸学校与贵州民族学院合作，以委培形式，利用黔东南州财贸学校教学资源，开设《经济管理与财会》专业教学班，学制2年，大专层次。该班招生对象为应、往届高中毕业生和社会同等学力者，以及历届黔东南州财贸学校毕业生。由贵州民族学院负责教务、学籍管理，并承担部分基础课程教学；黔东南州财贸学校负责组织生源，安排校舍、教师和教学秩序维护，并承担专业课程教学。经两年全日制学习，考试合格，发放大专毕业证书。

学生毕业分配坚持“优学优分”原则，学校配合有关部门向用人单位推荐，使政治表现好，学习成绩优异的学生能够切实发挥自己的作用。毕业生分配大都面向工商、财政、税务、统计、审计、物价、商业、供销、粮食等财贸部门和部分党政部门、厂矿企业。

1977年至2002年黔东南州财贸学校招生毕业统计表

表上3-4-1

招生年度	招生对象	专业	人数（人）	学制	备注
1977年春	高中毕业生	商业会计	80	2年	
1977年秋	高中毕业生	商业统计	80	2年	
1978年	初高中毕业生	财税	80	3年	
1979年	高中毕业生	供销会计	100	2年	
1980年	高中毕业生	企业管理	150	2年	病故2人，肄业1人
1981年	高中毕业生	商业物价	50	2年	肄业1人，退学1人
1981年	高中毕业生	商业企管	50	2年	
1982年	高中毕业生	工商管理	40	2年	肄业2人
1983年	高中毕业生	工商管理	39	2年	
1983年	高中毕业生	商业会计	39	2年	
1984年	高中毕业生	企业管理	42	2年	
1985年	高中毕业生	工业会计	40	2年	
1985年	高中毕业生	商业会计	40	2年	
1986年	高中毕业生	工业企业管理	40	2年	

续表上3-4-1

招生年度	招生对象	专业	人数（人）	学制	备注
1986年	高中毕业生	财政	42	2年	
1987年	高中毕业生	工业企业管理	40	2年	
1987年	高中毕业生	财政	40	2年	
1988年	高中毕业生	财政管理	40	2年	
1988年	高中毕业生	审计	40	2年	
1988年	高中毕业生	工商	40	2年	
1988年	高中毕业生	财务会计	40	2年	
1988年	高中毕业生	企业财务	40	2年	
1989年	高中毕业生	工商	46	2年	
1989年	高中毕业生	农财	50	2年	
1990年	高中毕业生	财务会计	84	2年	
1991年	高中毕业生	财务会计	90	2年	
1992年	高中毕业生	财会	80	2年	
1993年	高中毕业生	财务会计	135	2.5年	16人中途退学
1993年	高中毕业生	市场营销	43	2年	
1994年	高中毕业生	财会	100	2年	50名自费生
1994年	初中毕业生	财会	58	3年	
1994年	高中毕业生	市场营销	65	2年	
1995年	高中毕业生	会计电算化	50	2年	
1995年	初中毕业生	财务会计	56	3年	
1995年	初中毕业生	财务会计电算化	115	3年	
1996年	初中毕业生	会计电算化	165	3年	3个班
1997年	初中毕业生	会计电算化	108	3年	5个班
	高中毕业生	财务会计电算化	122	2年	
1998年	初中毕业生	会计电算化	75	3年	2个班
	初中毕业生	计算机及应用	50	3年	2个班
	高中毕业生	财政	29	2年	
	高中毕业生	财务会计	45	2年	2个班
1999年	初中毕业生	财务会计电算化	98	3年	2个班
	初中毕业生	工商企业管理	34	3年	
	初中毕业生	市场营销	13	3年	
2000年	初中毕业生	财务会计电算化	98	3年	2个班
	初中毕业生	计算机及应用	87	3年	2个班

续表上3-4-1

招生年度	招生对象	专业	人数（人）	学制	备注
	初中毕业生	金融与保险	43	3年	
	初中毕业生	旅游与导游	22	3年	
2001年	初中毕业生	财务会计电算化	25	3年	
	初中毕业生	计算机及应用	41	3年	
2002年	初中毕业生	计算机及应用	24	3年	
	初中毕业生	财务会计电算化	26	3年	

第五节　教育教学

课程设置

1977年至2001年，黔东南州财贸学校先后开设有商业会计、商业统计、财税、供销会计、金融与保险、市场营销、房地产开发与管理、财政、审计、物价、工商行政管理、财务会计电算化、计算机及应用、酒店服务与管理等中专专业。初级专业有一年制的干部培训班，以及注册会计师、助理会计师、计算机美术设计、电子商务、公关礼仪、市场营销等短期培训班。

1977年，学校正式实行中专教学后，为正常开展教育教学活动，学校通过调研走访，借鉴其他同类学校的办学经验，把课程体系设置为政治文化、专业基础理论和专业课、军体课三大部分。除入学教育、社会实践、毕业教育和寒暑假，两年实际教学1650节，其中政治课329节，占19.94%，普通课463节占28.06%，基础及专业课占52%。随着专业设置增多，各专业课程设置分为思想品德和政治理论课、普通文化课、专业基础课、专业课四大类。

教学方法

黔东南州财贸学校建立初期，基础条件极差，教学环境和校园生活极为艰苦。针对当时的办学条件和教学环境，学校从以下方面做好教学工作：狠抓入学教育，培养学生以校为家的观念，树立艰苦奋斗的作风和学风。鼓励学生端正学习态度，培养读书的风气，营造团结、紧张、严肃、活泼的校风；加强纪律教育，开展尊师爱生活动。建立班委会、团支部，学习和劳动中学生干部发挥积极带头作用，保证教与学和学校建设的顺利进行。师生间相互尊重，互教互学，教学相长之风初步形成。在教与学的过程中，师生通过签署保证书、挑应战书等，相互进行监督，实现共同提高，携手前进；狠抓教学，保证教学计划的完成。教职工不畏艰苦，教学之余学习专业知识，弥补自身的不足，努力完成各项教学任务，保证教学秩序的顺利进行。学生通过自己的努力，取得优异的成绩，第一学期各科平均成绩在80分以下的仅10人，全部及格以上；教师和学生在教与学中要求参加适当的劳动。教学和学习之余，教员和学生共同参与建校工作，挖土方、搬砖瓦、抬石头、运水泥和预制板等。

为弥补教学积累不足，1983至1984年，先后聘请国家工商总局工商干校处长刘杰、省工商局市管处处长曹武森、州工商局市管科副科长李良平到学校进行授课和培训。

1988年后，教师学历和职称逐步得到稳步提升，专业教师队伍稳定并逐渐成熟，专业带头人和骨干教师队伍初步建成。为充分调动年轻教师的积极性，发挥其专业优势，1988年11月，学校决定调整各教研室负责人，让年轻人逐渐成为专业带头人和骨干教师，承担教育教学第一线的大量工作。是年开始，调整后的各教研室按学校要求开展教学研讨和组织课程教学工作，年轻教师在教学团队里逐步承担大量教学和培训工作，整体教育教学氛围逐步形成。完善各项制度建设，强化内部管理，制定和完善一系列规章制度，加强监督，切实执行。实行考勤和奖惩制度，把考勤、工作业绩与经济利益挂钩。对教师的备课、教学、作业布置等作出具体的量化考核指标。规范教研室教研活动，进行每周小结，着重改善教师教学方法，达到整体提高教学质量的目的。开展校本教材的开发和编写，形成具有一定特色的教育教学体系。

1991年，学校规定取消一直执行的半期考试，平时执行单元或章节测验，期末试卷分甲乙卷。

为进一步规范学校教学工作，强化教学秩序，端正教风、学风，不断提高学校的办学水平和教学质量，学校制定分阶段执行的教学工作目标管理方案，同时成立方案实施小组。该方案包括前期准备、教案编写、教学纪律、思想觉悟、授课方式、教研活动、总结等内容。

教学研究

教研机构 1988年，经学校党总支扩大会议决定，完善各教研室工作，任命周寅福兼任企业管理教研室主任，张新亚任语文教研室主任，杨荣卿任财政税务教研室主任，梁自齐兼任政治理论教研室主任，杜怡平兼任数学教研室主任。至1992年，企业管理教研室13人，语文教研室9人，政治教研室8人，财政税务教研室4人，数学教研室5人。

1995年，学校开设部分新专业，重新设立教研室，其中数学教研室主任杜怡平，会计电算化教研室（1997年后更名为计算机中心）副主任杨德敏，语文外语教研室主任张新娅、副主任吴维忠，财税审计教研室主任杨荣卿，会计统计教研室主任王远湘，政治德育教研室主任刘桂英。

1998年7月，调整教研室与负责人。培训部主任席道林、副主任杨荣卿，计算机中心副主任宋开旭，专业教研室主任周寅福、副主任杨群，政治教研室副主任许小红，基础教研室副主任张新娅、杜怡平（兼任）。

教研与教学改革 1996年，由会计教研室周寅福、王远湘、杨解生、潘远才、赵长芳和财税教研室杨荣卿、雷建邦、龚校军等教师组成学生跟踪调查小组，利用假期，开展对企业单位财务状况、理财之道、发展民族经济、理论教学与实践操作的差异以及建立学生实习点与教学实验点等内容的调研，先后对凯里棉纺厂、凯里制药厂、凯里玻璃厂、凯里造纸厂、黔东南州国税和地税等企事业单位进行广泛的调研调查。调查的重点为增值税、有关会计财务处理、如何发展民族经济、企业理财环境、建立学生实习点和教学实验点。这次调查，找到学校教学中存在的诸多问题，如理论知识与实践技能有很大差距，多数用人单位对学生的要求是既懂专业知识，又能运用电脑设备处理会计业务，同时具备一定的写作能力。从1995年起，学校申报并开办计算机应用、基建财务会计、财务会计电算化、现代文明与公关四个专业的招生。为满足新专业的教学需要，提升教师教学水平和掌握新知识的技能，从是年起分批选送教师参加全省电算化培训等。同时，加大资金投入，加强实验室建设，购置教学设备，新建会计模拟实验室和微机室。

在教学实践中，学校鼓励教师积极参与教学研究，广泛开展学术活动。全校教师先后主编参编出版财经类教材30余种，计算机类教材10余种，发表论文100余篇。

1994年至2000年黔东南州财贸学校教师主（参）编教材统计表

表上3-5-1

姓　名	教材名称	角色	出版社	出版时间	备注
王远湘	国家税收新编	参编	贵州科技出版社	1994年	
	企业财务管理	参编	贵州民族出版社	1996年	
	现代预算会计	参编	贵州人民出版社	1998年	

续表上3-5-1

姓 名	教材名称	角色	出版社	出版时间	备注
宋开旭	计算机网络基础教程	主编	贵州科技出版社	1998年	
	Word实用教程	副主编	内蒙古人民出版社	2000年	
	会计电算化实用教程	主编	浦东电子出版社	2000年	2002年再版
张宜坤	会计电算化实用教程	主编	浦东电子出版社	2000年	2002年再版
朱方来	会计电算化实用教程	副主编	浦东电子出版社	2000年	2002年再版
龙 旺	会计电算化实用教程	参编	浦东电子出版社	2000年	2002年再版
王庭鑫	会计电算化实用教程	参编	浦东电子出版社	2000年	2002年再版

1984年至2002年黔东南州财贸学校教师发表论文统计表

表上3-5-2

姓 名	论文名称	发表刊物	发表时间
吴康鑫	加强财务工作发挥会计监督的智能作用	商业会计	1984年
	努力做好会计工作，为提高企业经济效益服务	财会园地	1986年
	浅谈会计管理的几个问题	财会园地	1987年
	浅谈经济效益审计	贵州审计	1985年
	论企业内部控制	贵州审计	1986年
	采取两种形式，培养专业人才	贵州民族报	1989年
周寅福	谈小型国营商业企业租赁经营责任制	财会园地	1988年
	财经中专珠算教学几个问题	财会园地	1989年
龚校军	开辟第二课堂，培养创造型人才	中专教育学会	1986年
梁自齐	发展民族教育，培养合格人才	贵州民族报	1990年
吴国韬	摆事实，讲道理，以理服人	贵州民族报	1990年
	在教学中把德育放在首位	贵州科技通讯	1990年
付存平	为人师表，循循善诱	贵州民族报	1990年
	一切为了孩子	凯里报	1991年
杨荣卿	简论税收分配与社会再生产诸环节的关系	黔东南税务	1986年
	对基本建设投资规模的推进思考	经济纵横	1987年
	对建住宅商品化之我见	城市经济	1988年
	贵州省当前经济状况与财政政策思考	城市经济	1989年
	凯里市乡镇企业面临的问题及对策	黔东南报	1989年
王远湘	充分认识财政运行机制努力做好民族地区财政工作	第四届民族财政研究会论文集	—
	充分认识社会主义财政运行机制，努力做好民族地区财政工作	全国少数民族自治州财政论文集	1990年11月
	我国会计人才教育体系的现状、问题与对策	会计理论与会计改革论文集	1998年7月

续表上3-5-2

姓　名	论文名称	发表刊物	发表时间
	重建预算制度：建立公共财政的根本途径	社会科学辑刊	2000年5月
	效率——公共财政建设的核心问题	财贸经济	2000年10月
雷建邦	怎样促进会计委派制的运行	黔东南日报	2001年
	股份制有利于私营企业发展	怀化师专学报	2002年

成人教育

全州财贸系统中青年职工整体文化水平和业务能力不高，影响部门各项工作的开展。针对此情况，在相关部门的支持下，学校积极创造条件，创办成人中专班、函授中专班、岗位培训班等多种形式的教育培训途径，为各单位和社会培养专门人才。

1975年起，受各有关部门委托，先后举办财政、税务、金融、粮食、保管、工商管理、商业会计、粮食统计、施工会计、省医药会计、军队转业干部等各类干部和职工短训班，培训2077人。

1984年起，增设在职职工中专班，学制两年或两年半。

1985年，学校设中华会计函授学校黔东南函授站，并在黎平、锦屏、三穗、施秉4县设函授点，办函授中专班。申请专款购置满足函授教学的设备，抽调专人为学员巡回播放录像和辅导。

至1988年，基本完成各县市财政、税务、工商、金融等部门职工的学历提升。

1975年至2000年黔东南州财贸学校成人教育及短期培训统计表

表上3-5-3

举办时间	专业	学生人数（人）	培训时间
1975年6月	税务	75	76天
1975年9月	金融	115	61天
1975年11月	粮食粮保	83	43天
1975年11月	工商	27	43天
1976年3月	商业	73	41天
1976年3月	粮食	40	41天
1976年6月	税务	57	80天
1976年6月	厨师	29	80天
1981年5月	物资	32	560学时
1981年9月	企业财务会计	45	288学时
1981年9月	工商管理	50	—
1982年3月	企业管理	45	288学时
1982年3月	农业会计	55	360学时
1982年9月	工业会计	56	360学时
1983年3月	医药会计	56	600学时
1984年	商业企业管理	105	—

续表上3-5-3

举办时间	专业	学生人数（人）	培训时间
1985年	工商行政管理	88	—
	商业企业管理	58	2.5年
1986年	财政	45	2年
1987年	财政	51	2年
	税务	49	2年
1987年3月	军队干部培训班	50	17周
1988年	财政	102	2.5年
	税务	—	2.5年
	审计	—	2.5年
1989年	税务	52	2.5年
	企业管理	50	2.5年
1990年	财务会计	119	2.5年
1991年	财政	50	2年
	税务	40	2年
1992年	会计	328	—
1992年	会计	95	—
1992年	财政干部	47	3个月
	财务会计	50	2年
1993年	财政干部	72	3个月
	财务会计	—	2年
	财务会计（大专）	—	2年
1993年5月	校办企业厂长经理	36	1个月
1994年	财会	200	2年
1995年	会计电算化	276	3年
1996年	财政干部	127	培训45天
1997年	财会电算化	100	2年
1998年	财政干部	404	3个月
	计算机应用	60	2.5年（初中起点）
	基建财务会计	60	2.5年（初中起点）
	会计电算化	155	2.5年（初中起点）
2000年	函授大专	—	—

第六节　设施建设

校园建设

1963年，州财经干校校址是临时性的选择，各种办学条件极差，教室、食堂、住宿等满足不了培训学员的基本需要。州委指示州财办牵头，州财经干校与州民政局多次协商，将州民政局所属的高溪疗养院（即后来凯里涤纶厂内）划归学校办学，由黔东南州财贸学校向州民政局支付12万元补偿费。疗养院内包括疗养病房1幢、宿舍1幢、伙房1幢，共计2340平方米，及其所辖田土2.27万平方米，果树65株等。

1976年，州政府成立黔东南州树脂厂，选址占用学校部分土地修建厂房。州财办与相关部门协商，将原凯里县商业局下属人民饭店（环城北路48号）调换给黔东南州财贸学校，建立新校区。该饭店原投资14万元，折旧后经评估现值12.9万元。10月4日，州计划委员会行文，将1976年自筹资金建黔东南州财贸学校校舍的投资计划调换给凯里县商业局，用于人民饭店另行选址建设的费用，凯里县商业局将东方红旅社所有房屋、原征收的周围土地及一切附属物全部转交黔东南州财贸学校使用，一切产权归黔东南州财贸学校所有。

1977年11月14日，黔东南州财经职工培训学校更名为黔东南苗族侗族自治州财贸学校，纳入黔东南州事业编制。学校从高溪原疗养院搬迁至凯里市洗马河畔即现在的环城北路48号州政府群众工作中心（当时的凯里县商业局东方红旅社饭店）。校区占地面积约1万平方米，建筑面积8440平方米，其中教学楼1000平方米，办公楼670平方米，学生宿舍（原商业局东方红旅社）3070平方米，食堂、锅炉房、礼堂等700平方米，体育用地3787平方米，绿化用地926.5平方米。

1979年，在原车库加修两层7间130平方米，用于各办公室办公场所。1980年，修建三层教学楼栋，每层4个教室，办公室4间。1983年，修建职工宿舍1栋，面积1350平方米，住20户。1988年，凯里市土地管理局批准黔东南州财贸学校围墙内3333平方米土地给黔东南州财贸学校征用，用于学生体育活动场所建设。1990年，综合教学楼动工修建，1991年完工，五层2032.35平方米，总投资58.03万元。1992年，修建职工宿舍1栋，面积8000平方米，20户。同年，黔东南州财贸学校与黔东南民族农业学校签订协议，黔东南民族农业学校转让洗马河水果批发市场约3333平方米试验田给黔东南州财贸学校建设学生运动场。至1997年，建成包括两个篮球场、跳高跳远、单双杠和200米跑道的综合运动场。1993年5月，学校投资25万元修建女生宿舍。

1994年，黔东南州财贸学校撤除一楼一底536平方米危房1栋，在原址上修建职工集资建房宿舍，建筑面积1300平方米，20户。由于要求集资教师较多，在原集资建房的基础上再增加一层4户260平方米。

1996年，拆除危房学生食堂和工会房屋705平方米，在原地修建一楼一底学生食堂1000平方米。1998年，拆除原平房职工宿舍，新建集资宿舍1栋，两个单元20套，总面积2400平方米。2000年8月，动工修建学生宿舍，2001年8月建成并投入使用。建筑面积4635平方米，投资225万元。

至2002年四校合并前，黔东南州财贸学校校园总面积2.52万平方米，其中运动场4592平方米，建筑总面积1.93万平方米。

教学建设

1991年，配置16台PC机，1992年增加4台。从1992年开始，各专业开设计算机基础课程，主要内容有操作系统、BASIC等。至1998年，建有两个微机室供教学用。

1978年，学校有藏书1.5万余册，每年订阅报纸杂志150余种。电视机、录放机、电影机等较完善的电教器材。2002年，学校有教室3548平方米，实验室1463平方米，实习室1463平方米，图书室1463平方米，阅览室1463平方米，有藏书2万余册。在学校固定资产总值615万元中，教学设备资产为146万元。

后勤服务

1993年前，学校食堂由总务科管理，包括餐饮、采购、锅炉等。食堂采取售饭票方式，教职工和学生凭票进餐。1993年起，食堂采取有偿制承包管理的方式运行，初期由学校提供一定数额的启动资金。1998年，实行专人定额管理责任制，专职管理人员管理食堂期间与原工作脱钩，学校仅发放工资，不发奖金与福利等，每个食堂每学期向学校缴纳管理费2万元。管理人员自筹在管理活动中的资金，并独立核算，自负盈亏。食堂接受学生监督，每月各班级学生生活委员、学生会等收集意见和建议，督促其适时进行整改。学校强化食堂的监督管理，严查变质食物进入食堂供应学生，以保证学生饮食的安全。

1989年，为方便学生和教职工的生活，学校成立劳动服务总公司，在总公司下组建学生服务部。主要职责是安排职工培训人员生活，销售日用品、烟酒糖、五金及文化用品，加工销售副食品。1997年后，采取承包经营模式。

1994年，学校针对考试试卷、各种教学资料、学生学习资料等使用量大的情况，决定购买胶印机等印刷设备，成立学生服务部，负责印刷学校内部各种资料。同时利用学校大门入口处东西楼，成立日用品销售店和旅社，提供校内外和培训住宿等服务。同年，在原服务部的基础上，成立校办企业即印刷厂，由教务科统一进行经营管理，负责印刷各种学习资料和试卷等，并对外营业。

1997年3月，在黔东南州财贸学校东楼增设餐厅，采取承包经营模式。1998年，在东西楼开设黔东南州财贸学校宾馆，主要用于各种培训班的学员住宿。

第四章　黔东南州民族林业学校

第一节　发展概况

1980年5月13日，黔东南州森林工业技工学校建立，所设专业为木材采运和木材加工综合利用。1981年至1985年增开锦屏班、黎平班、镇远班、榕江班、天柱班、白市班、制材厂班。1986年，在校本部增开营林专业。1993年，增开黔东南州商业技校班、铜仁班。

黔东南州民族林业学校的建立，是林业部九万大山片区科技扶贫开发的一个重要项目。1986年，林业部投资410万元筹建，1987年10月，孙洪祥任副校长、主持工作。1988年9月，黔东南州民族林业学校正式成立。同月，开始招生，首批招生90名。

1994年9月，黔东南州民族林业学校与黔东南州森林工业技工学校合并，实行一个机构，两块牌子，一套管理机构的管理体制，集中两校的人、财、物，对两校的教育资源进行重组和调整，提高办学效益。

两校合并至2001年，基本建设已初具规模、办学条件日趋完善，办学活力和办学效益不断增强。为贵州省及黔东南林区培养输送中等林业技术人员5346名，其中中专生1883名、中技生3463名；开展各种林业技术培训18期，培训林业从业人员1785人次。

第二节　机构沿革

行政机构

1986年12月8日，贵州省人民政府发文批准筹建黔东南州民族林业学校。1988年8月15日，州林业局党组任命严锦山、刘焘分任教务科正、副科长，姚录林、杜平分任学生科正、副科长，杨秀微任总务科副科长，徐国苏任办公室主任。9月15日，黔东南州民族林业学校建立保卫科，编制5人。11月8日，黔东南州民族林业学校任命唐合金为办公室副主任、吴朝银为基建办副主任、邰化彩为保卫科副科长。1988年9月，开始招收第一批学生。1989年3月15日，黔东南州民族林业学校任命章志豪为基建办主任，8月24日，黔东南州民族林业学校任命秦念皖为教务科副科长（正科级）。1990年9月3日，黔东南州民族林业学校任命王贵生为学生科副科长。1992年3月23日，中共黔东南州委任命孙洪祥为黔东南州民族林业学校校长，杨光周、秦念皖、梁志雄任副校长。7月，黔东南州民族林业学校任命邰化彩、吴朝银分任校办公室正、副主任；徐国苏、张兴国分任教务科正、副科长，免去徐国苏办公室主任职务；王贵生、吴开岑分任学生科正、副科长；杨秀微、吴国铭分任总务科正、副科长；同意严锦山、刘焘辞去教务科正、副科长职务，姚录林辞去学生科科长职务。

1994年7月2日，黔东南州人民政府下达《关于州森工技校和黔东南州民族林业学校合并的批复》。9月6日，州林业局发出《关于成立“并校”领导小组》的通知，孙洪祥任组长，周季叔、秦念皖、杨光周、梁志雄任副组长。12月3日，州机构编制委员会办公室批准黔东南州民族林业学校内部机构设置为8个科室，即办公室、教务科、总务科、学生科、保卫科、培训部、工会、团委。1995年4月10日，黔东南州民族林业学校任邰化彩、杨爱群任校办公室正、副主任，徐国苏、姜云平任教务科正、副科长，王贵生、宋敏任学生科正、副科长，吴朝银、肖林榕任保卫科正、副科长，吴开岑任培训部副主任；同意杨秀微辞去总务科科长职务，张兴国、吴开岑、吴朝银分别不再任教务科副科长、学生科副科长、校办公室副主任职务。1995年9月，中共黔东南州委任命杨光周为州老干局副局长、免去其黔东南州民族林业学校副校长职务。11月7日，州委任命刘国琪、郈化彩为黔东南州民族林业学校副校长，梁志雄任副县级调研员，免去其黔东南州民族林业学校副校长职务。1998年9月7日，州政府任命刘国琪为镇远师范学校校长，免去其黔东南州民族林业学校副校长职务。1999年2月，州委组织部通知，王贵生任黔东南州民族林业学校教务科科长，免去学生科科长职务；赵晓玲任学生科副科长，免去徐国苏教务科科长职务。

2001年12月3日，孙洪祥退休，由副校长郈化彩主持黔东南州民族林业学校全面工作。

1987年至2001年黔东南州民族林业学校历任行政领导一览表

表上4-2-1

姓　名	职　务	任职时间	备　注
孙洪祥	副校长	1987.10—1992.2	主持工作
孙洪祥	校　长	1992.3—2001.8	
杨光周	副校长	1992.3—1995.10	
秦念皖	副校长	1992.3—2001.8	
梁志雄	副校长	1992.3—1995.10	
周季叔	并校成员	1994.10—1995.10	原森工技校校长
刘国琪	副校长	1995.10—1998.6	
郈化彩	副校长	1995.11—2001.8	

1988年至2001年黔东南州民族林业学校历任中层机构负责人一览表

表上4-2-2

机构名称	任职时间	姓　名	职　务	备　注
校办公室	1988.8—1992.7	徐国苏	主　任	
	1988.11—1990.10	唐合金	副主任	
	1992.7—1995.11	郈化彩	主　任	
	1992.7—1994.9	吴朝银	副主任	
	1995.12—2001.8	杨爱群	主　任	
	1995.12—2001.8	王俊杰	副主任	
教务科	1988.8—1992.7	严锦山	科　长	
	1988.8—1992.7	刘　泰	副科长	
	1989.8—1992.3	秦念皖	副科长	
	1992.7—2001.8	徐国苏	科　长	
	1992.7—1994.8	张兴国	副科长	
	1995.5—2001.8	姜云平	副科长	
培训科	1995.5—2001.8	吴开岑	副主任	兼教务副科长
学生科	1988.8—1992.7	姚录林	科　长	
	1988.8—1989.11	杜　平	副科长	
	1990.9—1992.7	王贵生	副科长	

续表上4-2-2

机构名称	任职时间	姓　名	职　务	备　注
学生科	1992.7—1999.2	王贵生	科　长	
	1992.7—1995.5	吴开岑	副科长	
	1995.5—2001.8	宋　敏	副科长	
总务科	1988.8—1992.7	杨秀微	副科长	
	1992.7—1994.9	杨秀微	科　长	
	1992.7—1994.9	吴国铭	副科长	
	1995.12—2001.8	吴传福	副科长	主持工作
保卫科	1988.11—1992.7	邰化彩	副科长	
	1992.7—1995.5	吴朝银	副科长	
	1995.5—2001.8	吴朝银	科　长	
	1995.5—2001.8	肖林榕	副科长	
工会	1988.10—1992.11	杨秀微	副主席	
	1992.12—1995.12	梁志雄	主　席	
	1992.12—1994.9	王旭虹	副主席	
	1992.12—1994.9	郑周英	副主席	
	1996.1—1998.6	刘国琪	主　席	
	1996.1—2001.8	赵小玲	副主席	
团委	1988.9—1989.10	杜　平	副书记	
	1988.11—1992.5	杨爱群	副书记	
	1992.6—1994.5	杨爱群	书　记	
	1992.6—1994.5	周文俊	副书记	
	1995.5—1998.1	王俊杰	团委书记	
	1995.5—1997.8	杨　忠	副书记	
	1999.2—2001.8	王贵生	书　记	
	1998.1—2001.8	李胜儒	副书记	
基建办	1989.3—1990.7	章志豪	主　任	
	1988.11—1992.7	吴朝银	副主任	
专业课教研室	1995.2—1997.2	杨剑华	主　任	
	1995.2—1997.2	屈志勇	副主任	
	1995.2—2001.8	李呈英	副主任	
	1997.3—2001.8	黄镇榕	主　任	
专业基础课教研室	1995.2—2001.8	张兴国	主　任	
	1995.2—2001.8	厉　波	副主任	
普通课教研室	1995.2—1997.2	杨光华	主　任	
	1995.2—1997.2	郑凯平	副主任	
	1997.3—2001.8	郑凯平	主　任	

表上4-2-3

1980年至1994年森工技校校长、副校长一览表

姓　名	职　务	任职时间
欧阳毅	校长（兼）	1980.9—1982.8
孙继武	校　长	1982.8—1985.6
周季叔	副校长	1980.12—1984.5
周季叔	校　长	1984.6—1994.9
单洪根	副校长	1981.9—1984.8
吉　胜	副校长	1984.6—1986.7
张元发	副校长	1985.2—1992
王其佑	副校长	1984.6—1993
文合义	副校长	1992—1994.9

表上4-2-4

1980年至1994年森工技校中层机构负责人一览表

姓　名	职　务	任职时间
王家培	人秘科长	1980—1985
王家培	总务科长	1986—1987
刘进模	教务科长	1980—1994
刘进模	工会副主席	1982—1985
刘梅清	总务科长	1980—1985
鲍　琳	教务副科长	1981.12—1989.7
鲍　琳	工会副主席	1986.11—1993.7
鲍　琳	工会主席	1993.7—1994.9
王金付	总务科长	1982—1984
单洪根	工会主席	1982—1984
余世界	总务科长	1984—1986
张泽铨	学生科长	1984—1988
杜　梅	办公室副主任	1983—1993
杜　梅	团委书记	1982.2—1985.8
吴传福	总务副科长	1988—1994.9
梁淑麟	教务副科长	1989.8—1992
张心梅	学生副科长	1989—1994
宋　敏	办公室负责人	1993—1994.9
宋　敏	团委副书记	1985.12—1988.12
王其佑	工会主席	1986.11—1993.6

续表上4-2-4

姓　名	职　务	任职时间
郑凯平	团委副书记	1980.10—1984.8
郑凯平	团委副书记	1987.7—1989.1
郑凯平	团委书记	1989.1—1992.9
郑凯平	工会副主席	1993.7—1994.9
邹倩怡	团委副主席	1980.10—1984.8
刘鲁闽	团委书记	1985.12—1992
王超英	团委副书记	1985.12—1992
王鲁刚	团委书记	1992.7—1994.9
杨昌平	团委副书记	1992.7—1994.9

党群组织

中共组织　1988年6月24日，中共黔东南州民族林业学校党支部成立，孙洪祥任书记，徐国苏、严锦山任委员。8月29日，增补杨秀微、姚录林为支部委员。

1992年6月10日，黔东南州民族林业学校党支部委员换届选举，孙洪祥任书记，杨光周、秦念皖、梁志雄、徐国苏任支委。

1994年11月17日，成立黔东南州民族林业学校和黔东南州森工学校“合并”临时党总支委员会，孙洪祥任书记，秦念皖、梁志雄、杨光周、周季叔任委员。12月27日，黔东南州民族林业学校总支委下设4个支部，第一支部由徐国苏任书记，第二支部由杨爱群任书记，第三支部由吴朝银任书记，第四支部由王其佑任书记。

1995年4月12日，黔东南州民族林业学校党支部改选，徐国苏任第一支部书记，王贵生任第二支部书记，吴朝银任第三支部书记，王其佑任第四支部书记。

1997年12月6日，黔东南州民族林业学校党总支下属4个支部换届选举，徐国苏任第一支部书记，吴朝银任第二支部书记，王俊杰任第三支部书记，王其佑任第四支部书记。

1999年12月3日，选举产生中共黔东南州民族林业学校第一届委员会，由孙洪祥、王贵生、秦念皖、邰化彩、杨爱群组成，孙洪祥当选党委书记，王贵生当选纪委书记。

2001年4月20日，王俊杰任黔东南州民族林业学校第一支部支部书记，免去王贵生支部书记职务。

2002年10月2日，梁志雄任黔东南州民族林业学校第四支部支部书记。

1980年至1994年森工技校党支部书记、副书记一览表

表上4-2-5

姓　名	任职时间	职　务
欧阳毅	1980—1984	书　记
周季叔	1984—1994.9	书　记
王其佑	1984—1993.12	副书记
杜　梅	1993—1994.5	书　记

共青团组织 1988年黔东南州民族林业学校成立后，随即建立黔东南州民族林业学校团委，杜平任团委副书记，11月，杨爱群任副书记。

1992年7月2日，杨爱群任黔东南州民族林业学校第二届团委书记，周文俊任副书记。

1994年10月28日，两校领导小组召开会议决定，成立黔东南州民族林业学校临时团委会，杨爱群任书记，周文俊、王鲁刚任副书记。

1995年5月9日，王俊杰、杨忠分别担任黔东南州民族林业学校团委正、副书记。

1998年1月，王贵生、李胜儒分别担任黔东南州民族林业学校团委正、副书记。

工会组织 1988年10月，建立黔东南州民族林业学校工会组织，杨秀微任副主席。1992年12月，梁志雄任工会主席，王旭虹任副主席。

1994年10月28日，两校“合并”领导小组召开会议决定，成立黔东南州民族林业学校临时工会委员会，梁志雄任主席，鲍琳、王旭虹、郑周英任副主席。

1996年1月，第一届工会委员会选举产生，刘国琪任主席，赵小玲任副主席。

管理体系

1987年10月，从麻江县林业局调孙洪祥到黔东南州民族林业学校任副校长、主持工作。1988年5月28日，黔东南州民族林业学校正式建立黔东南州民族林业学校筹建工作领导小组，由孙洪祥、严锦山、徐国苏、刘国琪、郃化彩5人组成，孙洪祥任组长，徐国苏任副组长。1988年6月24日，中共黔东南州民族林业学校党支部成立，孙洪祥任书记，徐国苏、严锦山任委员。1988年8月15日，州林业局党组任命严锦山、刘焘分别任教务科正、副科长，姚录林、杜平分别任学生科正、副科长，杨秀微任总务科副科长，徐国苏任办公室主任。1989年5月6日，学校下发《黔东南州民族林业学校长及中层各科室岗位职责》，1992年3月23日，中共黔东南州委任命黔东南州民族林业学校领导班子，孙洪祥任校长，杨光周、秦念皖、梁志雄任副校长；1992年6月10日，中共黔东南州民族林业学校党支部委员换届选举，孙洪祥任书记，杨光周、秦念皖、梁志雄、徐国苏任支委，完善组织机构，逐步形成党支部（总支）领导下的校长负责制和“校长—副校长—科长”三级管理体制。

为适应社会主义市场经济发展的步伐，积极推进校内管理体制改革，引入竞争激励机制。学校管理体制改革，以人事、分配及职称评聘为重点，通过改革增强学校内部办学活力。改革奖金分配制度，实行按劳取酬。通过学生考评，同行考评和领导考评，对教职工德、能、勤、绩每年进行一次全面、严格、公正的考核，并结合个人承担的工作量、本人职务及学校创收情况分配奖励工资。改革职称评聘制度，以绩定职。对专业技术人员，实行技术职务评聘分开，对已获职称，但不能履行其相应职责经考核不称职的，可以降职低聘，或下岗待聘，其工资向下浮动，工作实绩突出和有突出贡献的，可低职高聘。改革学校人事制度。在合理定编的基础上，实行岗位责任制和聘任制。后勤服务实行半企业化管理，逐步过渡到企业化管理，提高办学效益，食堂、水电、校产、校区绿化，清洁卫生，治安管理均实行承包责任制；浴室、车队实行独立核算，半承包经营。校内财务实行包干制，做到宏观控制，微观搞活，各科室对办公费用实行包干，超额不补，节约自留。1999年11月，学校制定《关于实行教职工全员聘任制的暂行条例》和《教职工考勤考核奖惩条例》。2000年6月，学校制定《黔东南州民族林业学校教育教学改革方案》和实施细则。建立校长奖励基金，对教学、科研、创收等有显著成绩的，予以奖励。大力发展校办产业，走产教相结合的路子；以林工贸综合公司为龙头，以学校基地和校办实体为依托，实行自主经营、自负盈亏的经营原则，以经济效益为主服务于教学的承包责任制，对校办产业和兴办实体的从业人员，实行人员分流、工作脱钩、工资逐步断奶的原则。先后有潘德良、李骥承包学校林工贸综合公司；赵小玲、吴开岑兴办园林绿化公司；黄镇榕、石玉林等以园林教研室对外承接业务，逐步形成产教结合之路。2000年，学校出台《关于对校办公司从业人员的管理规定》，规范校办公司和兴办实体从业人员的管理。2001年9月，学校针对“招生难、经费难、就业难”的三难局面，进行分析和讨论，形成解放思想、更新观念、深化改革、促进发展的共识。深化学校教育改革，全面推进素质教育；加大教学改革力度，在盘活教育资源上下功夫，实行大专、中专、中技、普中、培训等多层次，开门办学、联合办学、技术服务、产教结合等多形式办学；推进学校内部管理体制改革，精简机构，实行定编、定岗、定员、定责、定奖惩的“五定”责任制。积极推进全员聘任制，推进后勤服务社会化，管理企业化；充分利用学校的土地和基地，因地制宜地搞产业开发，以教带产、以产助教、产教结合。

第三节　教师工作

教师队伍

学校成立之初，办学条件艰苦，教师队伍人员严重不足，缺乏必需的专业教师，州政府逐年从各县、州直部门选调人员和每年从优秀大学毕业生中分配到校工作，教师队伍人数逐步壮大、质量不断提高、德技双馨专业教学团队逐步形成。

基础教研室。苏晓红、郑凯平、王贵生、李欢、黄冬艳、包羽、杨昌平、李燕、黄显琴、刘云、文英兰、杨跃前、龙凡、申京娥、龙正和、潘德良、邹倩怡、曾小平、李骥、何晓雪、潘晓霞、刘潇、李明群、岑姜兰、陆轶、杨光华、甘翠仙、姚录林、郑周英、黄昌成、冷宁、刘鲁闽、黄俊明、吴兴琴、孔俊、罗萍、周康、黄世和、任传英、刘书玉。

专业基础教研室。闻芳、刘兴琴、赖建书、李魏飞、池明剑、王鲁刚、厉波、韦信祥、石玉林、张兴国、杨俏梅、张泽铨、刘进模、徐明佩、梁淑麟、熊雪琴、武曙红、杨胜顶、寥佩兰、余世界、龙应军。

专业教研室。黄镇榕、姜云平、吴开岑、李民和、周德才、潘秋红、赵小玲、王光生、朱元屏、杨亚琴、杨雪燕、吴静、万新屏、龙仲平、刘发富、李呈英、孙洪祥、秦念皖、梁志雄、周季叔、文合义、刘绍桃、唐永刚、杨剑华、杨积生、王勇、周文俊、石开玲、周传燕、张蓉。

至2001年，黔东南州民族林业学校有教职工125人（含离退休人员），其中高级职称23人、中级职称56人，形成政治教研组、语文教研组、数学教研组、理化教研组、体育教研组、英语教研组、测量测树教研组、树木生态教研组、森保教研组、林木栽培教研组、经营经理教研组、林业经济管理教研组12个专业教学团队。

表上4-3-1

1987年至2000年黔东南州民族林业学校历任教职工一览表

序号	姓　名	性别	出生年月	职　务	职　称	学历	调入时间	调入前单位
1	欧阳毅	男	—	党委书记	—	—	1980.09	州林汽
2	王家培	男	—	总务科长	—	—	1980	林业局
3	龙咸相	男	—	—	—	—	1980	州林汽
4	单洪根	男	1941.07	副校长	讲师	本科	1981.09	清水江木材水运局
5	孙洪祥	男	1941.12	校长	高级工程师	本科	1987.01	麻江县林业局
6	郜化彩	男	1952.03	副校长	讲师	大普	1987.07	镇远一中
7	吴开岑	男	1965.01	副科长	高级讲师	本科	1987.08	毕业分配

续表上4-3-1

序号	姓 名	性别	出生年月	职 务	职 称	学历	调入时间	调入前单位
8	朱元屏	男	1964.07	—	讲师	本科	1987.08	毕业分配
9	韦信祥	男	1965.03	—	讲师	本科	1987.08	毕业分配
10	黄镇榕	男	1964.09	—	高级讲师	本科	1987.08	毕业分配
11	周文俊	男	1965.12	—	讲师	本科	1987.08	毕业分配
12	张兴国	男	1959.08	—	高级讲师	本科	1987.12	雷公山保护区
13	严锦山	男	1933.08	科长	高级讲师	本科	1988.03	黔东南民族农业学校
14	徐国苏	男	1943.05	主任	高级讲师	本科	1988.03	黔东南民族农业学校
15	刘 焘	男	1935.02	副科长	高级讲师	本科	1988.03	黔东南民族农业学校
16	刘 云	男	1963.11	—	讲师	本科	1988.04	黄平二中
17	杜 平	女	—	副科长	—	本科	1988.05	州农业局
18	李 骥	男	1960.08	—	讲师	专科	1988.05	麻江县体改委
19	徐明佩	女	1944.04	—	高级讲师	本科	1988.05	黎平调入
20	杨剑华	男	1939.02	—	高级讲师	本科	1988.05	黎平林业局
21	杨春荣	女	1957.10	—	—	专科	1988.06	榕江县法院
22	郑周英	女	1942.12	工会副主席	—	本科	1988.06	州教育学院
23	杨再仙	女	1941.11	—	—	初卫	1988.06	森工技校
24	吴朝银	男	1946.09	副主任	工程师	中专	1988.07	从江林业局
25	王旭虹	女	1944.02	—	主治医师	中专	1988.07	麻江县防疫站
26	黄昌成	男	1964.05	—	讲师	本科	1988.07	凯里师范
27	李亚凤	女	1952.11	—	—	专科	1988.07	天柱师范
28	杨光华	男	1939.10	—	高级讲师	本科	1988.08	凯里三中
29	杨秀微	男	1937.04	科长	讲师	本科	1988.08	凯里民干校
30	姚录林	男	1939.10	科长	高级讲师	本科	1988.08	天柱二中
31	文英兰	女	1965.08	—	高级讲师	本科	1988.08	毕业分配
32	杨跃前	男	1966.01	—	—	本科	1988.08	毕业分配
33	石玉林	男	1965.02	—	高级讲师	本科	1988.08	毕业分配
34	池明剑	男	1966.06	—	讲师	本科	1988.08	毕业分配
35	潘晓霞	女	1965.10	—	讲师	本科	1988.08	毕业分配
36	蒋孝存	男	1948.07	—	—	中专	1988.08	州林场
37	姜宗秀	女	1944.10	—	—	初中	1988.08	森工技校
38	吴国铭	男	1945.01	—	—	中专	1988.08	天柱师范
39	唐合金	男	—	副主任	—	专科	1988.09	凯里四中
40	黄俊明	男	1964.09	—	讲师	本科	1988.09	凯里三中
41	甘翠仙	女	1949.01	—	讲师	大专	1988.09	麻江中学

续表上4-3-1

序号	姓　名	性别	出生年月	职　务	职　称	学历	调入时间	调入前单位
42	吴兴琴	女	1964.11	—	讲师	专科	1988.09	毕业分配
43	洪小平	男	1963.03	—	—	专科	1988.09	部队转业
44	欧阳克强	男	1958.10	—	—	专科	1988.10	锦屏固本学校
45	屈志勇	女	1947.04	—	会计师	中师	1988.11	凯里木材厂
46	杨爱群	女	1956.04	主任	—	大专	1988.11	天柱民中
47	冉明川	男	1970.07	—	—	中技	1988.12	凯里木材厂
48	王少春	男	1964.12	—	—	高中	1988.12	州林汽
49	申屏江	男	1960.06	—	—	初中	1988.12	凯里贮木场
50	严弟麟	男	1941.10	—	—	中专	1988.12	州林业局
51	单桢梅	女	1966.03	—	—	本科	1989.01	锦屏一小
52	杨光英	女	1954.09	—	—	专科	1989.01	州林工商
53	章志豪	男	—	主任	工程师	本科	1989.03	麻江县城建局
54	秦念皖	男	1944.08	副校长	工程师	本科	1989.08	台江县林业局
55	刘兴琴	女	1968.10	—	讲师	本科	1989.08	毕业分配
56	何晓雪	女	1953.11	—	讲师	专科	1989.09	织金一中
57	周　勇	男	1968.10	—	—	专科	1990.07	毕业分配
58	孔　俊	女	1968.04	—	讲师	本科	1990.07	毕业分配
59	李胜儒	男	1968.10	副书记	—	专科	1990.07	毕业分配
60	冷　宁	女	1968.10	—	讲师	本科	1990.08	毕业分配
61	武曙红	女	1968.03	—	讲师	本科	1990.08	毕业分配
62	龙仲平	男	1968.05	—	讲师	本科	1990.08	毕业分配
63	王　勇	男	1969.07	—	讲师	本科	1990.08	毕业分配
64	王贵生	男	1964.04	纪委书记	高级讲师	本科	1990.09	铜仁师专
65	曾小平	女	1962.08	—	讲师	本科	1990.09	凯里二中
66	吴　静	男	1968.08	—	讲师	本科	1990.09	毕业分配
67	吴宗林	男	1950.07	—	—	高中	1990.11	州建公司
68	林桂芬	女	1944.12	—	—	初中	1990.11	黔东南民族农业学校
69	赵小玲	女	1962.02	工会副主席	高级讲师	本科	1990.12	锦屏县委党校
70	申京娥	女	1960.11	—	高级讲师	本科	1991.06	瓮安劳改子校
71	杨　忠	男	1969.04	—	—	本科	1991.07	毕业分配
72	石开玲	女	—	—	—	本科	1991.07	毕业分配
73	李钰强	男	1965.11	—	—	专科	1991.07	从江丙梅中学
74	蒋黔灵	女	1953.06	—	—	专科	1991.08	黎平图书馆
75	刘　潇	女	1970.01	—	讲师	本科	1991.09	毕业分配

续表上4-3-1

序号	姓　名	性别	出生年月	职　务	职　称	学历	调入时间	调入前单位
76	杨积生	男	1969.01	—	讲师	本科	1991.09	安徽调入
77	莫宇英	女	1971.12	—	—	大专	1992.02	参加工作
78	杨光周	男	1956.02	副校长	—	大普	1992.03	榕江县委组织部
79	梁志雄	男	1936.07	副校长	工程师	本科	1992.03	锦屏政协
80	杨俏梅	女	1970.02	—	—	本科	1992.07	毕业分配
81	欧朝萍	女	1958.11	—	—	中专	1992.08	麻江县文化局
82	潘德良	男	1968.11	—	讲师	专科	1992.10	毕业分配
83	厉　波	男	1964.10	—	高级讲师	本科	1992.12	州农牧局
84	王光生	男	1968.12	—	讲师	本科	1993.09	毕业分配
85	赖建书	男	1970.11	—	讲师	本科	1993.10	毕业分配
86	周季叔	男	1936.03	—	高级讲师	本科	1994.04	森工技校
87	文合义	男	1935.07	—	高级讲师	本科	1994.04	森工技校
88	张泽铨	男	1941.09	—	高级讲师	本科	1994.04	森工技校
89	刘进模	男	1941.07	—	高级讲师	本科	1994.04	森工技校
90	李呈英	女	1956.11	—	讲师	专科	1994.04	森工技校
91	刘绍桃	女	1954.05	—	讲师	专科	1994.04	森工技校
92	姜云平	男	1964.02	副科长	高级讲师	本科	1994.04	森工技校
93	潘秋红	女	1966.10	—	讲师	本科	1994.04	森工技校
94	万新屏	女	1968.03	—	讲师	本科	1994.04	森工技校
95	刘发富	男	1968.09	—	讲师	专科	1994.04	森工技校
96	郑凯平	男	1961.09	—	高级讲师	本科	1994.04	森工技校
97	黄冬艳	女	1962.10	—	讲师	专科	1994.04	森工技校
98	包　羽	男	1964.12	—	讲师	专科	1994.04	森工技校
99	杨昌平	男	1967.07	—	讲师	专科	1994.04	森工技校
100	李　燕	女	1970.01	—	讲师	专科	1994.04	森工技校
101	黄显琴	女	1970.10	—	讲师	专科	1994.04	森工技校
102	龙　凡	男	1964.12	—	讲师	本科	1994.04	森工技校
103	邹倩怡	女	1959.05	—	讲师	专科	1994.04	森工技校
104	李魏飞	女	1965.04	—	高级讲师	大学	1994.04	森工技校
105	王鲁刚	男	1966.03	—	讲师	大学	1994.04	森工技校
106	梁淑麟	女	—	—	讲师	—	1994.04	森工技校
107	熊雪琴	女	1939.07	—	高级讲师	—	1994.04	森工技校
108	杨胜顶	男	—	—	—	—	1994.04	森工技校

续表上4-3-1

序号	姓　名	性别	出生年月	职　务	职　称	学历	调入时间	调入前单位
109	吴晓凤	女	1957.07	—	—	中师	1994.04	森工技校
110	邱　玲	女	1955.03	—	—	中专	1994.04	森工技校
111	肖林榕	男	1954.05	副科长	—	高中	1994.04	森工技校
112	王超英	女	1959.09	—	—	科专	1994.04	森工技校
113	宋　敏	女	1957.03	副科长	—	专科	1994.04	森工技校
114	吴传福	男	1957.08	副科长	—	中专	1994.04	森工技校
115	贺代敏	女	1962.07	—	—	中专	1994.04	森工技校
116	罗桂花	女	1961.10	—	—	中专	1994.04	森工技校
117	张银忠	男	1960.03	—	—	初中	1994.04	森工技校
118	胡正金	男	1949.10	—	—	高小	1994.04	森工技校
119	李义香	女	1966.11	—	—	中专	1994.04	森工技校
120	杨卫民	女	1957.12	—	—	中专	1994.04	森工技校
121	杨桂英	女	1953.02	—	—	中专	1994.04	森工技校
122	陈兰英	女	1961.11	—	—	小学	1994.04	森工技校
123	罗春梅	女	1954.01	—	—	中师	1994.04	森工技校
124	陆跃进	男	1958.02	—	—	高中	1994.04	森工技校
125	黄润军	男	1949.06	—	—	初中	1994.04	森工技校
126	孙继武	男	1927.08	校长	—	高中	1994.04	森工技校
127	王其佑	男	1933.10	副校长	—	—	1994.04	森工技校
128	陈派林	男	1926	—	—	文盲	1994.04	森工技校
129	张心梅	女	1945.10	学生副科长	—	初师	1994.04	森工技校
130	王金付	男	1930	—	—	高小	1994.04	森工技校
131	罗远平	女	1937.05	—	—	—	1994.04	森工技校
132	张元发	男	1936.02	副校长	—	中专	1994.04	森工技校
133	鲍　琳	男	1939.01	工会主席	—	高小	1994.04	森工技校
134	胡正金	男	1949.10	—	—	—	1994.04	森工技校
135	杜　梅	女	—	团委书记	—	—	1994.04	森工技校
136	王俊杰	男	1962.11	副主任	—	本科	1994.05	凯里市印刷厂
137	李　欢	女	1963.11	—	高级讲师	本科	1994.11	从江中学
138	吴文海	男	1963.10	—	讲师	专科	1994.11	三穗瓦寨中学
139	苏晓红	女	1972.11	—	讲师	本科	1995.08	毕业分配
140	龙应军	男	1971.05	—	—	本科	1995.08	毕业分配
141	周传艳	女	1973.06	—	—	本科	1995.08	毕业分配

续表上4-3-1

序号	姓　名	性别	出生年月	职　务	职　称	学历	调入时间	调入前单位
142	李民和	男	1971.02	—	高级讲师	本科	1995.09	毕业分配
143	陆　铁	男	1972.09	—	讲师	专科	1995.10	调出
144	刘国琪	男	—	—	—	—	1995.10	森工技校
145	黄　擎	女	1973.06	—	—	大学	1995.11	毕业分配
146	唐志伟	男	1963.05	—	—	高中	1995.12	红州无线电厂
147	李光云	女	1946.08	—	—	初中	1996.03	林业工程公司
148	杨雪燕	女	1974.02	—	讲师	本科	1996.07	毕业分配
149	唐子婷	女	1972.01	—	—	大学	1996.09	毕业分配
150	李明群	女	1972.07	—	—	本科	1996.10	毕业分配
151	周德才	男	1966.08	—	讲师	本科	1996.10	西藏农牧学院
152	龙政和	男	1973.04	—	—	专科	1996.12	毕业分配
153	闻　芳	女	1972.10	—	讲师	本科	1996.12	毕业分配
154	张柳青	女	1974.08	—	讲师	专科	1997.07	毕业分配
155	岑姜兰	女	1975.12	—	—	专科	1997.10	毕业分配
156	杨亚琴	女	1973.11	—	讲师	本科	1997.10	毕业分配
157	唐永刚	男	1974.03	—	—	本科	1998.02	毕业分配
158	张　蓉	女	1972.05	—	—	本科	1998.04	广东清远
159	朱恒亮	男	1960.12	—	—	高中	1998.09	州武警支队转业
160	王有林	男	1976.01	—	—	本科	2000.02	毕业分配
161	董平慧	女	1976.03	—	—	本科	2000.12	毕业分配
162	龙先兰	女	1978.01	—	—	本科	2000.12	毕业分配
163	刘鲁闽	男	—	—	—	专科	—	毕业分配
164	罗　萍	女	—	—	—	专科	—	麻江中学
165	周　康	男	—	—	—	专科	—	毕业分配
166	黄世和	男	—	—	—	—	—	炉山中学
167	任传英	女	—	—	—	—	—	麻江调入
168	刘书玉	女	—	—	—	—	—	凯里一中
169	寥佩兰	女	—	—	—	—	—	森工技校
170	余世界	男	—	—	—	—	—	森工技校
171	龙玉莲	女	1946.12	—	—	高小	—	锦屏
172	杨焕荣	男	—	—	—	—	—	退伍安置
173	郭昌宗	女	—	—	—	—	—	羊坪贮木场
174	刘梅清	男	—	—	—	—	—	森工技校
175	吉　胜	男	—	—	—	—	—	林堪院

教师培养

学校新建之初，每年都要接收一批青年教师。这些青年教师精力充沛、学历层次较高、工作热情高，但经验不足，学校采用多种形式和途径为青年教师提供锻炼的舞台，促使其脱颖而出，成为学校教学的骨干力量。

培养目标。“德高、技精、现代”。为使青年教师培养工作有条不紊地进行，学校围绕“德高、技精、现代”（德高，品德高尚行为示范；技精，懂理论会实操；现代，掌握现代教育理论和能运用现代教育技术）的培养目标，制定青年教师培养方案。

培养内容。学校为培养对象创造条件，提供机会，营造氛围，搭建平台。

培养对象。新分配的教师及刚走上工作岗位不久的教师。

培养方法及措施。学校本着注重能力、讲求实效、更新观念、形成特色的原则。

加强青年教师的基本功训练。定期开展青年教师“一话”（普通话）、“一板”（板书）“一课”（怎样上好一堂课）为主要内容的教师职业技能和基本功学习。

加强青年教师的教育教学理论培训。每学期组织青年教师进行1～2次理论学习。学习部颁指导性《教学大纲》及国内外最新教育教学动态。

“传帮带”典型引路，示范带动。为青年教师精心挑选“教学导师”，开展一帮一活动。不定期组织青年教师听示范课（学校优秀教师），当场点评，发表感受，记录学习心得，要求年轻教师每周至少听课一节。提倡基础课青年教师跨学科、跨专业听课，从各学科中取之精华，吸收各学科之所长，同时了解各专业情况，更好服务专业教学。

落实集体备课制度。学校固定每周二下午为教研活动时间，由各教研室主任组织本室教师开展集体备课。备课要做到“三定”，即定时间、定内容、定教案。

跟踪听课，提高新教师的课堂教学技能。为检查教师的备课情况，学校除了教务检查教师上课情况外，学校领导和业务领导还经常一起到年轻教师班中听课。听后及时评课，指出优点，点明不足，让新进教师看到希望，体验成功的快乐，促进每位教师备好课。

为青年教师搭建专业实践锻炼的平台。让青年教师到基层林业站和林场参加实际工作，提升专业能力；学校向州林业局及各县市林业局承接各种林业生产、森林资源调查、森林经营方案编制、营林规划设计、造林检查验收等生产任务，给青年教师提供各种锻炼的机会。

“走出去”参加各级各类培训和联系高校开展专科进修。学校除选派青年教师参加部省州举办的各级各类培训外，经个人申请学校同意后，学校或个人联系相关高校科研院所进修学习。

“请进来”对青年教师进行科研教育教学改革和撰写论文讲座。邀请国内外知名专家学者到校开展科研教育教学改革等相关课题讲座，聘请在论文撰写方面有特长的教师指导青年教师学习撰写的技巧。对如何取材、立意、论证，如何对自己教学经验进行总结提炼等进行指导，从而提高青年教师论文撰写水平。

第四节　学生工作

学生管理

1988年9月10日，黔东南州民族林业学校正式建立、实现建校与招生的同步进行，开启中专学生管理阶段。制定《黔东南州民族林业学校学籍管理办法（试行）》。

1990年2月21日，黔东南州民族林业学校下发《关于加强班主任工作的决定》，明确了班主任是在学生科直接领导下，代表学校对学生教育管理的德育教师；班主任必须由政治素质好、业务能力强、热心于学生管理工作的教师或管理干部担任；班主任要履行班主任工作职责，勤奋工作和创造性地劳动；为保证班主任工作相对稳定，班主任的工作调动一律经学校批准；学校设班主任学期奖，以肯定和鼓励班主任工作；学校将是否当过和当好班主任，作为教师和管理干部转正、定级、技术职称晋升、评选先进等方面考核的重要依据；每月学生科要召开一次班主任工作汇报会，总结和研究班主任工作中的经验和问题。

1991年3月30日，黔东南州民族林业学校下发《黔东南州民族林业学校班主任工作量化考核方案（试行）》。方案规定班主任工作量化考核的意义、有关要求、具体内容、办法、津贴和班主任工作的有关奖惩。班主任工作量化考核的具体内容包括：每月必须对全班学生上4次德育课或召开4次班会；班级学生出勤考核；班主任每周必须值日一天；每两周召开一次班主任例会；每周一按时上交班主任常规登记表；每月按时上交学生操行评分表；每周进行清洁卫生评比；另有好人好事、违规违纪等行为给予加、减分奖惩。

1992年9月，黔东南州民族林业学校作出《关于加强值周工作的决定》，成立以校长、支委组成的值周小组。

品德教育

学校始终坚持社会主义办学方向，按“三个面向”的要求改革德育教育方法和补充教学内容。学校党组统一组织领导学生德育工作，成立专门的领导小组，共青团、学生科、政教组具体负责，利用每周政治学习时间，进行爱国主义、集体主义、社会主义教育，学习党、团基本知识和马列主义、毛泽东思想及建设有中国特色社会主义理论，坚定信念，树立良好的校风、学风。同时开展校训“尊师重教、敬业兴林、团结奋进、务实创新”教育。以业余团校为载体，加强学生思想政治工作，推动校园精神文明建设。每学期开办3～4期业余团校，1～2期业余党校，增进广大团员、青年对党团知识及邓小平建设有中国特色社会主义理论的系统了解。学校开设美育课，培养学生正确的审美观念和较强的审美能力，陶冶学生高尚的道德情操。开展健康文明的集体活动，寓教于乐，丰富校园文化生活。实行班组值周，增强学生劳动观念，净化校园环境，增强环境育人效应。

文体活动

1991年9月2日，黔东南州民族林业学校举办建校后的首次绿化知识竞赛，1892班获第一名，1881班获第二名，6881班获第三名。副州长单洪根，原州林业局局长申太和应邀到现场观看比赛，并为获奖班级颁奖。

1992年3月1日，吴凡、吴长青、刘运锋三位同学代表黔东南州民族林业学校参加全州绿化知识竞赛，获得中专、中技组第一名。

1992年5月16日至20日，黔东南州民族林业学校学生男女排球队、乒乓球队参加全州首届大中专、中技学校排球、乒乓球运动会，男子排球队获第五名。

1992年6月16日，黔东南州民族林业学校刘运锋、吴敬荣等三位同学代表州林业系统参加凯里地区“国土杯”知识竞赛，获得一等奖。

1993年12月4日至5日，黔东南州民族林业学校举办第二届田径运动会。

1993年12月27日，在全州第二届大中专、师范、中技文艺会演中，黔东南州民族林业学校获得团体总分第三名。

1994年11月18日，黔东南州民族林业学校举办并校后首届田径运动会，有24个教学班的130名学生参加。

1994年12月9日，为纪念“12·9”学生运动59周年，黔东南州民族林业学校团员青年参加团州委举办的“大型无伴奏歌咏比赛”及十八岁成人宣誓活动。

1997年4月至7月，黔东南州民族林业学校先后举办迎香港回归知识竞赛、演讲比赛、文艺晚会等系列活动。

1997年10月22日，黔东南州民族林业学校学生陈茹、杨敏、梁沙沙、文秋敏、吴毅、张江华在宋敏、李欢老师的带领下，代表黔东南州参加贵州省性鹊书会曲艺比赛，获编导、演出三等奖。

2001年6月26日至28日，黔东南州民族林业学校代表队参加全州庆祝建党80周年歌咏比赛，获得二等奖。

招生毕业

在经济转型的大趋势下，由计划招生、计划分配逐步走向计划招生、“双向选择、自主择业”。从1995年开始全面贯彻党的教育方针，主动适应经济建设和社会发展的需要，国家任务招生实行按需培养，供需见面，双向择优录用；委培生按合同就业，计划内自费生逐步实行自主择业。1998年，以全州中专教育改革与发展研讨会在黔东南州民族林业学校召开为标志，将招生就业工作纳入学校工作重点，以适应市场经济大潮下的招生就业工作。2000年1月，学校决定对招生工作进行改革，解决面临招生困难的问题，采取相应的举措：加大招生宣传力度；招生地域由州内向州外、省外拓展；培养目标要贴近人才市场需求，积极申报和开办新专业；组织专门班子，积极作好毕业生推荐就业服务工作；探索产教结合的办学新路。

1988年9月10日，黔东南州民族林业学校首批招生90人。1989年9月，招生122人。1990年9月，招收新生80人。1991年8月，招收新生120人。1992年7月，学校首届毕业生85人，同时招生120人。1993年9月，学校实行招生改革制度，招收林经高中自费生80人，林业、林业实践班80人，毕业生117人。1994年9月，并校后完成计划招生340人，其中中专生160人、技工180人；毕业生85人。1995年10月，招生268人，其中中专生160人、技工108人；中专毕业生200人、中技毕业生305人。1996年9月，招生293人，其中中专生200人、中技生93人；中专毕业生197人、中技毕业生292人。1997年9月，招生283人，其中中专生200人、中技生83人；中专毕业生85人、中技毕业生178人。1998年9月，招生143人，其中中专生125人，中技生18人；中专毕业生149人、中技毕业生108人。1999年9月，招收中专生203人，中技停止招生；中专毕业生150人、中技毕业生88人。2000年9月，招收中专生193人；中专毕业生154人，中技毕业生73人。2001年9月，招生110人，实到29人；中专毕业生165人、中技毕业生18人。

第五节　教育教学

教育体制　全日制中等专科学校（初中4年制、高中2年制）。1993年，将林经专业的学制由初中4年改为高中2年和初中3年，同年开始招收3年制林业实践班。

专业设置　1988年，开设林业、林业经济管理专业，在林业专业开办森林资源管理、园林方向专门化班，2000年，新增园林专业、经济林专业。

教学计划　执行林业部颁布的中等专科学校专业教学指导计划，同时，按照培养目标，本着实际、实用、实效的原则，结合生产特点，编制实施性教学计划和教学大纲。

教学制度　学校为实现人才培养目标、保证教学有序进行，先后出台一系列教学管理制度，确保人才培养质量。主要有：教师教学工作规范；教学调度和教学纪律规范；期中教学检查内容及要求；

教学进程表、课程表的编制和调、代课管理办法；教师任课、兼课暂行规定；实践教学监督制度；教学档案管理制度；教研室工作制度；实验室管理办法等。

教学措施　主要采取以下5个方面的措施。

改革办学体制，实行多渠道、多层次、多形式办学，增强办学活力。黔东南州民族林业学校属州级中专学校，积极推进办学体制改革。基本实现办学经费的多渠道投入，即基本建设投资以部、省、州林业主管部门为主，学校自筹为辅；改善办学条件和职工生活福利待遇，以学校创收解决为主，办学单位支持为辅。在办学层次上，基本形成大专、中专、中技、培训四个层次，办学层次通过内涵挖潜发展，逐步推进外延扩大，与贵州大学联合开办大专学历班。1996年，经济林函授大专班正式招生，并在黔东南州民族林业学校建立贵州农学院黔东南函授站，逐步拓宽函授专业；与外地和外校联合，开办林业技工班；与劳动部门联合，为发达省区和厂矿企业开办劳务输出岗前培训班；与州、县林业部门联合，开办岗位和各种业务技能培训班。1995年6月，开展全州林业技术工人技术等级培训鉴定，培训鉴定技术工人1100名；1996年至1997年，承担全州经济林培训任务，完成榕江、从江、天柱、锦屏、岑巩、剑河、台江、黎平、丹寨9县12期经济林培训任务，培训干部职工585人；1998年至1999年，与州、县林业局配合对林业部在黔东南州帮扶的7个国家级贫困县，开展以岗位和行业为主的脱贫培训，开办54期，培训2160人次。

调整专业设置，拓宽服务面向。适应黔东南州林业“两大”体系和“十大基地”建设的需要，黔东南州民族林业学校的专业设置按照“一稳、二调、三建”的原则计划安排。“一稳”即是对现有的林业和林业经济管理两个专业进行巩固、完善和提高，充分体现专业特色；“二调”即是新专业未建之前，以现有的两个专业招生，通过教学计划，课程设置的调整与倾斜，开办经济林、林政资源管理、园林、财会、审计等专门化班；“三建”即是争取在“九五”期间建起经济林、园林、果树与林业、森林资源管理、多种经营、木材加工、林产化工、林业财务会计、审计等专业。

修订教学计划，突出实践性教学。为满足人才市场的需求，黔东南州民族林业学校对两个专业的原教学计划在教学内容和课程结构等方面进行必要的调整，加大实践性教学比重（含实验实习、教学实习、生产实习和社会调查等），争取理论教学与实践教学比例达1：1，精简与全州林业生产不相适应的内容，适当增加地区性乡土教材，教学实习时间结合林业生产特点和季节进行灵活安排，毕业生产实习均安排在最后一个学期。1993年，学校把林经专业的学制由初中4年改为高中2年和初中3年，开始招收3年制林业实践班。同时，自编教学计划和实施性教学大纲，通过几年实践效果较好。

实行“双证”制度，提高学生素质。职业技能等级资格证书是衡量劳动者素质和技能的技术文件，1994年，国家第四十二技能鉴定站在黔东南州民族林业学校挂牌成立，这是贵州省唯一的林业技能鉴定站。是年开始，实行毕业证书和职业技能等级资格证书“双证制”，并将各专业的应知、应会内容纳入教学计划，通过对学生进行技能强化训练，98%以上的中技生取得中级工的技术等级证，100%的中专生获得技能等级资格证书。“双证制”实施后，毕业生的素质明显提高，社会适应能力明显增强，大部分学生在新的工作岗位发挥业务骨干作用。

结合生产任务，组织生产实习。黔东南州民族林业学校的校园面积8.87万平方米，校内仅有供课堂实习的小果园、小树木园和小苗圃。经与有关县市林场签订合同，作为学校长期的校外实习基地，丰富实习内容，提高实习效果。这些挂钩单位有什么生产任务，学校主动参加，帮助完成；学校有什么实习任务，这些单位亦积极帮助。毕业生产实习采取承接生产任务或与专业技术服务相结合的办法进行组织，主动与有关局、场、站联系，让学生直接参与生产实践。几年来，先后承担森林资源清查、造林检查验收、森林经营利用方案作业、设计、树种资源清查等工作，达到实习与技术服务、社会实践的有机结合，既解决实习场地难的问题，又给学校带来创收，走出一条学用结合，产教结合，自我创收，自我发展办学的新路子。

第六节　科研成果

2001年，黔东南州民族林业学校设立政治教研组、语文教研组、数学教研组、理化教研组、体育教研组、英语教研组、测量测树教研组、树木生态教研组、森保教研组、林木栽培教研组、经营经理教研组、林业经济管理教研组12个专业教学科研团队，主要承担黔东南州民族林业学校教学研究和林业生产应用性的研究。先后承担的科研任务有：雷公山自然保护区九十九工区森林资源规划设计调查；国营老东寨林场森林资源规划设计调查；雷公山自然保护区九十九工区森林经营方案；国营老东寨林场森林经营方案；台江南宫植物名录；镇远、黄平、施秉、从江等县造林检查验收。

发表的论文主要有：姜云平1999年4月在《中等林业教育》发表《角规测树技能考核探讨》，2000年1月在《中等林业教育》发表《“标准地与样地”比较法教学探讨》，吴开岑发表《浅谈黔东南州经济林发展的现状及对策》《岑巩县柿资源现状及开发利用措施》《中专教育改革的思考》；黄镇榕发表《提高“林业经济管理学”教学质量的探讨》《森林调查课的六字教学法》；厉波2000年3月在《中等林业教育》发表《浅谈测量学中的“数据”教学》，张兴国1998年在《黔东南民族师专学报》发表《培养学习兴趣，调动学生积极性是提高教学质量的关键》，1999年在《贵州林业科技》发表《黔东南的竹种资源及分布用途》；郑凯平1999年3月在《黔东南民族师范专科学报》发表《论中专学生数学逻辑思维能力的培养》，1999年6月在《贵州教育》增刊发表《浅谈不等式的证明方法和技巧》，1999年6月在《贵州教育》增刊发表《理解记忆在中专数学教学中的应用》等。

此外，黔东南州民族林业学校还承担部分社会培训任务：1992年10月黔东南州首届乡镇林业人员培训班结业37人；1995年全州林业技术工人培训三期共1100人次；1996年至1997年全州经济林培训12期586人次。1998年至1999年与州、县林业局配合，对林业部帮扶的7个贫困县开展脱贫培训54期2160人次。

第七节　设施建设

2002年四校合并前，黔东南州民族林业学校占地面积8.83万平方米，校舍总面积2.41万平方米，其中教学及辅助用房9648平方米，实验楼1520平方米，学生宿舍4062平方米，办公楼1000平方米，教职工住宅5408平方米，其他用房2415平方米。建有相关学科实验室11个，有微机室、图书资料室、阅览室等，藏书4万余册；有田径场1个和篮球场4个。

学校有校内实习苗圃2万平方米，先后与丹寨、雷山、台江、从江、榕江、黄平6个县林业局林场签订深度校企合作协议，有生产性校外实习基地8片340.8万平方米。

中篇

学院

第一章　党群组织

第一节　中共学院党委

沿　革

2002年3月27日，州党干任〔2002〕88号通知，建立中共黔东南民族职业技术学院委员会，曾纪长任党委委员、书记；余晓林、李炳昌任党委委员、副书记；陈道明任党委委员；王贵生任党委委员、中共黔东南民族职业技术学院纪律检查委员会委员、书记（副县级）。

2004年12月20日，黔干任〔2004〕366号通知，组建中共黔东南民族职业技术学院委员会，余晓林任委员、书记。

2005年1月14日，黔东南干任〔2005〕2号通知，曾纪长任学院党委副书记，不再担任学院党委书记职务。

2007年7月20日，黔干任〔2007〕301号通知，余晓林任凯里学院党委委员、纪委书记，免去其学院党委书记、委员职务。11月2日，黔东南干任〔2007〕165号通知，陈文祥任学院党委委员。

2008年4月18日，黔东南干任〔2008〕43号通知，王贵生任中共黔东南民族职业技术学院纪律检查委员会书记（正县级）。6月20日，黔干任〔2008〕204号通知，王家祥任学院党委委员、书记。12月，黔东南干任〔2008〕160号通知，潘盛荣任学院党委委员、副书记。

2010年3月，陈文祥调黔东南州科技局。8月20日，黔东南干任〔2010〕221号通知，姜达峻任学院党委委员。

2011年2月18日，黔东南干任〔2011〕33号通知，曹庆旭任学院党委委员。

2013年11月，陈文祥调任学院党委委员、副书记。

2014年6月14日，黔东南干任〔2014〕149号通知，杨玲任学院党委委员。

2015年5月18日，黔干任〔2015〕261号通知，张恩莲任学院党委委员、书记，王家祥不再担任学院党委书记、委员职务。5月，黔东南干任〔2015〕149号通知，罗春寒任学院党委委员。

2016年8月23日，黔东南干任〔2016〕349号通知，潘盛荣调任黔东南州教育局调研员。

2018年6月8日，黔东南干任〔2018〕146号通知，杨文富任学院党委委员、纪委书记；吴如金任学院党委委员。6月28日，黔东南干任〔2018〕153号通知，吴一生任学院党委委员、副书记；龙军任学院党委委员、宣传统战部部长。

2019年12月31日，黔干任〔2019〕864号通知，邱兴萍任学院党委委员、书记；张恩莲不再担任学院党委书记、委员职务。

2020年1月10日，分别根据黔东南干任〔2020〕40号、黔府任〔2020〕2号通知，杨玲任学院党委副书记、院长，陈文祥不再担任党委副书记、委员、院长。9月3日，黔东南干任〔2020〕765号通知，曾令波任学院党委委员、组织部部长。

代表大会

2015年6月27日至28日，中国共产党黔东南民族职业技术学院第一次代表大会召开。出席会议的正式代表100名，列席人员1名，来宾7名。贵州省委督导组组长、贵州大学党委常委、纪委书记汪海波到会指导；黔东南州委常委、组织部部长张定超受州委书记李飞跃委托，在开幕式上讲话；党委书记张恩莲代表学院党委作《全面深化改革　加快内涵发展　为建成国内一流水平高职院校而奋斗》的工作报告；纪委书记王贵生代表学院纪委作《强化监督执纪问责　铸造风清气正环境　为建设国内一流水平高职院校提供坚强纪律保证》的工作报告。

大会的主题是：以邓小平理论和“三个代表”重要思想为根本指针，深入贯彻党的十八大和十八届三中全会精神，全面贯彻党的教育方针政策，解放思想，实事求是，与时俱进，开拓创新，深化教育改革，加快学院发展，为建成全国一流高职院校而努力奋斗。

大会审议并通过《中国共产党黔东南民族职业技术学院委员会工作报告的决议》和《中国共产党黔东南民族职业技术学院纪律检查委员会工作报告的决议》。选举产生中国共产党黔东南民族职业技术学院第一届委员会，由张恩莲、陈文祥、潘盛荣、王贵生、曹庆旭、杨玲、罗春寒7人组成；选举产生中国共产党黔东南民族职业技术学院第一届纪律检查委员会，由王贵生、杨文富、田景德、石开鹏、吴勇5人组成。在第一届委员会全体会议上，张恩莲当选书记，陈文祥、潘盛荣当选副书记；在第一届纪律检查委员会全体委员会议上，王贵生当选书记、杨文富当选副书记。

党委会议

学院自建立党委以后，不定期地召开全体委员会议，研究决定学院重大事项。

2002年至2007年党委会议　2002年4月3日，会议研究确定院领导班子成员分工事宜：曾纪长主持学院全面工作，若因公务外出时，由余晓林主持学院全面工作；余晓林具体分管教务、学生、保卫等方面工作；李炳昌负责招生就业、人事等方面工作；陈道明负责行政、计划财务、后勤等方面工作；王贵生负责纪委及工、青、妇等方面工作；学院设立行政办公室、招生就业指导办公室，工作人员由原四校推荐；行政办公室和招生就业指导办公室分别由杨爱群、张兴权负责牵头开展工作。

4月5日，州委副书记杨正国，州委常委、组织部部长李碧川代表州委召开学院第一次党委班子成员谈话会，要求党委班子成员要充分认识办好学院的意义；要用全新的科学管理机制，促进学院发展壮大；尽快建立健全学院规章制度；及时做好教职工思想工作，平稳过渡。

7月24日，会议研究开展学生助学贷款，新学年集中统一管理相关制度，学院编制机构设置事宜。

10月9日，会议研究明确胡松列席党委会和院长办公会；成立资产清理办公室；组建总务办公室和基建办；选派教师下乡支教；调整领导班子成员分工，李炳昌分管教务、学生、招生、就业、保卫工作，陈道明分管办公室、组织人事、总务、财务工作；组建产业办，罗贤光任主任。

12月24日，会议研究确定设立综合办公室；厘清各校人事关系，研究学院内部人事制度改革；研究与上海南湖学校开展联合办学事宜。

2003年1月6日，会议研究确定规范学院财务管理规定；合理设置各类高职专业；加强放假后学院安全保卫工作；相关处室提前做好春季招生工作准备。

2月11日，会议研究确定：学院2003年党委工作要点，学院党政二级机构设置事宜。

4月7日，会议研究确定：明确赴贵阳、兴义、昆明考查兄弟学院办学经验，明确美容中心继续由原黔东南州卫生学校管理，明确附属中学选址在原森工技术学校教学楼开展工作，安排部署“非典”防治工作。

9月12日，会议研究决定对医卫系实训室进行改造维修；明确拟提拔李钰强任驾驶学校校长，周尚智任学院办公室副主任。

10月11日，会议研究确定：学生助学、奖学金评选办法，明确驾驶学校收费相关制度，增加驾驶学校培训车辆，进一步明确产业办人员工作任务，抓紧制定学生食堂相关管理制度。

12月5日，会议研究确定：成立学院红十字会，余晓林任会长，王贵生任副会长，舒选璧任办公室主任；成立学院学生申诉处理委员会，王贵生任主任，舒选璧任办公室主任；听取关于部分中层干部考察的情况汇报；明确学院人事制度改革方案；召开教职工代表大会、职代会相关事宜；原则同意各系推荐团委负责人人选。

12月27日，会议听取考察组对人事处副处长、教务处副处长、总务处副处长、学生处副处长、信息工程系副主任、武装部副部长、保卫处副处长、学报编辑部主任、审计科科长9个正科级岗位10名考察对象，以及驾校副校长副科级岗位2名考察对象的重点考察情况汇报，在充分讨论形成共识的基础上，通过投票表决，决定任命。

2004年1月13日，会议研究2013年度考核工作及财经系预备党员转正。

6月25日，会议研究发展党员及预备党员转正。

8月3日，会议研究：阳光工程，国家发改委引进资金项目，农村劳动力转移培训项目，学院内设机构编制问题，高中部搬迁到生态工程系校区，教师节安排。

9月1日，会议研究：教师节慰问，林学系与产业实体的关系处理，各实体收益的处理。

12月23日，会议专题研究党员发展对象。

2005年3月23日，会议研究：人事考核，学校成立统战部问题，政工师评聘问题，职工内退问题。

2006年2月19日，会议研究：成立后勤服务集团，安排推荐党外少数民族干部工作，调整学费标准，竞聘岗位事宜。

3月16日，会议研究：经费使用，财务综合管理办法。

6月29日，会议研究：教师培养工作，学分制度，骨干教师选拔培养办法，学科带头人选拔培养办法，学术津贴问题。

7月12日，会议研究：下学期学生住宿安排，假期对各校区进行必要的维修，建立各校区医务室；成立组建学生资助中心；传达全省招生工作会议精神。

8月29日，会议通报陈道明退休有关事宜；决定组建成立新校区建设领导小组，院长任组长，李炳昌、陈道明任副组长，下设办公室，罗贤光任主任；收回“满园春”用房；停薪留职人员的处理事宜，新进教师到位到岗情况。

9月1日，会议研究：明确教师节费用；教师节表彰名额分配，其中，班主任占15%、教师占12%、行政占8%；明确老年协会每年3000元经费。

10月30日，会议研究：组建党建工作领导小组；明确业余党校培训相关工作；同意医卫系党总支发展的党员；开展评估工作总结。

12月20日，会议研究：成立学生资助中心，由王贵生分管此项工作；创建红十字会示范校工作；明确老年协会有关活动经费；明确鸭塘驾驶训练场建设工作；同意将别克车以10万元处置，并报州资产办；安排“五五普法”规划有关工作；同意学生勤工俭学带队教师的补助；安排2006年招生工作总结表彰大会；研究政府拟确定原黔东南民族农业学校校区转让凯里八小事宜。

2007年2月24日，会议研究新一轮竞聘上岗与内部分配方案。

3月6日，会议研究：明确新一轮竞聘各部门岗位设置；明确总务处，后勤集团的协调管理机制；明确组培中心管理分配方案；明确驾驶学校目标管理，在2006年基础上增加10%；明确2007年招生完成任务2050人。

4月4日，会议研究：2007年内部分配应划拨资金；明确一名院领导参加省教育厅组织赴英国高级校培训班；明确高级人才待遇，博士补贴2.5万元、手提电脑一台、150平方米住房一套；决定在中层以上干部中开展联系班级制度；组建学院外事办。

6月23日，会议研究：“七一”表彰大会议程；推荐全国优秀候选人名单。

9月6日，会议研究：学院年度评优工作，原则同意各系各部门上报评定结果，教务、成教、督导各评选一名；对学院中层干部进行调整。

2008年党委会议　2008年召开党委会议15次，其中主要有：

2月23日，会议研究：进一步推进新校区建设；决定27日召开中层干部大会，安排开学事宜；各部门统计雪灾损失，并上报情况；明确本学期工作要点。

3月1日，会议研究：明确富源公司人员的安排处理，部分辞退人员的处理，聘用人员的使用事宜，绿化公司人员的安排处理，专业技术职务的聘任事宜。

7月1日，会议研究：期末有关工作，中层干部考察任命前期工作，学院申办示范性高职院校方案，新校区概念规划性设计，学院领导班子分工，干部队伍建设。

7月2日，会议研究：决定将医卫系调整为临床系、护理系、医药技术系、医学基础部，并明确组成人员；明确财务室被盗问责处理；安排秋季招生工作，同时做好学生宿舍改造维修工作。

7月23日，会议研究：班子成员分工，王家祥全面负责党委工作，院长全面负责行政工作，李炳昌协助院长分管招生就业、总务后勤、安全保卫、综合治理，陈文祥协助院长分管教学、继续教育、王贵生协助书记分管纪检监察；增加副处级二级机构，增补副院长和重新核定教师编制的申报，拟增二级机构为招生就业指导办公室、计财处、保卫处（武装部）、继续教育处、科研处、中专部、学报、公共教学部技能实训中心、工会、团委、图书馆，要求增加一名副院长编制，重新核定教职工编制；明确二级干部以稳定为主，适当进行小的调整；进一步加强制度建设，对原有的制度进行清理，要求在二至三个月内完成；申报增补组织人事处长、党政办主任为党委委员；决定对新校区单体建筑建设外出考查学习；听取州委考察组在对二级副处级干部考察过程中，反映部分人员的问题调查核实情况汇报。

10月20日，会议研究：同意各总支委员候选人建议名单；调整充实学院关工委组成人员；同意推荐杨宏松为省教育厅表彰优秀辅导员人选；决定成立工会女工委；同意调整职工父母或配偶去世慰问金；同意下列内部规章制度：系党总支主要岗位职责、系党总支书记岗位职责、系主任岗位职责、关于印章使用规定、教职工行为规范、纪检监察工作制度；同意将驾校和组培中心资产纳入学院管理；同意成立老年工作小组。

11月7日，会议研究：同意对业余党校班子进行调整，明确机关总支书记为党校办公室主任；同意将机关总支下设八个支部；明确党委中心组学习制度，将副处级干部纳入学习成员；同意增加一名体育教师作为公教部负责人、一名信息系综合办公室主任、一名档案室主任；同意设置思想政治教学机构；调整思政工作领导小组。

12月16日，会议研究：学院领导班子成员分工，潘盛荣分管宣传、机关党建、群团、新校区建设；王贵生分管纪检监察、审计、学生工作、新校区建设监督工作；同意生环系预备党员转正；原则同意通过班子年度民主生活会整改方案；原则同意与首都铁路卫校联会办学；同意岗位设置与兑现已经聘用专业人员工资；原则同意工会提出“三八”国际妇女节活动方式。

12月22日，会议研究：2009年元旦、春节慰问金发放标准，学院内部分配改革兑现奖励；教授奖励政策兑现；学院与外单位之间业务和费用清理结算事宜；人事改革落实竞聘上岗的工作安排；新校区建设领导小组成员调整、内设机构及场平工作安排。

2009年党委会议　2009年召开党委会议26次，其中主要有：

1月13日，会议研究：同意新一轮竞聘人员受聘上岗安排；原则通过基建项目审计实施办法；原则通过新校区建设廉政规定；决定14日召开退休人员座谈会。

3月6日，会议原则通过《关于加强和改进学院成人教育工作的管理办法》；批准2008学年度至2009学年度第二学期内部聘用本科以上学历教师指标；批准护理系杨世桂、姚倩等28名学生预备党员按期转正。

4月9日，会议专题研究新校区开工方案。

5月8日，会议研究：部署科学发展观活动第二阶段工作；明确领导班子专题民主生活会；同意充实新校区建设工作机构；同意调整信访工作领导小组。

6月19日，会议研究：讨论修改班子科学观剖析检查报告；明确“七一”表彰大会议程；初步安排建国60周年庆祝活动；同意购买斯柯达交通车一辆、小轿车一辆；同意护理系党总支支委调整人选；同意各总支学生入党、转正的请示；同意生环系、旅游系各配备一名专职辅导员，信息系配备二名专职辅导员，三个医类系各配备三名专职辅导员。

9月27日，会议研究决定：26名科级干部试用期考察；对副县级中层干部岗位予以局部调整；科级干部任职条件与上级规定的衔接问题；配备团委副书记事宜；离退休党支部订阅内参资料问题和离退休职工2年一次的体检问题；党政办公室牵头整改的项目和体制机制。

10月28日，会议研究：学习刘延东在全国教师节表彰大会上的讲话；学习中央《关于进一步从严管理干部的意见》；听取科级干部试用期考核情况汇报，同意正式任用；同意任命杜智勇为团委副书记；同意马原野调任临床系副主任，吴寿峰调任教务处副处长（副科级），刘传荣调任医务所所长；同意新校区选用凯里市自来水公司用水方案；同意各总支上报预备党员按期转正请示。

12月3日，会议研究：迎接申报省级示范高职院校评估考察准备工作，组建陈述答辩组、实训基地组、宣传组、接待组、专家工作组、秘书组、相关资料组、基础设施组。

2010年党委会议　2010年召开党委会议22次，其中主要有：

1月17日，会议研究决定：申报省级示范性高职院校；争取国家级重点中专学校建设经费，争取建设资金投入新校区建设；新校区路网清单招标及单体建筑方案等问题，决定采纳州建设局意见实行定额招标。

3月5日，会议研究决定：“十一五”规划执行情况总结和“十二五”规划编制工作，成立“十二五”规划编制工作领导小组；五年制大专班学生要列入大学生思想政治教育的范畴；通过学院《班主任工作及管理办法》《辅导员工作及管理办法》《加强学生思想政治教育工作队伍建设的实施意见》《思想政治理论课教师队伍建设及管理办法》。

3月，会议讨论通过《黔东南民族职业技术学院校园网管理制度》《黔东南民族职业技术学院校园网网站管理办法》《黔东南民族职业技术学院校园网络安全实施办法》《黔东南民族职业技术学院信息发布管理办法》《黔东南民族职业技术学院思想政治教育进网络的实施意见》。

4月，会议研究：从2010年起，每两年安排教职工体检一次（含离退休职工）；批准接收吴安伟、杨通珍等14名预备党员转为正式党员；给予党支部书记计发工作津贴，标准为每月50元，每年计发10个月（假期不计发）。

6月13日，会议研究：通过开展“忠实践行宗旨，勤政廉政为民”教育实施方案；原则同意2009级新生军训方案；讨论研究有关干部配备职数事宜；同意组队参加州七届运动会；同意二校区保卫值班意见；同意各总支上报发展对象，预备党员转正请示。

9月2日，会议研究：明确班子成员分工，姜达俊分管总务后勤、新校区建设工作；讨论明确年度学院表彰工作；讨论同意创先争优活动实施方案；同意离退休总支换届选举请示，并外出考察学习方案；同意机关总支上报接收预备党员请示。

9月17日，会议讨论并通过院长办公会提交的《黔东南民族职业技术学院2010学年度至2011学年度工作要点》和《重大事件决策执行监督制约规划》。

10月12日，会议研究：干部调整工作，成立领导小组；同意各总支上报发展对象入党请示。

12月2日，会议研究：内设机构副处级干部定向差额推荐方案；同意工会主席选举办法；同意召开第一次团代会；传达学习州委关于“四帮四促”活动方案。

2011年党委会议 2011年召开党委会议19次，其中主要有：

3月8日，会议研究：宣布州委、州人民政府关于曹庆旭任职的决定，并对党政领导班子成员分工作适当调整。对部门职能作局部调整：武装部与党委学生工作部（学生处）合署办公，由组织人事处咨询有关部门提出部长、副部长任免方案；由宣传统战部履行组织与党建、普法宣传工作职能，党政办公室不再履行组织与党建工作职能，保卫处不再履行普法宣传工作职能，干部工作仍由组织人事处承担。原则通过党委工作要点，由党政办公室按会议意见修改，再次征求班子成员意见后印发执行。批准学生处提交的《2010—2011学年度第二学期学生思想政治教育工作计划》。决定将政府拨付的20万元资金直接补贴给各校区食堂，专项用于弥补学生伙食的物价上涨因素，后勤集团要做好管理控制，确保一年内各校区食堂售学生的饭菜质量不下降、价格不上涨，切实体现广大学生得实惠。同意推荐杨昌权、龚桂兰为黔东南州教育工委第五次代表大会候选人。批准护理系呈报接收杨鹈等68名为预备党员的请示。

3月22日，会议学习《中国共产党普通高等学校基层组织工作条例》，并就学习培训事宜作安排；原则通过学院《领导班子2010年度述职述廉报告》。

4月9日，会议原则通过《黔东南民族职业技术学院2010年财务决算与2011年财务预算情况的报告（草案）》和学院《“育人为本创先争优”活动方案》；同意临床医学系詹贵花等55名预备党员转正，同意吸收医药技术系田应波等15名、生物与环境工程系白杨等21名、院机关总支钱正安等37名为预备党员；批准团委呈报的学生会委员、副主席、主席候选人名单。

4月13日，会议讨论通过《黔东南民族职业技术学院“十二五”建设与发展规划（2011—2015）（草案）》《黔东南民族职业技术学院2010年度工作报告（草案）》《关于2010年干部选拔任用工作情况的报告》《关于2008年以来整治用人上不正之风工作情况的报告》。

5月9日，会议听取干部考察组对10个正科级干部职位民主推荐的情况汇报，决定姚莉、姚本丽等18位为重点考察对象。讨论通过《中共黔东南民族职业技术学院委员会关于开展“争创‘教学先进岗’‘科研先进岗’‘管理先进岗’‘学习先进岗’办人民满意教育”深化创先争优活动的实施方案》。

6月13日，会议听取组织人事处关于对竞争性选拔的24个职位初始提名人选组织资格审查情况的报告，对初始提名人选资格审查情况进行认定。会议决定对党政办公室副主任、宣传统战部副部长、临床医学系副主任、附属口腔医院院长、科研处副处长五个职位因初始提名人选不足3人放弃竞争性选拔。

6月，会议听取干部考察组对18个职位的19名对象开展重点考察情况的汇报并作出决议。同意欧飞等18名预备党员按期转为中共正式党员，吸收龙梅等58名为中共预备党员。

9月20日，会议研究通过2011学年度至2012学年度第一学期学生思想政治工作计划；研究通过2011学年度至2012学年度中层干部联系班级工作安排；研究通过学生处关于表彰2010学年度至2011学年度优秀学生、先进班级集体、优秀辅导员、优秀班主任的请示；研究通过院团委关于评选表彰先进集体和先进个人的请示。

10月2日，会议讨论通过《建立校内助学金制度》和《完善教研管理，丰富教学研究活动，提高教育教学质量》；原则同意提案组《关于二届二次教职工代表大会代表建议意见的梳理处理的建议》。

2012年党委会议 2012年召开党委会22次，其中主要有：

1月10日，会议研究决定2011学年工会费发放标准为：在编教职工400元，内聘人员及年内新进教师和退休教职工为200元。讨论并原则上通过《黔东南民族职业技术学院困难职工补（救）暂行办法》。同意医药技术系和信息工程系党总支52名学生发展为预备党员；同意院机关党总支5名预备党员转正。

3月29日，会议讨论通过党建办起草提交的基层组织建设年活动实施方案，同意下发实施；讨论通过2011年学院工作报告、党委书记讲话、工会工作报告、财务预决算报告、提案工作报告。讨论并通过学院《岗位设置方案》《奖励性绩效工资分配办法》《超工作量补贴分配办法》《教学工作量计算办法》。决定闻芳等8名副县级干部、李志强等8名科级干部轮岗交流。

3月，会议研究：决定信息工程系更名为财经系，以会计专业为重点并进行相关专业的拓展；将挂靠生物与环境工程系的机电工程系更名为汽车与机电工程系，并另外组建新的系部班子，独立招生；将旅游与经济管理系更名为旅游与商务管理系。同意成立学院艺术团，由学院工会统一管理。研究并通过2012年党委中心组学习计划。

4月3日，会议讨论修改并通过《黔东南民族职业技术学院职工奖励性绩效工资分配办法》《黔东南民族职业技术学院职工超工作量津贴发放办法》《黔东南民族职业技术学院教学工作量计算办法》和《黔东南民族职业技术学院岗位设置调整方案》。决定选派陈治敏、吴德诚等20人前往新加坡考察学习职业教育。通过关于龙治峰、姚莉等10位科级干部试用期满的考察报告；研究宣传统战部、继续教育处等部门15个岗位17个副科级以上干部选拔任用工作，按竞争性选拔不低于50%的要求执行。

6月2日，会议研究同意表彰护理系党总支、临床医学系第二支部、医药技术系党总支、生物与环境工程系党总支、旅游与经济管理系党总支、信息工程系第二支部（学生）、机关第三支部、离退休干部党总支为学院“五好党组织”，护理系学生第二支部、临床医学系党总支、医药技术系党总支、生物与环境工程系党总支、旅游与经济管理系第一党支部、财经系第一党支部、直属机关第三党支部、直属机关第十党支部、直属机关第十一党支部、离退休干部党总支为先进基层党组织，姚本丽、杨祝、李华相等30名党员为优秀共产党员，潘晓蜀、李丽平、黄显琴、吴开岑、潘恒志、吕昌清、李钰强、郑凯平、梁庄源、孙洪祥10名党员为优秀党务工作者。

是月，会议原则同意学生处提交的《黔东南民族职业技术学院第二轮思想政治教育工作方案》、党政办提交的《黔东南民族职业技术学院新校区启用仪式暨庆祝第28个教师节活动筹备方案（讨论稿）》、组织人事处提交的《黔东南民族职业技术学院岗位设置和部门总岗位设置方案》《黔东南民族职业技术学院内聘、返聘和兼职人员管理暂行规定》。

7月10日，会议研究：同意干部考察组就民主推荐、竞争性选拔重点考察对象及2011年任职试用期满干部的考察结果。决定于9月10日10:00举行教师节及新校区启用仪式活动。同意学生处提交的关于迎接第二轮贵州省大学生思想政治教育评估工作方案。原则同意党政办公室提交的《黔东南民族职业技术学院党委会议制度（试行）》。同意吸收姚树云等16名学生为预备党员，莫艳等16名预备党员按期转正。

11月6日，会议研究决定于11月16日在大学生活动中心举行新校区建设暨办学10周年纪念活动总结表彰大会。同意党政办公室拟定的《黔东南民族职业技术学院公文处理工作制度》。同意学生处评选出的优秀辅导员、优秀班主任、优秀学生干部、三好学生、奖学金获得者名单。同意院团委呈报召开学院第二次团员代表大会暨第二次学生代表大会的请示。

12月3日，会议原则通过《黔东南民族职业技术学院“育人为本创先争优”考评办法》《黔东南民族职业技术学院2013年上半年学生思想政治教育工作计划》《黔东南民族职业技术学院〈贵州当代大学生核心价值观〉学习教育工作方案》《黔东南民族职业技术学院大学生思想政治教育工作规划》和《黔东南民族职业技术学院专职辅导员队伍建设规定》。

12月7日，会议原则通过《督察工作督办催办实施办法（暂行）》《中共黔东南民族职业技术学院委员会发展学生党员标准》。

2013年党委会议 2013年召开党委会议14次，其中主要有：

1月25日，会议原则同意《2012年领导班子述职述廉述德报告（送审稿）》，由党政办公室修改、完善。决定于2013年3月23日召开学院第二届第四次教职工代表大会暨第二届第三次会员代表大会，会期1天。同意吸收杨芸等144人为中共预备党员；李雪梅等3位按期转为正式党员。对组建口腔医学系、建筑工程系、汽车与机电工程系党政班子及相关系（部门）干部调整提出具体方案。

3月20日，会议原则同意《黔东南民族职业技术学院深入开展“‘十破十立’办人民满意大学”解放思想大讨论活动实施方案》《黔东南民族职业技术学院进一步深入学习宣传贯彻党的十八大精神实施方案》《2012年学院党委民主生活会意见建议整改责任分解》《黔东南民族职业技术学院校内奖励性绩效工资发放暂行办法（讨论稿）》《黔东南民族职业技术学院目标管理办法》《黔东南民族职业技术学院二级管理体制实施办法》《黔东南民族职业技术学院关开展廉政风险防范管理工作实施方案》《黔东南民族职业技术学院党委2013年工作要点》和学院2013年“两代会”工作报告及财务工作报告。

5月3日，会议研究同意邓丽等133人预备党员按期转为正式党员，吸收杨慧等162人为中共预备党员。原则同意《黔东南民族职业技术学院干部问责制实施办法（讨论稿）》《黔东南民族职业技术学院党务公开工作制度》《黔东南民族职业技术学院党务公开申请制度》《黔东南民族职业技术学院党务公开意见收集处理反馈制度》《黔东南民族职业技术学院党务公开监督员制度》《黔东南民族职业技术学院二级管理体制实施办法》《黔东南民族职业技术学院目标管理办法》《黔东南民族职业技术学院校内奖励性绩效工资发放暂行办法》。

6月4日，会议研究同意陈方燕等174人按期转为中共正式党员；吸收张婷婷等47人为中共预备党员。原则同意《关于规范发展学生党员档案材料管理的规定》《关于毕业生党员组织关系管理规定（送审稿）》。

6月28日，会议同意姚树云等26位按期转为中共正式党员；吸收李友丽等134人为中共预备党员。原则同意《中共黔东南民族职业技术学院委员会贯彻落实〈中国共产党普通高等学校基层组织工作条例实施细则〉（试行）（讨论稿）》和《中共黔东南民族职业技术委员会关于推行党员旁听党委会议的实施办法（讨论稿）》。

7月17日，会议研究同意离退休干部党总支委员补选结果；研究建筑工程系党总支组织选举事项；同意申报州级文明单位；研究开展群众路线教育实践活动组织机构的设置；同意成立学院投资服务公司；原则同意2013年度下半年学生思想政治教育工作计划安排。

2014年党委会议 2014年召开党委会议18次，其中主要有：

1月3日，会议研究同意护理系、临床系、医药技术系、财经系、口腔医学系、院机关6个总支135名预备党员按期转正；2014年全院发展党员人数控制在450人以内；研究2014年公开招聘工作人员150名事宜，明确2014年招考后不再内聘教师；原则同意《2013年学院工作报告》。

3月12日，会议原则通过《2014年学院党风廉政建设实施意见》《党的群众路线教育实践活动“学习教育、听取意见”环节工作方案》《党委班子群众路线教育实践活动学习计划》；原则同意《黔东南民族职业技术学院2014年高等教育招生计划》。

6月16日，会议研究同意陈粤婷等103名预备党员按期转正，吸收胡尚登等46名为中共预备党员；同意撤销直属院机关党总支第十三支部。原则同意2013学年度至2014学年度优秀教师和优秀教育工作者评选表彰工作方案；原则同意2013学年度至2014学年度党的基层组织建设先进集体和先进个人评选表彰工作方案；原则通过《黔东南民族职业技术学院党的群众路线教育实践活动专题民主生活会方案》；原则通过《李飞跃听取高校师生意见座谈会上的讲话及设计具体落实任务分解》《州委常委会深入开展党的群众路线教育实践活动整改内容事项分解》方案。

9月2日，会议研究通过2013学年度至2014学年度先进教师和先进教育工作者表彰名单，其中先进教师59名，先进教育工作者31名，由组织人事处按程序进行公示；同意撤销学院后勤集团，将后勤集团的后勤服务管理职能并入总务处，学生宿舍管理职能并入学生处。

10月23日，会议研究原则同意《黔东南民族职业技术学院教育实践活动总结大会议程（讨论稿）》《黔东南民族职业技术学院教育实践活动工作总结（讨论稿）》《在黔东南民族职业技术学院教育实践活动总结大会上的讲话（讨论稿）》；原则同意《黔东南民族职业技术学院2014年大学生思想政治教育工作大会议程》《在黔东南民族职业技术学院2014年大学生思想政治教育工作大会上的讲话（讨论稿）》，大会定于10月24日在大礼堂召开。同意《黔东南民族职业技术学院2014年科技艺术文化节先进集体和先进个人评选方案》。同意《黔东南民族职业技术学院2015年教师出国（境）培训计划》。

12月，会议研究学院章程建设工作事宜，原则通过党政办公室提交的《黔东南民族职业技术学院章程建设工作方案》，总体要求于2015年10月报贵州省教育厅审核；研究二级学院管理运行模式有关事宜，着手成立汽车与机电工程系、建筑工程系理事会。

2015年党委会议 2015年召开党委会议31次，其中主要有：

1月6日，会议研究同意吸收杨平等101人为中共预备党员。原则同意《黔东南民族职业技术学院2015年度上半年学生思想政治教育工作计划》；同意于2015年3月14日召开学院第二届第六次教职工代表大会暨工会第二届第五次会员代表大会；原则通过《黔东南民族职业技术学院年度目标考核管理办法》。

3月6日，会议研究学院党代会筹备工作，决定成立筹备工作领导小组，拟定总体方案。原则同意《学院“铸廉行动”实施意见》。

6月12日，学院换届，新一届学院党委班子职数7名，纪委班子职数5名。经研究同意张恩莲、陈文祥、潘盛荣、王贵生、曹庆旭、杨玲、罗春寒、杨昌权、苏晓红9人作为党委委员候选人；王贵生、杨文富、石开鹏、田景德、吴勇、郑凯平、包羽7人作为纪委委员候选人。

6月18日，会议研究同意张恩莲为党委书记预备人选，陈文祥、潘盛荣为党委副书记预备人选；王贵生为纪委书记候选人预备人选，杨文富为纪委副书记候选人预备人选。

7月7日，会议研究同意吸收尹昶惠等82位为中共预备党员；原则同意《黔东南民族职业技术学院2015年下半年学生思想政治教育工作计划》。

11月4日，会议研究同意吸收医药技术系熊璨等20人、建筑工程系龙涛等8人、生物与环境工程系杨小勇等9人为预备党员；原则通过《黔东南民族职业技术学院党员组织关系管理办法》《黔东南民族职业技术学院发展党员工作实施细则》和《黔东南民族职业技术学院“三会一课”制度》。原则同意《黔东南民族职业技术学院教职工攻读硕士博士研究生学位暂行管理办法》。

第二节　中共党总支

2003年7月7日，学院党委组建医卫系、财经系、生物技术系、林学系、院直属机关5个党总支。2006年11月15日，学院党委下设副处级党总支5个，即直属机关党总支、医药卫生系党总支、生物与环境工程系党总支、信息工程系党总支、旅游与经济管理系党总支。2007年6月，设置离退休党总支。2013年4月，增设口腔医学系党总支、汽车与机电工程系党总支、建筑工程系党总支。2015年，全院设置党总支11个。

直属机关党总支

2003年7月，院直属机关党总支成立。2003年7月17日，学院党委“关于组建基层党总支的通知”，任命王贵生为直属机关党总支书记，罗贤光任副书记，王俊杰任组织委员，杨爱群任宣传委员，吴德诚任学习委员。2008年9月，舒选璧任直属机关党总支书记，王俊杰任副书记，吴如金任组织委员，吴传福任宣传委员，曹庆旭任学习委员。2012年4月，王俊杰任直属机关党总支书记，吴如金任组织委员，吴传福任宣传委员，张宜坤任学习委员。2013年9月至2015年12月，王俊杰任直属机关党总支书记，吴如金任组织委员，郑凯平任宣传委员，莫宇英任纪检委员，杨启璜任学习委员。

离退休党总支

2007年6月28日，院党委研究决定成立中共黔东南民族职业技术学院离退休总支委员会，便于对离退休党员进行管理。郜化彩任党总支书记，孙洪祥任党总支副书记，许志刚、吴育辉、邓吉莲、李建军任总支成员。2011年11月，郜化彩任党总支书记，孙洪祥任党总支副书记，郜化彩、孙洪祥、许志刚、邓吉莲、李建军、孙克英、张新娅、徐国苏、吴朝银任总支成员。2013年8月至2015年12月，郜化彩任党总支书记，郜化彩、罗前珍、吴朝银、吴育辉、张新娅、邓吉莲、李建军任总支成员。

医药卫生系党总支

2003年7月，医卫系党总支成立，王兆石任书记，潘晓蜀、杨胜坤任总支委员。2004年3月医卫系更名为医药卫生系。2004年5月杨胜坤调旅游系任支部书记，舒选璧调医药卫生系任总支委员。2005年7月，杨胜坤增补为医药卫生系党总支委员；舒选璧调院团委任团委书记。2006年2月20日，增补龙军为医药卫生系总支委员。2006年2月，总支书记王兆石退休。2006年3月20日，医药卫生系党总支委员杨胜坤（副主任）主持总支工作，支委为潘晓蜀、龙军。2007年9月，吴德诚任总支书记，杨胜坤、潘晓蜀任总支委员。2008年7月医药卫生系分为临床系、护理系、医药技术系、医学基础部4个教学机构。医药卫生系撤销。

生物与环境工程系党总支

2003年7月，农学系党总支成立，胡松任书记，刘艳任组织委员、张艳任宣传委员。2004年3月农学系更名为生物工程系。2005年8月，学院将“生物工程系”和“生态工程系”合并组成“科学技术工程系”。2005年8月，胡松任科学技术工程系总支书记，免去其生物工程系总支书记职务；吴开岑任副书记。2006年7月，“科学技术工程系”更名为“生物与环境工程系”。2008年9月，宋开旭任生物与环境工程系党总支书记，胡松调信息工程系任总支书记。2013年4月，生物与环境工程系总支分为生物与环境工程系总支、汽车与机电工程系总支、建筑工程系总支3个党总支。2013年4月，石红卫任生物与环境工程系党总支副书记，主持总支工作；宋开旭调汽车与机电工程系任总支副书记。2014年4月2015年12月，石红卫任生物与环境工程系党总支书记。

财经系党总支

2003年7月，财经系党总支成立，吴康鑫任书记，宋开旭任组织委员、杜一平任宣传委员。2004年3月，财经系更名为信息工程系。2007年9月，龙章烈任总支书记，宋开旭任党总支副书记，姚莉、李建军任委员。2008年8月，胡松任信息工程系党总支书记，龙章烈任总支副书记，王远湘、田再建、李建军任委员。2012年6月，信息工程系更名为财经系，至2015年，总支书记、副书记无变动，总支委员为王远湘、杜富麾、杨晓琳。

林学系党总支

2003年7月，林学系党总支成立，郃化彩任书记，杨春荣任组织委员，王光生任宣传委员。2004年3月，林学系更名为生态工程系。2005年8月，学院将“生态工程系”“生物工程系”合并组成“科学技术工程系”。林学系（生态工程系）党总支撤销。

旅游与商务管理系党总支

2004年4月，成立旅游管理科学系党支部，隶属院机关党总支管理，学院副院长李炳昌兼任支部书记。2004年5月杨胜坤调旅游系任支部书记。2005年7月，杨胜坤调医药卫生系任总支委员，梁焰任旅游管理科学系支部书记，闻芳任支部副书记。2008年4月，旅游与经济管理系党支部由学院党委直接管理，院直属机关党总支不再对该支部党员进行管理。同年9月，旅游与经济管理系党总支成立，闻芳任书记，梁焰任副书记，陈静、李钰强、潘恒志任委员。2012年6月，旅游与经济管理系更名为旅游与商务管理系，2012年6月至2015年12月，舒选璧任旅游与商务管理系党总支书记，闻芳任副书记，陈静、何山、潘恒志任委员。

护理系党总支

2008年9月，护理系党总支成立，潘晓蜀任书记，吴德诚任副书记，石向欣、姚本丽、杨祝任总支委员。2011年总支委员为王颖、万英、杨祝。2012年至2015年12月，潘晓蜀任党总支书记，李志强任党总支副书记，总支委员为王颖、姚本丽、张绍敏。

临床医学系党总支

2008年9月，临床医学系党总支成立，杨胜坤任书记，吴勇任副书记，龙军、马原野、杨宏松任委员。2011年总支委员为杨宏松、杨深健。2013年总支委员为罗建平、杨深健、杨东东。2015年周媛祚任总支副书记，委员为罗建平、杨深健。

医药技术系党总支

2008年9月，医学技术系（药学系）党总支成立。张兴权任书记，刘书华任副书记，刘光梓、陈菊、张艳任总支委员。2012年3月总支委员为龙治峰、黄显琴、龙根友。2013年11月总支委员为龙治峰、龙根友、王敏。至2015年12月，书记、副书记不变。

口腔医学系党总支

2013年4月，口腔医学系党总支成立，苏晓红任书记，石向欣任副书记，毛静任宣传委员、文四妹任组织委员、杨东东任纪检委员。至2015年12月不变。

汽车与机电工程系党总支

2013年4月，汽车与机电工程系党总支成立，张宜坤、宋开旭任总支副书记，张宜坤主持党总支工作，徐万明任组织委员，顾春先任宣传委员，李民和任纪检委员。2015年5月，田景德任总支书记，宋开旭任副书记，其支委及任职不变。

建筑工程系党总支

2013年4月，建筑工程系党总支成立。张永斌任书记，吴开岑任副书记，王永昌为委员。至2015年不变。

表中1-2-1

2003年至2015年中共黔东南民族职业技术学院党总支设置情况表

总支名称	成立时间	历任书记	历任副书记	历任支委
直属机关党总支	2003.07	王贵生 舒选璧 王俊杰	罗贤光 王俊杰	王俊杰、杨爱群、吴德诚、吴如金、吴传福 曹庆旭、张宜坤、郑凯平、莫宇英
离退休党总支	2007.06	邰化彩	孙洪祥	许志刚、邓吉莲、李建军、孙克英、徐国苏 吴朝银、吴育辉、张新娅
医药卫生系党总支	2003.07	王兆石 吴德诚	杨胜坤	潘晓蜀、杨胜坤、舒选璧、龙　军
生物与环境工程系党总支	2003.07	胡　松 宋开旭 石红卫	吴开岑 石红卫	刘　艳、张　艳
财经系党总支	2003.07	吴康鑫 龙章烈 胡　松	宋开旭 龙章烈	宋开旭、杜一平、姚　莉、李建军、王远湘 田再建、杜富麾、杨晓琳
林学系党总支	2003.07	邰化彩		杨春荣、王光生
旅游与经济管理系、旅游与商务管理系党总支	2008.09	闻　芳 舒选璧	梁　焰 闻　芳	陈　静、李钰强、潘恒志、何　山
护理系党总支	2008.09	潘晓蜀	李志强	石向欣、姚本丽、杨　祝、王　颖、万　英 张绍敏
临床医学系党总支	2008.09	杨胜坤	吴　勇 周媛祚	龙　军、马原野、杨宏松、杨深健、罗建平 杨东东
医药技术系党总支	2008.09	张兴权	刘书华	刘光梓、陈　菊、张　艳、龙治峰、黄显琴 龙根友、王　敏
口腔医学系	2013.04	苏晓红	石向欣	毛　静、文四妹、杨东东
汽车与机电系党总支	2013.04	田景德	张宜坤 宋开旭	徐万明、顾春先、李民和
建筑工程系党总支	2013.04	张永斌	吴开岑	王永昌

第三节　中共党支部

2002年3月，学院党委建立。2003年7月，组建5个党总支，11月，设置14个党支部。2007年6月，设置离退休生活党总支，结束4个离退休党支部挂靠在原系的历史。2008年9月，学院党委下设副处级党总支机构7个，加上离退休生活党总支共有8个党总支，同年12月，设置支部23个。2013年4月，增设口腔医学系、汽车与机电工程系、建筑工程系3个党总支机构。至此，全院有11个党总支，38个党支部。至2015年设置党支部为36个。

党总支所属党支部的设置、撤销、合并调整，由党总支报学院党委批准。党总支所属党支部设置与布局，逐步调整。

院机关各党支部

2003年7月，院直属机关党总支成立，同年11月设置党支部5个。2006年，设6个党支部，其中教务处、科研处、图书馆、学报编辑部为第一支部；党政办公室、组织人事处、工会、驾驶学校为第二党支部；学生处、团委、保卫处为第三党支部；计财处、审计科、新校区规划办公室为第四党支部；成教处、招生与就业指导办公室、职业技能鉴定所、民族民间技术文化研究中心为第五党支部；总务处、后勤集团、鸭塘实训基地为第六党支部。2008年12月，院直属机关所属党支部从6个增加到8个。2010年3月，党支部从8个增加到13个；2012年12月，公共教学基础部和马列部单独设立党支部，党支部从13个增加到14个；2013年11月，团委和绿化公司单独设立党支部，党支部从14个增加到16个；2014年6月，因新校区建设基本结束撤销第十三党支部，党支部为15个；2015年4月，因绿化公司党员少撤销第十六党支部，同时将第十五党支部（团委）更名为第十三党支部；至是年末，党支部为14个。2003年11月至2015年12月，各党支部成员任职情况如下：

第一党支部历任书记吴德诚、苏晓红、石红卫、周尚智、龙晓幸，组织委员杨荣卿、吴正凯、吴寿峰、李钰强、孙聪，宣传委员王远湘、刘艳、李志强、伍宏成。

第二党支部历任书记石红卫、付存平、李立新、杨启璜，组织委员吴如金、杨启璜、龙先兰，宣传委员付存平、李钰强、龙先兰、邹黔荣。

第三党支部历任书记屈维彪、周尚智、张宜坤、姚莉，组织委员田景德、张宜坤、田景德、刘彦，宣传委员张兴权、龙勇、潘丽娜、雷建邦、田景德。

第四党支部历任书记杨绍钦、雷建邦、苏晓红、石平昌、周娟、潘爱民，组织委员吴育辉、石平昌、张永斌、肖敏，宣传委员杨爱兰、杨启璜、张永斌、包羽。

第五党支部历任书记龙章烈、杨荣卿、潘江凯、石平昌，组织委员罗前珍、张兴权、郑凯平、朱恒亮，宣传委员申京娥、李志强、李欢、杨爱兰、杨昌平。

第六党支部历任书记石红卫、吴寿峰、潘永明。组织委员李立新、吴展奎、刘传荣、刘荣相，宣传委员吴传福、张建菊、潘永天。

第七党支部历任书记付存平，组织委员唐志伟，宣传委员杨昌平、杨昌坤。

第八党支部历任书记罗前珍、刘光梓、朱静，组织委员唐红、刘志贻，宣传委员周欣、王诗渊。

第九党支部历任书记郑凯平，组织委员李欢、杨凯雪、杨昌英、李欢，宣传委员龙治峰、刘静、杨凯雪。

第十党支部历任书记郃化彩、杨捷，组织委员杜智勇、杨凯雪，宣传委员刘静、杨昌英。

第十一党支部历任书记李立新、莫丽，组织委员吴正凯、田绍东，宣传委员付燕、周黎。

第十二党支部历任书记龙金玉、杨天林、杨正怀，组织委员龙勇、梁庄源，宣传委员田景德、龙勇、宋景耀。

第十三党支部历任书记蒲学林、钱正安、刘静，组织委员潘正先，宣传委员何祖金。

第十四党支部历任书记文明娟，组织委员唐红，宣传委员陈超。

第十五党支部历任书记刘静。

第十六党支部历任书记潘德良。

离退休各党支部

2007年6月28日，成立中共黔东南民族职业技术学院离退休总支委员会，下设4个党支部。2007年至2015年，各党支部成员任职如下：

第一党支部历任书记邓吉莲、罗前珍，组织委员张峰、邓吉莲，宣传委员龙向源、李正凡。

第二党支部历任书记徐国苏，组织委员吴朝银、王旭虹，宣传委员文合义、张心梅。

第三党支部历任书记李江贡、许志刚、吴育辉，组织委员许志刚、刘厚官、吴道敏，宣传委员徐锡秀、杨琴、王兰仙。

第四党支部历任书记孙克英，组织委员郑一鸣，宣传委员周寅福。

医药卫生系各党支部

2003年7月，成立医卫系党总支，同年11月设置党支部3个，医卫系第一党支部（教工支部），医卫系第二党支部（附属医院支部），医卫系第三党支部（离退休支部），后改为学生支部。2003年11月至2008年4月，各党支部成员任职如下：

第一党支部历任书记杨胜坤、舒选璧、龙昌烈、杨深健，组织委员吴英，宣传委员杨礼玉、吴展奎。

第二党支部历任书记潘晓蜀、杨捷、张艳，组织委员杨深健、张艳、杨昌英，宣传委员杨炳英、杨昌英、杨宏松。

第三党支部历任书记欧克群、潘晓蜀、杨礼玉，组织委员邓吉莲、杨深健、任小娟，宣传委员龙向源、杨炳英、彭健。

财经系各党支部

2003年7月，财经系党总支成立，11月设置党支部2个，即师生党支部和离退休党支部。2007年9月，离退休党支部撤销，由离退休总支管理，设置的第二支部改为学生支部。2003年11月至2015年12月，各党支部成员任职如下：

第一党支部历任书记张新娅、姚莉、吕昌清、杨永旭，组织委员李萍、李建军、田再建，宣传委员杨晓琳。

第二党支部历任书记李建军、杨永旭、黄蓉，组织委员潘家珍、杨雨薇，宣传委员潘飞文、沈黎。

生物与环境工程系各党支部

2003年7月，生物技术系党总支成立，同年11月设置党支部2个，即第一党支部和第二党支部（离退休支部）。2005年8月，学院将“生物工程系”和“生态工程系”合并组成“科学技术工程系”。2003年11月至2015年12月，各党支部成员任职如下：

第一党支部历任书记雷安阳、唐蓉，组织委员潘恒志、张兴国，宣传委员吴正凯、石红。

第二党支部历任书记李江贡，组织委员徐锡秀，宣传委员黄承松。

林学系各党支部

2003年7月，林学系党总支成立，同年11月设置第一党支部和第二党支部（离退休支部）。2004年3月，林学系更名为生态工程系。2005年8月，“生物工程系”和“生态工程系”合并为“科学技术工程系”，林学系（生态工程系）党总支撤销。2003年11月至2005年8月，各党支部成员任职如下：

第一党支部历任书记张兴国，组织委员潘德良，宣传委员李民和。

第二党支部历任书记梁自雄，组织委员李亚凤，宣传委员张心梅。

旅游经济管理系各支部

2004年4月，成立旅游管理科学系党支部，隶属院机关党总支管理。2008年4月，旅游经济管理系党支部由学院党委直接管理。同年9月，旅游经济管理系党总支成立，设教工支部。2013年增设学生党支部。2008年至2015年，教工党支部历任书记李钰强、陈静、潘恒志、邹雪。2013年至2015年，学生党支部历任书记杨正怀、何山、宋佳燕。

临床医学系各党支部

临床医学系党总支2008年9月成立，设2个支部。2013年设置4个党支部，2015年设置2个党支部。

2008年至2015年，临床系党总支第一党支部历任书记杨宏松、杨深健，历任组织委员黄春兰、杨炳英，历任宣传委员杨炳英、彭丹。

第二党支部历任书记顾军、杨东东、唐春丽，历任组织委员任小娟（学生）、王倩倩（学生）、张立琴，历任宣传委员赵雄伟（学生）、杨绍福（学生）、杨恩巧。

第三党支部历任书记唐春丽，历任组织委员王倩倩（学生），历任宣传委员杨绍福（学生）。

第四党支部历任书记杨礼玉，历任组织委员张丹（学生），历任宣传委员缺。

护理系各党支部

护理系党总支2008年9月成立。设置2个支部，第一支部为职工支部，第二支部为学生支部。2012年增设第三支部（学生）和第四支部（学生）。

2008年至2015年，第一党支部（职工）历任书记姚本丽、彭文亮，历任组织委员欧春平、杨鹈，历任宣传委员刘静、莫丽、龙佳佳。

第二支部（学生）历任书记莫丽、杨祝、王政，历任组织委员学生党员张珊、姜金香、赵欢欢，历任宣传委员学生党员蒋隆花、吴开艳、谭家瑞。

第三支部（学生）历任书记王颖，历任组织委员学生党员潘团燕、陈礼兰、熊娜，历任宣传委员学生党员龙冬梅、吴杰吴、吴彩。

第四支部（学生）历任书记冉丽，历任组织委员学生党员石庆华、龙淑贞、蔡艳丽，历任宣传委员学生党员林胜仙、淑芳、罗艳。

医药技术系各党支部

医药技术（药学）系党总支2008年9月成立。10月，设置支部2个。

第一支部为教工支部，周媛祚任支部书记，龙根友任组织委员、王敏任宣传委员。

第二支部为学生支部，刘光梓任支部书记，杨昌英任组织委员、陈菊任宣传委员。2009年10月，陈菊任第二支部书记，杨昌英、朱珠任委员。2009年10月，设置第三党支部，刘光梓任支部书记，张艳、申宗林任委员，2011年8月第三支部撤销。2011年8月，龙根友任第一支部书记，陈菊、王敏任委员。2012年，吴经云任第二支部书记，申宗林任委员。2014年，申宗林任第二支部书记，学生任委员。2015年，王树元任第二支部书记，王小芳、学生任委员。

口腔医学系各党支部

2013年4月，口腔医学系党总支成立，设置支部2个。第一支部为职工支部，第二支部为学生支部。

第一支党部书记为毛静，支部委员刘小鸽、张彦。

第二党支部书记为文四妹，支部委员李庆珍、孙胜宏。2015年，对第二党支部调整，刘盛红任支部书记，李庆珍、孙胜宏仍任支部委员。

汽车与机电系各党支部

2013年4月，汽车与机电工程系党总支成立，下设师生1个党支部，徐万明任书记，袁家政、杨骏任委员。

建筑工程系各党支部

2013年4月，建筑工程系党总支成立。2014年6月，成立建筑工程系第一、第二支部。

第一支部委员为书记徐文基，组织委员欧阳乐，宣传委员夏建程。

第二支部未设支部委员。2015年4月，第一支部委员换届为书记徐文基、组织委员全宏旭、宣传委员夏建程。

2003年至2015年学院基层党组织情况统计表

表中1-3-1 单位：个

年份	党总支数	党支部数	所属各总支																	
			院机关党总支	离退休党总支	医卫系党总支	农学系党总支	财经系党总支	林学系党总支	生物系党总支	信息系党总支	生态系党总支	科技系党总支	临床系党总支	护理系党总支	医技系党总支	生环程系总支	旅游系党总支	口腔系党总支	汽机系党总支	建筑系党总支
2003	5	14	5	—	3	2	2	2	—	—	—	—	—	—	—	—	—	—	—	—
2004	5	14	5	—	3	—	—	—	2	2	2	—	—	—	—	—	—	—	—	—
2005	5	14	6	—	3	—	—	—	—	2	—	3	—	—	—	—	—	—	—	—
2006	4	14	6	—	3	—	—	—	—	2	—	3	—	—	—	—	—	—	—	—
2007	5	15	6	4	3	—	—	—	—	1	—	1	—	—	—	—	—	—	—	—
2008	8	23	8	4	—	—	—	—	—	2	—	—	2	2	2	2	1	—	—	—
2009	8	24	8	4	—	—	—	—	—	2	—	—	2	2	3	2	1	—	—	—
2010	8	29	13	4	—	—	—	—	—	2	—	—	2	2	3	2	1	—	—	—
2011	8	28	13	4	—	—	—	—	—	2	—	—	2	2	2	2	1	—	—	—
2012	8	31	14	4	—	—	2	—	—	—	—	—	2	4	2	2	1	—	—	—
2013	11	38	16	4	—	—	2	—	—	—	—	—	2	4	2	2	2	2	1	1
2014	11	37	15	4	—	—	2	—	—	—	—	—	2	4	2	2	2	2	1	1
2015	11	36	14	4	—	—	2	—	—	—	—	—	2	4	2	2	2	2	1	1

第四节 中共办事机构

党政办公室

机构沿革 2002年3月，建立学院党政领导班子。4月，成立学院办公室，组成人员为原中专“四校”办公室主任或负责人，杨爱群任院办公室负责人。2003年3月，学院成立车队并归属院办公室管理。2004年8月，成立学院综合档案室。2005年6月，学院正式规范二级机构名称、明确干部职务，杨爱群任学院党委办公室主任，周尚智任副主任；罗贤光任学院行政办公室主任，石红卫任副主任。实际党政办是合署办公，人员分工不分家。2008年8月，王俊杰任学院党政办公室主任，张永斌、龙先兰任党政办副主任。同时，车队更名为行政科。2012年4月，杨昌权任党政办公室主任，石红卫、龙先兰、张雄、蒋友财为副主任，9月29日，党政办设置对外交流合作部，正科级机构，设部长1名，副部长2名。2013年8月，党政办增设秘书科、文书科2个副科级机构，各设科长1名。

表中1-4-1

2002年4月至2013年12月党政办公室历任副科级以上人员一览表

姓　名	职　务	任职时间
杨爱群	党政办负责人	2002.4—2005.6
杨爱群	党委办主任	2005.6—2008.8
罗贤光	行政办主任	
石红卫	行政办副主任	2005.6—2008.7
周尚智	党委办副主任	
王俊杰	党政办主任	2008.8—2012.4
张永斌	党政办副主任	2008.10—2011.3
龙先兰	党政办副主任	2008.10—2013.6
石红卫	党政办副主任	2011.4—2013.3
杨昌权	党政办主任	2012.4—
张　雄	党政办副主任	2012.7—2015.10
王俊峰	党政办负责人	2013.4—2018.7
蒋友财	党政办副主任	2013.10—2018.7
付存平	车队负责人、队长	2003.3—2008.9
郭秀霖	车队副队长	2008.7—2008.9
杨启璜	行政科科长	2008.10—2015.12
郭秀霖	行政科副科长	2008.10—2009.10
黄　靖	行政科副科长	2011.10—
邹黔荣	综合档案室主任	2006.3—
莫宇英	综合档案室副主任	2009.9—2011.3
单桢梅	综合档案室副主任	2011.8—
龙先兰	对外交流合作部长	2013.6—
吴仕金	秘书科科长	2013.12—

思想政治建设　办公室及党支部坚持每月定期或不定期集中学习制度，组织党员干部职工学习马克思列宁主义、毛泽东思想、邓小平理论和“三个代表”重要思想、科学发展观、中国特色社会主义理论体系、党章和习近平总书记重要讲话精神，学习《中共中央关于构建社会主义和谐社会若干重大问题的决定》《习近平谈治国理政》《干部教育培训工作条例》《学法用法读本》，积极参加学法

用法考试。组织党员干部订阅共产党员微信公众号，学习党在新时期的各项重大方针政策。学习《国务院关于大力发展职业教育的决定》《中华人民共和国教师法》《中华人民共和国教育法》《中华人民共和国高等教育法》《教师职业道德规范》等教育法规和重要文献。

加强廉政勤政教育 以开展“铸廉行动”为契机，组织广大党员干部学习《中国共产党廉洁自律准则》《中国共产党纪律处分条例》《关于全省高校党委换届选举中严肃换届纪律保证换届风清气正的通知》、中央八项规定、省委十项规定、省教育工委六项规定和州委十二项规定、《党政机关厉行节约反对浪费条例》《中国共产党廉政自律准则》《中国共产党纪律处分条例》等内容，要求党员干部特别是党员领导干部筑牢思想道德防线，做到政治上严肃、工作上严谨、作风上严格、善于自律、勇于律他、接受他律。

制度建设 先后制定《办公室工作职责及工作制度》《关于群众热点难点问题处理的督办问责制度》《深入调查研究，密切联系群众制度》《档案管理制度》《黔东南民族职业技术学院党政办公室效能建设工作制度》《黔东南民族职业技术学院党政办公室受理公文暂行规定》《黔东南民族职业技术学院党政办公室办文程序》《黔东南民族职业技术学院党政办公室印鉴使用管理程序》《黔东南民族职业技术学院党政办公室办会程序》《黔东南民族职业技术学院档案查阅制度》，修订《会议管理办法》《会议室使用管理办法》《黔东南民族职业技术学院外国专家管理规定》等工作制度，规范工作程序，提高办文、办会、办事工作效率。

带头组织落实院党委的重大决策，积极组织和参加全州干部理论学习考试及上级有关部门组织的各类知识竞赛，积极参加学院党委组织的各项政治学习活动。加强督办工作提升执行力。深入调查研究，做好督促检查，了解各系、处室贯彻落实学院各项工作及党政决策决议情况，掌握第一手资料，当好党政班子的助手和参谋。

文书工作 草拟学院党政工作计划、工作总结和汇报，“十一五”“十二五”“十三五”学院发展规划、调研报告、办学情况汇报、各类重要活动动员大会上的讲话、述职述廉报告领导讲话稿、报告等综合性材料。先后完成《黔东南民族职业技术学院学习制度》《黔东南民族职业技术学院党的基层组织先进性建设工程实施方案》《关于做好党员联系和服务群众工作的实施意见》《关于加强和改进流动党员管理工作的实施意见》《关于加强党员经常性教育的实施意见》《关于建立健全抓基层党建工作责任制的实施意见》《关于加强和改进机关作风建设工程的实施方案》《关于加大学生党员发展工作力度的方案》《关于建立健全各类先进集体和先进个人评选机制的实施方案》《加强领导干部作风建设专题民主生活会》《关于贯彻落实中共中央纪委关于严格禁止利用职务上的便利谋取不正当利益的若干规定的实施意见》《黔东南民族职业技术学院全面开展廉洁教育实施意见》《黔东南民族职业技术学院认真学习宣传贯彻党的十七大精神的实施意见》《全面深化改革，加快内涵发展，为建成国内一流水平高职院校而努力奋斗》《黔东南民族职业技术学院章程》《黔东南民族职业技术学院2015年年鉴》，协助做好贵州省优质高等职业院校项目申报工作及党政各种工作总结、工作要点、教职工代表大会报告等公务文稿，在学院网站公开发表宣传稿等文件材料的撰写工作，为学院各项工作规范管理提供依据。

在收发管理上，完成每年报纸杂志的征订工作，征订《人民日报》《中国教育报》《贵州日报》《黔东南日报》等党报党刊，汇总、审核各系各部门业务报刊的征订上百份。坚持做到每周一、三、五定时到州政府文件交换点领取公文，及时到邮政局领取机要邮件，并及时处理。坚持发文、收件寄件登记制，对学校印发的文件和收取的邮件、信函、汇款、包裹等进行分类登记和签收领取，规范收发工作程序。多年来没有因为工作疏忽出现过延误或师生投诉的事件。

综合工作 在推进学院发展中有力发挥综合协调作用，搞好综合协调，热情为各系、各部门及全体师生员工服务。2003年，积极协助学院推进人、财、物的统一；2004年，为生态、生物两系合并为科学技术工程系，2008年，为医药卫生系分为护理系、临床系、医药技术系、医学基础部，2013年，生物与环境工程系又分为生物与环境工程系、建筑工程系、汽车与机电工程系等做了大量的工作。做好学院决策前的调研和决策后的及时反馈，确保学院各项重大工作部署和重大决策的科学正确。帮助解决及协调方方面面的工作矛盾。围绕教学中心积极配合教务、成教有关部门开展各项教学活动，协调工作人员的调配，为创办新的专业及各项评估向上级主管部门多次草拟申报材料，参与下县、下乡、村联系办学及培训开班等工作，协调车辆安排及宣传报道跟踪服务等；在招生就业宣传上，配合理顺各种工作关系，积极参加招生宣传，发送和接收来自全国各地及省州内外县市的传真资料、信息，协助订制招生简章，草拟联合办学协议及办理有关工作事宜。配合学生处举行新生开学典礼暨军训汇报活动，支持和协助各种活动的开展及助学贷款、学生管理、学生思想政治工作等工作事宜。在行政、后勤、安全保卫、计财工作方面协助处理好方方面面的工作关系。特别是为规范学生交费管理、校园综合治理、校园精神文明建设等方面做了大量的工作，制定下发相关的文件。为确保学院各方面工作的正常运转发挥重要的促进作用。服务领导决策，加强信息和调研工作，发挥好参谋助手作用。主动协助领导开展调研，深入师生之中了解情况，如先进性教育活动、人事制度改革、教职工福利待遇、老干问题、住房问题、学生管理、食堂问题等，办公室能抓住类似带有全局性、政策性较强的热点、难点问题，通过整理分析后向领导如实汇报，做好上情下达，下情上报。

严格对学院印章的使用和管理。本着坚持原则，高度负责的态度，对各部门及师生使用学院印章进行审核，做到照章办事、不徇私情，提高工作效率，充分体现用印的规范性和严肃性。

完成法人证、组织机构代码证的年审工作；注重接打电话的礼仪要求，对电话通知按要求进行记录，并送领导签审，对电话咨询的问题耐心解答；及时做好校园门户网站“网上咨询”“书记／院长信箱”的办理答复。

对台交流　签订交流合作协议。2014年5月至7月，学院与台湾地区12所高校签订交流合作协议。与学院签订协议的台湾地区12所高校是：朝阳科技大学、大仁科技大学、东南科技大学、弘光科技大学、环球科技大学、嘉南药理大学、建国科技大学、明新科技大学、南台科技大学、树德科技大学、万能科技大学、元培医事科技大学。

学生赴台交流学习。2014年9月，学院首次派出学生赴台湾地区交流学习。至2015年12月，已累计派出彭鑫、康凌云等49名学生赴台湾地区高校交流学习。

教师赴香港、台湾地区交流学习。2011年9月至2015年10月，19名教师带队带领学生赴香港、台湾地区高校交流学习。学习培训考察的有王贵生赴港培训，杨昌权参加贵州千人赴港职业能力建设培训，曹庆旭参加高等职业院校校长赴台考察学习培训，潘盛荣参加香港职业教育管理人员高级研修班，全宏旭、王远湘、袁家政、姚莉、董平慧、邰昌东、聂芸、赵榕、黄擎、杨骏、欧阳倩、李树禄、潘江、张兴权、周尚智、杨芸、杨昌平、李俊赴台湾地区相关大学交流学习，石开鹏赴台湾地区考察学习。

对外交流　2007年4月，学院设立外事办公室；2012年9月，学院党政办公室下设对外交流合作部。

外国专家管理。学院于2010年取得外国专家聘任资格，2011年成为美中友好志愿者项目学院。2013年10月，《黔东南民族职业技术学院外国专家管理规定》行文实施，规范外国专家管理工作。至2015年9月，学院共聘请6位美中友好志愿者教师到学院任教，主要担任基础英语课程的教学任务。美籍教师分别是：Natalie Kathleen Thomure、Sandor Anthony Callahan、Douglas Jarrett Kalagian、Daniel Hartman Schoolenberg、Edgard Flora N'Doccoh Tano、Jordan Scott Cannon。

学生出国交流学习。2014年9月，学院首次派出学生出国赴加拿大交流学习。至2015年12月，已累计派出陈燕、任倩桃2名学生赴加拿大堪纳多学院交流学习。

教师出国交流学习。2011年9月至2015年10月，派出62人次教职工出国进行学术交流或研修培训，曹庆旭公派访问澳大利亚，杜志勇赴加拿大读研，潘盛荣、陈治敏、龙春平、吴德诚、王艳兰、杨燕玲、吴寿峰、吴勇、杨彩鸾、黄华、吴开岑、李民和、龙章烈、刘书华、禹俊梅、王俊杰、苏晓红、吴文勇、闻芳、屈维彪赴新加坡培训，杨政宇、曲波赴越南和印尼参加“中国—东盟中心留学中国巡回展”，曹庆旭、潘晓蜀、石向欣赴美国参加高职教学课程开发教学实践培训，王贵生、舒选璧、杨群、胡松、王在朴、邹波、吴格娥、郑晓峰、何武、龙先兰、吴如金、李志强、杨胜坤赴美国参加专业建设与课程开发培训，陈文祥赴加拿大洽谈中加技术合作，刘晓东赴美国参加专业骨干教师素质提高计划培训，杨玲、雷建邦、欧卫华、谢宏、田景文、王永昌、曹胜、朱方来、张绍敏、杜富麾、苏萍、杨波、张立琴、王诗渊、潘永天、龙治峰、张宜坤、吴正凯、王红、潘恒志赴新加坡参加职业教育的产教融合与校企合作模式改革培训。

接待工作　组织协调学院重大活动，协助党委发挥总揽全局的作用。周密协调学校重大接待，协助党委发挥协调各方的作用。参与或负责完成各级领导及省内外重要友人来校的重大接待任务，密切学院和外部的关系。加强信息交流，扩大对外联系，走出去，请进来，这都是学院灵活办学、推进发展的重要举措。随着社会各界对职业教育的逐步认识和了解，学院声誉和知名度的不断扩大，学院始终得到部、省、州内外领导的关心和支持，频频到学院指导工作。每一次接待和会议从拟写标语、制定方案、议程，会场布置、准备资料，会议记录，宣传报道等每一个环节都精心策划，注意每一个细节，确保精细化、周密化。严格按照中共中央、国务院关于加强廉政建设的有关规定做好公务接待工作，本着有利公务、务实节俭、严格标准、简化礼仪、高效透明、热情周到的原则，切实做好公务接待工作，做到高标准、严要求，慎思慎行、细致周到地为来访各级客人做好服务，不断提高服务质量和水平。2014年5月至2015年11月，学院共接待台湾建国科技大学、万能科技大学、明新科技大学、大仁科技大学、东南科技大学、环球科技大学、弘光科技大学、元培医事科技大学、辅英科技大学、嘉南药理大学等高校领导专家来访22次，共计24人次。

会务工作　实行会议室使用登记制度，做到合理安排，规范使用，保障各类会议的顺利召开。随着学院各方面工作逐步规范化，很多问题要通过会议来解决。有党委会议、院长办公会议及各类专题会议、远程视频会议，领导来访座谈会等。做好会议准备和服务工作，如会议通知、会场布置、材料准备、会议记录、人员接待等，搞好会议服务。明确工作职责，规范会前、会中、会后的细节，形成以行政科为主体，秘书科、文书科协助进行的会议组织机制。召开视频会议，行政科按照通知要求，提前一天进行调试工作，会议前1小时准时打开视频系统，确保会议按时接入。秘书科、文书科积极配合做好会议服务工作，为校级会议作好材料准备，特别是对学院党委会和院长办公会要进行材料收集、装订以及做好会议记录等会中服务，对来访活动或院内重要会议要求15分钟内入会场和进行一次茶水服务。会后，要及时梳理会议材料，拟出会议纪要送审印发。完成党的各类活动动员会、工作推进会、情况通报会、总结会，党的精神宣讲报告会，省教育厅、省卫健委对医药卫生类专业复评审定会，大学生义务宣讲会以及全国职业教育现代学徒制试点工作推进视频会、全省教育系统学习党纪党规党法专题辅导视频会、传达学习全国职业教育工作会议精神视频会等重要会议会务服务工作。

车辆管理　制定《车辆管理办法》。坚持每月车辆例检制度，督促驾驶员对自己的责任车辆进行检查，及时处理发现的问题，按规定办理车辆保险、车辆年检、驾照审验等手续，始终保持车辆技术状态良好、证件齐全有效，车辆年审合格率达100%。经常组织驾驶员学习交通法规，增强安全意识。狠抓教育不放松，学习交通安全法规，避免交通事故的发生。严禁酒后开车、疲劳驾驶、闯红灯等交通违法行为。严格车辆报修和使用油卡加油制度，对车辆维修、轮胎更换、车内饰品、现金加油等严格实行事先报告制度。严格执行节假日车辆集中停放的规定，做好节假日值班车辆的登记报送工作。严格执行派车工作程序，保障学院各类公务活动的正常开展。

热情为教学服务，为师生服务。按时接送教职工上下班、学生实验实习、招生宣传、州内各县自主招生、学历提升、高职志愿填报、新生接待，学生实习、技能鉴定、公益活动、财会人员存取款、文秘人员领取文件等各类用车，并做到安全行驶，时间准确无误完成任务。

信息工作 围绕学院中心工作，发布较高质量的信息，体现学院信息的超前性和时效性，为全院师生及时、准确地了解学院发展动态搭建平台。同时，有针对性地向上级部门报送信息工作的数量和质量，及时、准确地反映学院的最新动态，进一步扩大学院对外宣传力度。及时公开对涉及职工利益的制度性文件和常规工作的办事流程等信息。

年鉴工作 从2015年起，学院以“一年一鉴”的形式启动《黔东南民族职业技术学院年鉴》编制工作，记述上一年度学院改革与发展基本情况及重大活动，全面、系统反映学院教学、科研、管理及社会服务情况，为各级领导和各系各部门查寻资料、获取信息提供服务，每年编辑出版一卷。

组织人事处

2002年5月，学院成立人事办公室；2004年6月，成立学院政治处。政治处包含组织、宣传、人事和统战工作，为副处级机构，设副处级处长1名，正科级副处长1名。2006年10月，州机构编制委员会办公室《关于印发黔东南民族职业技术学院机构编制方案的通知》成立学院组织人事处，包含宣传和统战工作，为副处级机构，设副处级处长1名，正科级副处长2名。下设离退休干部科，设副科级科长1名。2011年4月，师资科划归组织人事处，设副科级科长1名。

2002年5月，人事办公室负责人王俊杰；2005年6月，王俊杰任人事处处长，兼任统战部部长；12月，吴如金任人事处副处长；2008年5月，龙先兰任人事处副处长；8月，吴如金任组织人事处处长；9月，李立新任组织人事处副处长，肖林榕任离退休干部科科长；2011年8月，周媛祚任组织人事处副处长；2013年10月，杨健任离退休干部科科长；2014年4月，吴志松任师资科科长。

宣传统战部

2006年10月，宣传、统战工作由组织人事处分管；2009年9月，成立宣传部，编制3人，其中副处级1人、正科级2人。下辖信息网络中心，编制2人，其中正科级1人、副科级1人。2009年12月，成立宣传统战部，编制3人，其中副处级1人、正科级2人。2011年4月，宣传统战部编制2人，信息网络中心编制2人。

2010年11月至2015年12月，宣传统战部部长一直由石开鹏担任。2012年5月至2014年5月，肖林榕任宣传统战部副部长，杨凯雪任信息中心副主任。2013年7月，杨捷任宣传统战部副部长。

纪检监察室

机构沿革 2008年8月，成立学院纪检监察室，杨爱群任主任，周尚智任副主任。2011年3月，周尚智调任图书馆馆长，4月田景德接任纪检监察室副主任。2013年8月，杨爱群退休，由田景德副主任主持工作。2015年2月，田景德调任汽车与机电工程系总支书记，5月，杨文富调任学院纪委副书记，主持纪检监察室工作。同年6月，杨文富任纪委副书记，兼任纪检监察室主任。

履职情况 制定党风廉政建设工作方案，成立以学院党委书记为组长的党风廉政建设工作领导小组，强化组织领导，层层落实责任。先后与各系、各部门负责人签订《党风廉政建设责任书》38份，各系各部门与教职工签订《党风廉政建设承诺书》686份。制定印发《黔东南民族职业技术学院党风廉政建设主体责任和监督责任清单》38份；强化责任意识，落实责任清单，做到党风廉政工作与业务工作同研究、同部署、同检查、同落实、同考核，形成领导负责、上下联动、党员带头、人人自查的良好工作局面；制定《黔东南民族职业技术学院纪检监察工作制度》《黔东南民族职业技术学院贯彻落实“三重一大”事项集体决策制度的实施办法》《黔东南民族职业技术学院关于进一步推进廉政文化进校园工作实施方案》《学院党的群众路线教育实践活动作风整顿工作方案》《正风肃纪“明察暗访”工作方案》《黔东南民族职业技术学院党风廉政建设突出问题集中专项整治深化“铸廉行动”的实施方案》《边学边改工作方案》等10余个工作制度和方案，完善制度建设，强化监督检查。通过会议部署、学习讨论、督促检查等多种形式将省委、州委以及学院的党风廉政建设工作要求落到实处，确保各级党委的重大决策部署得到贯彻落实。

督促基层党组织以支部为单位，组织全院党员干部职工学习《中国共产党章程》《中国共产党廉洁自律准则》《中国共产党纪律处分条例》《中国共产党党内监督条例》《中国共产党问责条例》等。以举办党风廉政主题教育为载体，组织开展全院廉政警示教育专题报告会，邀请廉政警示教育研究专家学者3次到学院授课，组织全院副处级以上领导干部52人参加国家教育行政学院中国教育干部网络学院举办的高等学院党风廉政建设专题网络培训班学习，同时举办3届廉政书画比赛，收到廉政书画作品600余幅。大力开展以“师德、师风、教风、考风、学风、作风”为主题的校园文化建设。强化营造优美、舒适的校园环境，引导全院干部职工和学生树立正确的世界观、人生观、价值观，切实做到为民、务实、清廉，增强拒腐防变能力，切实解决党员干部在党性党风党纪和工作效能等方面存在的突出问题，营造学院“教书育人、管理育人、环境育人”的风清气正氛围。

在学院党委的高度重视下，组织学院副科级以上领导干部127人学习中央八项规定、省委“十项规定”和州委“十二项规定”，要求全院党员干部严格遵守，定期组织学院处级领导干部及家属、重点部门和关键岗位负责人参加全州警示教育活动。开展“节日病”专项治理，紧紧抓住清明节、“五一”劳动节、国庆节、春节等关键节庆时间，组织全院教职工726人学习《中国共产党廉洁自律准则》《中国共产党纪律处分条例》《事业单位工作人员处分暂行规定》及黔东南州《关于改进作风、密切联系群众的十二项规定》《贵州省严格党员领导干部纪律约束十条规定》《贵州省党员干部政治纪律“十严禁”和党员干部作风“十不准”》《中共黔东南州委办 黔东南州人民政府办关于进一步严格规范党员干部操办酒席行为的通知》《关于各级领导干部接受和赠送现金、有价证券和支付凭证的处分》《禁止公车私用规定》等文件精神，通过印发通知、开会提醒、突击检查等方式，要求党员干部管好自己及家人，过好廉洁关，真正做到守住“底线”，不越“红线”。

开展纪律检查和行政监察，促进学院党风廉政建设和各项行政工作的正常开展，全面深化“三转”，推进改革创新，加强反腐败体制机制创新和制度保障，着力强化纪律建设、作风建设、反腐倡廉建设，促进干部队伍廉洁自律。坚持从源头上预防和纠正行业不正之风，既坚持程序又创新形式，既执行法制又实施德育，既注重自身建设又强调治病救人，既强化内控机制又推动风险防范管理，严把招生录取、干部人事任免、基建修缮项目、物资采购、财务管理和收费、学生资助、就业推荐等关键环节，大力推进阳光治校。不断提高工作的针对性和实效性，筑牢干部职工抵御不正之风的思想防线，从根本上杜绝各种不正之风的发生。

制定《黔东南民族职业技术学院“铸勤行动”考评办法（试行）》《黔东南民族职业技术学院绩效考评办法（试行）》等，对全院教职工进行考评推优，着力推进学院效能建设，为学院创建全省优质高职院校打下坚实的基础。

学院始终把纪律和规矩挺在前面，强化党员干部的自我监督意识，抓好重点领域重点岗位的监督检查，制定《黔东南民族职业技术学院干部约谈常态化工作实施方案》，落实信访条例，积极做好群众来信来访工作，及时化解矛盾。落实“一岗双责”制，对重点单位和部门进行党风廉政建设责任制落实情况抽查和考核。履行执纪问责职能，坚持用制度管人、管权、管事，突出问题抓早、抓小，对违反纪律的相关人和事进行严肃问责。学院纪检监察室成立后，全程列席每次学院党委会议和院长办公会议，开展各类专项检查30余次，参与人员引进、技能鉴定等各类考试监督60余次，受理来电、来信、来访31件，查处违规违纪人员5人次。

第五节　中共党组织建设

入党积极分子培训

2004年1月18日，学院召开业余党校成立大会暨第一期党员培训班开班典礼，同时明确直属机关党总支是学院党委业余党校常设办公室。业余党校成立后，由直属机关党总支书记任学院业余党校办公室主任，负责统筹、协调、指导业余党校培训工作。坚持做到每学期开展一期学生入党积极分子培训，每期安排党课教学40学时；坚持约请学院党政班子成员和中层干部、教学经验丰富的党员为入党积极分子上党课。2008年11月10日，院党通〔2008〕24号文件规定，各系设置业余党校分校，分校校长由各系总支书记担任，各分校负责入党积极分子的教育培训和培养，学院业余党校负责重点发展对象教育培训。

2008年12月1日，杨胜坤任临床医学系业余党校分校校长，吴勇任副校长；潘晓蜀任护理系业余党校分校校长，吴德诚任副校长；张兴权任医药技术系业余党校分校校长，刘书华、刘光梓任副校长；胡松任信息工程系业余党校分校校长，龙章烈任副校长；闻芳任旅游经济管理系业余党校分校校长，梁焰任副校长；宋开旭任生物与环境工程系业余党校分校校长，吴开岑、唐蓉任副校长。

2004年业余党校成立至2015年，开展培训22期，培训入党积极分子5867人，结业5533人，结业率98.7%；从第20期培训开始，将原入党积极分子培训每期40学时拆分为积极分子培训24学时、发展对象培训24学时。

2004年至2015年学院业余党校培训情况统计表

表中1-5-1

期号	年度	培训时间	分校	培训人数（人）	结业人数（人）	结业率%
1	2004	2004.1.7—2004.9	综合	134	134	100
2	2004	2004.4.1—2004.4.17	综合	169	169	100
3	2005	2005.3.31—2005.4.29	综合	96	89	92.7
4	2005	2005.10.20—2005.11.10	综合	220	220	100
5	2006	2006.4.10—2006.4.23	综合	139	139	100
6	2006	2006.11.10—2006.11.30	综合	669	640	95.7
7	2007	2007.5—2007.6	综合	489	453	92.6
8	2008	2008.4—2008.5	综合	603	600	99.5
9	2009	2009.4—2009.6	综合	790	696	88.1
10	2009	2009.11—2009.12	综合	956	896	93.7
11	2010	2010.5.16—2010.6.10	生环系	67	43	64.2
11	2010	2010.5.16—2010.6.10	护理系	202	192	95.0
12	2010	2010.11.16—2010.12.10	生环系	66	42	63.6
12	2010	2010.11.16—2010.12.10	护理系	232	223	96.1
12	2010	2010.11.16—2010.12.10	临床医学系	207	207	100
12	2010	2010.11.16—2010.12.10	医药技术系	369	361	97.8

续表中1-5-1

期号	年度	培训时间	分校	培训人数（人）	结业人数（人）	结业率%
12	2010	2010.11.16—2010.12.10	信息系	153	147	96.1
12	2010	2010.11.16—2010.12.10	旅游系	50	43	86
12	2010	2010.11.16—2010.12.10	教职工	5	5	100
13	2011	2011.6.10—2011.6.30	生环系	31	27	87.1
13	2011	2011.6.10—2011.6.30	护理系	186	180	96.8
13	2011	2011.6.10—2011.6.30	教职工	2	2	100
14	2012	2012.11.10—2012.12.10	医药技术系	455	449	98.7
14	2012	2012.11.10—2012.12.10	临床医学系	141	140	99.3
14	2012	2012.11.10—2012.12.10	护理系	234	201	85.9
14	2012	2012.11.10—2012.12.10	旅游系	41	37	90.2
14	2012	2012.11.10—2012.12.10	财经系	106	105	99.1
14	2012	2012.11.10—2012.12.10	生环系	78	59	76.6
14	2012	2012.11.10—2012.12.10	教职工	14	14	100
15	2012	2012.5.5—2012.6.20	护理系	180	180	100
15	2012	2012.5.5—2012.6.20	生环系	23	13	56.5
15	2012	2012.5.5—2012.6.20	旅游系	23	23	100
15	2012	2012.5.5—2012.6.20	财经系	48	44	91.7
15	2012	2012.5.5—2012.6.20	教职工	2	2	100
16	2012	2012.11.1—2012.12.20	护理系	350	323	92.3
16	2012	2012.11.1—2012.12.20	临床医学系	469	469	100
16	2012	2012.11.1—2012.12.20	医药技术系	401	401	100
16	2012	2012.11.1—2012.12.20	财经系	94	88	93.6
16	2012	2012.11.1—2012.12.20	旅游系	46	43	93.5
16	2012	2012.11.1—2012.12.20	生环系	83	72	86.7
17	2013	2013.5.27—2013.6.3	护理系	307	231	75.2
17	2013	2013.6.7—2013.6.30	财经系	71	67	94.4
17	2013	2013.5.25—2013.6.2	生环系	68	51	75
17	2013	2013.5.20—2013.6.20	教职工	4	4	100
18	2013	2013.11.18—2013.11.23	护理系	320	233	72.8
18	2013	2013.11.3—2013.11.16	临床医学系	320	284	88.8
18	2013	2013.10.20—2013.11.30	医药技术系	507	430	84.8
18	2013	2013.11.11—2013.11.29	旅游系	75	75	100
18	2013	2013.11.14—2013.11.30	口腔医学系	47	47	100

续表中1-5-1

期号	年度	培训时间	分校	培训人数（人）	结业人数（人）	结业率%
18	2013	2013.10.20—2013.11.30	教职工	10	10	100
19	2014	2014.3.15—2014.5.31	财经系	92	92	100
19	2014	2014.3.15—2014.5.31	生环系	30	30	100
19	2014	2014.3.15—2014.5.31	汽车与机电系	7	7	100
19	2014	2014.3.15—2014.5.31	建筑工程系	28	28	100
19	2014	2014.3.15—2014.5.31	教职工	6	6	100
20	2014	2014.11.1—2014.11.30	护理系	123	118	95.9
20	2014	2014.11.1—2014.11.30	临床医学系	172	172	100
20	2014	2014.11.1—2014.11.30	医药技术系	325	320	98.5
20	2014	2014.11.1—2014.11.30	财经系	77	73	94.8
20	2014	2014.11.1—2014.11.30	生环工程系	74	69	93.2
20	2014	2014.11.1—2014.11.30	旅游系	79	79	100
20	2014	2014.11.1—2014.11.30	口腔医学系	78	78	100
20	2014	2014.11.1—2014.11.30	汽车与机电系	60	60	100
20	2014	2014.11.1—2014.11.30	建筑工程系	82	82	100
21	2015	2015.6.19—2015.6.30	汽车与机电系	31	31	100
21	2015	2015.11.4—2015.11.10	汽车与机电系	78	71	91
21	2015	2015	旅游系	199	168	84.4
21	2015	2015.5.20—2015.5.27	护理系	110	110	100
21	2015	2015	口腔医学系	138	138	100
22	2015	2015.11.20—2015.11.27	护理系	40	40	100
合　计				12181	11375	93.4

党员发展

2012年，学院党委先后印发实施《发展党员工作程序》《关于规范发展学生党员档案材料的规定》《关于毕业生党员组织关系管理的规定》等制度。特别是在2014年党的群众路线教育实践活动中，学院党委制定《发展党员工作实施细则》《党员组织关系管理办法》《党员组织关系接转工作程序》《学院业余党校工作制度》《基层党组织“三会一课”制度实施细则》等制度，不断完善和规范学院党员发展工作。

在学院党委历年发展党员工作过程中，直属机关党总支具体负责完成全院发展党员的材料审查、备案和预审，呈报学院党委审批。工作中，设置和登记学院《发展党员工作台账》，做好学院发展党员计划控制与统计工作。协助学院党委制订发展党员工作计划，并进行调整。指导各系党总支规范发展党员工作程序，协调解决有关问题，在“七一”前夕组织新党员宣誓、老党员重温入党誓词等。统筹安排并指导各系党总支，办理毕业生党员组织关系转出，为外省区、外专州毕业生党员组织关系介绍信送州委组织部办理验印手续。完成年内上级党组织安排和需要的有关发展党员工作情况报告、发展党员统计等工作。

表中1-5-2

2002年至2015年学院发展共产党员情况统计表

年度	发展党员数（人）			党员总数（人）
	小计	学生	教工	
2002	21	9	12	246
2003	6	4	2	232
2004	20	18	2	240
2005	17	7	10	254
2006	33	29	4	278
2007	153	151	2	348
2008	372	372	0	496
2009	247	242	5	617
2010	221	200	21	655
2011	583	571	12	925
2012	450	443	7	1216
2013	383	380	3	1305
2014	224	214	10	822
2015	197	172	25	682

思想建设

2003年11月28日至29日，学院党委副书记、副院长李炳昌参加由省委组织部、省委宣传部和省高校工委联合召开的全省高校党的建设和领导班子思想政治建设工作会议。

2003年12月9日，学院召开党的基层组织建设工作会议，由党委书记曾纪长主持。会上，党委副书记李炳昌传达全省高校党的建设和领导班子思想政治建设工作会议精神；党委委员陈道明宣读《贵州省高等学校党的基层组织工作条例》。

2005年月7月4日，学院成立保持共产党员先进性教育活动领导小组，院党委书记余晓林任组长，院长任副组长，成员有李炳昌、陈道明、王贵生、胡松、王兆石、郃化彩、宋开旭。领导小组下设办公室，杨爱群任主任。同月1日，领导小组召开全院保持共产党员先进性教育活动动员大会。

2005年8月，学院召开“三项学习教育”活动动员大会。院党委书记余晓林作动员讲话，州“三项学习教育”活动领导小组组长杨再新到会指导。

2006年3月25日，学院举办践行社会主义荣辱观倡议签名暨学生干部素质培训会议。这次签名暨培训会，由院关工委、学生处、院团委、院学生会联合承办，目的是学习贯彻胡锦涛社会主义荣辱观，帮助学生明辨现实生活中的是非、善恶、美丑，切实推进学院学生思想道德建设和思想政治教育工作。院关工委、学生处、院团委的屈维彪、杨润华、舒选璧3位老师分别作《让社会主义荣辱观成为我们行动的指南》《争做一名优秀学生干部》《明确职责，做好本职工作》的主题发言。在院学生会主席王小静同学宣读践行社会主义荣辱观倡议书后，207名学生干部签名响应。

2007年11月8日，学院召开“学习宣传贯彻党的十七大精神暨师德教育整顿活动动员大会”。大会由学院纪委书记王贵生主持，对学习宣传贯彻党的十七大精神进行部署；学院党委副书记、副院长李炳昌宣读《黔东南民族职业技术学院教师师德教育整顿活动工作方案》。

2008年4月9日，学院召开党的基层组织建设年活动动员大会。会议由学院党委委员、纪委书记王贵生主持，全院在校党员200余人参加。会议对学院开展“党的基层组织建设年”活动进行全面的动员和部署。

2009年1月13日，学院召开深入开展学习实践科学发展观活动动员大会。会议传达全州深入实践科学发展观活动动员大会精神，宣读学院党委《深入学习实践科学发展观活动工作实施方案》。党委书记王家祥作题为《进一步解放思想，加强内涵建设，提升办学水平，促进学院又好又快发展》动员讲话，州委检查指导组总组长兼第6检查指导组组长黄明光到会对学院深入学习实践科学发展观活动进行指导并发表讲话。大会设置一个主会场、四个分会场，全院教职工党员、学生党员和离退休党员代表600余人参加。9月18日至25日，学院举行一系列形势报告会。9月18日，学院举行首场形势报告会，学院党委书记王家祥作题为《我国职业教育的历史轨迹与前景》的形势报告。9月22日和9月25日，黔东南州专家顾问组顾问、黔东南州关心下一代工作委员会副主任周定生和黔东南州委党校教授杨汉林分别作题为《落实科学发展观　加快黔东南生态文明建设》和《党的奋斗历史与中华民族的复兴之路》的报告。

2014年4月12日，学院召开2014年宣传思想工作会议，学院党政领导班子成员、副科级以上领导干部等190人参加。会议发布《关于表彰2013年度新闻信息工作先进集体和先进个人的决定》和《关于表彰2013年度门户网站建设评估工作先进集体和先进个人的决定》，并安排部署2014年度门户网站建设和评估工作。5月22日，黔东南州委常委、凯里市委书记黄远良和州委第十四督导组长涂国平一行6人到学院检查指导教育实践活动。5月28日，学院召开党的群众路线教育实践活动“查摆问题、开展批评”环节工作会议。6月20日，学院党员干部38人参加由省教育厅党组成员、纪检组长、省委教育工委委员、纪工委书记罗润生主持的全省教育系统学习党纪党规党法专题辅导视频会议。12月5日，由州安监局调研员易承黔，州水利局机关党委副书记、水政监察支队队长、水政资源科科长潘冰洁，州委农工委党建科副科长徐历举组成的州委第二巡回督导组到学院就学院党的群众路线教育实践活动整改落实和作风建设情况进行督导检查。

2015年1月16日，贵州省委党校黄琛副教授到学院作《培育和践行社会主义核心价值观》的道德讲堂专题讲座，学院140名副科级以上领导干部参加聆听。1月19日，黔东南州委第二巡回督导组组长易承黔一行3人到学院开展党的群众路线教育实践活动第二轮巡回督导工作，对学校进行党的群众路线教育实践活动、抓好“四风”政治和作风建设整改措施落实等工作取得的进展给予充分肯定。3月，学校召开“铸廉行动”动员大会。黔东南州第五纪工委书记、监察分局局长、州文体广电新闻出版局纪检组长龙之衡，州第五纪工委委员、州中医院纪委书记粟才勇，州中医院监察室主任臧云，学院党政领导班子成员、全体教职员工参加会议。3月2日，学校副科级以上领导干部、辅导员、班主任和一、二年级全体学生近1万人在图书馆广场前举行新学期第一周升国旗仪式，学校院长陈文祥作“燃烧激情·追求梦想”国旗下讲话。3月24日，学校组织副处级以上干部参加2015年度全省教育系统党风廉政建设暨警示教育视频会议，学习中纪委五次全会、全省党风廉政警示教育大会、省纪委四次全会和国务院、省政府第三次廉政工作会议及全国教育系统党风廉政建设暨治理教育乱收费工作会议精神。4月3日，学校召开2015年党的建设工作会议，学院副科级以上党员领导干部、各党总支委员、各党支部书记和支委参加会议。9月，黔东南州委常委、凯里市委书记张森，在州纪委常委、州监察局副局长王再琼，凯里市委常委、常务副市长杨承进，州公选办主任唐晓晴等人陪同下到学校调研督察“三严三实”专题教育。10月19日，学校召开深化“铸廉行动”暨党风廉政建设突出问题集中专项整治会议，全院副科级以上领导干部参加会议。11月5日，学校道德讲堂举行“弘扬传统美德，塑造美丽人生”主题宣讲活动，学院党政领导张恩莲、陈文祥、吴文勇和各系带队老师及学生代表1000余人参加。11月17日，学校举行纪念抗日战争暨世界反法西斯战争胜利70周年专题讲座。贵州民族大学党委副书记唐建荣教授作题为《历史照亮明天——纪念中国人民抗日战争胜利70周年》的专题报告，学院各系党总支书记、思想政治理论课教师、辅导员、学生代表和宣传统战部、学工部、团委全体工作人员250余人参加。

2003年至2015年学院党组织和党员获表彰统计表

表中1-5-3

年份	受表彰党组织（个）		受表彰党员（人）	
	上级党组织表彰	院党委表彰	上级党组织表彰	院党委表彰
2003	—	3	—	12
2004	—	—	—	34
2005	—	5	—	20
2006	2	5	9	20
2007	—	5	—	26
2008	—	—	—	—
2009	4	—	9	—
2010	3	—	—	—
2011	8	10	13	40
2012	5	18	5	40
2013	3	17	2	67
2014	4	17	0	66
2015	11	—	—	—

第六节 民主党派组织

民进学院支部

2005年10月，民进学院支部由原民进黔东南州卫生学校支部、黔东南民族农业学校支部合并组建，由民进黔东南州委员会管理；现支部有职院在职、退休会员20人。

民进学院支部第一届主任邹波，副主任李树禄、徐凤生，委员张秀花、郑晓峰、徐阳；第二届主任李树禄，副主任吴文勇、郑晓峰，委员邹波、徐阳、徐凤生。

民进学院支部主要围绕党委中心工作对社会热点、难点开展调查研究、建言献策、参政议政，开展各种送医、送科技、送教、献爱心等社会服务活动和助力脱贫攻坚工作。

民盟黔东南工委学院支部

2014年3月，民盟黔东南工委成立，2015年6月，学院支部成立。职院支部有盟员17人，其中高级职称14人，中级职称3人。

2014年3月至2015年6月，支部承担并完成盟省委《我省黔东南地区民族文化进课堂现状及对策建议》课题；2014年参与由盟省委范祖燕秘书长组织的《我省农村寄宿制学校调研》课题，同年6月随盟省委范祖燕秘书长到从江、榕江对农村寄宿制小学进行调研，杨群和杨燕玲完成《黔东南州农村小学教育教学情况调研报告》并提交盟省委；同年支部成员杨群7月随州教育局局长，到从江、黎平、锦屏、天柱对中小学进行调研，并向州教育局提交《关于我州农村中小学教育几点建议》；同年8月和职院支部成员杨凤安、吴格娥针对“美丽乡村”建设到榕江县三江乡开展调研。带领职院支部开展服务社会活动，开展健康知识进社区活动，于2015年8月24日在凯里市和谐社区由支部盟员杨燕玲教授作“高血压防治知识讲座”；支部全体成员到州民族特殊教育高级中学开展献爱心活动，向学生捐赠两台大功率洗衣机；参与民盟黔东南州工委联合凯里市世纪书城在万博广场举行“书香民盟读书年”活动启动仪式。

代表盟工委向州政府提交《民盟黔东南州工委关于我州“十三五”规划意见建议》，履行参政议政职责。建议在“十三五”时期坚持农业的基础地位，充分利用生态优势走绿色有机等特色农业产业化道路；充分发挥职业教育在全面建成小康社会的作用；建议美丽乡村建设应保持各地原有特色。在政协第十一届全委会上代表民盟工委在大会上作《合理调整我州农村学校布局　提高基层教育者待遇》《关于尽快建立农村土地承包仲裁机构的建议》的发言。作为十一届政协常委，积极参加常委会会议，参加州政协组织的各项活动和培训，关注黔东南州经济发展及社情民意，向政协提交《关于支持黔东南州高职毕业生顶岗实习的建议》《关于雷山县城、下司镇围绕“慢城”生态生活方式发展旅游规划的建议》《发挥职业教育在扶贫攻坚作用的建议》《关于加强我州农村寄宿制小学后勤保障工作的建议》《关于发挥职业教育推动当地社会经济发展战略性基础作用的建议》《关于尽快对天柱县凤城镇雷寨村生活垃圾治理的建议》《关于在凯里城区主干道修建人工天桥的建议》等独立提案。

第七节　工　会

概　况

工会黔东南民族职业技术学院委员会（以下简称“学院工会”）是学院党委领导的由教职工自愿结合的群众性组织，下设经费审查委员会（提案小组）、女职工委员会等专门工作委员会，2015年，有会员550余人。分设临床医学系、护理系、医药技术系、信息工程系、生物与环境工程系、旅游与经济管理系、公教部与马列部、基础医学部、图书馆、医务所、驾校与绿化公司、新校区建设指挥部工会小组及院机关第一工会小组（党政办〈含院领导、行政科、档案室〉）、院机关第二工会小组（总务处、后勤集团）、院机关第三工会小组（保卫处）、院机关第四工会小组（组织人事处、技能鉴定所、科研处〈含组培中心〉）、院机关第五工会小组（教务处、继续教育处）、院机关第六工会小组（学生处、纪检监察室、审计科）、院机关第七工会小组（计财处、学报编辑部、少数民族技术文化研究中心、融资办）、院机关第八工会小组（机关党总支、招生就业办、宣传统战部〈含信息中心〉、督察室、工会、团委）等20个工会小组。各工会小组设工会小组长，负责组织开展各项活动。

2005年12月18日，学院召开第一届第一次工会会员代表大会，选举产生工会第一届委员会和经审委员会。同日，第一届第一次教职工代表大会召开，此后坚持每年一次的“两代会”（工会会员代表大会、教职工代表大会）制度。

学院工会一直坚持政治业务学习制度、工会干部例会制度、经费管理制度等。院工会坚持教职工代表大会制度，承担校务公开的具体工作，在人事、重大项目的开支、新校区建设等方面用不同的形式向全校教职工通报，并坚持在校务公开栏内和校园网站及时公布学院重大的工作安排及信息。

工会坚持以加强师德建设为核心，开展富有创见、成效明显的各项活动，提高教师队伍的思想道德和业务素质。深入开展“育人为本创先争优”活动，通过评选教育、科研、管理、服务“育人先锋号”和教育、管理、服务“育人标兵”先进典型，开展师德教风建设，促进广大教师的师德教风的提高。会同教务处每年坚持举办“教师课堂教学技能大赛”活动，鼓励青年教师改进教学方法，提高教学质量，争当教学能手，树立“忠诚党的教育事业”的崇高风尚。推进校园文化建设，组织开展形式多样、内容丰富的教职工文体活动。工会成立后不久就组建教职工男女篮球队，分别在院内外开展友谊赛和正式比赛。每年“五一”劳动节均组织教职工代表学院参加凯里地区职工登小高山比赛，多次获得团体和个人一、二名的好成绩。特别是在庆祝建党、建国、建州周年等盛大节日中，组织参加各级党组织举办唱红歌大赛，会同有关处室承办师生同台歌颂祖国辉煌成就的大型文艺晚会，以及参加州、市组织的活动等。

工会坚持用社会主义核心价值体系武装职工，加强社会主义精神文明建设，发扬“一方有难，八方支援”的优良传统，对职工家庭发生意外，扶贫单位年终慰问等，工会都动员师生捐款捐物，特别是2008年四川汶川发生大地震，师生捐款达10余万元，创最高纪录。

工会女教职工委员会坚持开展富有新意的活动，每年“三八”国际妇女节以多种形式组织学院女教职工欢庆自己的节日，定期组织全院女同胞进行妇科检查，维护广大女教职工的权益，激励女教职工投入教学、科研、管理工作中。

学院工会自成立后，按照规范化建设标准加强“教工之家”的建设，抓好班子和组织建设，完善工会档案、活动场所、工作制度等。

工会会员代表大会

第一次工会会员代表大会 2005年12月18日，学院工会第一次会员代表大会在学院召开。大会邀请黔东南州总工会和学院的领导到会指导。大会预备会宣读黔东南州总工会关于成立学院工会委员会的批复，听取并通过代表资格审查报告，通过大会议程。

大会选举产生学院工会第一届工会委员会和经费审查委员会。工会委员会由邰化彩、於根英、莫宇英、杨光英、喻平、文英兰、李俊、郑凯平、吴英、王慧10人组成。第一届工会委员会和经费审查委员会分别举行第一次会议，邰化彩当选工会主席，於根英、陈朝霞、莫宇英当选经费审查委员会委员，於根英任主任。

2008年10月20日，学院工会女职工委员会成立，由全学馥、姚元珍、吴桂叶、喻平、宋芳梅、王慧、金纪平、文英兰、刘琳丰、王小琴、杨再琼、杨春荣12人组成，全学馥任主任，姚元珍、吴桂叶任副主任。

第二次工会会员代表大会 2011年1月10日，学院工会第二次会员代表大会在学院召开。大会邀请黔东南州总工会和学院领导到会指导。通过大会议程。邰化彩代表第一届工会委员会作工作报告，莫宇英代表经费审查委员会作经费审查报告。

大会选举产生学院工会第二届工会委员会和经费审查委员会、女教职工委员会。第二届工会委员会由王慧、王小琴、田绍东、全学馥、吴桂叶、宋芳梅、金记平、邰化彩、杨昌权、杨再琼、姚元珍、莫宇英、龚贵兰、彭文琼、雷建邦15人组成。第二届工会委员会、经费审查委员会和女教职工委员会分别举行第一次会议，杨昌权当选工会主席，莫宇英当选副主席；孙贵越、刘琳丰、宋景耀、雷建邦、潘远才当选经费审查委员会委员，雷建邦任主任；全学馥、陈朝霞、单桢梅、莫宇英、潘世梅当选为女职工委员会委员，莫宇英兼任主任，全学馥任副主任。

2012年5月18日，学院工会第二届工会委员会第二次全委会议召开。杨昌权因工作变动不再担任工会主席，会议选举罗贤光为工会主席，增补王俊杰为委员。

教职工代表大会

第一届教职工代表大会 学院第一届教职工代表大会从2005年12月至2009年12月，届内召开三次会议。

第一次会议。2005年12月18日召开。会议审议通过《黔东南民族职业技术学院教职工代表大会工作制度》《黔东南民族职业技术学院内部人事制度改革方案》和《黔东南民族职业技术学院内部分配制度改革实施方案》。

第二次会议。2007年3月召开。会议审议通过《黔东南民族职业技术学院关于竞聘上岗与内部分配改革方案的修订意见》。

第三次会议。2008年10月24日召开。会议审议通过《黔东南民族职业技术学院内部经费管理与分配改革实施方案》《黔东南民族职业技术学院全员聘用制方案》《黔东南民族职业技术学院岗位设置方案》《黔东南民族职业技术学院人事制度改革岗位聘任方案》。

第二届教职工代表大会 学院第二届教职工代表大会从2010年1月1日至2015年9月1日，召开七次会议。

第一次会议。2010年1月1日在一校区阶梯教室举行，参加会议的正式代表151人、特邀代表10人、列席人员2人。

第二次会议。2011年4月16日召开。会议讨论通过《2010年行政工作报告》《2010年度财务预算执行情况与2011年财务预算报告》《学院“十二五”建设与发展规划》《提案工作报告》。

此后，每年的工会会员代表会议与教职工代表会议合并举行，简称“两代会”。

第三次会议。2012年4月14日，学院召开二届三次教职工代表大会暨二届二次工会会员代表大会。会议审议通过《2011年行政工作报告》《2011年财务预算执行情况及2012年财务预算报告》《2011年工会工作报告》《提案工作报告》《黔东南民族职业技术学院岗位设置调整方案》《黔东南民族职业技术学院教学工作量计算办法》《黔东南民族职业技术学院奖励性绩效工资分配办法》和《黔东南民族职业技术学院超工作量津贴发放办法》。

第四次会议。2013年3月23日，学院召开二届四次教职工代表大会暨二届三次工会会员代表大会。会议审议通过《2012年行政工作报告》《2012年财务决算和2013年财务预算报告》《2012年工会工作报告》《提案工作报告》《2012年工会财务及经费审查工作报告》《黔东南民族职业技术学院院系两级管理体制实施办法》《黔东南民族职业技术学院目标管理办法》《黔东南民族职业技术学院校内奖励性绩效工资发放暂行办法》。

第五次会议。2014年1月5日，学院召开二届五次教职工代表大会暨二届四次工会会员代表大会。大会审议通过《2013年行政工作报告》《2013年度财务预算执行情况与2014年财务预算的报告》《2013年工会工作报告》《2013年工会财务及经费审查工作报告》《提案工作报告》《黔东南民族职业技术学院管理岗位调整方案》。

第六次会议。2015年3月14日，学院召开二届六次教职工代表大会暨二届五次工会会员代表大会。会议审议通过《2014年行政工作报告》《2014年度财务预算执行情况与2015年财务预算的报告》《2014年工会工作报告》《提案工作报告》《2014年工会财务及经费审查工作报告》。6月29日，学院二届六次工会会员代表大会召开，选举出席教育工会第六次代表大会代表2名。

第七次会议。2015年9月1日，学院召开二届第七次教职工代表大会暨二届六次工会会员代表大会，审议通过《黔东南民族职业技术学院章程（核准稿）》。

基层工会

2011年3月18日，选举产生学院各基层工会小组组长。

护理系工会小组长龚贵兰，临床医学系工会小组长金记平，医药技术系工会小组长姚元珍，信息工程系工会小组长李建军，生物与环境工程系工会小组长田绍东，旅游与经济管理系工会小组长杨再琼，公教部与马列部工会小组长黄显琴，基础医学部工会小组长宋爱萍，图书馆工会小组长周晓红，医务所工会小组长彭文琼，驾校与绿化公司工会小组长孙贵越，新校区指挥部工会小组长钱正安，院机关第一工会小组长杨启璜，院机关第二工会小组长雷安阳，院机关第三工会小组长宋景耀，院机关第四工会小组长吴格娥，院机关第五工会小组长石红卫，院机关第六工会小组长周尚智，院机关第七工会小组长陈朝霞，院机关第八工会小组长郑凯平。

文体活动

自学院工会组建后，每逢“三八”“五一”等重大节日，均组织教职工开展丰富多彩的文体活动，并参加州、市组织的各种文体比赛。其主要有：

2006年4月，参加州总工会组织的庆“五一”登山比赛，团体和个人均获一、二名。

2007年4月，参加州总工会组织的庆“五一”登山比赛，获团体第二名，个人男、女前5名。

2009年3月，参加州妇联“三八”唱红歌比赛，获二等奖。4月，参加州总工会举办的庆“五一”登小高山比赛，获团体第一名。

2011年4月，参加州总工会举办的凯里地区庆“五一”大地杯登山比赛，获男子个人第一名、团体第七名。6月，参加全州教育系统“庆祝中国共产党成立90周年红歌演唱大赛”，获二等奖。

2012年4月，参加凯里地区“大地杯”职工登小高山比赛，获男子个人第一名。9月，参加凯里经济开发区“迎国庆　庆中秋”职工篮球赛，分别获男子组、女子组第一名。

2013年6月，召开劳模先进事迹报告会，邀请沈天益、孟群两位劳模作报告。8月，与公教部、学生处组队48人，参加黔东南州第八届运动会暨第二届少数民族传统体育运动会。9月，参加黔东南州教职工“园丁杯”篮球运动会，获“男子组体育道德风尚”奖；参加凯里经济开发区职工篮球赛，男、女队双双夺冠；与院团委、学生处共同举办“与祖国共奋进，与学院同成长”为主题的师生同台演出的迎新晚会。

2014年3月，组织开展以“袋鼠跳”“运球接力”等为主要项目的“三八”国际妇女节活动；参加州妇联举办的凯里地区百万妇女“健身操”比赛，获组织奖。4月，组队参加凯里地区大地杯“五一”职工登小高山比赛，获男子中年组个人第一名、女子中年组个人第二名、中年组团体第二名；参加庆“五一”职工歌咏比赛获二等奖。10月，开展“颂祖国·爱我家”职工文艺晚会。12月，成立职工羽毛球、篮球、乒乓球、足球、书画、歌舞六个协会。

2015年1月，举办庆元旦师生书画、摄影作品展。3月，参加妇联举办的凯里地区百万妇女“健身操”比赛获组织奖。4月，参加黔东南州总工会、州直机关工委等六家单位共同举办的2015年“共筑中国梦庆祝‘五一’劳动节职工歌咏比赛”，获二等奖。

扶贫济困

2006年，组织职工向学院扶贫点榕江县平江乡捐赠衣物1627件、现金670元。2007年，组织职工向全州贫疾农民献爱心，捐款4313元；参加金秋助学活动向榕江县平江乡贫困学生捐款9000元；参加“送冬衣，送温暖”活动向受灾农村捐衣物908件，捐款1210元。2008年，组织全院职工向四川汶川地震灾区捐款近9万元。2009年，组织全院党员向榕江县平江乡当鸠村捐款2万元；向从江县支教点赠送3000余元的教学用品；向农村危房户捐款1.27万元。2011年7月，组织职工向黔西南州望谟县洪涝灾区捐款1.79万元。2012年，组织职工向黔东南州“见义勇为”基金会捐款5.62万元，向“贵州教育发展基金会”捐款1.6万元。2013年，组织职工向四川雅安芦山地震灾区捐款5.42万元；向凯里八中患病学生潘飞捐款1.2万元。2014年，组织职工参加全国首个“扶贫日”公募活动，募集捐款1.54万元。2015年，组织职工参加“扶贫日”公募活动，募集捐款1.1万元。

慰问职工

2006年至2015年，每逢春节、“六一”、中秋、国庆等节日，工会对教职工均发放一定数量的慰问金，并代表学院探望生病职工以及吊唁去世职工及职工亲人去世慰问。其中：

2006年，“六一”儿童节发放慰问金4120元；教师节发放慰问金7.1万元；中秋、国庆两节发放慰问金5.9万元；向学院退休教师方家玲患病女儿捐款1.32万元。

2007年，春节发放慰问金15.23万元，发放困难职工慰问金4200元；“六一”儿童节发放慰问金3820元；教师节发放慰问金8660元；向职工邓小康患病儿子捐款5000元。

2008年，春节发放困难职工慰问金7300元；“六一”儿童节发放慰问费3620元，独生子女保健津贴5405元；教师节发放慰问金6.55万元。

2009年，“六一”儿童节发放慰问金8700元，独生子女保健津贴5970元；中秋、国庆两节发放慰问金4.31万元；教师节发放慰问金8.95万元。

2010年，“六一”儿童节发放慰问金8550元，独生子女保健津贴6240元。

2011年，春节慰问困难职工发放中央财政专项帮扶慰问金2000元，“六一”儿童节发放慰问金9050元，独生子女保健津贴6090元。中秋节、教师节发放慰问金14.44万元；组织为患白血病的退休教师管绍兰捐款3.89万元。

2012年，春节慰问困难职工发放慰问金1.08万元；“六一”儿童节发放慰问金8950元，独生子女保健津贴6900元；中秋节、教师节发放慰问金22.83万元，重大疾病补助8000元。

2013年，春节发放慰问金87.55万元；慰问困难职工发放慰问金5500元；“六一”儿童节为207名职工子女发放慰问金1.04万元，发放教职工独生女保健津贴7860元。

2014年，春节慰问困难职工发放慰问金1万元，为3名身患重大疾病职工申报困难补助；“六一”儿童节慰问职工子女217人发放慰问金1.09万元，独生子女保健津贴7500元。

2015年，春节慰问困难职工发放慰问金2.05万元，为2名身患重大疾病职工申报困难补助；“六一”儿童节发放慰问金1.1万元。

第八节　共青团

2005年8月17日，经学院党委会会议研究决定，成立共青团黔东南民族职业技术学院委员会（以下简称“学院团委”），舒选璧担任学院团委书记。2008年5月至2009年10月，潘丽娜任学院团委书记。2009年1月至2012年3月，杜智勇任学院团委副书记，主持工作。2009年11月，刘静任学院团委副书记，2012年4月，开始主持工作。2012年6月，文成任学院团委副书记。

2010年12月25日，学院团委第一次代表大会召开。参会团员代表117人。大会选举产生学院团委第一届委员会委员21人，第一届常务委员会委员7人。

志愿者服务

2007年11月17日，组织40余名师生在凯里市舟溪镇开展“三下乡”社会实践活动。9月，在全校范围内举办奥运火炬传递护跑手的选拔活动，选拔13名优秀志愿者参加奥运火炬凯里境内传递。

2008年4月13日，组织53名师生在凯里市炉山镇开展“三下乡”社会实践活动。5月，组织学生参加学院四川汶川大地震献爱心活动，招募180名青年志愿者护理地震灾区伤员。9月，参加黔东南州“一会一节一展”活动，有91名青年志愿者在活动中提供礼仪、导游、舞蹈演员等志愿服务；组织220名学生参加州红十字会组织的“捐赠造血干细胞”活动。同月，组织500名学生参加州红十字会举办的“世界急救日”大型急救演练活动。12月，组织12名教师及学生参加全省送科技文化卫生“三下乡”活动。

2009年6月19日，组织师生150人到凯里市大风洞乡青杠林村开展“三下乡”社会实践活动。

2010年3月，组织85名志愿者为凯里国际金芦笙节活动服务。

2010年4月23日，组织300余名师生在原黔东南州卫生学校校区篮球场，举行烛光祈福活动，悼念在“4·14”玉树大地震中遇难的同胞。6月13日，组织师生62人在凯里市挂丁镇开展“三下乡”社会实践活动。

2011年5月28日至29日，举办业余团校培训班，167名学生干部参加培训。6月24日，组织师生85人在麻江县下司镇开展“三下乡”社会实践活动。12月17日，组织1000名学生参加黔东南州残疾人运动会开幕式。

2012年10月，组织50名志愿者参加学院办学10周年暨新校区搬迁仪式活动服务。11月9日至1日，组织21名志愿者为“2012贵州环雷公山超100千米跑国际挑战赛”服务。11月18日至22日，组织55名志愿者为第五届中国凯里原生态民族文化旅游节暨2012中国·凯里银饰刺绣博览会服务。

2013年3月，组织56名师生在台江县施洞镇和凯里西城区开展“三下乡”社会实践活动。7月20日至26日，组织16名志愿者为凯里原生态民族文化旅游节暨2013中国（贵州）国际民间工艺品博览会服务。11月，组织46名志愿者参加2013贵州环雷公山超100千米跑国际挑战赛。

2014年6月28日，组织120名志愿者为共青团黔东南州委举办的“为青春启航·为青春圆梦”大型招聘会服务。10月13日至16日，组织115名志愿者为全院承办的第五届全省残疾人技能竞赛服务。11月6日至7日，组织90名志愿者为凯里“2014贵州环雷公山超100千米跑国际挑战赛”提供志愿服务。

2015年4月23日至28日，组织15名志愿者参加中国“微笑行动”走进黔东南活动志愿服务活动。6月12日，承办黔东南州凯里地区纪念第12个世界献血日表彰大会。11月，组织50名学生参加雷山苗年节表演。组织35名志愿者为凯里“2015贵州环雷公山超100千米跑国际挑战赛”提供服务。

获得荣誉

2008年，获黔东南州2007年度至2008年度“先进基层团委”称号。7月，在省教育厅组织的全省大学生校园文化活动月活动中获“先进集体”称号。10月，组织20名教师及学生参加黔东南州州直机关工委（团、工）组织的庆祝改革开放30年文艺汇演，节目《永恒的旗帜》获优秀奖。

2011年4月至5月，组织学生参加全省第六届“青春动力”校园三人篮球赛，在安顺赛区复赛中获专科组第一名，在全省总决赛中获第四名。10月25日，组队参加贵州省2011年“文明交通”高校主题辩论赛黔东南州预赛获第二名。

2012年，共青团旅游与商务管理系总支获2012年度“全省五四红旗团支部（团总支）”称号。

2013年4月至5月，组织学生参加贵州省第二届天“翼飞Young”校园三人篮球赛，在都匀赛区复赛中获专科组第一名，全省总决赛获第四名。

2014年，院团委获“全州五四红旗团委”和“全州红十字工作先进集体”称号。

2015年3月，参加全省职教之歌合唱比赛，获全省高职高专组第七名。

第二章　行政机构

第一节　领导班子

班子成员

2001年8月，根据贵州省人民政府《关于建立安顺职业技术学院等4所职业技术学院的批复》，原贵州省黔东南民族农业学校、黔东南州卫生学校、黔东南州财贸学校和黔东南州民族林业学校合并组建为黔东南民族职业技术学院，实行省、州共管，以州管为主的管理体制。

2002年9月19日，根据贵州省编办《关于安顺职业技术学院等6所职业技术学院机构规格和领导班子职数的批复》，明确学院规格为副厅级。领导班子职数定为6名，其中党委书记1名，院长1名，副书记2名，其中1名兼纪委书记，副院长2名。

2010年11月，根据黔东南州编办《关于调整增加黔东南民族职业技术学院领导职数的批复》，调整增加学院副院长职数2名、专职副书记1名。调整后的学院党委领导职数为书记1名，副书记2名，其中专职副书记1名，纪委书记1名，行政领导职数为院长1名，副院长4名。

院长办公会议

2002年4月5日，会议研究招生工作、学生助学贷款、安排学院成立大会及其他事项。

7月8日，会议研究增设学生、教务、人事办公室，抽调人员到学生处、教务处、人事处、招生办工作，聘请法制副校长1名、客座教授1名。

8月7日，会议研究确定新生实行集中教学，统一管理。学院设3个教学点，高职新生、医卫系新生在原黔东南州卫生学校教学，林学系、生物技术系、财经系的新生在原黔东南州财贸学校教学，科技扶贫班学生在原黔东南民族农业学校教学，原各校的老教学点不变动。关于收费问题。除原各校联合办班外，高职大专生的所有费用由学院统一收取；新老中专生的费用由原各校收取，从所收学费中提交30%给学院统筹安排；抽调到学院上班的行政后勤人员劳务费和任高职班班主任津贴及任课教师课时费由学院从统筹经费中开支，高职任课教师课时费标准分别为高讲每节6.5元、讲师每节5.5元、助讲每节4.5元。

8月19日，会议研究选派人员进修、聘请客座教授、成立学院经营办公室事项。

11月9日，会议研究招生人数、联合办班招生、对口高职考学籍事项。

2003年2月9日，会议研究新办专业旅游班如何扩大生源；请原黔东南州民族林业学校拟定林业部支持黔东南州民族林业学校20万元的用款方案；组建全国卫生系统高职会议筹备机构，李炳昌任组长，王兆石任副组长；明确实体的教职工，必须在完成教学的前提下开展工作；明确电话费补助，离休人员按文件发放，退休正处级按每月50元发放；成立学院车队，原四所学校车辆统一管理；全面清理原各校临时工人员。

2月24日，会议明确上岗人员领取劳务费，未上岗人员不能领取劳务费；全院教职工实行全员聘任上岗；统一全院教职工医保标准；教务处做好开学前准备工作，抓好教学质量；决定组建学院团委会；计财处拟定学校包干经费的编制。

3月19日，会议明确班主任津贴每月50元为基数，实施量化管理，由学生办公室拟定考核办法、教研组长津贴，每月20元；专任实验员津贴，由教务部门按实际工作量折算教学工作量，报学院审批后执行；明确人事管理相关制度，同意在学院内部实行内退制度，男性55周岁，女性50周岁，或工作30年。

5月20日，会议明确驾校在原黔东南州民族林业学校址开办；明确原黔东南州民族林业学校技能鉴定站、黔东南州卫生学校鉴定站归学院统一管理，由教务处管理；明确对原黔东南州民族林业学校教学楼进行维修方案，经费投入70万元；明确充分利用鸭塘基地进行开发利用，开办山庄。

6月4日，会议研究生物技术系毕业生返校“非典”预防工作；拟按5%比例推荐上报州直机关优秀党员；筹备全国卫生高职会议；成立法制教育领导小组、综治领导小组、禁毒领导小组，办公室下设在保卫办公室。

6月30日，会议研究干部劳务费津贴，进一步加强完善学院内部人事制度的改革，加快推进学院教学体系的完善工作，规范“三产办”下属劳务公司的管理，明确新学年教学进行集中调整搬迁，组建驾驶学校，明确农林综合开发实训基地建设，明确开办东方实验中学。

2004年3月24日，会议研究高级职称人员聘任、驾校工作、院机关人员劳务费、人员调动。

6月18日，会议研究剑河温泉开发资金筹措问题、鸭塘项目建设事项、东方实验学校相关问题、药剂培训人员职称问题。

2007年3月，会议强调严守财经纪律，严格经费支出的审批程序，做好开源节流；进行资产清查，对部分有收入和支出的部门进行审计；制定出台一系列鼓励政策，加大师资队伍建设的力度和投入；竞聘上岗步入正轨后，各系各部门要进一步明确岗位职责，完善考核制度，提高工作质量和工作效率；建立中层以上领导干部联系学生班级制度；招生就业指导办公室要制定切实可行的工作方案，实行目标责任制和指标监控管理。

2008年8月19日，会议研究同意教学成果奖励一等奖1000元，二等奖700元，三等奖500元，校级精品课程奖每项1300元，省级精品课程奖每项2000元；同意生物与环境工程系呈报的关于CAD/CAM、仿真教学、园林制图及规划设计实训室配置40台计算机的报告；同意信息工程系组建投资与理财专业实训基地（超市）的请示。

2009年6月18日，会议对近年来毕业生离校办理相关手续存在的问题和处理办法进行讨论研究，并形成7项决议：学生毕业证书由教务处统一验印；毕业生离校手续既要简化程序，又要保证学院财产安全完整；毕业生领取毕业证和办理离校手续的期限为每年7月1日至10日；各系发放学生毕业证书前，要清理毕业学生欠款、借物和损坏财物情况；因财产、物资管理部门未及时清理送达清册，导致学生领取毕业证后无法追回的财产损失，由财产、物资管理部门负责赔偿；毕业学生档案，由学生处提前清理完善并加密封，6月前送交各系，由学生所在系随毕业证书交付学生；总务处、后勤集团要进一步细化毕业生离校前的财产清理管理办法，既要简化手续，又要确保管理范围内的财产安全完整。

9月2日，会议研究调整学生申诉处理委员会组成人员，主任王贵生，成员有龙先兰、张宜坤、曹庆旭、田景德、田在建，学生代表1名；讨论、修改并通过学院2009学年度至2010学年度工作要点；启动ISO9000认证体系，成立ISO9000认证工作领导小组；通过学院《学生管理规定》《学生纪律处分办法》《学生奖励办法》和《奖学金管理办法》。

2010年2月25日，会议讨论并原则通过《教学团队建设工作实施办法（试行）》和《重点专业建设管理办法》。

5月6日，会议决定成立高层次人才和紧缺专业人才考试工作领导小组，通过学院2010年公开招聘高层次人才和紧缺专业人才考试工作实施方案。

5月24日，会议原则同意继续教育处提成经费管理办法；驾校2011年目标管理方案；同意按原合同协议，由驾校支付原修理厂土地使用青苗费补偿金1.67万元；同意按照物价部门核准的标准150元/生收取军训费，军训服装采购事宜由学院武装部、总务处等相关部门按规定采购；明确“双师素质教师”“双师型教师”的认定和享受待遇原则，并请组织人事处和相关部门完善其认定、考核、管理办法；决定2010年中职口腔修复技术专业暂缓招生。

6月17日，会议研究、审议并通过《教师到企业实践的实施方案（试行）》《用编补员工作暂行规定（修订）》《专业技术职称聘任暂行规定（修订）》《精品课程建设经费使用管理办法（试行）》和《物资采购与基建维修招标规定（修订）》；讨论并通过对《学生管理规定》《校园秩序管理制度》《学生医疗管理制度》《生源地信用助学贷款制度》《勤工助学管理制度》和《就业指导工作制度》6项制度的修订意见；决定按照教育部有关管理办法和标准，给予毕业年级顶岗实习学生办理意外保险，每名学生保险费70元。

10月28日，会议研究决定开展对四校物质进行清理活动；对四校财务进行审计做好准备工作；通过开办产业章程；对果园山庄开发的规划设计；附属医院开业事宜；在原黔东南州卫生学校修建4000平方米的学生宿舍事宜。

12月2日，会议研究拟定外出考察学习的目的任务，初步确定永州学院为考察的学校；请原黔东南民族农业学校拟定30万元的用款计划；同意召开全院教职工大会，通报学院近期工作情况。

2012年12月6日，会议研究课时费标准、成立教育教学评价小组、研究当前存在的问题。

2013年3月8日，会议研究学院二级管理方案、人事工作、招生工作、联合办学、采购工作、校园卫星电视系统设计方案、培训基地建设、校园文化楼道建设。

3月22日，会议研究联合办学经费管理、食品技工技术专业建设、医学实验动物房建设、图书馆自动化管理系统软件采购、新校区绿化管理、汽车专业实训用地选址。

9月10日，会议研究学院信息公开制度、学生宿舍防盗网建设、柴油发电机组采购、旅游系实训室设备采购、开展省级精品课程资源共享。

2014年1月3日，会议研究科研课题经费管理暂行办法、保安奖励、护理系计算机房建设。

1月7日，会议研究学院发展目标统一思想问题、品牌专业建设、发展目标纪律要求。

2015年4月，会议研究讨论原老校区教职工宿舍用水管理、固定资产处置、办公楼后边坡绿化、退还蒲学林果园房屋拆迁补偿款、参加全国大学生足球联赛经费、港中旅校企合作、超课时费发放等有关事项；同意对原老校区教职工宿舍用水实行一户一表管理；固定资产处置相关事宜；办公楼后边坡绿化事宜；关于学院参加中国大学生校园足球联赛南区决赛经费事宜；原则同意与港中旅开展合作办学；同意全院统一课时费标准发放2014年超课时费。经征求各系各有关部门意见，本着尊重大多数意见的原则，对2014年超课时费同意按全院统一标准发放。

专题会议

2005年11月25日，召开关于联合上海爱生医疗器械公司共同建设发展学院附属医院专题会议。与会人员原则同意与其合作共同发展，初步明确双方合作的基本原则、基本条件和权利义务；12月29日，召开关于学院人才培养水平评估工作专题会议，明确各相关组成机构的工作职责，提出通过合格评估对学院今后建设发展的重大意义。要求各系各部门全面提高责任意识、服务意识、协作意识、主动意识。评估必须达到“合格”等次。

2006年3月31日，召开关于加强、整顿、研究北校区学生管理工作专题会议。会议明确召开北校区学生法制教育大会，邀请市公安部门人员参加；制定北校区整改方案；出台医卫系关于加强整顿学生纪律的决定、通过改革的办法，完善各项管理制度，明确责任，增加人员，落实班主任职责和津贴，完善办学基础设施等；

6月27日，召开人才培养水平评估专题会议，听取迎评办公室对前段时间工作情况和汇报及下步工作打算；9月14日，召开关于食品安全工作专题会议。会议通报凯里学院食物中毒情况及凯里地区各大中专学校食堂卫生检查情况，明确对学院食堂反映出的问题进行整改提出具体要求，总务、后勤对食堂再进行一次全面检查，不留死角。

2011年3月17日，召开关于明确联合办学部门工作职责的专题会议，明确各部门和相关教学系的工作职责：招生就业办主要负责前期对接、联合办学协议的汇总、联合办学招生计划及其宣传、录取等招生工作、就业情况、并落实签订协议相关事宜。教务处负责教学工作的统筹安排，主要包括送达专业人才培养方案、期初和期末双方学校放假和开学时间的对接、办学点教学任务安排情况、组织对办学点教学实施的检查、教材的征订以及学籍管理、毕业证书办理等工作。新生开学时取得学籍的学生名单在开学后一个月报计财处，每学期开学后一个月报学籍异动情况到计财处。学生处负责学生奖惩、资助、学生档案、党、团员的发展等学生管理工作。计划财务处负责按照协议时间与联合办学各教学点对接收费工作，并及时报学院。相关教学系负责专业人才培养方案的制订、教学质量监控、各门课程的教学基本要求、考试课程安排、选用教材的目录、指导办学点进行顶岗实习等具体教学工作。会议对联合办学的协议条款进行讨论，要求在协议条款中要明确各教学点务必保证教学质量，做好学生的建档工作，并购买必备的教学用品，如挂图、影像资料等。

3月18日，召开行动导向教学改革专题工作会议，研究事项：会议听取检查组对各系行动导向教学改革工作检查情况的汇报。会议充分肯定前阶段行动导向教学改革工作所取得的成绩，指出由于教学系部对行动导向教学改革认识不足、宣传不到位等原因，行动导向教学改革进展缓慢，质量不高。会议确定每周星期二下午定为课改研讨、学习、培训固定时间，有课务安排的要各系部全部调开。督察室每月出一期关于行动导向教学改革的督察简报。会议对下一阶段行动导向课程改革工作作具体安排。

2014年5月20日，会议专题讨论中央财政职业教育“以奖代补”专项资金项目建设问题。《省财政厅、省教育厅关于下达高等职业教育“以奖代补”中央专项资金的通知》，安排给学院中央财政职业教育“以奖代补”专项资金500万元用于“民族医药专业实训基地”建设。各相关系部必须高度重视，通力配合，确保项目进度和工程质量。同时要加强对资金使用的监督、审计工作，做到专账管理、专款专用，确保资金安全。会议明确党政办公室、计财处、审计科、纪检监察室、总务处、医药技术系、科研处和鉴定所、教务处、督察室的职责任务，确保项目按时保质顺利实施。

9月16日，召开学校“一站式”学生事务服务中心建设专题会议。会议首先组织学习贵州省教育厅《关于在全省高校推广建设“一站式”学生事务服务中心的意见》，接着研究学院“一站式”学生事务服务中心建设相关事宜：基本定位。“一站式”学生事务服务中心是一个集事务办理、咨询服务、工作交流和素质拓展于一体的高效率工作平台。基本包含学生奖学助学、勤工助学、学籍学历、考试业务、课程选定、学习救助、社团活动、户籍办理、党团关系、就业服务、征兵服役、学生住宿、乘车优惠、图像采集、医疗保险、信息网络等事务的集中咨询和办理工作。学生事务服务中心建立在行政楼三楼大厅处，采用定时工作制的方式开展窗口式的服务。组织领导。为加强对“一站式”学生事务服务中心建设工作的组织领导，成立学院“一站式”学生事务服务中心创建工作领导小组，负责对创建工作的统筹规划和指导协调。领导小组下设办公室在学生处，负责日常事务。制定工作进度表，由学生处负责落实。

2015年2月10日，召开学习全省高校党委换届部署工作及党建工作会议精神专题会议。会议就学院党委换届和党建有关工作进行安排部署。加强宣传，营造氛围。定于3月在学院大礼堂召开全体教职员工大会，学习全省高校党委换届部署工作会议精神，就学院“铸廉行动”进行动员部署，超前谋划，做好筹备的有关工作，成立筹备工作领导小组工作机构，组织人事处要对接落实相关工作，并于3月底前召开党委会议研究确定；做好学院换届相关准备工作，草拟好党委、纪委等有关工作报告；开好学院党建工作会。决定每年召开一次党建工作会议。

3月25日，召开学院2015年教师出国（境）培训项目专题会议。会上王家祥传达贵州省外国专家局文件《关于下达2015年出国（境）培训项目计划和有关要求的通知》，对学院拟选派人选进行讨论。确定学院2015年教师出国（境）培训对象为专业骨干教师，由杨玲副院长担任团长，团队成员为雷建邦、欧卫华、谢宏等19位骨干教师。按14天的培训时间进行申报，培训费用由学院承担，由对外交流合作部按要求做好相关工作。

第二节　内设机构

2004年7月28日，黔东南州机构编制委员会办公室明确学院内设机构为副处级党政管理机构7个，即党政办公室、政治处（含组织、宣传、人事、统战工作）、纪检监察室、教务处、学生处（挂招生就业指导办公室牌子）、总务处、中专部；副处级教学及教辅机构由学院自行设置，不定级别，人员工资不与行政级别挂钩；副处级群团组织机构2个，即工会、团委；副科级机构9个，即审计科、综合档案室、离退休干部科、基建物资房产科、电化教育中心、教材科、学生宿舍管理科、计财科、保卫科（含武装部）。

2006年10月20日，学院内设机构作出调整，设副处级机构12个，正科级机构20个，副科级机构10个。副处级党政管理机构6个，内设副科级机构4个，分别为党政办公室、纪检监察办公室、组织人事处（含宣传、统战工作，内设离退休干部科）、教务处（内设教材科）、学生处（内设贫困生救助办公室）、总务处（内设基建房产科）。副处级教学机构6个，内设副科级机构6个，分别为临床医学系（内设综合办公室）、护理系（内设综合办公室）、药学系（内设综合办公室）、生物与环境工程系（内设综合办公室）、信息工程系（内设综合办公室）、旅游经济管理系（内设综合办公室）。正科级机构18个，分别为招生就业指导办公室、计财处、保卫处（挂武装部牌子）、综合档案室、行政科、后勤集团、继续教育处、科研处（挂植物组织培养中心牌子）、中专部、学报编辑部、公共教学基础部（挂马列主义教研部、两课部牌子）、技能实训中心（挂鸭塘实训基地牌子）、图书馆、职业技能鉴定所、驾驶学校、附属高级中学、附属医院。正科级群团组织机构2个，分别为工会、团委。

2008年10月13日，技能实训中心增设附属口腔医院。

2010年4月6日，学院机构编制进行调整，将党政管理机构由原设的6个调整增设为10个；教学机构由原设6个调整增设为11个，新增教学辅助机构2个；按章程和有关规定设置的机构由原设8个调整增设为10个。调整后的机构为：党政管理机构10个（副县级），有党政办公室、组织人事处、教务处、学生处、总务处、宣传统战部、招生就业指导办公室、科研处、计划财务处、保卫处。教学机构11个（副县级），有临床医学系、护理系、医药技术系、生物与环境工程系、信息工程系、旅游与经济管理系、公共教学基础部、马列主义教研部、技能实训中心、继续教育处、中专部。教学辅助机构2个（副县级），有图书馆、学报编辑部。按章程和有关规定设置的机构10个（副县级），有临床医学系党总支、护理系党总支、医药技术系党总支、生物与环境工程系党总支、信息工程系党总支、旅游与经济管理系党总支、直属机关党总支、纪检监察办公室、工会、团委。

2011年4月13日，学院增设正科级机构5个，即技能实训中心增设基础医学实训室、农林牧实训室、工科类实训室、贵州民族技术文化研究中心、信息网络中心。增设副科级机构2个，即教务处师资科、设备科。

2012年3月6日，学院继续教育处设置综合办公室和培训中心2个，副科级机构。

2012年9月8日，学院设置口腔医学系、建筑工程系、汽车与机电工程系3个副县级教学机构；设置民族职业教育研究所1个，副县级研究机构。各系、所下设综合办公室。9月29日，学院党政办公室设置对外交流合作部，正科级机构规格。

2013年2月26日，学院学生处增设心理健康教育中心，副科级机构。8月，学院党政办公室增设秘书科、文书科2个副科级机构；教务处增设综合办公室和学籍管理科2个副科级机构；总务处增设水电管理科和资产管理科（原教务处设备科）2个副科级机构；计划财务处内设综合科、会计核算科和收费管理科3个副科级机构；保卫处内设综合办公室、消防处突科、户籍管理科和治安科4个副科级机构；公共教学基础部内设综合办公室副科级机构；马列主义教研室内设综合办公室副科级机构；科研处内设植物组织培养中心副科级机构。

2014年8月29日，撤销学院后勤集团，将后勤集团的后勤服务管理职能并入总务处，学生宿舍管理职能并入学生处。在总务处下设膳食管理科和环境卫生管理科2个副科级机构；在学生处下设学生宿舍管理科，副科级机构。

2015年，经过多次增加、撤并、调整和优化，学院下设副县级党政机构24个、副县级教学机构11个、副县级教学辅助机构3个、按章程设置的副县级机构2个、其他正科级机构11个。

2015年学院机构设置一览表

表中2-2-1

序号	机构名称	机构职级	领导职务	领导职级	备注
	院领导班子		党委书记	副厅级	
			院长	副厅级	
			党委副书记	正县级	
			纪委书记	正县级	
			副院长	正县级	
			副院长	正县级	
			副院长	正县级	
			副院长	正县级	
1	党政办公室	副县级	主任	副县级	党委办公室、学院办公室、外事办公室合署办公
			副主任	正科级	
			副主任	正科级	
			副主任	正科级	
			秘书科科长	副科级	
			文书科科长	副科级	
	对外交流合作部	正科级	主任	正科级	
			副主任	副科级	
			副主任	副科级	

续表中2-2-1

序号	机构名称	机构职级	领导职务	领导职级	备注
2	纪检监察室	副县级	主任	副县级	
			副主任	正科级	
3	组织人事处	副县级	处长	副县级	
			副处长	正科级	
			副处长	正科级	
			离退休干部科科长	副科级	
			师资科科长	副科级	
4	宣传统战部	副县级	部长	副县级	
			副部长	正科级	
			副部长	正科级	
5	教务处	副县级	处长	副县级	
			副处长	正科级	
			副处长	正科级	
			综合办公室主任	副科级	
			教材科科长	副科级	
			学籍管理科科长	副科级	
6	学生处	副县级	处长	副县级	党委学生工作部、武装部合署办公
			副处长	正科级	
			副处长	正科级	
			副处长	正科级	
			贫困生资助办公室主任	副科级	
			心理健康教育中心主任	副科级	
			学生宿舍管理科科长	副科级	
7	总务处	副县级	处长	副县级	
			副处长	正科级	
			副处长	正科级	
			副处长	正科级	
			基建房产科科长	副科级	
			水电管理科科长	副科级	
			资产管理科科长	副科级	
			膳食管理科科长	副科级	
			环境卫生管理科科长	副科级	

续表中2-2-1

序号	机构名称	机构职级	领导职务	领导职级	备注
8	招生与就业指导办公室	副县级	主任	副县级	
			副主任	正科级	
			副主任	正科级	
9	计划财务处	副县级	处长	副县级	
			副处长	正科级	
			副处长	正科级	
			综合科科长	副科级	
			会计核算科科长	副科级	
			收费管理科科长	副科级	
10	保卫处	副县级	处长	副县级	
			副处长	正科级	
			副处长	正科级	
			综合办公室主任	副科级	
			消防处突科科长	副科级	
			户籍管理科科长	副科级	
			治安科科长	副科级	
11	临床医学系党总支	副县级	党总支书记	副县级	
12	临床医学系	副县级	主任	副县级	
			副主任	正科级	
			副主任	正科级	
			综合办公室主任	副科级	
13	护理系党总支	副县级	党总支书记	副县级	
14	护理系	副县级	主任	副县级	
			副主任	正科级	
			副主任	正科级	
			综合办公室主任	副科级	
15	医药技术系党总支	副县级	党总支书记	副县级	
16	医药技术系	副县级	主任	副县级	
			副主任	正科级	
			副主任	正科级	
			综合办公室主任	副科级	
17	生环工程系党总支	副县级	党总支书记	副县级	
18	生物与环境工程系	副县级	主任	副县级	
			副主任	正科级	

续表中2-2-1

序号	机构名称	机构职级	领导职务	领导职级	备注
18	生物与环境工程系	副县级	副主任	正科级	
			综合办公室主任	副科级	
19	财经系党总支	副县级	党总支书记	副县级	
20	财经系	副县级	主任	副县级	
			副主任	正科级	
			副主任	正科级	
			综合办公室主任	副科级	
21	旅游与商务管理系党总支	副县级	党总支书记	副县级	
22	旅游与商务管理系	副县级	主任	副县级	
			副主任	正科级	
			副主任	正科级	
			综合办公室主任	副科级	
23	公共教学基础部	副县级	主任	副县级	
			副主任	正科级	
			副主任	正科级	
			综合办公室主任	副科级	
24	马列主义教研部	副县级	主任	副县级	
			副主任	正科级	
			副主任	正科级	
			综合办公室主任	副科级	
25	技能实训中心	副县级	主任	副县级	
			副主任	正科级	
			副主任	正科级	
			副主任	正科级	
			基础医学实训室主任	正科级	
			附属口腔医院院长	正科级	
			农林牧实训室主任	正科级	
			工科类实训室主任	正科级	
26	继续教育处	副县级	处长	副县级	劳动力培训中心合署办公
			副处长	正科级	
			副处长	正科级	
			综合办公室主任	副科级	
			培训中心主任	副科级	

续表中2-2-1

序号	机构名称	机构职级	领导职务	领导职级	备注
27	中专部	副县级	主任	副县级	
			副主任	正科级	
			副主任	正科级	
			办公室主任	副科级	
			学生科科长	副科级	
			教务科长	副科级	
			招生就业办公室主任	副科级	
28	口腔医学系党总支	副县级	党总支书记	副县级	
29	口腔医学系	副县级	主任	副县级	
			副主任	正科级	
			副主任	正科级	
			综合办公室主任	副科级	
30	建筑工程系党总支	副县级	党总支书记	副县级	
31	建筑工程系	副县级	主任	副县级	
			副主任	正科级	
			副主任	正科级	
			综合办公室主任	副科级	
32	汽车与机电工程系党总支	副县级	党总支书记	副县级	
33	汽车与机电工程系	副县级	主任	副县级	
			副主任	正科级	
			副主任	正科级	
			综合办公室主任	副科级	
34	科研处	副县级	处长	副县级	含植物组织培养中心
			副处长	正科级	
			副处长	正科级	
			植物组织培养中心主任	副科级	
35	民族职业教育研究所	副县级	所长	副县级	
			副所长	正科级	
			副所长	正科级	
			综合办室主任	副科级	
36	图书馆	副县级	馆长	副县级	
			副馆长	正科级	
			副馆长	正科级	

续表中2-2-1

序号	机构名称	机构职级	领导职务	领导职级	备注
37	学报编辑部	副县级	主任	副县级	
			副主任	正科级	
38	直属机关党总支	副县级	党总支书记	副县级	学院业余党校办公室合署办公
39	工会	副县级	主席	副县级	
			副主席	正科级	
40	团委	副县级	书记	副县级	
			副书记	正科级	
41	审计科	正科级	科长	正科级	
42	综合档案室	正科级	主任	正科级	
			副主任	副科级	
43	教学、行政督察室	正科级	主任	正科级	
			副主任	副科级	
			副主任	副科级	
44	行政科	正科级	科长	正科级	
			副科长	副科级	
45	职业技能鉴定所	正科级	所长	正科级	贵州省国家第六十二职业技能鉴定所
			副所长	副科级	
46	驾驶学校	正科级	校长	正科级	
			副校长	副科级	
			副校长	副科级	
47	贵州民族技术文化研究中心	正科级	主任	正科级	
			副主任	副科级	
			副主任	副科级	
48	信息网络中心	正科级	主任	正科级	
			副主任	副科级	
49	医务所	正科级	所长	正科级	
			副所长	副科级	
			副所长	副科级	
50	附属医院	正科级	院长	正科级	
			副院长	副科级	
			副院长	副科级	

第三节　人员编制

2004年7月28日，学院人员编制数480名，其中党委书记1名，院长1名；党委副书记2名（正县级，其中1名兼任纪委书记），副院长2名（正县级）。副县级职数9名；正科级职数9名，副科级职数9名。

2006年10月20日，州机构编制委员会办公室《关于印发黔东南民族职业技术学院机构编制方案的通知》，对学院人员编制和领导职数作出调整：人员编制480名，其中党委书记1名，院长1名；党委副书记2名（其中1名兼纪委书记），副院长2名（正县级），副县级职数12名；正科级职数44名，副科级职数40名。

2010年4月6日，副县级职数由原定的19名调整增加为33名，事业编制由原定的480名调整增加为820名。是年11月，增加学院副院长职数2名、专职副书记1名。

2011年4月27日，州机构编制委员会办公室批复，学院科级职数以本批复为准，原核定的科级职数不再执行。

副县级党政机构及内设科级机构。党政办公室（党委办公室、学院办公室和外事办公室）副主任（正科级）职数3名。纪检监察办公室副主任（正科级）职数1名。组织人事处副处长（正科级）职数2名，内设副科级离退休干部科，科长（副科级）职数1名。宣传统战部副部长（正科级）职数2名。教务处副处长（正科级）职数2名，内设副科级机构3个：教材科、师资科、设备科，科长（副科级）各1名。学生处（加挂党委学生工作部、武装部牌子）副处长（正科级）职数2名，内设副科级贫困生资助办公室，主任（副科级）职数1名。总务处副处长（正科级）职数2名，内设副科级基建房产科，科长（副科级）职数1名。招生就业指导办公室副主任（正科级）职数2名。计划财务处副处长（正科级）职数2名。保卫处副处长（正科级）职数2名。

副县级教学机构及内设科级机构。临床医学系副主任（正科级）职数2名，内设副科级综合办公室，主任（副科级）职数1名。护理系副主任（正科级）职数2名，内设副科级综合办公室，主任（副科级）职数1名。医药技术系副主任（正科级）职数2名，内设副科级综合办公室，主任（副科级）职数1名。生物与环境工程系副主任（正科级）职数2名，内设副科级综合办公室，主任（副科级）职数1名。信息工程系副主任（正科级）职数2名，内设副科级综合办公室，主任（副科级）职数1名。旅游与经济管理系副主任（正科级）职数2名，内设副科级综合办公室，主任（副科级）职数1名。公共教学基础部副主任（正科级）职数2名。马列主义教研室副主任（正科级）职数2名。技术实训中心副主任（正科级）职数3名，内设正科级机构4个：基础医学实训室、附属口腔医院、农林牧实训室、工科类实训室，主任（院长、正科级）职数各1名。继续教育处（劳动力培训中心）副处长（正科级）职数2名。中专部副主任（正科级）职数2名，内设副科级机构4个：办公室、学生科、教务科、招生就业办公室、科长（主任，副级科）职数各1名。

副县级教学辅助机构。科研处（植物组织培养中心）副处长（正科级）职数2名。图书馆副馆长（正科级）职数2名。学报编辑部副主任（正科级）职数1名。

按章程设置的副县级机构。工会副主席（正科级）职数1名。团委副书记（正科级）职数1名。

其他正科级机构。审计科科长（正科级）职数1名。综合档案室主任（正科级）职数1名。副主任（副科级）职数1名。教学、行政督察室主任（正科级）职数1名，副主任（副科级）职数2名。行政科科长（正科级）职数1名，副科长（副科级）职数1名。后勤集团（后勤服务中心）经理（正科级）职数1名，副经理（副科级）职数3名。职业技能鉴定所所长（正科级）职数1名，副所长（副科级）职数

1名。驾驶学校校长（正科级）职数1名，副校长（副科级）职数2名。贵州民族技术文化研究中心主任（正科级）职数1名，副主任（副科级）职数2名。信息网络中心主任（正科级）职数1名，副主任（副科级）职数1名。医务所所长（正科级）职数1名，副所长（副科级）职数2名。附属医院院长（正科级）职数1名，副院长（副科级）职数2名。

2013年9月27日，州机构编制委员会办公室增加学院事业编制780名，其中学院附属医院事业编制200名。至此，学院事业编制数增加到1600名。

2014年7月15日，州机构编制委员会办公室收回学院2013年新增事业编制780名，由州机构编制委员会办公室统一管理。

部分年度学院人员编制表

表中2-3-1 单位：人

年　份	总编制	副厅级	正县级	副县级	正科级	副科级	科级以下
2004	480	2	4	9	9	9	447
2010	820	2	7	33	44	40	694
2015	820	2	7	40	75	57	639

第四节　管理机构

教务处

2002年7月，学院成立教务办公室。2004年7月，学院成立教务处。2006年10月，教务处内设教材科。2011年4月，教务处增设师资科、设备科。配教务处副处长（正科级），职数2名。2013年6月，教务处增设综合办公室和学籍管理科两个副科级机构，教务处设备科更名为“资产科”并划入总务处。

2002年至2015年，历任教务处处长为吴德诚、曹庆旭、吴文勇、吴勇，副处长邹波、王远湘、姜云平、龙治峰、曹庆旭、刘传荣、田景文、吴文勇、吴寿峰、马原野、李志强、董平慧、王红。

学生处

2002年7月，学院成立学生管理办公室。2004年7月，学院成立学生管理处。2006年10月，学生管理处成立学生处和招生就业指导办公室，学生处内设学生资助管理中心，2013年宿舍管理科由总务处划入学生处，内设心理健康教育中心、综合科、学生科、学生资助管理科、学生宿舍管理科。

2002年至2015年，历任学生处处长为屈维彪，副处长张兴权、舒选璧、杨润华、张宜坤、姚莉、杨宏松、黄显琴。

招生就业指导办公室

2002年7月，学院成立学生管理办公室，具体工作职能有学生工作和招生工作。屈维彪负责学生工作，张兴权负责招生工作，同年9月，学院开始招生。2004年7月，根据州编办《黔东南民族职业技术学院机构编制的批复》，学院成立学生管理处（含招生就业工作）。2006年10月，根据州编办《关于印发黔东南民族职业技术学院机构编制方案的通知》，学生管理处成立学生处和招生就业指导办公室，属正科级机构。州编发〔2010〕7号通知批复招生就业指导办公室为副县级机构。2017年4月，黔东南州编发〔2017〕4号通知批复，招生就业办更名为招生就业处，下设3个副科级机构：综合科、招生科、就业创业指导中心。

2002年7月至2015年12月，历任招生就业指导办公室主任张兴权（负责人）、李欢；副主任张永斌、黄擎、杨廷彪。

总务处

2002年7月，学院成立临时性总务后勤办公室，负责人杨绍钦。2004年7月28日，学院设置总务处，负责人杨绍钦。

2006年10月，总务处副处长石红卫主持工作，负责总务后勤工作；副处长李立新负责采购、资产管理工作。总务处下设基建房产科，负责管理4校区医务室、水电、复印部、车辆、绿化、锅炉、清洁、校产维修等工作。2008年，罗贤光任总务处处长，副处长潘江凯、吴传福，因罗贤光全部精力放在新校区建设上，由潘江凯主持工作。2012年，总务处进行新一轮的岗位聘用，人员编制10人，处长石平昌，副处长吴传福、龙勇。学院组建的创卫办公室设在总务处，配合凯里市创建国家卫生城市。

2014年，总务处有职工55人，其中管理岗位25个，技术岗位30个。下设水电管理科、基建房产科、资产管理科、膳食科、环境卫生管理科。处长石平昌，副处长吴传福、龙勇、潘仕利。

科研处

2006年10月20日，设立科研处（挂植物组织培养中心牌子），为正科级。12月，成立学院社会科学联合会，下设社科处，与科研处合署办公，实行“一个机构，两块牌子”，增设2名工作人员。

2010年4月6日，对学院机构编制进行调整，其中科研处由正科级调整为副县级，邹波任科研处处长。

2013年8月，州机构编制委员会办公室批准学院科研处内设植物组织培养中心副科级机构1个，设科长1名。

科研处历任处长为邹波、郑晓峰，副处长郑晓峰、吴格娥、张柳青；组培中心主任黄刚。

计财处

2002年7月，成立学院计财办公室，财务人员6名，任命财务临时负责人。2003年1月，实现“四校”财产、资金的全面合并；完成州政府关于2002年12月3日前将“四校”开立的账户并入学院账户的要求。

2006年10月，设立计划财务处，为正科级机构。2010年4月，计划财务处升格为副县级机构。

2011年4月，计划财务处增设副处长（正科级）职数2名。2013年8月，计划财务处内设综合科、会计核算科和收费科三个副科级机构，设科长职数3名。截至2015年12月，计划财务处有职工13名，其中本科学历9名、专科学历4名；副高级职称1名、中级职称3名。

计划财务处历任处长为石平昌、雷建邦，副处长雷建邦（主持工作）、陈朝霞、肖敏。

2004年7月28日，成立审计科，为副科级机构；2006年10月20日，明确为正科级机构。历任科长为雷建邦、陈治敏；工作人员有杨永旭、郑桂榕、杨文吉。从学院其他系部抽调参与审计工作的人员有肖敏、赵玉华、潘爱民、吴育辉、钱止安等。

保卫处

2003年5月，经院长办公会研究决定，抽调田景德、梁庄源、李光耀、肖林榕、龙勇5人组成学院保卫工作办公室，由田景德主持工作，梁庄源、李光耀、肖林榕、龙勇分别具体负责生物技术系、医卫系、林学系、财经系的安全保卫工作。

2004年7月，学院内设保卫科（含武装部），为副科级机构。2006年10月，保卫处（含武装部）调整升格为正科级机构。2008年10月6日，田景德任保卫处处长（正科级）。2010年4月，保卫处（含武装部）升格为副县级机构。2010年11月，杨天林调任学院保卫处处长（副县级）。2011年4月，武装部划入学生处。5月17日，院通〔2011〕28号文件通知，梁庄源任保卫处副处长；龙勇任保卫处副处长（正科级，试用期一年）。

2013年8月，保卫处内设消防处突科、综合办公室、户籍管理科、治安科4个副科级机构，设科长职数4名。是年，杨正怀任保卫处副处长（试用期一年）。

第三章　教学机构

第一节　教学各系

2002年5月，学院正式挂牌成立，四校分别被设为农学系、医卫系、财经系、林学系；11月，农学系改称生物技术系。2004年3月，生物技术系改称生物工程系，林学系改称生态工程系，医卫系改称医药卫生系，财经系改称信息工程系；4月，旅游管理科学系从信息工程系分离出来成立。2005年8月，生物工程系和生态工程系合并组成科学技术工程系。2006年，旅游管理科学系改称旅游与经济管理系。2006年7月，科学技术工程系更名为生物与环境工程系，医药卫生系分为临床医学系、护理系、医药技术系、医学基础部4个教学机构，同时撤销医药卫生系。2012年，信息工程系更名为财经系，旅游与经济管理系更名为旅游与商务管理系。2013年4月，生物与环境工程系分为建筑工程系、汽车与机电工程系、生物与环境工程系，医药技术系分为医药技术系和口腔医学系。

医药卫生系

机构沿革　2002年5月28日，学院挂牌正式成立后，由原黔东南州卫生学校改组建立医卫系，属学院二级教学机构。分为南北两个校区教学，即一校区（亦称南校区，即原卫校，下同）和三校区（亦称北校区，即原农校，下同）。2006年3月，医药卫生系下设教务科、学生科和办公室。2008年7月，医药卫生系分为临床系、护理系、医药技术系、医学基础部4个教学机构，同时，撤销医药卫生系。

医药卫生系历任党总支书记王兆石、吴德诚；系主任王兆石、吴德诚，副主任龙军、杨胜坤、李树绿、刘光梓。教务科科长谢宏，副科长李志强；学生科科长吴寿峰，副科长姚本丽；办公室主任杨捷，副主任石向欣。

教职工　2002年5月医卫系成立时有教职工176人，其中副高级职称14人，中级职称75人。通过高校教师岗前培训、资格认定、送出去请进来、培养学科带头人和骨干教师以及加强临床实践等办法，逐步提高教师的能力水平。由于医卫系学生人数较多，分为南北两个校区教学，教职工偏少，2005年从三校区抽调30位教职工到医卫系，同时抽调7人到附属医院加强管理。

教　学　常规工作。医卫系设有解剖组胚教研室、生理化学教研室、微生物病理教研室、药学教研室、人文学科教研室、口腔教研室、中医教研室、护理教研室、临床（一）教研室、临床（二）教研室10个教研室。加强教学制度建设，规范日常教学行为。以制度治教、以制度治学。严格执行教学管理制度和专业教学计划、大纲。以教研室为单位组织全体教师相互听课、评议，有力促进教学水平的提高。加强教学监控，坚持每天的教学值班检查，每周一次政治业务学习，发现问题及时解决。开展每月一次“学评教”“教评学”活动。通过每月一次的教案检查、学生问卷调查座谈会和评教等方式，及时掌握学生动态及对教师教学的反映，并及时将反馈信息通报给任课教师；组织骨干教师加强精品课程建设，2008年“健康评估”获省级精品课程。

教学改革。加强实验室、实训基地建设，完善实验室管理制度，充分利用现有实验设备，为广大师生进行科技创新活动提供良好的优质服务。建设好各专业的校内、外实训、实习基地，促进实训、实习与教学相结合，将课堂搬到医院，探索产、学、研于一体的人才培养模式，探索多形式的办学模式和办法。逐步形成订单合作、教学见习、实习、共建校外实习基地，与重庆富侨公司实行“订单式”联合办学。

职业技能鉴定。因材施教，注重学生职业技能的培养。2002年3月至2008年6月期间，医卫系在校生先后开展美容师、美发师、保健按摩师、养老护理员、药物分析工职业工种的鉴定。

学　生　注重学生思想政治教育。为加强学生政治思想教育工作，帮助学生树立正确的世界观、人生观、价值观。以培养学生的自律、自强能力，交流与合作的能力为主，以尊师重教、爱国、爱校、爱集体、爱岗敬业的人生追求，“莫让年华付水流”等为主题，每月开好主题班会，将学生培养成有理想、有道德、有文化、守纪律的人。举办“党的知识”、纪念“12·9”运动、法制宣传讲座、禁毒、预防艾滋病等，举办篮球赛、“迎新歌舞”晚会、田径运动会等活动，寓思想教育到各项活动中。还利用广播、墙报、板报等形式进行宣传。通过组织开展形式多样、内容丰富、学生喜欢、健康而多彩的校园文化活动和社会实践活动，形成良好的学风、校风；抓好学生日常管理。实行班主任值班制、班级值周保洁制和治保部、护校队安全值班制，为学生营造良好的学习和生活环境提供有力的保障。开展新生入学教育工作，促使学生及时了解学院有关规章制度，校纪校规。

2002年5月，学院挂牌成立时，医卫系有在校生2095人，其中1999级学生722人，2000级学生803人，2001级学生570人。四校合并成立时，即2002年高职专业仅有5年制护理和5年制口腔工艺2个专业，医卫系的口腔工艺技术、医学美容专业被确认为贵州省级示范专业。2004年3月，学院被教育部、卫生部等六部委列为国家技能型紧缺人才护理专业培养基地。2005年3月，教育部、卫生部批复开办“临床医学专业”；是年，招生学生469人。2006年起，招生人数逐年上升，到2007年在校生发展到7503人。

2002年至2007年医卫系历年各专业招生情况统计表

表中3-1-1

时间	办学层次及人数	招生专业	人数（人）	学制	总计（人）	备注
2002年	中职生891人	护理	156	3年	1691	
		社区医学	183	3年		
		社区医学	354	3年		爱德基金培训项目村医专业
		口腔医士	93	3年		
		妇幼医士	19	3年		
		药剂士	57	3年		
		美容技术及护理	29	3年		
	高职生800人	中医大专	83	5年		与贵阳中医学院联合办学
		5年制高护	53	5年		
		5年制口腔工艺	5	5年		
		高护	59	3年		
		高护（院外办班）	420	3年		
		高护	174	2年		
		口腔医学技术	6	2年		
2003年	中职生668人	护理	127	3年	2048	
		卫生保健	313	3年		含爱德卫生保健261人

续表中3-1-1

时间	办学层次及人数	招生专业	人数（人）	学制	总计（人）	备注
2003年	中职生668人	美容技术及护理	21	3年	2048	
		中医	65	3年		
		口腔工艺技术	41	3年		
		药剂	56	2年		
		药剂	45	3年		
	高职生1380人	5年制高护	141	5年		
		5年制口腔工艺	12	5年		
		5年制药剂	4	5年		
		5年制临床医学	36	5年		
		5年制美容护理	5	5年		
		高护	872	2～3年		
		口腔医学技术	65	3年		
		药品营销/药学	222	2～3年		
		医疗美容技术	23	3年		
2004年	中职生817人	护理	317	3年	1811	
		护理	33	3年		爱德
		卫生保健	246	3年		含爱德卫生保健157人
		美容技术及护理	20	3年		爱德1人
		美容美发	20	2年		
		中医	37	3年		
		口腔工艺技术	82	2～3年		含爱德9人
		药剂	62	2～3年		含爱德3人
	高职生994人	5年制高护	126	5年		
		口腔医学技术	101	2年		
		护理	627	2～3年		
		药品营销/药学	105	2年		
		医疗美容技术	35	3年		
2005年	中职生557人	护理	249	3年	2002	
		社区医学	96	3年		
		美容技术及护理	14	3年		
		医学检验	20	3年		
		中医	30	3年		
		口腔工艺技术	101	3年		
		药剂	47	3年		

续表中3-1-1

时间	办学层次及人数	招生专业	人数（人）	学制	总计（人）	备注
2005年	高职生1445人	5年制高护	275	5年	2002	
		5年制临床医学	78	5年		
		口腔医学技术	111	3年		
		护理	466	3年		
		药品营销/药学	55	3年		
		医疗美容技术	22	3年		
		临床医学	438	3年		
2006年	中职生2130人	护理	606	3年	3339	
		春招护理	62	3年		
		社区医学	757	3年		乡医
		社区医学	170	3年		
		春招社区医学	12	3年		
		春招美容技术及护理	7	3年		
		医学检验	56	3年		
		中医	52	3年		含春招4人
		中医（富侨班）	100	3年		
		口腔工艺技术	131	3年		含春招6人
		药剂	34	1年		
		药剂	143	3年		
	高职生1209人	5年制高护	105	5年		
		5年制口腔工艺	19	5年		
		5年制药剂	8	5年		
		口腔医学技术	165	3年		
		护理	528	3年		
		药品营销/药学	130	3年		
		医疗美容技术	58	3年		
		临床医学	196	3年		
2007年	中职生1229人	护理	392	3年	2462	
		春招护理	50	3年		
		社区医学	350	3年		
		春招社区医学	107	3年		
		康复技术	64	3年		
		医学检验	1	3年		春招
		中医	1	3年		春招

续表中3-1-1

时间	办学层次及人数	招生专业	人数（人）	学制	总计（人）	备注
2007年	中职生1229人	中医（富侨班）	78	2年	2462	
		口腔工艺技术	75	3年		
		药剂	111	3年		
	高职生1233人	5年制高护	70	5年		
		口腔医学技术	130	3年		
		护理	729	3年		
		药品营销/药学	118	3年		
		临床医学	186	3年		

注：爱德，即爱德基金培训项目；爱德村医，即爱德基金培训项目村医专业，其他类推

医卫系2004至2007届各专业毕业生情况统计表

表中3-1-2

时间	办学层次及人数	毕业专业	人数（人）	学制	总计（人）	备注
2004届	中职生355人	护理	116	3年	466	
		社区医学	98	3年		
		口腔医士	62	3年		
		药剂士	21	3年		
		美容及护理	8	3年		
		口腔工艺	16	3年		
		妇幼医士	34	3年		
	高职生111人	高护	106	2年		
		口腔医学技术	5	2年		
2005届	中职生438人	护理	156	3年	1131	
		社区医学	102	3年		
		口腔医士	93	3年		
		药剂士	46	3年		
		妇幼医士	18	3年		
		美容及护理	23	3年		
	高职生693人	高护	497	2年		
		口腔医学技术	23	2年		
		药学/药品营销	173	2年		
2006届	中职生675人	护理	127	3年	1372	
		社区医学（卫生保健）	266	3年		含爱德村医227人

续表中3-1-2

时间	办学层次及人数	毕业专业	人数（人）	学制	总计（人）	备注
2006届	中职生675人	美容及护理	19	3年		
		美容美发	17	2年	1458	
		口腔工艺技术	64	2年		
		口腔工艺技术	27	3年		
		药剂	56	2年		
		药剂	43	3年		
		中医	56	3年		
	高职生697人	高护	346	2–3年		
		高护	86	5年		
		口腔医学技术	143	2–3年		
		药品营销	105	2年		
		医疗美容	17	3年		
2007届	中职生626人	护理	282	3年	1293	
		护理	33	3年		爱德村医
		卫生保健	83	3年		
		卫生保健	157	3年		爱德村医
		口腔工艺	9	3年		爱德村医
		美容及护理	1	3年		爱德村医
		药剂	3	3年		爱德村医
		中医	26	3年		
		药剂	32	1年		
	高职生667人	高护	636	2–5年		
		口腔医学技术	2	2年		
		医疗美容	29	3年		

附属医院　2002年12月8日，学院作出关于成立学院附属医院的决定。将原黔东南州卫生学校附属医院更名为黔东南民族职业技术学院附属医院，并拨款120万元将原黔东南民族农业学校两栋旧房改建为医院住院部和门诊部。2003年1月8日，院长办公会议研究决定，任命潘晓蜀、李树禄为学院附属医院临时负责人，潘晓蜀主持附院工作，李树禄协助潘晓蜀工作。2003年9月，增补龙军为附属医院负责人，协助潘晓蜀工作。

2004年12月5日，州人民政府作出《关于黔东南民族职业技术学院附属医院为州人民医院附属医院》的批复。2006年3月15日，学院附属医院与上海爱生医疗器械设备有限公司签订协议，合作开办附属医院。新的附属医院于5月开始营运，并承诺：合作启动后，将给学生办理就医优惠卡，学生凭卡享受药费减免10%，检查费减免40%的优惠服务。对学院职工及其家属用现金就医的享受药费减免5%和检查费减免20%的优惠；持医保卡全部费用在附院消费的，则返还30%留于卡内自用。

2007年10月，学院附属医院暂时停办。李春、杨深健、杨炳英、黄俊、杨先爱5人安排到医卫系工作，潘晓蜀、李泽辉、吴枝梅、全学馥4人安排到第三校区医务室工作。

护理系

机构沿革 2008年7月，护理系从医药卫生析出组建。护理专业已经有50多年的办学历史，护理专业建设相对突出，护理专业招生人数历年来在学院各专业中是最多的。护理系开设高职护理专业、助产士专业，正计划开设护理专业（老年护理方向）、护理专业（社区护理方向）。护理专业是学院的重点专业和省级教学团队，2003年被教育部等六部委确定为国家“技能型紧缺人才培养培训工程”培训基地，2007年为中央财政支持建设的护理专业重点实训基地之一，2013年被贵州省民政厅授予“贵州省养老护理员培训基地”。

护理系领导班子由党总支书记、系主任、系副主任、综合办公室主任组成，下设教研室8个和综合组1个。历任党总支书记潘晓蜀、张宜坤；主任吴德诚、李志强，副主任李树禄、石向欣、姚本丽、谢宏；综合办公室主任姚本丽、张绍敏；基础护理教研室主任喻平、张绍敏、雷婍绮、曾菲菲，临床一教研室主任姚本丽，临床二教研室主任李芳，人文教研室主任吴小碧，内科教研室主任吴婷，外科教研室主任陈镇兰，妇产科教研室主任罗银碧，儿科教研室主任王娴，临床综合组主任李芳。

教职工 2015年，护理系在编教职工63人，其中高级职称22人，占34.92%；中级职称26人，占41.27%；初级职称15人，占23.81%。硕士学历10人，占15.87%；“专兼一体化”教师46人，占73.02%；临床兼职教师13人，占20.63%。学科带头人8人，中青年骨干教师20人，“双师型”教师比例达到85.71%。

2008年至2015年，护理系教师获院级以上教学等级奖84人次，获优秀（先进）教师、优秀（先进）教育工作者42人次，获年度考核优秀36人次，获优秀辅导员22人次。

自2008年学院护理系建立后，全系教师先后发表论文128篇，主编或参编教材39部，主持科研课题12个。

2009年至2015年护理系教师获院级三等奖以上人员统计表

表中3-1-3

姓 名	荣誉及奖励名称	获奖日期	备注
曾菲菲	2009—2010学年度第二学期院课程整体设计比赛中获二等奖	2010.6	院级
	学院第三届课程考核方案比赛个人二等奖	2013.7	院级
	贵州省职业院校技能大赛暨全国职业院校技能大赛选拔赛教师组医药卫生专业护理技术比赛三等奖	2015.5	省级
彭文亮	全国教研成果一等奖	2014	国家级
	第九届中华教育科研优秀论文一等奖	2014	国家级
	第四届课程整体设计比赛一等奖	2013	院级
	第三届信息化教学设计一等奖	2013	院级
	第九届教师教学技能评比——“微课资源”征集活动一等奖	2014	院级
	“高校教育经费管理探讨与实践”贵州省教育厅高校科研经费管理征文比赛三等奖	2014.1	院级
吴方化	2010—2011学年度课堂教学质量测评优秀奖	2011	院级
郭 鹂	2015年学院第三届教师技能比赛活动获“静脉输液”竞赛个人三等奖	2015.6	院级

续表中3-1-3

姓　名	荣誉及奖励名称	获奖日期	备注
郭　倩	学院教师技能大赛二等奖	2014	院级
	贵州省职业院校护理技能比赛三等奖	2014	院级
	学院第一届教师技能比赛一等奖	2013.7	院级
	第一届教师技能大赛专业技术操作能手一等奖	2013	院级
雷婍绮	第七届说课比赛二等奖	2012.7	院级
	第三届教师技能比赛三等奖	2015.6	院级
张绍敏	教学成果评选一等奖	2014.9	院级
	专业技术操作能手	2015.6	院级
	“静脉输液”竞赛个人一等奖	2013.5	院级
	省级技能大赛中职组优秀指导教师	2013.5	省级
	省级技能大赛高职组优秀指导教师	2014.5	省级
	省级技能大赛高职组优秀指导教师	2014.5	省级
	省级技能大赛中职组优秀指导教师	2015.5	省级
	省级技能大赛高职组优秀指导教师	2015.5	省级
余朝旭	第一届教师技能比赛三等奖	2013.7	院级
张　敏	课程整体设计一等奖	2012.7	院级
徐　洪	教学优秀奖	2011.9	院级
姚本丽	2011—2012学年度第二学期课程考核评比活动，健康评估课程组成绩突出被评为一等奖	2012.4	院级
	省级高职高专精品课程申报中，内科护理获省级精品课程	2011.5	省级
	贵州省高等职业教育（护理）被评为省级教学团队	2010.9	省级
黄平丽	专业技术操作能手二等奖	2013.7	院级
	第六届说课比赛 一等奖	2012.7	院级
	外科护理学课程考核 二等奖	2012.2	院级
杨光英	教学设计英语学科二等奖	2013.9	院级
万　英	贵州省职业教育优秀论文三等奖	2012	省级
王　丹	健康评估课程考核一等奖	2012	院级
龙凤英	学院第一届教师技能比赛获专业技术操作能手鼓励奖	2013	院级
王廷珍	教师技能比赛一等奖	2013.7	院级
杨　鹒	2011—2012学年课程考核二等奖	2012.2	院级
陈镇兰	首届优秀校本教材评选二等奖	2010.12	院级
	课程整体设计三等奖	2010.6	院级
	课程考核评比二等奖	2012.2	院级
	贵州省职业院校技能大赛护理技能中职组优秀指导教师	2013.5	省级

续表中3-1-3

姓 名	荣誉及奖励名称	获奖日期	备注
龙佳佳	全国首届护理操作技能大赛获优秀指导教师称号	2009.8	省级
	学院举办的第二届课程整体设计比赛获二等奖	2011.9	院级
	第一届教师技能大赛获一等奖	2013.7	院级
	第四届黔东南州职业院校技能大赛优秀指导教师	2013.12	州级
	贵州省职业院校技能大赛优秀指导教师	2014.5	省级
罗银碧	第五届说课比赛三等奖	2011.9	院级
	第四届优质课比赛二等奖	2013.12	院级
	多媒体课件制作比赛三等奖	2008.12	院级
欧春平	说课比赛二等奖	2014.9	院级

专业培养 专业人才培养方案包括培养目标、能力要求、主要课程和实训教学计划。

培养目标。培养具有民族特色的高层次护理、助产专业技能技术型人才。

能力要求。基础能力要求：基础能力包括公共基础能力和医学基础能力。公共基础能力包括英语基本应用能力、计算机应用能力、就业创业及社交能力。学生毕业前英语和计算机水平应熟练，通过毕业英语应用能力考核和计算机应用能力考核方可毕业；学生应具备一定的创新创业知识和社交技巧，能够运用本专业掌握知识创业。医学基础能力包括：通过观察人体器官、组织、细胞能够做出正确的判断；能够正确保存和运输病理标本；具备人体机能正常与异常的观察能力；具备无菌观念，能够解释病原生物学与免疫的相关问题；能够正确鉴别和保管常见药品，能够指导病人合理用药。专业能力要求：基础护理能力：能正确引导和安排患者候诊和就诊；能快速便捷地办理入、出院手续，对出院患者进行出院指导；能正确铺备用床、暂空床、麻醉床，帮助患者安置舒适卧位，促进患者睡眠；能正确测量并记录患者生命体征；能正确运用各种保护具，安全运送患者；能规范进行热、冷疗操作；能规范熟练地进行各种无菌技术的基本操作及隔离技术操作；能正确取药、配药及发药；能规范熟练地进行各种注射及各种皮试液配制，正确判断试验结果；能规范地进行静脉输液与输血；能熟练完成吸氧、吸痰、超声雾化吸入；能规范完成各种清洁卫生护理工作；能规范进行洗胃，正确实施鼻饲；能规范熟练地进行各种灌肠、肛管排气及各种导尿术；能规范地进行终末消毒处理，会进行尸体料理。临床护理能力：能对各系统各年龄段常见疾病患者进行护理评估，作出护理诊断，制订并实施护理计划，进行效果评价；能敏锐地观察判断、分析问题和解决问题；能应对各种急、危、重症患者的抢救、护理，包括配合医生实施抢救、应用常用监测技术对重症患者监护；能运用药理知识观察与指导患者合理用药，包括对临床常用药品进行制剂的外观质量检查，查阅药物相互作用，检查配伍禁忌和准确、快速换算药物剂量的能力；观察药物疗效、不良反应的能力；指导患者合理用药、进行药物知识咨询和宣教。社区护理能力：具备社区诊疗护理能力，具备预防保健和家庭护理及指导家庭护理能力，具备康复、精神卫生、慢性病防治与管理能力。心理护理能力：具备对各类人群进行心理护理能力。护理管理能力：具备护理行政管理和护理业务技术管理能力。健康教育能力：具备对各类患者及健康人群进行健康教育的能力。综合能力：具备疾病的基础护理操作能力，具备各系统疾病护理能力，具备急危重症抢救、护理及配合医生抢救能力，具备对重症患者监护能力，具备心理护理能力，具备正确书写护理记录能力，具备护患、医护、护技人员沟通能力，具备健康教育能力。

主要课程。公共必修课：思想道德修养与法律基础、英语、贵州省情、体育、大学生职业发展与就业指导、形势与政策、大学心理健康教育、美育与艺术欣赏、军事课等。专业必修课：人体解剖学、生物化学、病原微生物与免疫学、护士人文修养（含礼仪、沟通、伦理）、护理学基础、内科护理、外科护理、儿科护理、妇产科护理、急危重症护理、中医护理、五官科护理、药理应用护理等。专业选修课：护理教育导论、护理管理学、预防医学、卫生法律法规等。

实训教学计划。第一学期：医学基础课程实训；第二学期：专业基础课程实训和专业核心课程实训；第三学期：专业核心课程实训；第四学期：每年4月到县级及以上公立医院顶岗实习；第五学期：在县级及以上公立医院顶岗实习；第六学期：毕业前护理综合技能考核与鉴定。护理系有一栋7700平方米的教学实训大楼，其中实训基地建筑面积2670平方米，建有基础护理实训室（训练室5间、功能演讲区1间）、急救实训室、健康评估实训室等16个，实训设备达标率为100%，总值达185万元。实训中心设有护理各种实训项目，主要有基础护理技术、重症监护、手术室护理、外科护理、内科护理、母婴及儿童护理、健康评估、老年保健等。

教学改革 人才培养模式与教学改革，包括人才培养模式、教学模式、课程体系与教学内容和教学方法与手段改革。

人才培养模式改革。护理系以培养高层次技能技术型护理人才为目标，经过多年的实践与探索，创新性地构建“分层次、双模块贯通双领域、一体化联结三证书”的人才培养模式。“分层次”指的是对中职生源和高中生源的学生分别制定人才培养方案和课程体系；“双模块”指的是“护士执业资格考试”的专业实务和实践能力两个模块，这两个模块既包括理论知识，又包括护理实践技能；“双领域”指的是护士执业资格考试内容、人才培养方案规定的课程领域；一体化指的是强调“在校学习即工作，医院工作即学习”，实现学习和工作一体化；“三证书”即学生经过学校1.5年的理论知识及实践技能学习和1年的临床实习后，再返校参加为期2个月的护士执业资格考试指导或毕业考试考前辅导，最终获得毕业证书、护士执业资格证书、养老护理员三个证书。“分层次、双模块贯通双领域、一体化联结三证书”的人才培养模式有针对性地提高学生综合素质和能力，符合行业需要，适应社会对高层次技能技术型护理人才的需求。

教学模式改革。以分层次、微课教学提升教学效果。自2013年开始，护理系对大一新生进行分类，将中职生源和普通高中生源分开，会同行业一起分别制定针对中职生源的人才培养方案和针对普通高中生源的人才培养方案。自2014年开始，护理系分别针对中职生源和普通高中生源的学生，制作基础护理、内科护理、外科护理、儿科护理等课程的微课、微视频，让学生通过微课、微视频提前预习和课后复习。如护理系彭文亮老师制作的《基础护理》微视频，将微视频通过微信公众平台进行推送，方便学生预习、复习和课题学习。对中职生源的学生，人才培养方案侧重于护考知识培训；对于普通高中生源学生，人才培养方案侧重于按部就班对护理基础知识进行系统的学习。通过分层次教学、微课教学，极大地提升学生学习护理技能和护理知识的兴趣。近五年来，护理系学生护士执业资格考试通过率均保持在90%以上。

课程体系与教学内容改革。构建“立足岗位，以人为本，面向医院、社区服务生命全过程”的护理课程体系。学院在向医疗卫生行业输送高质量技能型护理专业人才，满足社会对护理人员的需求的同时，在进行课程体系建设时，对护理岗位需求进行调研，然后召开由医院护理专家、学校专业骨干教师与教学管理者组成的护理专业建设委员会会议，对调查结果进行深刻地分析；依据专业调研情况及相关职业标准，以实现临床护理、社区护理、老年护理和助产岗位的职业能力培养为切入点，分析岗位包含的实际工作任务，确定本专业的典型工作任务，将之归纳为行动领域；将行动领域转化为学习领域。学习领域构建时，在现代护理理念的指导下，以人的健康护理为中心，围绕护理工作任务和护理工作过程，参照护士执业资格标准重建课程体系，归纳提炼出护理工作岗位须具备的职业能力。

课程体系纵向分专业基础技术和技能、岗位专业核心能力、岗位持续发展拓展知识、毕业实习四大部分。横向分两个岗位职业技术方向，即护理专业职业能力需求的共同知识、技术和技能内容整合成基础技术和技能部分；职业核心能力根据就业的不同需求分化为临床护理、社区护理、老年护理和助产方向。

从大一开始，开设临床护理、社区护理、老年护理和助产专业选修课，学生毕业必须修满一个方向课程，方可毕业。

教学方法与手段改革。改革教学方法与手段，加快信息技术的应用。根据学生认知特点，改革以往的传统讲授法，采用以问题为基础的教学法、情景教学法、行动导向教学法等多种教学方法，培养学生的职业能力、自主学习能力、评判性思维能力、社会适应能力与创新能力。加快建设宽带、融合、安全、泛在的信息基础设施，创建虚拟实训项目，网上学习平台，推动信息化与职业教育的深度融合。

教学质量与社会评价 以能力为核心，以护理职业资格标准为纽带，建立就业（用人）单位、护理学会、学生及其家长等利益相关，共同参与的第三方人才培养质量评价制度，将毕业生国家护士执业资格考试通过率、就业率、就业质量、用人单位满意度等作为衡量专业人才培养质量的重要指标，并对毕业生毕业后至少五年的发展轨迹进行持续追踪。通过对教育教学活动和职业发展信息化管理，分析学生（毕业生）、教师、管理人员等有关学习（培训）、教学、工作等方面的信息，为教学质量管理、招考办法改革、专业设置优化、人才培养方案制定、课程调整创新、办学成本核算、制度设计等提供科学依据。

至2015年，护理专业为社会培养输送高端技能型护理专门人才近2万人，黔东南州各级医院及社区卫生服务机构90%的护理人员、90%的护理部主任和护士长均为学院（黔东南州卫生学校）毕业生。

护理专业影响力大，教学质量高，近三年来跟踪调查显示，毕业生双证率从2009年起均为100%，就业率达97%以上，用人单位对毕业生满意度达94%以上。2007年，学院学生参加贵州省护理职业技能大赛获团体总分第二名；2009年，参加全国卫生职业院校护理操作技能大赛获个人全能二等奖1名、三等奖1名和团体总分三等奖；2011年6月，学院学生代表贵州省参加全国卫生职业院校护理操作技能大赛获个人全能三等奖。应届毕业生参加全国执业护士资格考试，通过率达90%以上，在全省同类院校中名列前茅。

学　生 2008年，高职护理专业毕业生639人。2009年，高职护理专业毕业生617人，就业589人，未就业28人，就业率为95.4%；中职护理专业毕业生483人，就业419人，未就业64人，就业率为86.7%。2010年，高职护理专业毕业生763人，就业733人，未就业30人，就业率为96.07%；中职护理专业毕业生381人，就业321人，未就业60人，就业率为84.25%，其中53人为五年制转录高职。2011年，高职护理专业毕业生649人，就业637人，未就业12人，就业率为98.15%；中职护理专业毕业生616（其中65人为五年制转录高职）人，就业530人，未就业21人，就业率为96.59%。2012年，高职护理专业毕业生637人，就业610人，未就业27人，就业率为95.76%；中职护理专业毕业生184人，除20名升大专外，其余164名学生全部实习就业，实习就业率95%以上。

2013年，护理专业毕业生720人，其中三年制护理大专毕业生651人，五年制护理大专毕业生69人；助产专业毕业生89人，共计809人，均为高职学生。护理专业毕业生720人中实现初次就业717人，待业3人，初次就业率为99.58%；助产专业毕学生89人全部就业，初次就业率达到100%。2014年，护理专业毕业生705人，就业688人，其中对口就业536人，对口率为77.9%；助产专业毕业生97人，就业96人，其中对口就业72人，对口率为75%。

2015年，护理专业毕业生1405人，就业1380人，就业率为98.22%，其中对口就业1023人，对口率为72.75%；助产专业毕业生112人全部就业，就业率达到100%，其中对口就业61人，对口率为54.46%。

临床医学系

机构沿革 临床医学系是2008年7月从原医药卫生系析出建成。临床医学系探索适合基层医疗服务“职业人才”的医教结合“三融合、四递进”的人才培养模式，实施“任务引领、案例引导”教学模式，教改成果丰硕，人才培养质量高。2009年，被列为省卫生厅、省教育厅乡村医生培养单位；2012年，被列为黔东南州民委少数民族全科医生培训单位；2012年，经教育部、卫生部批准为全国“3+2”卓越医生培训项目单位。

临床医学系领导班子由党总支书记和系主任、系副主任（2名）、系综合办公室主任组成，下设8个教研室。历任党总支书记杨胜坤、石红卫；系主任吴勇，系副主任龙军、马原野、刘传荣、周媛祚（主持工作），李树禄、谢宏、董薇；综合办公室主任杨宏松、罗建平；外科教研室主任魏小平、彭丹；内科教研室主任杨彩鸾；中医教研室主任金纪平、彭琳；妇产儿科教研室主任罗建平、陶霞；康复教研室主任康坚强；医学影像教研室主任尹勤芳；基础人文教研室主任史霞；公共卫生教研室主任李宏。

教师队伍 2008年至2015年，临床系教师获院级以上教学等级奖35人次，获优秀（先进）教师、优秀（先进）教育工作者37人次，获年度考核优秀43人次，获优秀辅导员17人次，获州级及以上表彰4人次。

2009年至2015年临床系教师竞赛获院级三等奖以上统计表

表中3-1-4

姓　名	荣誉及奖励名称	获奖时间	备注
吴　婷	第三届教师“说课”比赛二等奖	2009.5	院级
魏小平	第二届优质课比赛一等奖	2009.11	院级
	第一届课程考核方案比赛《外科学》三等奖	2012.1	团队、院级
彭　丹	第四届教师“说课”比赛一等奖	2010.5	院级
	第一届课程考核方案比赛《外科学》三等奖	2012.1	团队、院级
彭莉莎	第三届优质课比赛二等奖	2010.12	院级
	第一届课程考核方案比赛《外科学》三等奖	2012.1	团队、院级
杨炳英	第一届课程考核方案比赛《外科学》三等奖	2012.1	团队、院级
	第一届课程考核方案比赛《外科护理学》二等奖	2012.1	团队、院级
杨彩鸾	《内科疾病诊疗课程整体设计》一等奖	2010.6	院级
	《内科疾病诊疗课程整体设计》二等奖	2011.9	院级
	《内科疾病诊疗课程整体设计》考核方案评比二等奖	2012.7	团队、院级
罗建平	《妇产科科学课程整体设计》三等奖	2010.6	院级
杨宏松	《妇产科科学课程整体设计》三等奖	2010.6	院级
吴　勇	第五届教师“说课”比赛一等奖	2011.9	院级
肖芳梅	《内科疾病诊疗课程整体设计》考核方案评比二等奖	2012.7	团队、院级
黄德玉	《内科疾病诊疗》课程考核评比二等奖	2012.7	团队、院级

续表中3-1-4

姓 名	荣誉及奖励名称	获奖时间	备注
周文醇	第六届教师“说课”比赛三等奖	2012.12	院级
	学院第一届教师技能比赛一等奖	2013.7	院级
	《第三届信息化教学评比》非专业组三等奖	2013.12	院级
王 红	第三届课程整体设计比赛三等奖	2012	院级
何丽立	第四届优质课评比一等奖	2013.1	院级
李树禄	《人才培养质量报告》二等奖	2013.1	院级
张 慧	第七届教师“说课”比赛三等奖	2013.5	院级
陶 霞	第四届课程整体设计三等奖	2013.5	院级
金记平	第三届课程考核方案比赛一等奖	2013.7	院级
唐春丽	第一届教师技能比赛二等奖	2013.7	院级
尹勤芳	第一届教师技能比赛一等奖	2013.7	院级
	第四届课程考核方案比赛三等奖	2014.7	院级
	2015—2016学年度公开课教学活动 “教学能手”	2015.12	院级
李若宁	第五届课程整体设计比赛优秀奖	2014.7	院级
杨安莉	2014—2015公开展示课评比“教学能手”	2014	院级
彭 琳	第八届教师“说课”比赛三等奖	2014.9	院级
杨 雄	全省创新杯大学英语教学大赛二等奖	2015	省级

2009年至2015年临床系教师获州级以上表彰统计表

表中3-1-5

姓 名	荣誉及奖励名称	获奖时间	备注
吴 勇	《常用诊断知识与技术》省级精品课程负责人	2009	州级
康坚强	《实用中医技术》省级精品课程奖	2011	省级
杨彩鸾	《高职医学教育核心竞争发展力瓶颈要素相关性研究》第十届全省职业教育优秀论文三等奖	2013.1	省级
唐春丽	2012年度全州“优秀共青团干部”	2013	州级
	全省高校优秀辅导员	2013	省级

专业设置 开设有临床医学、眼视光技术、康复治疗技术和医学影像技术4个高职专业。

临床医学专业培养面向基层医疗卫生机构，德、智、体、美全面发展，具有良好的职业道德和创新精神，掌握临床医学和公共卫生服务的基本知识、基本理论和基本技能，具备常见病、多发病的诊治和预防能力，急危重症的初步判断和处理能力，基本公共卫生服务和健康促进能力，为居民提供基本医疗和基本公共卫生服务的高素质技能技术型人才。就业方向：面向各地城镇及社区各级医院、医疗卫生服务中心、康复及养老机构、药品营销等。毕业一年后，可参加国家临床执业助理医师资格考试，通过后取得执业资格。

眼视光技术专业培养拥护党的基本路线，适应21世纪现代化建设需要，适应生产、建设、管理、服务第一线需要的，德、智、体、美等方面全面发展的“医工结合型”眼视光技术人才。既能从事眼镜行业验光配镜业务，又能从事医院眼视光技术工作。就业方向：各级医院，眼镜公司，社区保健机构，中职、高职学校，视光产品生产、销售、质检、维修等相关企业。

康复治疗技术专业面向康复、保健行业，培养德、智、体、美全面发展，具有良好职业道德和创新创业能力，掌握一定的基础医学、临床医学和康复治疗专业的基本理论知识、康复治疗技术和操作技能，能够在各级康复、保健机构从事康复治疗技术和康复保健工作的高素质技术技能人才。就业方向主要职业岗位为各级综合医院康复科室的康复治疗岗位；专科医院如儿童医院或妇幼保健院、精神病院或脑科医院以及康复专科医院的康复治疗岗位；社区卫生服务机构的康复治疗岗位。其他就业岗位为特教学校或福利院康复治疗岗位；养老院康复治疗岗位；省、市或县残联康复中心。

医学影像技术专业具备医学影像技术专业必备的基础理论与专门知识，能在县级、社区及其乡镇医院影像科从事医学影像的形成与处理工作，能适应医学影像设备行业发展需要的高级应用型技术人才。就业方向为医院影像科（放射科、CT室、B超室）、放疗科从事技术工作；医院设备科从事医疗器械日常维护与管理工作；医疗器械公司从事影像设备技术咨询和销售服务工作。

课程设置 临床医学专业：主干课程设人体解剖与组织胚胎学、生物化学、生理学、药理学、病理学、病原微生物学、诊断学、内科学、外科学、妇产科学、儿科学、实用中医技术、预防医学、全科医学概论。康复治疗技术专业：主干课程设人体结构学、生理学、生物力学、诊断学基础、康复医学概论、康复功能评定技术、疾病康复学、实用中医技术、运动疗法、作业疗法、物理因子疗法、言语治疗、苗侗医疗技术等核心课程。医学影像学专业：主干课程设断面解剖学、影像技术学、影像诊断学、超声诊断学、CT、MRI。眼视光技术专业：斜弱视和双眼视处理技术、低视力矫正技术、眼科临床与检测、实用眼屈光、眼视光器械操作、初级眼保健、验光技术、眼镜技术、角膜接触镜验配技术、眼视光技术实训、眼镜质检等。

教学研究 临床医学系自建立后，全体教师探索教学的新途径、新方法，尝试各种教学手段和方法开展教学，教学实效逐步提高。“常用诊断学知识与技能”和“内科疾病诊疗”为省级精品课程，“实用中医技术”为省级精品在线开放课程，“外科学总论”和“诊断学”为院级精品课程；内科疾病诊疗课程整体设计、内科疾病诊疗课程整体设计获院级一、二等奖。同时，开展科学研究，2008年至2015年共计发表论文110余篇，参编教材6部，组织省教育厅课题研究3个。

学　生 2008年至2015年，临床医学系毕业学生7062人，其中高职专业毕业学生4049人，就业3961人，就业率为97.83%；中职专业毕业学生3013人，就业3003人，就业率为99.67%。

2008年至2015年临床医学系高职专业毕业生统计表

表中3-1-6　　单位：人

年度＼专业		眼视光	康复治疗技术	临床医学	口腔医学技术	合计
2008	毕业生	—	—	467	—	467
	就业数	—	—	467	—	467
2009	毕业生	—	—	194	—	194
	就业数	—	—	177	—	177

续表中3-1-6

年度	专业	眼视光	康复治疗技术	临床医学	口腔医学技术	合计
2010	毕业生	—	—	262	—	262
	就业数	—	—	252	—	252
2011	毕业生	—	—	315	—	315
	就业数	—	—	309	—	309
2012	毕业生	—	—	432	187	619
	就业数	—	—	426	180	606
2013	毕业生	—	—	525	172	697
	就业数	—	—	518	169	687
2014	毕业生	—	—	508	—	508
	就业数	—	—	499	—	499
2015	毕业生	28	—	987	—	1015
	就业数	27	—	964	—	991

2008年至2015年临床医学系中职毕业生统计表

表中3-1-7　　单位：人

年度	专业	社医卫保	农村医学	康复技术	口腔工艺	合计
2008	毕业生	101	—	—	—	101
	就业数	101	—	—	—	101
2009	毕业生	135	704	—	—	839
	就业数	135	704	—	—	839
2010	毕业生	384	—	—	—	384
	就业数	384	—	—	—	384
2011	毕业生	191	—	—	—	191
	就业数	191	—	—	—	191
2012	毕业生	187	—	51	—	238
	就业数	187	—	51	—	238
2013	毕业生	—	974	32	35	1041
	就业数	—	970	31	—	1001
2014	毕业生	—	78	25	—	103
	就业数	—	75	25	—	100
2015	毕业生	—	85	31	—	116
	就业数	—	83	31	—	114

医药技术系

机构沿革 医药技术系于2008年7月从原医药卫生系析出组建，内设教研室4个，分别是药学教研室、基础教研室、口腔临床教研室和口腔基础教研室；2011年因专业发展，口腔专业拨出，教研室重新调整为4个，分别是药物制剂技术教研室、药物分析技术教研室、药物应用技术教研室和药物销售技术教研室。2012年，因苗侗药物生产与应用专业和医学检验技术专业申报成功，并开始招生，成立苗侗药物教研室、药学综合教研室、医学检验教研室和药学基础教研室。2014年，对教研室进一步优化调整为5个，分别为药物制剂教研室、药品销售教研室、药物分析教研室、药学教研室、医学检验教研室。2015年再次整合调整，教研室细化为8个，分别为药物制剂技术研究教研室、药物分析技术教研室、药物应用技术教研室、药品销售技术教研室、临床医学检验技术教研室、基础医学检验技术教研室、天然药材种植与应用技术教研室和教育教学管理教研室。

系领导班子由党总支书记和系正副主任组成，下设综合管理办公室。历任党总支书记张兴权；系主任刘书华，副主任欧祥林、刘光梓、黄显琴、龙治峰、金记平；综合管理办公室主任周媛祚、王敏。

教职工 2008年7月，医药技术系成立后，设置有药学、医学检验技术、苗侗药物生产与应用技术、食品保健品加工技术等高职专业和中职药剂专业。经过多年的建设与发展，逐渐形成一支老、中、青相结合，与行业、职业、专业相融入，教学和实践技能丰富，技术力量雄厚，具有明确发展目标与良好合作精神的教育教学团队，曾涉足药品销售、药物制剂、药物生产、药物分析、药物应用、中药材种植、医院、疾病控制、血站、医疗器械和试剂等多领域。2015年，有教职员工46人，其中，专任教师40人，管理人员6人。专任教师中有教授1人，副教授9人，讲师10人，高级政工师1人，研究生5人，在读博士1人，注册执业药师1人，执业药师4人，主管药师1人，驻店药师2人，执业医师3人，医学检验副主任技师2人，双师素质教师占专任教师比例为90%。团队的知识结构、梯队结构、学员结构、年龄结构、职称结构、专兼职教师结构均较为合理；其中每位教师都有行业或企业从业1年以上的经历。教学团队以行业、职业、企业的需求为导向，注重对学生的理论与实训的培养，重视教育教学改革和研究工作；开展对年轻教师的“传、帮、带”，加强其专业素质和业务水平的培养。

2009年至2015年医药技术系教师获院级以上奖项人员统计表

表中3-1-8

年份	姓　名	获奖名称	级别
2009	刘书华	《药理学》教材获得黔东南州科学技术进步奖三等奖	州级
2010	陈　菊	优秀党务工作者	省级
2010	聂　静	“黔东南州第四届基础教育教改实验、教育科研优秀成果”三等奖	州级
2010	禹俊梅	《药剂学教学改革初探》论文获得系教育教学工作研讨会一等奖	院级
2012	刘书华	州管专家	州级
2012	刘书华	州级拔尖人才	州级
2013	金记平	学院第三届课程考核方案比赛一等奖	院级
2013	王小芳	学院第七届“说课”比赛一等奖	院级
2013	吴正英	学院第一届教师技能比赛个人一等奖	院级
2014	申宗林	全州“优秀共青团干部”	州级

续表中3-1-8

年份	姓 名	获奖名称	级别
2014	余春香	太子参规范和栽培技术体系研究与应用获得黔东南州科技进步奖二等奖	州级
2015	杨莎莎	学院第三届“教师技能比赛”活动中获“医学检验技能”项目教师组 一等奖	院级
2015	禹俊梅	学院第三届教师技能比赛个人一等奖	院级

专业建设 2008年至2010年，开设药学、口腔医学技术两个高职专业和药剂、口腔修复工艺技术两个中职专业；2011年，开设药学、口腔医学技术、口腔医学3个高职专业和药剂、口腔修复工艺技术2个中职专业；2012年，开设药学、医学检验技术、苗侗药物生产与应用技术3个高职专业和药剂1个中职专业；2013年至2015年，开设药学、医学检验技术、苗侗药物生产与应用技术、食品加工技术4个高职专业和药剂1个中职专业，其中，苗侗药物生产与应用技术、食品加工技术两个高职专业因生源不足没有进行教学。

专业招生 2008年，药学专业招生273人，口腔医学技术专业298人，药剂135人，口腔修复工艺技术102人；2009年，药学专业招生334人，口腔医学技术专业223人；2010年，药学专业招生270人，口腔医学技术专业195人，药剂150人，口腔修复工艺技术78人；2011年，药学专业招生473人，口腔医学技术专业209人，口腔医学40人；2012年，药学专业招生198人，医学检验技术专业280人，药剂173人，苗侗药物生产与应用技术专业（2012年）无学生；2013年，药学专业招生170人，医学检验技术专业330人，药剂176人；2014年，药学专业招生214人，医学检验技术专业203人，药剂56人；2015年，药学专业招生252人，医学检验技术专业160人。

技能鉴定 结合专业开设情况，设置的技能鉴定工种有3个，分别是药物检验工、医药商品购销员、临床检验技师。2010年3月至2015年5月期间，先后开展医药商品购销员、药物检验工、临床检验技师工种的技能培训，配合技能鉴定所对医药商品购销员、药物检验工和临床检验技师工种进行技能鉴定考试。参加鉴定和考试的学生为1867人，其中药物检验工、临床检验技师2198人，医药商品购销员416人。一次性通过率97.92%，实现双证率100%。

实训基地 包括校内实训基地建设、校外实训实习基地建设、民族医药专业实训基地、天然药用植物园和少数民族传统医药文化研究和药物设计实验室5个方面。

校内实训基地。2008年后，特别是2012年学院搬迁新校址后，医药技术系在实验室建设方面取得标志性进展，新建医学检验技术专业实验室7个，实验室总面积为600平方米，有52台双目显微镜、1台正置双目显微镜、全自动生化分析仪等400余万元的医学检验技术专业的主要设备。药学专业有实验室（药物分析、药剂、药理、药化、天然药物化学、分析化学、中药学、精密仪器室等）13间，总面积为1322平方米，设施设备总投资200万余元，开设药学专业实验45项。2014年，药学专业获得中央财政500万元专项资金支持建设“民族医药实训基地”项目。

校外实训实习基地。2008年后，通过成立专业教学指导委员会，与校外企事业单位开展灵活多样的合作模式，逐步形成订单合作、工学交替、教学见习、顶岗实习、产学研结合，共建校外实习基地、举办校企联谊会及企业家报告会等校企合作模式和方式。药学专业有院外实训基地30余个，医学检验技术专业现有校外实习实训基地20余个。

“民族医药专业实训基地”。2013年，学院获得中央财政“以奖代补”专项资金500万，用于建设“民族医药专业实训基地”项目。拟建设八个精品实验室（馆），分别为民族医药技术文化室、民族药物识别鉴别室、天然民族药物加工室、民族药物应用与传承室、苗药提取室、苗药制剂室、药理毒理室、药物分析室、药品包装实验室、药品销售实验室。基地建设正在实施中。

天然药用植物园和少数民族传统医药文化研究基地。2013年3月，学院决定由学院绿化公司与医药技术系共建学院天然苗侗药用植物园，总投资300万元，规划占地面积约4000平方米、计划引种保育500种至1000种。同年7月，贵州省民委授牌“贵州省少数民族传统医药文化研究基地”。

教学改革 主要采取以下措施：探索工学结合模式，采取“请进来、走出去”的办法，邀请企事业的有关领导，专家到校进行教育教学。2008年至2015年，邀请企事业单位的领导、专家和有关人员等40余人，承担医技系400余学时的教育教学；定单培养、校企融合。2008年后，常态化到企事业单位进行调研与实践，同时请企事业单位的领导、专家到校交流座谈，共同商谈并制定药学和医学检验技术专业的人才培养方案，探讨校企合作的模式和办法。2011年，学院与贵州飞云岭药业股份有限公司、贵州飞云岭药房连锁有限公司联合开办“飞云岭班”，部分专业课程和企业文化、企业管理、企业市场调研技术课程由公司安排高管人员到校授课，学生到企业完成相应的作业和技能培训，并参加企业组织的文化与业务活动。学生毕业后，在企业初次就业的毕业生达67%；加强“校中厂”“厂中校”建设。2013年，完成“药学专业药品销售实验室（校中厂）”的建设，由贵州吉大夫健康药房连锁有限公司在校园的大学生活动中心开办药房作为药学专业在校学生的实践教学基地，实现“教中学，学中做”，达到深化实验课程改革的目标；2014年与贵州苗仁堂制药有限责任公司共建“药理毒理实验室”；与贵州东南药业有限公司、贵州苗仁堂制药有限公司和贵州吉大夫健康药房连锁零售公司等企事业进行校企合作，委派教师离职参与企业的生产、经营和管理；服务地方产业与区域行业。2013年10月，举办黔东南州药学会驻店药师培训班，参训1500人，考试合格率89.6%，居贵州省前列。从2014年起，黔东南州卫生局委托医药技术系对黔东南州基层医疗单位进行“国家基本药物临床应用”与“国家基本药物处方集”培训。

教学研究 2008年至2015年，医药技术系教师在教学之余，先后发表论文50余篇，参与编写教材10部，完成院级科研课题“药品行业各岗位能力要求与高职药学课程对应研究”。

学　生 2009年至2015年，医药技术系学生毕业2668人，总就业率达95%以上。其中，2009年毕业250人，就业239人，就业率95.6%；2010年毕业215人，就业207人，就业率96.27%；2011年毕业532人，就业520人，就业率97.74%；2012年毕业499人，就业483人，就业率96.79%；2013年毕业252人，毕业247人，就业率98.02%；2014人毕业330人，就业328人，就业率99.4%；2015年毕业590人，毕业590人，就业549人，就业率93.05%。

2009年至2015年医药技术系学生毕业就业统计表

表中3-1-9　　　　单位：人

年度	专业	毕业生人数	总就业人数	未就业人数	年终就业率
2009	药学专业	117	109	8	93%
	口腔医学技术专业	133	130	3	98%
	合计	250	239	11	96%
2010	药学专业	97	94	3	97%
	口腔医学技术专业	118	113	5	96%
	合计	215	207	8	97%
2011	药学专业	258	253	5	98%
	口腔医学技术专业	274	267	7	97%
	合计	532	520	12	98%

续表中3-1-9

年度	专业	毕业生人数	总就业人数	未就业人数	年终就业率
2012	药学专业	312	303	9	97%
	口腔医学技术专业	187	180	7	96 %
	合计	499	483	16	97%
2013	药学专业	252	247	5	98%
	合计	252	247	5	98%
2014	药学专业	330	328	2	99%
	合计	330	328	2	99%
2015	药学专业	173	172	1	99%
	医学检验专业	257	254	3	99%
	药剂专业	160	123	37	77%
	合计	590	549	41	93%

口腔医学系

机构沿革 口腔医学系于2013年4月从临床医学系析出组建。系领导班子由总支书记、系副主任和办公室主任组成，配备学籍管理员、教务管理员、学生管理员、团总支书记各1人，实验管理员3人。设口腔临床、口腔基础、口腔技工、口腔实训4个教研室，开设口腔医学、口腔医学技术、口腔修复工艺3个专业。

口腔医学系领导班子由党总支书记和系正副主任组成，下设办公室和教研室。历任党总支书记苏晓红，系副主任石向欣、欧祥林、杨东东，办公室主任张立琴。

教师队伍 2015年底，口腔医学系教师有26人，其中正高职称2人、副高职称7人，中级职称8人，双师素质教师人数占总数的92%；大部分为本科学历，硕士研究生2人。3年中，外派教师临床进修学习10人次（时间最长为一年），系内青年教师理论培训3次，外出参加学术交流活动30余次。

口腔医学系成立至2015年，教师获得院级以上各种奖项40余人次，其中获院级一等奖以上的有马原野2013年获全省教育优秀论文三等奖，张立琴2014学院第八届“说课”比赛获一等奖，杨礼玉2015年获全国雕牙和排牙组技能大赛牙体雕刻组辅导教师三等奖，朱梅获全国职业院校技能大赛口腔技能表演赛“黄炎培杯”牙体制备组指导教师三等奖

教学改革 口腔医学系有实训石膏房2间、仿头模实训室2间（配多媒体的32台日进Ⅱ型仿头模）、实训准备室2间、技工操作实训室2间（配口腔专业吸尘设备）、口腔医学临床模拟实训室2间（16台牙科综合治疗机）、口腔消毒室1间、口腔修复实训室4间，配有技工桌118套。有贵州省人民医院、贵阳医学院第二附属医院、州人民医院、黔南州中医院、遵义市口腔医院等78家口腔医学专业校外实训基地，2家口腔修复工艺专业实习基地。完成2012级、2013级、2014级口腔医学805名学生的实习安排，既有公立医院，也有私立口腔医院；2012级、2013级、2014级口腔修复工艺135名学生在校企合作企业金悠然科技有限公司、美尔晶义齿加工厂实习。

口腔医学系成立后，教职工完成教学工作量2.73万学时，人均350.05学时。实行期中考试制度，考试科目以口腔执业助理医师和执业医师考试科目为主15门课程。年终进行7门课程的教考分离考试。

口腔修复工艺专业实行“1.5+0.5+1”校企合作人才培养模式。旨在让学生早期接触企业文化、企

业管理制度、岗位知识技能。第四学期学生到企业进行专业技能教学，企业按课程需求配备师资并承担相应教学任务。第五、六学期在企业实习10个月，学生毕业企业择优录用，录用后即签订二年或以上劳动合同。企业提供实习期间补贴及就业薪资。为学生就业提供很好的平台，在实习期间补贴，一定程度缓解学生经济负担。与凯里市8家公立医院口腔科和民营口腔诊所合作，为口腔医学专业学生提供长期见习岗位。二年级学生，利用周六和周日，每个见习单位每天安排2名同学。通过见习，让学生提前接触工作岗位，一方面为学生在校学习指引方向；另一方面为学生实习、就业做好准备。同时，在口腔医学专业实习手册中增加学生每个实习科室的周记和月记，细化实习内容，要求学生在实习过程中掌握什么疾病的诊治，详细记录。实习结束每位实习生必须书写2000字以上的实习总结。

2013年4月10日，举行“口腔医学系技能竞赛”。2012级高职口腔医学20名学生参加标本辨识比赛，2012级中职口腔修复工艺52名学生参加牙体雕刻比赛，黔东南州人民医院口腔科陶勇主任，贵阳医学院第二附属医院口腔科主任张玉奎等4名专家应邀指导工作。雕牙1：1比赛，有8名青年教师参加，龙翠桃获得第一名。

教学研究 口腔医学系成立科研小组，经常进行教研活动，发挥学科带头人和骨干教师的作用，由老教师带头，领导年轻教师进行课题研究，不断提高教师的科研能力。四年来教师在省级以上期刊发表科研论文30余篇，其中马原野的《高职医学教育核心竞争发展力提升瓶颈要素相关性研究》论文获贵州省教育优秀论文三等奖。苏晓红主持完成贵州省首届教育科学规划立项课题《黔东南“9+3”计划实施保障机制的构建》。石向欣主持的《清胰承气汤治疗重症急性胰腺炎的临床研究》、张华坤主持的《黔东南前牙邻面龋因调查》州级科研课题、王晓勇主持的《口腔医学专业职业人导向教学改革研究》院级科研课题继续在研。张华坤主编的教材《口腔正畸学导读》于2015年3月由北京大学医学出版社出版；张华坤担任副主编的教材《口腔医学美学》于2015年6月由人民卫生出版社出版。

学　生 口腔医学系在校学生为2013级、2014级、2015级，累计有学生945人，其中高职862人，中职生83人。

学生管理。开展秋季迎接新生、新生军训及入学教育工作，加强新生的校规校纪教育、学生手册学习和专业训练教育，引导新生从学习、生活和思想上步入正轨；为新生办理学生证、学生管理卡945人次，医疗保险证945人次，乘车优惠卡945人次，发放学生日常工作管理资料、开展全系学生的注册登记和学生证件的补办工作；学生各类评优工作，至2015年底，评出优秀班级3个，优秀三好生114名，优秀学生干部88名，一等奖学金27名，二等奖学金51名，三等奖学金78名，省级优秀学生3名，省级优秀学生干部3名，省级三好生3名；做好国家奖助学金、免学费等材料收集上交工作。公平、公正地做好各类奖助学金的评选和发放，完成900余名同学的各类奖助学金及免学费评选；学生门诊医疗补助945人次；制作并推行学生公益活动卡，要求全系学生每年至少完成20个公益学时，每学期末由辅导员审核汇总，并报系上作为参加各类评奖评优活动的重要依据和荣誉证明。学生党支部创新党课方式，增加“公益活动”党课实践内容，要求每个党员一年至少完成20学时的公益活动，纳入培养教育考核的重要标准之一。公益活动内容包括无偿献血、义务打扫校园、帮助生活困难的同学、到凯里大十字、万博社区，到凯里市第十七小学、经济开发区鸭塘小学等地义务为社区居民、学校师生作口腔卫生保健宣教等；邀请口腔医学行业专家每个月到校为学生举办一次专业讲座，增强学生对口腔医学行业的了解。

毕业就业。口腔医学系有实习单位100余家，学生在实习过程中可以通过双向选择就业。2015年，高职毕业生226人，就业人数223人，就业率98.67%，主要就业去向为省内医疗卫生民营单位；中职口腔修复工艺毕业生46人，主要就业去向为省外义齿加工企业。在226名毕业生中有14人通过专升本考试进入贵州医科大学全日制口腔医学系攻读本科。

生物与环境工程系

机构沿革 2002年5月28日，学院挂牌成立时，四校设为四个系，黔东南农业学校设置为农学系，黔东南州民族林业学校设为林学系，是年11月农学系更名为生物技术系。2004年3月，生物技术系更名为生物工程系，林学系更名为生态工程系。2005年8月，生物工程系和生态工程系合并组建科学技术工程系。2006年7月，科学技术工程系更名为生物与环境工程系。2013年4月，生物与环境工程系分为建筑工程系、汽车与机电工程系和生物与环境工程系。

生物与环境工程系领导班子由总支书记和系正副主任组成，下设农林、畜牧兽医、农产品检测3个教研室。历任系总支书记郃化彩、宋开旭、石红卫；主任郃化彩、胡松、吴开岑、邹波，副主任吴开岑、王永昌、田景文、姜云平。

教职工 2002年，生物技术系在原黔东南民族农业学校校区上课，有教职工87人，其中高级讲师26名，讲师39名，助理讲师8名。2004年，有教职工84人，其中副教授24人，讲师41人，助教6人。2005年，有教职工69人，其中副教授21人，高级讲师6人，讲师23人，助理讲师4人。2008年，有教工58人，其中副教授15人，讲师21人，助教22人。2015年，有教职工24人，其中专任教师23人，行政管理岗1人。专任教师中有教授2人、副高级职称5人，占专任教师总数的29%；双师素质教师数占专业课教师数的70%以上，其中研究生7人。

办学规模 2002年，生物技术系开设园艺技术、畜牧兽医两个高职专业和园艺技术、畜牧兽医、农业综合、麻江村干中专班；生态工程系开设园林技术、林业技术高职和汽车运用与维修、园林、林业中专专业。2003年至2004年，学生人数减少，个别专业只开设联办班。

2005年，生物技术系和生态工程系合并成科学技术工程系，开设园林技术、园艺技术、畜牧兽医、林业技术、机电一体化技术高职专业和电子应用技术、工模具设计与制造、汽车驾驶与维修、电子应用技术中职专业。合并后科学技术工程系2005级在校生人数为中职工模具设计与制造48人、汽车驾驶与维修22人、电子应用技术22人，高职机电一体化13人、林业技术3人、畜牧兽医23人、园林技术7人、园艺技术5人。

2006年，科学技术工程系增设汽车检测与维修、机械设计与制造两个高职专业和机械加工技术中职专业，停办工模具设计与制造中职专业，将汽车驾驶与维修专业更名为汽车运用与维修技术，开设7个高职专业和7个中职专业；2006年7月，科学技术系更名为生物与环境工程系后，其各年招生情况如下。

2006级。高职机电一体化技术35人、汽车检测与维修26人、畜牧兽医15人、林业技术18人；中职汽车运用与维修53人、模具设计与制造（机械加工）22人。

2007级。高职机电一体化74人、畜牧兽医28人、园林技术21人、汽车检测与维修技术36人；中职模具设计与制造（机械加工）38人、汽车运用与维修44人。

2008级。高职畜牧兽医58人、机电一体化62人、园林技术38人、汽车检测与维修19人、机械设计与制造25人；中职汽车运用与维修41人，模具设计与制造（机械加工）19人。

2009级。高职畜牧兽医43人、机电一体化27人、园林技术32人、汽车检测与维修39人、机械设计与制造18人、建筑工程技术103人；中职汽车运用与维修44人，模具设计与制造（机械加工）19人。

2010级。高职畜牧兽医36人、园林技术10人、园艺技术15人、汽车检测与维修人25人，机械设计与制造18人、建筑工程技术87人、五年制畜牧兽医19人；中职汽车运用与维修54人、畜牧31人。

2011级。高职畜牧兽医36人、园艺技术13人、园林技术20人、汽车检测与维修32人、广告与设计16人；中职汽车运用与维修69人、畜牧兽医22人。

2012级。高职畜牧兽医32人、园艺技术（蓝莓班）53人、园林技术16人、林业技术7人；中职畜牧兽医19人、园艺11人。

2013级。高职畜牧兽医30人、园艺技术37人、五年制畜牧兽医12人；中职畜牧兽医6人。

2014级。高职畜牧兽医118人、园艺技术77人、园林技术37人、林业技术49人；中职畜牧兽医37人，果蔬与花卉生产技术11人。

2015级。高职畜牧兽医55人、园艺技术60人、园林技术51人、农产品检测74人、林业技术34人。

专业设置 生物技术系、生物工程系、生态工程系、科技工程系、生物与环境工程系先后开设的专业有林业技术、园艺技术、畜牧兽医技术、园林技术、汽车检测与维修技术、机电一体化技术、机械设计与制造、农产品质量检测技术、农产品加工与质量检测技术高职专业和园艺技术、林业技术、园林技术、机械加工、汽车运用与维修技术、电子应用技术中职专业。

园艺技术。掌握现代园艺技术的基础理论、基本知识与基本技能，从事园艺作物栽培、良种繁育、商品化生产及应用性科技试验、开发、农业技术推广等工作的高技术技能型人才。主干课程：设施园艺技术、园艺植物病虫害防治技术、园艺产品贮藏与加工技术、果树生产技术、蔬菜生产技术、花卉生产与应用技术、园艺植物繁育技术、农产品检测技术、园艺产品经营技术、特色植物生产技术等。

林业技术。掌握与现代林业建设要求相适应的基础知识和基本技能，从事森林培育、森林资源调查与经营管理、基层林业部门等工作的高端技能型专门人才。主干课程：森林植物、森林与环境、森林调查技术、林木种苗生产技术、森林营造技术、森林有害生物控制、森林资源经营管理。

园林技术。掌握园林规划设计、园林工程、园林制图、园林植物栽植与养护、园林病虫害防治、城市园林绿地规划设计等基本理论和实际技能，从事园林工程施工、设计、技术主管岗位工作的高技术技能型人才。主干课程：园林测量、园林植物、园林制图、计算机辅助设计、园林植物栽培与养护、园林植物病虫害防治、园林工程、园林规划设计、园林招投标与预决算、建设工程施工管理。

畜牧兽医。具有良好职业道德和敬业精神，具备畜牧兽医专业的基本理论、基本知识与基本技能，“精养殖、擅防治、会经营、能管理”的一线畜牧兽医高技术技能型人才。主干课程：动物解剖及生理、动物病理、动物药理及毒理、动物临床诊疗技术、动物内科病诊疗技术、动物外产科病诊疗技术、中兽医、动物微生物及免疫基础、动物传染病防治技术、动物寄生虫病防治技术、动物营养与饲料、动物繁殖技术、动物遗传育种、牛羊生产管理技术、猪生产管理技术、禽生产管理技术、特种经济动物养殖概论、市场营销技术等。

农产品加工与质量检测。具备农产品生产加工、质量检测与管理、安全认证与贸易等基本知识，掌握农产品生产加工、检测检验、质量管理与安全认证等基本技能，能满足农产品安全生产、加工、营销企业，农产品质量检测一线，农产品企业质量管理与认证部门等岗位工作需要的高技术技能型人才。主干课程：农产品应用化学、农产品微生物、食品添加剂应用技术、食品营养、食品法律法规与标准、农产品安全生产（果品、蔬菜、粮油）、农产品环境检测、农产品质量检测、农产品质量管理与认证、果蔬贮藏与加工技术、粮油贮藏与加工技术、食品包装技术、酿造酒技术、农业投入品检测（农药、化肥、兽药、饲料、种子）、农产品掺伪鉴别检验技术、仪器分析等。

建筑工程技术。具备岗位职业能力，从事建筑工程生产一线技术与管理工作的高技术技能型人才。核心课程与主要实践环节：建筑材料、建筑识图与构造、建筑力学、建筑结构、地基与基础、建筑施工技术、建筑工程测量、建筑施工组织、高层建筑施工、建筑工程计量与计价、工程项目招投标与合同管理、岗位实习等。

汽车检测与维修技术。培养目标：培养具有汽车等各类机动车的检测、运行、维修与技术管理能力的高技术技能型人才。核心课程与主要实践环节：机械制图、工程材料与成型工艺基础、机械设计基础、电工电子基础、汽车结构、汽车维修、汽车检测技术、汽车电子技术、机械设计基础课程设计、汽车制造与维修综合实训、毕业实习与毕业设计等。

机电一体化技术。培养目标：培养从事机电一体化设备的使用和技术管理工作的高技术技能型人才。核心课程与主要实践环节：电工与电子技术、机械制造技术、液压与气动技术、机电设备控制技术、数控加工工艺与编程、微机原理及应用、可编程控制器、测试技术、数控机床的编程和操作实训、机床电器控制实训、数控加工实训、液压与气动实训、金工实习、毕业实习（设计）等。

机械设计与制造。培养目标：培养具有计算机辅助设计能力，从事机械设计制造、设备的生产、维护调试和管理的高技术技能型人才。核心课程与主要实践环节：机械制图、工程力学、机械设计基础、机械制造工艺与装备、电工电子技术、液压与气动、数控加工技术、模具设计、数控编程、制图测绘、机械设计课程设计、机加工实习、现代机械制造技术综合实训、毕业实习（设计）等。

2005年，贵州大学生命科学学院在学院举办生物技术专业函授本科办学点，招收学生18人；西南林业大学先后开办园林、林学、动物科学、农学、机电工程、车辆工程、土木工程、会计学、财务管理、水土保持、荒漠化治理等专业函授本科办学点。有高升专、专升本、高升本三个层次。

科研与教改 2010年，开始实施基于工作过程教学改革，深入行业企业调研，制定各专业人才培养方案，制定课程标准，实施课程设计和学生成绩考核评价改革；2015年，园艺技术专业实施职业人导向教育教学改革探索。

科研方向为高职教育教学，中兽医，地方食品贮藏，特色植物栽培技术，植物组织培养技术等。

教学科研用房。搬迁至新校区前，原黔东南州民族林业学校教室、实训室、办公用房基本能保证教育教学的需要；搬到新校区后生物与环境工程系在第二教学实训楼教学。分成三个系后，生物与环境工程系有教室12间，实验实训室10个，准备室3间，办公用房8间，微机室1间，会议室1间。

教学科研设备。有计算机、显微镜、旋耕机、土壤环境评估系统、手持GPS、喷雾机、修剪机、割灌机、投影机、相机、扫描仪、电子天平、冰箱、水浴锅、干燥箱、培养箱、离心机、超净工作台、高压灭菌器、手术无影灯、多功能食品安全速测仪、火焰分光光度计、纯水仪、高速离心机、pH计实验室酸度计、磁力搅拌机、恒温水浴振荡器、食品处理机、智能数显恒温干燥烘箱、数显恒温水浴锅、马弗炉、输液台、小型孵化器、旋转蒸发仪、真空皿（带真空泵）、制粒机、饲料粉碎机、兽用B超机、实验台等。

实验实训室。有植物标本室、植物栽培实训室、森林植物技术实训室、畜牧兽医实训室、农检实训室、园林规划实训室、植物组织培养中心、园林公司、动物医院等11个实验实训室和校内实体中心。

校外实训基地。主要有温氏畜牧有限公司、贵阳正大畜牧有限公司、昆明虹之华园艺有限公司、大汉园艺有限公司、浙江虹越花卉有限公司、贵州省生物研究所、瑞鹏宠物医院、贵州金佰瑞农业有限责任公司、贵州昌昊制药有限公司、大连茂森现代农业有限公司、贵州从江粤黔香猪开发有限公司、贵州雷山银枫生态农林开发有限公司、黄平丰平农牧有限公司、凯里市东兴养殖有限公司、上海爱森集团特种猪场等30余个企业。学生还可到各县农业局、农技站实习见习。

研究课题。邹波主持的“2013年度教育厅人文社科项目——高职院校农林类专业摆脱生源困境的路径研究”结题；邹波领题的2014年度院级课题——园艺专业基于职业人为导向的教育教学改革研究结题；李魏飞主持的2013年度教育厅人文社科项目——涉农高职毕业生就业探究结题；田景文负责的贵州省教育厅重大招标项目“促进贵州中高职教育有效衔接的关键课程与教学模式研究”课题第十三子课题的研究任务（涉农子项目）结题；刘晓东的“贵州青少年正义感调查研究”获2014年省教育厅高校人文社科青年项目立项；邹波的“苗族多彩糯米（姊妹）饭保质技术研究”和张森的“苗药对母猪催乳的应用研究”分别获得2014年黔东南州科技局计划项目立项。承担贵州省教育厅重大招标项目“贵州中高职衔接关键课程课程标准与教学模式研究”涉农专业子项目研究。完成蓝莓班蓝莓人才培养项目申报。田景文组织申报的2015年度教育厅人文社科项目——“职业人导向下园艺技术专业人才培养改革与实践研究”获得立项；李魏飞组织申报的2015年度教育厅人文社科项目——“涉农高职生创业教育探究”获得立项；邹波组织申报的2015年度州科技局计划项目——“启蒙酸菜腌制过程香气及亚硝酸盐的生成变化研究”获得立项；田景文组织申报的2015年度州科技局计划项目——“黔东南香禾糯稻鱼生产模式与技术研究”获得立项。

教改成果。2011年，林业技术专业获得提升专业服务产业发展能力中央财政支持项目；代表贵州省参加全国农业职业技能大赛植物组织培养项目获三等奖。2012年至2014年，园艺技术专业开办获政府财政支持，学生免学费、住宿费，三年培养学生157名；2013年，园艺班（蓝莓班）获贵州省教育厅颁发的省级“先进班集体”荣誉。

汽车与机电工程系

机构沿革　汽车与机电工程系是在贵州省实施工业强省战略对工科类专业人才迫切需求的社会背景下，于2011年州机构编制委员会办公室下文成立的黔东民族职业技术学院副县级二级教学单位，2013年4月，汽车与机电工程系从生物与环境工程系析出组建，学院正式下文组成第一届领导班子，9月，汽车与机电工程系正式运转。

汽车与机电工程系是一支新生力量，是学院实现协调、健康、可持续发展战略的重要组成部分。成立之初设有汽车检测与维修技术、机电设计与制造技术、机电一体化3个高职专业；汽车运用与维修、电子技术应用两个中职专业，在校学生500余人。同年应州教育局、广大家长和学子的要求以及就业市场的需求，新增汽车整车与配件营销、汽车美容与装潢、汽车车身修复、机械加工技术、机电技术应用、焊接技术应用、制冷和空调设备运行与维修、供用电技术、计算动漫与游戏制作9个中职专业和汽车技术服务与营销、汽车车身修复技术、供用电技术、建筑电气工程技术4个高职专业。培养面向汽车生产、汽车销售、汽车维修服务、汽车配件、汽车保险和理赔；电工、电气、机电维修和机械制造等岗位的高素质技能型人才。

2014年，为适应贵州省大数据产业的发展，汽车与机电工程系与贵州省中科汉天下电子有限公司进行校企合作建立校企双主体模式组建的混合所有制二级学院——汽车与机电工程系。二级学院成立后，对招生专业进行压缩和调整，同时恢复计算机应用技术专业的招生，新增电子信息工程、物联网应用技术两个专业。

2015年以后，学院以物联网应用技术为骨干专业，以汽车检测与维修技术（智能化，网联系化方向）、新能源汽车技术（电子信息技术、电动汽车方向）、计算机应用技术、移动互联技术、云计算技术与应用5个专业为基础构建物联网应用技术专业群。有教师44人，基本建成一支结构合理、经验丰富、年富力强、勇于创新的教学和科研团队。围绕《中国制造2025》发展蓝图和贵州“十三五”整体发展规划以及《黔东南州大数据产业发展三年行动计划》，加强与贵州省中科汉天下电子有限公司的校企合作，同时与湖北武汉厚溥科教集团以混合所有制模式围绕大数据、云计算、物联网、移动互联等专业开办厚溥特色班。

实践教学设施初具规模，建有校内专业实训室20个，其中校内综合性生产实训基地3个，校外顶岗实习基地36个，为学生实践教学提供良好平台。2015年，组建大学科技园互联网+应用技术研发中心成为黔东南州政府智库，对MEMS、校园电子商务平台、智慧校园等项目进行研究和开发。物联网学院坚持以产业为教学平台，培养面向新能源汽车，智能汽车、网联汽车、物联网、大数据、移动互联、农村电商等应用技术，能从事汽车检测、维修和保养，计算机应用以及基于大数据的物联网（车联网）和移动互联领域的产品设计与开发、移动App设计与开发、Web网站设计与开发、数据库管理与维护、电商营销与管理、电商网站美工与网络优化等工作。

汽车与机电工程系领导班子由党总支书记和系正副主任组成，下设系行政和教务综合管理办公室、汽车检测与维修技术教研室、汽车技术服务与营销教研室、机电一体化专业教研室、计算机应用技术教研室、电子信息工程教研室。历任党总支书记张宜坤（副书记主持党总支工作）、宋开旭、田景德；主任宋开旭，副主任李民和、刘兴琴。

教职工 2013年9月，汽车与机电工程系成立之初有在编教职工21人，内聘教师5人，其中教授1人、副教授4人、中级职称6人、初级职称4人，硕士研究生2人，二级双师型教师1人，双师素质教师10人。

2013年至2015年，调出教师2人，调入教师1人，遴选1人，高层次人才引进1人，公开招考13人，退休2人。2015年底，有在编教职工35人，内聘教师3人，其中教授2人、高级政工师1人、副教授5人、中级职称9人、初级职称9人，博士研究生1人，硕士研究生5人，在读硕士研究生1人。

2013年至2015年，累计派出教师培训、下企业交流访问等23人次，计1899天，其中派出教师下企业8人次1314天；参加国培、华夏基金项目培训等12人次200天；赴台湾东南科技大学交流访问2人次54天；外派赴清华大学访问学者1人次304天。

外聘教师12人，其中硕士研究生1人、大学本科学历7人、大专学历4人，高级会计师1人、工程师1人、助理工程师1人，企业负责人1人、企业技术负责人1人、技术骨干6人，担任教学课程16门计1300余课时。

专业设置 2011年至2015年，汽车与机电工程系开设专业分别是：2011年，开设机械加工（中职）、汽车运用与维修（中职）、汽车检测与维修技术（高职）、机电一体化技术（高职）；2012年，开设汽车运用与维修（中职）、电子技术应用（中职）、汽车检测与维修技术（高职）；2013年，开设汽车运用与维修（中职）、电子技术应用（中职）、计算机动漫与游戏制作（中职）、汽车整车与配件营销（中职）、汽车美容与装潢（中职）、汽车车身修复（中职）、汽车检测与维修技术（高职）、供用电技术（高职）；2014年，开设汽车运用与维修（中职）、计算机动漫与游戏制作（中职）、电子技术应用（中职）、汽车检测与维修技术（五年制）、计算机网络技术（物联网方向）（高职）、供用电技术（高职）、计算机应用技术（高职）、汽车检测与维修技术（高职）、汽车技术服务与营销（高职）；2015年，开设物联网应用技术、汽车技术服务与营销、汽车检测与维修、电子信息工程技术、计算机应用技术、供用电技术。

实训室建设 建系后，总共投入234.98万元，建成20个校内实训室，基本满足师生实践教学需要。

2012年至2015年汽车与机电工程系实训室统计表

表中3-1-10 单位：万元

实训室名称	地点	管理员	所属教研室	建设年月	投入资金
计算机基础实训室	1教	杨 波	物联网应用技术	2012.7	31.85
汽车服务中心	3教	韩国声	汽车检测与维修技术	2012.9	9.51
钣金实训室	2教	邓力夫	汽车检测与维修技术	2012.9	1.85
发动机拆装实训室	2教	袁家政	汽车检测与维修技术	2012.9	3.7
自动变速器实训室	2教	田 荣	汽车检测与维修技术	2012.9	1.58
整车零部件实训室	2教	杨 燕	汽车检测与维修技术	2012.9	0.6

续表中3-1-10

实训室名称	地点	管理员	所属教研室	建设年月	投入资金
发动机构造实训室	2教	唐　蓉	汽车检测与维修技术	2012.9	0.4
底盘构造实训室	2教	吴国涛	汽车检测与维修技术	2012.9	2.16
空调实训室	2楼	涂文彪	汽车检测与维修技术	2012.9	1
汽车电器实训室	2楼	涂文彪	汽车检测与维修技术	2012.9	2
电工电子实训室	2教	黄　军	新能源汽车技术	2013.9	0.08
钳工实训室	2教	黄孟远	新能源汽车技术	2013.9	35.09
电力拖动实训室	2教	吴正兴	新能源汽车技术	2013.9	0.56
PLC与变频技术实训室	2教	金庆波	新能源汽车技术	2013.9	9.06
液压与气动实训室	2教	杨思阳	新能源汽车技术	2013.9	9.78
电子产品研制与调试实训室	2教	陈克林	新能源汽车技术	2013.9	6.83
嵌入式技术实训室	2教	周　爽	物联网应用技术	2013.9	10.33
汽车综合实训室	2楼	涂文彪	汽车检测与维修技术	2013.9	42
计算机基础实训室	2教	田新宇	物联网应用技术	2015.9	16.6

教学改革　2013年后，汽车与机电工程系实行“1+1+1，校企合作，工学交替，做中学，学中做”的人才培养模式，即第一学年在学校完成公共课和专业基础课的教学任务；第二学年在校内实训基地和校中厂完成围绕工作岗位的工作任务开发的专业课程的教学任务；第三学年在企业顶岗实习。为提高教学质量，结合工科类专业的特点，构建以“任务为载体、理实一体化”的教学模式，使学生动脑动手，理论与实践融会贯通，知识与技能同步养成。

2014年，在传统的校企合作中，针对企业参与校企合作积极性不高等问题，通过引企、引智、引资入校探索“双主体”校企合作模式，从建立校企“双主体”互补型校企合作机制、构建项目化课程体系、建设“前校后厂”式实训基地、打造“三双”教学团队、创建以“四层渐进”为特点的“企业模拟舱”人才培养模式等方面开展校企合作，取得初步成效。建立“双主体”互补型校企合作机制。整合并投入专业教学资源与无形资产，企业投资购买专业设备并注入项目资源，共同组建校企合作办学“共同体”汽车与机电工程系。合作办学“共同体”实行由校企理事会领导下的院长负责制，校企重点从决策、管理、实施和考核四个层面完善合作机制，并以协议的形式明确校企在人才培养中的主体地位以及责、权、利关系，基本形成人才共育、过程共管、成果共享、责任共担的紧密型合作办学体制，为校企合作专业改革奠定坚实基础。“双主体”合作运行机制的建立，确保将校企“合作办学、合作育人、合作就业、合作发展”落到实处；建立与区域经济发展相适应的专业。结合贵州省和黔东南州区域经济发展，在计算机应用技术（含大数据方向）的基础上，以物联网应用为核心，校企共同开发新专业（群），2015年，共同申报物联网应用技术和电子信息应用技术专业并开始招生；构建基于实际项目研发的教学和课程体系。以嵌入的形式系统整合企业项目、企业技术人员培训课程、企业文化及企业综合素质拓展课程，着力培养学生的项目规范意识、项目管理能力和团结协作精神，建立由“学历教育课程+企业培训课程+职业资格认证课程”组成的“三合一”课程体系；共同投入建设“双主体”“前校后厂”式技术实训基地。2014年起，学校提供专用场地，企业投资240万元在校园内建成实训基地，构建“四级进阶式”实训、实习平台，即项目教学专用标准教室、案例分析室、校内工厂和校外订单企业实习基地。实训室和实习基地严格按照合作企业项目开发实际工作环境和标准设计；共同建设“双主体”“三双”教学团队。建立教学团队专业，建设校、企“双负责人”制度，以协议形式明确校、企专业负责人以及学校专任教师和企业兼职教师在专业建设中的职责；建立教学团队师资培养“双实践”制度，一方面有计划地安排教学团队专任教师到企业顶岗锻炼，另一方面，定期吸纳教学团队中的企业兼职教师参加各类高职教育培训；建立专业人才培养“双考核”体系，即企业对学校专任教师的教学质量评价和学校对企业兼职教师的工作评价相结合，共同建设“双主体”教学团队；共同开发“双主体”教学资源。建立以应用项目为主要内容的教学资源库。依托合作企业各类项目资源，校企共建教学、开发、培训一体化的教学资源平台和自主学习交流平台。联合开发由专业教学标准、专业核心课程标准、教学项目、课程教学大纲、多媒体课件、教学录像、实训指导书、习题试题、电子教案等组成的专业教学资源库，以满足学生自主学习的需要。同时，依托校园网络平台，实现优质教学资源共享；共同实施“双主体”人才培养。建立以“四层渐进”为特点的“企业模拟舱”人才培养模式，实现将学生由“学校人”到“准职业人”再到“职业人”的过渡和转变。“企业模拟舱”按照企业实际需求、模拟企业工作环境、仿真企业工作内容、导入企业品牌文化，实现校企合作人才培养的五个对接，即培养目标与企业实际需求对接，学校学习与企业顶岗对接，教学过程与工作流程对接，教学环境与工作环境对接，素质教育与企业文化对接；与武汉厚溥共同开发精品在线课程《Java程序设计》，共用开发物联网学院独立网站和教学资源库，包括微课、在线教学、在线考试和学习题库等，基于工作过程的课程体系构建；共同组建校内实训基地。主要有智能投递中心、互联网+研发中心、图文制作室、电子商务平台实训室、物联网应用技术、程序项目设计和项目研发室。

教学成果 教师在完成专业教学任务的基础上，还承担州、省汽车维修工职业资格培训与鉴定、全省机动车驾驶员培训教练员培训等，部分教师还在企业担任技术负责人职务，多人次被省教育厅评为技能大赛优秀指导教师，汽车教学团队还获得省级精品课一门，自编校本教材4门，其中公开出版发行2门。2011年，参加全国汽车职业院校课程设计大赛获二等奖；2015年，参加全省职业院校教师技能大赛获一等奖。

2013年至2015年，汽车与机电工程系教师发表论文20余篇；结题科研项目3项；参编著作3部。

校企合作 建系后，在重视校内实训基地建设的基础上，加强校外顶岗实习基地建设，先后与30余家企业建立校合作关系。

2013年，签订校企合作协议的企业有贵州省凯里市公共交通总公司、凯里市汽车运输总公司车辆维修公司、凯里市贵兴修理厂、贵州康众汽车销售服务有限公司、黔东南州汽车综合性能检测站、铜仁市佳实汽车维修有限公司、凯里市贵通汽车修理厂、贵州高山贸易有限公司、凯里汽车运输总公司车辆维修公司、贵州中瑞汽车销售有限公司、凯里经济开发区佳成汽车销售服务有限责任公司等。

2014年，签订校企合作协议的企业有贵州省黔东南州恒铃源汽车销售有限公司、贵州新双立汽车销售服务有限责任公司、贵州凯里经济开发区中昊电子有限公司、贵阳贵和汽车销售服务有限公司凯里分公司、凯里市运输公司、贵州万友汽车销售服务有限公司、凯里经济开发区德润汽车销售服务有限公司、贵州乾通汇睿汽车销售服务有限公司、凯里经济开发区通源泊车销售服务有限公司、凯里恒信众联汽车销售服务有限公司、中科汉天下电子有限公司等。

2015年，签订校企合作协议的企业有武汉厚溥教育科技有限公司等。

社会培训 2012年7月，协助黔东南州道路运输管理局开展机动车驾驶培训教练员继续教育培训，培训学员600余人。2013年12月，协助黔东南州道路运输管理局开展农村客运企业安全生产标准化考评工作，考评农村客运企业123家。2014年12月，协助黔东南州道路运输管理局开展汽车维修企业安全生产标准化达标考评工作，考评企业120家。2014年至2015年，协助凯里市出租汽车公司行业协会开展出租汽车驾驶员从业资格继续教育培训，培养近6000人次。

2012年至2015年，李民和参与贵州省黄帝车辆净化器有限公司ART系列柴油车排气主动再生颗粒过滤器系统开发和研究工作，在《交通节能与环保》发表论文《ART型柴油车排气后处理装置改造再用车排放控制效果研究》；参与贵龙客车厂进行汽车油箱9Ni钢焊接科学试验，在《铸造技术》发表论文《汽车油箱9Ni钢焊接接头组织和性能研究》。多名老师与贵州省汉天下电子科技有限公司开展产学合作技术开发，先后完成榕江、黎平等县民生资金管理系统、凯里市公交付费系统、学院智慧校园一期项目、大学科技园网站建设等，取得良好的经济效益和社会效益。

学　生　开设班级。2011年，开设汽车运用与维修（中职）、汽车检测与维修技术（高职）、机电一体化技术（高职）3个班，有学生93人；2012年，开设汽车运用与维修（中职）、电子技术应用（中职）、汽车检测与维修技术（高职）3个班，有学生135人；2013年，开设汽车运用与维修（中职）、电子技术应用（中职）、计算机动漫与游戏制作（中职）、汽车整车与配件营销（中职）、汽车美容与装潢（中职）、汽车车身修复（中职）、汽车检测与维修技术（高职）、供用电技术（高职）8个班，有学生262人；2014年，开设汽车运用与维修（中职）、计算机动漫与游戏制作（中职）、电子技术应用（中职）、汽车检测与维修技术（五年制）、计算机网络技术（物联网方向）（高职）、供用电技术（高职）、计算机应用技术（高职）、汽车检测与维修技术（高职）、汽车技术服务与营销（高职）9个班，有学生394人；2015年，开设物联网应用技术、汽车技术服务与营销、汽车检测与维修、电子信息工程技术、计算机应用技术、供用电技术5个班，有学生435人。

实习管理。学生实习采取三种办法，学生自主联系实习单位和学校统一安排实习单位相结合的实习工作安排方案；学校统一安排实习单位，采取接收单位面试，学生应聘，双向选择的办法安置学生顶岗实习；鼓励并大力支持学生自主创业，拓展校企合作，委派或由企业面试学生进入相应岗位，签订企业、学院、学生三方协议，同时与企业共同拟定实习学生实习计划，并按月进行相应指标体系的考核。对接受较多实习生的企业，系里安排专业教师与企业一起对学生顶岗实习的管理，加强校企全面合作。建立顶岗实习跟踪监控机制，校企共同实施顶岗实习质量管理；建立毕业生质量跟踪调查机制，关注毕业生群体与个体职业发展状况。由汽车检测与维修、汽车营销、物联网、计算机、供用电五个教研室拟定学生实习内容，并确定实习报告指导教师。围绕为本地经济建设服务的目标，学生实习地定为黔东南州各县市，适当延伸至贵阳及其他专州。要求将各专业学生按各教研室现有教师数进行适当的指导教师分配，各负其责。从实习开始，到学生最终就业，由指导教师与辅导员督促学生实习报告或毕业论文的撰写及跟踪，学生实习报告（或毕业论文）由实习单位和实习指导教师评定实习成绩，合格后方可办理毕业证书。

毕业就业。为保证学生就好业，安排专人负责学生的就业咨询，开设就业指导课，让学生认清就业方向，抓准就业机会；为保证学生就业渠道，与深圳比亚迪汽车有限公司、西安比亚迪汽车有限公司、重庆长安汽车有限公司、安徽芜湖奇瑞汽车制造有限公司等30余家企业签订长期的校企合作协议，定点为他们输送优秀人才。全系实习生在工作岗位上取得优异的成绩，受到贵州新双立汽车销售服务有限公司（德国进口4S店）、贵州康众汽车销售服务有限公司（长安马自达4S店、雷诺4S店）、贵州通源公司、高山贸易、贵州中瑞汽车销售服务有限公司、凯里市公共交通总公司、凯里汽车运输总公司、平安保险、贵州豪龙公司、凯里市供电局、南方电网、浙江天煌实业科技有限公司等用人单位的高度肯定和良好评价，学生就业率达100%。通过对毕业生就业信息跟踪调查了解，企业普遍认为学生基本功扎实、实际动手能力强、思想品德好，吃得苦，适应快、用得上、留得住、踏实肯干，很多学生已经成为企业技术骨干和部门领导。2013届毕业生164人，其中中职毕业生99人，高职毕业生65人，就业164人，就业率达100%；对口就业人数150人，对口就业率91.5%。2014届毕业生90人，其中中职毕业生52人、高职毕业生38人，就业90人，1人升高职就读，1人参军，就业率达99%；对口就业88人，对口就业率97%。2015届毕业生111人，其中中职毕业生76人、高职毕业生35人，就业106人，高职自主创业1人；对口就业率达97.4%；中职就业71人，就业率93.4%。

建筑工程系

机构沿革　建筑工程系以生物与环境工程系为基础，2009年，开设建筑工程技术专业，同年招生。2010年，学院确定建筑工程技术为重点建设专业。2013年，建筑工程系从生物与环境工程系析出而成立，增设工程造价、水利水电工程管理两个专业。2014年，建筑工程系与贵州大地建设集团达成协议，共建校企共同体——建筑工程系，搭建校企“双主体”育人平台。

建筑工程系领导班子由系党总支书记和正副主任组成，下设综合办公室主任。历任党总支书记张永斌，系主任吴开岑，副主任王永昌、石玉林，综合办公室负责人全宏旭。

教职工　2015年，建筑工程系有教职工30人。2013年至2015年，建筑工程系教师获各种奖励19人次。其中获院级一等奖以上的有杨伊玲2014年获贵州省科技文化艺术节先进个人；宋林波2014年获学院课程考核方案一等奖；石玉林2014年获第四届全国高等院校斯维尔杯BIM软件建模大赛优秀指导教师；王永昌2015年获黔东南州先进教育工作者；夏建程2015年获贵州省职业技能竞赛一等奖、全国优秀奖。

专业建设　2013年至2014年，建筑工程系开设招生专业有建筑工程技术、工程造价、水利水电工程管理、广告与装潢技术（由财经系转入）、建筑工程技术（五年制）、建筑施工（中职）6个专业。2015年，开设有建筑工程技术、工程造价、水利水电工程管理3个专业。建有钢筋实训室、测量实训室、CAD制图实训室、工程造价实训室、手工绘图实训室，建筑面积400余平方米。2013年至2015年，完成培训和考试300余人。

2013年至2015年，建筑工程系教师发表论文16篇。

学　生　2013年至2015年，建筑工程系招生1057人，毕业306人。其中，2013年，招生419人，毕业88人；2014年，招生337人，毕业110人；2015年，招生288人，毕业108人。2015年，全系在校生1085人。

2013年至2015年建筑工程系学生情况统计表

表中3-1-11　　单位：人

年　度	专　业	招生人数	在校生人数	毕业人数	毕业生就业率
2013	建筑工程技术	80	291	88	98%
	工程造价	27	27		
	水利水电工程管理	46	46		
	五年制建筑工程技术	112	112		
	中职建筑施工	127	127		
	广告与装潢技术	—	18		
2014	建筑工程技术	120	339	92	100%
	工程造价	74	100		
	水利水电工程管理	75	117		

续表中3-1-11

年　度	专　业	招生人数	在校生人数	毕业人数	毕业生就业率
	五年制建筑工程技术	59	160		
	中职建筑施工	49	118		
	广告与装潢技术	—	—	18	100%
	建筑工程技术	106	445		
	工程造价	99	199		
2015	水利水电工程管理	83	200	108	99%
	五年制建筑工程技术	—	130		
	中职建筑施工	—	111		96%

财经系

机构沿革　2002年5月28日，学院挂牌成立后，黔东南州财贸学校改建为财经系。2004年，财经系更名为信息工程系。2012年，信息工程系重新更名为财经系。系下设综合办公室、教务管理办公室、学生管理办公室和计算中心等机构。

建系之初，财经系由原黔东南州财贸学校副校长吴康鑫主持工作。2004年后由宋开旭主持工作。2008年，龙章烈任系总支书记，宋开旭任系主任，杨群、王远湘任副主任。2008年10月至2015年，胡松任系党总支书记，龙章烈任系主任，杨群、王远湘任副主任。

教职工　建系之初，财经系有教职工38人，其中高级职称7人，中级职称15人，职称结构偏低。为此，财经系一直致力于教师教学水平的提升，先后数十次派教师到美国、新加坡以及台湾地区和国内知名院校进行交流和学习。到2015年，财经系已经拥有一支年龄结构比较合理、职称结构分布基本均衡、学历层次较高的教师梯队。全系教师35人，其中教授2人、副教授12人、讲师12人，注册会计师1人、律师1人、会计师4人。2013年，会计专业教学团队被评为省级优秀教学团队。

2007年，杨群获州级“优秀教师”称号。2008年，潘远才被评为州级“师德标兵”。2009年，组织学生参加全省中职技能竞赛获二等奖；2010年，组织学生参加全省计算机技能竞赛与用友软件操作竞赛获二等奖。2011年，系党总支被中共黔东南州委评为“先进基层党组织”“五好基层党组织”，被中共贵州省委教育工作委员会评为“贵州省高等学校先进基层党组织”。2012年12月，组织学生参加首届“网中网杯”全国大学生财务决策网络大赛，吴晓燕获“十佳指导教师”。2013年5月，组织学生参加省级技能大赛，黄蓉获“贵州省校园文化月活动先进个人”；杨雨薇获州级“优秀共青团干部”称号。2014年，吴晓燕被评为州级优秀教师，黄蓉获“黔东南州优秀共青团干部”称号。2015年，组织高职学生参加贵州省会计技能大赛获第一名，杨群获省级“技能大赛优秀指导教师”称号；组织高职学生参加全国高等职业院校“网中网杯”财务决策大赛，吴晓燕获“最佳指导教师”称号。

课程建设　2008年，进行“财务会计”省级精品课程和“计算机应用基础”院级精品课程的建设，其中“财务会计”被评为省级精品课程。2009年，组织并完成“计算机基础”“基础会计”省级精品课程的申报，其中“基础会计”被评为省级精品课程；申报院级精品课程“财务报表分析”。2010年，财经系教师主编、参编的教材《大学计算机应用基础》和《基础会计》，参加学院优秀教材评选分别获一、二等奖。2011年，成功申报一门省级精品课程“财务报表分析”，一个会计专业院级优秀教学团队。2011年，汇编《会计从业资格无纸化模拟试题》和《会计专业核心课程系统实训集》。2012年，会计教研室完成《基础会计及实训教程》和《基础会计模拟实训》编写工作；编写《会计从业资格无纸化模拟试题》。2012年，会计教研室完成“财务管理”和“成本会计”院级精品课程的申报，会计专业院级重点专业申报。2013年，组织教研室成员，将“基础会计”省级精品课程申报为省级精品资源共享课程，完成本课程的全部教学录像、课件、实训、习题、大纲等基本资源和拓展资源。写成并出版《初级财务会计及实训教程》。“基础会计”课程被省教育厅评为省级精品资源共享课程。同年，成立“会计基础”“财经法规”“会计电算化”课程组，明确课程组负责人及工作职责，并组织团队成员对课程进行资源库建设及整合。探索基础会计、财经法规课程理论及实训教学，完成围绕考证编写的各类习题、核算、案例及模拟试卷。2014年，完成《基础会计及实训教程》《基础会计模拟实训》的修订，由水利水电出版社出版；完成校本教材《会计电算化教程》。2014年，围绕考证内容编写《财经法规和会计职业道德习题集》校本教材，整理《基础会计习题集》，以补充教材无习题练习不足；在“财务会计”省级精品课程基础上，完成“一般应付债券折价/溢价摊销及账务处理”视频微课。

实训基地 财经系成立后，进行校内、校外实训基地的建设，先后建立下列校内校外实训基地。

校内实训基地。2002年，建立“会计手工模拟实验室”，130平方米，可以满足70人同时实训。2004年，建立“计算机网络实验室”，130平方米，可以满足70人同时实训。2005年，建立“计算机应用及非计算机专业实验室”，130平方米，可以满足70人同时实训。2006年，建立“图形图像专业实验室”，130平方米，可以满足70人同时实训。2009年，成立校园学生超市，作为市场营销专业实训基地。2013年，搬迁到新校区后，购买安装兰贝斯会计从业无纸化考试软件、网中网会计实训软件、金蝶财务软件、用友财务教考软件、基础会计等专业课程教学实训软件。新建会计电算化实训室6个、计算机420台，会计手工模拟实验室4个。2014年，购买金蝶ERP软件，建立ERP沙盘实训室1个。

校外实训基地。2005年，分别与台江县财政局、麻江县财政局、麻江县地税局、麻江县国税局、雷山县财政局、雷山县地税局、贵州用友软件股份有限公司签订协议，合作建立“会计电算化教学实践基地”。2005年5月，与凯里市百盛电脑有限公司签订协议，合作建立“计算机应用及网络教学实践基地”。2005年5月，与凯里华诚科技商贸有限公司签订协议，合作建立“会计电算化教学实践基地”。2005年10月，与凯晟铝业有限公司签订协议，合作建立“会计电算化教学实践基地”。2006年，分别与施秉县财政局、施秉县地税局、施秉县国税局签订协议，合作建立“会计电算化教学实践基地”。2006年3月，与凯里百盛传媒有限公司签订协议，合作建立“计算机应用及图形图像教学实践基地”。2007年4月，与鸿湖装饰公司签订协议，合作建立“计算机应用及图形图像教学实践基地”。2007年10月，与贵州永盛会计师事务所签订协议，合作建立“会计电算化教学实践基地”。11月，与黔元会计师事务所签订协议，合作建立“会计电算化教学实践基地”；11月，与金业家电超市签订协议，合作建立“市场营销教学实践基地”。2007年，分别与台江县地税局、台江县国税局签订协议，合作建立“会计电算化教学实践基地”。2008年，与剑河县财政局签订协议，合作建立“会计电算化教学实践基地”。2008年，与上海量健生物科技有限公司签订协议，合作建立“市场营销教学实践基地”。2008年3月，与凯里万富饲料公司签订协议，合作建立“市场营销教学实践基地”。2010年，与深圳安居记账公司签订协议，合作建立“会计电算化教学实践基地”。2012年10月，与黔东南州国鑫财务咨询公司签订协议，合作建立“财务管理专业教学实践基地”。2013年10月，与贵州东南药业有限公司签订协议，合作建立“会计、财务管理专业教学实践基地”。2013年10月，与贵州青溪酒厂签订协议，合作建立“会计、会计电算化、财务管理专业教学实践基地”。2014年4月，与贵州昌昊中药发展有限公司签订协议，合作建立“会计、会计电算化、财务管理专业教学实践基地”。2014

年6月，与贵州苗之灵中药有限公司签订协议，合作建立“会计、会计电算化、财务管理专业教学实践基地”。2015年5月，与黔东南州黔元房地产估价有限公司签订协议，合作建立“会计、会计电算化、财务管理专业教学实践基地”。2015年6月，与黔东南名阳价格评估事务有限公司签订协议，合作建立“会计、会计电算化、财务管理专业教学实践基地”。

社会服务 2002年至2015年，先后对黔东南州会计人员培训会计电算化知识5000余人；承接州内各县市会计人员继续教育培训4000余人次；承接州内计算机等级考试5000余人次；承接州内会计从业资格考试、会计职称（初级、中级）考试、注册会计师考试近2万人次。

科学研究 财经系成立后，全系教师教学之余，先后主持或参与科研课题8个，分别是2008年杨群主持的“财务会计”省级精品建设课程；2009年陈治敏主持的“基础会计”省级精品建设课程；2011年王远湘主持的“财务报表分析”省级精品建设课程；2013年龙章烈参与的《贵州民族贫困地区农村职业教育发展研究》；2013年杨群主持的“基础会计”贵州省精品资源享课程；2014年冯香参与的《货币紧缩状态下黔东南州房地产企业财务风险研究》；2014年，龙章烈参与课题“贵州农村劳动力就业期望研究”；2015年冯香参与的“黔东南州中小房地产企业财务问题研究”。

主编或参编教材11本，分别是2004年王远湘主编的会计模拟实验教程，参编《企业财务会计》；2007年王远湘主编的《经济学基础》；2010年吴晓燕参编的《基础会计及实训教程》（副主编）；2011年，王远湘（主编）、吴晓燕（副主编）编写的《财务报表分析》；2011年杨群（主编）、吴晓燕（副主编）编写的《初级财务会计及实训教程》；2011年龙旺参编的《计算机组装与维修项目式教程》（副主编）；2013年杨群主编的《基础会计及实训教程》；2014年吴晓燕主编的《财经法规与会计职业道德习题集》；2014年龙旺、王庭鑫参编的《大学计算机应用基础》和《大学计算机应用基础拓展与实训》（副主编）。先后发表论文60余篇。

学　生 财经系成立之初，高职在校生只有一个会计班50余人。从2002到2005年，高职学生在校生数量一直在100人左右徘徊，其余的学生都是中职学生，绝大部分是计算机类专业，会计专业的学生只有200人左右。

随着招生宣传力度的扩大和就业工作的强势推进，财经系的学生规模逐渐扩大，从2006年起，每年的招生人数逐年上升，到2008年，高职招生人数达到300人左右，在校生规模接近1000人。从2010年起，财经系确立依托黔东南州财贸学校的影响、依托财经系教师在会计教学上多年形成的经验，砍掉师资不足、招生困难的图形图像、计算机网络、市场营销、人力资源管理等专业，举全系之力办好会计类专业——会计、会计电算化、财务管理。

财经系2002年至2015年各专业就读学生人数统计表

表中3-1-12

年　份	专　业	人数（人）	班主任/辅导员
2002	会计电算化（高职）	22	龙勇
	计算机应用技术（中职）	24	张宜坤
	会计电算化（中职）	52	何祖金
2003	03会计电算化（中职）	45	陈治敏
	03会计电算化（高职）	161	陈治敏
	计算机应用技术（高职）	36	杨波
	计算机应用技术（中职）	48	杨波

续表中3-1-12

年 份	专 业	人数（人）	班主任/辅导员
2004	会计电算化（中职）	36	龙春平
	会计电算化（高职）	81	龙春平
	计算机应用技术（中职）	18	杜富麾
	计算机应用技术（高职）	48	杜富麾
2005	会计电算化（高职）	42	龙仲平
	计算机网络技术（高职）	13	龙旺
	图形图像制作（高职）	3	龙旺
	计算机应用技术（高职）	12	龙旺
	会计电算化（中职）	51	陈朝霞、潘远才
	计算机网络技术（中职）	58	杨波
	计算机应用技术（中职）	54	张学杰
	图形图像制作（中职）	32	杨永旭
2006	计算机网络技术（高职）	27	朱方来
	计算机应用技术（高职）	32	宋开旭
	图形图像制作（高职）	22	王有林
	市场营销（高职）	42	杨群
	会计电算化（高职）	76	王远湘
	会计电算化（中职一年制）	22	龙春平
	会计电算化（中职）	69	王慧、王晓琴
	计算机网络技术（中职）	30	杨雪燕
	计算机应用技术（中职）	27	欧飞
	图形图像制作（中职）	32	吕昌清
2007	计算机应用技术（中职）	36	唐瑞
	会计电算化（中职）	61	李建军、姚莉
	计算机网络技术（高职）	17	王庭鑫
	图形图像制作（高职）	23	雷邦兰
	计算机应用技术（高职）	31	张柳青
	会计电算化（高职）	90	陈治敏、杨庆华
	市场营销（高职）	25	宋开旭
2008	会计电算化（高职）	176	杨永旭、石磊、杜富麾
	投资与理财（高职）	10	杨雨薇
	图形图像制作（高职）	15	张学杰
	市场营销（高职）	23	杨雨薇

续表中3-1-12

年份	专业	人数（人）	班主任/辅导员
2008	计算机应用技术（高职）	47	张荣辉
	会计电算化（中职）	49	潘远才
	计算机及应用（中职）	38	龙旺
2009	会计电算化（高职）	106	刘彦、欧飞
	市场营销（高职）	9	芮银华
	计算机应用技术（高职）	30	陈晓明
	财务管理（高职）	45	杨正杰
	会计电算化（中职）	76	谢光棋、邹金伶
	计算机及应用（中职）	36	吕昌清
2010	会计（高职）	89	刘发富、杨雨薇
	会计电算化（高职）	49	吴晓燕
	财务管理（高职）	61	王露佼
	广告与装潢设计（高职）	30	欧阳乐
	计算机应用技术（高职）	30	胡卫华
	会计（中职）	63	李建军
	会计（五年制）	13	李建军
2011	会计（五年制）	42	潘远才
	财务管理（高职）	67	曲波
	会计电算化（高职）	43	杨雨薇
	会计（高职）	112	胡卫华
	计算机应用技术（高职）	22	杨波
	广告与装潢设计（高职）	18	彭利兰
	会计（中职）	60	张学杰
2012	会计（中职）	60	杨衍莹
	会计（五年制高职）	9	冯香
	会计（高职）	144	黄蓉
	会计（注册会计师方向）	70	黄蓉
	财务管理（高职）	63	沈黎
2013	会计（中职）	74	朱静、杨伊琳
	会计（五年制高职）	69	刘志贻、李慧君
	会计（高职）	101	石汶鹏
	财务管理（高职）	25	石汶鹏

续表中3-1-12

年　份	专　业	人数（人）	班主任/辅导员
2014	会计（中职）	37	陈超
	财务管理（高职）	133	陈礼松
	审计（高职）	100	沈黎
	会计（高职）	338	陈礼松、沈黎、石汶朋
	会计（五年制高职）	41	王新
2015	财务管理（高职）	123	甘玲婧、吴海银
	会计（高职）	250	石汶朋

旅游与商务管理系

机构沿革　2002年9月至2004年3月，财经系开设旅游服务与管理专业。2004年4月，旅游服务与管理专业从财经系析出，成立旅游管理科学系，2006年，更名为旅游与经济管理系，2012年，更名为旅游与商务管理系。

2005年，开设酒店管理、导游专业。2008年开设中职学前教育专业。2013年，开设旅游工艺品设计与制作、音乐表演专业。2014年，开设电子商务专业。2005年，设立为黔东南州导游培训基地。2008年，成为全国导游人员资格考试黔东南考点，2010年，教育部批准为全国民族文化传承与创新示范专业点。2012年，省教育厅批准设立中央财政支持的职业教育旅游管理专业实训基地，建设经费170万元。2014年，州旅游局在系里设立黔东南州导游服务中心，省妇联批准设立贵州省“锦绣计划”培训基地。2015年，文化部认定为首批“中国非物质文化遗产传承人群”培训基地，省教育厅批复设立贵州省职业教育校企共建实习实训基地。2015年6月1日，与港中旅集团港中旅酒店管理有限公司共建二级学院——旅游与商务管理系，形成“六基地一中心”教学资源格局。

2015年，学院在旅游工艺品设计与制作基础上，筹建民族文化创意产业教学机构。

历任党总支书记闻芳、舒选璧；主任李炳昌（学院副院长兼）、梁焰、闻芳，副主任杨胜坤、李钰强、潘恒志、文英兰；办公室主任潘恒志、蒋友财、赖建书。

教职工　建系之初，全系有教职工12人，其中副高以上职称3人占总数的25%，研究生学历1人占总数的8.3%，本科学历11人占总数的91.7%。2015年，有教职工47人（含两名内聘教师）。学历结构：研究生学历8人占总数的17%，本科学历39人占总数的83%。岗位结构：专任教师41人占总数的87.1%（教授1人、副教授13人、讲师4人、助教23人），实训教师2人（含一名内聘）占总数的4.3%，专职辅导员2人占总数的4.3%，管理岗位2人占总数的4.3%。

科学研究　建系后，全系教师主持或参与的课题9个，分别是：2008年，何武主持的院级精品课程“旅游社交礼仪”；2010年，何武主持的《黔东南民族技术文化资源库的建设与民族技术文化的保护》；2010年至2012年10月，何武主持的《民族工艺技术文化在旅游经济中的运用模式研究》；2012年8月，文英兰参与的《黔东南侗族礼仪文化与旅游融合发展研究》；2010年至2012年10月，文英兰参与的《民族工艺技术文化在旅游经济中的运用模式研究》；2011年，闻芳参与的贵州省社科联理论创新课题《两边结合模式培养复合型人才——以贵州黔东南民族文化旅游人才的培养为例》；2012年，闻芳参与的省教育厅高校人文社科规划项目《黔东南侗族礼仪文化与旅游融合发展研究》；2014年，闻芳主持的教育部《民族文化传承与创新子库——百工录：中国工艺美术非遗传承与创新项目——“苗绣”子项目》；2014年，闻芳主持的教育部《工艺美术行业人才需求与专业设置指导报告》；2015年，闻芳主持的学院人文社会科学研究课题《旅游工艺品设计与制作专业职业人导向教学改革研究》。

教师主编或参编著作5部，分别是闻芳主编、邹雪参编的《黔东南导游词》，舒选璧主编（第三主编）的《实用大学英语》第一册，舒选璧参编的《高中英语常用词组手册》，邹雪参编的《客房服务与管理》，陈弘参编的《饭店管理概论》。

表中3-1-13

2007年至2015年旅游与商务管理系获州级以上表彰统计表

序号	获奖名称	获奖时间	发奖单位
1	2006年度先进基层团总支	2007.4	共青团黔东南州委
2	2008年贵州省高等教育省级教学成果奖三等奖	2008.11	贵州省教育厅
3	全州教育系统先进基层党组织	2011.6	中共黔东南州委教育工委
4	全州五四红旗团总支	2012.5	共青团黔东南州委
5	贵州省职业院校技能大赛暨全国职业院校技能大赛选拔赛优秀组织奖	2013.5	贵州省教育厅
6	全国五四红旗团支部	2013.5	共青团贵州省委
7	全省五四红旗团支部	2013.5	共青团贵州省委
8	贵州省优秀校园文化活动二等奖	2013.10	中共贵州省委教育工委、贵州省教育厅
9	贵州省职业院校技能大赛暨全国职业院校技能大赛选拔赛优秀组织奖	2014.5	贵州省教育厅
10	贵州省高等学校“五好”基层党组织	2014.6	中共黔东南州委教育工委
11	贵州省职业院校技能大赛暨全国职业院校技能大赛选拔赛优秀组织奖	2015.5	贵州省教育厅
12	2015年贵州省职业院校技能大赛电子商务技能（高职组）一等奖	2015.5	贵州省教育厅
13	2015年全国职业院校技能大赛高职组电子商务技能比赛三等奖	2015.7	全国职业院校技能大赛组织委员会
14	2015年全国职业院校技能大赛高职组中餐主题宴会设计赛项个人三等奖	2015.7	全国职业院校技能大赛组织委员会

学　生　2004年4月建系时，一、二年级仅有3个教学班，学生45名。

2004年，首次独立招收中职旅游与酒店管理学生38名，高职旅游管理学生20名。

2005年，中职招生40名；高职招收旅游管理学生11名，酒店管理学生8名，人力资源管理学生6名，合计65名。

2006年，招收中职导游专业学生16名，旅游服务与管理学生39名；高职招收旅游管理学生40名，酒店管理学生15名，导游学生5名，合计115名。

2007年，招收中职导游学生11名，学前教育学生16名，与三亚蜈支洲岛度假中心联合招收订单培养中职旅游与酒店管理学生116名；高职招收旅游管理学生34名，酒店管理学生25名，导游学生18名，合计220名。

2008年，招收中职旅游与酒店管理学生92名（其中三亚蜈支洲岛订单班58人，深圳华侨城资助培养班34人），学前教育学生13名；高职招收旅游管理学生31名，酒店管理学生24名，合计160名。

2009年，招收中职旅游与酒店管理学生68名（含民族歌舞方向25名）；高职招收旅游管理学生40名，合计108名。

2010年，招收中职旅游服务与管理学生45名，学前教育学生45名；高职招收文秘学生8名，旅游管理学生28名，酒店管理学生25名，合计151名。

2011年，招收中职旅游服务与管理学生24名，学前教育学生176名；高职招收五年制旅游管理学生10名，三年制旅游管理学生37名，酒店管理学生16名，文秘学生12名，三年制导游学生15名，合计290名。

2012年，招收中职旅游服务与管理学生23名，学前教育285名（含联办点73人）；高职招收五年制旅游管理学生25名，三年制旅游管理学生40名，音乐表演学生17名，合计390名。

2013年，招收中职旅游服务与管理学生49名，学前教育248名，与黔东南州歌舞团联合招收民族歌舞专业学生27名，工艺品设计与制作13名；高职招收五年制旅游管理学生7名，三年制旅游管理学生8名，市场营销学生13名，酒店管理学生9名，音乐表演学生14名，工艺品设计与制作学生23名，合计411名。

2014年，招收中职旅游服务与管理学生22名，学前教育学生86名，工艺品设计与制作学生13名；高职招收旅游管理学生62名，酒店管理学生53名，电子商务学生47名，音乐表演学生36名，市场营销学生27名，工艺品设计与制作学生28名，五年制旅游管理学生10名，合计384名。

2015年，中职停招，高职招收旅游管理学生95名，酒店管理学生65名，电子商务学生101名，旅游工艺品设计与制作学生18名，五年制旅游管理学生25名，合计304名。

第二节　教辅机构

技能实训中心

2006年10月，根据州编办发〔2006〕13号通知批复，设置技能实训中心，正科级机构。州编办发〔2010〕13号通知批复技能实训中心为副县级机构。2011年4月，州编办发〔2011〕173号通知，关于理顺和规范黔东南民族职业技术学院科级职数设置的批复，技能实训中心内设4个正科级机构：基础医学实训室、附属口腔医院、农林牧实训室、工科类实训室。历任主任：刘书华、杨燕玲、吴寿峰；副主任：李光跃、李树绿（主持工作）。

病理教研室　病理教研室为原黔东南州卫生学校病理教研室，始创于1958年，当时教学及实验条件简陋，仅有几台显微镜及62平方米的狭窄实验室，开设的实验课程仅有细胞、组织的适应、损伤与修复，局部血液循环障碍、炎症、肿瘤的少量的大体标本辨认及切片观察；师资人才也非常欠缺，教研室人员2人，人才结构不合理。自2012年搬迁新校区至2015年，教研室现有教师6人，其中副教授2名，专职实验技术人员1名，讲师2名，助教1名，双素质教师达80%。主要承担学院的病理学及实验教学任务，年授课量约1600学时，均采用多媒体教学手段，涉及专业有临床医学、医学检验、口腔医学、护理学、药学等。

实验教学在学院实训中心进行，病理实验室总面积约550平方米，包括病理实验教室1间、标本陈列室1间、普通显微镜教室1间、互动显微镜教室1间，病理生理实验室2间，能满足病理学及病理生理学实验教学需要。多媒体数码互动显微镜教室的使用，增强师生间的互动和交流，使形态教学更直观、效果更好，提高教学质量。2013年，教研室在原有病理学形态学实验课程基础上增设病理生理学实验，如家兔的急性肺水肿、失血性休克再抢救与空气栓塞，小白鼠缺氧实验，弥补以往病理生理实验的空白。教研室在教学方法上进行大胆的探索与创新，自制与素质相适应的多媒体课件、实训指导等。

几年来，教师吴寿峰先后主编完成《病理学与病理生理学》《病理学实验指导及习题集》教材，发表论文10余篇。每年有计划安排有关教师到四川大学、黔东南州人民医院、贵州医科大学等进修学习。在实验室建设上，文化墙的建设对病理实验室进一步地宣传，每年采集病理大体标本和教学组织切片，不断完善标本陈列室，满足所有章节的教学内容，多媒体数码互动显微镜室的投入使用，全方位多媒体的立体化手段，充分将病变由宏观到微观、由大体到镜下的整个变化特点，淋漓尽致地展现在学生面前，不仅信息量大且更直观，易接受、更易理解，解决教学任务重而学时不够的矛盾。

解剖教研室 解剖教研室始建于1958年，属于当时的黔东南州卫生学校。教研室初建时仅有教师2人，内供教学使用的教具有人体标本两具及部分器官模型，价值万余元。2001年，黔东南州卫生学校等四校合并后，先隶属学院医卫系，后隶属技能实训中心。

解剖教研室有实训室8间，准备室1间，模型储存室1间，挂图室2间，遗体接收站1间，总面积为1100平方米。开展实训项目13个。另有尸库1个。其他教学教具有：标本50具左右，模型约8套，挂图约8套，总资产为67万元。

解剖教研室有专任教师11人，本科学历达100%。解剖教研室承担全院4个医学系的9个专业教学任务。教研室重视教学及教学各个环节的改革，坚持以教学基本建设为重点，全面深化教学改革，获得学院说课及课程考核比赛奖项；解剖教师多次获先进个人荣誉称号，年底考核优秀等奖项。教研室教师5年发表论文6篇，主编教材1本，参编教材3本。

生化教研室 生物化学教研室始建于1978年时的黔东南州卫生学校。成立之初，仅有2位教师，共同负责中专和大专4个班医学生物化学理论和实训教学。1985年，始有专门的实训教师。生化教研室有6名教师，其中高级职称2名、中级职称1名、初级职称3名。实验管理采用专兼职双轨的管理模式，负责临床、护理、药学、检验、口腔、康复专业的理论教学和实训教学工作，承担学院系部举办的技能大赛，为技能大赛提供比赛场地、相关实验仪器设备及实验试剂。

实验室总面积1000余平方米，包括准备室1间、实验室2间、仪器储藏室1间，办公室1间。有实验设备：超速离心机、实验室通风柜、普通离心机、计算机、电脑、投影仪、普通恒温水浴箱、沸水浴箱、超纯水机、紫外（可见）分光光度计、电泳仪、天平（普通、电子）、电冰箱、冷藏柜、pH酸度计、可调移液器、水浴锅、酒精灯、试管、烧杯等仪器设备，以及各实训项目所需的实验试剂和实验器材，实验仪器设备等。开设的实训项目有血清蛋白醋酸纤维薄膜电泳；尿蛋白的检查；酶作用的特异性；影响没活性的因素；血糖浓度的测定；激素对血糖浓度的影响；肝中酮体的生成作用；尿中酮体定性试验；转氨基作用实验项目开出率100%。

生化教研室多年连续获得“先进教研室”称号；生化教研室教师黄之一、禹俊梅、聂静、龙治锋先后参与中专部医学生物化学教材的编写，并在全国性的生物化学教学比赛中获奖。黄之一作为资深专家是贵州省生物化学教学教研组的副组长。龙跃娥撰写的科技论文《鸡血糖浓度的测定》，2006年在全国教科论文评比中获一等奖；龙跃娥、欧卫华等实验研究成果《酮体生成实验改进》，2011年获黔东南州第四届基础教育教改实验、教育科研优秀成果三等奖。刘荣相获学院教学设计大赛二等奖；刘荣相、杨欢在学院举行的生化技能大赛中分别获得一等奖和三等奖；宋和兰获得学院第二届信息化教学设计大赛二等奖等。教研室教师参与教材编写，副教授欧卫华主编高职高专系列专用《医学生物化学》教材，同时主编校版《生物化学实验指导和习题集》；刘荣相、宋和兰、杨欢参编《生物化学实验指导和习题集》。

生理教研室 生理学教研室前身是黔东南州卫生学校生理学课程组，1960年筹建。生理学课程开始于1960年，历任生理学课程教师有9人。生理学实验课开始于1976年，当时只有一个约50平方米的实验准备室，在理论课教室完成实验项目。1984年下半年，有约100平方米的生理学实验室和50平方米的生理学实验准备室，配有一名实验员。2015年，有专任教师7人，其中高级实验师1人，讲师1人，实验师1人，助教4人。

生理学实验室主要承担学院护理系、临床医学系、口腔医学系、药学及检验专业的实践教学任务。实验室总面积约550平方米，其中两间实验操作室可同时容纳60余人名学生进行实验技能操作，实训项目开出率100%，一间实验准备室，一间多功能教室，供学生实验参观和技能竞赛使用。有实验设备数18套，总价值约34.5万元。开设的实验项目有反射弧的分析；ABO血型鉴定、出血时间、凝血时间的测定；人体动脉血压的测量；听心音、人体生命体征的测量；感觉器官的检查；影响家兔动脉血压的神经体液因素；影响家兔尿生成的因素。

生理学教研室教师先后发表论文10篇。

微生物教研室　微生物教研组成立于1958年，隶属黔东南州卫生学校，有教师1名。1985年至1991年微生物教研组有4名教师。2015年有教师6名，其中副教授1名，高级实验师1名，讲师1名，助教3名。

微生物教研组成立初期实训室面积约30平方米，主要开展的实训项目有革兰氏染色法、常见病原形态观察等，实训设备有油电两用恒温培养箱一台、普通光学显微镜数台。2015年，9间实验室总面积620平方米，开设实训项目9项，实验设备数180件，总价值67万元。

教育教学创新。课程设计。进行教育教学改革探索，加强校企合作，以“贴近临床、服务社会、以人为本”作为教学设计理念，以职业岗位能力需求为导向进行课程设置。理论及实验教学以训练培养医学生职业能力为主线展开教学，增强适应医学相关技术领域职业岗位群的任职要求，课程设计充分体现职业性、实践性、可操作性、实用性。突出“三结合”即：将微生物、免疫学理论与实践教学相结合；将目前公共卫生热点问题与实践教学相结合；将基础理论与临床实际相结合；其教学宗旨在于培养学生灵活运用所学基础知识分析临床现象解决实际问题的能力；教学方法改进实现多元化。通过教师学法引导、自主学习、开展竞赛，激发学生学习积极性；依托工学结合、社会实践，提升学生服务意识及职业的能力；利用网络拓宽学生视野、丰富知识面。教学模式的设计与创新。改变传统单一的教学模式，实现“教、学、做”一体化。课程考核方式由单一向多元转变，加强学生实践技能的训练与考核。2013年，“病原生物与免疫学”建成省级精品课程。

微生物教研室教师先后发表论文11篇。宋爱萍2010年12月参加由北京大学医学出版社出版的《医学微生物学与免疫学》教材编写担任副主编；2012年3月至2013年6月，主持院级课题研究——《基于行动导向的病原生物与免疫学课程改革》。2010年，第一届课程整体设计比赛中获二等奖；2012年，课程考核评比获二等奖；2013年，“病原生物与免疫学”课程获贵州省省级精品课程。

药理教研室　药理教研室始建于1958年11月，隶属黔东南州卫生学校，建室之初有教师3人。四校合并组建学院后，隶属基础医学部。2008年，药理教研室与生理教研室合并，2011年3月，重新成立药理教研室，先隶属基础医学部，后属于技能实训中心。

药理教研室有实训室2间，准备室1间，储物室1间，总面积为274平方米，开展实训项目8个，总资产约为20余万元。有专任教师4人，其中教授1人，讲师1人，助教1人，中级实验员1人，均为本科学历。教师队伍职称结构、年龄结构等均较合理，是一支具有较高思想道德素质、业务水平和教学水平的教学团队。

药理教研室承担学院医学类临床医学、护理学、助产学、口腔医学、康复医学5个专业的“药理学”“护用药理学”的教学任务。教研室重视教学及教学各个环节的改革，坚持以教学基本建设为重点，全面深化教学改革。先后获得学院的说课及课程考核比赛的奖项，完成小白鼠的捉拿方法的微课制作。发表论文7篇，参编教材1本，获学院各类奖项4次。

公共教学基础部

黔东南民族职业技术学院公共教学基础部，简称学院公教部。成立于2005年9月，下设思政教研室、英语教研室、理科教研室和体育教研室。2011年，思政教研室独立成为马列部，取消理科教研室，下设英语教研室、体育教研室和计算机教研室。2013年，新增心理学教研室和就业指导教研室。至此，公教部下设英语教研室、体育教研室、计算机教研室、心理学教研室和就业指导教研室6个。

公教部历任主任为龙春平、吴文勇、吴德诚，副主任罗前珍、王永昌、郑凯平、张新娅、董清正、朱方来、文明娟。

2015年，有专任教师57名，其中正高级职称2名，副高职称13名，中级职称15名，讲师职称2名，助教职称25名；硕士学位10名，学士学位47名。

马列主义教研部

机构沿革 马列主义教研部于2010年4月从公共教学基础部析出建立，为学院二级教学机构，系级建制。2005年，成立公共基础部思政教研室，思政教研室下设“基础”课、“概论”课两个教研室。开设的必修课为：高职讲授“思想道德修养和法律基础”“毛泽东思想和中国特色社会主义理论体系概论”“贵州省情”“形势与政策”4门课，中职讲授“职业生涯规划”“职业道德与法律”“经济政治和社会”“哲学与人生”4门课程。马列主义教研部承担全院高、中职的思想政治理论课教育教学和研究工作，肩负着对学生进行马克思主义理论教育的任务和职责，是学生思想政治教育的重要部门和主渠道。2013年5月，马列部获“多彩贵州闪亮青春”2013年贵州省大学生校园文化活动月之优秀大学生社会实践活动成果评选三等奖。

马列主义教研部领导班子由党支部书记和正副主任组成。历任党支部书记刘光梓，主任龙春平，副主任刘光梓、黄显琴、王在朴。“两课”教研室主任阳华，理论体系概论教研室主任金红、李婉玲，思想道德修养与法律基础教研室主任周欣、王诗渊。

教师队伍 2015年，马列主义教研部有教师14人，均为大学本科以上学历，其中本科8人，研究生6人。有专业技术职称13人，其中助教1人，讲师5人，副教授5人，教授2人。

马列主义教研部成立后，按计划派教师外出参加培训学习32次，系内青年教师理论培训2次。

课程设置 马列主义教研部承担全校的思想政治理论课教学。面向高职开设“毛泽东思想和中国特色社会主义体系概论”“思想道德修养与法律基础”“形势与政策”“贵州省情”教育及相关“道德讲坛”课程。面向中专层次开设“经济政治与社会”“职业生涯规划”“哲学与人生”“职业道德与法律”课程。

教学改革 遵循“近”“小”“亲”“实”“活”原则展开教学改革；推动“讨论法”“体验式”“案例法”等教学方式的实施运用。

讨论法。选择教材中内容与高职生生活实际密切相关的一些问题或高职生日常关注的焦点。在进入课堂讨论之前，教师在讨论提纲制定、相关内容收集等方面给予指导。

体验式。从教学需要出发，引入、创造或创设与教学内容相适应的具体场景或氛围，以引起学生的情感体验，帮助学生迅速而正确地理解教学内容。教师“爱学生”，尊重每个学生的人格，重视学生、欣赏学生、倾听学生的意见，接纳感受，包容缺点，分享喜悦。让学生体验到亲切，温暖的情感，从而产生积极的情绪和良好的心境，在积极向上的精神状态下愉快地学习，并能主动克服困难，奋发进取。即在教学过程中，通过模拟相关场景，让学生直接感受某些社会活动的实际动作程序。如“模拟法庭”的设立，不仅可以激发学生学习法律知识的兴趣，而且能够让学生对庭审过程有更深刻的体会。

案例法。在教学中使用的案例结合高职学生个体认知能力和课程的实际需要，尽量采取形式多样、通俗易懂、有的放矢的案例。案例来源有两种：教学参考书中提供的案例；思政课教师自己总结整理的案例。形式有电影电视剪辑、故事片段、时事新闻报道、网页图表等。

实践教学　实践教学主要通过课内实践教学和课外实践教学两个途径和方式开展。

课内实践教学。与课堂理论教学相结合的实践教学，由每位老师在课堂理论教学过程中开展，突出课堂教学方法多样化，鼓励采取专题式教学、参与式教学、知识竞答等多种方法。多给学生参与的机会，注重师生互动，注重发挥学生的主体性，让学生在参与中得到锻炼，并更好地理解掌握理论知识，提高思想政治素质。

课外实践教学。主要以假期学生社会实践调查为主，为思政课程探寻一种活动形式，找到好的载体，培养学生的能力和思想政治素质。在调查的基础上，围绕课程重点、社会热点和难点，设计针对性强的选题目录，充分调动学生的积极性与创造性；同时，组织灵活的实践方式，包括到教学基地考察，对家乡展开社会调查，走向基层宣讲，问卷和访谈，知识竞赛，志愿服务等，让学生愿意走出校园，走进社会，走向基层，发挥主观能动性，用自己敏锐的观察力与创造力去发掘去描绘社会现象。

科研成果　马列主义教研部自建立后，始终坚持教学中心地位不动摇，坚持集体备课，探索教学的新途径、新方法，鼓励教师尝试各种教学手段、方法开展教学，探索考试方法的改进，教学实效逐步提高。支持、鼓励和帮助广大教师开展科学研究，以教带研、以研促教。

第三节　其他机构

附属高级中学

学院附属高级中学的前身是凯里东方实验学校。2002年8月29日，学院党委研究决定筹办附属高级中学，成立学院附属高级中学筹备领导小组，李炳昌任组长，郃化彩任副组长。2003年5月，学院凯里东方实验学校增设附属高中部，从2003年秋季开始招生；7月20日，成立临时工作班子，由康乐林、龙章烈、李明群、王再朴、杨丽蓉、曾小平6人组成。2004年2月，东方实验学校校务委员会原组成人员进行调整，学院副院长李炳昌兼主任委员，康乐林、龙章烈任副主任委员，委员有王在朴、杨丽蓉、李明群、罗前珍、申京娥、曾小平、王永昌、包羽；4月，经学院研究，决定成立学院综合高中筹备工作领导小组，组长李炳昌，副组长陈道明，成员有胡松、王兆石、郃化彩、宋开旭、康乐林、吴德诚、王俊杰、张兴权、屈维彪、杨绍钦、石平昌、龙章烈、杨胜坤，下设办公室，康乐林兼任办公室主任，龙章烈兼任办公室副主任；9月，黔东南州人民政府对学院创办附属高中给予批复；是月，凯里东方实验学校挂牌更名为黔东南民族职业技术学院附属高级中学；高级中学下设综合办公室、教务处、政教处。2005年6月7日，学院任命康乐林为附属高级中学校长，龙章烈任副校长；9月2日，任命龙章烈为附属高级中学校长，王永昌任副校长。2006年3月15日，学院聘任杨丽蓉为附属高中办公室主任，郑凯平为教务处主任，包羽为政教处主任。

2007年9月6日，学院附属高中停办，其学生全部转入黔东南州振华民族中学。

建校之初，高中部有教职工31人。学院领导高度重视教师队伍的筹备建设，一直致力于教师教学水平的提升，从2002年开始，有计划地落实基础课教师到凯里一中，贵阳花溪民族中学，遵义航天中学等国内知名院校进行交流和培训学习。到2007年，已建成一支年龄结构合理、职称结构分布基本均衡、学历层次较高的教师梯队。学校在资金困难的情况下，全体教职工筹集资金20余万元，建成一个有70台计算机的标准实训室和语音、化学、生物实训室。龙章烈校长先后在《怀化学院学报》《黔东南民族师范高等专科学校学报》发表论文《浅谈对数函数的两个教学试验》《浅谈在数学教学中学生创新意识的培养》《浅谈利用多媒体辅助教学推导锥体体积公式》。

2003年9月，学校在校生131人；2004年9月，在校生340人，补习生90人；2005年9月，在校生521人，补习生110人；2006年9月，在校生590人，补习生80人；2007年9月，在校生370人，补习生120人。

驾驶学校

机构沿革 2002年12月，院长办公会议决定成立驾驶学校筹建工作组，由副院长陈道明任组长，罗贤光任副组长，龙昌烈、吴育辉、杨绍钦、唐志伟、潘江凯等为成员。

驾驶学校筹建初期，以原林学系的部分校舍及篮球、足球场地作为办公与培训场地，将学院的所有车辆与驾驶员进行资源整合，并投入150万元，购买吉普小货车5台、皮卡车2辆、东风大货车8台，开始驾校的申办工作。2003年3月至2004年4月，州、省运管部门先后批复同意开办黔东南民族职业技术学院汽车驾驶员培训学校，2004年4月正式开门营业。10月，在鸭塘果园场开始修建实训基地，至2010年6月建成总面积2.2万平方米的电子自动化考试与练车场地。

驾驶学校领导班子由校长、副校长组成，下设办公室、总务科、教务科、考试科、培训科、场地管理科等机构。

历任校长龙昌烈、李钰强、付存平，副校长张永斌、唐志伟、欧阳克祥（2016年6月至2018年7月任副校长，主持工作）、谭继鹏。

经营成效 2004年4月，驾校开始起步经营，在学院驾驶员中选聘14人，面向社会聘请驾驶员8人，通过参加贵州省汽车驾驶员培训，获教练员证后，开始在凯里、三穗、天柱招生。2004年8月，第一个汽车专业中专班第一期在驾校开班，有学生8人。至2004年底，完成汽车驾驶员招生培训451人。

2005年9月，在凯里、三穗、天柱招生培训点基础上，扩大到剑河、锦屏、黎平、从江、榕江、台江、雷山、麻江、丹寨、黄平等14个县市。学校对经营管理做第一次改革，对教练员进行分组承包，包招生与培训，包油料与维修等成本指标，全校分5个教学组；吸收民间资本，先后有施永芳等12名教练员投入教学车辆进行挂靠，实行经营承包责任制，并成为以后的主要经营模式；实行全员岗位责任制，明确岗位职责，提高工作效率；加强财务管理；为学员购买培训安全人身保险等。通过初步改革，取得较好成效。经贵州省公路运输管理局对全州7所驾校教学培训质量评比，2005年度获全州第一名，并在2006年3月15日的《贵州都市报》A13版公布，2006年度又获全州第一名。2006年6月13日，驾校被黔东南州工商局授予2005年度“守合同、重信用”单位称号。2006年，学员考试及格率全州排名B2为第一名，C1为第二名。在2007年全州教练员大比武中，驾校获三个单项第一名、三个单项第二名。至2008年底，驾校有教学车辆51辆，教练员70人。4年招生7791人，年均1948人，是2004年451人的4.3倍。2008年度首次实现利润100万元。

2008年10月，学校对经营管理继续深化改革。对教练员实行个人承包，包招生与培训任务，包油料与维修成本等所有指标；加大吸收民间资本，先后有易华、秦廷茂等20名教练员投入教学车辆，使民间车辆达学校车辆总数的三分之二。新增施秉、镇远、岑巩招生培训点并覆盖全州16个县市；继续实行全员岗位责任制，明确岗位职责，加大责任追究制，极大提高工作效率；2010年开始，将驾校财务纳入州级财政管理，节约开支，提高资金使用效率；学校为教练员与学员购买人身保险。加强安全生产管理，与教练员签订安全责任状；招商引资，引入沈二杰在鸭塘镇修建全州最大的科目二智能化考试场；充分发挥驾校公示栏和网络短信平台的功能，把文件精神、考试通知、培训信息、活动简报等及时有效传达到位；加强制度建设，至2014年12月，建有各项管理制度38个，规范办公制度与程序；加强横向联系，同凯里市第一职校、榕江职校、黔东南州新业纸品有限公司、黔东南州交通驾校、宇盾驾校、职宇公司建立联合办学关系；分批对教职工、教练员进行全面轮训，提高业务办公能力，更好地为学员服务，以提高学校的社会效益。2012—2014年，在凯里市经济开发区修建8万平方米的全州最大的科目二智能化考试场与训练场，2014年10月正式开考。通过2010年至2014年的深化改革，驾校经营取得显著的成绩。主要有经贵州省公路运输管理局对黔东南25所驾校教学培训质量评比，驾校2010和2012年度又获全州第一名；2005年至2015年，连续被黔东南州工商局授予“守合同、重信用”单位称号；2010年6月，驾校科目二考场经州、省交警验收合格正式开考，是全州第一家获此资格的考场；向州运管申报汽车驾驶员从业资格培训，于2009年4月开始招收汽车驾驶员从业资格培训学员；经黔东南州交警支队及省交警大队评选，2012年度分别授予驾校州级一级优秀驾校、贵州省文明驾校荣誉称号；配合劳动就业部门完成全州农民工培训1240人；配合民政部门完成退役士兵培训280人；2010年至2011年度，获贵州省国家税务局和贵州省地方税务局联合授予“A级纳税信用企业”称号；至2014年底，驾校有教学车辆106辆，教练员140人，6年招生2.55万人，年均4257人；2013年10月，中国道路运输协会授予谭继鹏为“全国驾培行业文明诚信优质服务优秀经理人”，欧炳红为“全国驾培行业文明诚信优质服务优秀教练员”称号。

2015年，驾校向州、市运管申报汽车驾驶员从业资格继续教育培训，是年招生965人。

2004年至2015年驾校情况统计表

表中3-3-1

年度	教学车辆（辆）	教练员人数（人）	招生人数（人）	国家专项培训（人）	驾驶员从业资格培训（人）	毕业出证人数（人）
2004	15	15	451	48	—	—
2005	20	22	946	39	—	—
2006	40	44	1312	60	—	—
2007	44	55	2831	80	—	—
2008	51	70	2702	110	—	—
2009	81	100	5022	374	481	—
2010	117	152	6542	1040	409	—
2011	126	162	5599	600	522	—
2012	113	181	4504	420	480	—
2013	111	145	1607	300	567	2001
2014	106	140	2267	—	481	2949
2015	75	100	965	—	—	2380

注：国家专项培训指国家单独下文，安排专项财政资金支撑的培训项目，如城镇下岗失业人员、农民工、退役士兵就业培训

国家职业技能鉴定所

机构设置　2004年7月2日，由原贵州省第四十三国家职业技能鉴定站（黔东南州森工技校）、贵州省第七十七国家职业技能鉴定站（原黔东南州卫生学校）合并组建成立贵州省第六十二国家职业技能鉴定所。

2004年至2007年，职业技能鉴定所归教务处分管，职业技能鉴定工作先后由王远湘、邹波负责。2008年，职业技能鉴定工作职能从教务处分离出来，成为独立的教辅机构，并明确李志强为鉴定机构负责人，主持鉴定所工作。同年10月，吴正凯任鉴定所副所长，协助所长李志强工作。2011年8月，通过干

部竞聘，莫丽任鉴定所副所长，是年，吴正凯任鉴定所所长。2014年，学院通过面向社会遴选，张新燕分配到鉴定所工作。至2015年，职业技能鉴定所有工作人员4名，其中所长、副所长各1人，工作人员2人。

考评员队伍 鉴定所成立之初，有考评员76人，其中高级考评员29人。2011年6月，贵州省职业技能鉴定指导中心在学院举办一期考评员资格认证培训班，学院选派教师102人参加培训，经考核有30人获高级考评员证书，72人获职业技能鉴定考评员资格。

2014年6月，贵州省职业技能鉴定指导中心第二次在学院举办考评员资格认证培训班，培训班学员229人，学院选派教师83人参加培训，经考核有24人获高级考评员资格，59人获考评员资格。

2015年11月开始，选派教师参加贵州省职业技能鉴定指导中心在贵州交通职业技术学院举办的考评员资格认证培训班，培训结束经考核获得考评员资格证。

鉴定工种 贵州省第六十二国家职业技能鉴定所成立时，获批准开展鉴定的工种有美容师、美发师、保健按摩师、计算机操作员、营林工、森林调查员、园林工、园艺工、采运工、木材检验工10个工种初、中级鉴定。随着学院办学规模的不断扩大，为满足学生及社会从业人员对职业资格认证需求，职业技能鉴定所向贵州省职业技能鉴定指导中心申请新增鉴定工种。

2006年6月，新增蔬菜园艺工、果树工、花卉工、草坪建植工、绿化工、景观工、假山工、汽车维修工8个职业工种初、中、高级鉴定。

2007年5月，新增养老护理员、餐厅服务员、客房服务员、前厅服务员、药物分析工、机修钳工6个职业工种初、中级鉴定。

2008年9月，新增医药商品购销员、药物制剂工、药物检验工、牙齿模具工、卫生防疫/妇幼保健员、动物疫病防治员、电工、前台服务员8个工种初、中、高级工鉴定；新增计算机维修工、家政服务员2个工种初、中级鉴定；提升保健按摩师、美容师、美发师、养老护理员、机修钳工、餐厅服务员、客房服务员等8个职业工种高级工鉴定。

2011年6月，新增汽车驾驶员、汽车维修电工、汽车维修钣金工、汽车维修漆工4个职业工种初、中、高级鉴定。

2013年5月，新增保健刮痧师、口腔修复工、眼镜验光员、育婴师、保育员、工程测量工、地籍测绘工、砌筑工、混凝土工、钢筋工、架子工、防水工、摩托车维修工、维修电工、车工、电子设备装接工、电子器件检验工、焊工、磨工、铣工、装配钳工、动物检疫检验员、家畜饲养工、家禽饲养工、家畜繁殖工、家禽繁殖工、兽医化验员、民族乐器演奏员、农艺工、农作物植保工、茶叶加工工、收银员、中药材种植员33个工种初、中、高级鉴定；宠物医师、数控机床装调维修工、数控铣工、数控车工5个工种的中、高级鉴定。

2014年6月，新增卫生检验员、临床检验技师、民间工艺品制作工、其他抽纱刺绣工艺品制作人员、其他金属工艺品制作人员、手绣制作工、工艺蜡染工7个工种初、中、高级鉴定。

2015年11月，新增土木建筑工程技术人员，其他建筑工程技术人员，水利水电建筑工程技术人员，木、竹材加工工程技术人员，其他水利工程技术人员，安全工程技术人员，标准化工程技术人员，计量工程技术人员，质量工程技术人员，房产测量员，起重机驾驶员，挖掘机驾驶员，塔式起重机驾驶员，推土机驾驶员，手工木工，精细木工，抹灰工，油漆工，模板工，坝工混凝土工，坝工模板工，坝工钢筋工，钻孔机操作工，机械木工，土石方机械操作工，铲运机操作工，水泥混凝土搅拌设备操作工，钻孔机操作工，桩工，中小型建筑机械操作工，工程机械修理工，工程安装钳工，电气设备安装工，平地机操作工，卷扬机操作工，GPS测量工，制图员（工种），古建木工，古建瓦工，古建石工，古建筑装饰工，古建油漆工，古建彩画工43个工种初、中、高级鉴定。

鉴定成果 贵州省第六十二国家职业技能鉴定所自成立后，累计完成职业技能鉴定4.77万余人次。

职业技能鉴定所鉴定工种及人数统计表

表中3-3-2　　　　　　　　　　　　　　　　　　　　　　　　单位：人

年份	开展鉴定工种	鉴定人数
2004	美容师、美发师、按摩师	191
2005	美容师、美发师、按摩师、办公软件应用	405
2006	美容师、美发师、按摩师、办公软件应用、园林技术、林业技术管理、园艺技术、动物疾病预防、计算机文字录入、汽车维修工	1071
2007	护理员、机修钳工、计算机操作员、客房服务员、餐厅服务员、药物分析工、按摩师、美发师、美发师	1411
2008	计算机操作员、护理员、按摩师、美容师、客房服务员、餐厅服务员、机修钳工	1384
2009	美容师、计算机操作员、养老护理员、按摩师、美容师、客房服务员、餐厅服务员、牙齿模具工、医药商品购销员、汽车修理工、园林工、动物疫病防治员、电工	2898
2010	餐厅服务员、前厅服务员、汽车维修、电工、风景园林工程技术人员、药物检验工、医药商品购销员、牙齿模具工、美容师、保健按摩师、前厅服务员、养老护理员	3636
2011	餐厅服务员、前厅服务员、汽车维修、电工、风景园林工程技术人员、药物检验工、医药商品购销员、牙齿模具工、美容师、保健按摩师、餐厅服务员	5219
2012	汽车维修、电工、机修钳工、风景园林工程技术人员、绿化工、药物检验工、医药商品购销员、牙齿模具工、美容师、保健按摩师、餐厅服务员、客房服务员、前厅服务员、养老护理员、美容师、妇幼保健员、计算机维修工、计算机系统操作工、保育员、动物疫病防治员、畜禽养殖管理员、蔬菜园艺师、农作物质保工、菌类栽培员、家政服务员	4950
2013	计算机文字信息录入员、维修电工、汽车维修工、电工、机修钳工、模具钳工、加工中心操作工、数控车工、风景园林工程技术人员、绿化工、花卉园艺师、假山工、草坪工、景观工、药物检验工、医药商品购销员、牙齿模具工、口腔修复工、美容师、保健按摩师、餐厅服务员、客房服务员、前厅服务员、养老护理员、美容师、妇幼保健员、计算机维修工、计算机系统操作工、保育员、动物疫病防治员、菌类栽培员、家政服务员、汽车驾驶员33个工种	5564
2014	收银员、临床检验技师、育婴师、保健刮痧师、民族乐器演奏员、民间工艺品制作、手绣制作工、测量工、钢筋工、家畜饲养与管理、营林试验工、维修电工、汽车维修工、电工、风景园林工程技术人员、绿化工、花卉园艺师、药物检验工、医药商品购销员、牙齿模具工、口腔修复工、美容师、保健按摩师、餐厅服务员、客房服务员、前厅服务员、养老护理员、妇幼保健员、计算机维修工、计算机系统操作工、保育员、动物疫病防治员、菌类栽培员、家政服务员等35个工种	7296
2015	收银员、临床检验技师、育婴师、保健刮痧师、民族乐器演奏员、民间工艺品制作、手绣制作工、测量工、钢筋工、架子工、防水工、混凝土工、砌筑工、手工木工、茶叶加工工、营林试验工、电工、维修电工、汽车维修工、汽车驾驶员、焊工、果树工、风景园林工程技术人员、花卉园艺师、药物检验工、医药商品购销员、牙齿模具工、美容师、保健按摩师、餐厅服务员、客房服务员、前厅服务员、养老护理员、妇幼保健员、计算机维修工、计算机系统操作工、保育员、动物疫病防治员38个工种	7101
合　计		41126

第四章　教　师

第一节　教职工构成

学院自成立后，教职工队伍快速发展壮大，在职职工由2001年合并组建学院初期的498人增加到2015年的636人。教学和管理队伍不断增强，结构不断优化，越来越适应于职业教育发展的需要。15年来，各年度教职工性别和年龄结构、民族结构、专业结构、职称结构、学历结构如表中4-1-1、表中4-1-2、表中4-1-3、表中4-1-4、表中4-1-5所示。

2001年至2015年学院教职工性别和年龄结构

表中4-1-1　　单位：人

年份	总人数	性别结构			年龄结构							
		男	女		30岁以下		31～40岁		41～50岁		50岁以上	
		人数	人数	占比%	人数	占比%	人数	占比%	人数	占比%	人数	占比%
2001	498	254	244	49	25	5	221	44	184	37	68	14
2002	489	248	241	49	25	5	219	45	184	38	61	12
2003	483	246	237	49	23	5	219	45	184	38	57	12
2004	473	236	237	50	22	5	202	43	183	39	66	13
2005	472	235	237	50	19	4	196	42	196	42	61	12
2006	458	230	228	50	17	4	170	37	205	45	66	14
2007	444	227	217	49	8	2	153	34	210	47	73	17
2008	455	231	224	49	26	6	131	29	207	45	91	20
2009	456	228	228	50	37	8	121	27	216	47	82	18
2010	461	228	233	51	49	11	105	23	224	49	83	17
2011	496	242	254	51	89	18	95	19	229	46	83	17
2012	542	278	264	49	126	23	107	20	232	43	77	14
2013	606	298	308	51	207	34	109	18	226	37	64	11
2014	635	313	322	51	196	31	125	20	203	32	111	17
2015	636	309	327	51	179	28	145	23	193	30	119	19

2001年至2015年学院教职工民族结构

表中4-1-2 单位：人

年份	总人数	少数民族					汉族	
		人数	苗族	侗族	其他	占比%	人数	占比%
2001	498	290	101	158	31	58	208	42
2002	489	285	98	156	31	58	204	42
2003	483	282	95	156	31	58	201	42
2004	473	283	125	123	35	60	190	40
2005	472	283	124	124	35	60	189	40
2006	458	276	123	119	34	60	182	40
2007	444	267	115	118	34	60	177	40
2008	455	281	123	120	38	62	174	38
2009	456	285	121	122	42	62	171	38
2010	461	298	130	128	40	65	163	35
2011	496	336	147	147	42	68	160	32
2012	542	370	159	162	49	68	172	30
2013	606	424	176	193	55	70	182	30
2014	635	442	183	197	62	70	193	30
2015	636	445	184	197	64	70	191	30

2001年至2015年学院教职工专业结构

表中4-1-3 单位：人

年份	总人数	农学		医学		财经		工学		管理		其他	
		人数	占比%	人数	占比%	人数	占比%	人数	占比%	人数	占比%	人数	占比%
2001	498	75	15	101	20	39	8	13	33	28	6	242	48
2002	489	74	15	99	20	38	8	13	3	28	6	237	48
2003	483	74	15	96	20	38	8	13	3	28	6	234	48
2004	473	92	19	110	23	42	9	15	3	30	6	184	40
2005	472	91	19	110	23	42	9	15	3	31	7	183	39
2006	458	89	19	107	23	42	9	15	3	31	7	174	39
2007	444	87	20	101	23	40	9	16	4	32	7	168	37
2008	455	87	19	104	23	40	9	18	4	33	7	173	38
2009	456	90	20	105	23	40	9	18	4	34	7	169	37
2010	461	81	18	115	25	40	9	27	6	38	8	160	34
2011	496	83	17	131	26	45	9	36	7	45	9	156	32
2012	542	79	15	155	29	47	9	46	8	46	8	169	31
2013	606	80	13	189	31	48	8	63	10	55	9	171	29
2014	635	79	12	191	30	51	8	71	11	58	9	185	30
2015	636	73	11	189	30	52	8	78	12	62	10	182	29

2001年至2015年学院教职工职称结构

表中4-1-4　　单位：人

年份	总人数	正高		副高		中级		其他	
		人数	占比%	人数	占比%	人数	占比%	人数	占比%
2001	498	—	—	52	10	164	33	282	57
2002	489	—	—	51	10	164	34	274	56
2003	483	—	—	48	10	163	34	272	56
2004	473	—	—	47	10	195	41	231	49
2005	472	1	—	77	16	197	42	197	42
2006	458	1	—	76	17	197	43	184	40
2007	444	1	—	71	16	155	35	217	49
2008	455	4	1	79	17	185	41	187	41
2009	456	11	2	78	17	194	43	173	38
2010	461	11	2	89	19	171	37	190	42
2011	496	12	2	93	19	175	35	216	44
2012	542	17	3	108	20	154	28	263	49
2013	606	16	3	100	17	136	22	354	58
2014	635	19	3	139	22	159	25	318	50
2015	636	20	3	153	24	159	25	304	48

2001年至2015年学院教职工学历结构

表中4-1-5　　单位：人

年份	总人数	博士		硕士		本科		其他	
		人数	占比%	人数	占比%	人数	占比%	人数	占比%
2001	498	—	—	4	1	274	55	220	44
2002	489	—	—	4	1	270	55	215	44
2003	483	1	0.2	3	1	267	55	212	44
2004	473	1	0.2	3	1	241	51	228	48
2005	472	1	0.2	3	1	238	50	230	49
2006	458	1	0.2	3	1	226	49	228	50
2007	444	1	0.2	3	1	237	53	203	46
2008	455	—	—	5	1	251	55	199	44
2009	456	—	—	17	4	267	59	172	37
2010	461	1	0.2	21	5	275	60	164	35
2011	496	1	0.2	27	5	334	67	134	28
2012	542	2	0.4	38	7	363	67	139	26
2013	606	1	0.2	42	7	435	72	128	21
2014	635	1	0.2	78	12	461	73	95	15
2015	636	2	0.3	80	13	467	73	87	14

第二节　师资培训

进修培养　继续教育

2003年，学院制定《黔东南民族职业技术学院领导干部教育培训制度》，其主要措施是中层领导干部教育培训，其包含每年组织一次中层干部机制培训、一次专题研讨班、每学期组织新知识讲座（形势政策报告会）2次以上、每年安排10名以上中层干部到发达地区高职院校挂职学习实践、抽排中层干部参加各种干部轮训和个人自学6个方面；院级领导干部教育培训，其包含上级安排的院校级领导干部轮训、国外高等教育管理培训、上级党委和学院党委安排的其他教育培训、校外考察、学习、访问和个人自学5个方面。明确提出实行干部培训述学评学制度和干部教育培训登记制度。

2007年，在全省高职院校中率先开展新教师岗前培训活动并制定《新教师岗前培训暂行规定》，从院情、院史、人事规章制度、岗位工作纪律、教育教学与科研工作要求、教育教学方法、课堂教学观摩、实践和听课等方面对新教师进行系统性的入职培训。自2007年后，举办9期新教师培训，累计培训300余人次。

2012年3月，学院制定《黔东南民族职业技术学院青年教师导师制实施方案（试行）》，其主要内容为在学院从事教师工作未满3年的专任教师（含内聘）、课堂教学质量评估不达标或不能独立开展教学、科研工作的教师或其他经系（部、中心）、教务处共同认定需要接受指导的教师，学院在其进校一年内指派一名老教师作为青年教师的指导教师，通过导师的指导和示范，帮助青年教师树立良好的师德师风、教学思想和教学理念，不断提升教育教学能力。7月，学院制定《教师到企业实践的实施方案（试行）》，其主要内容为鼓励教师到企业行业实践学习，通过采取顶岗作业、工作实践、调查研究（专业、学科、人才需求等）、合作研发等多种形式，及时掌握本专业、学科发展的前沿动态及实际应用情况。加快双师素质教师队伍建设，优化师资队伍结构。

学历提升

2005年7月，学院制定《在职攻读研究生暂行管理规定》，鼓励45岁以下教师参加在职攻读研究生学位，并对申请人基本条件、申请程序、学习费用等进行规范管理。

2007年7月，学院制定《关于聘任专业技术职务最低学历要求的暂行规定》，对聘任专业技术职务最低学历作明确规定：初聘中、高级专业技术职务最低学历为国民教育本科；初聘中、高级专业技术职务的过渡时间学历条件要求及续聘中、高级专业技术职务的学历条件，凡达不到国民教育本科以上学历，学院不聘任其晋升的专业技术职务。

第三节　教师职责

岗位职责

科（教）学研究。参与一个学术团队，在学术带头人的指导下，参加学术团队或科研组的科（教）学研究工作，立足长远确定研究方向，在所属学科省级及以上级别刊物上发表学术论文。

教育教学。承担本科生核心或基础课程的授课任务，承担课程辅导、实验、批改作业等工作，协助指导课堂讨论、实习、毕业论文和毕业设计；担任学生辅导员，参与实验室建设等其他工作。

社会工作。完成学历学位进修或各种岗位培训、素质技能培训和外语培训的任务，并取得相关合格证书；了解学院的办学理念和宗旨，关心和促进学院的改革和发展，参与社会服务工作。

2007年5月，学院制定《专业技术职务推荐暂行办法》，明确职称推荐管理机构、可推荐评审的职称系列、推荐评审条件、工作程序及工作纪律。

工作量化及岗位考核

2009年12月，学院制定《黔东南民族职业技术学院教师工作量化考核方案（试行）》，明确考核内容包括思想政治与师德师风、基本工作量、兼职工作量、课程建设、教学团队建设及名师评选、交流服务、学术交流、社会实践活动、出勤及其他项目。制定有《教师工作量化考核指标细则》，并把测评分作为教师学年度工作考核评优、表彰、晋级和职称晋升的主要依据。

第四节　教职工管理

权利义务

教职工享有进行教育教学活动，开展教育教学改革和实验；从事科学研究、学术交流，参加专业的学术团体，在学术活动中充分发表意见；指导学生的学习和发展，评定学生的品行和学业成绩；按时获取工资报酬，享受国家规定的福利待遇以及寒暑假期的带薪休假；对学院教育教学、管理工作和教育行政部门的工作提出意见和建议，通过教职工代表大会或者其他形式，参与学院的民主管理；参加进修或者其他方式的培训。履行学院的教学计划，履行教师聘约，完成教育教学工作任务；对学生进行宪法所确定的基本原则的教育和爱国主义、民族团结的教育，法制教育以及思想品德、文化、科学技术教育，组织、带领学生开展有益的社会活动；关心、爱护全体学生，尊重学生人格，促进学生在品德、智力、体质等方面全面发展；制止有害于学生的行为或者其他侵犯学生合法权益的行为，批评和抵制有害于学生健康成长的现象；不断提高思想政治觉悟和教育教学业务水平。

资格和任用

学院教师资格和任用，实行国家教师资格任用制度。

凡遵守宪法和法律的中国公民，热爱教育事业，具有良好的思想品德，具备有关法律规定的学历或者经国家教师资格考试合格，有教育教学能力，经认定合格的，可以取得教师资格。

教师的聘任应当遵循双方地位平等的原则，由学院和教师签订聘任合同，明确规定双方的权利、义务和责任。

队伍培养

助教培养　通过岗前培训，学习高等教育学的基本理论和有关教育教学的法律法规，了解教师职业特点和要求；在导师指导下熟悉和掌握所从事教学工作的辅导、答疑、习题课、实验课、指导学生实习等环节；在导师指导下写出教案，进行试讲或代讲少数章节；本科毕业生的教师，主要通过助教进修班、研究生班、委托培养研究生、在职申请硕士学位和自学参加学位课程考试等形式，达到或接近硕士研究生水平；对毕业参加工作的青年教师，均安排到扶贫支教点进行一年的扶贫支教实践。

讲师培养　通过教学实践，熟练掌握一门课程的全部内容、重点和难点并独立完成一门课程全部章节的讲授；参加单科进修、骨干教师进修、短期研讨班、讲习班；部分工作实践突出者，可参加内访问学者、高级研讨班和选送出国进修、鼓励参加在职申请硕士学位和博士学位的学习；参加科研课题工作。担任讲师5年以上、从未参加任何脱产进修的教师，必须安排1学期至2学期的脱产进修培训。

副教授培养　主要是提高其教学水平和科研水平，熟悉和掌握本学科发展前沿信息，成为本学科的学术骨干，一部分人成为学科带头人。结合所承担的科研课题以及将开展的研究课题，有针对性地参加国内访问学者进修，参加国内外有关学术会议、校际的学术交流、短期研讨班、讲习班和高级研讨班、选派出国进修等。对连续担任副教授工作5年的教师，必须安排至少半年的脱产进修或学术休假。

教授培养　通过开展本学科前沿以及重大科研课题的研究，成为本学科领域的学术带头人。参加国内外学术交流以及有关培训教师的讲学、授课等活动。连续担任教授工作5年的教师，必须给予至少半年的学术休假，并提供必要的保证条件。

待遇奖励

教师的平均工资水平应当不低于或者高于国家公务员的平均工资水平，并逐步提高。建立正常晋级增薪制度，具体办法按国务院规定。

职业学院教师享受教龄津贴和其他津贴，具体办法由国务院教育行政部门会同有关部门制定。

教师的医疗同当地国家公务员享受同等的待遇；定期对教师进行身体健康检查，并因地制宜安排教师进行休养。医疗机构应当对当地教师的医疗提供方便。

教师退休或者退职后，享受国家规定的退休或者退职待遇。

教师在教育教学、培养人才、科学研究、教学改革、学院建设、社会服务、勤工俭学等方面成绩优异的，由所在学院予以表彰、奖励。国务院和地方各级人民政府及其有关部门对有突出贡献的教师，应当予以表彰、奖励。对有重大贡献的教师，依照国家有关规定授予荣誉称号。

国家支持和鼓励社会组织或者个人向依法成立的奖励教师的基金组织捐助资金，对教师进行奖励。

考核评价

学院对教师进行客观、公正、准确的考核，充分听取教师本人、其他教师以及学生的意见，对教师的政治思想、业务水平、工作态度和工作成绩进行考核。教育行政部门对教师的考核工作进行指导、监督。

教师考核结果是受聘任教、晋升工资、实施奖惩的依据。

第五节　离退休管理

离　休

2015年，学院有离休干部8人，其中男7人，女1人；中共党员7人，享受副厅级待遇的有2人，享受正县级待遇的有1人，享受副县级待遇的有5人；平均年龄86岁。8名离休干部是徐蕴、孙有才、王其佑、孙继武、严锦山、何平（女），郭守江、邓功秋。

退　休

2015年，学院有退休教职工287名，其中（男127名，女160名），退休教职工党员103名，新中国成立初期退休干部有1人，副厅级退休干部1人，正县级退休干部5人，副县级退休干部13人，正高级职称4人，副高级职称49人。学院设有离退休干部党总支机构1个，总支下设4个党支部。

管　理

在离退休干部科成立之前，离退休教职工管理工作，由学院工会代行开展各种慰问、趣味健身活动。2008年10月，学院离退休干部科成立（下设在组织人事处），设科长1名，工作人员1名。在4个老校区成立4个老年工作组和物管小组，工作组成员由各党支部委员担任，实行一个机构、三块牌子，并在4个老校区配有老年活动室。

学院历来对离退休教职工高度重视，贯彻落实好老教职工的政治和生活两项待遇，在全校营造尊老、敬老、爱老、助老、护老的良好氛围。让离退休教职工在安享晚年时真正老有所学、老有所为，老有所依、老有所乐。

老有所学 组织离退休教职工政治理论、时事政治学习，按规定组织离退休教职工阅读文件、听报告，每年给离休干部订阅《晚晴》杂志一份，为4个校区的离退休老年活动室订阅《中国老年报》《黔东南日报》《文摘报》《晚晴》。

老有所为 参加学院的重大活动和重要会议，为学院跨越式的发展建言献策。另外，2010年至2015年，组织学院退休医学专家82人次到凯里旁海、万潮、凯棠、下司、丹寨县南皋、三穗县、锦屏县下乡开展送医送药义诊活动，累计免费为患病群众就诊872人次，免费发放各种常用药品价值4300余元，发放健康与卫生防疫保健资料500余份。退休教师赵家文有45年的养蜂经验，州残联聘请他到黔东南州16个县市残联免费指导养蜂，帮助当地的残疾人精准脱贫；职工黄润军退休艰苦创业致富后，热心捐资助学，为灾区献爱心，据不完全统计，他已捐资（包括物资折算）超过28万元，2012年12月获凯里市“助人为乐道德模范”称号；2014年12月，庆祝新中国成立65周年贵州魅力老人评选活动中，获贵州省“美丽贵州魅力老人”称号。2013年，学院倡议离退休教职工发扬一方有难，八方支援的光荣传统，为“四川·雅安”地震灾区捐款8700余元。

老有所依 建立“五必慰问制度”制度，即重大节日（春节、党的生日、教师节、老年节）慰问；生病住院慰问；80岁、90岁生日慰问；特殊困难慰问；离退休教职工去世、职工父母、职工岳父岳母去世慰问。2009年至2015年，各种慰问累计达到1415人次；组织离退休教职工每2年到州人民医院进行一次体检；为离退休教职工报销医药费183人次。

老有所乐 开展丰富多彩的文体活动，每年在“三八”国际妇女节、老年节开展各项活动。从2010年后，坚持在每年的5月开展离退休教职工文体竞赛活动，到2015年已经举办六届。老年节期间开展丰富多彩的趣味健身活动，如歌咏比赛，趣味保龄球赛、趣味套圈、掷飞镖、象棋赛、气排球赛、跳棋赛、广场舞、扑克、夹珠子、运水接力赛等；2014年10月组织退休教职工参加黔东南州老年人气排球比赛获得优秀奖；2015年10月，组织退休教职工参加黔东南州老年人气排球比赛获得优胜奖。多次组织离退休教职工先后参观考察北京、井冈山、延安、湖南韶山、黄河壶口、雷公山自然保护区、下司古镇、庐碧工业园区、黄平机场等。

第五章　学　生

第一节　生源构成

学生来源

学院自2001年8月成立后，2002年正式招生。生源由最初的贵州省逐步发展到2015年的面向贵州、四川、云南、广东、海南、湖南、湖北、福建、安徽、河北、河南、山东、山西、江西、重庆、广西16个省（市、区）招生。贵州省除普通高考招生外，还招部分中职升高职学生，其他省、市、区均为普通高考招生。其各年招生情况如下：

2002年，贵州招生272人。

2003年，贵州招生1700人，其中普通高考216人，中职升高职1484人。

2004年，贵州招生1066人，其中普通高考50人，中职升高职1016人；四川招生12人，湖南14人，重庆14人，广西26人，合计1132人。

2005年，贵州招生1154人，其中普通高考212人，中职升高职942人；四川招生23人，湖南4人，湖北3人，江西4人，重庆17人，广西13人，合计1218人。

2006年，贵州招生1483人，其中普通高考875人，中职升高职608人；四川招生16人，湖南5人，湖北4人，江西4人，重庆22人，广西22人，合计1553人。

2007年，贵州招生1605人，其中普通高考1079人，中职升高职526人；四川招生22人，重庆16人，广西23人，合计1666人。

2008年，贵州招生2184人，其中普通高考1476人，中职升高职708人；四川招生22人，湖南20人，重庆17人，广西26人，合计2269人

2009年，贵州招生2187人，其中普通高考1562人，中职升高职625人；四川招生31人，湖南45人，云南15人，重庆25人，广西48人，合计2351人。

2010年，贵州招生2143人，其中普通高考1546人，中职升高职597人；四川招生46人，湖南22人，云南44人，重庆45人，广西47人，海南12人，甘肃10人，山西2人，合计2371人。

2011年，贵州招生2245人，其中普通高考1720人，中职升高职525人；四川招生46人，湖南8人，云南46人，重庆35人，广西44人，海南15人，甘肃13人，广东16人，合计2468人。

2012年，贵州招生3603人，其中普通高考3006人，中职升高职597人；四川招生48人，湖南6人，云南46人，重庆49人，广西26人，海南10人，福建7人，河南2人，湖北1人，广东34人，合计3832人。

2013年，贵州招生3081人，其中普通高考2256人，中职升高职825人；四川招生66人，湖南4人，云南62人，重庆65人，广西16人，海南11人，福建4人，河南2人，广东38人，安徽2人，湖北3人，江西4人，山西3人，山东9人，合计3370人。

2014年，贵州招生3893人，其中普通高考3022人，中职升高职871人；四川招生92人，湖南9人，云南42人，重庆77人，广西37人，海南18人，福建4人，河南6人，广东26人，安徽3人，湖北4人，河北2人，江西6人，山西7人，山东7人，合计4233人。

2015年，贵州招生3692人，其中普通高考2874人，中职升高职818人；四川招生106人，湖南17

人，云南49人，重庆73人，广西44人，海南19人，福建5人，河南7人，广东45人，安徽10人，湖北1人，江西9人，山西15人，山东8人，合计4100人。

2002年至2015年学院生源分布情况表

表中5-1-1　　单位：人

年份	省内	比例	州内	比例	州外	比例	省外	比例	总计
2002	272	100.0%	224	82.4%	48	17.6%	0	0	272
2003	1700	100.0%	1365	80.3%	335	19.7%	0	0	1700
2004	1066	94.2%	846	74.7%	220	19.4%	66	5.8%	1132
2005	1154	94.7%	947	77.8%	207	17.0%	64	5.3%	1218
2006	1483	95.5%	920	59.2%	563	36.3%	70	4.5%	1553
2007	1605	96.3%	1024	61.5%	581	34.9%	61	3.7%	1666
2008	2184	96.3%	1358	59.9%	826	36.4%	85	3.7%	2269
2009	2187	93.0%	1184	50.4%	1003	42.7%	164	7.0%	2351
2010	2143	90.4%	1133	47.8%	1010	42.6%	228	9.6%	2371
2011	2245	91.0%	1133	45.9%	1112	45.1%	223	9.0%	2468
2012	3603	94.0%	1701	44.4%	1902	49.6%	229	6.0%	3832
2013	3081	91.4%	1585	47.0%	1496	44.4%	289	8.6%	3370
2014	3893	92.0%	1891	44.7%	2002	47.3%	340	8.0%	4233
2015	3692	90.0%	1574	38.4%	2118	51.7%	408	10.0%	4100
合计	30308	93.1%	16885	51.8%	13423	41.2%	2227	6.8%	32535

学生构成

性别结构　2002年至2015年，学院招生3.25万人，其中男生9440人，约占29%，女生2.31万人，约占70.9%。

2002年至2015年学院学生性别比例表

表中5-1-2　　单位：人

年份	男生	比例	女生	比例	总计
2002	93	34.2%	179	65.8%	272
2003	546	32.1%	1154	67.9%	1700
2004	347	30.7%	785	69.3%	1132
2005	422	34.6%	796	65.4%	1218
2006	557	35.9%	996	64.1%	1553
2007	557	33.4%	1109	66.6%	1666
2008	769	33.9%	1500	66.1%	2269
2009	612	26.0%	1739	74.0%	2351
2010	585	24.7%	1786	75.3%	2371

续表中5-1-2

年份	男生	比例	女生	比例	总计
2011	589	23.9%	1879	76.1%	2468
2012	989	25.8%	2843	74.2%	3832
2013	930	27.6%	2440	72.4%	3370
2014	1265	29.9%	2968	70.1%	4233
2015	1179	28.8%	2921	71.2%	4100
合计	9440	29.0%	23095	70.9%	32535

年龄结构 2002年至2015年，学院招收学生3.25万人，其中18岁以下5308人占16.3%，19岁至20岁1.73万人占53.21%，21岁至22岁6315人占19.4%，23岁至24岁1508人占4.6%，25岁以上2089人占6.4%。

2002年至2015年学院学生年龄结构表

表中5-1-3 单位：人

年份	18岁及以下	比例%	19至20岁	比例%	21至22岁	比例%	23至24岁	比例%	25岁以上	比例%	总计
2002	17	6.3	42	15.4	106	39.0	76	27.9	31	11.4	272
2003	121	7.1	437	25.7	269	15.8	108	6.4	765	45.0	1700
2004	189	16.7	348	30.7	157	13.9	104	9.2	334	29.5	1132
2005	208	17.1	389	31.9	171	14.0	118	9.7	332	27.3	1218
2006	192	12.4	877	56.5	371	23.9	67	4.3	46	3.0	1553
2007	201	12.1	937	56.2	431	25.9	76	4.6	21	1.3	1666
2008	270	11.9	1185	52.2	513	22.6	112	4.9	189	8.3	2269
2009	289	12.3	1300	55.3	596	25.4	132	5.6	34	1.4	2351
2010	351	14.8	1276	53.8	606	25.6	107	4.5	31	1.3	2371
2011	377	15.3	1396	56.6	551	22.3	119	4.8	25	1.0	2468
2012	641	16.7	2253	58.8	742	19.4	141	3.7	55	1.4	3832
2013	691	20.5	1966	58.3	540	16.0	113	3.4	60	1.8	3370
2014	903	21.3	2446	57.8	633	15.0	132	3.1	119	2.8	4233
2015	858	20.9	2463	60.1	629	15.3	103	2.5	47	1.1	4100
合计	5308	16.3	17315	53.2	6315	19.4	1508	4.6	2089	6.4	32535

民族结构 2002年至2015年，学院招收学生3.25万人。其中汉族1.46万人、占45%；少数民族1.79万人，占55%。

2002年至2015年学院学生民族结构表

表中5-1-4　　单位：人

年份	少数民族	比例%	汉族	比例%	总计
2002	219	80.5	53	19.5	272
2003	1413	83.1	287	16.9	1700
2004	671	59.3	461	40.7	1132
2005	739	60.7	479	39.3	1218
2006	772	49.7	781	50.3	1553
2007	791	47.5	875	52.5	1666
2008	1175	51.8	1094	48.2	2269
2009	1210	51.5	1141	48.5	2351
2010	1247	52.6	1124	47.4	2371
2011	1292	52.4	1176	47.6	2468
2012	2064	53.9	1768	46.1	3832
2013	1817	53.9	1553	46.1	3370
2014	2327	55.0	1906	45.0	4233
2015	2161	52.7	1939	47.3	4100
合计	17898	55	14637	44.9	32535

第二节　经济待遇

学院资助管理中心成立于2007年9月，是学生处的内设机构。资助工作始终围绕“资助”与“育人”相结合搭建平台，促进学生的全面发展，构建以“奖、贷、助、勤、补”为主体的家庭经济困难学生资助体系，不断提高帮困育人工作的科学化水平，全方位地帮助家庭经济困难学生成才成长。

“不让一个学生因家庭经济困难而失学”是学校服务学生的宗旨。围绕这一宗旨，学校先后制定学院《国家奖学金实施管理办法》《国家励志奖学金实施管理办法》《国家助学金实施管理办法》《学生勤工助学管理规定》《关于特困生一次性生活困难补助的管理办法》等制度，形成以国家助学贷款和国家奖（助）学金为资助主体，以勤工助学为重要支撑，以学费减免、特殊困难补助、社会资助、医疗保险等资助为必要辅助的资助体系。

资助工作包括生源地助学贷款、国家助学金、国家励志奖学金、国家奖学金、学费减免、中职免学费、中职国家助学金、精准扶贫、困难补助、勤工助学、义务兵役学费补偿助学贷款代偿等。

助学贷款

2002年6月10日，学院国家助学贷款办事机构成立。同年10月18日，学院与黔东南州建设银行签订协议，并于10月25日出台《黔东南民族职业技术学院关于国家助学贷款的管理办法（试行）》，以规范的工作体系开展助学贷款工作。

2003年至2004年，学院学生在州建设银行获助学贷款34人，金额5.82万元。2004年，国家助学贷款由黔东南州建设银行向农业银行过渡，于2005年7月26日与中国农业银行凯里支行正式签署国家助学贷款银校合作协议。2005年至2006年，学院学生在市农行获助学贷款118人，金额52.43万元。

2007年7月，贵州省教育厅与国家开发银行贵州省分行印发《贵州省公办普通高校国家助学贷款业务合作协议》等文件通知，学生贷款由市农行转为国家开发银行贷款。2007年至2008年，学院学生在国家开发银行获贷547人，金额209.57万元。2009年，国家高校助学贷款转为生源地信用助学贷款。从是年起至2015年，学院学生助学贷款均在国家开发银行贵州省分行办理。2009年，贷款学生668人，金额200.34万元；2010年，贷款学生1265人，金额396.3万元；2011年，贷款学生1321人，金额415.75万元；2012年，贷款学生1866人，金额666.05万元；2013年，贷款学生2189人，金额785.44万元；2014年，贷款学生2521人，金额980.16万元；2015年，贷款学生3112人，金额1287.16万元。

助学金

2007年，开始施行国家助学金政策。助学金分为高校国家助学金和中职国家助学金。

高校国家助学金资助对象是具有学院高职正式学籍全日制在校生中家庭经济困难学生。五年制大专学生、高职3+2学生升入专科后可申请高校国家助学金。主要资助家庭经济困难学生的生活费用开支，平均资助标准为每生每年2000元，分为1档特困生2500元，2档困难学生2000元，3档一般困难学生1500元。比例约占高职在校人数的30%。

申请高校国家助学金的基本条件：热爱社会主义祖国，拥护中国共产党的领导；遵守宪法和法律，遵守学校规章制度，在校无纪律处分；诚实守信，道德品质优良，无考试舞弊等失信行为；勤奋学习，积极向上；家庭经济困难，生活俭朴；德育量化考评合格以上。认定工作每学年进行一次，由班级评定，系审核，院审批。

2007年至2015年学院获国家助学金学生人数统计表

表中5-2-1　　单位：人

年度	一档助学金	二档助学金	三档助学金	合计
2007—2008学年度	254	511	253	1018
2008—2009学年度	402	416	403	1221
2009—2010学年度	444	436	444	1324
2010—2011学年度	556	555	556	1667
2011—2012学年度	613	615	613	1841
2012—2013学年度	665	669	666	2000
2013—2014学年度	869	862	869	2600
2014—2015学年度	901	898	901	2700

中职国家助学金资助对象是具有中等职业学校全日制正式学籍的在校一、二年级所有农村户籍的学生和县镇非农户口的学生以及城市家庭经济困难学生。中等职业学校在校三年级学生通过工学结合、顶岗实习获得一定报酬，用于支付学习和生活费用。资助标准每生每年1500元，从2015年春季学期开始，资助标准提高至每生每年2000元。

申请中职国家助学金的基本条件：热爱社会主义祖国，拥护中国共产党的领导；自觉遵守宪法和法律，遵守学校规章制度，在校无纪律处分；诚实守信，道德品质优良，无旷课、考试舞弊等失信行为；勤奋学习，积极上进，补考科目不超过两门；德育量化考评合格以上。有下列情况之一的学生，可以优先给予资助：失去双亲或双亲有严重残疾的学生；父母离异或丧父、丧母等原因造成家庭经济困难的学生；革命烈士子女或社会优抚家庭学生；因家庭遭遇自然灾害或突发事件导致家庭经济困难的学生；残疾学生；少数民族学生。

中职国家助学金的具体评审程序为：新生和二年级学生在新学年开学一周内向就读所在系提出申请，并递交相关证明材料；各班班主任受理本班学生的申请材料并进行初审；各系将初审合格学生名单公示结束后，报院学生资助管理中心审核；学生资助管理中心将审核的学生名单报院学生资助工作领导小组审定，并报黔东南州教育局审批、备案。

2007学年度至2008学年度，全校学生受助4331人次；2008学年度至2009学年度，受助4730人次；2009学年度至2010学年度，受助4721人次；2010学年度至2011学年度，受助3479人次；2011学年度至2012学年度，受助2815人次；2012学年度至2013学年度，受助3362人次；2013学年度至2014学年度，受助6304人次；2014学年度至2015学年度，受助6503人次。

学院奖学金

奖学金在1986年以前被称为人民助学金。1986年7月8日，国务院批准将普通高等学校人民助学金制度改为奖学金制度和学生贷款制度。

政府、学校和社会资助机构为表彰和鼓励优秀学生而设立奖励资金，颁发对象包括学业成绩优异、操行良好、社会实践、创新能力、综合素质等方面特别突出，参加社会实践，劳动、卫生等课外各方面社会公益活动表现杰出的学生。以鼓励先进，鞭策后进，达到刺激需要、激发动机、诱导文明行为，使学生充分发挥内在潜力，推进学生素质的全面提高。

学院奖学金用于表彰德、智、体、美等全面发展，品学兼优的大、中专学生。评选标准为热爱社会主义祖国，拥护中国共产党的领导，道德品质优良，模范执行大、中专学生守则和学院有关规章制度，学年德育考核成绩90分以上并居本班德育考核排名前5名；热爱所学的专业，勤奋学习、学习成绩优秀，全学年各门考查科成绩在80分以上，各门考试科在85分以上或总评平均成绩排名位居同年级或同专业前5名；积极参加社会实践、体育锻炼、文体活动；评奖学年度未受纪律处分。

奖学金分为一等奖学金、二等奖学金、三等奖学金。一等奖学金按系学生总人数2%评定；二等奖学金按系学生总人数3%评定；三等奖学金按系学生总人数4%评定。如果专业内不能满足评定条件的，由各系自行调整，但不能超过各等级的相应比例。

奖学金评定按学年进行，由各系评定公示后，于9月10日前送学生处复审，再报学院批准执行。

2009年至2015年学院获奖学金学生人数统计表

表中5-2-2　　单位：人

年度	一等奖学金	二等奖学金	三等奖学金
2009—2010学年度	97	140	144
2010—2011学年度	119	116	218
2012—2011学年度	104	167	190
2012—2013学年度	125	186	214
2013—2014学年度	174	260	307
2014—2015学年度	159	221	235

国家奖学金

2002年，设立国家奖学金，并于9月进行首次评选。2007年，财政部、教育部印发《普通本科高校、高等职业学校国家奖学金管理暂行办法》，奖励标准由原来的每人每年5000元提高到8000元。

国家奖学金奖励对象是：具有学院高职正式学籍全日制在校二年级以上（含二年级）学生中特别优秀的学生。五年制大专学生、高职3+2学生，升入专科后的第二年可申请高职国家奖学金。申请高校国家奖学金的基本条件：热爱社会主义祖国，拥护中国共产党的领导；遵守宪法和法律，遵守学校规章制度；在校无纪律处分；诚实守信，道德品质优良，无旷课、考试舞弊等失信行为；在校期间学习成绩优异，上学年所学科目成绩平均分达85分以上（无补考科目）。社会实践、创新能力、综合素质等方面特别突出，参加社会实践、社会公益（劳动、卫生等）活动；关心集体，参加院、系、班组织的各项活动；无故意欠费行为。每年国家奖学金的评选由班级评定，系审核，院审批，报省教育厅备案。

2007年至2015年，学院学生获国家奖学金74人，其中2007年6人，2008年7人，2009年6人，2010年7人，2011年8人，2012年8人，2013年10人，2014年11人，2015年11人。

国家励志奖学金

2007年，由中央和地方政府共同出资设立国家励志奖学金，奖励资助品学兼优的家庭经济困难学生。奖励标准为每人每年5000元，资助覆盖面达到全国高校在校生的3%。同一学年内，申请国家励志奖学金的学生可以同时申请并获得国家助学金，但不能同时获得国家奖学金。

高校国家励志奖学金奖励对象是：具有学院高职正式学籍全日制在校二年级以上（含二年级）学生中品学兼优的家庭经济困难学生。五年制大专学生、高职3+2学生，升入专科后的第二年可申请高职国家励志奖学金。申请高校国家励志奖学金的基本条件：热爱社会主义祖国，拥护中国共产党的领导；遵守宪法和法律，遵守学校规章制度；在校无纪律处分；诚实守信，道德品质优良，无旷课、考试舞弊等失信行为；在校期间学习成绩优秀，无补考科目，学习成绩在本专业排名前20%；家庭经济困难，生活俭朴；德育量化考评合格以上；社会实践、创新能力、综合素质等方面特别突出，参加社会实践、社会公益（劳动、卫生等）活动；关心集体，参加院、系、班组织的各项活动；无故意欠费行为。

国家励志奖学金每年的评选由班级评定，系审核，院审批，报省教育厅备案。

2007年至2015年，学院学生获国家励志奖学金1780人，其中2007年109人，2008年143人，2009年143人，2010年168人，2011年190人，2012年200人，2013年240人，2014年280人，2015年307人。

精准扶贫

教育精准扶贫学生资助的对象是：在普通高中、中职学校、普通高校（不含研究生阶段）就读，具有全日制学历教育正式学籍和贵州省户籍的农村建档立卡贫困户子女；在普通高中、中职学校、普通高校（不含研究生阶段）就读，具有全日制学历教育正式学籍和贵州省户籍的因灾因病等特殊原因返贫的农村非在册贫困户子女，经扶贫部门按“两公示一公告”程序审核后，进入贫困人口建档立卡系统的可纳入资助范围。

申请教育精准扶贫学生资助的学生应具备以下基本条件：热爱祖国，拥护中国共产党的领导；遵守宪法和法律，遵守学校规章制度；诚实守信，生活俭朴。资助项目有中职学校“两助三免（补）”和普通高校“两助一免（补）”。2015年度，学院学生获精准扶贫资助2915人，其中中职349人，高职2566人。

其他资助

服义务兵役学费补偿助学贷款代偿 2009年10月28日，贵州省教育厅办公室转发教育部办公厅《关于进一步做好2009年征集高校毕业生入伍工作的通知》，高校可提前毕业和已完成除实习以外教学环节，翌年毕业有志于参军的高职毕业班学生可以报名应征；2013年7月13日，《高校录取新生保留入学资格及退役后入学办法（试行）的通知》，高校在校生也可应征入伍。

2010年至2015年，学院学生有135人应征入伍，获学费补偿88.44万元；贷款代偿24人，获贷款代偿金额22.26万元。

勤工俭学 2007年7月，教育部、财政部颁布的《高等学校学生勤工助学管理办法》规定：勤工助学活动必须坚持“立足校园、服务社会”的宗旨，由学校在不影响正常教学秩序和学生正常学习的前提下有组织地开展。2010年起，学院勤工助学活动协调学校的财务、人事、学工、教务、科研、后勤、团委等部门，配合学生资助管理机构开展相关工作。

2010年至2015年学院勤工俭学统计表

表中5-2-3

年份	人次	金额（万元）	岗位数（个）		资金来源
			固定	临时	
2010	620	31.04	90	534	高校从事业收入中提取资金支付
2011	825	12	106	719	高校从事业收入中提取资金支付
2013	851	25.5	110	664	高校从事业收入中提取资金支付
2014	1648	42.19	110	665	高校从事业收入中提取资金支付
2015	783	20.97	109	674	高校从事业收入中提取资金支付

国家学费减免 国家学费减免为中等职业技术学校。对象为：公办学校全日制学历教育正式学籍一、二、三年级和民办学校全日制学历教育正式学籍一、二年级在校生中所有农村（含县镇）学生、城市涉农专业学生和城市家庭经济困难学生（艺术类相关表演专业学生除外）；城市家庭经济困难学生按在校城市学生的15%确定；贵州省实行全免学费，扩大免学费范围的对象为国家免学费政策范围以外的贵州省户籍一至三年级全日制学历教育正式学籍在校学生，包括城市非涉农专业学生和非家庭经济困难学生、所学专业为艺术类相关表演专业的学生以及民办学校三年级的学生。

2009年至2015年，学院中职国家免学费受助学生31403人，其中，2009学年度至2010学年度2905人，2010学年度至2011学年度3274人，2011学年度至2012学年度2308人，2012学年度至2013学年度4269人，2013学年度至2014学年度8978人，2014学年度至2015学年度9669人。

学校学费减免 从2010年起，学院开始学费减免工作。2010年至2015年，学院减免学生8051人次，金额262.38万元，其中2010年235人次，25.87万元；2011年1200人次，24万元；2012年1462人次，49.68万元；2013年1267人次，28.36万元，2014年2220人次；92.71万元；2015年1667人次；41.76万元。

困难补助 学生特殊困难补助是学校利用自有资金对遭遇特殊困难的学生实施的一种辅助性资助。学院从2010年开展此项工作。至2015年，学院补助困难学生1.22万人次，金额26.3万元，其中2010年13人次，1.98万元；2011年4人次，5500元；2012年2213人次，9.49万元；2013年9883人次，10.28万元；2014年9人次，9000元；2015年30人次，3.1万元。

政策性临时补助 贵州省2008年普通高校学生临时性生活补贴2218人，每生补助80元，合计17.74

万元。贵州省高等学校2009年国家特殊困难补助261人，每生补助1000元，合计26.1万元。贵州省2011年普通高校学生临时补贴中央专项资金补助，每生每月60元，补助5个月，补助人数1841人，金额合计55.23万元。

2010年至2015年学院奖贷助补减资助情况统计表

表中5-2-4

项目	合计		2010年		2011年		2012年		2013年		2014年		2015年	
	人次	金额（万元）	人次	金额	人次	金额	人次	金额	人次	金额	人次	金额	人次	金额
国家奖学金	111	45.2	7	5.6	8	6.4	8	6.4	66	10	11	8	11	8.8
励志奖学金	2870	779	168	84	190	95	200	100	1725	240	280	120	307	140
国家助学金	39184	7183.4	1667	500.1	1841	552.3	2000	300	23280	4346	5021	690	5375	795
助学贷款	25763	5265.13	1318	396.3	1347	248.58	1903	665.65	15562	2189	2521	785.44	3112	980.16
绿色通道	16608	890	1318	—	1347	—	1903	—	9334	890	1233	—	1473	—
学费减免	37402	1487	235	25.87	1400	24	11655	49.63	20225	1267	2220	28.36	1667	92.14
中职生学费减免	44154	7478.83	2194	273.85	1741	202.94	2654	254.96	26529	5198	6060	626.18	4976	922.9
校内勤工助学金	10145	1778.9	620	31.04	825	12	851	25.5	6291	1648	775	42.19	783	20.17
校方责任险	351927	12028.68	3029	37.5	2963	36.04	4754	57.08	188178	11885	14242	5.94	138761	7.12
意外伤害险	44069	2925.28	3428	15.43	3040	14.25	4811	21.83	24673	2811	4146	25.3	3971	37.47
实习生保险	10709	369.86	1290	4.52	890	3.12	903	3.16	5792	355	824	1.24	1010	2.82
学院奖学金	6444	681.96	381	23.86	453	27.58	461	28.02	3793	525	741	32.22	615	45.28
特困生补助	14456	9906.2	13	1.98	4	0.55	2213	9.49	12187	9883	9	10.28	30	0.9
临时性生活补助	52564	9568.35	261	26.1	1841	55.23	0	0	31006	9448	9793	29.2	9663	9.82

第三节 组织与生活

学生组织

学生组织是在教学单位内，由学生组成的自我服务、自我提高、自我管理、辅助教学的组织。学院学生组织有学生会、社团联合会、学生社团和学生班级。

学生会 2006年9月，成立学院学生会，王小靖任主席。2008年6月至2009年5月，易宥见任主席。2010年6月至2011年3月，何亚峰任主席。学生代表大会自2011年起每年召开1次，至2015年已召开5次。学生会委员由民主选举产生，设主席1人，副主席若干人，下设秘书部、组织部、宣传部、学习部、治保部、生活部、劳动部、体育部、新闻部和文艺部、勤工助学部。辖系学生会9个，采取二级管理模式。

第一次学生代表大会于2011年4月10日召开。出席大会的代表178人。学院各职能部门及各系党政领导、团总支负责人，凯里学院和贵州电子信息职业技术学院学生会代表出席大会，院党委副书记潘盛荣、副院长杨政宇、团州委副书记罗祖新到会指导。何亚峰代表学院学生委员会作题为《锐意进取，开拓创新，团结凝聚在学院又好又快更好更快的伟大进程中谱写新篇章》的工作报告。会议通过《黔东南民族职业技术学院学生会章程》。选举产生郭登喜、唐磊、邓小军等31人为学生委员会委员，郭登喜当选第一届学生会主席。

第二次学生代表大会于2012年12月29日召开。出席大会的代表182名。大会审议通过《黔东南民族职业技术学院学生会章程（修订案）》。选举产生赖诗江、王勇、王明竹等31人为第二届学生会委员，赖诗江当选第二届学生会主席。

第三次学生代表大会于2013年11月16日召开。出席大会的代表182名。会议选举产生黄志津、肖华丽、陈攀等39人为第三届学生会委员，黄志津当选第三届学生会主席。

第四次学生代表大会于2014年6月2日召开。出席大会的代表182名。会议选举产生黄志津、肖华丽、陈土生等39人为第四届学生会委员，黄志津当选第四届学生会主席。

第五次学生代表大会于2015年6月6日召开。出席大会的代表182名。会议选举产生王宗智、刘斌、林鑫、吴将等42人为第五届学生会委员，王宗智当选第五届学生会主席。

社团联合会 学院社团联合会成立于2013年，是在校团委指导下的全校性学生组织。旨在服务和管理学校学生社团，加强社团间、社团与广大学生间的联系；促进社团良性发展，营造丰富的校园文化氛围；助力学生个人素质的全面提高，为学生的课余爱好搭建拓展平台。

学院社团联合会员代表大会每年召开一次，选举产生社团委员会成员。2013年至2015年，社联召开代表大会4次。社团联合会每届设主席1人，副主席2人，下设宣传部、策划部、文艺部、组织部、外联部、财务部和秘书部。

第一届主席杨永斌，副主席黎熙柏、秦松，宣传部长杨燕，策划部长邓黎平，文艺部长蒋琴，组织部长姚锋，外联部长李建，财务部长杨梦琳，秘书部长陈盼。

第二届主席金本伟，副主席袁锋、曹任凤，宣传部长李燕，策划部长姜华，文艺部长潘小敏，组织部长王建，外联部长方魁，财务部长王小胜，秘书部长刘佳。

第三届主席冉裕来，副主席郭娇、王源光，宣传部长劳小胜，策划部长徐琴，文艺部长陈建梅，组织部长张乙州，外联部长李菊，财务部长杨其其，秘书部长唐双双。

学生社团 学院学生社团是学生为增长知识，锻炼能力，培养综合素质，丰富和活跃课余文化生活，自愿组织起来的群众性团体。2005年至2015年，学院先后成立学生社团34个，分为实践公益类、学术公益类、文化艺术类、体育运动类。学生社团按各自社团宗旨开展各种活动，有志愿服务、文化体育、专业技能、专题讲座、实践等活动。

为有力地支持学生社团开展活动，学院将学生社团活动经费列入思政教育经费预算，每年拨付每个学生社团活动经费2000元，为学生社团安排办公地点，添置必要的设备设施，设置稳定的活动场所等。比较有代表性的社团活动有：以迎接新成员为主题的展示各社团风采的“社团联谊文艺晚会”、蓝天音乐协会三校专场音乐演出、街舞协会举办的凯里高校街舞展演活动；以“迎新杯”为载体组织的乒乓球、羽毛球、足球、篮球及棋牌、书画大赛；以提高专业技能为目的开展的解剖技能大赛、体格检查技能大赛、护理操作技能大赛、心肺复苏演练活动、新生记单词大赛及各种专业讲座；以弘扬中华传统文化为目的的古诗文创作大赛；以服务、引导学生为宗旨举办的废旧物品再利用工艺品制作大赛及以社会实践为平台组织的春晖协会开展的“我的大学公益创业实践活动”等。

学生班级 建校初期，校区分散，专业结构及布局不科学、专业学生数量不平衡，学生多的班级有百余人，少的只有十几人。2008年后，学校在校学生数量由扩张转入质量的提升，尤其是2013年以后，专业结构及布局得到明显优化，实现医学类学生与非医学类学生比例总体的相对平衡，班级学生数量在30～60人之间。班级有班委会和团支部。

班委会由全班学生民主选举产生，代表全班同学，向学校领导、辅导员和有关老师反映班级情况，提出班级学生的正当要求；组织参加学校规定的各项有益的班集体活动；代表班级对学校教学、管理提出改进的意见和建议；对全班的工作提出意见、建议或表扬批评；对评定先进集体或个人等提出意见建议。班委会一般由班长、副班长、学习委员、纪律委员、体育委员、生活委员、宣传委员、劳动委员、心理观察员、就业委员等组成。

学生生活

学习生活 学院为全日制普通高等专科学校，学制三年。学生前两年在校进行专业知识与专业技能的学习，第三年为对口顶岗实习，深入岗位进行专业技能的观摩及实操。学生学习的课程可分为专业核心课程、专业基础课程、公共必修课程、公共选修课程。专业核心课程与基础课程根据专业要求设定，因专业不同而不同。公共必修课程一般包括大学生心理健康、贵州省情、大学生职业发展与就业指导、思想道德修养与法律基础、形势与政策。公共选修课目仅仅是体育课的不同项目的选取。

技能实训课的学习，课程安排的实操比例一般占30%左右，由各系根据专业灵活安排。学院医学类专业较多，建有专门的实训中心供学生进行实操练习。旅游系除理论课穿插实操内容外，每学期都安排见习周，让学生到酒店等相关单位进行观摩与实操。

无论中职高职，两年的在校学习，10个月的顶岗实习。周一至周五，几乎满课安排，周末调剂实训课。由于校区临街，学生年龄偏小，缺乏自我管理意识和能力，学校采用严格的考勤管理办法，上课及晚自习必须出勤。学生会成员和值班教师每晚检查各项考勤，直至就寝熄灯。

文化生活 学生在校期间开展文化生活丰富。主要有：

升旗仪式。新校区启用前，4个校区周一分别举行升旗仪式；新校区启用后，周一各教学系轮流举行升旗仪式，并发表国旗下的讲话。

校园广播。播音室每天分时段播报，其中散文朗读、生日点歌等节目，成为学生最喜爱的文化生活之一。

科技文化艺术节暨“多彩校园·闪亮青春”大学生校园文化活动月。春季学期，学校配合全省高校“多彩校园·闪亮青春”大学生校园文化活动月活动，开展系列校园文化活动，如征文、演讲、知识竞赛、绘画、书法、篮球运动会等。

校园田径运动会。2004年至2015年秋季学期，学校已连续举办10届校园田径运动会。

校园户外素质拓展运动会。已开展5年，每年参与人数1200余人次。

走进学生系列讲座。2007年至2015年，举办走进学生系列讲座40期139场（次）。通过讲座，建立师生平等交流渠道，让教师直接走进学生的生活世界、知识世界、心灵世界，建立拓展学生知识视野、完善知识结构、丰富知识阅历、提升文化素质、促进健康成长的有效途径。

中华经典诵读。2009年，学校组织编辑《中华经典荟萃》，广泛开展中华经典诵读活动，让学生在吟咏诵读博大精深的中华文化时重新拾起儒雅文化记忆，弘扬传统文化，传承中华文明，提升人文素质。中华经典诵读活动已经举办8届。

“12·9”歌咏比赛。每年举行“12·9”歌唱比赛，各系派一支代表队参赛，参赛歌曲为红色经典歌曲。

“5·25”心理健康周活动。2013年开始，每年的5月25日为大学生心理健康周活动的开始，开展心理健康知识的宣传。

校园十佳歌手比赛。2013年开始，由团委牵头组织，音乐协会协助，已举办校园十佳歌手比赛4届。比赛分海选赛、晋级赛两种，最后选出十佳歌手。

道德讲堂。2015年，学校启动道德讲堂并组织实施，按“重温学校校训、我们的价值观”和“六个一”模式进行，每期有千余师生参加。

心理情景剧比赛及心理情景剧三校巡演（凯里地区）。2011年，贵州省大学生校园心理情景剧本大赛启动后，学院每年上半年都开展心理情景剧的演出比赛，各系派一支代表队参加，一等奖获得者代表学校参加省级比赛。同时，凯里学院、黔东南民族职业技术学院、贵州电子信息技术学院联合举行心理情景剧“三校巡演”，2013年“三校巡演”在学院大礼堂举行。

晚会活动。每年都举行学院和各系迎新晚会。此外，学生社团自行组织的各类晚会也深受学生的喜爱。

大型庆典活动。2006年7月23日，学院师生2200名参加建州50周年庆典活动，完成“锦绣黔东南”大型歌舞参演任务。2012年10月26日，学校新校区启用仪式暨办学十周年纪念活动在新校区举行。学校数千名师生参加“追昔抚今，畅想未来，跨越发展”大型歌舞演出。

政治生活　接受思想政治理论课的系统学习。其中，毛泽东思想和中国特色社会主义理论体系概论72学时，思想道德修养与法律基础54学时，形势与政策24学时，“贵州省情”课18学时。

接受校园文化的熏陶。学生进校园后，学院将循序渐进地安排学生学习学唱校训、校歌、制度，听道德文化修养讲座，参加文体、竞赛、公益等活动，让学生直接长期接触、感受学院精神文化、行为文化、制度文化、物质文化、企业文化以及融洽氛围和学习环境，使学生受到良好的教育。

参加党、团活动。学生进校，在参加业余团校、业余党校培训学习以及教学系的系列教育指导后，有近三分之一的学生向党组织递交入党申请；学生进校时团员比例大约70%，到毕业时团员比例增加到90%以上。

参加主题日及主题教育。“五四”“七一”“十一”“一二・九”等节点是学校思想政治教育传统的主题日，学生大多会参加主题日的系列活动；学生在校期间，参加学校经典的主题教育有升旗仪式、传统美德教育、行善积德引导、走进学生系列讲座、中华经典诵读、道德讲堂熏陶等。

参加年度评优及年度表彰大会。评优表彰对于培养大学生积极向上、立志成才、勤奋学习以及全面发展起着重要的引导和激励作用，对学生的健康成长发挥着积极而深远的影响。每年的9月，全校学生都要参加对先进班集体、先进团支部、三好学生、优秀学生干部、优秀团干、优秀团员以及学校奖学金一、二、三等奖获得者进行的表彰活动。

聆听讲座。讲座主要大类有素质教育、走进学生系列讲座、道德讲堂讲座等。

情感生活　学生大多是成年人，他们的情感日趋稳定、成熟、理性而内敛。情感生活主要围绕个人情感和集体情感来展开。

个人情感有师生情、同学情、亲情、友情、爱情等。学生入学后一般会慢慢开始怀念中小学的老师并在节假日去拜访，对新的辅导员及科任老师有个慢慢接受的过程，学生一般会和辅导员、负责的专业课老师、关心学生生活的老师有比较深的感情；新集体的融入使同学间产生感情需要一个学期的时间，运动会、迎新杯篮球赛可以起到加深感情的催化作用；全新的住校生活会使学生重新审视和家人的关系、互动方式等，慢慢会理解父母的辛苦与父母的大爱，在特定的节日绝大部分学生会对父母进行问候或者亲自回家探望；信息时代，学生的友情对象与范围非常高，年龄相仿的老师、聊得来的同学、网络上的网友都可能成为他们交流的朋友，从而获得各种支持满足心理需求；爱情成为大学生情感生活的主角，大约近半数的同学在大学期间会有爱和被爱的经历，也有同学会遭遇失恋。

集体情感分为对班集体、学校、家乡、国家的情感。学校通过组织一系列的活动促进班集体的形成，一般一个学期后绝大部分同学都会具有很强的班级荣誉感；新校区启用后，办学条件获得极大改善，学校环境优美、设施齐全、生活便利，文化氛围浓郁，绝大部分新生在适应后一般就会对学校产生认同感与归属感；学校开设贵州省情、思想道德与法律基础等课程，让大家对贵州、对国家有全面的了解与理性深刻的认识，鉴于祖国的日益强大、家长与学校的教育，学生对祖国怀有深深的情感，在一些特定的节日都会在网络上进行祝福。

社会生活 学校号召、鼓励、要求学生参加社会实践活动，学以致用，学做结合。学生在寒暑假会参加社会实践活动并撰写实践报告，开学后收交实践报告并评选优秀社会实践案例。不同专业的学生会结合专业知识参加不同形式、不同内容的社会实践活动，临床、护理系一般会到社区开展送医下乡活动；口腔系在爱牙日到万博广场举行咨询、义诊与宣教活动；“黔东南州十佳导游”举行两届，旅游系学生韩奥兰获得2015年“十佳导游”中的第一名。

物质生活 建校初期，校区分散，专业结构布局不合理、学科单一、师资薄弱，教室、实验室、图书室、寝室、餐厅、运动场甚至厕所等设备设施简陋。学校整体搬迁后，校舍建筑面积30万平方米，将华夏文化、苗侗文化、企业文化的精髓融入校园建筑设计、文化设施建设、食堂命名、公寓命名、道路命名之中，精心营造浓郁的人文环境；学校图书馆、大礼堂、教学楼、行政楼、学生公寓、实训场所、大学生活动中心等建筑以及道路、草坪、广场、路灯等按实用、“艺术”的标准设计，突出学校职业办学特色。

第四节 思政教育

2001年8月，学院成立。2004年中共中央先后发布《关于进一步加强和改进未成年人思想道德建设的若干意见》《关于进一步加强和改进大学生思想政治教育的意见》之后，学院亦先后制定《黔东南民族职业技术学院贯彻中共中央、国务院关于进一步加强和改进未成年人思想道德建设的若干意见实施方案》《黔东南民族职业技术学院贯彻中共中央、国务院关于进一步加强和改进大学生思想政治教育的意见实施方案》，使得学院的大学生思想政治教育工作在之后的十余年发展中，得到有效推进，尤其是在学院党发〔2010〕26号文件《关于进一步加强和改进大学生思想政治教育工作意见》和2010年和2013年两次全省高校大学生思想政治教育工作评估推动下，其组织、体制、机制建设和实践探索等都取得显著的成效。

组织领导

从2002年5月学院正式挂牌开始，历经4届党委，每届都成立学生思想政治教育工作领导小组。领导小组组长由党委书记担任，副组长分别由院长、党委副书记、纪委书记和副院长担任，成员由有关部门和各系的党政负责人组成。领导小组下设办公室在学生处（学工部），学生处长（学工部长）任办公室主任，负责日常工作。

不断完善党委统一领导、党政工团学齐抓共管、专兼职队伍紧密结合、全院上下密切配合、教育管理服务全面融入的大学生思想政治教育工作领导体制。依托党政工团干部、思想政治理论课教师、专职辅导员班主任“三主体”，实施院领导联系教学系部贴近基层、中层领导干部联系教学班贴近学生群体、党员教职工联系学生入党积极分子贴近学生个体“三贴近”，落实全员育人、全过程育人、全方位育人“三育人”的大学生思想政治教育工作体系，把大学生思想政治教育渗透教学、管理、服务工作中，形成全员参与、全过程管理、全方位育人的工作格局。

学院每学年召开一次大学生思想政治教育工作大会，总结和部署大学生思想政治教育工作，对在大学生思想政治教育工作一线的优秀辅导员、优秀班主任和优秀学生组织及个人进行表彰；每学期开学初召开一次大学生思想政治教育工作专题会议，研究部署每学期的大学生思想政治教育工作；每个月召开一次学生工作例会，安排部署每个月的大学生思想政治教育工作；每学年定期举办一场辅导员班主任培训，不断提升其学生工作能力，定期召开一次辅导员班主任工作研讨会，总结交流学生教育引导工作的新经验，定期召开一次学生家长座谈会，征求家长对学校工作的意见、建议，不断提升学校的教学质量、管理能力和服务水平。

辅导员制度

2002年至2009年，学院学生管理工作实行班主任工作制。2009年4月，省教育厅下发《贵州省高职高专院校思想政治教育工作评估指标体系及标准（试行）的通知》后，学院全面进入思想政治教育工作阶段。同年8月，学院下发第一份专职辅导员聘任文件，聘任顾军等13名老师为专职辅导员。

2009年至2014年，学院按200∶1比例选配专职辅导员。2014年9月起，学院试行从高年级学生中选配班级助理，在协助辅导员开展工作的同时，实现学生的自我教育、自我管理、自我服务与自我提高。

2012年以前，专职辅导员是根据各个教学系学生数量，在教学系的教师队伍中遴选产生；2012年以后，学院每年在新进人员计划中安排一定职数的辅导员指标，招录专职辅导员。至2015年，通过专职辅导员编制进入学校辅导员岗位的教师已达19人。

辅导员工作职责。深入开展中国特色社会主义理论宣传教育，帮助学生树立正确的世界观、人生观、价值观，确立在中国共产党领导下走中国特色社会主义道路、实现中华民族伟大复兴的共同理想和坚定信念，不断增强中国特色社会主义的道路自信、理论自信、制度自信。引导学生不断追求更高的目标，使他们中的先进分子树立共产主义的远大理想，确立马克思主义的坚定信念；深入开展社会主义核心价值观教育，综合运用教育教学、实践养成、文化熏陶、研究宣传等方式，把社会主义核心价值观落实到学生日常管理服务各个环节，形成学生的日常行为准则，使学生自觉将社会主义核心价值观内化于心、外化于行；开展心理健康教育与咨询工作，协助学校心理健康教育机构开展心理筛查，对学生进行初步心理排查和疏导，组织开展心理健康教育宣传活动，引导学生养成自尊自信、理性平和、积极向上的良好心态，增强学生克服困难、经受考验、承受挫折的能力；学习和运用现代信息技术，构建网络思想政治教育阵地，加强与学生的网上互动交流，围绕学生关注的重点、难点、热点进行有效舆论引导，丰富网上宣传内容，把握网络舆论的话语权和主导权；及时了解网络舆情信息，密切关注学生的网络动态，敏锐把握一些苗头性、倾向性、群体性问题；了解和掌握学生思想政治状况，针对学生关心的热点、焦点问题，及时进行教育和引导，化解矛盾冲突，参与处理有关突发事件，维护好校园安全和稳定；做好学生日常事务管理工作，开展新生入学教育，做好毕业生离校教育、管理与服务工作，组织好学生军训工作，有效开展助、贷、勤、减、补工作，做好学生奖励评优和奖学金评审工作，为学生日常事务提供基本咨询，指导学生开展宿舍文化建设；开展学业指导，组织开展学风建设、课外学术实践活动，指导学生养成良好的学习习惯，增强学生的专业认同和学习热情；开展职业规划和就业指导工作，为学生提供高效优质的就业指导和信息服务，帮助学生树立正确的就业观念，引导毕业生到基层、到西部、到祖国最需要的地方建功立业；指导学生党支部和班团组织建设，做好学生骨干的遴选、培养、激励工作，做好学生入党积极分子培养教育工作，做好学生党员发展和教育管理服务工作，指导开展主题党、团日等活动，参与学生业余党校、团校建设，讲授党课、团课；组织、协调班主任、思想政治理论课教师和组织员等工作骨干共同做好经常性的思想政治工作，在学生中间开展形式多样、有针对性的教育活动；学习思想政治教育的基本理论，运用理论分析、调查研究等方法开展思想政治教育工作的理论和实践研究。

辅导员工作有常规工作、助困工作（助贷、勤工俭学、特困补助等）、就业指导工作、心理健康教育工作和社会实践工作。

辅导员实行学院和院（系）双重领导。学生工作部门是学院管理辅导员队伍的职能部门，负责辅导员的招录、培养、培训和考核等工作。学院将优秀辅导员表彰奖励纳入优秀教师、先进教育工作者表彰奖励体系，按一定比例评选，统一表彰。

课程教学

学院的思想政治理论课程教学，严格按照《中共中央 宣传部 教育部关于进一步加强和改进高等学校思想政治理论课的意见》和《中共贵州省委宣传部 中共贵州省委教育工委关于进一步加强和改进高等学校思想政治理论课的实施意见》精神（以下简称“05新课程方案”），结合高等职业教育特点，围绕高素质、高技能应用型人才培养目标探索，形成创新思想政治理论课程教学方法。

2006年8月，成立由院长任组长、教学副院长任副组长，相关部门负责人为成员的思想政治理论课建设工作领导小组，宏观领导“05新课程方案”的实施工作。

落实1998年高校思想政治理论课课程设置方案（以下简称“98方案”），各专业设置思想政治理论课设6门必修课程，即马克思主义哲学原理、毛泽东思想概论、邓小平理论、“三个代表”重要思想概论、思想道德修养和法律基础。

2006年开始实施“05新课程方案”，把思想政治理论课纳入人才培养方案中，加强教学组织与管理工作，全面落实新课程方案，确保按时开足课时，切实提高教学质量。具体课程设置如下表：

“05新课程方案”课程设置情况

表中5-4-1

课程名称	总学时	理论学时	实践学时	开设学期
思想道德修养与法律基础	54	36	18	一
毛泽东思想和中国特色社会主义理论体系概论	72	54	18	二
形势与政策	24	24	0	二、三、四

为加强教学管理，规范教学秩序，相继建立完善的集体备课制度、听课制度、教学质量监控制度、新教师试讲制度、学生意见反馈制度、考勤制度、考试巡视制度、教学设备使用与管理制度、教学档案管理制度，并根据发展建设需要及时进行修订。印制有《黔东南民族职业技术学院规章制度汇编》，在工作中严格执行，为大学生思想政治教育提供制度保证。马列主义教研部作为学院思想政治理论课的教学部门，严格执行学院教学管理的规章制度，在期初、期中、期末深入开展教学检查，不断加强各教学环节的质量管理，有效保证教育教学的顺利开展。

实施“05新课程方案”后，学院组织思想政治理论课教师参加由省教育厅组织的各门课程培训，参加由省教育厅、省委党校、省委组织部、宣传部共同组织的全省哲学社会科学教学科研骨干研修班。2006年后，组织思想政治理论课教师参加贵州教育厅组织的各门课程培训和高校哲学社会科学教学科研骨干研修班25人次，通过参加培训、骨干研修，使教师更好地吃透教材，把握教学规律，为提高教学质量奠定良好的基础。学院为思想政治理论课教师参加社会实践、学习考察、脱产或半脱产进修创造条件，2007年后，有计划地选派思想政治理论课教师先后到湖州职业技术学院、武汉职业技术学院、广厦职业技术学院、宁波职业技术学院等国家级、省级示范院校进修、培训、实践8人次；从2008年起，先后组织思想政治理论课教师到贵州电子信息职业技术学院、铜仁职业技术学院、凯里学院、黔南职院、贵州电力职院等地学习考察。

2008年后，学院专职思想政治理论课教师先后主持省级科研课题8项。“思想道德修养与法律基础”课程建立完备的课程标准和教学课件，于2012年被遴选为院级精品课程建设。组织教师参加贵州省高校思想政治理论课“精彩一课”评选，先后获得“先进教育工作者”“优秀教师”“课堂教学优秀奖”“说课比赛三等奖”“课程整体设计比赛三等奖”“多媒体课件三等奖”等荣誉称号38项；阳华2009年获得贵州省优秀教师、2011年获得贵州省高校思想政治理论课教学名师称号。

2006年将“贵州省情”课程列为学院思想政治理论课必修课程，纳入各专业人才培养方案，使用统编教材《贵州省情教程》，开足18学时。此外，还结合实际，将“黔东南州情”作为“贵州省情”课程的一个专题教学。

主题教育

学院以有针对性、高质量设计来选择教育主题，采用适当方式，让广大学生参与其中，使其历经过程、收获感悟、接受教育。

2004年开展“培养健康人格，珍视质朴生命——马加爵个案讨论”主题教育，2005年开展“构建和谐校园，与民主法制、诚信友爱同行”主题教育，2006年开展“社会主义荣辱观倡议签名学习实践活动”主题教育，2007年开展“弘扬长征精神，建设美好贵州”主题教育，2008年开展“激情奥运·阳光校园”主题教育，2009年开展“我爱我的祖国”主题教育，2010年开展“公道在心中，文明见行动”主题教育，2011年开展“党在我心中”主题教育，2012年开展“贵州当代大学生核心价值观”主题教育，2013年开展“社会主义核心价值观”主题教育，2014年开展“中华优秀传统文化”主题教育，2015年开展“大众创业、万众创新”主题教育。如在开展的传统美德教育中，坚持下载中央电视台《感动中国》年度人物颁奖晚会声像和文字资料，组织开展向《感动中国》年度人物学习活动，并通过召开主题班会，聆听报告会，编辑黑板报、组织讨论、撰写心得体会、参加社会实践等方式，让师生以《感动中国》年度人物为楷模，重新审视自我，明确责任，提高觉悟，规范行为。定期组织开展向“感动校园十大人物”“优秀教师”“优秀学生”“师德师风”“优秀党员”等先进模范人物学习活动。

爱国教育

升旗仪式 学院的升旗仪式从未间断，每周一清晨7点30分举行，由8名学生组成的国旗班护卫着五星红旗，旗手右手紧抓国旗捆接处，旗杆与身体成45度，以铿锵有力的正步步伐，从全体同学面前走到旗杆下。国歌响起，五星红旗冉冉上升，全体师生面对国旗行注目礼。仪式上，全体师生严肃认真，仪态端庄，列队有序，朴素庄严。国旗升起后，开展国旗下讲话活动，围绕热爱五星红旗、爱党爱国家开展爱国主义教育。

传统美德教育 2005年至2015年，坚持下载中央电视台《感动中国》年度人物颁奖晚会声像和文字资料，组织开展向《感动中国》年度人物学习活动，并通过召开主题班会，聆听报告会，编辑黑板报、组织讨论、撰写心得体会、参加社会实践等方式，让师生以《感动中国》年度人物为楷模，重新审视自我，明确责任，提高觉悟，规范行为。定期组织开展向“感动校园十大人物”“优秀教师”“优秀学生”“师德师风”“优秀党员”等先进模范人物学习活动，让师生的心灵得以净化，精神得以升华，行为得以规范。

行善积德引导 2005年至2015年，学院团组织利用周末、节假日时间，坚持每月二次组织志愿者到州社会福利院开展“敬老帮老”服务活动，为孤寡老人打扫卫生、体格检查、洗衣服、谈心、表演文艺节目等，给福利院老人们送去问候、欢乐和笑声，同学们与老人结下深厚的友谊。参加此项活动的师生每年达300余人次。一年又一年，一届又一届，交班接力工作从未间断。此项活动受到新闻媒体及社会的高度评价。

走进学生系列讲座　2007年12月至2015年，学院精心策划并举办“走进学生系列讲座”36期133场（次），把中华传统文化作为讲座的重点内容之一，聘请学院领导、校内外专家为主讲教师。通过讲座，建立师生平等交流渠道，让教师直接走进学生的生活世界、知识世界、心灵世界，建立拓展学生知识视野、完善知识结构、丰富知识阅历、提升文化素质、促进健康成长的有效途径。最终实现浓兴趣、厚文化、足知识、促进步的目的。

中华经典诵读　2009年，学院组织编辑《中华经典荟萃》，广泛开展“中华经典诵读”活动，学生在吟咏诵读博大精深的中华文化时重新拾起儒雅文化记忆，弘扬传统文化，传承中华文明，提升学生人文素质，重新认识自我，明确责任，提高觉悟，规范行为。通过诵读活动，让学生的心灵得以净化，精神得以升华，行为得以参照。中华经典诵读活动至2015年已经举办8届。

道德讲堂熏陶　2015年，学院启动道德讲堂建设工作并组织实施，把走进学生系列讲座、中华经典诵读等活动融入道德讲堂，既注重学生成长、成才航向的引领，又注重学生所思、所想、所需以及学生心理、文化现状之现实，让学生的成长、成才既与远大理想相结合，又与学生鲜活的身边事、学生真实的生活情景、学生真切的实践感悟相联系。

国防教育

学院自2001年成立后，履行国防教育工作的职能部门先后由学生处、保卫处和武装部负责。

学院高度重视大学生国防教育工作，把国防教育工作纳入学院教育教学体系，做到统一协调，注重实效，长期坚持，使之制度化、规范化。先后成立有大学生思想政治教育工作领导小组、军训工作领导小组和大学生征兵工作领导小组，由学院党政领导任组长，并下设办事机构于有关部门，负责组织和指导全校的国防教育及军政训练工作。

新生军训　2002年至2011年，学院分四个校区分散办学，学生军训工作也分四个校区分别进行，学生军训完成后再统一到学院原黔东南州卫生学校一校区进行军训汇报表演。2012年，学院整体搬迁至凯里经济开发区新校区后，学院各项硬件条件与后勤保障条件逐步得到改善，军训工作开展逐步走向正轨。

学生军训工作步骤包括：

编制军训工作实施方案。包括指导思想、军训对象、时间地点、组织机构及职责、军训内容、表彰奖励、工作要求等。

联系承训单位，落实具体事项。武装部在春季学期期末负责与凯里军分区联系，就参加军训学生人数、开训时间、军训天数、军训地点、军训内容、军训要求、注意事项以及军训教官人数、教官进校时间、后勤保障等事宜达成协议，届时由军分区选派军训教官进驻学院，按军训工作方案实施军事训练。

召开动员大会，拉开军训序幕。在军训教官进校后第二天召开新生军训动员大会。学院领导、军训工作领导小组成员、军训教官、指导员（辅导员）和全体新生参加。动员大会内容主要有参训学生代表及教官代表发言、承训单位领导和学院领导讲话。动员会后，各个连队的教官和指导员带领新生连队按军训方案实施训练。军训教官按照军训方案严格施训、科学施训、人文实训；辅导员密切配合教官施训，值班住校，全程跟班参加军训，主动与班级新生衔接，安排布置好班级工作，协助军训教官做好相关教育管理和服务工作。军训期间严格考勤，严格管理；军训后期，学院武装部会同承训单位做好优秀连队、优秀教官、优秀指导员、优秀学员和军训标兵连队评选推荐工作。

军训技能考核。军训是新生的必修实践性课程，每个新生必须参加。小结及鉴定主要从几方面考虑：学生参加军训的态度，思想政治教育收获、军训活动表现（队列训练、内务训练等活动）、组织纪律性及出勤情况等。凡军训期间旷课者按学院有关规定处理。经批准请假三天以上者，本次军训不予评定等级；在军训期间连续两天或累计三天旷训或组织纪律性差，不服从管理等，军训评定等级评定为不合格。军训不合格的学生必须随下届学生补修，仍不合格的不予毕业。军训考核等级分为优秀、合格、不合格三等。优秀学员评选比例不超过参训人数的15%，被评定为优秀等次的在连鉴定意见栏注明。此表一式两份，一份存入学生档案，一份留存各系备查，存期三年。

军训会操，检验成果。在完成军训工作方案规定的军训时间、军训内容之后，为展现军训后新生的集体意识、协作精神、集体主义精神以及团体互助精神和竞争意识，举行军训汇报大会。学院领导、军分区领导、军训工作领导小组成员、各教学系系主任和分管学生工作副主任、军训教官、指导员（辅导员）和全体参加军训新生参加。大会内容包括各连队分列式展示、标兵连队分列式表演、宣读军训表彰决定、颁奖、优秀学员代表发言、军分区领导和学院党委书记讲话。

为展示学生军训成果，2011年，组织学院学生参加凯里地区高校、高中第一届军事技能展示活动获队列比赛二等奖，军体拳比赛三等奖；2013年，参加凯里地区高校、高中第二届军事技能展示活动获军体拳比赛第二名、军训技能展演第二名。

专题报告　专题报告包括国防知识讲座、观看影视片和进行消防逃生演练。

国防知识讲座。包括国防虚弱的悲剧、自强不息的民族精神、当代中国的周边环境、祖国国防的伟大成就、当今世界各国国防、牢记重托，不辱使命等内容。

通过开展国防知识讲座使学生更多地了解国防建设的重要性，也认识到他们所要承担的责任与重托；通过了解中国人民解放军军情、军史激发学生的民族自尊心、自豪感。让学生通过参加实践活动锻炼体魄、增长知识、培养生活自理能力、养成良好的行为习惯。

组织观看影片。组织学生观看《东方巨响》《世纪大阅兵》等国防教育影片；在每期国防教育活动后，在班级开展以国防教育为主题的主题班会，记录学生参加国防教育活动的心得体会。

开设消防知识讲座。结合理论教育还要组织学生进行逃生演练。讲座内容涉及怎样正确使用灭火器、使用煤气时要注意哪些事项、认识消防标识、遇险时如何逃生等内容，让学生在灾害面前从容应对，增强安全意识、提高自护自救能力。

征兵工作　2012年起，学院每年均开展征兵工作，宣传《中华人民共和国兵役法》和《贵州省军区征兵工作条例》和有关文件精神，发动学生适龄青年踊跃报名应征入伍，落实应征入伍义务兵高等学院毕业生学费补偿、国家助学贷款代偿暂行办法等相关文件精神。4年中，学院有42名学生应征入伍，其中2012年17人、2013年12人、2014年8人、2015年5人。

年度表彰

2002年后，学院每年对年度思想政治教育工作的先进集体和先进个人进行表彰。尤其是在2010年和2013年两次全省高校大学生思想政治教育工作评估的推动下，学院构建每学年召开一次大学生思想政治教育工作暨表彰大会运行机制。由学校党委书记总结过去一年的思想政治教育工作，部署新一年的思想政治教育工作；对在大学生思想政治教育工作一线的优秀辅导员、优秀班主任和15%的先进班集体、先进团支部、6%的三好学生、15%的优秀学生干部、优秀团干、10%的优秀团员以及按2%、3%、4%比例评定的学校一、二、三等学校奖学金获得者进行表彰。

2002年至2015年评优表彰统计表

表中5-4-2　　单位：人

项目＼年份	2002	2003	2004	2005	2006	2007	2008	2009	2010	2011	2012	2013	2014	2015
优秀辅导员	—	—	—	—	—	—	—	—	—	9	14	11	36	22
优秀班主任	7	6	13	11	15	12	14	16	18	19	12	4	—	—
先进班集体	—	40	7	—	—	15	17	20	20	18	17	18	28	26
先进团支部	—	—	—	—	13	12	12	15	19	18	19	20	27	37
三好学生	—	151	51	—	—	131	193	304	329	318	293	325	417	401
优秀学生干部	—	78	78	—	—	102	186	174	221	233	183	339	416	390
优秀团干	34	32	—	—	40	36	52	101	134	109	120	131	153	142
优秀团员	75	94	—	—	104	84	179	337	422	442	423	560	658	675
一等奖学金	—	—	—	—	—	11	34	38	85	119	104	125	174	159
二等奖学金	—	—	—	—	—	22	51	74	127	166	167	186	260	212
三等奖学金	—	—	—	—	—	19	69	171	169	217	190	214	307	253

第五节　素质教育

系列讲座

从2004年起，学院创办大学生系列讲座。讲座是由教师不定期地向学生讲授与学科有关的科学趣闻或新的发展，以扩大他们知识面的一种教学活动形式或由主讲人向学员传授某方面的知识、技巧，或改善某种能力、心态的一种公开半公开的学习形式。2004年4月，学校创办学生素质讲座，至2006年6月举办35场。2007年12月，启动“走进学生系列讲座”。原来搬迁新校区之前，原4个校区每月同时举办一场讲座，至2014年举办139场（次）。2015年，学校启动道德讲堂，并举办4场。

学院在系列讲座活动中，聘请学院领导、校内外专家为主讲教师，组织开展的《倾情触摸学生心灵世界，着力提升学生人文素质——走进学生系列讲座》获得2011年全国第六届大学生校园文化活动月“高校优秀校园文化成果暨优秀社会实践成果评选”校园文化成果三等奖；《诵读经典·滋养人生——用中华经典国学文化浸润学生心灵》获得2012年贵州省首届优秀校园文化建设成果三等奖；《高校德育创新与发展成果选编（黔东南民族职业技术学院卷）》，获教育部高等学校社会科学发展研究中心“2012年高校德育创新发展研究成果”三等奖。2013年、2014年学校连续两年获得“多彩校园·闪亮青春——全省大学生校园文化活动月活动先进集体”。

2004年至2014年学院素质教育讲座统计表

表中5-5-1

讲座名称	面向范围	时间	人数（人）	主讲人	备注
以案施教，警钟长鸣	全院学生代表	2004.4.24	80	车昌武	州关工委委员
坦然面对现实，理性驾驭自我	全院学生代表	2004.4.24	80	屈维彪	

续表中5-5-1

讲座名称	面向范围	时间	人数（人）	主讲人	备注
中华人民共和国诞辰55周年成就宣讲	全院学生	2004.5.29	2000	车昌武	
交通法规讲座	医卫系学生	2004.11.16	1400	市交警大队李指导员	
学法守法，做合格公民	全院学生	2005.4.23	2000	陈代清	州依法治州办主任
共筑我们心灵的彩虹	全院学生	2005.4.23	2000	梁　焰	
法制教育	科技系学生	2005.8.26	120	田景德	
正当青春，是否应该牵手	医卫系学生	2005.10.4	120	杨胜坤	
旅游文学鉴赏	旅游系学生	2005.10.14	200	江建国	州语委办主任
《细节决定成败》评析——时代呼唤责任心	医卫系学生	2005.11.18	200	杨胜坤	
心理健康	信息系学生	2005.11.18	378	龙春平	
遏止艾滋病，履行承诺——艾滋病预防知识	全院学生	2005.12.1	230	王方林	
青春遗恨——预防青少年违法	医卫系学生	2005.12.7	1300	张警官等	
学法、守法及青少年违法案例分析	信息系学生	2005.12.17	260	田再见	
立身处世，诚信为本	全院学生	2005.12.24	230	屈维彪	
法制专题教育	医卫系学生	2006.3.16	1200	刘文涛 汤永富	干警
让社会主义荣辱观成为我们行动的指南	全院学生干部	2006.3.25	230	屈维彪	
明确职责，努力做好本职工作	全院学生干部	2006.3.25	230	舒选璧	
争做一名优秀学生干部	全院学生干部	2006.3.25	230	杨润华	
商务礼仪	毕业班学生	2006.4.10	73	曹庆旭	
青年道德修养	旅游系学生	2006.4.12	50	梁　焰	
李春燕事迹报告	医卫系学生	2006.4.18	700	李春燕	2005年感动中国人物
学生心理健康之路	全院学生	2006.5.6	220	莫　丽	
机遇与成长	全院学生	2006.5.18	270	周家足	
现代引领与人生规划	医卫系学生	2006.6.6	100	陈镇兰	
火灾的危害与自救	全院学生	2006.6.7	260	尹志华	消防教员
怎样设计自己的职业生涯	医卫系学生	2006.6.9	100	吴寿峰	
拓展素质，放飞青春	医卫系学生	2006.6.12	100	李志强	
做一个合格的高职毕业生	医卫系学生	2006.6.15	100	姚本丽	
职业道德	毕业班学生	2006.6.16	73	龙春平	

续表中5-5-1

讲座名称	面向范围	时间	人数（人）	主讲人	备注
弘扬长征精神，践行社会主义荣辱观	全院学生代表	2006.6.17	80	余晓林	
光辉的战斗历程	全院学生代表	2006.6.17	80	车昌武	
革命理想高于天	全院学生代表	2006.6.17	80	严锦山	
就业中心“先就业后择业”观	医卫系学生	2006.6.19	100	杨　捷	
培养良好的习惯	科技系学生	2006.6.28	80	吴开岑	

2007年至2014年“走进学生系列讲座”统计表

表中5-5-2

名　称	时间	人数（人）	主讲人	主持人
多读书、读好书、会读书	2007.12.13	130	苏晓红	屈维彪
物竞天择，适者生存	2007.12.13	140	杨胜坤	曹庆旭
大学生礼仪修养	2007.12.13	150	梁　焰	舒选璧
命运把握在自己手中	2007.12.13	260	姚　莉	杨润华
人才成长路径需要科学把握	2008.4.1	140	陈文祥	梁　焰
守望高尚的精神	2008.4.1	260	王贵生	苏晓红
转变就业观念，做好职业生涯规划	2008.4.1	130	曹庆旭	舒选璧
做“厚德笃行，自强不息”的实践者	2008.4.1	140	屈维彪	杨润华
人生三立——立德·立言·立功	2008.4.29	260	吴　军	曹庆旭
大爱无涯	2008.4.29	150	黄之一	屈维彪
塑造健康的人格品质	2008.4.28	140	舒选璧	姚　莉
书法艺术的起源与演进	2008.4.29	130	杨胜坤	王俊杰
欧洲音乐的发展概况与流派划分	2008.6.12	140	李　欢	张宜坤
大学生礼仪修养	2008.6.12	260	梁　焰	舒选璧
中华民族之子——毛泽东	2008.6.12	150	吴开岑	屈维彪
走出自卑，找回自信	2008.10.23	140	吴　军	张宜坤
好好学习，天天向上	2008.10.23	260	李　玲	曹庆旭
健康心理，阳光人生	2008.10.23	130	莫　丽	舒选璧
走进心灵后花园，创建生活新天地	2008.10.23	140	芮银华	屈维彪
领悟品德真谛，谱写美丽人生	2008.11.17	260	王家祥	曹庆旭
适应人生新环境，携手共创新境界	2008.11.17	130	舒选璧	苏晓红
阳光心态与快乐人生：怎样活在当下	2008.11.17	150	杨胜坤	张宜坤
大学生的恋爱心理	2008.11.17	140	潘丽娜	姚　莉
吴文化欣赏	2008.12.18	260	徐　可	曹庆旭

续表中5-5-2

名　称	时间	人数（人）	主讲人	主持人
细节铸就成功与辉煌	2008.12.18	130	吴德诚	张宜坤
同在一方热土，共建和谐校园	2008.12.18	150	屈维彪	舒选璧
微笑，架起心中的彩虹	2008.12.18	140	梁　焰	杨胜坤
医德医风从我做起	2009.3.18	260	曹庆旭	屈维彪
职业与职业道德	2009.3.18	130	杨胜坤	苏晓红
职业技能与职业道德	2009.3.18	150	刘书华	舒选璧
职业素养——走向成功的起点	2009.3.18	140	梁　焰	张宜坤
大学理念与大学精神	2009.4.16	260	李炳昌	舒选璧
大学生就业观教育	2009.4.16	150	张兴权	曹庆旭
当前经济形势与高校毕业生就业现状	2009.4.16	140	李　欢	张宜坤
当代大学生在国际金融危机背景下的就业抉择	2009.4.16	130	屈维彪	吴如金
责任	2009.5.20	260	黄之一	马原野
当代大学生应具备怎样的责任感	2009.5.20	150	闻　芳	舒选璧
责任在心中	2009.5.20	140	苏晓红	李　欢
大中专学生的责任意识及其培养	2009.5.20	130	张宜坤	姚　莉
增强法制意识，自觉遵守法律	2009.6.17	260	舒选璧	曹庆旭
法制教育	2009.6.17	150	田景德	梁庄源
大学生修养	2009.6.17	140	宋开旭	张宜坤
端正价值取向，遵纪守法伴成长	2009.6.17	130	徐国苏	屈维彪
从西方多党制之弊端看我国的政党制度之特色	2009.9.28	260	阳　华	龙春平
我国的根本政治制度是人民代表大会而不能搞“三权分立”	2009.9.28	150	杨再旭	罗前珍
为什么要坚持改革开放不动摇而不能走回头路	2009.9.28	140	黄显琴	屈维彪
中华民族伟大复兴的必由之路	2009.9.28	130	王在朴	张宜坤
让文明之花在校园盛开	2010.3.24	260	黄之一	曹庆旭
文明探讨与大学生行为透视	2010.3.24	150	杨胜坤	屈维彪
养成良好的做人品性	2010.3.24	140	宋开旭	张宜坤
树高尚品德　创成功人生	2010.3.24	130	闻　芳	杜智勇
青春相伴，继往开来	2010.4.29	260	刘书华	舒选璧
理想信念与当代青年大学生	2010.4.29	130	吴德诚	杜智勇
树立理想，超越自我	2010.4.29	150	龙章烈	吴如金
青春有你才飞扬——青春相伴，快乐成长	2010.4.29	140	吴开岑	张宜坤
学习——成才的阶梯	2010.5.26	260	梁　焰	李树禄
谈谈大中专学生学习方法	2010.5.26	130	张宜坤	姚　莉

续表中5-5-2

名 称	时间	人数（人）	主讲人	主持人
技能是人生的必修课	2010.5.26	150	吴如金	刘 静
学无捷径，学贵有恒	2010.5.26	140	舒选璧	龙章烈
人生的意义究竟在哪里	2010.6.12	260	屈维彪	曹庆旭
扬理想风帆·绘人生愿景	2010.6.11	130	杨跃清	屈维彪
拥抱青春，放飞梦想	2010.6.12	150	沈天益	杜智勇
如何实现自己的人生理想	2010.6.12	140	徐国苏	梁 焰
社会主义核心价值体系中国特色社会主义共同理想	2010.9.28	260	阳 华	曹庆旭
树立社会主义荣辱观，为建设和谐校园作贡献	2010.9.28	130	王在朴	杜智勇
大学生应成为弘扬民族精神和时代精神的楷模	2010.9.28	150	龙春平	屈维彪
坚持马克思主义的指导地位	2010.9.28	140	吴仕金	张宜坤
敬业爱岗，服务“三农”	2010.10.22	260	粟 俊	屈维彪
让心中永远飘扬着五星红旗	2010.10.22	130	梁 焰	刘 静
爱我中华	2010.10.22	150	黄之一	舒选璧
中华之崛起	2010.10.22	140	杨胜坤	张宜坤
立身处世，诚信为本	2010.11.17	260	屈维彪	苏晓红
诚实守信，立身为本	2010.11.17	130	舒选璧	吴文勇
与大中专学生谈谈诚信问题	2010.11.17	150	张宜坤	吴如金
诚信——人生的第一张名片	2010.11.17	140	姚 莉	杜智勇
放飞理想，成就未来	2010.12.15	260	苏晓红	潘晓蜀
超越自我，成就未来	2010.12.15	130	吴文勇	屈维彪
扬起理想的风帆	2010.12.15	150	梁 焰	姚 莉
放飞理想，超越自我——实现自我价值	2010.12.15	140	曹庆旭	张宜坤
用社会主义荣辱观塑造当代大学生的高尚人格	2011.3.16	260	王家祥	屈维彪
辨析人性善与恶，把住人生成或败	2011.3.16	130	杨胜坤	吴开岑
知荣辱，鉴善恶美丑，弘扬中华美德	2011.3.16	150	舒选璧	周尚智
道德与人际交往	2011.3.16	140	杜智勇	张宜坤
白日莫闲过　青春不再来	2011.4.20	260	潘盛荣	张宜坤
白日莫闲过　青春不再来	2011.4.20	130	闻 芳	舒选璧
年华莫虚过　青春不再来	2011.4.20	150	潘晓蜀	吴如金
珍惜青春　开拓新的境界	2011.4.20	140	胡 松	杜智勇
业精于勤荒于嬉　行成于思毁于随	2011.5.19	260	吴 军	屈维彪
业精于勤荒于嬉　行成于思毁于随	2011.5.19	130	刘书华	舒选璧

续表中5-5-2

名　称	时间	人数（人）	主讲人	主持人
业精于勤	2011.5.19	150	黄之一	潘晓蜀
天道酬勤　青春有梦	2011.5.19	140	吴开岑	张宜坤
理想召唤行动　勤奋铸就成功	2011.6.16	260	王贵生	姚　莉
扬起理想的风帆	2011.6.16	130	梁　焰	周尚志
思想勤奋　坚持成功	2011.6.16	140	苏晓红	张宜坤
理想促进行动，勤奋构建成功	2011.6.16	150	何　武	屈维彪
共享一片蓝天——如何看待教育公平	2011.9.22	260	黄文平	石红卫
我国房地产发展现状	2011.9.22	130	杨再旭	舒选璧
打造一条从“病能就医”的健康之路	2011.9.22	180	金　红	姚　莉
适者生存——谈高职生就业现状	2011.9.22	140	刘光梓	张宜坤
感恩——人类善良天性的表现	2011.10.20	260	黄之一	姚　莉
感悟亲情　学会感恩	2011.10.20	130	李　欢	田景文
中国社会结构状况需要我们的励志与感恩	2011.10.20	180	吴德诚	屈维彪
拥有一颗感恩的心	2011.10.20	140	刘书华	张宜坤
修身立德　学会做人	2011.11.24	260	舒选璧	吴文勇
经营人生，赋予价值和意义	2011.11.24	130	杨胜坤	周尚智
修身养性　学会做人	2011.11.24	180	吴如金	屈维彪
认识自己，做真实的自己	2011.11.24	140	芮银华	杜富麾
热爱生活　学会坚强	2011.12.14	260	闻　芳	黄显琴
用积极的心态面对生活	2011.12.14	130	张宜坤	王永昌
热爱生活　学会坚强	2011.12.14	180	苏晓红	杨宏松
善待挫折　热爱生活　学会坚强	2011.12.14	140	吴文勇	潘恒志
传统道德与雷锋精神思辨	2012.3.14	260	杨胜坤	姚本丽
雷锋精神具有永恒的魅力	2012.3.14	130	张宜坤	王永昌
授人玫瑰　手有余香	2012.3.14	180	姚　莉	杨宏松
传承雷锋精神争做时代先锋	2012.3.14	140	舒选璧	潘恒志
实习总动员　赢在起跑线	2012.4.9	260	吴德诚	姚本丽
2012年顶岗实习动员讲话	2012.4.9	130	吴开岑	王俊峰
实习总动员　赢在起跑线	2012.4.9	140	闻　芳	潘恒志
实习总动员　赢在起跑线	2012.4.10	260	吴　勇	杨红松
实习总动员　赢在起跑线	2012.4.10	140	龙章烈	杜富麾
医药技术系2013届学生顶岗实习教育	2012.4.11	260	刘书华	黄显琴
亮丽人生源于校园	2012.5.15	260	张兴权	潘晓蜀

续表中5-5-2

名　称	时间	人数（人）	主讲人	主持人
职业启航与生涯规划	2012.5.15	130	龙治峰	张宜坤
职场启航　励志一生	2012.5.15	180	李　欢	屈维彪
提高职业核心能力　促进职业生涯发展	2012.5.15	140	吴文勇	潘恒志
黔东南苗侗文化鉴赏	2012.6.13	260	闻　芳	姚　莉
风味独特的黔东南民族饮食文化	2012.6.13	130	包　羽	王永昌
黔东南民族文化的保护与传承	2012.6.13	180	苏晓红	屈维彪
苗族服饰文化	2012.6.13	140	何　武	张宜坤
学院校训、学院精神的解读	2012.10.29	230	屈维彪	张宜坤
大学生核心价值观	2013.5.23	230	屈维彪	刘　静
学院校训、学院精神的解读	2013.9.17	230	屈维彪	张宜坤
理性看齐心办	2013.10.16	230	石开鹏	屈维彪
人生的境界与底线	2013.11.13	230	杨胜坤	屈维彪
经典诵读，滋养人生	2013.12.12	230	苏晓红	姚　莉
做一个努力向上的追梦人	2014.3.10	230	屈维彪	简才永
弘扬中华优秀传统文化、培育社会主义核心价值观	2014.4.15	230	潘盛荣	屈维彪
弘扬中华优秀传统文化，助推当代大学生良好德性养成	2014.5.20	230	屈维彪	简才永
国学经典赏鉴	2014.6.18	230	苏晓红	屈维彪

2015年学院道德讲堂讲座一览表

表中5-5-3

名　称	时间	地点	人数（人）	主讲人（职务职称）	主持人	承办单位
培育和践行社会主义核心价值观	2015.1.16	学院大礼堂	1000	黄琛（省委党校副教授）	王家祥	学院
弘扬传统美德　塑造美丽人生	2015.11.5	学院大礼堂	1000	陈文祥（院长）	吴文勇	宣传统战部
礼敬中华优秀传统文化助推大学生良好德性养成	2015.12.3	学院大礼堂	1000	屈维彪（学生处处长、学工部部长）	石开鹏	宣传统战部
恭敬礼让　文明修身	2015.12.15	学院大礼堂	1000	苏晓红（口腔医学系党总支书记、教授）	石开鹏	宣传统战部

心理健康教育

组织保障　2002年，学院成立学生心理健康教育工作组。2005年，学院将学生心理健康教育工作组更名为心理健康教育中心，具体负责全院的心理健康教育和咨询工作。2009年，心理健康教育工作纳入学院德育工作管理体系，成立大学生心理健康教育工作领导小组。2013年，学校成立心理健康教研室，挂靠心理健康教育中心。至2015年，心理健康教师队伍从无到有，力量不断壮大，心理健康教育中心逐渐形成一个机构，两块牌子的格局，全面负责学院与心理健康教育相关的教学、咨询辅导和科研工作，专职心理健康教师与师生的比例已经达到1：2000左右，高于国家1：4000的要求。

在硬件建设上，2009年，学院心理健康教育工作有独立办公的场所，并有专项的资金作为开展相关工作的经费保障，有专门的心理咨询辅导室，投资万余元购置基本的办公用品和教学用具。2012年年底，学院投资12万元为心理健康教育中心建成专业的个体心理辅导室、情绪宣泄室、资料室、团体辅导室等功能室，并采购大量的教学和咨询辅导用具；2014年，学院又与移动公司合作，投资25万元在足球场建成专业的户外拓展基地，为开展户外拓展和心理团体辅导教育活动提供良好的硬件设施。

在软件建设上，至2009年心理健康教育工作纳入学生德育工作范畴，编制转入学工部之后，学院聘请专业的心理学老师专职负责此项工作。是年下半年，多位心理学教师完成《黔东南民族职业技术学院心理健康教育工作方案》《黔东南民族职业技术学院心理健康教育中心工作职责》《黔东南民族职业技术学院心理健康教育中心工作章程》《黔东南民族职业技术学院心理咨询室工作制度》《黔东南民族职业技术学院心理咨询保密条例》《黔东南民族职业技术学院来访者须知》等一系列标准和章程。此外，为更好地开展心理健康教育的宣传及预警工作，学院投资2万元购买心理测评软件，并第一次注册心理健康网站。2012年下半年，学院整体搬迁新校区之后，先后修订并完善《黔东南民族职业技术学院学生心理危机干预预案》《黔东南民族职业技术学院大学生心理健康教育课程标准》《黔东南民族职业技术学院心理健康教育中心各功能室使用原则》等，并于2014年年底投资1.5万元对心理测评系统进行升级换代。

心理健康教育中心的专职教师开展相关科研工作，先后获得贵州省教育厅哲社类青年项目2个、自筹项目1个、一般项目1个；发表学术论文20余篇。

教学咨询　教学任务。2003年至2011年，学校仅开设医学类的心理课程，如护理心理学、医学心理学等，主要由莫丽、杨胜坤、王艳兰和龚贵兰等人负责相关教学任务。2012年贵州省教育厅下发《关于进一步加强和改进全省普通高校学生心理健康教育的通知》，要求从是年秋季学期开始在全省范围内的高等学校全面开设心理健康教育课程，记2学分，学时数在32～36之间。因此，学院从2012年秋季学期开始，将《大学生心理健康教育》作为公共基础课在全校范围内开设。至2015年学校心理健康教师负责“大学生心理健康教育”“医学心理学”“护理心理学”“营销心理学”“教育心理学”等课程的教学工作。

咨询辅导。心理健康教育中心专职教师为全校师生提供心理咨询，咨询途径主要包括面对面咨询和网络咨询。

校园活动　“5·25”大学生心理健康周。2009年开展第一届“5·25”大学生心理健康周宣传活动，主题为“认识自我，拥抱生活”。至2015年，已开展7届不同主题的心理健康周宣传活动。

手抄报大赛。每年4月进行宣传，5月评选并展出优秀作品。

心理观察员培训。每年9月，组织全校心理观察员进行培训，培训方式包括讲座、户外拓展、心理电影展播等。

心理健康调查。从2007年开始，每年10月开始对新生进行心理健康调查并撰写调查报告。

心理情景剧比赛。2010年开始，每年10月举办心理情景剧比赛，并与凯里学院和电子信息工程学院联合举办情景剧巡演。

世界精神卫生日。从2010年开始，每年以“10·10”世界精神卫生日为契机，指导心理协会和各班心理观察员开展心理健康系列活动

心理健康报。每季度印发一期心理健康报，每个班级1份至5份。

心理健康网站。从2009年拥有心理健康网站后，每位专职教师都不断完善心理健康网站psy.qdnpt.com内容，定期进行资料上传、更新。

心理协会指导。2009年9月中旬，在原有心理观察员团队的基础上，面向全校学生招新，成立“馨飞”心理协会。到2015年，协会有会员500余人，每学期至少开展一次心理健康相关活动。

拓展训练。包括各种室内和户外拓展活动，每个学期至少开展一次，辅导对象主要有心理协会成员、心理观察员等。

心理讲座。2010年至2012年，开展心理健康教育讲座13场；2013年至2015年，平均每年开展心理讲座5场。

体育活动

2004年至2015年（2012年新校区运动场未落成未举办）共举办十届校园田径运动会。学生竞赛项目有女子100米、200米、400米、800米、1500米、3000米、5000米、4×100米接力、4×400米接力；铅球，跳高、跳远、三级跳远。男子有100米、200米、400米、800米、1500米、3000米、5000米、1万米，4×100米接力、4×400米接力；铅球，跳高、跳远、三级跳远。教职工项目有女子100米、200米、400米、800米、1500米、4×100米接力、4×400米接力，铅球、跳远。男子有100米、200米、400米、800米、1500米、4×100米接力、4×400米接力，铅球、跳远，以及第九套大众广播体操。

2009年起，新增户外素质拓展运动会项目。每年举办一次，至2015年已举办7次，每次参与人数1200余人。

从2006年起，学院开始组队参加全省高校大学生运动竞技比赛，获前三名以上成绩40人次。

2009年至2014年学院参加贵州省大学生运动会获奖统计表（前三名）

表中5-5-4

序号	姓　名	运动会名称	获奖时间	获奖项目	获奖等级	备注
1	龙碧敏 王青秀 莫安粉 胡菊园	2009年贵州省定向越野锦标赛	2009	定向越野团队赛	第三名	高职高专组
2	王青秀 莫安粉 龙碧敏	2009年贵州省定向越野锦标赛	2009	定向越野接力赛	第三名	高职高专组
3	吴建东	2009年贵州省定向越野锦标赛	2009	定向越野百米赛	第一名	高职高专组
4	刘　涛 贾　伟	贵州省第二届大学生运动会	2010	乒乓球（男子双打）	第二名	高职高专组
5	杨萱萱 吴和才	贵州省第二届大学生运动会	2010	乒乓球（混双）	第三名	高职高专组
6	尹新菊 杨萱萱	贵州省第二届大学生运动会	2010	乒乓球（女子双打）	第一名	高职高专组
7	杨萱萱 黄　蓉 尹新菊	贵州省第二届大学生运动会	2010	乒乓球女子团体赛	第一名	高职高专组
8	韦炳送	贵州省第二届大学生运动会	2010	田径（1万米）	第一名	高职高专组

续表中5-5-4

序号	姓　名	运动会名称	获奖时间	获奖项目	获奖等级	备注
9	韦炳送	贵州省第二届大学生运动会	2010	田径（5000米）	第二名	高职高专组
10	龙立英	贵州省第二届大学生运动会	2010	田径（100米栏）	第一名	高职高专组
11	李炫等25人	贵州省第二届大学生运动会	2010	男子足球	第三名	高职高专组
12	吴龙妹、李秀琼等12人	2012年贵州省大学生篮球锦标赛	2012	女子篮球	第二名	高职高专组
13	魏祖太	2012年贵州省大学生田径锦标赛	2012	田径（400米栏）	第二名	高职高专组
14	袁　燕	2012年贵州省大学生田径锦标赛	2012	田径（铅球）	第三名	高职高专组
15	李　义	2012年贵州省大学生田径锦标赛	2012	田径（5000米）	第三名	高职高专组
16	李　义	2012年贵州省大学生田径锦标赛	2012	田径（1万米）	第三名	高职高专组
17	文金亮	2012年贵州省大学生田径锦标赛	2012	田径（400米栏）	第一名	高职高专组
18	王坤等10人	贵州省大学生“五人制”足球比赛	2013	男子足球	第二名	高职高专组
19	吴龙妹、李秀琼等12人	第三届贵州省大学生运动会	2014	女子篮球	第一名	高职高专组
20	王坤等20人	第三届贵州省大学生运动会	2014	男子足球	第一名	高职高专组
21	阿约拉者	第三届贵州省大学生运动会	2014	田径（1万米）	第二名	高职高专组
22	阿约拉者	第三届贵州省大学生运动会	2014	田径（5000米）	第一名	高职高专组
23	刘永成	第三届贵州省大学生运动会	2014	田径（1500米）	第三名	高职高专组
24	谢　文	第三届贵州省大学生运动会	2014	田径（标枪）	第一名	高职高专组
25	谢　文	第三届贵州省大学生运动会	2014	田径（铅球）	第二名	高职高专组
26	邢昌敏	第三届贵州省大学生运动会	2014	田径（5000米）	第二名	高职高专组
27	吴龙妹、李秀琼等12人	第三届贵州省大学生运动会	2014	女子篮球	第一名	高职高专组

技能竞赛

2007年，学院为推进教育教学改革，突出职业教育特点，全面提高学生的职业素质和技能水平，培养全面发展的应用型人才，繁荣校园文化，丰富课余生活，培养创新精神，提高综合素质，形成严肃、活泼、开放、文明的校园学术和文化氛围，从2007年开始，在学生中开展“学生技能竞赛活动月”活动。活动主题是“强化专业技能，提高人才培养质量”。至2015年已连续举办9届，竞赛项目由最初10个发展到43个。

2008年起，先后举办职业生涯规划大赛、求职简历大赛、创业设计大赛、模拟面试大赛、模拟商战大赛等职业能力竞赛活动。

2010年开始，学院组队参加省级以上的各项职业技能比赛，至2015年12月，获国家级奖项23个（三等奖13个、优秀奖8个、优胜团体奖2个），省级奖项155个（特等奖1个、一等奖23个、二等奖44个、三等奖84个、优秀奖3个）。

2010年至2015年学院学生参加国家级职业技能比赛获奖统计表（三等奖）

表中5-5-5

年份	奖项	获奖学生	优秀指导教师	参赛项目	项目类型	组别	教学单位
2010	三等奖	蒋吉秀、王志磊、廖金婷、张伟、李坤红	—	全国用友杯沙盘模拟经营	团体	高职	信息工程系
2011	三等奖	邹娟、骆旭、张静波、刘磊、贺鑫梅莉	—	全国斯维尔杯BIM软件建模	团体	高职	生物与环境工程系
	三等奖	周制荣、陈华	—	农业技术植物组织培养	团体	高职	生物与环境工程系
	三等奖	林雅艳	—	护理技术技能	个人	中职	护理系
2012	三等奖	唐倩	—	护理技术	个人	高职	护理系
	三等奖	陈胜、李峰、狄明刚、余燕、顾先辉	—	全国斯维尔MIB软件建模大赛（专项）三维算量及清单计价	团体	高职	生物与环境工程系
	三等奖	陈胜、李峰、狄明刚、余燕、顾先辉	—	全国斯维尔MIB软件建模大赛（全能）	团体	高职	生物与环境工程系
2013	三等奖	吴举洪、李鹏翔、李峰、陈胜、顾先辉	—	全国斯维尔MIB软件建模大赛（专项）	团体	高职	生物与环境工程系
	三等奖	吴举洪、李鹏翔、李峰、陈胜、顾先辉	—	全国斯维尔MIB软件建模大赛（全能）	团体	高职	生物与环境工程系
2015	三等奖	王倩	聂芸	中餐宴会设计	个人	高职	旅游与商务管理系
	三等奖	吕力俊、李昌杰、肖凌凌、肖璐	梁旭楷 杨凯雪	电子商务技能	团体	高职	旅游与商务管理系
	三等奖	李田焕	杨礼玉	雕牙和排牙组	个人	高职	口腔医学系
	三等奖	姜幸成	朱梅	牙体制备组	个人	高职	口腔医学系
	优秀奖	李田焕	—	第十三届“日进杯”全国口腔技能大赛全口排牙组	个人	高职	口腔医学系

2011年至2015年学院学生参加省级职业技能比赛获奖统计表（一等奖以上）

表中5-5-6

年份	奖项	获奖学生	优秀指导教师	参赛项目	项目类型	组别	教学单位
2011	一等奖	骆旭、邹娟、张静波	—	工程造价建模	团体	高职	生物与环境工程系
2012	一等奖	孙　萍	—	点钞、小键盘	个人	高职	财经系
	一等奖	刘玉娇	—	点钞、小键盘	个人	高职	财经系
	一等奖	唐远洋	唐子婷	英语口语	个人	中职	公共教学基础部
	一等奖	陈秋爽	—	英语写作大赛	个人	高职	公共教学基础部
2013	一等奖	贺山琴、李庆庆、郑　杰、陈　雪	潘晓晴	会计技能	团体	高职	财经系
	一等奖	陈　雪	潘晓晴	会计技能	个人	高职	财经系
	一等奖	李庆庆	潘晓晴	会计技能	个人	高职	财经系

续表中5-5-6

年份	奖项	获奖学生	优秀指导教师	参赛项目	项目类型	组别	教学单位
2013	一等奖	唐　倩	王艳兰	护理技术技能	个人	高职	护理系
	一等奖	吴佩芬	文英兰	中餐主题宴会设计	个人	高职	旅游与商务管理系
	一等奖	韩奥兰	黄　华	导游服务（普通话）	个人	高职	旅游与商务管理系
	一等奖	黄启奎、路　娟、陆颖茜、杨昌美	徐文基	工程造价技能——斯维尔软件	团体	高职	生物与环境工程系
2014	一等奖	毛　慧	杨衍莹	会计电算化	个人	中职	财经系
	一等奖	赵永兰	王庭鑫	会计技能	个人	高职	财经系
	一等奖	王绍丽	邹　雪	中餐主题宴会设计	个人	高职	旅游与商务管理系
	一等奖	吴艳丽	邹　雪	中餐主题宴会设计	个人	高职	旅游与商务管理系
	一等奖	韩奥兰	杨　曦	导游服务（普通话）	个人	高职	旅游与商务管理系
2015	特等奖	韩昕霞	杨　露	英语写作大赛	个人	高职	公共教学基础部
	一等奖	陈秋平、毛慧、蒙中秀、欧阳开琼	杨　群	会计技能	团体	高职	财经系
	一等奖	吕力俊、李昌杰、肖璐、肖凌凌	梁旭楷	电子商务技能	团体	高职	旅游与商务管理系
	一等奖	王　倩	聂　芸	中餐主题宴会设计	个人	高职	旅游与商务管理系
	一等奖	石庆龄	宋佳燕	导游服务（普通话组）	个人	高职	旅游与商务管理系
	一等奖	张　莉	唐　红	英语写作大赛	个人	高职	公共教学基础部
	一等奖	杨洪芝	胡　铨	英语写作大赛	个人	高职	公共教学基础部

行为规范

学院制定《校园文明行动工作方案》，引导学生树立文明就餐、爱护公物、勤俭节约、文明礼貌等良好意识，采取由学院团委发布校园文明倡议书，教学系各教学班召开主题班会，过好主题团日，搞好主题征文，抓好主题讲座等形式，从大学生文明行为规范常识，同学之间的礼节和礼貌，大学生文明行为规范辨释，课堂文明行为规范，课堂、教学楼、宿舍、食堂、校园活动、图书馆、办公场所的文明行为规范，思想道德，文明行为规范“十要十不要”，文明行为网络规范“六个不”等方面开展“培育良好文明习惯，拒绝不文明行为”工作。学院对学生的不文明行为，教学系纳入诚信档案建设内容和纳入学生操行考核计分；教学系活动开展情况纳入各系各月份学生工作考核加分项目；各系团总支、学生会、青年志愿者协会开展情况纳入相应月份考评内容。

文明行为规范　热爱祖国，爱岗敬业，乐于奉献。遵纪守法，见义勇为。勤劳俭朴，诚实守信。尊师重教，拥军优属。移风易俗，文明礼貌，助人为乐。家庭和睦，邻里团结。珍惜土地，保护山林。爱护公物，保护环境。

文明行为规范辨释　遵守社会公德，爱护公物，爱护花草树木，不践踏草坪，不随地吐痰，不吸烟，不乱扔废弃物，不穿拖鞋、背心进入公共场所，不在公共场所大声喧哗；语言规范，不说脏话，注意文明礼貌用语；树立正确的审美观念，衣着得体；培养良好的人际关系，与异性交往言行适度；遵纪守法，不做有害身心健康的事情。

文明行为“十不”规范　不乱倒垃圾和污水；不乱扔果皮纸屑、烟头；不随地吐痰；不说脏话、粗话；不乱停放车辆；不乱涂、乱画、乱张贴；不损坏行道树；不违章行车、出行；不损坏公共设施。

行为“三管好”　管好自己的口，不随地吐痰，不说不文明话；管好自己的手，不乱写乱画、乱扔乱倒，不做不文明事；管好自己的腿，不违反交通规则，不践踏花木草地。

同学之间的礼节和礼貌　真诚友爱。真诚友爱是一种崇高的道德情感。因此，要树立“心中有他人”的观念，与同学友爱团结。同学之间要平等待人，相互尊重，一言一行，一举一动都要从团结的愿望出发。平时遇见同学一定要打招呼。打招呼的方式很多，可以问好、点头、微笑、招手或喊一声名字等。要做到热情、诚恳。用你的真诚去爱别人，必然会得到别人真诚的回报。

相互尊重。每位同学都需要被他人关爱，被他人尊重。首先是尊重他人人格。讥笑、辱骂、给同学起绰号，不仅伤害同学的自尊心，还侮辱同学的人格，是低级趣味很不礼貌和很不道德的行为。其次，要尊重他人的生活习惯。每位同学的生活习惯是自幼养成的，是受家庭的教育和周围环境的影响而潜移默化的结果。尊重别人的生活习惯就等于对他人人格的尊重。

集体意识。每一个人都离不开集体，正像一滴水离不开浩瀚的江河大海一样。因此，每位同学都要有集体意识。在集体生活中，要顾全大局，遵守规章制度，不可我行我素。在付出的同时，也将会得到社会的尊重和他人的尊重。

善于交谈。交流可以增加同学间的了解、友谊和相互增长知识。同学之间的交谈说话态度要诚恳谦虚，要语调平和，不可装腔作势；交谈中力求语言文雅注意场合分寸；开玩笑，应注意，该说的就说，不该说的不说。听同学说话时态度要认真，不得轻易打断别人的讲话，要插话或提问应选择适当的时机，若同学说得欠妥和说错了，应在不伤害同学自尊心的情况下，恳切、委婉地指出。吵架、骂人说难听话是一种无教养的行为及无礼的表现。

借物还物。同学们经常在一起，难免相互之间借用东西，但是须谨记有借有还，即使随便用一下别人的物品，也应事先打招呼，征得他人同意。

帮助他人。乐于助人是中华民族传统美德之一，也是校园礼仪中不可缺少的内容。当有同学需要帮助时，应分清是非，弄明情况，如果是对的，应尽力而为、量力而行、助其一臂之力，忌视而不见、置之不理。如果要你弄虚作假，或者是违反校纪的事，就要有正确的是非观，不可同流合污。自己需要帮助时不要强求别人，要学会换位思考多替他人考虑。尽量不给别人造成困难，甚至带来麻烦。

课堂文明行为规范　上课：上课的铃声一响，学生应端坐在教室里，恭候老师上课，当教师宣布上课时，全班应迅速肃立，向老师问好，待老师答礼后，方可坐下。学生应当准时到校上课，若因特殊情况，不得已在教师上课后进入教室，应先得到教师允许后，方可进入教室。听讲：在课堂上，要听老师讲解，注意力集中，独立思考，重要的内容应做好笔记。当老师提问时，应该先举手，待老师点到你的名字时才可站起来回答，发言时，身体要立正，态度要落落大方，声音要清晰响亮，并且应当使用普通话。下课：听到下课铃响时，若老师还未宣布下课，学生应当安心听讲，不要忙着收拾书本，或把桌子弄得乒乓作响，这是对老师的不尊重。下课时，全体同学仍需起立，与老师互道：“再见”。待老师离开教室后，学生方可离开。尊师礼仪：学生在校园内进出或上下楼梯与老师相遇时，应主动向老师行礼问好。学生进老师的办公室时，应先敲门，经老师允许后方可进入。在老师的工作、生活场所，不能随便翻动老师的物品。学生对老师的相貌和衣着不应指指点点，评头论足，要尊重老师的习惯和人格。

接听电话礼仪　学会规范用语：喂，你好，请问您找谁，请稍候，不用谢，再见等。如受话人不在，应客气地询问：要留口信吗？对来电者不无端盘询；同学家长来电话，可称呼叔叔或阿姨；不在公共场合打涉及个人隐私的电话；通话时音量适中；与人交往过程中需接电话先致歉或征得同意，并及时结束通话；通话结束时，应稍候，估计对方话机离耳后再挂断；误拨号码，应主动致歉；别人通话时与通话人保持适当距离。

乘坐电梯礼仪 先下后上，依序出进；长者优先，女士优先，但不在电梯门口过度推让；进电梯后尽量不站在进门处；面朝门同一方向站立；等待即将到达者；主动帮助不方便者按钮；请别人帮忙，不越过别人身体按钮；不当众整装，适当保持距离。

课堂礼仪 穿着整齐；进门面带微笑，平视教室；如果老师在教室，应向老师致意；如果迟到，应向老师报告致歉；带好相关书籍与笔记本，最好不带与上课内容无关的物品、书籍；发言或提问要举手经老师同意并起立；上课不睡觉，不吃零食，听课不出声。

就餐礼仪 先请长者、女士入座；嚼食时闭嘴唇，不可出声；不挥舞筷子，不同时拿筷及匙；食物应夹入自用食器后再吃；不翻拣菜肴，不用自己的餐具给别人夹菜；不大声交谈，不过度劝酒、劝菜；对服务人员应有礼貌；熟悉遵守不同进餐方式的礼节；不当众剔牙、漱口；不浪费粮食；熟悉尊重各民族的就餐礼节。

思想道德 树立“齐家治国平天下”的远大抱负，立志报国，刻苦学习，奋斗成才；“修身立德”、严于律己，弘扬与践行“天行健，君子以自强不息”的中华文明精神瑰宝；自觉培植以诚信、忠义为本，“穷则独善其身，达则兼济天下”的伟大人格与高尚道德；堂堂正正做人，老老实实做事，扎扎实实学习。

文明行为规范“十要十不要” 要礼貌待人，不要轻视他人；要文明用语，不说脏话粗话；要讲究卫生，不随地吐痰；要爱护环境，不乱扔垃圾；要热情待客，不对他人发脾气；要团结友爱，不打架斗殴；要爱护公物，不损坏公共东西；要关心校园，不摘花草；要遵守秩序，不喧闹；要严格要求自己，不违反校规。

文明行为网络规范“六个不” 不滥用信息技术制造传播信息垃圾和计算机病毒；不编造虚假信息对他人进行诽谤或制造社会混乱；不利用网络进行欺诈、诈骗；不浏览、下载、传播黄、赌、邪信息；不窃取他人商业秘密或公开兜售、抄袭他人等智力成果，侵犯别人的知识产权；不非法侵入、攻击或破坏他人信息系统。

第六节 学生管理

制度建设

2002年上半年，学院正式集中办公后，学生工作办公室清理原来4所中专学校学生管理规章制度，组织编制学院自己的学生管理系列规章。2003年6月，学院第一本《学生手册》与学院师生见面。《学生手册》收录教育部、贵州省教育厅有关学生管理方面的文件11个，编制学院管理规章20余个。2005年6月，学院成立以副院长李炳昌为组长，学生处处长屈维彪为办公室主任的《黔东南民族职业技术学院学生管理规定》及系列规章建设工作领导小组，正式启动《黔东南民族职业技术学院学生管理暂行规定》主体文件及系列配套规章的清理、调研、起草工作。紧接着又启动《学生手册》收录工作。主要内容有教育部、省教育厅有关学生管理方面的文件，即《普通高等学校学生行为准则》《普通高等学校学生管理规定》《贵州省教育厅关于受理、处理、答复本省普通高等学校学生申诉暂行实施办法》《学生伤害事故处理办法》《高等学校校园秩序管理若干规定》《高等学校学生安全教育及管理暂行规定》《教育部关于高等学校学籍方面一些名称的提法》《国家教委关于高等学校处理遗失毕业证的办法》《贵州省中等职业学校学籍管理规定（试行）》9个文件；《公民道德建设实施纲要》选摘；凯里市文明市民公约；学院学生管理主体文件及系列配套规章，即《黔东南民族职业技术学院学生管理暂行规定（主体文件）》《学生纪律处分暂行规定》《学生表彰与奖励暂行规定》《学生交费的暂行规定》《学生公寓（宿舍）管理规定（试行）》《学生申诉管理办法（试行）》6个文件。《学生手册》修订的主要内容有：学院关于升挂国旗、奏唱国歌制度的规定、学生文明行为规范、学生礼仪、学生德育系列化方案、学生德育考核细则、班级考核评比细则、校园学生行为规则、学生大型会议规则、学生安全防范制度、学生公寓（宿舍）文明寝室评比制度、新生军训制度、学生干部管理条例、学生会章程。《学生手册》选编的内容为知识万花筒，主要含青春期心理特点、成熟个性的心理特征、自卑感的产生与克服、读书方法、书信中常用的祝颂语、建立良好的人际关系的基本要求、现代人才必备的素质、求职应聘的礼仪等。这样，一个较为系统的学生管理规章应运而生。

之后，学院学生管理规定及系列配套规章又经历三次修订。2014年，以“1+2+4”规章构筑全新的学生工作体系。“1”即是学院党委《关于进一步加强和改进大学生思想政治教育工作意见》，这是学生工作的引领；“2”即两个制度：《黔东南民族职业技术学院周日晚自习班会制度》和《黔东南民族职业技术学院学生宿舍检查制度》，这是学生工作的保证；“4”即《黔东南民族职业技术学院学生操行分考核办法》《黔东南民族职业技术学院班级助理聘任管理办法》《黔东南民族职业技术学院学生宿舍管理员工作量化考核奖惩办法》和《黔东南民族职业技术学院教学系学生工作考核评价办法》，这是学生工作的抓手。

学院学生工作规章制度有《黔东南民族职业技术学院学生管理规定》《黔东南民族职业技术学院中职学生学籍管理实施细则》《黔东南民族职业技术学院学生申诉管理办法》《黔东南民族职业技术学院学生交费管理办法》《黔东南民族职业技术学院学生公寓（宿舍）管理办法》《黔东南民族职业技术学院安全防范制度》《黔东南民族职业技术学院学生证、校牌管理办法》《黔东南民族职业技术学院学生文明行为规范》《黔东南民族职业技术学院学生礼仪》《黔东南民族职业技术学院学生主题教育规划》《黔东南民族职业技术学院教学系学生工作考核评价办法》《黔东南民族职业技术学院学生操行分考核办法》《黔东南民族职业技术学院周日晚自习班会制度》《黔东南民族职业技术学院学生宿舍检查制度》《黔东南民族职业技术学院班级助理聘任管理办法》《黔东南民族职业技术学院学生宿舍管理员工作量化考核奖惩办法》《黔东南民族职业技术学院奖、助学金管理办法》《黔东南民族职业技术学院学生勤工助学实施办法》。

管理办法

坚持计划走在前面。以立德树人为根本，在学院党委、行政工作要点的框架内，以社会主义核心价值观的内容与要求具体细化编制《学生思想政治教育工作计划》和《学生工作要点》，作为每个学期学生工作的规范与要求。

实施中层领导干部联系班级制度。2007年4月，学院党委下发《中层以上领导干部班级联系制度》，规定学院中层以上领导干部由学生处具体安排每一个领导干部与教学班对接，指导和帮助所联系教学班班主任卓有成效地开展班级学生工作，其工作身份是兼职辅导员。兼职辅导员的主要工作内容是：一学期做一次专题讲座，参加一次主题班会，参加一次班、团干会和班主任例会，听课2节次以上，开展谈心活动2人次以上，帮助班级或学生个人解决一个以上问题。

实施辅导员班主任工作量化考核制度。辅导员班主任是班集体的教育者、组织者、领导者，是学生思想品德、学习生活和健康成长的良师益友，是学院德育教育工作的重要力量。为进一步提高德育工作的实效性，促进班级管理的规范化、制度化，并力求对辅导员班主任工作做出较全面、较客观、较公正、较科学的量化评估考核，学院始终坚持辅导员班主任工作量化考核制度。量化考核由辅导员班主任日常工作考核和班级管理效果考核两部分组成，考核工作由教学系具体组织实施。

实施学生工作例会制度。学院层面。由学生处每个月月初召开一次学生工作例会，以了解、检查、掌握各教学系上一月学生工作情况并进行总结，同时，对当月学生工作进行安排、部署和强调。在每月一次的学生工作例会上，展出各系工作的亮点、特色，指出存在的问题与困难，找出解决问题的办法和措施。教学系层面。由教学系每月组织召开一次辅导员班主任工作例会，辅导员班主任汇报本班工作情况和解决问题的思路与做法，再听取系领导安排和部署近期工作，针对存在的问题，研究确定相应的工作对策。

实施预警教育机制。心理预警教育。通过心理档案，动态地观察学生的心理变化，及时发现处于严重心理危机状态的对象，从而采取应对措施。违纪预警教育。是对有轻微违纪行为，尚不够纪律处分者的一种教育提醒，以有效地预防和减少违纪行为的发生，做到防微杜渐。学业预警教育。学生学习考核、考试实际情况及时向学生本人发出预警，使学生本人及时意识到目前所处的学习状态，并按要求制定整改措施，最大限度地预防学生学业继续滑坡。群体事件预警教育。加强对校园网络、公共论坛的信息管理和监控，尤其是敏感时期和事态前要提高警惕，对于学生集体关注和热切讨论的问题要反应灵敏，出现可能影响校园安全的言论、动向或事态时，不可麻痹大意，及时调研，主动加强信息收集、分析和处理，学生对学院的疑问和意见要重视，辟谣和消除误解要及时，对学生工作中可能出现的危机、隐患、矛盾和问题要敏锐地预见，定期主动排查，及时解决，做到心中有数。

实施教学系学生工作考核办法。通过教学系工作计划与总结、学生组织建设、系学生工作例会、系学生干部工作会议、周日晚自习班会、校园文化活动、课堂纪律、学生文明行为、教学楼卫生、宿舍卫生、公共区域卫生、辅导员班主任值班、学生就寝纪律、学生宿舍检查、文明宿舍评选、学生班级考核、学生工作品牌建设和学生资助等工作的情况考核评价，全面推进学生管理工作。

实施学生操行量化考核办法。通过学生担任学生干部尽职尽责情况、学生参加各种活动获得省级以上奖励情况、学生加入学生社团、并参与活动情况、学生获得院级文明宿舍情况、学生迟到、早退、旷课情况、学生违纪现象、学生举止言谈、与同学关系融洽情况、学生劳动是否积极、清洁卫生情况、学生参加志愿者活动或公益活动情况、学生参加各种文体活动情况等，考核评价每一个学生的日常行为。

实施周日晚自习班会制度。通过周日班务会、主题班会、专题讲座等，检查学生返校情况，掌握学生思想动态，引领学生前进方向；让学生对过去一周的学习、生活、工作、活动有总结，有感悟，知得失，对未来一周的学习、生活、工作、活动有安排，有目标，有期待；周日晚自习班会一定是辅导员班主任主持，一定有记录，一定是班务会、主题班会或专题讲座。

实施学生宿舍检查制度。周日晚9:30～11:00，由教学系值周领导组织，辅导员班主任、班级助理、宿管老师和宿舍管理小组人员参加，对所属系所属班级的学生宿舍普遍检查一遍；星期一至星期四晚上9:30～11:00，由值班的辅导员班主任组织，安排宿管老师和宿舍管理小组人员，对所属的学生宿舍普遍检查一次；星期一至星期五的五天时间内，由教学系值周领导组织，辅导员班主任、班级助理、宿管老师和宿舍管理小组成员参加，任意选择一个下午，对所属系所属班级的学生宿舍普遍检查一次的“三必查”，充分调动各方共同管理学生宿舍的积极性、主动性和创造性，切实加强学生宿舍管理，切实提高学生宿舍的管理水平。

实施班级助理聘任办法。在实行辅导员工作制度的高职新生班级，每班配备一名班级助理。班级助理由教学系在二年级相同专业或相近专业的高职学生中选拔任命，聘期一年，学生处备案。要求担任过学院、教学系或班级主要学生干部，具有一定学生工作经验；热爱学生工作，具有奉献精神，责任心强，遵纪守法，行为端正；具有一定的沟通交流、组织管理和文字表达能力，有创新精神，勇于实践；学习成绩优秀，示范作用强。充分发挥其在高职一年级班级建设、学风建设、专业建设、日常事务等方面工作的积极性、主动性、创造性，切实加强学生的自我教育、自我管理、自我服务育人功能。

实施宿管员考核办法。学生宿舍管理员工作量化按月进行考核，考核结果作为该月宿舍管理员工作奖惩的依据；宿舍管理员当月的工作量化考核得分在80分（含80分）以上的发给全额工资；当月的工作量化考核得分在90分以上的，以楼栋为单位，从高分底分设一等奖1个、二等奖2个、三等奖3个分别发放奖金600元、500元、400元；当月的工作量化考核得分在79分（含79分）以下的，以楼栋为单位，每下降1分扣发工资20元，充分发挥学生宿舍管理员在学生宿舍管理中的积极性和主动性，进一步加强学生日常行为的养成教育，切实提高学生宿舍的管理水平。

学籍管理

2014年，学院成立学籍管理科，专司学籍管理工作，将学籍管理工作规范化、科学化、信息化。学院建立院系两级学籍管理制度。各教学系各设一名学籍管理老师，负责各系学籍相关事务，学院与各教学系之间利用互联网等相关平台进行紧密联系，保证学籍工作的时效性。

2014年8月29日，教育部发布《高等学校学生学籍学历电子注册办法》（以下简称《办法》），规定9月起高等学校学历教育学生均须进行新生学籍、在校生学年及毕（结）业生学历证书的电子注册。《办法》规定：高校对报到新生进行录取、入学资格复查，对复查合格的学生予以学籍注册，复查不合格者取消入学资格；对放弃入学资格、保留入学资格、取消入学资格的学生予以标注。按照特殊政策录取的学生应标注其录取类型。对在校学生，办法要求他们在每学年第一学期开学后一个月内完成学年电子注册，这包括在校生新学年注册（含注册学籍、暂缓注册等）和上学年学籍变动（含留级、降级、跳级、休学、复学、转学、转专业、保留学籍等）、学籍记载（含学业考试情况、社会实践情况、奖惩情况等）、学籍注销（含退学、取消学籍、开除学籍、死亡等）以及学生取得的其他证书（含肄业证书、学习证明等）的标注。《办法》还规定，高校颁发的学历证书（含高等教育自学考试毕业证书），应进行学历证书电子注册。办法强调，高校只能为取得本校学籍并进行学籍注册的学生颁发并注册一份学历证书。

学籍管理最核心的是三大注册：新生学籍电子注册、在校生学年电子注册、学历证书电子注册。

新生学籍电子注册工作与新生入学复查同步进行。是将报到的所有新生与招生信息库中的照片、身份证号、姓名及其他相关信息逐一进行比对；如发现新生学籍信息有误的，要及时以书面形式报教务处，以便及时修改。保证按照实际报到并经复查合格的人数进行新生学籍电子注册，不得将未报到以及图像及其他相关信息比对不一致的学生进行注册，确保数据的客观性、真实性和准确性。新生学籍电子注册工作于每年11月20日前完成，以确保入学新生能在12月上网查询到本人的学籍注册信息。

在校生学年电子注册内容包含各年级在校生新学年学籍注册、上一学年学籍变动及奖惩等情况电子标注。分为学籍状态：注册学籍、暂缓注册、保留学籍、预科转正、休学；学籍变动：升级、跳级、留降级（重修）、转学（入、出）、转专业、休（复）学。学年电子注册在每学年第一学期开学初进行，上一学年学籍变动的信息标注也要在此阶段全部完成，并于每年10月前，由高校填写《普通高等学校学生学年电子注册情况统计表》，报省级教育行政部门汇总后再报教育部。

毕业生学历电子注册工作分两阶段进行。第一阶段是毕业生学历证书资格审核，于每年的4月进行。审核的主要内容是对各高校上报的预计普通高等教育应届毕（结）业生的学籍资格进行复审，再次确认其学籍身份，保证每位毕（结）业生获得学历证书资格。第二阶段学历证书电子注册数据审核上报，于每年的7月进行。主要内容是在第一阶段审核的基础上，将每位毕（结）业生最终的毕结业结论、毕业日期如实填报；未通过第一阶段审核的毕（结）业生，一律不得进行学历证书电子注册。

第七节　毕业就业

学院制定就业指导课实施计划，把就业指导课程确定为在校生必修课，组织编写《高职生职业发展与就业指导》教材，在全院一至二年级中开设就业、创业指导课，举办创业讲座和创业大赛，做好毕业生就业指导工作。

就业指导课程

学院基于人才培养的就业导向，将职业教育贯穿学生在校期间的方方面面。全校开设《大学生职业发展与就业创业指导》课程，并通过全校性大赛来辅助课程教学，完成学生对就业创业指导学习。针对一年级新生进行职业生涯规划引导、新生问卷调查等帮助新生树立人生目标学习方向；针对二年级学生主要进行求职简历制作指导、模拟面试实训、招聘会志愿者与用人单位对接等形式，能更深层地结合自己实际思考求职方向，珍惜专业实习实训机会，为求职作好充分准备；三年级毕业生通过在实习过程中接受学院不定期讲座、培训等对毕业生的求职面试、实习待就业及参加招聘会等进行全面辅导、指导及推荐。

就业平台

从学生角度，学院为毕业生提供从生源信息核对、就业指导、就业政策宣传、就业面试指导、就业推荐、签约、派遣离校、报到等就业工作的“一站式”服务；学院为用人单位提供从前期预约、宣讲、笔试、面试、录取、签约等的“一站式”服务。通过学院对就业关系双方“一站式”服务的开展，初步打造信息化的工作格局，结合学院的就业信息网、学院就业微博平台和毕业生调研系统，利用新媒体为学院的就业工作进行网络化推广。

校园招聘会

学院一方面推进校园招聘工作，举办大型校园招聘会，开展校园招聘月活动；另一方面持续完善校园招聘准入制度，加强校园招聘活动的规范管理，不仅从量，更从质上提升校园招聘活动的整体水平。在对校园招聘单位的邀请过程中，重视对学院冷门专业的扶持，以热门专业带动冷门专业的就业，在学院范围内实现就业市场资源共享，各专业间优势互补、齐头并进，促进学院的就业工作平衡、全面发展。

学院自2002年合并招生后，除第一、二年无毕业生外，2004年至2015年有毕业生2.03万人，其中就业人数1.95万人，平均就业率96.15%。据2009年到2015年毕业生人数统计，在1.53万名毕业就业人数中，州内就业的占45.5%，省内州外就业的占40.63%，省外就业的占13.84%。在毕业就业中，到医疗卫生单位的占54.75%，到企业的占20.84%。

2004年至2015年学院毕业生就业情况统计表

表中5-7-1

年　度	毕业生（人）	就业人数（人）	就业率（%）
2004年	251	226	90.04
2005年	1130	998	88.32
2006年	948	853	89.98

续表中5-7-1

年 度	毕业生（人）	就业人数（人）	就业率（%）
2007年	794	717	90.3
2008年	1534	1405	91.59
2009年	1332	1266	95.05
2010年	1639	1588	96.89
2011年	2012	1956	97.22
2012年	2244	2202	98.13
2013年	2299	2281	99.22
2014年	2343	2314	98.76
2015年	3784	3722	98.36
合 计	20310	19528	96.15

2002年至2015年学院学生情况统计表

表中5-7-2

年度	招生数（人）			在校生数（人）			毕业生数（人）			就业人数（人）			就业率（%）	
	小计	高职	中职	小计	高职	中职	小计	高职	中职	小计	高职	中职	高职	中职
2002	960	272	688	—	254	—	—	—	—	—	—	—	—	—
2003	2207	1700	507	—	1132	—	—	—	—	—	—	—	—	—
2004	2026	1132	894	4130	2647	1483	251	251	—	226	226	—	90	—
2005	2628	1218	1410	4182	2178	2004	1755	1130	625	1549	998	551	88	88
2006	3461	1553	1908	6937	3694	3243	1782	947	835	1596	853	743	90	89
2007	3090	1666	1424	7942	4319	3623	1622	794	828	1458	717	741	90	89
2008	4072	2269	1803	8845	5046	3799	2802	1534	1268	2520	1405	1115	92	88
2009	3558	2351	1207	9329	5942	3387	3255	1332	1923	2976	1266	1710	95	89
2010	4356	2371	1985	10703	6601	4102	2785	1639	1146	2623	1574	1049	96	92
2011	3202	2468	734	10433	6977	3456	3284	2012	1272	3134	1957	1177	97	93
2012	5308	3832	1476	12386	8463	3923	3109	2244	865	3012	2191	821	97	95
2013	6314	3370	2944	14431	9447	4984	3988	2302	1686	3883	2280	1603	99	95
2014	6112	4233	1879	11317	5331	5986	2931	2343	588	2912	2307	605	98	98
2015	4392	4100	292	15616	11373	4243	4796	3784	1012	4673	3721	952	98	94

第六章　教育教学

第一节　专业与课程

专业设置

2002年5月，学院正式挂牌后，设置高职专业13个，分别是财务会计、会计电算化、高级护理、中西医结合等，中职招生专业有农业综合技术应用、社区医学、护理、计算机应用、口腔工艺、药剂、园林技术、园艺技术、美容护理。

2005年，临床医学专业经教育部、卫生部专家的评审批准设置，成为贵州省唯一设置此专业的高职院校。

2007年，学院高职专业从数量到质量都有长足的进步，高职专业增长至17个（含五年制），分别是导游、高级护理、会计电算化、护理、机电一体化、计算机网络、计算机应用、酒店管理、临床医学、口腔医学技术、汽车检测维修、市场营销、计算机图形图像、畜牧兽医、药学、园林技术、园艺技术；中职专业结合学院发展逐步调整至14个，分别是模具设计、护理、会计电算化、旅游管理、社区医学、乡村医士、药剂、口腔工艺、旅游管理、汽车驾驶维修、卫生保健、应用电子、幼儿示范教育、中医保健。

2011年，口腔医学专业通过教育部、卫生部评审批准设置，同年招生。苗侗康复治疗技术、苗侗药物生产与应用技术、医学检验技术、眼视光技术、音乐表演5个高职专业经过省教育厅审核上报教育部获准招生，并在中国高职高专教育网上公示。

2012年，学院高职专业增加到46个，分别是园艺技术、园艺、林业技术与管理、林业技术、园林技术、园林、畜牧兽医、机电一体化技术、机械设计与制造、汽车检测与维修技术、建筑工程技术、计算机及应用、计算机应用技术、计算机网络技术、图形图像制作、微电子技术、会计电算化、投资与理财、市场营销、财务管理、会计、广告与装潢设计、临床医学、高级护理、护理、助产、药品营销、药学、药剂、口腔医学技术、口腔工艺、医疗美容技术、美容及护理、口腔医学、旅游与酒店管理、旅游管理、导游、酒店管理、人力资源管理、涉外旅游、文秘等。

中职专业40个，分别是果蔬花卉生产技术、中草药种植、现代林业技术、园林技术、畜牧兽医、建筑工程施工、机械加工技术、模具制造技术、机电设备安装与维修、汽车运用与维修、汽车车身修复、汽车美容与装潢、汽车整车与配件营销、计算机应用、计算机平面设计、计算机动漫与游戏制作、电子技术应用、护理、助产、农村医学、营养与保健、康复技术、医学检验技术、口腔修复工艺、药剂、药品食品检验、美容美体、会计、会计电算化、金融事务、高星级饭店运营与管理、旅游服务与管理、景区服务与管理、会展服务与管理、服装设计与工艺、民族音乐与舞蹈、民族工艺品制作、学前教育、文秘、社区公共事务管理。

2013年，学院高职专业新增12个，分别是水利水电工程管理、工程造价、苗侗康复治疗技术、航空服务、电子商务、会展策划与管理、旅游工艺品设计与制作（民族工艺品）、供用电技术、建筑电气工程技术、汽车技术服务与营销、汽车整形技术、食品加工技术。

2014年，学院结合实际情况，整合资源，调整高职专业，由之前的48个缩减到35个，减少13个。

缩减的专业分别是航空服务、会展策划与管理、建筑电气工程技术、苗侗康复治疗技术、苗侗药物生产与应用技术、汽车整形技术、人力资源管理、涉外旅游、食品加工技术、投资与理财、图形图像制作、微电子技术、医疗美容技术。

2015年，学院将48个专业优化为35个。同时组织新专业申报工作，新增农产品质量检测、物联网应用技术、电子信息工程技术3个专业，高职专业共计38个。服务黔东南州“大数据、大健康、大旅游、大文化、大农业”五大战略性产业，重点打造医药卫生技术、民族文化技术、生态农业技术三大专业群。

学院高职有国家重点建设专业5个、国家示范建设专业1个；省级重点专业群2个，骨干专业4个。

学院高职专业一览表

表中6-1-1

序号	所属系部	专业代码	专业名称	批准设置时间（年月）	首次招生时间（年月）
1	财经系	620201	财务管理	2009.02	2010.09
2	财经系	620203	会　计	2008.02	2010.09
3	财经系	620204	会计电算化	1996.03	2002.09
4	建筑工程系	560301	建筑工程技术	2009.03	2009.09
5	建筑工程系	560502	工程造价	2013.04	2013.09
6	建筑工程系	570208	水利水电工程管理	2013.04	2013.09
7	建筑工程系	670112	广告与装潢设计	2009.12	2010.09
8	旅游与商务管理系	620401	市场营销	2012.07	2013.09
9	旅游与商务管理系	620405	电子商务	2013.07	2014.09
10	旅游与商务管理系	640101	旅游管理	2005.07	2005.09
11	旅游与商务管理系	640103	导　游	2006.07	2007.09
12	旅游与商务管理系	640106	酒店管理	2004.07	2006.09
13	旅游与商务管理系	660112	文　秘	2008.07	2009.09
14	旅游与商务管理系	670111	旅游工艺品设计与制作	2013.07	2013.09
15	旅游与商务管理系	670202	音乐表演	2012.07	2012.09
16	汽车与机电工程系	550306	供用电技术	2013.05	2013.08
17	汽车与机电工程系	580101	机械设计与制造	2008.03	2008.08
18	汽车与机电工程系	580201	机电一体化技术	2005.02	2005.08
19	汽车与机电工程系	580402	汽车检测与维修技术	2005.09	2006.09
20	汽车与机电工程系	580405	汽车技术服务与营销	2013.03	2014.09
21	汽车与机电工程系	590101	计算机应用技术	2004.03	2004.09
22	汽车与机电工程系	590102	计算机网络技术	2005.04	2005.09
23	汽车与机电工程系	610119	物联网应用技术	2015.09	2015.09
24	汽车与机电工程系	610101	电子信息工程技术	2015.09	2015.09
25	护理系	630201	护　理	2001.09	2002.09

续表中6-1-1

序号	所属系部	专业代码	专业名称	批准设置时间（年月）	首次招生时间（年月）
26	护理系	630202	助　产	2010.05	2010.09
27	口腔医学系	630102	口腔医学	2011.05	2011.09
28	口腔医学系	630406	口腔医学技术	2002.05	2002.09
29	临床医学系	630101	临床医学	2005.05	2005.08
30	临床医学系	630404	眼视光技术	2012.04	2012.08
31	临床医学系	630405	康复治疗技术	2012.03	2012.08
32	生物与环境工程系	510105	园艺技术	2012.05	2012.09
33	生物与环境工程系	510201	林业技术	2003.03	2003.08
34	生物与环境工程系	510202	园林技术	2002.09	2003.09
35	生物与环境工程系	510301	畜牧兽医	2003.04	2003.09
36	生物与环境工程系	510113	农产品质量检测	2015.09	2015.09
37	医药技术系	630301	药　学	2013.09	2013.09
38	医药技术系	630401	医学检验技术	2013.09	2013.09

2015年学院中职专业一览表

表中6-1-2

序号	专业大类	专业代码	专业名称
1	农林牧渔类	010700	果蔬花卉生产技术
2	农林牧渔类	011000	中草药种植
3	农林牧渔类	011300	现代林业技术
4	农林牧渔类	011500	园林技术
5	农林牧渔类	012000	畜牧兽医
6	土木水利类	040100	建筑工程施工
7	加工制造类	051200	机械加工技术
8	加工制造类	051500	模具制造技术
9	加工制造类	051600	机电设备安装与维修
10	交通运输类	082500	汽车运用与维修
11	交通运输类	082600	汽车车身修复
12	交通运输类	082700	汽车美容与装潢
13	交通运输类	082800	汽车整车与配件营销
14	信息技术类	090100	计算机应用
15	信息技术类	090300	计算机平面设计
16	信息技术类	090400	计算机动漫与游戏制作

续表中6-1-2

序号	专业大类	专业代码	专业名称
17	信息技术类	091300	电子技术应用
18	医药卫生类	100100	护理
19	医药卫生类	100200	助产
20	医药卫生类	100300	农村医学【国】
21	医药卫生类	100400	营养与保健
22	医药卫生类	100500	康复技术
23	医药卫生类	100700	医学检验技术
24	医药卫生类	100900	口腔修复工艺
25	医药卫生类	101100	药剂
26	医药卫生类	102200	药品食品检验
27	休闲保健类	110100	美容美体
28	财经商贸类	120100	会计
29	财经商贸类	120200	会计电算化
30	财经商贸类	120400	金融事务
31	旅游服务类	130100	高星级饭店运营与管理
32	旅游服务类	130200	旅游服务与管理
33	旅游服务类	130500	景区服务与管理
34	旅游服务类	130600	会展服务与管理
35	文化艺术类	142400	服装设计与工艺
36	文化艺术类	142900	民族音乐与舞蹈
37	文化艺术类	143500	民族工艺品制作
38	教育类	160100	学前教育【国】
39	公共管理与服务类	180200	文秘
40	公共管理与服务类	181000	社区公共事务管理

课程设置

创建精品课程　2006年，学院启动精品课程工作。2009年，制定《黔东南民族职业技术学院精品课程建设实施办法》。至2009年，全院获得省级精品课程10门，分别是健康（负责人龙军）、企业财务会计（负责人杨群）、基础会计（负责人杨群）、临床诊断知识与技术（负责人吴勇）、财务报表分析（负责人王远湘）、内科护理（负责人姚本丽）、汽车底盘构造与维修（负责人李民和）、实用中医技术（负责人金继萍）、病原生物与免疫（负责人宋爱萍）和内科疾病诊疗（负责人杨彩鸾）；院级精品课程22门，分别是旅游社交礼仪、餐饮服务与管理、医药市场营销学、计算机应用基础、可摘局部义齿工艺技术、基础会计、诊断学、内科护理、护理技术、财务报表分析、模拟导游、园林工程技术、汽车底盘构造与维修、外科学总论、财务管理、成本会计、病原生物与免疫、实用中医技术、内科疾病诊疗、混凝土主体结构施工、建筑工程测量和药物制剂技术。2013年，学院开设精品资源共享课程和精品在线开放课程，杨群主持的“基础会计”，获贵州省精品资源共享课程，精品在线开放课程获贵州省精品在线开放课程称号。

规范课程标准 学院先后制定关于《编写课程标准的基本要求》《黔东南民族职业技术学院编制和执行课程标准的意见》《黔东南民族职业技术学院课程建设与管理办法（试行）》。对编写课程标准的基本原则、基本要求和格式标准提出明确具体的规定。深入岗位调研，在教学内容的选取、评价指标、学习情境的设计等与行业标准相吻合，实现专业课内容与职业标准的对接，全院完成课程标准200余门，取得显著成效。

开展优质课比赛 为进一步在教学中引入竞争机制，鼓励教师投入教学研究和教学改革工作，提高课程教学质量，2009年，学院制定《黔东南民族职业技术学院优质课评选办法》，开展教师优质课评比活动，学院成立优质课评比领导小组，采用平时教学（包括完成教学工作基本情况、学生问卷和同行教师测评及所在单位考核情况）和公开课教学相结合的方式进行评审，每年组织一次教师优质课教学评比，由专家评委从教学设计、教学过程、教学技能和教学效果等方面进行现场打分。学院对获奖者颁发获奖证书和相应的物质奖励，并将教学比赛的成绩作为评聘专业技术职务的依据之一。

开展课程整体设计比赛 2010年6月8日，学院进行第一届课程整体设计比赛，除医药技术系未派选手参加比赛外，有来自五系两部15名选手参加比赛，其中副教授3人，讲师7人，助教5人。比赛设一、二、三等奖和组织奖。至2015年，学院举办课程整体设计比赛5届。

开设人文素养选修课程 至2015学年，运用网络及师资开设19门学生分段选修课和体育选项课。

第二节　教材与教学

教材管理

2002年学院成立后，由教务处组织制定《教材管理实施办法》《校本教材建设管理办法》《教材竞争性谈判实施办法》和《关于规范教材管理的补充通知》等。2010年，教务处在原有制度基础上制定《优秀校本教材实施方案》和《校本教材编写计酬与奖励办法》，全面规范教材管理工作。

教材管理目标 选用优秀的、新版的高职高专规划教材，逐年提高其使用率，推动学院内涵建设；加强教材管理，从2010年实现新征订教材零库存；加强与行业（企业）合作，共同开发实训教材，建设校本特色教材。

教材订购程序 教材科发放教材征订通知给各系；各系将下学期开设课程、开课班级及人数告知各教研室。若教研室在其他系（部）的，须将开设课程和开课班级送至教研室所在系（部），由该系（部）告知教研室；教研室组织所有任课教师选用教材版本，填报《教材选用审批表》，经任课教师代表签字，教研室主任审核，报教研室所在系（部）审核签字盖章，交开课班级所在系；开课班级所在系分年级专业层次汇总填写《教材征订汇总表》，系主任审核签字盖章后按时送教材科；教材科汇总全院教材征订表，及时与教材供应商联系征订教材。

教材发放 学生用书。教材科安排时间，下发教材发放通知，由班主任组织学生到教材库领取，当场开包点清册数后，填写“教材领用单”并签名确认教材种类及数量。“教材领用单”一式三份，作为核对教材费结算依据；一份呈教材科备查；一份给领用班级存查；发教材供应商留存一份；学生凭计财处收费凭证到班主任处领取教材。班主任必须做好班级教材发放的登记工作，将班级教材发放表及多余教材及时交到教材科，否则，视为无退订，按原领用单结算；教材在使用过程中如发现缺损、漏印、错装等现象，及时告知教材科，教材科与供应商联系，尽快更换教材。教师用书。任课教师凭任课通知单按时到上课系部领取教材。在版本不变的情况下，不重复领取。

教材款结算　教材款属于代收代支款，与教材供应商结算，严格按财务制度执行；学生教材款的结算，以班级教材领用单为依据，每学期结算一次，每年的4月前向计财处上报本年度毕业生班级三年来的教材款。

校本教材建设　2010年至2015年，学院立项校本教材38本，其中有12本已正式出版。

2009年至2014年学院校本教材正式出版一览表

表中6-2-1

教材名称	主　编	出版社	书号ISBN	出版日期
中医护理技术	杨燕玲	北京出版社	9787200079654	2009
大学计算机应用基础	曹庆旭　杨雪燕	湖南教育出版社	9787535566539	2010.8
大学计算机应用拓展与实训指导	曹庆旭　朱方来	湖南教育出版社	9787535566522	2010.8
基础会计及实训教程	杨　群	中国水利水电出版社	9787508475349	2010.8
外科护理学实践与习题集	陈镇兰	中国水利水电出版社	9787508475318	2010.8
大学生职业发展与就业指导	李　欢	南开大学出版社	9787310032242	2010.8
财务报表分析	王远湘	清华大学出版社 北京交通大学出版社	9787512104389	2011.1
初级财务会计及实训教程	杨　群	北京理工大学出版社	9787564047580	2011.7
病理学实训指导与习题	吴寿峰	第四军医大学出版社	9787566200488	2011.8
内科疾病诊疗学习指导及习题集	杨彩莺	北京大学医学出版社	9787565904219	2012.8
体育健身与健康	董清正	北京大学医学出版社	9787565904318	2012.8
药品销售技术	刘书华	北京大学医学出版社	9787565904547	2013.1
护理技术	张绍敏	北京大学医学出版社	9787565904271	2012.9
基础会计模拟实训教程	陈治敏	中国水利水电出版社	9787517010272	2013.9
生理学实验指导与习题集	张建菊	第四军医大学出版社	9787566204813	2014.6
人体解剖学与组织胚胎学实训指导与习题集	潘永明	第四军医大学出版社	9787566204820	2014.8
实用中医技术	金纪平	第四军医大学出版社	9787566204806	2014.8
黔东南导游词	州旅游管理局 学院	贵州出版集团 贵州人民出版社	9787221119124	2014.6

实践教学

在校内实训基地建设中，成立技能实训中心，下设医学实训中心、工科实训中心、农林牧实训中心等相关职能部门，共同协作管理、保障学院的实践教学秩序正常进行。坚持开发模拟实训平台和生产性实训基地建设相结合，依托林业技术、园林、园艺、建筑工程技术、广告与装潢设计等专业，建立学院植物组织培养中心、学院生态园林绿化工程有限责任公司。截至2015年，学院与校外企、事业单位建立实习基地202个，合作单位计173个。制定《黔东南民族职业技术学院实践教学管理办法》《关于加强学生上岗实习实践教学工作的管理办法》《毕业论文（设计）工作实施办法》《黔东南民族职业技术学院学生实习管理办法》等规范实践教学的各环节。

学院采取多种形式，推进校外实训基地建设。

坚持探索“工学结合、校企合作”办学模式，践行“在实践中学习，在创新中发展”办学理念，探索构建校企合作、校政合作、校校合作“多元一体”办学机制。引进贵州丹寨宁航蜡染有限公司、黔东南太阳鼓苗侗刺绣有限公司、黔东南九黎苗妹工艺品有限公司3家企业入驻校园，建起校园民族文化技术实践基地，成为贵州省首批校企共建的公共实训基地；与贵州中科汉天下有限公司、贵州大地建设集团2家企业成为校企发展共同体，建设汽车与机电工程系（二级学院）、建筑工程系（二级学院）；与贵州互强药业有限公司、凯里温氏畜牧有限公司开展订单培养。

与政府部门建立联席会议制度。与州农委、州旅游局、州卫生局等州直部门，建立行业技术技能人才培养联席会议制度，定期不定期商议专业设定、课程设置、基地建设等，推进校、政、企共同培养技术技能人才。

探索校企发展共同体模式。制定《黔东南民族职业技术学院校企深度合作实施办法》，在“深度合作、共建共享、共同发展”原则的基础上，探索人才培养校企合作新机制，以实现校企一体化育人、校企共同发展。2014年建成贵州省首批校企共建公共实训基地。

以教学系为单位，成立9个教育教学指导委员会，由学院主要领导担任主任委员，领导班子副职担任副主任委员，各教学系专业教师及行业专家为成员，以此加强教学与行业、企业主管部门的交流合作，促进教学质量的提升。

经教育厅批准，学院成立贵州省大健康产业职业教育集团；与港中旅集团合作组建“港中旅学院”；与贵州丹寨宁航蜡染有限公司、黔东南州太阳鼓苗侗刺绣有限责任公司、黔东南九黎苗妹工艺品有限公司共建的生产车间已投入运行；与北京大学医学出版社达成战略合作协议；与苏州工艺美术职业技术学院开展《时尚苗绣》《首饰设计实务》主题教学（完成双向交流教学2次，参与学生52人、教师17人；选送25名学生到中国台湾地区、加拿大交流学习）。2015年9月，学院与合作企业共同打造的民族文化展示厅全部完成。

由学院牵头，组建学院教育集团，凯里学院、贵州省电子工业职院及州内各中职学院作为成员单位，并吸引当地优秀企业及相关行业入会，构建政府主导办学的平台。

第三节　教学管理

常规管理

常规管理主要包括教学例会制度、教学检查制度和其他管理制度。

教学例会制度　教务处坚持定期召开教学例会，保证教学秩序正常有序。例会由分管教学副院长主持，会议将期初、期中、期末的教育各项工作进行安排、布置，通报学籍异动情况，确保各项工作正常有序开展。

教学检查制度　2007年，学院制定《黔东南民族职业技术学院教学检查制度》，并结合学院情况于2014年4月组织修订。检查制度主要规定如下：

检查方式。教学检查以系（部）自查为主，学院抽查为辅，分为日常教学检查、定期检查和专项检查，三种方式应紧密结合，有计划进行。教学中若出现突发事件或突出问题，可临时安排专项检查。院级教学检查每学期不少于三次，并召开专题教学汇报会。教学系（部）检查原则上要求每月进行一次，时间和方式自行安排。

检查内容与要求。日常教学检查。日常教学检查由各系（部）组织实施，重点检查各教学环节常规工作，包括随机抽查学生出勤、作业、课程考核等情况；召开学生座谈会情况；检查教师上课、教案、作业批改、辅导答疑、教学进程等情况；召开教师座谈会情况；系（部）、教研室教学文件是否齐全及各级领导干部听课情况等。定期检查，每学期分为期初、期中和期末检查。期初教学检查一般安排在学期开学前后一周内进行，各教学系部检查组自查，院检查组全面检查。主要检查教学准备工作是否落实到位，保证新学期较快建立起稳定的教学秩序。期中教学检查一般安排在学期的第九周至第十一周进行。主要检查教学进展情况，重点掌握课堂教学执行情况、实践教学任务落实情况等。期末教学检查一般安排在学期的第十六周至十九周进行，主要检查本学期教学工作是否达到预期效果，并对下学期教学整改工作提出意见和措施。

专项教学检查。是针对关键教学环节和教学工作进行的教学检查。教务处组织对特定教学工作的现状进行专项检查，提出改进措施，并及时整改。主要包括培养方案和教学大纲制定情况、课程考核、实践教学、毕业设计（论文）等专项检查。

院级不定期抽查。随时安排抽查，包括课堂教学质量抽查，教学文件抽查，实践教学抽查，试题、试卷及课程考核抽查，学籍管理抽查，教学管理抽查以及学生学习情况抽查等。

教学制度建设 学院教学制度建设主要经历三个阶段：

第一阶段。2006年9月教务处编印第一本《黔东南民族职业技术学院教学管理文件汇编》白皮书。主要有四个部分：教育教学文件（选录）、岗位职责、教学管理、附表（常用教学相关表格）。岗位职责不但明确教务处各岗位职责，还明确教务处管理的教研室、实训中心、系教育秘书岗位、现代教育技术中心、考试管理中心、图书馆等部门职责和岗位职责，实现教学相关部门由教务处统一管理，实行一级教学管理的体制。

第二阶段。加强各教学环节运行的规范化以及各教学环节的质量监控与评价，健全教学质量保障体系。教务处于2010年3月围绕教学计划与运行管理、教学质量管理、教学改革与教学研究、实验实训基地管理四个方面，摘录国务院、教育部一些文件，编印第二本《黔东南民族职业技术学院教学管理文件汇编》。此次文件汇编收录的学院层面的制度都是由学院下发的正式文件。

第三阶段。以学院章程为核心，完善和健全教学管理制度，推进院（系）两级管理。从2014年开始，对已有教学管理文件进行修订，建立“修订—征求意见—试行”的修订模式，逐步完善和修订教学管理制度。

学籍管理

2014年9月，学院对学历教育的学生开始进行新生学籍、在校生学年及毕（结）业生学历证书的电子注册。

学院学历电子注册的种类为学年电子注册、新生学籍学历电子注册和毕业生学籍学历电子注册。学年电子注册内容包含各年级在校生新学年学籍注册、上一学年学籍变动及奖惩等情况电子标注。注册时间在每学年第一学期开学初进行，每年10月前，由学院填写《普通高等学校学生学年电子注册情况统计表》，报省教育厅汇总后再报教育部。每年11月初，由中国高等教育学生信息网（网址：http://xjxl.chsi.com.cn/）和湖南省学籍学历查询网http://xlcx.hnedu.cn/向学生提供学年电子注册信息查询。

新生学籍学历电子注册每年于11月20日前完成，特殊类型的本专科新生学籍注册资格审核时间为11月3日至7日，以确保入学新生能在12月可以上网查询到本人的学籍注册信息。

学院毕业生学籍学历电子注册从2009年起分两阶段进行。第一阶段：毕业生学历证书资格审核，于每年的4月份进行。审核的主要内容是对学院上报的预计普通高等教育应届毕（结）业生的学籍资格进行复审，再次确认其学籍身份，保证每位毕（结）业生获得学历证书资格。第二阶段：学历证书电子注册数据审核上报，于每年的7月份进行。主要内容是在第一阶段审核的基础上，将每位毕（结）业生最终的毕结业结论、毕业日期如实填报；未通过第一阶段审核的毕（结）业生，一律不得进行学历证书电子注册。

学院建立院系两级学籍管理制度。各教学系各设一名学籍管理老师，主要负责各系学籍相关事务，学院与各教学系之间充分利用互联网等相关平台进行紧密联系，保证学籍工作的时效性。各教学系的学籍工作考核由教学系具体组织实施。

考务管理

2009年6月8日，学院制定《黔东南民族职业技术学院考试管理办法》，全文10章52条。管理办法对考试管理机构、试卷命题、考试的组织和实施、考试资格认定、违规行为的认定与处理、考场规则、监考人员职责、阅卷评分和补考、重修与缓考作详细的规定。

学院每年主要涉及的考试有全国大学生计算机等级考试、英语等级考试、分类招生、单独招生等校内考试，同时还承担黔东南州公务员考试、护士资格考试、事业单位招聘考试等校外考试。

2011年9月，参加第34次全国计算机等级考试总人数341人，其中一级302人，合格152人，合格率为50.33%；二级39人，合格4人，合格率为10.26%。12月全国英语等级考试三级报名总人数1145人，合格112人，合格率为9.78%。

2012年3月，参加第35次全国计算机等级考试总人数732人，其中一级700人，二级32人。6月，全国英语等级考试总人数396人，其中三级388人，合格18人，合格率为4.64%；四级8人。9月，第36次全国计算机等级考试总人数815人，其中一级795人，合格272人，合格率为34.21%；二级20人，合格2人，合格率为10.00%。12月，全国英语等级考试总人数2302人，其中三级1279人，合格111人，合格率为8.68%；四级348人，合格1人，合格率为0.21%。

2013年3月，参加第37次全国计算机等级考试总人数1090人，其中一级957人，合格353人，合格率为36.89%；二级133人，合格11人，合格率为8.27%。4月，协助黔东南州人事局组织3270人的《黔东南州2012年统一面向社会公开招考公务员和人民警察笔试》考试。5月，协助黔东南州卫生局组织3030人的《全国护士职业资格》考试和开发区人社局组织1800人的《开发区人力资源局2013年统一面向社会公开招考笔试》考试。6月，全国英语等级考试总人数1627人，其中三级1279人，合格111人，合格率为8.68%；四级348人，合格1人，合格率为0.29%；7月，协助黔东南州卫生局组织1650人的《2013年黔东南州卫生局公开招聘工作人员笔试》考试。9月，第38次全国计算机等级考试总人数1098人，其中一级832人，合格184人，合格率为22.12%；二级257人，合格29人，合格率为11.28%。12月，全国英语等级考试总人数1643人，其中三级1338人，合格65人，合格率为4.85%；四级296人，合格1人，合格率为0.34%。

2014年3月，参加第39次全国计算机等级考试总人数1277人，其中一级1049人，合格241人，合格率为22.97%；二级228人，合格8人，合格率为3.51%。4月，协助黔东南州人事局在学院组织3030人的《黔东南州2015年统一面向社会公开招考公务员和人民警察笔试》考试。5月，协助黔东南州卫生局组织3180人的《全国护士职业资格》考试。6月，参加全国英语等级考试总人数607人，其中三级414人，合格40人，合格率为9.66%；四级193人，合格1人，合格率为0.52%。7月，协助凯里市人社局组织3480人的《凯里市2014年事业单位公开招聘（乡镇专项招聘）工作人员笔试》考试。9月，第40次全国计算机等级考试总人数802人，其中一级690人，合格295人，合格率为42.75%；二级112人，合格8人，合格率为7.14%。12月，参加全国英语等级考试总人数1921人，其中三级1440人，合格64人，合格率为4.44%；四级481人。

2015年3月，参加第42次全国计算机等级考试总人数1680人，其中一级1401人，合格334人，合格率为23.84%；二级279人，合格30人，合格率为10.75%。4月，协助黔东南州人事局在学院组织3300人的《黔东南州2015年统一面向社会公开招考公务员和人民警察笔试》考试。5月，协助黔东南州卫生局组织3840人的全国护士职业资格考试。6月，全国英语等级考试总人数969人，其中三级625人，合格

80人，合格率为12.8%；四级324人，合格1人，合格率为0.31%。9月，参加第43次全国计算机等级考试总人数1118人，其中一级822人，合格319人，合格率为38.81%；二级296人，合格48人，合格率为16.22%。12月，参加全国英语等级考试总人数1219人，其中三级709人，合格88人，合格率为12.41%；四级510人，合格1人，合格率为0.19%。12月，协助学院组织人事处组织1156人的《2015黔东南民族职业技术学院公开招聘工作人员》的笔试考试及面试工作。

第四节　教学改革

学院教育教学改革经历三个阶段。第一阶段是按照"能力本位"人才培养模式，突出全面能力培养，扩大学生知识、技能的适用面。创新校企合作、订单式培养、工学结合，采取日、周、月、学期长短相结合，做到在学院教师领教，到企业签订协议，企业师傅进行辅导。实行弹性学制，逐步推行学分制，给学生学习与实践创造更大的空间，形成具有地方性特点的创新型人才培养模式，学院成为适应经济社会能力强、校企合作体制机制领先的省级示范性高职院校，成为新兴服务业、制造业、基层医药卫生行业高技能人才的培养基地。第二阶段"基于工作过程的行动导向"的教学改革。构建以工作过程为导向，与行业、企业一起开发课程标准，确定能力目标为主线，形成源于岗位一线的优质教学（培训）资源，建设好"项目导向、任务驱动、双证融通"的课程体系。第三阶段是进一步深化教育教学改革，在全院开展以"职业人才为导向"的教育教学改革，调整专业发展布局，增强服务区域经济发展能力，形成民族文化技术专业群、生态农业技术专业群、医药卫生技术专业群三个重点建设专业群，在9个教学系推行基于职业人才导向的教育教学改革，改革人才培养模式，推进课程体系建设，包括全面修订人才培养方案，全面实施素质教育，科学合理设置课程，将职业道德、人文素养教育贯穿培养全过程。

从2008年至2013年，学院获省级教学成果三等奖1个，校级教学成果奖6个。

教学改革成果奖统计表

表中6-4-1

成果名称	成果主要完成人	成果所属学科	院级评定等次	院级评定时间	省级获奖等级	省级获奖时间
大学生素质发展	陈文祥、曹庆旭	—	一等奖	2008	—	—
高职会计专业"双证融通"的教学改革	杨群、龙春平、陈治敏、田再建、杨庆华	—	一等奖	2008	—	—
"双教一体化"教学模式的探索与实践	胡松、李民和、邰胜军、吴文海、朱元屏	—	二等奖	2008	—	—
贫困地区旅游专业顶岗实习模式的探索和实践	闻芳、赖建书、梁焰、潘恒志、陈静	管理学	二等奖	2008	三等奖	2008
以行业技能需求为引导，构建实践教学体系	刘书华、杨燕玲、吴德诚、刘传荣	—	三等奖	2008	—	—
"护理技术"课程建设与实践	张绍敏、王艳兰、杨先爱、吴方化、黄毅	—	校级教学成果奖	2013	—	—

行动导向教学改革

2008年，学院启动"基于工作过程行动导向"教学改革，创新人才培养模式。在专业设置、教学计划、教学内容、教材建设等各个方面和企业的需求保持一致，把企业需求融入教学全过程。加强教学环境和工作环境的结合，建立和企业生产相同或相似的教学环境；通过下行业企业调研，梳理出典型工作岗位的典型工作任务，按照所需要的知识、技能和能力确定专业培养目标，实现专业培养目标和就业岗位（群）的结合，实现专业与行业（企业）岗位对接；梳理出典型工作岗位的典型工作任务，按照所需要的知识、技能和能力整合教学内容，与工作任务结合。2010年，学院以各系、部、中心负责人及骨干教师组成课程改革专家小组，抽调部分骨干教师及经企业锻炼的一线教师成立“课程改革办公室”——课改决策、执行及服务机构，由分管教学的曹庆旭副院长直接领导。2012年12月2日，在一校区阶梯教室召开行动导向教学全面推行动员暨教学表彰大会，正式开展基于工作过程的课程观和行动导向教学观的教学改革。各系、部、中心教学主管领导为第一责任人，成立课改宣传小组，在教学相关各部门组织实施。在“先行而后知”的思想指导下，以“资讯、决策、计划、实施、评估、反馈”六个步骤，课程改革始于专、兼职教师对行业、企业岗位专家访谈和调研（七张表格形式形成企业、行业材料），逐步实现以实际工作岗位典型工作任务具体要求向课程学习领域的转化（人才培养方案修订、课程整体设计和课程标准的完成），再从学习领域参照行业标准到岗位的实践（见习及顶岗实习）。

2010学年度至2011学年度第二学期，课改培训校级开展计23场次，系、部级开展计25场次，培训人员计346人；寒、暑假专、兼职教师调研计258人次，校领导牵头课程改革任务检查2次，课程改革考试346人，合格率为100%，校级课改汇报会3次，完成课程整体设计及课程标准106门。

2011学年至2012学年，在教学改革过程中，外派教师学习28人次，校级培训3场次，系、部级培训5场次，校领导牵头课改任务检查4次，完成课程整体设计及课程标准122门，校级课改汇报会4次，教学观摩24场次，课程改革部分项目竞赛4次。

通过两年的教学改革，基本形成各具专业特色的“工学结合、校企合作”人才培养模式。建筑工程技术专业构建“二段递进式、三双”工学结合人才培养模式，临床医学专业构建工学结合、校院合作“三融合、四递进”人才培养模式，畜牧兽医专业构建“双环境工学交替；两阶段能力递进”人才培养模式，护理专业构建“一一三三”人才培养模式，药学专业构建“一个共同基础，四种核心技术，兼具民族特色”培养模式，会计专业构建“1223”工学结合人才培养模式。

职业人才导向教学改革

2015年，学院以“基于职业人才导向”为教学改革理念，以职业知识为基础、职业能力为关键、职业精神、职业素养为核心，以学习意识、学习方法、学习能力为根本，确定课程内容，选择教学途径方式，构建课程体系；以“在实践中学习，在创新中发展”理念，“格物精技，敬业乐群”精神，“知识改变命运，技能创造生活，美德成就人生”价值观，完善优化人才培养方案，充分发挥学生第一主体、教师主导主体的主观能动性，在强调学生专业技能培养的同时，也强调对学生以后就业所需的职业道德、职业素养、竞争意识、创新能力等方面的培养及养成教育，更强调对学生创业能力的培养，在为社会主义现代化建设储备大量敢于拼搏、敢于挑战具备创业精神的高素质人才上做了大量的尝试，推进高素质技术技能人才培养。

网络课程教学模式

2015年6月至8月，学院与北京超星尔雅教育科技有限公司合作开展2015年超星夏令营活动，为学生提供网络学习的机会。此次活动参加人数460人，获学习证书34人，11人分别获得积极踊跃奖、最佳原创奖、最佳楼主奖。

第五节 教学与技能比赛

教学比赛

从2007年起，学院开展说课、优质课、课程整体设计、课程考核方案、微课、信息化教学等一系列教学比赛，旨在以赛代训，推进教学工作。

2007年，开展首届教师“说课”比赛。旅游系潘丽娜、信息系杨雪燕获一等奖；医卫系陈镇兰、科技系石红、医卫系刘传获二等奖；医卫系张绍敏、公教部周欣、公教部石玉昌、医卫系吴方化获三等奖；旅游系陈弘、科技系李民和、信息系杨波、科技系刘兴琴、医卫系李芳、科技系王有林、信息系唐瑞、医卫系金记平、信息系杨庆华获优胜奖。

2008年5月，开展第二届教师“说课”比赛。张立琴获一等奖；冯珊、邹雪获二等奖；欧阳倩、吴志松、田绍东获三等奖。11月至12月，开展首届优质课比赛，李秋静、黄文平等9名老师代表各自的教学系获一、二、三等奖；开展“多媒体课件制作”培训及比赛，杨正杰、蒋友财等12位选手分获一、二、三等奖和鼓励奖。

2009年5月19日，开展第三届教师“说课”比赛。护理系龙佳佳获一等奖；旅游系付苏、基医部袁静、临床系吴婷获二等奖；信息系陈晓明、马列部黄显琴、生环系张森、公教部唐子婷、医技系张长云获三等奖；龙佳佳、陈晓明获教学设计创新奖。11月16日至26日开展第二届优质课比赛。此次比赛主要针对实验、实训课的教学进行评比。魏小平获一等奖；杨庆华、聂云、欧阳倩获二等奖；王晓勇、张建菊、金庆波、彭艳获三等奖。

2010年5月28日，开展第四届教师“说课”比赛。临床系彭丹获一等奖；医基部潘永天、护理系莫丽、医技系杨珍获二等奖；信息系王露佼、公教部唐红获三等奖。6月8日，开展第一届课程整体设计比赛。临床系杨彩鸾、信息系吴晓燕获一等奖；公教部黄文平、护理系曾菲菲、基础医学部宋爱萍、旅游系蒋友财获二等奖；生环系刘兴琴、临床系罗建平、临床系杨宏松、基础医学部袁静、护理系陈镇兰、信息系龙旺、信息系周欣、信息系邹金伶、旅游系陈弘获三等奖；临床系获组织奖。12月3日至17日，开展第三届优质课比赛。金庆波获一等奖；杨再琼、张立琴、陈治敏、彭莉莎获二等奖；王丹、吴展奎、龙政和获三等奖；临床系获优秀组织奖。

2011年，开展第五届教师“说课”比赛。临床系吴勇获一等奖；旅游系黄华、生物环境系李民和获二等奖；医技系禹俊梅、信息系王露佼、护理系罗银碧获三等奖。开展第二届课程整体设计比赛。旅游系杨曦获一等奖；临床系杨彩鸾、信息系杨庆华、护理系龙佳佳获二等奖；公教部吴文勇、医学基础部吴泽慧、马列部阳华、生物环境系田绍东、医药技术系张华坤获三等奖。

2012年1月9日，开展第一届课程考核方案比赛。“建筑施工组织设计”课程组（负责人全宏旭）获一等奖；“药品销售技术”课程组（负责人刘书华）、“思想道德修养与法律基础”课程组（负责人黄文平）、“外科护理学”课程组（负责人陈镇兰）获二等奖；“外科学”课程组（负责人魏小平）、“体育与健康”课程组（负责人董清正）、“财经基本技能项目训练”课程组（负责人杨永旭）、“人体解剖学”课程组（负责人潘永天）、“酒水知识与调酒”课程组（负责人陈弘）获三等奖。7月9日，开展第二届课程考核方案比赛。护理系姚本丽获一等奖；临床系杨彩鸾、实训中心宋爱萍获二等奖；马列部龙春平、旅游系蒋友财、生环系王有林、财经系石磊获三等奖。是年，开展第六届教师“说课”比赛。护理系黄平丽获一等奖；公教部赵榕、医技系王小芳获二等奖；临床系周文醇、医基部陆克慧、马列部吴仕金、信息系彭利兰、生环系刘晓东获三等奖。开展第三届课程整体设计比赛。护理系张敏获一等奖；医技系文四妹、医基部刘荣相获二等奖；临床系王红、马列部龙凡、旅游系陈静、信息系黄蓉、生环系杨再玉获三等奖。

2013年7月10日，开展第七届教师“说课”比赛。医药技术系王小芳获一等奖；实训中心吴泽慧、护理系雷婍绮、马列部朱静获二等奖；临床系张慧、公共教学基础部杨正杰、旅游系龙朝霞、汽车与机电工程系杨燕、建筑工程系杨再玉获三等奖。7月1日，开展第四届课程整体设计比赛。护理系彭文亮获一等奖；旅游与商务管理系聂芸、实训中心郑欣、医药技术系吴明凯获二等奖；马列部刘志贻、财经系刘发富、公共基础教学部陈超、建筑工程系彭利兰、汽车与机电工程系杨波、生物与环境工程系田景文、临床系陶霞获三等奖。同日，开展第三届课程考核方案比赛。临床系金记平获一等奖；护理系曾菲菲、财经系龙仲平、实训中心陆克慧获二等奖；旅游与商务管理系金倩、马列部金红、医药技术系吴坤、公教学基础部刘彦、建筑工程系徐文基获三等奖。12月初，开展第三届信息化教学评比。护理系彭文亮获非专业组一等奖；旅游与商务管理系杨默、技能实训中心宋和兰、马列部李婉玲、医药技术系雷晔获非专业组二等奖；汽车与机电系杨竣、财经系杜富麾、口腔医学系文四妹、临床系周文醇、公共基础教学部范祥科获非专业组三等奖；公共基础教学部杨绍获得专业组一等奖。

2014年7月1日，开展第五届课程整体设计比赛。张露获一等奖；杨沙、袁家政获二等奖；田珂、徐倩、张彦获三等奖；李若宁、吴秀军、杨衍莹、李婉玲获优秀奖。同日，开展第四届课程考核方案比赛。叶婷、杨骏、李慧君、刘盛红、尹勤芳、宋林波、申宗林、欧阳明珠、何山、朱静、韦信祥11名老师代表各自的教学系获一、二、三等奖。是年下半年，开展2014学年度至2015学年度公开展示课评比活动。护理系陈镇兰、医药技术系姚元珍、口腔系杨礼玉、临床系杨安莉、马列部李婉玲、公共基础教学部简才永、技能实训中心潘昱、马列部朱静、财经系王露佼、财经系李慧君、旅游系吴佳琦、生环系刘晓东、汽车与机电工程系陈庆、建筑工程系李昱坤14名老师分获“教学能手”和“优秀选手”称号。是年，开展第八届教师“说课”比赛。张立琴获一等奖；杨群、吴开岑、欧春平获二等奖；聂芸、陈菊、李民和、彭琳、李桂兰获三等奖。

2015年6月至7月，开展第九届教师教学技能评比。评比的项目为“微课资源”征集评选，征集到10个作品。护理系彭文亮获一等奖；医药技术系王小芳、马列主义教研部李婉玲获二等奖；口腔医学系江嵬、旅游与商务管理系梁旭楷、财经系李慧君获三等奖；生物与环境工程系杨梅花、公共教学基础部杨绍荣、技能实训中心罗莉、汽车与机电工程系杨思阳获优秀奖。11月16日至12月4日，开展2015学年度至2016学年度公开展示课评比活动。经过观摩教师、学生代表及教学系评价小组现场评价，确定技能实训中心罗莉、公共教学基础部韦娟、临床医学系尹勤芳、护理系徐洪、财经系蒋慧、护理系彭文亮、医药技术系蒙平锋（外聘）、财经系杨衍莹、旅游与商务管理系张永泽、汽车与机电工程系韩国声、马列部王诗渊、旅游与商务管理系杨彬、公共教学部何华、技能实训中心刘世美、口腔系马原野、建筑工程系吴隆云、生物与环境工程系池明剑17位老师获“教学能手”称号，生物与环境工程系王万钦、建筑工程系杨伊玲获“优秀选手”称号。

学院除举办教师教学比赛外，还多次组织教师参加省级以上教学比赛。2008年，李民和老师在全国汽车专业骨干教师国家级培训“公开课比赛”中获一等奖。2011年，李民和、涂文彪两位老师在全国汽车职业院校课程设计大赛中获二等奖。2013年，在贵州省第十届职业教育优秀论文评选活动中，吴格娥、杨政宇、邹波的《农村劳动力就业期望分析》获二等奖；马原野、凌文霞、杨彩鸾、陈昌培的《高职医学教育核心竞争发展提升瓶颈要素相关性研究》获三等奖；万英的《构建高职院校校园文化的路径选择》获三等奖。2014年，在首届贵州省教育科学研究优秀成果奖评奖活动中，吴格娥、杨政宇、邹波的论文《劳务经济视角下民族贫困地区农村职业教育发展》和石玉昌的论文《民族高职院校要强化办学特色定位》获三等奖。2015年，临床医学系杨雄老师在全省创新杯大学英语教学大赛中获二等奖；公共教学基础部韦娟、吴梦薇、文明娟老师的作品《English Resume》在第二届中国外语微课大赛中获贵州省赛区特等奖及全国高职高专英语组二等奖；公共教学基础部王正海老师在贵州省高等院校外语教学研究会年会优秀论文评选中获一等奖。

技能比赛

学院从2007年开始开展"学生技能竞赛月"活动。至2015年，已举办九届，竞赛项目由最初10个发展到43个。

2007年4月，开展第一届"学生技能竞赛月"活动。2008年4月25日，开展第二届"学生技能竞赛月"活动。2009年4月15日至5月15日，开展第三届"学生技能竞赛月"活动。竞赛项目19项。罗春芳、张小珍等138名同学在技能大赛中取得优异成绩；临床医学系、信息工程系获优秀组织奖。

2010年4月10日至5月10日，开展第四届"学生技能竞赛月"活动。参赛学生614人，开展项目17个，其中有7个竞赛项目邀请企业（行业）专家为评委。204名学生在比赛中取得优异成绩，临床医学系、护理系获优秀组织奖。

2011年4月至5月，开展第五届"学生技能竞赛月"活动。此次活动历时40余天，600余人参赛，项目23个，获奖选手242名。

2012年4月9日至5月20日，开展第六届"学生技能竞赛月"活动。护理系、生物与环境工程系、财经系、公共教学基础部、旅游与商务管理系获先进单位，224名学生获先进个人称号。

2013年3月，开展第七届"学生技能竞赛月"活动，设大项项目17个。旅游与商务管理系、财经系、生物与环境工程系、护理系、公共教学基础部、医药技术系、技能实训中心7个部门获优秀组织奖。260余名学生获表彰。5月15日至6月15日，开展第一届教师技能比赛活动。开展人体解剖、心肺复苏、健康评估、密闭式静脉输液、体格检查、中药识别、会计基础、财经法规、会计电算化等涉及5个教学部门9项技能竞赛。获"专业技术操作能手"称号一等奖11人（含并列2人），二等奖9人，三等奖5人，鼓励奖49人。

2014年3月15日至4月15日，开展第八届"学生技能竞赛月"活动，设37个竞赛项目。旅游与商务管理系、财经系、建筑工程系、护理系获优秀组织奖。350名学生获表彰。

2015年3月至5月，开展第三届教师技能比赛和第九届"学生技能竞赛月"活动，设教师项目14个，学生项目38个。旅游与商务管理系、口腔医学系、财经系、汽车与机电工程系、建筑工程系、生物与环境工程系、护理系获优秀组织奖。74名教师和296名学生获表彰。

从2009年开始，学院参加贵州省教育厅组织的"全省职业院校技能大赛暨全国职业院校技能大赛选拔赛"，通过省赛遴选参加教育部组织的"全国职业院校技能大赛"。此外，还参加省级及以上的其他行业协会组办的各级各类职业技能比赛。截至2015年12月，学生获国家级奖项25个和省级奖项162个；教师获省级奖项4个。

2009年至2015年获省级技能比赛奖项统计表

表中6-5-1

年度	奖项	获奖学生	优秀指导教师	参赛项目	项目类型	组别	教学单位
2009	二等奖	高成功	田态灿	车身喷涂	个人	中职	生物与环境工程系
		余国宇、田光再、李天运	唐　瑞	计算机网络组建与安全维护	团体	高职	信息工程系

续表中6-5-1

年度	奖项	获奖学生	优秀指导教师	参赛项目	项目类型	组别	教学单位
2009	三等奖	刘丛波、王成才 周西林	李民和	汽车维修与故障诊断排除	团体	高职	生物与环境工程系
		徐康军	冉明川	汽车维修基本技能	个人	中职	生物与环境工程系
		李镜彬	冉明川	汽车维修基本技能	个人	中职	生物与环境工程系
		吴学海、杨　兵	朱元屏	汽车二级维护	团体	中职	生物与环境工程系
		杨茜婷	文明娟	英语写作大赛	个人	高职	公共教学基础部
2011	一等奖	骆　旭、邹　娟 张静波	—	工程造价建模	团体	高职	生物与环境工程系
	二等奖	林雅艳	—	护理技术技能	个人	中职	护理系
		樊　芳、刘　磊 余　燕	—	工程造价建模	团体	高职	生物与环境工程系
		申　雪	—	工程算量	个人	高职	生物与环境工程系
		杨家佳、杨　滔	—	畜牧兽医——犬胃切开术	团体	高职	生物与环境工程系
		吴永雪	—	会计技能	个人	中职	信息工程系
	三等奖	杨茜婷、万　娟	王正海	英语口语	团体	高职	公共教学基础部
		舒　琼	—	护理技术技能	个人	中职	护理系
		杨　帅、杨承勇 张　龙、吴如学	—	汽车二级维护	团体	高职	生物与环境工程系
		薛士奇	—	汽车维修基本技能	个人	高职	生物与环境工程系
		张绪锋	—	汽车钣金	个人	高职	生物与环境工程系
		朱远松	—	汽车喷漆	个人	高职	生物与环境工程系
		潘兴林	—	建筑CAD	个人	高职	生物与环境工程系
		赵婷婷	—	会计技能	个人	中职	信息工程系
		李　娅	唐子婷	英语写作大赛	个人	高职	公共教学基础部
2012	一等奖	孙　萍	—	点钞、小键盘	个人	高职	财经系
		刘玉娇	—	点钞、小键盘	个人	高职	财经系
		唐远洋	唐子婷	英语口语	个人	中职	公共教学基础部
		陈秋爽	文明娟	英语写作大赛	个人	高职	公共教学基础部
	二等奖	赵婷婷	石　磊	会计技能	个人	中职	财经系
		吴佩芬	聂　芸	中餐宴会设计	个人	高职	旅游与商务管理系
		杨昌美	石　俊	建筑工程算量（斯维尔软件）	个人	高职	生物与环境工程系
	三等奖	杨春枝	石　磊	会计技能	个人	中职	财经系
		欧阳开琼	石　磊	会计技能	个人	中职	财经系
		李　海	吴晓燕	会计技能	个人	高职	财经系

续表中6-5-1

年度	奖项	获奖学生	优秀指导教师	参赛项目	项目类型	组别	教学单位
2012	三等奖	付 旭	吴晓燕	会计技能	个人	高职	财经系
		唐 晓	吴晓燕	会计技能	个人	高职	财经系
		石小雪	唐子婷	英语口语	个人	中职	公共教学基础部
		罗朝婷	唐 红	英语口语	个人	高职	公共教学基础部
		郭金秋	张绍敏	护理技能心肺复苏	个人	中职	护理系
		唐 倩	张绍敏	护理技能心肺复苏	个人	高职	护理系
		李成英	陈 静	中餐宴会摆台	个人	中职	旅游与商务管理系
		李 玲	陈 静	中餐宴会摆台	个人	中职	旅游与商务管理系
		杨忠琴	邹 雪	客房中式铺床	个人	中职	旅游与商务管理系
		何振波、聂太彬	田 荣	汽车二级维护作业	团体	中职	生物与环境工程系
		李亚飞	田态灿	车身修复（钣金）	个人	中职	生物与环境工程系
		韦 程	田态灿	车身修复（钣金）	个人	中职	生物与环境工程系
		王晓明、粟银川	刘开崇	动物外科手术	团体	中职	生物与环境工程系
		高 彬、徐天朋 王 朋、秦远证	厉 波	二等水准测量	团体	高职	生物与环境工程系
		陆颖茜、王 勇 黄启奎、曾中海	石玉林	数字测图	团体	高职	生物与环境工程系
		邹 娟	杨再玉	建筑工程算量（广联达软件）	个人	高职	生物与环境工程系
		李 静、任桂宏	唐 蓉	汽车营销	团体	高职	生物与环境工程系
		王仁远、邓凌锋	唐 蓉	汽车营销	团体	高职	生物与环境工程系
		刘凤波	王有林	园林景观设计	个人	高职	生物与环境工程系
		杜 硕	王有林	园林景观设计	个人	高职	生物与环境工程系
		李天明、欧鑫林	张 森	鸡新城疫抗体测定	团体	高职	生物与环境工程系
	优秀奖	董 星	唐 红	英语写作大赛	个人	高职	公共教学基础部
		高成玲	—	护理技能静脉输液	个人	高职	护理系
		姚 洋	—	护理技能静脉输液	个人	中职	护理系
2013	一等奖	贺山琴、李庆庆 郑 杰、陈 雪	潘晓晴	会计技能	团体	高职	财经系
		陈 雪	潘晓晴	会计技能	个人	高职	财经系
		李庆庆	潘晓晴	会计技能	个人	高职	财经系
		唐 倩	王艳兰	护理技术技能	个人	高职	护理系
		吴佩芬	文英兰	中餐主题宴会设计	个人	高职	旅游与商务管理系
		韩奥兰	黄 华	导游服务（普通话）	个人	高职	旅游与商务管理系
		黄启奎、路 娟 陆颖茜、杨昌美	徐文基	工程造价技能—斯维尔软件	团体	高职	生物与环境工程系

续表中6-5-1

年度	奖项	获奖学生	优秀指导教师	参赛项目	项目类型	组别	教学单位
2013	二等奖	林仙云、安洁萍 龙　丽	潘远才	手工会计技能	团体	中职	财经系
		郑　杰	潘晓晴	会计技能	个人	高职	财经系
		贺山琴	潘晓晴	会计技能	个人	高职	财经系
		田敏铮	—	英语写作大赛	个人	高职	公共教学基础部
		刘　露	陈镇兰	护理技术技能	个人	中职	护理系
		顾亚兰	黄　华	导游服务（普通话）	个人	高职	旅游与商务管理系
		李　静、禄　鹏	唐　蓉	汽车营销技能	团体	高职	生物与环境工程系
		李　平	王有林	园林景观规划	个人	高职	生物与环境工程系
	三等奖	陆　花	龙　旺	会计电算化	个人	中职	财经系
		毛　慧	龙　旺	会计电算化	个人	中职	财经系
		杨艳霞	龙　旺	会计电算化	个人	中职	财经系
		胡　燚、冉丽沙 王兴红、吕宗俊 王　龙	杨晓琳	沙盘模拟经营	团体	高职	财经系
		罗朝婷	唐子婷	英语口语（非英语专业）	个人	高职	公共教学基础部
		陈　燕		英语写作大赛	个人	高职	公共教学基础部
		姬静文	杨　露	英语报刊阅读能力技能竞赛	个人	高职	公共教学基础部
		郭金秋	王艳兰	护理技术技能	个人	中职	护理系
		王　蓉	张绍敏	护理技术技能	个人	中职	护理系
		林雅艳	张绍敏	护理技术技能	个人	高职	护理系
		李成英	聂　芸	中餐宴会摆台	个人	中职	旅游与商务管理系
		顾泽时	陈　静	客房中式铺床	个人	中职	旅游与商务管理系
		吴其英	文英兰	中餐主题宴会设计	个人	高职	旅游与商务管理系
		韩　燕	陈　弘	西式宴会服务	个人	高职	旅游与商务管理系
		龙　昀、廖明蛟 张前旭、游　军	石玉林	数字测图	团体	高职	生物与环境工程系
		任桂宏、彭　荫	唐　蓉	汽车营销技能	团体	高职	生物与环境工程系
2014	一等奖	毛　慧	杨衍莹	会计电算化	个人	中职	财经系
		赵永兰	王庭鑫	会计技能	个人	高职	财经系
		王绍丽	邹　雪	中餐主题宴会设计	个人	高职	旅游与商务管理系
		吴艳丽	邹　雪	中餐主题宴会设计	个人	高职	旅游与商务管理系
		韩奥兰	杨　曦	导游服务（普通话）	个人	高职	旅游与商务管理系

续表中6-5-1

年度	奖项	获奖学生	优秀指导教师	参赛项目	项目类型	组别	教学单位
2014	二等奖	韦海梅	杨衍莹	会计电算化	个人	中职	财经系
		李照叶、黄民利、杨志铭、刘绍青、陈荣蓉	石汶朋	沙盘模拟经营	团体	中职	财经系
		代沙沙、赵婷婷、赵永兰、周诗琪	王庭鑫	会计技能	团体	高职	财经系
		周诗琪	王庭鑫	会计技能	个人	高职	财经系
		赵婷婷	王庭鑫	会计技能	个人	高职	财经系
		代沙沙	王庭鑫	会计技能	个人	高职	财经系
		陈　丹	胡　铨	英语写作大赛	个人	中职	公共教学基础部
		曾瑞雪	胡　铨	英语写作大赛	个人	中职	公共教学基础部
		杨　欢	龙佳佳	护理技术技能	个人	中职	护理系
		吴定凡	杨芳丽	护理技术技能	个人	中职	护理系
		林雅艳	张绍敏	护理技术技能	个人	高职	护理系
		翁　忠、马　超、罗　林、陈经发	全宏旭	工程施工放样	团体	高职	建筑工程系
		徐仕亮、王　坤、秦远证、翟培践	郜昌东	1：500数字测图	团体	高职	建筑工程系
		黄洁锐、余　梅、路　娟	石玉林	工程造价（斯维尔）	团体	高职	建筑工程系
		潘盛文	金庆波	电机装配与运行检测	个人	中职	汽车与机电工程系
	三等奖	陈　坤、龙　丽、潘永虹	杨衍莹	手工会计技能	团体	中职	财经系
		郜明娟	杨衍莹	会计电算化	个人	中职	财经系
		周亮丽、吴成吉	陈　静	职业英语技能（服务类）	团体	中职	公共教学基础部
		陈　燕	吴梦薇	英语口语（非英语专业）	个人	高职	公共教学基础部
		张　银	吴梦薇	英语口语技能竞赛	个人	高职	公共教学基础部
		吴建斌	张绍敏	护理技术技能	个人	中职	护理系
		刘　洲、周正德、彭　荣、蔡秀兰	石玉林	建筑工程仿真	团体	高职	建筑工程系
		张文闻	訾梅燕	中餐宴会摆台	个人	中职	旅游与商务管理系
		张中武	邹　雪	中餐主题宴会设计	个人	高职	旅游与商务管理系
		徐　梅	杨　曦	导游服务（普通话）	个人	高职	旅游与商务管理系
		熊　敏	杨　曦	导游服务（普通话）	个人	高职	旅游与商务管理系
		杨志红	田亚男	导游服务（英语）	个人	高职	旅游与商务管理系

续表中6-5-1

年度	奖项	获奖学生	优秀指导教师	参赛项目	项目类型	组别	教学单位
2014	三等奖	刘修金	金庆波	电机装配与运行检测	个人	中职	汽车与机电工程系
		杨秀宇、万江	杨　燕	汽车营销	团体	中职	汽车与机电工程系
		陈　燕、王　成	杨　燕	汽车营销技能	团体	高职	汽车与机电工程系
		顾富裕、罗春毅 潘新荣	杨　伟	汽车自动变速器拆装与检测	团体	高职	汽车与机电工程系
		罗春毅、潘新荣 任光松	杨　伟	汽车故障诊断	团体	高职	汽车与机电工程系
		顾富裕、罗春毅 潘新荣、任光松	杨　伟	汽车检测与维修	团体	高职	汽车与机电工程系
		杨琪园、刘三三	王有林	园林景观规划	团体	高职	生物与环境工程系
2015	三等奖	罗嗣乾、 杨　伟（教师）	—	汽车故障诊断与排除	团体	教师	汽车与机电工程系
		曾菲菲（教师）	—	护理技能	个人	教师	护理系
	特等奖	韩昕霞	杨　露	英语写作大赛	个人	高职	公共教学基础部
	一等奖	陈秋平、毛　慧 蒙中秀、欧阳开琼	杨　群	会计技能	团体	高职	财经系
		吕力俊、李昌杰 肖　璐、肖凌凌	梁旭楷	电子商务技能	团体	高职	旅游与商务管理系
		王　倩	聂　芸	中餐主题宴会设计	个人	高职	旅游与商务管理系
		石庆龄	宋佳燕	导游服务（普通话组）	个人	高职	旅游与商务管理系
		张　莉	唐　红	英语写作大赛	个人	高职	公共教学基础部
		杨洪芝	胡　铨	英语写作大赛	个人	高职	公共教学基础部
	二等奖	陈　坤、郑启林 张　兰、张芳芳	何克理	沙盘模拟经营	团体	中职	财经系
		施朋才、李照叶 王秀珍、杨志铭 黄民利	龙章烈	沙盘模拟经营	团体	高职	财经系
		黄洁锐、柏　密 陆宗情	徐文基	工程造价（广联达）	团体	高职	建筑工程系
		余　梅、翟培践 李发平	石玉林	工程造价（斯维尔）	团体	高职	建筑工程系
		马　莉	聂　芸	中餐主题宴会设计	个人	高职	旅游与商务管理系
		王杨洋	田亚男	导游服务（英语组）	个人	高职	旅游与商务管理系
		文轶兴	宋佳燕	导游服务（普通话组）	个人	高职	旅游与商务管理系
		苟源想、马富维 宋晓清、朱　旭	王惠民	市场营销	团体	高职	旅游与商务管理系

续表中6-5-1

年度	奖项	获奖学生	优秀指导教师	参赛项目	项目类型	组别	教学单位
2015	二等奖	刘　芸	吴梦薇	英语写作大赛	个人	高职	公共教学基础部
		伍雪燕	吴梦薇	英语写作大赛	个人	高职	公共教学基础部
		魏田子	胡　铨	英语写作大赛	个人	高职	公共教学基础部
	三等奖	陈经发、余成泥 刘龙周、杨秀龙	邰昌东	测绘	团体	高职	建筑工程系
		刘　洲、杨琴琴 王　波、陈　洁	宋林波	建筑工程仿真	团体	高职	建筑工程系
		费义清	田亚男	导游服务（英语组）	个人	高职	旅游与商务管理系
		胡孝莹	吴梦薇	英语写作大赛	个人	高职	公共教学基础部
		李明艳	杨　露	英语写作大赛	个人	高职	公共教学基础部
		郑　丽	杨　露	英语报刊阅读能力	个人	高职	公共教学基础部
		杨佐奎、王　成	袁家政	汽车营销技能	团体	高职	汽车与机电工程系
		舒吉江、龙见军 邰桂芳、胡其龙	罗嗣乾	汽车检测与维修	团体	高职	汽车与机电工程系
		舒吉江、邰桂芳 胡其龙	罗嗣乾	汽车电气系统检修	团体	高职	汽车与机电工程系
		邰桂芳、龙见军 胡其龙	罗嗣乾	汽车故障诊断	团体	高职	汽车与机电工程系
		熊　娜	张绍敏	护理技术技能	个人	高职	护理系
		李　飘	董平慧	艺术插花	个人	中职	生物与环境工程系
		吴丹丹	周德才	种子质量检测	个人	中职	生物与环境工程系

2010年至2013年获国家级技能比赛奖项统计表

表中6-5-2

年度	奖项	获奖学生	优秀指导教师	参赛项目	项目类型	组别	教学单位
2010	三等奖	蒋吉秀、王志磊、廖金婷 张　伟、李坤红	—	全国用友杯沙盘模拟经营	团体	高职	信息工程系
2011	三等奖	邹　娟、骆　旭、张静波 刘　磊、贺鑫梅莉	—	全国斯维尔杯BIM软件建模	团体	高职	生物与环境工程系
		周制荣、陈　华	—	农业技术植物组织培养	团体	高职	生物与环境工程系
		林雅艳	—	护理技术技能	个人	中职	护理系
2012	三等奖	唐　倩	—	护理技术	个人	高职	护理系
		陈　胜、李　峰、狄明刚 余　燕、顾先辉	—	全国斯维尔MIB软件建模大赛（专项）三维算量及清单计价	团体	高职	生物与环境工程系

续表中6-5-2

年度	奖项	获奖学生	优秀指导教师	参赛项目	项目类型	组别	教学单位
2012	三等奖	陈　胜、李　峰、狄明刚、余　燕、顾先辉	—	全国斯维尔MIB软件建模大赛（全能）	团体	高职	生物与环境工程系
	前20强	柳建龙、李庆庆、郑　杰、吕宗俊、贺山琴	吴晓燕、潘晓琴	首届“网中网杯”全国大学生财务决策网络大赛	团体	高职	财经系
2013	三等奖	吴举洪、李鹏翔、李峰、陈胜、顾先辉	—	全国斯维尔MIB软件建模大赛（专项）	团体	高职	生物与环境工程系
		吴举洪、李鹏翔、李峰、陈胜、顾先辉	—	全国斯维尔MIB软件建模大赛（全能）	团体	高职	生物与环境工程系
		王　倩	聂　芸	中餐宴会设计	个人	高职	旅游与商务管理系
		吕力俊、李昌杰、肖凌凌、肖璐	梁旭楷、杨凯雪	电子商务技能	团体	高职	旅游与商务管理系
		李田焕	杨礼玉	雕牙和排牙组	个人	高职	口腔医学系
		姜幸成	朱　梅	牙体制备组	个人	高职	口腔医学系
	优秀奖	李田焕	—	第十三届“日进杯”全国口腔技能大赛全口排牙组	个人	高职	口腔医学系
		姜幸成	—	第十三届“日进杯”全国口腔技能大赛牙体预备组	个人	高职	口腔医学系
		熊　举	—	第十三届“日进杯”全国口腔技能大赛牙体预备组	个人	高职	口腔医学系
		熊　举	—	第十三届“日进杯”全国口腔技能大赛窝洞制备组	个人	高职	口腔医学系
		邰乔莲	—	第十三届“日进杯”全国口腔技能大赛全口排牙组	个人	高职	口腔医学系
		邰乔莲	—	第十三届“日进杯”全国口腔技能大赛牙体雕刻组	个人	高职	口腔医学系
		廖洪举	—	第十三届“日进杯”全国口腔技能大赛CAD修复体设计组	个人	高职	口腔医学系
		石凯锋	—	第十三届“日进杯”全国口腔技能大赛CAD修复体设计组	个人	高职	口腔医学系
	优胜团体奖	学院	—	第十三届“日进杯”全国口腔技能大赛牙体制备组	团体	高职	口腔医学系
		学院	—	第十三届“日进杯”全国口腔技能大赛雕牙和排牙组	团体	高职	口腔医学系
	西区二等奖	蒋茂丹、张艺于、罗晓梦、贺才醒、邓玉萍	何克理、吴晓燕	2015年全国高等职业院校“网中网杯”财务决策大赛	团体	高职	财经系

第六节　教学质量评价机制

教学管理与质量监控体系

教学管理　从2002年开始，学院为保障教育教学有序运行，保证教育教学改革顺利实施，实现人才培养目标，不断优化教育教学管理组织体系。通过加强管理队伍建设、建立健全规章制度、提升管理方法手段等方式科学规范管理，逐步形成组织机构健全、队伍结构合理、人员理念先进、管理制度完善、管理方法科学、符合学院实际的教学管理和质量监控体系。至2015年，院、系有教学管理人员56人，其中教授9人，副教授25人，副高以上职称人员占管理人员的60.7%；研究生学历11人，本科学历40人，本科以上学历人员占管理人员的91.1%；平均年龄43.6岁。先后派遣教学管理人员到深圳职业技术学院、湖北职业技术学院、永州职业技术学院、湖州职业技术学院等国家示范性高职院校进行专题学习或挂职锻炼；组织教学管理人员到省内兄弟院校进行对口交流，共同探讨教学管理工作问题，以及参加各级教育主管部门组织的工作经验交流，学习高职教育教学的管理理念、模式等。

质量监控体系　出台一系列的教学运行管理与质量监控政策、制度。《黔东南民族职业技术学院关于加强教学管理的意见》《关于加强学生上岗实习实践教学工作的管理办法（试行）》《黔东南民族职业技术学院教学工作规范》《黔东南民族职业技术学院实践教学管理办法》《黔东南民族职业技术学院教育督导工作规程》《黔东南民族职业技术学院教学团队建设工作实施办法》等。教学规章制度涵盖教学计划与运行管理、教学质量管理、教学改革与研究、实训基地管理等教育教学的全过程，形成和建立行之有效的教学质量监控体系和运行机制，以全员、全程、全面性理念为指导，将教学质量监控与评估体系分成教学运行管理系统、教学监督系统、教学质量评价系统三个子系统。教学管理系统由院长办公会议、主管副院长、教务处和各教学系部组成。院长办公会议负责学院重大教学决策，分管教学副院长负责教学的日常决策，教务处代表学院全面负责教学管理，各教学系部是教学实体，具体组织落实和执行学院的教学任务，负责教师管理与指导。教学监督系统主要由院、系两级教学督导制度、干部听课制度、学生信息员制度、教学检查制度组成。院系教学督导委员会强化院系教学管理工作的调控职能，保证有关教学管理规章制度的贯彻执行。干部听课和学生信息员从学院的管理层面和教育层面不断向学院决策者提供影响教学质量的信息。教学监督系统具有层次性。教学质量评估主要由院、系两级教学部门承担，各专业成立由行业企业专家、经验丰富的教师及教学管理人员组成的专业教学指导委员会，负责对学院的教学工作进行审议、评议和咨询。该系统包括教师教学工作评价、学生学习质量评价、毕业论文（设计）质量评价、教材质量评价、专业与课程评价、学院教学工作评价六个方面。建立各教学环节的质量标准和工作规范，以及相应的评价、考核、激励与约束制度。《黔东南民族职业技术学院教师工作量化考核方案》《教师教学质量测评指标体系》《黔东南民族职业技术学院编制和执行课程标准的意见》《黔东南民族职业技术学院教授培养暂行办法》《专业技术职务推荐暂行办法》等，充分发挥制度的保证作用、导向作用和激励作用。此外，2007年，引进“正方教学管理软件”进行教学管理；2010年，启用移动办公系统进行行政管理。

数据平台填报　2012年起，学院每年均按教育部相关规定及时填报。平台分为13个模块，76个数据表，填报数据量高达30余万条。指标分析涉及学院概况、基本办学条件、经费收支、师资队伍、专业与课程建设、校企合作、教学管理、社会评价等。

第七节　素质教育

学院素质教育包括素质教育目标、素质教育体系的构建和素质教育实施计划。

素质教育目标。“实施素质教育，就是全面贯彻党的教育方针，以提高国民素质为根本宗旨，以培养学生的创新精神和实践能力为重点，造就有理想、有道德、有文化、有纪律的德、智、体、美等全面发展的社会主义事业建设者和接班人”，通过素质教育，使各专业的学生在德、智、体、美等方面均衡发展。

素质教育体系的构建。包括政治思想素质、人文素质、职业素质、身心素质等，重点培养学生具有正确的人生观、价值观，拥护中国共产党，使学生具有处理复杂问题的能力，独立分析和解决问题的能力，社会交往能力，专业指导和科学研究等能力。培养学生自我意识、自我激励、人际沟通、情绪控制能力、挫折承受能力等心理素质。

素质教育实施计划。由学院统一制订计划，提出具体要求，各部门分头实施。内容包括政治思想素质、人文素质、职业素质、身心素质4个方面。

第八节　继续教育

机构沿革

2003年2月，学院成教处成立。2005年5月，职业技能鉴定所并入成教处（次年4月析出单独办公）。2006年，成教处更名为继续教育处，正科级单位，设处长、副处长各1人。2010年，继续教育处调整为副县级单位，设处长1人、副处长2人。2012年，继续教育处设置综合办公室和培训中心两个副科级机构。

继续教育处的主要任务是负责成人学历教育、网络教育、函授教育和培训教育。多年来，继续教育的发展得到学院党委和历届领导班子的高度重视，把成人教育的发展列入学院党政工作要点，始终把多渠道办学、扩大办学规模和不断提高教育教学质量作为继续教育的发展目标。同时，也得到学院各部门和各教学系部以及社会各界的支持和帮助，派出业务精、责任心强、关爱学生的教师担任成人各类办学层次的教学工作，受到学生的好评和充分认可。继续教育处各届领导班子团结全体职工，坚持继承和发扬学院的优良传统，以学生为本，以质量为根，以良好的服务为准则，紧紧围绕学院重点任务开展工作。不断整合资源、调整激励措施、修订管理制度、完善工作程序，突出服务育人、管理育人，发扬艰苦创业、勤俭办学、与时俱进、不断开拓进取的精神，较好地完成各项任务指标。

历任继续教育处处长杨荣卿、石红卫、陈晓明，副处长陈晓明、吴勇、李钰强、杨雪燕。

学历教育

2002年3月，学院依托已有教育资源，本着为地方经济建设服务的宗旨，向贵州省教育厅申报开办成人高等教育获得批准，是年进行招生。开设护理、医学美容、口腔工艺技术、园林、园艺、财务会计（电算化）7个专业，原黔东南州财贸学校与贵州民族学院联办的专科财经专业100余人并入学院管理。

2003年，学院与贵阳医学院签订专科护理专业联合办学协议，招生100余人，学院本部招生150余人。2004年，与遵义医学签订联合办学协议，开设临床、护理专业。2005年，与西南林业大学签订联合办学协议，开设林学、园艺专业，层次为专科及本科。至2008年，报读学院和联合办职业院校成人学生规模达1000余人。

2012年，学院与贵州民族大学达成意向性合作，开始进行贵州民族学院学前教育（专科）专业的招生。2013年，与贵州民族学院签订联合办学协议，学前教育专业录取9人。2014年，与湖南中医药大学和湘潭大学签订联合办学协议，在学院设立湖南中医药大学贵州函授站和湘潭大学贵州函授站，面向全省招生。2015年，与贵州省中医学院签订联合办学协议，同年开始招生。

非学历教育

各种培训、进修、研修类的培训班、驾校、研究生课程班、考研辅导班等，都属于非学历教育的范畴。参加非学历教育的学员完成学业，考核合格，由学院或培训单位发给培训结业证明，但不得颁发毕业证书、结业证书、肄业证书等和学历教育相混淆的证书和文凭。

2002年四校合并升格为学院后，非学历教育工作得到全面的发展。成教工作依其发展特点可分为三个时期：起步时期（2003—2008年），持续发展时期（2008—2010年），快速发展时期（2011—2015年）。

起步时期非学历教育的工作重点是：一方面承担州农业局"阳光工程"和州扶贫办"雨露计划"培训，另一方面承担州就业局委托的各类就业技能短训班。2003年，国务院下发《2003—2010年全国农民工培训规划》，对培训工作做出具体部署。为贯彻落实党中央、国务院的要求和部署，加强农村劳动力转移培训工作，农业部、财政部、劳动和社会保障部、教育部、科技部、建设部从2004年起，共同组织实施农村劳动力转移培训阳光工程（简称为"阳光工程"）。学院组织申报基地，2004年，被明确为黔东南州"阳光工程"培训基地，同年开展工作，培训工种为乡村旅游服务员、畜禽养殖员、植保员，共培训300人。2005年至2008年，继续教育处依托生物环境系、旅游商务系专业教师，每年开设相关的农业专业，同时兼顾州扶贫局"雨露计划"培训和州就业局委托的各类就业技能培训，年均培训700余人次。

持续发展时期非学历教育改革不断深化，通过优化培训项目，提升培训质量，化解发展过程中遇到的困难，使得非学历培训健康持续发展。2010年，申报省级"农民创业培训"和州级"基层农技人员培训"基地，完成农民创业培训任务300人，基层农技人员培训415人，阳光工程300人，其中黎平县双江畜禽养殖60人，三穗县长吉乡贵秧村农机操作员60人，丹寨县兴仁镇烧茶村农村经济人120人，岑巩县思旸镇病虫害发防治60人。此外，在省残联的支持下，开展一期全省残疾人义齿培训40人。

快速发展时期非学历教育工作。2011年，完成"阳光工程"培训32个班1860人，农民创业培训120人，基层农技培训678人，就业技能培训240人。2012年，完成"阳光工程"培训18个班1080人，农民创业培训120人，基层农技培训664人，就业技能培训180人，职工素质提升1060人，家政培训600人，事业单位新进人员初任培训4000人。2013年，完成"阳光工程"培训7个班420人，农民创业培训120人，就业技能培训240人，社区矫正人员"融入工程"培训40人，职工素质提升570人，家政培训600人，事业单位新进人员初任培训5600人，公务员岗前培训786人。2014年，完成社区矫正人员"融入工程"培训40人，家政培训554人，基层农技人培训员643人，公务员岗前培训984人。2015年，完成"青年农场主"培训55人，社区矫正人员"融入工程"培训40人，基层农技人员培训684人，公务员岗前培训696人，淘宝大学农村电商培训180人。

第九节　教学督导督查

机构职能

2008年10月，成立督察室，历任主任郑凯平，副主任杜贻平、吴文海。工作职能是行政督查和教学督导。

行政督查。对院属各部门贯彻执行学院有关政策、规章制度、学年度（学期）工作计划、学院重大事项、院长办公会议、专题会议安排及院领导批示工作事项的落实、实施情况进行督促检查，及时做好信息反馈和督查通报，建立工作督办、督查机制，把督查工作常态化，督查事项办结后，及时将各种有关的文字材料，包括领导批示、办结报告、检查反馈等整理归档。为确保学院政令畅通，加强行政管理，提高行政工作效率，发挥应有的职能作用。

教学督导。根据学院教学质量监控测评指标体系，抓好教学质量监控测评和教学指导工作，发挥教学督促和教学指导职能。

管理制度

为加强督察管理，2009年下半年，督察室新建或修订一批督查工作相关制度，上报学院批准行文的制度9个，即《黔东南民族职业技术学院教师教学质量测评指标体系（试行）》《黔东南民族职业技术学院督察工作规程（试行）》《黔东南民族职业技术学院学生教学信息员制度实施办法（试行）》《黔东南民族职业技术学院优秀学生教学信息员评选办法（试行）》《黔东南民族职业技术学院教学督导工作规程（试行）》《黔东南民族职业技术学院督察室岗位职责（试行）》《黔东南民族职业技术学院试卷质量评估要求（试行）》《黔东南民族职业技术学院教师教学质量激励办法（试行）》《黔东南民族职业技术学院教师工作量考核方案（试行）》。

2010年4月，完成《黔东南民族职业技术学院课堂教学质量测评表》和《黔东南民族职业技术学院实训教学质量测评表》的修订。2012年3月，完成《黔东南民族职业技术学院教学质量信息反馈表》《黔东南民族职业技术学院课堂教学质量测评表》《黔东南民族职业技术学院实训教学质量测评表》的修订；制订《黔东南民族职业技术学院督学帮带新教师工作实施方案（试行）》上报学院批准。2013年11月，完成学院2013年《高等教育人才质量培养报告》（教育教学质量监控体系部分）的草拟工作。2014年4月，制订《黔东南民族职业技术学院督查工作制度（试行）》上报学院批准。2015年11月，完成学院《高等教育人才质量培养报告》（教育教学质量监控体系部分）的草拟工作。

督学聘任

2009年4月，聘任文英兰、禹俊梅、潘永明、陈治敏、阳华、刘德权、喻平、潘秋红为兼职督学，聘期一年。4月28日，对聘任督学进行专项业务培训。

2010年3月，聘任常青馨、吴桂叶、文明娟、龙旺、李芳为兼职督学，聘期一年。4月，聘任刘德权、黄之一、李正凡为专职督学，聘期一年。5月，续聘文英兰、禹俊梅、潘永明、陈治敏、阳华、潘秋红为兼职督学，聘期一年。

2011年，聘任禹俊梅、张华坤、李芳、王艳兰、李宏、马原野、潘秋红、常青馨、杨庆华、龙旺、张柳青、黄华、聂芸、王在朴、黄文平、雷刚、何武、宋爱萍为兼职督学，黄之一、刘德权为专职督学，聘期两年。

2013年11月，聘任厉波、张华坤、马原野、王艳兰、李芳、宋爱萍、胡美娜、聂芸、黄华、吴展奎、黄文平、常青馨、杨彩鸾、王庭鑫、吴晓燕、李宏、唐子婷、杨波为兼职督学，聘期两年。

2015年9月，聘任厉波、张华坤、马原野、王艳兰、李芳、宋爱萍、胡美娜、聂芸、黄华、吴展奎、黄文平、常青馨、杨彩鸾、王庭鑫、吴晓燕、李宏、唐子婷、杨波为兼职督学，聘期两年。

督查通报

2008年12月，编发学院第一期督查情况通报。2009年，编发督查情况通报8期。2010年，编发督查情况通报6期，岗位练兵活动简报12期。2011年，编发督查情况通报10期。2012年，编发督查情况通报21期。2013年，编发督查情况通报48期。2014年，编发督查情况通报42期。2015年，编发督查情况通报38期。

开展专项督导督查。2009年3月上旬，主持召开开学督导工作会议，布置安排学期教学督导工作。6月下旬，主持召开学期督导工作会议，对学期教学督导工作开展情况进行总结。2011年3月，对教学改革工作开展专项督查，全年编发专项督查通报8期。2012年12月，制定《黔东南民族职业技术学院督察工作督办催办实施办法（试行）》上报学院批准行文。2014年10—11月，对医技系的中央财政职业教育“以奖代补”专项项目进展进行专项检查，编发专项督查通报2期。12月，拟写《黔东南民族职业技术学院信访维稳安全工作总结》，上报州委州政府督查室。2015年12月，拟写《黔东南民族职业技术学院贯彻执行中央八项省委十项和州委十二项规定自查自纠报告》（2015年度）上报州委州政府督查室。

其他工作

2009年3月，学院参加黔东南州直机关“强基争先，强能创优”岗位练兵活动，成立岗位练兵活动领导小组，领导小组办公室设在督察室。起草学院“强基争先，强能创优”岗位练兵活动工作方案，参与组织学院岗位练兵活动动员大会。3—7月，编制岗位练兵活动简报9期。2010年2月，郑凯平被评为2009年度州政府机关岗位练兵活动“岗位能手”，受到州人民政府岗位练兵活动领导小组的表彰。2011年后，岗位练兵活动停止。

2010年7月，召开教学督导工作研讨会，每位督学撰写一篇督导工作论文，并在会上交流发言。是年起，每年10月完成学年数据平台《教学管理与教学研究》部分之《专职督导人员基本情况》和《评教情况》的填报。

2012年4月，启动“督学帮带新教师”工作。6月，由杜贻平主持，郑凯平、吴文海参加的研究课题——《职业技术院校教学评估体系构建研究》（贵州省教育厅人文社科研究项目），通过省教育厅结题验收。

2013年9月，起草《黔东南民族职业技术学院2013年秋季学院开学工作自查报告》报送黔东南州教育局。

2015年3月，起草《黔东南民族职业技术学院2015年春季学院开学工作自查报告》上报省、州教育行政部门。6月，草拟《黔东南民族职业技术学院年鉴2014》（督查督导部分）。7月，拟写《黔东南民族职业技术学院关于开展上半年贯彻执行中央八项省委十项和州委十二项规定自查自纠报告》上报州委州政府督查室。9月，起草《黔东南民族职业技术学院2015年秋季学院开学工作自查报告》上报省、州教育行政部门。

表彰奖励

2009年12月，召开教学督导工作会议。对2008—2009学年度第二学期、2009—2010学年度第一学期获教学质量优秀奖的专任教师进行奖励。

2010年8月，组织推荐选手参加州政府岗位练兵活动办举办的“练兵在身边”主题演讲比赛，青年教师赵榕获得三等奖。9月，学院对评选的优秀督学进行表彰。

2011年7月，完成2009—2010学年度第二学期专任教师教学质量测评，对教学质量测评获得优秀的专任教师进行奖励。9月，学院《关于表彰2010—2011学年度第一学期课堂教学质量测评获得优秀奖教师的决定》，对获得优秀奖的陈镇兰、张敏、吴方化等23位教师进行表彰。

第七章　科学研究

第一节　科研发展

研究项目

学院以“激励科技创新，突出科技运用，服务区域发展”为科技工作总思路，以产业技术研发和科技成果转化运用为重点，围绕医药卫生技术、民族文化技术、生态农业技术三个重点开展技术研发和成果转化，完善科技创新创业激励机制，深化产学研合作机制，不断拓展功能，提升服务地方经济社会发展能力，为科技型小微企业创业提供人才、科技服务。

1999年至2001年，由胡松主持“两薯脱毒研究与应用”项目在黔东南州科技局获得三年连续立项，获经费1.5万元。2000年，由胡松主持的“植物组织培养研究与开发应用”项目在贵州省发改委获得立项，获经费20万元。

2001年8月学院成立之初，未设置科研工作管理机构和人员。2002年，院长曾纪长（时任黔东南州发改委副主任）多次组织组培中心申报省发改委项目，由胡松主持的“黔东南州设施快繁育苗基地建设”项目在贵州省发改委获得立项，获经费30万元。2003年，成立学院植物组培中心，开展甘薯、马铃薯、草莓、太子参、毛慈姑、非洲菊、丽格秋海棠、玫瑰、芦荟、白掌等植物的组织培养技术研究。

2008年，学院申报省教育厅的4个人文社科项目有3个获得立项批准，是建院后第一次得到教育厅的课题立项，社科研究项目实现零的突破。植物组培中心与贵州大学农业生物工程重点实验室建立良好的科研合作关系，参与国家支撑计划项目“喀斯特山区主要作物品种资源亲缘关系鉴定”子课题研究，其中的“黔东南喀斯特山区主要作物种质资源收集及保存研究”；“特有种质贵州禾品种比较及丰产栽培研究”；“从江香禾糯有机栽培试验研究”。11月7日，学院召开首届科研工作会议，有50余人参加。27日，向教职工首次兑现从建院至2007年的科研成果奖励。是年，在州第五次哲学社会科学评奖活动中，学院选送的8份参评材料有5个获成果奖。同时，首次设立院级科研项目，在科研处的大力宣传及动员下，学院教职工热情高涨，申报院级课题31项，经院学术委员会各专门委员会主任会议审核，明确18个立项课题，其中院级重点课题10项；一般课题8项。

2009年6月，郑晓峰主持的“麻江红蒜良种繁育体系及组织快繁技术研究”，首次获得贵州省科技厅2009年度“农业攻关项目”立项资助，获项目研究经费15万元。该项目是学院建院后独立获得自然科学最高级别的研究项目，填补学院承担省科技厅自然科学研究项目的空白。11月，贵州大学副校长、博士生导师、国内植物转基因学术专家赵德刚教授率美国康奈尔大学Bruce Irving Reisch教授和美国田纳西大学Cheng Zongming教授等17名国内外学者，在学院党委书记王家祥和院长的陪同下到学院苗侗民族技术文化陈列馆和植物组培中心参观指导。中外专家对学院在建院后短短几年间所取得的成绩感到惊叹，认为学院陈列馆收集的苗侗民族生产、生活传统物件很有特色，极具代表性，展示民族祖先的智慧，必须传承保护；学院在众多植物组培及快繁研究上获得技术突破，植物组培中心具备一定的研究基础和能力；贵州大学赵德刚副校长就2008年、2009年贵大—学院两校合作开展的“地方主要农作物性状整理研究”取得阶段性研究成果表示赞赏，希望来年继续开展深层次的研究合作。是年，学院副院长曹庆旭主持的“职业技能大赛对职业教育发展的影响力研究”项目，获教育部教育科学“十一五”规划课题立项。

2011年，学院申报的“贵州少数民族地区职业院校办学模式研究”项目获贵州省委组织部高层次人才科研条件特助经费项目立项，资助经费3万元。旅游系主任梁焰申报的2011年度省社科联人文社科理论创新课题——“民族文化旅游人才培养途径研究”获得立项并为全州仅有，获课题研究经费2万元。学生处屈维彪等申报的“民族地区高职院校德育生态化建设研究”获贵州省教育厅人文社科研室项目立项，获经费1万元。

2012年，学院申报的“民族教育优先发展的民族职业教育支撑体系研究”，获教育部人文社科重点研究基地重大项目立项，获研究经费20万元。学院作为合作单位，参加由贵州大学主持的贵州省重大科技专项项目：“贵州特有水稻种质资源优异基因克隆及育种技术研究应用”，获项目研究经费8万元。

2015年，由学院组织，联合7家单位和企业共同申报的“黔东南民族工艺品制作工艺关键技术研究及产业化”重大专项，于11月获得立项，项目总经费580万元；大学科技园项目于5月向贵州省科技厅申报，8月获省科技厅火炬计划项目立项，获专项经费100万元，这是全省高职院校中第一家大学科技园；“黔粹传人工作室众创空间”，于6月经贵州省科技厅认定为省级众创空间，获项目资金100万元，这是全省高职院校中第一家众创空间。上述3个项目的立项，实现学院省级重大专项、科技创新平台建设历史性的突破。

研究成果

为营造学院良好的学术氛围，激励科技进步和技术创新，奖励科研成果，激发广大教职工教育教学科研工作的积极性，扩大办学的社会影响力，走科研强院之路，自2006年10月，学院成立科研管理部门科研处，制定《黔东南民族职业技术学院关于发表论文、出版论著和科研成果的奖励办法》，2011年制订《黔东南民族职业技术学院科研成果奖励办法（修订）》文件，2015年再次对奖励文件进行修订。科研处于2008年收集全院在编在职教职工2001年8月至2007年12月取得的科研成果并进行奖励，之后的每年初都开展对上一年的科研成果进行收集整理存档的日常管理工作。

发表论文 2001年8月至2015年，全院发表学术论文1250篇，其中中文核心期刊论文176篇，SCI源期刊论文4篇。学院教师潘大波博士在硕博期间长期从事计算机辅助药物设计方向的研究，主要运用分子模拟的方法研究药物与靶标、蛋白与蛋白、蛋白与核酸等相互作用，探讨药物的作用机制及其耐药机制，发表SCI论文13篇，其中以第一作者身份发表4篇。涉及专业建设与课程开发、办学理念与教学管理等方面的论文，主要有杨爱群的“科学发展观赋予职业教育创新使命”和“党的先进性建设与思想政治工作”，余晓林的“坚持勤奋学习不断提高执政本领”和“加强高校党的先进性建设 大力推进和谐校园建设”，屈维彪的“以人为本理念下的高职院校学生思想政治教育”和“倾情触摸学生心灵世界，着力提升学生人文素质”，吴格娥的“农村劳动力就业期望分析”“劳务经济视角下民族贫困地区农村职业教育发展”和“贵州农村劳动力就业期望研究——以黔东南州为例”等。

2001年至2015年学院教师发表论文统计表

表中7-1-1　　单位：篇

年度	论文总数	其中发表在核心期刊	SCI源刊
2001—2007	174	28	—
2008	170	40	—

续表中7-1-1

年度	论文总数	其中发表在核心期刊	SCI源刊
2009	155	18	—
2010	90	22	—
2011	127	13	2
2012	123	7	2
2013	190	16	—
2014	135	21	—
2015	86	11	—
小计	1250	176	4

出版著作 学院建立后，部分教师在教学之余著书立说，创作出一批颇具价值的著作成果，出版专编著作10部。屈维彪所著的《心灵的契合——新形势下民族地区高职院校学生工作研究》《高职院校学生工作实务》，罗春寒教授所著的《清代台湾民族政策研究〈以国立故宫博物院清代宫中档秦摺台湾原住民史料〉为中心》《台湾平埔族群文化变迁之研究》《水族风俗志》，闻芳教授所著的《黔东南导游词》，王正海、陆超祥等所著的《轻松记单词：初中英语词汇科学记忆与高效训练》等。

2008年至2015年学院教师著作统计表

表中7-1-2

序号	姓名	著作	出版社	出版日期	书刊号	著作类别		参与角色		备注
						专著	编著	独著	第n角色	
1	罗春寒	《台湾平埔族群文化变迁之研究》	民族出版社	2008.4	ISBN978-7-105-09210-9/K·977	√		√		
2	陈文祥	《大学生素质发展》	—	2008	—		√	√		
3	宋开旭	《软件工程》	天津科学技术出版社	2009.2	ISBN978-7-5308-4149-5		√			
4	王正海	《轻松记单词：初中英语词汇科学记忆与高效训练》	光明日报出版社	2012.7	ISBN978-7-5112-2534-4		√		1	
5	屈维彪	《心灵的契合——新形势下民族地区高职院校学生工作研究》	光明日报出版社	2013.9	ISBN978-7-5112-5097-1		√	√		
6	罗春寒	清代台湾民族政策研究《以国立故宫博物院清代宫中档秦摺台湾原住民史料》为中心	花木兰文化出版社	2014.3	ISBN978-986-322-634-5	√		√		
7	闻　芳	《黔东南导游词》	贵州人民出版社	2014.6	ISBN978-7-221-11912-4		√		1	

续表中7-1-2

序号	姓　名	著作	出版社	出版日期	书刊号	著作类别		参与角色		备注
						专著	编著	独著	第n角色	
8	郑晓峰	《太子参高产栽培技术》	贵州科技出版社	2015.5	ISBN978-7-5532-0368-3		√		1	
9	付　燕	《何首乌高产栽培技术》	贵州科技出版社	2015.5	ISBN978-7-5532-0368-3		√		1	
10	黄　刚	《头花蓼高产栽培技术》	贵州科技出版社	2015.5	ISBN978-7-5532-0368-3		√		1	

申请专利　至2015年12月，学院教师申请及授权专利2项，分别是邹黔荣的实用新型专利《卷件合一的档案装订夹》、彭文亮的实用新型专利《过滤无气泡输液管》。

获奖成果　学院成立至2015年，对教师科研成果进行各种奖励48项，其中自然科学9项、社会科学39项。

在自然科学方面，组培中心通过多年的研究，并积极将成果推广应用到生产中，取得较好成绩。胡松等获2004年度黔东南州科技进步二等奖1项、郑晓峰等获2011年黔东南州科技进步三等奖1次、组培中心获贵州省职工优秀技术创新成果三等奖1次、并获人社部、教育部共同颁发的“全国教育系统先进集体”；刘书华等获黔东南州科技进步三等奖1次；龙跃娥等获黔东南州第四届基础教育教改实验、教育科研优秀成果评奖三等奖1次；杨启璜等获黔东南州科学技术进步三等奖。

在社会科学方面，获奖作品主要有：

2006年，“坚持勤奋学习　不断提高执政本领”（余晓林）和“党的先进性建设与思想政治工作”（杨爱群）分别获中共贵州省委教育工作委员会“全省高校党建理论研讨论文奖”二、三等奖。

2007年，“科学发展观赋予职业教育创新使命”（杨爱群）获中国优秀教师协会“迎奥杯”中国优秀教学论文大赛一等奖；“加强高校党的先进性建设　大力推进和谐校园建设”（余晓林）获教育部思政司、中国高等教育学会、学院党建与思想教育杂志社“加强高校党建与思想教育”征文评选二等奖；著作《上善若水》（吴军）获贵州省教育厅第二届人文社科成果奖三等奖。

2008年，《大学生素质发展》（陈文祥）获黔东南州第五次哲学社会科学优秀成果（2004—2006）（著作类）二等奖；“浅谈少数民族地区旅游发展中的政府主导”（梁焰）获黔东南州第五次哲学社会科学优秀成果（2004—2006）（论文类）二等奖；“黔东南旅游业的SWOT分析”（李炳昌）获黔东南州第五次哲学社会科学优秀成果（2004—2006）（论文类）三等奖；“浅谈黔东南州的旅游人力资源开发”（闻芳）获黔东南州第五次哲学社会科学优秀成果（2004—2006）（论文类）优秀奖；“试论网络时代的高校德育教育”（龙春平）获黔东南州第五次哲学社会科学优秀成果（2004—2006）（论文类）论文三等奖；吕昌清的美术作品《家园》获贵州省文化厅贵州省首届美术专业比赛三等奖。

2009年，“以人为本理念下的高职院校学生思想政治教育”（屈维彪等）获中国职业技术教育委员会德育工作委员会论文评选二等奖。

2010年，“巴拉河流域乡村旅游发展战略研究”（李炳昌）获贵州省第八次哲学社科优秀成果（论文类）三等奖；“对边远地区乡村中学体育教学现状的思考”（刘维思）获黔东南州中小学学科优秀教学论文评选一等奖；美术作品《生态苗寨》（吕昌清）获贵州省第二届美术专业比赛版画类三等奖。

2011年，“民族文化在思想政治教育中的价值维度”（阳华）获第三届贵州省高校人文社会科学研究优秀成果奖论文三等奖；“民进黔东南州教育委员会对黔东南州中职教育情况的调查”（邹波）获第三届贵州省高校人文社会科学研究优秀成果奖论文三等奖；“对西部民族地区高职院校教育教学科研工作的思考——以贵州省为例”（邹波）获中国职业技术教育学会第十三届全国职业教育优秀论文评选论文三等奖；“倾情触摸学生心灵世界，着力提升学生人文素质”（屈维彪）获省委教育工委、贵州省教育厅、贵州省文明办、共青团贵州省委组织的第六届大学生校园文化活动月“高校优秀校园文化成果暨优秀社会实践成果评选”（校园文化成果类）三等奖；“重视珠算技术在会计教学中的地位”（雷建邦）获中国职业技术教育学会职教期刊编辑专业委员会第八次全国优秀职教文章三等奖。

2012年，“关于职业技能大赛对课程改革的影响”（曹庆旭）、“德育生态化视角下的高职学生思政教育‘主渠道、主阵地’生态系统的创建”（屈维彪）和“高等职业院校科研发展瓶颈及对策措施——以贵州省高职院校为例”（邹波）分别获教育部职业技术教育中心研究所、中国职业技术教育学会、中国职业技术教育编辑部组织的第十四届全国职业教育优秀论文评选二等奖和优秀奖；《高校德育创新与发展成果选编（黔东南民族职业技术学院卷）》（王家祥）获教育部2012年高校德育创新发展研究成果评选三等奖。

2013年，美术作品《生机》和《山涧田畴》（吕昌清）获贵州省第三届美术专业比赛二等奖和铜奖；美术作品《金色家园》和《秋然白崖》（杨捷）获贵州省文学艺术界联合会、贵阳市文化联合会、贵州省美术家协会、贵阳美术馆、贵州画院组织的第六届贵州省青年美术作品展优秀奖；设计作品《卷件合一的档案装订夹》（邹黔荣）获贵州省第二届产品创新设计大赛优秀奖；“农村劳动力就业期望分析”（吴格娥）获第十届全省职业教育优秀论文评选二等奖；“高职医学教育核心竞争发展力提升瓶颈要素相关性研究”（马原野）获第十届全省职业教育优秀论文评选三等奖；“构建高职院校校园文化的路径选择”（万英）获第十届全省职业教育优秀论文评选三等奖。

2014年，“劳务经济视角下民族贫困地区农村职业教育发展”（吴格娥）获贵州省教育厅首届贵州省教育科学研究优秀成果奖三等奖；“民族高职院校要强化办学特色定位”（石玉昌）获贵州省教育厅首届贵州省教育科学研究优秀成果奖三等奖；美术作品《获村寨暖阳》（吕昌清）获贵州省文化厅、贵州省文学艺术界联合会、贵州省美术家协会、贵州画院、贵阳市美术家协会、贵州省2014年举办的美丽中国梦多彩贵州风庆祝新中国成立65周年贵州省美术大赛银奖；著作《心灵的契合——新形势下民族地区高职院校学生工作研究》（屈维彪）获中国高等教育学会学生工作研究分会2014年度全国高校学生工作优秀学术成果二等奖。

2015年，美术作品《生态家园》（吕昌清）获2015年黔东南州美术、书法、摄影大赛一等奖和2015年第七届贵州省青年美术作品展三等奖；《红十字小战士》（吕昌清）获图云关红十字杯贵州省青少年书画大赛纪念中国人民抗日战争胜利暨反法西斯胜利70周年三等奖；《山涧田畴》（吕昌清）获中天未来方舟杯颂祖国、爱家乡，共筑中国梦全国美术作品大赛三等奖。

2005年至2015年学院教师科研成果获奖统计表

表中7-1-3

获奖年度	姓　名	成果类别	成果名称	组织单位	评奖名称	成果等级	角色
2005	胡　松	自科成果	多种植物组织培养技术研究	州政府	黔东南州科技进步奖	二等奖	第一完成人
2006	余晓林	论文	坚持勤奋学习不断提高执政本领	中共贵州省委教育工作委员会	全省高校党建理论研讨论文奖	二等奖	独著

续表中7-1-3

获奖年度	姓 名	成果类别	成果名称	组织单位	评奖名称	成果等级	角色
2006	杨爱群	论文	党的先进性建设与思想政治工作	中共贵州省委教育工作委员会	全省高校党建理论研讨论文奖	三等奖	独著
2007	杨爱群	论文	科学发展观赋予职业教育创新使命	中国优秀教师协会	“迎奥杯”中国优秀教学论文大赛	一等奖	独著
2007	余晓林	论文	加强高校党的先进性建设 大力推进和谐校园建设	教育部思政司，中国高等教育学会，学校党建与思想教育杂志社	“加强高校党建与思想教育”征文评选	二等奖	独著
2007	杨启璜	自科成果	母猪产床改良及综合配套技术应用	州政府	黔东南州科学技术进步奖	三等奖	第二完成人
2008	陈文祥	著作	大学生素质发展	州政府	黔东南州第五次哲学社会科学优秀成果（2004—2006）（著作类）	二等奖	独著
2008	梁 焰	论文	浅谈少数民族地区旅游发展中的政府主导	州政府	黔东南州第五次哲学社会科学优秀成果（2004—2006）（论文类）	二等奖	独著
2008	李炳昌	论文	黔东南旅游业的SWOT分析	州政府	黔东南州第五次哲学社会科学优秀成果（2004—2006）（论文类）	三等奖	独著
2008	闻 芳	论文	浅谈黔东南州的旅游人力资源开发	州政府	黔东南州第五次哲学社会科学优秀成果（2004—2006）（论文类）	优秀奖	独著
2008	龙春平	论文	试论网络时代的高校德育教育	州政府	黔东南州第五次哲学社会科学优秀成果（2004—2006）（论文类）	三等奖	独著
2008	吕昌清	美术作品	家园	贵州省文化厅	贵州省首届美术专业比赛	三等奖	独立完成人
2009	屈维彪	论文	以人为本理念下的高职院校学生思想政治教育	中国职业技术教育委员会德育工作委员会	论文评奖	二等奖	独著
2010	李炳昌	论文	巴拉河流域乡村旅游发展战略研究	省政府	贵州省第八次哲学社科优秀成果（论文类）评奖	三等奖	独著
2010	刘维思	论文	对边远地区乡村中学体育教学现状的思考	州教育局教科所	黔东南州中小学学科优秀教学论文评选	一等奖	独著
2010	吕昌清	美术作品	美术作品生态苗寨	贵州省文化厅	贵州省第二届美术专业比赛版画类	三等奖	独立完成人
2010	龙跃娥	自科成果	酮体生成的实验改进	州教育局	黔东南州第四届基础教育教改实验、教育科研优秀成果评奖	三等奖	第一完成人

续表中7-1-3

获奖年度	姓　名	成果类别	成果名称	组织单位	评奖名称	成果等级	角色
2011	刘书华	自科成果	药理学	州政府	黔东南州科学技术进步奖	三等奖	第一完成人
2011	郑晓峰	自科成果	草莓组培快繁技术体系研究及推广应用	州政府	黔东南州科学技术进步奖	三等奖	第一完成人
2011	阳　华	论文	民族文化在思想政治教育中的价值维度	省教育厅	第三届贵州省高校人文社会科学研究优秀成果奖	三等奖	独著
2011	邹　波	论文	民进黔东南州教育委员会对黔东南州中职教育情况的调查	省教育厅	第三届贵州省高校人文社会科学研究优秀成果奖	三等奖	独著
2011	邹　波	论文	对西部民族地区高职院校教育教学科研工作的思考——以贵州省为例	中国职业技术教育学会	第十三届全国职业教育优秀论文评选	三等奖	独著
2011	屈维彪	论文	倾情触摸学生心灵世界，着力提升学生人文素质	省委教育工委、贵州省教育厅、贵州省文明办、共青团贵州省委	第六届大学生校园文化活动月“高校优秀校园文化成果暨优秀社会实践成果评选”（校园文化成果类）	三等奖	第一作者
2011	雷建邦	论文	重视珠算技术在会计教学中的地位	中国职业技术教育学会职教期刊编辑专业委员会	第八次全国优秀职教文章	三等奖	独著
2012	曹庆旭	论文	关于职业技能大赛对课程改革的影响	教育部职业技术教育中心研究所 中国职业技术教育学会 中国职业技术教育编辑部	第十四届全国职业教育优秀论文评选	二等奖	第一作者
2012	邹　波	论文	高等职业院校科研发展瓶颈及对策措施——以贵州省高职院校为例	教育部职业技术教育中心研究所 中国职业技术教育学会 中国职业技术教育编辑部	第十四届全国职业教育优秀论文评选	优秀奖	第一作者
2012	王家祥	编著	高校德育创新与发展成果选编（黔东南民族职业技术学院卷）	教育部高等学校社会科学发展研究中心	2012年高校德育创新新发展研究成果评选	三等奖	第一作者
2012	屈维彪	论文	德育生态化视角下的高职学生思政教育“主渠道、主阵地”生态系统的创建	教育部职业技术教育中心研究所 中国职业技术教育学会 中国职业技术教育编辑部	第十四届全国职业教育优秀论文评选	优秀奖	独立完成人
2013	吕昌清	美术作品	生机	贵州省文化厅	贵州省第三届美术专业比赛	二等奖	独立完成人

续表中7-1-3

获奖年度	姓　名	成果类别	成果名称	组织单位	评奖名称	成果等级	角色
2013	吕昌清	美术作品	山涧田畴	贵州省文化厅、贵州省文学艺术界联合会、贵阳市文化联合会、贵州省美术家协会、贵阳美术馆、贵州画院	2013年第六届贵州省青年美术作品展	铜奖	独立完成人
2013	杨　捷	美术作品	金色家园	贵州省文化厅、贵州省文学艺术界联合会、贵阳市文化联合会、贵州省美术家协会、贵阳美术馆、贵州画院	2014年第六届贵州省青年美术作品展	优秀奖	独立完成人
2013	杨　捷	美术作品	秋然白崖	贵州省委宣传部、贵州省文化厅、贵州省文化艺术界联合会、贵州美术家协会	2013年多彩贵州吾土吾民油画作品展	优秀奖	独立完成人
2013	邹黔荣	设计作品	卷件合一的档案装订夹	贵州省科技厅	贵州省第二届产品创新设计大赛	优秀奖	独立完成人
2013	吴格娥	论文	农村劳动力就业期望分析	贵州省职教学会	第十届全省职业教育优秀论文评选	二等奖	第一作者
2013	马原野	论文	高职医学教育核心竞争发展力提升瓶颈要素相关性研究	贵州省职教学会	第十届全省职业教育优秀论文评选	三等奖	第一作者
2013	万　英	论文	构建高职院校校园文化的路径选择	贵州省职教学会	第十届全省职业教育优秀论文评选	三等奖	独著
2013	郑晓峰	自科成果	草莓组培快繁技术体系研究与推广应用	贵州省总工会、贵州省科技厅、贵州省经济和信息化委员会、贵州省人社厅	2013年贵州省职工优秀技术创新成果评选	三等奖	第一完成人
2014	吴格娥	论文	劳务经济视角下民族贫困地区农村职业教育发展	贵州省教育厅	首届贵州省教育科学研究优秀成果奖	三等奖	第一作者
2014	石玉昌	论文	民族高职院校要强化办学特色定位	贵州省教育厅	首届贵州省教育科学研究优秀成果奖	三等奖	第一作者
2014	吕昌清	美术作品	村寨暖阳	贵州省文化厅、贵州省文学艺术界联合会、贵州省美术家协会、贵州画院、贵阳市美术家协会	贵州省2014年举办的美丽中国梦多彩贵州风——庆祝建国65周年贵州省美术大赛	银奖	独立完成人
2014	余春香	自科成果	太子参规范化栽培技术体系研究与应用	贵州省农业委员会	贵州省农业丰收奖	二等奖	第十完成人
2014	余春香	自科成果	太子参规范化栽培技术体系研究与应用	黔东南州人民政府	科学技术进步奖	二等奖	第四完成人
2014	屈维彪	著作	心灵的契合——新形势下民族地区高职院校学生工作研究	中国高等教育学会学生工作研究分会	2014年度全国高校学生工作优秀学术成果	二等奖	独立完成人

续表中7-1-3

获奖年度	姓　名	成果类别	成果名称	组织单位	评奖名称	成果等级	角色
2015	吕昌清	美术作品	生态家园	黔东南苗族侗族自治州文化馆	参加2015年黔东南州美术、书法、摄影大赛	一等奖	独立完成人
2015	吕昌清	美术作品	生态家园	贵州省文学艺术界联合会、贵州省美术家协会、贵州省美术家协会青年美术家协会、贵州青年画院	参加2015年第七届贵州省青年美术作品展	三等奖	独立完成人
2015	吕昌清	美术作品	红十字小战士	贵州省红十字会、贵州省教育厅、贵州省文化厅、贵州省文学艺术界联合会、贵州日报报业集团、贵州省书法家协会、贵州省美术家协会、贵阳中天书画院	参加图云关红十字杯贵州省青少年书画大赛纪念中国人民抗日战争胜利暨反法西斯战争胜利70周年	三等奖	独立完成人
2015	吕昌清	美术作品	山涧田畴	贵州省文学艺术界联合会、贵州省文化厅、贵州日报报业集团、中天城投集团股份有限公司	参加中天未来方舟杯颂祖国、爱家乡，共筑中国梦全国美术作品大赛	三等奖	独立完成人

注：自科成果，即自然科学成果

第二节　科研管理

管理机构

2005年6月，学院科研处成立之前，由院长、党委书记、副院长、教务处处长等相关领导和专业带头人组建第一届院学术委员会，形成科研管理的雏形。

2006年10月，设立科研处（挂植物组织培养中心牌子）为正科级机构。

2010年4月，学院机构编制进行调整，科研处由正科级调整为副县级管理机构。

2011年4月，增设科研处（植物组织培养中心）副处长（正科级）职数2名。

2013年8月，学院科研处内设植物组织培养中心副科级机构1个，设科长1名。

继科研处成立后，学校科研工作走上正轨，科研项目申报立项、科研成果不断取得新的进展。

科研处管理机构职数表

表中7-2-1

机构名称	机构职级	领导职务	领导职级	备　注
科研处	副县级	处长	副县级	含植物组织培养中心
		副处长	正科级	
		副处长	正科级	
		植物组织培养中心主任	副科级	

学院科研管理机构历任负责人

表中7-2-2

机构名称	处长/主任	任职时间	副处长	任职时间
科研处	邹 波（处长）	2006.10—2013.05	郑晓峰	2008.06—2013.05
科研处	—	—	郑晓峰（主持工作）	2013.05—2015.06
			张柳青	2012.07—2015.05
			吴格娥	2013.05—2015.06
	郑晓峰（处长）	2015.05—	张柳青	2015.05—
组培中心	黄 刚（主任）	2013.08—	—	—

学术委员会

2006年6月，为提高学院教育教学质量和教学科研水平，营造良好的学术氛围，成立学院首届学术委员会，负责拟定和审核院内教学科研课题，定期开展开题结题和评奖等活动。其组成人员为院长任主任委员；副主任委员余晓林、李炳昌；委员王贵生、吴德诚、邹波、曹庆旭、王俊杰、马原野、刘书华、龙章烈。学术委员会下设办公室，吴德诚任办公室主任。

2008年10月，学院成立第二届学术委员会，由19人组成，院长任主任委员，李炳昌、陈文祥任副主任委员，邹波任秘书长。第二届学术委员会下设7个专门委员会，即医药卫生专门委员会、经济管理类专门委员会、农林牧类专门委员会、旅游管理类专门委员会、机电工程类专门委员会、思想政治教育和公共教学类专门委员会、计算机技术类专门委员会。11月，出台《黔东南民族职业技术学院学术委员会章程》。

2010年11月，因第二届学术委员会部分委员已调离学院，召开第二届学术委员会第二次全体会议，增补杨政宇、吴文勇、何武、陈治敏、吴格娥、王恒松、姚本丽7人为第二届学术委员会委员；补选王贵生、杨政宇为第二届学术委员会副主任委员。经调整后第二届学术委员会委员由吴德诚、刘书华、梁焰、吴开岑、曹庆旭、邹波、吴勇、杨燕玲、马原野、欧祥林、杨群、王远湘、龙春平、朱永康、吴文勇、何武、陈治敏、吴格娥、王恒松、姚本丽23人组成。

2013年7月，完成院学术委员会的换届工作，召开第三届学术委员会第一次全体会议。会议选举王贵生任学术委员会主任委员，刘书华、陈治敏任副主任委员，郑晓峰任秘书长，委员由杨燕玲、张华坤、吴勇、吴展奎、吴开岑、张森、蒋友财、龙旺、王在朴、唐红、石玉林、金庆波、李民和、石玉昌、王艳兰、龙秋湖（外聘）、龚磊（外聘）、龙跃明（外聘）、申学林（外聘）组成。11月，增补苏晓红、何武、屈维彪、吴格娥4人为学院学术委员会委员。

2015年3月，召开学院第三届学术委员会第二次会议，应到22人，实到15人。会议由学术委员会主任委员王贵生主持，主要议程是讨论科研处修订的五项科研制度：《黔东南民族职业技术学院横向科研课题管理暂行办法（征求意见稿）》《黔东南民族职业技术学院纵向科研课题管理暂行办法（征求意见稿）》《黔东南民族职业技术学院科研成果管理暂行办法（征求意见稿）》《黔东南民族职业技术学院科研成果奖励办法（修订）（征求意见稿）》《黔东南民族职业技术学院科研工作评价办法（修订）（征求意见稿）》。关于学术委员会委员变动事宜。在第三届学术委员会委员中有1人退休，1人调离。经会议讨论和征求个人意见，杨燕玲教授退休后继续担任学术委员会委员，调离委员所产生的空缺不再补选。

管理制度

2006年6月2日，学院首次颁发学院第一个科研管理制度《黔东南民族职业技术学院关于发表论文、出版论著和科研成果的奖励办法》。

2008年8月，学院出台《黔东南民族职业技术学院科研计划申报和组织管理试行办法》《黔东南民族职业技术学院科研基金管理办法》《黔东南民族职业技术学院教研科研成果奖励暂行办法》《黔东南民族职业技术学院科研经费管理办法（试行）》《黔东南民族职业技术学院横向科研项目管理暂行办法》。

2011年6月，学院制定下发《黔东南民族职业技术学院科研工作评价办法》。办法要求以教学系（部）为评价单位，由科研处履行学院职能，每年3～4月对各教学系（部）上年度的科研工作进行量化。为增加公信度，各系（部）应派专人参加评价工作。评价内容为学年科研工作打算、科研工作会议、教职工参与课题研究、课题立项、课题成果获奖、著作及教材出版、学术论文发表。评价指标为以系（部）专业技术人员年度人均科研分作为科研工作评价指标，系部非专业技术人员除外。

7月，学院下发《黔东南民族职业技术学院科研工作院系两级管理办法》，明确院系（部）两级科研管理的基本职责。科研处职责为制定和完善学院科研管理制度，规划学院科研发展战略。制定学院年度科研工作计划，组织开展教育教学科研培训和学术讲座，提供科研项目申报信息，协助本院科研团队申报各级科研课题，拓展研究领域，协调横向课题研究，组织科研成果上报奖项、兑现成果奖励，收集整理学院有关科研档案，完成教育部科研年报工作任务，执行学院对教学系部科研工作考核评价等。系（部）职责为在学院总体科研规划和年度计划的前提下讨论制定本系部的年度科研计划，明确主攻方向，安排和调动教师特别是教研室专业团队开展课题申报及课题研究，提供教师课题研究必要的时间，认真做好对教职工的课题申报和研究成果基层推荐工作，帮助和扶持教研室创造研究条件开展课题研究，协助科研处抓好本系部研究课题的中期检查、结题验收和科研考核评价，按时上报各年度系（部）的科研资料及科研信息。明确院系两级科研管理细则为科研处、各系部在课题申报和立项课题研究、参评成果推荐及奖励兑现、科研队伍的培养、科研成果转化、完善科研管理制度、科研工作考核评价等方面各自的职责。

是月，对科研成果奖励办法作修订，并颁发《黔东南民族职业技术学院科研成果奖励办法（修订）》，规定奖励的范围和标准及奖励程序。

2012年5月，学院制定下发《黔东南民族职业技术学院科研课题经费管理暂行办法（试行）》。办法明确科研课题经费的使用、拨付方式、开支范围以及学院配套管理等一系列管理办法，如科研经费由课题负责人拟出经费预算送科研处审核，报学院审批后，按核定的经费标准使用；科研课题经费一次核定，分期拨付，包干使用，课题立项开题后下拨60%的经费（一次性支取经费不得超过2万元），结题后下拨剩余的40%经费；科研课题经费是科研课题研究得以开展的重要资金保证，按照批复的科研课题经费和课题研究进度合理安排各项支出，专款专用，不得变相挪用、挤占；科研经费包括科研业务费、实验材料费、仪器设备购置使用费、课题实施费等；经费配套原则：获地厅以上立项并有经费资助的课题，课题立项单位如果有配套要求的，按要求配套；无配套要求的，按相关标准配套，配套经费主要用于仪器设备、实验材料费和图书的购置等。

2014年9月18日，学院下发《关于印发黔东南民族职业技术学院科研课题经费管理办法的通知》，再次修订学院课题经费管理办法，包括纵向课题经费、横向课题经费、学院对纵横向课题配套资助的经费、学院单向资助纵向课题的经费以及院级课题的资助经费等的管理办法。再次提高各级各类课题经费的支持力度，明确横向课题经费资助实行奖励性资助，资助额为合同款（以计财进账为准）的

15%。承担横向课题的负责人应与委托单位签订合同书，并在科研处备案。研究经费到位并办理完有关手续后，视该课题为立项项目，纳入学院科研管理；明确科研课题经费使用范围及报销程序：科研课题经费开支的各种有效凭证，经课题负责人签字，科研处审核登记，计财处按财务管理制度及有关规定对课题资金使用的合理性进行审核，主管院领导审批后，方可办理报销手续。对于经费使用不符合规定的，计财处有权不予以报销等按照相关财经制度执行；科研课题经费管理的具体实施细则；明确课题经费的审批、拨付、结算等相关办法。

2015年6月，经学院学术委员会审议修订，重新颁发《黔东南民族职业技术学院科研成果管理暂行办法》（以下简称《暂行办法》）。《暂行办法》所指科研成果包括以下种类：公开出版的著作（专著、编著、译著、工具书）、公开发表的学术论文、各级获奖的自然科学和社会科学成果、专利类成果、其他类成果。规定所有科研成果都必须有“黔东南民族职业技术学院”标注或有相关信息的证明。办法规定科研成果报送和登记：科研处于每年3～4月下发有关科研成果统计的通知和要求，各系（部）组织本部门教职工按照《黔东南民族职业技术学院科研成果统计表》进行填写，汇总本部门教职工取得的科研成果并进行初审，由系（部）负责人签署意见后，统一报送学院科研处。办法还详细规定科研成果归档、科研成果鉴定、科研成果奖励和申报、科研成果交流、推广和应用等实施细则。

7月，经学院学术委员会审议修订，重新颁发《关于印发黔东南民族职业技术学院横向科研课题管理暂行办法的通知》。规定横向课题是指受企事业单位或个人委托所进行的基础研究、应用研究、决策调研、科研协作、技术开发、科研成果转让、科研咨询及其他涉及技术服务的科研课题。学院鼓励广大教师积极参与横向课题研究，并将横向课题纳入学院科研计划，进行规范管理。办法规定横向课题的立项条件和立项程序，立项条件规定：有委托单位的委托书和协议书、有委托单位的研究经费，成立课题组，成员分工明确。立项程序：横向课题主持人需向科研处提交委托单位的委托书和协议书、委托单位的研究经费拨款证明、填写横向课题申请书、经科研处审核后，发给横向课题立项通知书。规定横向课题经费管理及使用按照《黔东南民族职业技术学院科研课题经费管理办法》执行。横向课题的结算：课题完成后，课题负责人及时携委托方开具的课题完成证明，并填写“黔东南民族职业技术学院横向课题经费分配表”，由科研处审核，分管院领导签字后，到计财处办理结算手续。

是月，经学院学术委员会审议修订，重新颁发《关于印发黔东南民族职业技术学院科研成果奖励办法（修订）的通知》。奖励办法扩大科研成果奖励种类，增加奖励范围，提高奖励力度。

管理工作

2002年，学院学术委员会成立后，对科研管理工作十分重视。2006年成立学院科研处，具体负责科学研究的有关管理工作。2008年11月，学院对建院至2007年12月后教职工所取得的科研成果实施奖励。从科研处收集、整理、统计的科研成果中，学院成立头五年获地州级以上科研成果奖7项；出版专著1部；主编教材3本，参编教材18本；剔除本院《学报》发表的文章220篇外，教职工以“黔东南民族职业技术学院”署名在其他报纸及刊物上发表各类文章378篇，其中全国中文核心期刊文章34篇，有174篇文章获得奖励，

2009年3月，学院2008年申报省教育厅的4个人文社科项目有3个获得立项批准，分别是李炳昌主持的规划项目“黔东南民族文化产业化研究”；梁焰和阳华老师分别主持的专项任务项目“黔东南乡村旅游管理规范研究”及“高职院校学生思想道德修养实证研究”。5月2日，科研处召集2008年度学院获省教育厅社科课题及学院课题立项的课题负责人举行集体开题会议，有省教育厅社科规划课题1个，专项任务课题2个；院级重点课题10个，一般课题8个。会上，科研处依次与各项目负责人签订课题研究协议书。6月10日，科研处组织学院第二届学术委员会委员刘书华、吴勇及院内同行教师黄之一、

李树绿、刘传荣等五人组成专家组，对医学基础部龙跃娥老师主持的2008年度院级重点课题——“酮体生成的实验改进”进行验收，认为该生理实验使用新鲜猪肝取代小白鼠肝作为实验材料可获得同样的显色效果，完全可以达到酮体生成的定性显示效果，按照当时两种实验材料的市场价格测算，采用新的方法每个标准医学实验班可节约实验开支70余元，建议推广使用。8月，科研处对学院教职工在2008年度取得的科研成果兑现奖励。获奖成果有：各级获奖成果7项，主编或副主编教材5本，合法期刊发表论文148篇，学院学报发表论文35篇，是建院后教职工取得科研成果最多的一年，占2007年之前所取得科研成果的一半以上，发奖金3.06万元。10月，全国教育科学规划课题“职业技能大赛对职业教育发展的影响力研究”开题。此课题是学院曹庆旭副教授主持向教育部申报获得立项的全国教育科学“十一五”规划2009年度教育部规划课题，是学院建院后教职工从教育系统获得级别最高的研究课题，学院领导对此高度重视。参加开题会的有学院副高以上专业技术职称人员、各教研室主任和科研处全体人员80余人。课题开题由科研处邹波主持，课题主持人曹庆旭副教授作开题报告，邀请院内外专家陈文祥教授、王贵生副教授、罗永常教授、郑茂刚教授、王国安副教授和州教育局职教科科长杜玉清作开题报告评议，与会专家一致认为课题立项和课题研究成果对职业教育发展具有重大的现实意义和指导意义。

2010年9月16日，科研处组织学院第二届学术委员会委员及院内同行教师31人分7个结题验收小组，分别对2008年度院级7个课题进行结题验收。7个课题中，有3个院级重点课题，4个院级一般课题。7个课题分别是刘书华教授主持的“药品行业各岗位能力要求与高职药学课程内容对应研究”、潘永明高级讲师主持的“废旧局解人体标本的再利用”、苏晓红副教授主持的“教育人类学视野下苗族古歌的教育功能研究”、邹波教授主持的“葡萄套袋栽培对品质的影响”、何武教授主持的“任务驱动教学模式的教学评估体系构建研究”、包羽讲师主持的“黔东南苗族刺绣工艺技术的传承与开发”和唐红讲师主持的“黔东南民族职业技术学院英语学科分层走班教学可行性研究”。各结题验收小组专家采取对照课题合同、查看课题结题资料、听取课题主持人汇报、向课题主持人提问等方式进行，对7个课题的研究成果给予高度评价，同意结题。10月15日，学院邀请贵州大学国家级农业生物实验教学中心主任、硕士生导师、中国土壤学会理事、贵州土壤学会理事长、《种子》杂志副主编、《贵州农业科学》和《耕作与栽培》杂志编委、教授钱晓刚前来学院作教育教学科研讲座，全院持有教师资格证的教师和其他系列专业技术人员230余人听取讲座。钱晓刚讲座的主要内容是：高职院校为什么要申报科研项目，研究成果对学院的提升和发展有什么作用；学院教师有哪些项目可以申报，特别是适合申报的贵州省项目；怎样申报科研项目及填写申报书内容；如何开展科学研究及科学研究的若干体会等。

2011年11月，学院升格为“贵州省示范性高等职业院校”，实现学院广大师生多年的期盼和追求，达到学院近期的目标。学院始终坚持“职教科学发展，科研先行”这一战略思想推进教育教学改革，科研喜讯捷报频传，一展贵州示范性高职风姿。申报的“贵州少数民族地区职业院校办学模式研究”，获省委组织部人才处高层次人才2011年特助经费项目立项；申报的“民族教育优先发展的民族职业教育支撑体系研究”，获教育部人文社科重点研究基地重大项目立项；刘书华教授主编的《药理学》高职教材获黔东南州科技进步三等奖；郑晓峰教授主持开展的“草莓组织培快繁技术体系研究及推广应用”研究成果获黔东南州科技进步三等奖；阳华教授撰写的“民族文化在思想政治教育中的价值维度”获论文类三等奖；邹波教授撰写的“民进黔东南州教育委员会对黔东南州中职教育情况的调查”获论文类三等奖。

2012年5月25日至27日，由中国科协和贵州省人民政府共同主办的第十五届中国科协年会在贵阳市举行。学院是本年会百场院士专家科普报告黔贵行活动场所之一。刘书华教授、邹波教授、吴开岑副教授、李雪萍副教授分别参加在贵阳举行的关于“中药与天然药物现代研究”“农业生态环境保护与农业可持续发展”“贵州发展战略性新兴产业中的生态环境保护”“高原环境下的疾病防治与健康工程”的论坛；20名师生参加在凯里学院举行的关于“林业科技服务和科普惠民行动”系列报告；4位学科教师代表参加在黔东南州政府会议室举行的“科技创新与农业现代化发展”论坛；230名师生聆听中国科学院地质与地球物理研究所徐文耀教授到学院作的“是谁保护我们地球”专题报告。

2013年3月13日，结合“太子参种源筛选及种源基地建设”项目的研究，学院组培中心在副院长曹庆旭教授、科研处长邹波教授带领下，到施秉牛大场三元太宝公司基地，与贵州三元太宝实业股份有限公司董事长张代金共同挂牌成立“学院中药材种苗繁育教学实训基地”。该基地的建立，实现校企合作双方的共赢，既可为当地中药材生产提供技术支撑，又可为学院教学实训提供良好的服务平台。6月，学院郑晓峰教授主持申报的“施秉县中药材研究成果汇编及中药材生产技术丛书编写”项目获得2013年施秉中药材产业科技合作专项项目立项，获研究经费40万元。

2014年，学院植物组培中心获全国教育系统先进集体。2015年5月，学院申报“大学科技园”和“黔粹传人工作室”众创空间两个项目。6月24日，众创空间项目获得立项，学院成为全省高职院校第一家授牌的众创空间，也是黔东南州的第一家众创空间。8月6日，学院申报的大学科技园获贵州省大学科技园第二批立项。是年，科研处组织召开3次学术委员会会议、1次学术报告会、1次科技活动。

第三节 学科队伍

科研机构

至2015年，学院科研机构有学报编辑部、民族职业教育研究所、贵州民族技术文化研究中心和植物组培中心。

学报编辑部于2006年10月20日成立，为正科级机构。2010年4月6日，调整为副县级教学辅助机构。2011年4月27日，增加学报编辑部副主任（正科级）职数1名。至此，学报编辑部职数为副县级1名，正科级1名。

民族职业教育研究所于2012年9月8日成立，副县级研究机构，设所长1名，副所长2名。所下设综合办公室，设主任1名。

贵州民族技术文化研究中心于2008年4月成立，学院召开“贵州少数民族技术文化研究中心成立可行性论证”会，8月正式成立贵州少数民族技术文化研究中心，属于学院专业科研机构之一。2011年4月13日，增设贵州少数民族技术文化研究中心主任（正科级）职数1名，副主任（副科级）职数2名。

植物组培中心于1998年底开始筹建黔东南民族农业学校组培室，2000年9月，组建黔东南民族农业学校组培中心，2003年成立学院植物组培中心。至2015年，有研究人员8人，其中教授1人，副教授2人，硕士研究生3人，本科生2人。

队伍建设

2015年，学院拥有中级以上职称教师及专业技术人员332人（其中正高20人，副高153人，中级159人），从事教育学、中文、数学、化学、政教、思政、体育、历史学、民族学、农学、植保、果树、林学、投资经济管理、财政、工业经济、药学、中医学、生物、护理、口腔教学、口腔临床、地球物理、汽车运用等的研究。

科研人员培养 对科研技术人员的培养，学院注重从四个方面着手：一是科技研究开展能力，包括开展有关专业的知识水平和理论水平，对科研方向的确定、计划、研究和完成能力，以及熟悉科研工作行业发展趋势和判断的能力；二是科研攻关能力，包括申报重大科研项目，完成重大项目能力；三是领导带头能力，包括对项目的管理、策划、控制能力，以及管理、领导科研人才的能力；四是科研成果转化、推广、包装、宣传的能力。

在科研人员培养方式上，主要采用以下方式："师带徒"模式。建立"师带徒"等内部人才培养机制，做好"传、帮、带"等制度建设，利用内部讲课、演示、试验等各种方式在日常工作中增加对青年人才的培育。参会模式。积极推荐科研人才参加国家教育、科技、农业、林业、工信、医药卫生等权威机构举办的各种研讨会以及各类人才教育。"引进来走出去"模式。通过有选择、有针对性地引进部分社会人才，充实院科技人才力量，每年定期邀请国内知名高校专家到学院授课，汲取外部养分，积极将学院的青年骨干人才送出去，输送到国内和国外其他大学深造。举办培训班模式。每年定期举办各类培训班，激励技术人员学习深造，将考、学、用紧密结合，考核与考试"双考"结合。与其他高校合作模式。与其他重点院校合作，利用其他高校资源对学院技术人员进行定期培训，采取专业深造、岗位锻炼、理论学习相互结合、整体提高的方式，力图建立科研技术人才批量成长的培养机制。

科研人才管理　对科研人才实行动态管理，主要将人员的职业规划和全院的发展规划、配备计划、晋升规划系统联系起来，根据员工的职业兴趣、职业目标、职业发展阶段和职业生涯等个人特点，有目标、有计划地对不同类型的员工进行职业咨询、指导、设计等职业生涯规划管理，以不断探索建立人尽其用、人尽其才、人院双赢的职业生涯发展模式。对有上进心、乐于学习、积极进取的新入职教师进行系统培养，使其逐步成长为部门技术骨干、业务骨干；对有两年以上工作经验、有进一步培养潜质的普通员工进行针对性培养，使其逐步成长为各职能部门的中坚力量。对能够担当一般和较大项目和课题负责人、带头人进行压力式培养，使他们具备指导和带领下属展开课题研究、编制整个研究计划，并逐步实施开展的领导能力，积极带领技术团队展开对重大课题和项目或项目难点的突破，有计划、有目标、有控制地指挥课题工作开展。

科研人才考核　学院坚持"提高、公正、发展"的原则，以员工对学院所作出的贡献作为考核的依据。根据每年项目、课题的完成情况，完成的课题和项目中学院、州、省部级课题的比例大小，创新能力、行业或领域科技创新的影响程度以及科研诚信和职业道德等。根据完成课题和项目的成果应用情况，成果被国家、政府的采用情况；获得的社会效益、对国家和地方的经济发展和社会发展所作出的贡献大小、对行业的指导意义和影响等。根据开展的专利是否获得受理，若获得受理，专利是否给学院带来经济效益，是否具有社会效益，是否带来积极的品牌影响力。根据每年参与多少国家和地方行业标准编制，编制的进度及完成情况；是否独立或带领团队作出重大科研工作突破和贡献；在科研创新、人才带培等方面是否取得实际成绩等。根据科研人员是否在权威刊物上发表具有重要价值的专业论文和专著。这些数据主要通过年终的科研完成情况对科研人才一年或者一定期限内的基本工作进行评估，同时延长评估的周期，注重科研成绩在整个科研发展大周期中的影响和结构性的作用，从而更多地体现短期科研工作在科研发展阶段中的长期性影响和作用。

科研人才保障措施　学院成立后，对科研发展提供系列保障机制。一是政策保障。不断制定完善一系列有助于人才发展、成长的政策和措施，制定出台科研奖励办法，制定每年的人才培训计划等。二是组织保障。学院将人才发展作为与人才培养同等重要的工作之一，每年在全院工作计划中把如何加快人才培养、做好人才工作作为全年的重要工作目标，并在日常工作中将人才引进、培养同全院的长远发展紧密结合在一起进行战略性人力资源规划，制定短期的战术性人力资源规划和中、长期的战略性人力资源规划。三是引进保障。学院加大对人才引进力度，每年从高校引进13名名牌院校学生，重点以硕士为主，同时以提高薪酬待遇积极引进具有独当一面、具有丰富工作经验的高、精、尖人才。在大力引进人才的同时促进科研人才结构的调整，逐步向专业化、职业化的科研人才过渡。四是资金保障。对人才发展的资金保障，学院每年在进行人才培训计划制定的同时制定人才培养资金的预算，以保障培训计划得以顺利实施。同时，不断提高人才学历、职称、职业资格等在薪酬中的比例，进一步体现知识的价值和作用，鼓励广大员工不断深造，提高理论水平、技能水平和综合素质。

科研项目建设

贵州少数民族技术文化研究中心项目建设　贵州少数民族技术文化研究中心以贵州少数民族传统文化、传统技术的保护、传承、开发研究为工作核心，与职业学院的教育教学相结合。通过史料数字化的方法，展示贵州少数民族技术的工艺流程以及制作历史，将收集的实物、影像、图片以数字化现代传媒手段形成多功能、全方位的民族文化资源数据库。该数据库的建设从“技术”层面对民族文化的保护和传承作出有益的探索，在全省乃至全国范围内属首例，为弘扬祖国民族文化和民族工艺技术的传承起到很好的示范作用。

中心自成立后，通过申请每年都得到省民委、州民委等相关上级部门的专项资金支持，用于民族文化陈列馆和民族文化教育传承项目的建设。2012下半年至2013年上半年，新校区总体搬迁后，中心借校庆之机，建立“民族技术文化展览馆”，占地近200平方米，展览内容包含黔东南少数民族农耕技术、纺织技术、建筑技术、编织技术和食品加工技术等，以展板和实物相结合的方式形象地展示黔东南地区少数民族传统的生产生活状态。民族技术文化展览馆建成有效支撑学院“民族性”的办学特色定位，为学院的民族传统技术文化传承和教育奠定基础，成为学生了解本土民族优秀文化的一个窗口。

中心每年工作计划使用专项经费近10万元，安排到民族地区做田野调查，深入少数民族村寨，了解当地的民俗、民风和生产技术现状，收集大量的苗族、侗族、布依族生产生活实物，以及各县民族宗教事务局收集到的当地民族文化文字资料和音像资料。特别是在对湖南、广西和黔西南州的侗族、布依族文化技术考察调研中，中心成员深入偏远村寨中走家串户，收集大量的图片和视频资料，为以后的研究工作打下坚实的基础。

植物组培中心项目建设　中心主要从事中药材、花卉、蔬菜、林木等植物的组织培养技术、食用菌生产技术等的研究及开发应用，并承担植物脱毒及快繁技术研究推广的重大科研项目及黔东南州地方种质资源的收集、鉴定等研究工作。自中心成立后，获省级项目立项8项，州级项目立项7项，已完成蓝莓、草莓、太子参、毛慈姑、何首乌、石斛、白及、半夏、罗汉果、景天三七、金花石蒜、非洲菊、丽格秋海棠、玫瑰、芦荟、白掌、葡萄、樱桃、番茄、红蒜、南瓜、马铃薯、甘薯等植物的组织培养技术研究。在国内首次研究出毛慈姑的组培快繁技术；在省内第一个将草莓组培苗成功地应用于生产并推广到省内外；首次研究出太子参组培快繁技术并将太子参组培苗成功地应用于施秉中药材基地。其研究成果获2004年度黔东南州科技进步二等奖，2011年获黔东南州科技进步三等奖，2013年获贵州省职工优秀技术创新成果三等奖，2014年该中心获全国教育系统先进集体荣誉称号。

组培中心科研立项项目。2000年，由胡松主持的“植物组织培养研究与开发应用”项目在贵州省发改委获得立项，获经费20万元。1999至2001年，由胡松主持的“两薯脱毒研究与应用”项目在黔东南州科技局获得三年连续立项，获经费1.5万元。2002年，由胡松主持的“黔东南州设施快繁育苗基地建设”项目在贵州省发改委获得立项，获经费30万元。2006年，由郑晓峰主持的“麻江红蒜组织培养技术研究与开发应用”项目在黔东南州科技局获得立项，获研究经费1万元。2007年，由郑晓峰主持的“黔东南州番茄品种改良及良种繁育试验研究”项目在黔东南州科技局获得立项，获研究经费1万元。

2008年，由郑晓峰主持的“非洲菊优良品种引种试验及组培技术研究”项目在黔东南州科技局获得立项，获研究经费1万元。2009年，由郑晓峰主持的“黔东南州油茶离体培养及快繁技术研究”项目在黔东南州科技局获得立项，获研究经费2万元；由郑晓峰主持的“麻江红蒜良种繁育体系及组培快繁技术研究”项目在贵州省科技厅获得农业攻关项目立项，获研究经费15万元。2010年，由黄刚主持的“药用半枫荷离体培养及快繁技术研究”项目在黔东南州科技局获得立项，获研究经费1万元。2008—2012年，作为合作单位参与由贵州大学主持的国家支撑计划项目“喀斯特山区主要作物品种资源亲缘关系鉴定”的研究。由郑晓峰负责“黔东南喀斯特山区主要作物种质资源收集及保存研究”“特有种质贵州禾品种比较及丰产栽培研究”“从江香禾糯有机栽培试验研究”三个子课题的研究，获课题经费25万元。2012年，作为合作单位，获得由贵州大学主持的贵州省重大科技专项项目“贵州特有水稻种质资源优异基因克隆及育种技术研究应用”的研究，获项目研究经费8万元；由黄刚主持的“草莓脱毒快繁关键技术研究与应用”项目在贵州省科技厅获得农业攻关项目立项，获研究经费20万元。2013年，由郑晓峰主持的“施秉县中药材研究成果汇编及中药材生产技术丛书编写”项目获得施秉中药材产业科技合作专项立项，获研究经费40万元。2014年，由付燕主持的“蓝莓营养需肥特性研究及其在平衡施肥上的应用”项目在黔东南州科技局获得立项。2015年，由黄刚主持的“白芨组培快繁关键技术研究与应用”项目获得凯里市科技局专项经费立项；周黎主持的“青钱柳繁殖体系研究与应用”项目在黔东南州科技局获得立项。

组培中心产学研合作及社会服务。2008年至2009年，组培中心与丹寨县农业局建立脱毒马铃薯试管苗服务合作，为当地提供脱毒马铃薯试管苗10万株，并帮助指导脱毒马铃薯脱毒原种生产技术。2008年至2012年，组培中心与贵州大学贵州省农业生物工程重点实验室建立科研合作关系，开展黔东南地方种质资源收集、鉴定、保护、品种比较、从江香禾糯有机栽培试验等国家科技支撑计划子项目研究。2011年，组培中心与贵州昌昊中药发展有限公司合作开展施秉中药材产业科技合作专项计划“脱毒太子参种参繁育与生产技术应用示范”项目研究，共同完成太子参脱毒组培快繁技术的研究和应用，指导施秉中药材种子种苗培育，建立太子参三级繁育体系，实现太子参种参供应的专业化，解决太子参种源退化问题。2012年，组培中心与贵州三元太宝实业有限公司合作开展施秉中药材产业科技合作专项计划“太子参种源筛选及种源基地建设”项目研究，成为全国最大的脱毒太子参优质种源基地，保证太子参生产的质量和产量，为太子参品牌建设夯实基础。2014年，组培中心与雷山县百佳尚品农业综合开发有限公司合作，共同开展“青钱柳产业化技术创新研发”项目的研究。自2010年后，植物组培中心探索一条产学研的路子，为企业培育植物组培种苗近200万株，实现科研成果服务于农业生产的模式。率先使草莓组培苗产业化，脱毒草莓苗推广应用到国内十多个省市，开创黔东南州脱毒草莓苗推广应用到省外的先河，培养一批组培专业技术人才，在解决草莓品种退化，提高产量和质量等方面取得显著的经济效益。到2014年7月止，累计推广辐射面积2万亩，每亩产量可净增加400～450千克，每亩纯增收6000元，2万亩种植面积增加产值1亿多元。

第四节　科研项目

社会科学

2001年建院后，学院教师积极申报各类社会科学研究项目，并认真履行服务社会的重要职能，主动面向社会，与院外单位合作，承担科研项目。2008年至2015年，主持立项的社会科学项目88项。主要有曹庆旭教授主持的“职业技能大赛对职业教育发展的影响力研究”（获2009年教育部规划课题立项，学院匹配2万元。）对职业教育中的职业技能大赛做大量研究；李炳昌教授的“黔东南民族文化产业研究”（获2008年贵州省教育厅人文社科规划课题立项，获项目经费0.5万元，学院配套0.5万元）对民族文化产业进行研究；梁焰的“民族文化旅游人才培养途径研究”（获2011年贵州省社科联项目立项，获项目研究经费2万元）探讨民族文化旅游人才的培养问题；吴格娥教授的“贵州民族贫困地区农村职业教育发展研究”（获2010年贵州省教育厅人文社科规划课题立项，获项目研究经费0.6万元，学院配套0.6万元）和“贵州农村劳动力就业期望研究——以黔东南州为例”（获2014年贵州省社科联项目立项，学院配套2万元）分别深入地探讨贵州地区的职业教育发展问题和贵州农村劳动力的就业期望；屈维彪的“民族地区高职院校德育生态化建设研究”和邹波教授的“高职院校科研工作机制及评价办法研究”（分别获2011年贵州省教育厅人文社科规划课题立项，分别获项目研究经费0.5万元、学院配套0.5万元）分别对高职院校的德育和科研问题进行研究；吴军教授的“贵州少数民族地区职业院校办学模式研究”（获2011年贵州省组织部高层次人才特助经费项目立项，获项目研究经费3万元，学院配套2.3万元）和“民族地区教育优先发展的职业教育支撑系统研究”（获2012年教育部人文社科重点基地重大项目立项，获项目研究经费20万元，学院配套6万元）分别研究贵州少数民族地区的职业院校办学模式以及职业教育的支撑体系。闻芳主持的“中央财政支持的职业教育实训基地（旅游管理）”（2012年获财政部/教育部立项，项目经费280万元）对旅游管理实训基地问题进行深入研究。罗春寒教授的“民族手工艺品设计与制作”和杨文斌的“草染技艺传承与开发”（获2015年贵州省教育厅/文化厅/省民委的贵州省民族民间教育传承创新项目立项，分别获得项目研究经费40万元和30万元）对贵州省民族手工艺品设计与制作及草染技艺的传承和开发进行深入的研究。此外，学院还积极申报职业教育质量提升计划项目，2014年和2015年分别承担财政部、教育部立项的“现代职业教育质量提升计划”中央专项项目，获立项经费1551万元，取得丰硕的研究成果。

学院主持立项的社会科学项目一览表

表中7-4-1

课题主持人	课题名称	课题编号	课题类别	项目下达单位	立项时间
李炳昌	黔东南民族文化产业研究	08GH046	规划课题	省教育厅	2008
梁　焰	黔东南乡村旅游管理规范研究	08ZX092	自筹经费	省教育厅	2008
阳　华	高职院校学生思想道德修养实证研究	08ZX091	自筹经费	省教育厅	2008
曹庆旭	职业技能大赛对职业教育发展影响力研究	FFB090536	规划课题	教育部	2009
苏晓红	苗族民间文学代表性传承人保护与培养研究	09ZX139	自筹经费	省教育厅	2009
吴格娥	贵州民族贫困地区农村职业教育发展研究	10GH53	规划课题	省教育厅	2010
吴　勇	临床“五站式”考核与传统方式对学生职业能力形成的对比研究	10ZC143	自筹经费	省教育厅	2010
杜贻平	职业技术院校课堂教学评估体系构建研究	10ZC141	自筹经费	省教育厅	2010
邹　波	推进高职院校教育教学科研工作办法研究	10ZC139	自筹经费	省教育厅	2010
陈治敏	全新高职教育理念下会计专业课程的系统开发研究及应用	10ZC140	自筹经费	省教育厅	2010

续表中7-4-1

课题主持人	课题名称	课题编号	课题类别	项目下达单位	立项时间
王　红	社区卫生服务需求与高职院校全科医生培养模式研究（以黔东南地区为例）	10ZC142	自筹经费	省教育厅	2010
何　武	民族工艺技术文化在旅游经济中的运用模式研究	10ZC145	自筹经费	省教育厅	2010
吴文勇	任务驱动教学模式在“职业生涯规划”课程中的应用	10ZC137	自筹经费	省教育厅	2010
龙春平	黔东南高职院校大学生思想政治状况及其对策研究	10ZC144	自筹经费	省教育厅	2010
杨逐原	侗族大歌的文化价值研究	10ZC138	自筹经费	省教育厅	2010
何　武	黔东南民族技术文化资源数据库的建设研究	州社科通字〔2011〕4号	州社科课题	州社科联	2010
邹　波	黔东南职业教育与经济发展战略研究	州社科通字〔2011〕4号	州社科课题	州社科联	2010
屈维彪	民族地区高职院校德育生态化建设研究	11GH047	规划课题	省教育厅	2011
邹　波	高职院校科研工作机制及评价办法研究	11GH042	规划课题	省教育厅	2011
马原野	高职医学教育核心竞争力提升的瓶颈要素相关性研究	11ZC120	自筹经费	省教育厅	2011
王在朴	贵州省情教学中用侗族传统文化激发学生学习的研究	11ZC131	自筹经费	省教育厅	2011
杨燕玲	苗侗医药在社区医疗工作中的应用研究	11ZC136	自筹经费	省教育厅	2011
苏晓红	苗族民间文学作品中的女形象探析	11ZC054	自筹经费	省教育厅	2011
芮银华	护理高职贫困生入学原因、应付方式研究	11ZC165	自筹经费	省教育厅	2011
王贵生	黔东南民族职业技术学院学生体质调查及对策研究	11ZC152	自筹经费	省教育厅	2011
邹黔荣	档案整理装订装具的改革研究	11ZC112	自筹经费	省教育厅	2011
闻　芳	黔东南侗族礼仪文化与旅游融合发展研究	12GH042	规划课题	省教育厅	2012
张　雄	湘黔边界地区酸汤话研究	12QN016	青年课题	省教育厅	2012
杨胜坤	民族地区高职院校新生的期望值研究	12FDY035	辅导员课题	省教育厅	2012
黄文平	高职院校思想政治理论课实践教学实施与评价研究	12ZC026	自筹经费	省教育厅	2012
雷建邦	高职院校内部审计质量控制研究	12ZC104	自筹经费	省教育厅	2012
邹　波	做强启蒙酸菜的战略性研究	12ZC115	自筹经费	省教育厅	2012
黄显琴	多元文化背景下民族地区高职院校大学生价值观的研究	12ZC120	自筹经费	省教育厅	2012

续表中7-4-1

课题主持人	课题名称	课题编号	课题类别	项目下达单位	立项时间
欧祥林	对提高民族地区口腔医学技术专业学生就业能力的研究	12ZC133	自筹经费	省教育厅	2012
王正海	贵州省高职高专英语教师专业发展状况调查研究	12ZC162	自筹经费	省教育厅	2012
李民和	经济欠发达地区职业院校学生顶岗实习研究——以黔东南民族职业技术学院为例	12ZC167	自筹经费	省教育厅	2012
王恒松	少数民族传统技术文化在高职院校中的传承研究	12ZC175	自筹经费	省教育厅	2012
石玉昌	黔东南中职免费教育政策实施情况调查报告	ZGJYLPS2010-0266	自筹经费	北京21世纪教育研究院	2010
李　欢	高职生创业指导服务研究	黔毕指〔2012〕6号	自筹经费	省厅就业指导中心	2012
宋开旭	涉农专业设置与就业相关度的研究	黔毕指〔2012〕6号	自筹经费	省厅就业指导中心	2012
吴格娥	贵州民族贫困地区农民创业教育研究——以黔东南州为例	13GH053	规划项目	省教育厅	2013
简才永	当代高职生人际和谐的调查及心理干预研究	13QN069	青年项目	省教育厅	2013
王万钦	高职大学生理想主义精神的培育和构建研究	13ZC030	自筹经费	省教育厅	2013
刘光梓	企业文化背景下高职学生职业素质研究与实践	13ZC134	自筹经费	省教育厅	2013
张　敏	黔东南苗族侗族就医语言沟通现状分析及对策	13ZC173	自筹经费	省教育厅	2013
邹　波	高职院校农林类专业摆脱生源困境的路径研究	13ZC190	自筹经费	省教育厅	2013
石玉昌	民族传统文化资源应用于幼儿教育活动的实践研究	13ZC218	自筹经费	省教育厅	2013
曹庆旭	民族技术文化融入学生职业技能培养研究	13ZC219	自筹经费	省教育厅	2013
张柳青	汽车类专业“三师型”教师队伍建设研究——以黔东南民族职业技术学院为例	13ZC223	自筹经费	省教育厅	2013
李魏飞	涉农高职毕业生就业探究	13ZC226	自筹经费	省教育厅	2013
李雪萍	在妇产科教学中融入学生性教育的探索与研究	13ZC235	自筹经费	省教育厅	2013
丁爱芹	积极心理学在民族地区高职院校贫困生心理健康教育中的实践研究	13ZC260	自筹经费	省教育厅	2013

续表中7-4-1

课题主持人	课题名称	课题编号	课题类别	项目下达单位	立项时间
苏晓红	黔东南教育“9+3”计划实施保障机制的构建	2013B110	自筹经费	省教育厅教科院	2013
王永昌	高职学生化学课程学习困难因素调查及相应教育对策研究	2013B163	自筹经费	省教育厅教科院	2013
杨彩鸾	行动导向教学中通过病例实施启发式教学提升民族地区高职医学教育质量的探究	2013B164	自筹经费	省教育厅教科院	2013
吴开岑	五年一贯制高职建筑工程技术专业	2013B165	自筹经费	省教育厅教科院	2013
石玉昌	侗族鼓楼蕴含的中国古典教育哲学思想研究	2013C058	自筹经费	省教育厅教科院	2013
彭文亮	护理专科化发展在高职护理教育中的创新与实践	2013C054	自筹经费	省教育厅教科院	2013
吴格娥	贵州农村劳动力就业期望研究——以黔东南州为例	省社科发〔2014〕6号	自筹经费	省社科联	2014
曹庆旭	城镇化背景下地市高职院校发展的路径研究——以贵州省为例	14GH051	规划课题	省教育厅	2014
姚　莉	少数民族地区高校资助工作视域下的贫困生感恩教育研究	14FDY030	辅导员课题	省教育厅	2014
张建菊	高职院校国有资产管理模式与策略研究——以黔东南民族职业技术学院为例	14QN005	青年课题	省教育厅	2014
刘晓东	贵州青少年正义感调查研究	14QN049	青年课题	省教育厅	2014
吴仕金	互联网时代下的高职生认识活动合理化研究	14ZC048	自筹经费	省教育厅	2014
万　英	现代高职学生素质教育中的思想道德调查与分析	14ZC055	自筹经费	省教育厅	2014
杨冯磬	苗族民间故事类型的地域性研究	14ZC101	自筹经费	省教育厅	2014
王亚玲	本地居民如何看待民族文化涵化——以台江县苗族村为例	14ZC192	自筹经费	省教育厅	2014
王艳兰	护理程序在农村中老年人营养健康教育中的实践研究	14ZC197	自筹经费	省教育厅	2014
张绍敏	凯里市社区卫生服务现状分析及对策	14ZC198	自筹经费	省教育厅	2014
彭文亮	苗侗地区老年护理教育课程体系建设探讨	14ZC263	自筹经费	省教育厅	2014
李　芳	凯里市学龄前儿童近视力调查及干预研究	14ZC308	自筹经费	省教育厅	2014

续表中7-4-1

课题主持人	课题名称	课题编号	课题类别	项目下达单位	立项时间
丁爱芹	动机和学段转换对儿童前瞻记忆影响的实验研究	2014B190	自筹经费	省教育厅教科院	2014
曹庆旭	地市高职院校服务社会经济转型的办学特色研究	2014ZD03	重点课题	地市高职教育研究中心研究课题	2014
彭文亮	苗侗文化区域高职院校社区护理人才培养模式的研究与实践	2014YB07	一般课题	地市高职教育研究中心研究课题	2014
黄文平	高职思想政治理论课学生成绩阳光评价实施研究	2015SSK09	思政项目	省教育厅	2015
刘志贻	社会思潮对高职院校思想政治教育影响研究——以历史虚无主义思潮为例	2015FDY10	辅导员项目	省教育厅	2015
王诗渊	社会主义核心价值观融入高校思政课教学研究	2015ZC029	自筹经费	省教育厅	2015
曾菲菲	“大健康”发展背景下的日间照料养老服务模式研究——以凯里市为例	2015ZC117	自筹经费	省教育厅	2015
杨亚琴	少数民族地区职业院校技能大赛与专业教学融合路径研究	2015ZC166	自筹经费	省教育厅	2015
李魏飞	涉农高职生创业教育探究	2015ZC167	自筹经费	省教育厅	2015
田景文	职业人导向下园艺技术专业人才培养改革与实践研究	2015ZC177	自筹经费	省教育厅	2015
刘志贻	“精准扶贫”背景下少数民族聚居区贫困家庭职业技术补偿教育研究——以贵州省为例	2015C036	自筹经费	省教育厅教科院	2015
罗春寒	民族手工艺品设计与制作州财行〔2015〕148号	民族民间文化教育重点支持专业（学科）黔财教〔2015〕249号	第一届贵州省职业院校民族民间文化教育传承创新项目	省教育厅省文化厅	2015
杨文斌	草染技艺传承与开发州财行〔2015〕132号	民族民间文化教育名师工作室黔财教〔2015〕249号		省教育厅省文化厅	2015

自然科学

科技部门立项　2002年至2015年，学院各科技部门获自然科学项目立项28项，其中主要有科技部立项的“喀斯特山区主要作物品种资源亲缘关系鉴定”子课题“黔东南喀斯特山区主要作物种质资源收集及保存研究”课题；“特有种质贵州禾品种比较及丰产栽培研究”课题；“从江香禾糯有机栽培试验研究”；省发改委立项的“黔东南州设施快繁育苗基地建设”；省科技厅立项的“麻江红蒜良种繁育体系及组培快繁技术研究”“枇杷大小年技术研究与应用”“麻江红蒜良种繁育体系及组培快繁技术研究”“草莓脱毒快繁关键技术研究与应用”“太子参种源筛选及种源基地建设”子课题，“施秉县中药材研究成果汇编及中药材生产技术丛书编写”等。

2002年至2015年学院科技部门主持立项的自然科学项目一览表

表中7-4-2

课题主持人	课题名称	课题编号	课题类别	项目下达单位	立项时间	项目资助经费（万元）
郑晓峰	黔东南州油茶离体培养及快繁技术研究	州科通〔2009〕13号	州三项经费	州科技局	2009	2
郑晓峰	麻江红蒜良种繁育体系及组培快繁技术研究	黔科合NY字〔2009〕3025号	农业攻关	省科技厅	2009	15
黄　刚	药用半枫荷离体培养及快繁技术研究	州科通〔2010〕13号	州三项经费	州科技局	2010	1
邹　波	金秋梨果醋饮品开发研究	州科通〔2010〕13号	州三项经费	州科技局	2010	1
吴格娥	攻克枇杷大小年技术研究与应用	黔科合NY字〔2011〕3039号	农业攻关	省科技厅	2011	20
黄　刚	草莓脱毒快繁关键技术研究与应用	黔科合NY字〔2012〕3023号	农业攻关	省科技厅	2012	20
郑晓峰	施秉县中药材研究成果汇编及中药材生产技术丛书编写	施中药科合专项〔2013〕03号	三地联建项目——施秉中药材产业科技合作专项	省科技厅、州科技局、县科技局	2013	40
付　燕	蓝莓营养需肥特性研究及其在平衡施肥上的应用	黔东南科合J字〔2014〕4005	自筹	州科技局	2014	0
张华坤	黔东南地区恒上前牙邻面龋因调查	黔东南科合J字〔2014〕4006	自筹	州科技局	2014	0
张　森	苗药对母猪催乳的应用研究	黔东南科合J字〔2014〕4007	自筹	州科技局	2014	0
石向欣	清胰承气汤治疗重症急性胰腺炎的临床研究	黔东南科合J字〔2014〕4008	自筹	州科技局	2014	0
邹　波	苗族多彩糯米（姊妹）饭保质技术研究	黔东南科合J字〔2014〕4009	自筹	州科技局	2014	0
黄　刚	白芨组培快繁关键技术研究与应用	凯教科发〔2015〕81号	专项经费	凯里市科技局	2014	6
曹　胜	侗药验方灌肠促卵泡发育的实验研究	黔东南科合J字〔2015〕005	自筹	州科技局	2015	0
罗春寒	黔东南民族工艺品制作工艺关键技术研究及产业化	黔科合重大专项字〔2015〕号	社发领域科技重大专项	贵州省科技厅	2015	40
邹　波	启蒙酸菜腌制过程香气及亚硝酸盐的生成变化研究	黔东南科合J字〔2015〕006	自筹	州科技局	2015	0
周　黎	青钱柳繁殖体系研究与应用	黔东南科合J字〔2015〕007	自筹	州科技局	2015	0

续表中7-4-2

课题主持人	课题名称	课题编号	课题类别	项目下达单位	立项时间	项目资助经费（万元）
田景文	黔东南香禾糯稻鱼生产模式与技术研究	黔东南科合J字〔2015〕008	自筹	州科技局	2015	0
李魏飞	2015年度贵州省服务“三区”科技人员专项计划	黔科通〔2015〕146号	专项经费	省科技厅	2015	2
李桂兰	2015年度贵州省服务“三区”科技人员专项计划	黔科通〔2015〕146号	专项经费	省科技厅	2015	2
杨　珍	2015年度贵州省服务“三区”科技人员专项计划	黔科通〔2015〕146号	专项经费	省科技厅	2015	2

平台和人才团队项目　自建院至2015年，学院作为项目主持人获得2个平台项目的立项，即2015年7月学院申报的“黔粹传人工作室众创空间”获省科技厅火炬计划项目立项，专项经费100万元，课题主持人闻芳；2015年8月“黔东南民族职业技术学院大学科技园”获省科技厅火炬计划项目立项，专项经费100万元，课题主持人潘德良。

合作项目　学院教师积极参与校校合作，共同开展项目研究，至2015年获得6个合作项目。分别是2011年王恒松参与由高校主持的国家自然基金重大专项“汉江上游（南水北调中线水源区）万年尺度古洪水水文学研究”；2012年王恒松参与教育部社会科学司主持的“民族地区教育优先发展的职业教育支撑系统研究”；2012年至2015年郑晓峰参与由贵州大学主持的贵州省科技厅社发领域重大专项“贵州特有水稻种质资源优异基因克隆及育种技术研究应用”；2014年闻芳参与由苏州工艺美院主持的教育部职成司项目“民族文化传承与创新子库——百工录”“中国工艺美术非遗传承与创新——‘苗绣’子项目研究”“工艺美术行业人才需求与专业设置指导报告”两个项目的研究；2015年8月万新屏参与的省科技厅人才团队建设项目“贵州草莓产业技术创新战略联盟”的研究。

大学科技园

科技园建设概况　学院大学科技园位于学院校园内，依托学院的办学特色和优势资源而建立。2015年8月，大学科技园管理公司由贵州黔粹传人科技有限公司正式运营。10月，大学科技园经贵州省科技厅及贵州省教育厅评审认定为省级大学科技园，是贵州省认定的第四家大学科技园。

园区功能定位。学院大学科技园是服务黔东南州经济社会发展的重要平台、通道和桥梁。学院的技术、人才、知识将源源不断地向社会辐射，从而推动相关行业的技术创新和产业结构的进一步升级。大学科技园是院校与企业联系的桥梁，是国家科技创新体系的一个重要组成部分，其主要任务是发挥学院学科健全、人才密集、技术密集和信息密集等优势，促进政、产、学、研、金、商的有机结合，加速技术创新和科技成果转化，支持人才培养和科学研究，使之成为高校师生创业的实践基地、院校技术成果的展示和转化基地、黔东南州特色优势产业的实用人才培养基地、企业自主创新的核心基地、产学研深度合作的示范基地，成为集创业企业孵化、高校技术转移与成果转化、创新职业技术人才培养等为一体的综合性科技创新平台。

建设内容与目标。学院大学科技园重点围绕大健康产业、民族文化产业、生态农业三个特色优势产业，按照“一园三基地九中心”的总体布局进行建设，总体规划面积9.39万平方米。“一园三基地九中心”包括一园：学院大学科技园；三基地：苗侗民族文化创新创业服务基地，大健康产业创新创业服务基地，生态农业创新创业服务基地；九中心：苗侗银饰、刺绣、蜡染工艺技术研究开发中心，苗侗康复技术研究开发中心，苗侗建筑技术研究开发中心，健康产品与特色食品研究开发中心，植物组织培养研究与开发中心，天然药用植物栽培技术研究开发中心，黔东南地方畜禽品种养殖技术研究开发中心，黔东南特色经济植物栽培技术研究开发中心，互联网+应用技术研究开发中心。

建设原则。统筹规划、合理布局；结合实际、特色突出；勇于探索、创新运营机制；集成力量、多元驱动；科学引资、把关入园。

建设特色。学院大学科技园的建设与发展，充分依托学院的办学特色和优势资源，以大健康产业、民族文化产业、生态农业为重点，以产教一体化模式，打造“职业性、民族性、综合性，应用型、开放型、创新型”特色的大学科技园。园区通过整合各类创新要素，集中力量服务于黔东南州的建设和发展。

大学科技园建设已初见成效。建成创新创业公共服务体系，园区已基本形成较为完善的创新创业公共服务体系，可为入园企业提供全方位的服务支持。建立产业化支撑服务平台。已经建立和提供产品研发及中试平台、人才培养平台、信息服务平台、成果展示平台、技术转移平台和投融资服务平台。建立“黔粹传人工作室”众创空间。2015年6月，经贵州省科技厅认定为省级众创空间。众创空间紧紧围绕黔东南州民族文化工艺品产业发展的需要，保护和传承独具特色的以黔东南州苗侗银饰、刺绣、蜡染为代表的民族民间文化工艺技术技艺，通过整合行业、高校相关人才、资金、成果、技术、市场等各方面资源，形成集创业场地、创业辅导、创业培训、技术支持、人才支持、资金支持、政策支持、中介支持等多元功能的良好创业环境，并形成创新活跃、协同发展的众创空间文化，促进黔东南州民族文化工艺品产业升级转型。入驻园区部分孵化企业。园区依托学院旅游工艺品设计与制作、苗侗康复治疗、民族建筑工程、生物与环境工程、物联网应用技术等优势学科在技术团队与成果资源、平台条件、人才资源等方面的优势，支持在校大学生、教职工创业，开展园区与行业部门、科研机构、中介机构、龙头企业合作，建立产学研合作联盟，提升园区企业的创业活力与创新能力。

科技园企业简介 至2015年，园区有黔东南州九黎苗妹工艺品有限公司、贵州丹寨宁航蜡染有限公司、黔东南州太阳鼓苗侗刺绣有限责任公司、贵州大地工程检测有限公司、凯里经济开发区玥阳农业开发有限公司、贵州中科汉天下电子有限公司、贵州互强药业有限公司、凯里温氏畜牧有限公司等10余家在孵企业，主要集中在民族文化工艺品、民族医药、民族特色建筑、中药材种植、畜牧养殖、物联网等产业方向。如黔东南州九黎苗妹工艺品有限公司，成立于2010年3月，是一家保护、发掘、发展贵州少数民族饰物文化的综合性企业。公司集银饰图案研究、刺绣工艺开发、产品市场营销为一体，并汇集来自苗乡侗寨的10多名国家级非物质文化遗产资深制作艺人，技术实力雄厚，先后承担省级以上科技专项2项，产品遍及北京、广州、昆明等全国大中城市和远销东南亚各地。2013年公司入驻科技园区后，与学院共建苗侗银饰创意设计与制作展示中心及实训基地，并于同年10月共同开设工艺品设计与制作专业。2013年至2015年，学院已累计为企业培养60余名专业人才。2014年，学院联合黔东南州九黎苗妹工艺品有限公司、贵州丹寨宁航蜡染有限公司、贵州大学、苏州工艺美术学院等单位，基于产学研联合攻关模式，共同申报并立项省级科技重大专项项目《黔东南民族工艺品制作工艺关键技术研究及产业化》。又如贵州中科汉天下电子有限公司，创办于2012年7月，专注于射频/模拟集成电路芯片和SOC系统集成芯片的开发，以及物联网核心技术芯片及应用解决方案的研发和推广，产品应用领域涉及智能手机、功能手机、平板电脑、无线鼠标、键盘、智能家居等。该公司2014年与学院汽车与机电工程系开展深度合作，共同开展电子信息类专业建设，包括计算机应用技术、电子信息工程技术、物联网应用技术等专业。至2015年，企业已在校园内建设有智能快递中心、mems实验室、芯片生产线。通过园区与企业的互动与合作，实现师资、人才、软硬件设施等资源共享。

科技园创新平台　有贵州民族技术文化研究中心、植物组织培养研究与开发中心、互联网+应用技术研究开发中心、苗侗建筑检验及综合实训基地和民族医药实训基地。

贵州民族技术文化研究中心于2008年成立，建立“民族技术文化展览馆”“贵州少数民族技术文化教育实训基地”“苗侗刺绣技术教育传承基地”“贵州少数民族染制技术教育基地”“民族传统医药文化传承基地”。“民族技术文化展览馆”占地近200平方米，收集民族文化技术图书资料300册、少数民族生产生活物件150件（套）。展陈内容包含黔东南少数民族农耕技术、纺织技术、建筑技术、编织技术和食品加工技术、民族医药文化等。

植物组织培养研究与开发中心于2003年成立，逐步建成植物组织培养实验室、智能连栋温室（内含移动式苗床）、民族医药实验实训室、药物分析实验室、检验化验实训室等实验实训室。拥有年产300万组培苗的培养室、接种室；768平方米的现代化连栋钢架薄膜温室；600平方米的单体钢架大棚；1万平方米的炼苗场所；微生物实验室1个，是贵州省规模较大、技术力量较强的科研单位。2014年，中心为企业培养植物组培种苗10万余株，研发植物组培种苗品种6个，代表学院获得“全国教育系统先进集体”，是贵州省唯一获此殊荣的高校。

互联网+应用技术研究开发中心于2014年成立，校企双方共建智慧校园、mems实验室、芯片生产线。已投入资金846万元（校方投入514万元，企业投入332万元），配备智能快递组合柜1套、MEMS芯片检测实验室1个、智慧校园系统1套。该中心以国家提出的“互联网+”发展战略为指导思想，充分发挥互联网技术的优势，实现园区民族文化产业、大健康产业、生态农业与互联网深度融合，实现产业升级转型。

苗侗建筑检验及综合实训基地与贵州大地建设集团共同筹建。学院与大地集团、枫雅装饰公司共同开设民族民居装饰专业，开展教育教学，设教学、生产车间7个，即圆木断料改板开大料车间、材料拼接车间、刨床压刨车间、刨铣车间、开小料锯榫钻孔车间、砂光车床车间、机械雕刻机车间，总投资226万元。建有苗侗建筑工程质量检测中心、苗侗建筑技术研究中心和建筑实训中心，下设水泥物理实验室、砂浆试验实验室、混凝土试验实验室、混凝土耐久性试验实验室、建筑节能检测实验室、沥青及混合料实验室、钢筋检测实验室等。

民族医药实训基地于2014年由省教育厅、省财政厅支持建设，规划面积2709平方米（不含药用植物园面积）。投资200余万元用于设备购置，与10家民族医药企业合作建立校外实训基地，包括贵州一树药业有限连锁公司、贵州苗人堂制药有限责任公司等，该实训基地重点以苗侗民族特色康复治疗技术的研究与实训为功能定位和发展方向。

第五节　学术交流

学院学术交流

2006年至2015年底，院内组织开展的大型专题报告会、学术报告会、讲座36场次。除校内教师讲座10余场次外，其余均为邀请校外专家学者讲座、专题和学术报告会。主要有：2009年9月2日，中国科学院院士、世界知名数学家杨乐作题为“数学·创新·成才”专题报告。2007年4月10日，学院名誉院长、特聘教授、美国坎普尔大学博士周家足作题为“学术论文的写作与翻译”讲座。2013年5月26日，中国科学院地质与地球物理研究所徐文耀教授作“是谁保护我们地球”专题报告。6月25日，举办“现代职业教育体系思考”学术报告会。10月19日，著名职业教育专家陈衍到学院作“高等职业教育研究与呈现”学术讲座。2014年4月25日，贵州大学钱晓刚教授作“科研项目申报与验收”学术讲座。2015年6月，北京大学张大庆教授作“审视当代医学”学术报告。

国内学术交流

2006年至2015年，在国内学术交流当中，主要以参加学术论坛、学术会议、校际考察交流学习为主，共计55场次，其中国内高职院校校际间学术交流考察学习46场次，学院教师参加学术论坛、学术会议、学术交流活动9场次。

学院组织教师到国内高职院校考察学习和学术交流等17次。主要有：2013年6月2日，学院杨政宇副院长率队赴成都纺织高等专科学院参加师生作品交流展活动。9月18日，学院教师代表参加中科院微电子所杨清华博士作的“关于物联网体系”学术报告会。2014年8月3日，台湾明新科技大学校长袁保新、两岸交流中心主任杨秋兰到学院交流访问；11月20日，学院旅游工艺品设计与制作专业师生赴苏州工艺美术职业技术学院交流学习。2015年11月24日，学院代表参加“贵州·黔东南青钱柳健康产业发展论坛”。

外校组织教师到学院考察交流学习29次。主要有：2009年6月26日，华东师范大学原校长王建磐教授访问学院。2012年12月20日，重庆三峡医药高等专科学校教师到学院考察交流。2014年4月24日，宁夏民族职业技术学院教师到学院考察交流。2015年10月9日，湖南中医药大学副校长周小青、教授邹龙应邀到学院进行学术交流等。

国际学术交流

2006年至2015年，据不完全统计，学院在国际学术交流互访48次，以交流访问、学习培训为主。美国、澳大利亚等国到学院访问交流16次以上，主要有：2012年12月12日，澳大利亚博士山学院国际研究和项目专员袁方到学院开展国际合作交流活动。2015年11月16日，美国田纳西大学Dr.RobertN.Trigiano教授一行到学院访问交流。学院组织教师参加国际学术交流、访问、学习、培训等32次128人次，主要有：2012年9月15日至29日，学院组织20名教师到新加坡参加“高校办学理念与教学管理研修班学习”。2013年9月14日，学院组织教师参加贵阳职业技术学院“第六届中国·东盟交流会”。2013年9月15日至10月15日，学院选派14人到美国参加“专业建设与课程开发培训”等。

第八章　图书档案网络

第一节　图　书

概　况

学院图书馆是由原黔东南民族农业学校、黔东南州卫生学校、黔东南州财贸学校、黔东南州民族林业学校四所中专学校的图书馆（室）于2002年合并组建而成，伴随着学院的发展，图书馆逐渐转变为数字化、现代化的高校图书馆。至2015年，图书馆馆舍分为医学类、文学类、农牧林类、旅游财经类、建筑类和期刊类等书库，藏书近37万册，馆藏资源与学院专业相适应、具有较强的专业性与职教特色。图书馆采用自动化集成系统，管理、采访、编目、流通、期刊等相关业务都实现自动化。

图书馆各部门设置合理，符合图书流通需要，面向图书馆的建设进程不断完善资源配置，实现图书馆长远发展目标。2012年搬入新校区后，图书大楼正式投入使用，馆内机构调整为馆长室、采编室、借阅书库、报刊期刊阅览室、特藏室、旧书库、多媒体教室等。学院图书馆以全心全意为教学和科研提供文献保障服务为工作核心和永恒宗旨，坚持"读者第一，服务至上"的理念，服务师生，以专业的文献资源、现代化的管理手段为学院教学和科研提供保障性服务。随着数字化、远程化建设的不断完善，图书馆的文献保障能力和读者服务水平也将获得进一步的增强和提高。

2015年，图书馆有教职工19人，其中副馆长1人，馆员18人；高级职称3人，中级职称6人，初级职称10人；具有图书系列职称3人。

图书馆总建筑面积2.49万平方米，其中借阅书库4680余平方米，报刊期刊阅览室780平方米，特藏室120平方米，旧书库540平方米，多媒体教室120平方米。

馆藏文献资源按其类型、使用对象，划分为医学书库、农牧林书库、文学书库、理工书库、特藏书库、过报过刊书库等，并按《中国图书馆分类法》分类排架。

2008年至2015年图书馆重点项目资金投入情况表

表中8-1-1

序号	年份	项　目	资金（万元）
1	2008	购买新书1.27万册	41.84
2		预订2009年报纸39种	3.36
3	2009	购买新书1.64万册	53.61
4		购买电子期刊、博士硕士论文	5
5		预订2010年报纸47种	3.45
6		购买图书1.48万册	50.4
7	2013	购买图书	12.06
8		购买图书	20.76
9	2014	购买图书	3.49
10		购买图书馆INTERLIB自动化管理系统	24

续表中8-1-1

序号	年份	项　目	资金（万元）
11	2015	购买图书	60
12		阅览室装修	46
13		购买新书架书桌	70
14		回溯建库（外包）	28

2015年图书馆馆藏统计表

表中8-1-2

馆藏地点	类　别	册数（册）
I类藏借阅室	文学类	21462
综合期刊阅览室	综合期刊	99
专业期刊阅览室	专业期刊	28
N、O、P、Q类藏借阅室	自然科学总论/数理科学和化学/天文学、地球科学/生物科学	4861
S类藏借阅室	农业科学	10846
R7、R8、R9类藏借阅室	妇产科学/儿科学/肿瘤学/神经病学与精神病学/耳鼻喉咽学/眼科学/口腔学/特中医学/药学	25114
R5、R6类藏借阅室	内科学/外科学	7996
T类藏借阅室	工业技术	29612
J类藏书、剔旧图书	剔出旧书	11466
F类藏借阅室	经济	36851
本土文献特藏室	本地特藏室	362
综合类期刊__过刊室	综合期刊（过刊）	850
H类藏借阅室	语言/艺术	13723
教参室	教参	21362
旧书室	剔除旧书	92170
R3、R4类藏借阅室	基础医学/临床医学	9120
系部工具书	—	9
旧书室	剔旧图书	302
专业类期刊__过刊室	专业期刊（过刊）	1440
G、K类藏借阅室	文化、科学、教育、体育/历史、地理	23241
A、B、C、E、Z类藏借阅室	马克思主义、列宁主义、毛泽东思想、邓小平理论/哲学、宗教/社会科学总论/军事/综合性图书	12617
D类藏借阅室	政治、法律	16667
R、R1、R2类藏借阅室	医药、卫生/预防科学、卫生学/中国医学	20112
U、V、X类藏借阅室	交通运输/航空航天/环境科学、安全科学	5396
合　计		365706

图书管理

馆藏文献保护管理 馆藏文献的保护措施主要包括修补破损图书与期刊、防虫、防尘、防火、防盗、防潮、防光等。

修补破损图书与期刊。本馆各文献库由其负责员工各负其责，及时发现破损、散页的图书和期刊并停止其流通，进行装订修补；发现书标和条码损坏，及时补贴。

防虫。为防止各文献遭虫蛀，本馆各文献库做到定期投放防虫和灭虫药丸。

防尘。本馆各文献库定期做好书库清洁卫生工作；配备吸尘设备定期做好除尘工作，通风与除尘注意相互协调；各文献书库禁止吃零食，堆放杂物等。

防火。本馆走廊及书库均配备灭火设备，工作人员必须熟悉消防器材的性能、使用方法和放置地点；严禁文献库内吸烟、用火和使用电热器具；严禁携带危险品入库；注意库内用电器的使用安全，下班后切断电源。

防盗。闭架书库禁止读者进入；入库文献加贴磁条并安装门禁系统防止图书非法出库；并配合学院加强保卫措施。

防潮。本馆馆藏注意通风，保持适当的湿度与温度。

防光。主要防止强光暴晒对文献造成损坏，本馆各文献库均安装用于防光的窗帘。

馆藏文献的保护措施，通过各项规章制度加以综合保障，通过定期和不定期检查督促加以贯彻落实。

自动化管理 2014年10月，学院投入24万元，购置使用自动化管理软硬件，业务管理自动化，网络化建设正式起步。在硬件配置方面，整个系统由2台戴尔R210II服务器、2台联想M5710（E1-1200）台式机、1台机柜和14台工作终端组成，R210II服务器负责整个业务管理自动化网络数据处理和存储，14台工作终端和书库业务若干终端分别分布于采编室和各个书库，负责内部业务管理和对外读者服务工作。在应用软件方面，引进广州图创公司第三代图书馆自动化管理系统INTERLIB，满足业务自动化管理的基本需求。

服务读者 建立网络宣传平台，利用学院门户网站做好对外宣传工作，及时告知读者本馆各方面动态。并开通数字图书、CALIS文献服务系统、万方数字资源、万方学术期刊博硕论文、职业能力与创业学习资源总库等文献资源平台，提供给读者更多获取文献资源的渠道。

设置电子信息交流机制，购买安装查询机、借阅机让读者拥有更多渠道了解本馆馆藏图书资源以及使用图书资源。并逐步建立移动终端阅读服务，利用手机终端建立以图书馆为中心的掌上阅读方式，让读者实现随时随地利用本馆文献资源。

规章制度 2010年10月，图书馆制定15项规章制度，同时，明确馆长及全体图书馆工作人员的工作职责、采编工作职责、图书借阅流通工作职责、报刊阅览工作职责，规定图书馆物资采购管理办法、制定文明读者公约、入馆须知、图书馆服务公约等。

研究成果

2008年，吴继红在《希望》杂志发表论文2篇，分别为《浅谈高校图书馆的教育职能和作用》和《积极建设和利用高校馆藏资源，努力开创服务育人第二课堂》。

2014年，杨建兰在《中文信息》刊物发表《学院图书馆的以人为本和用心服务实践》，在《凯里学院学报》发表《浅析高职院校图书馆的教育职能》，在《科技情报开发与经济》发表《高职图书馆员的职业素养初探》，在《中外企业文化》发表《数字化阅读与高职院校图书馆文献信息资源服务》。

以上论文均为独著且被知名文献资源网收录。

第二节 档 案

综合档案管理

2004年8月，学院综合档案室成立，有工作人员2名。档案工作由副院长分管，学院办公室主任主管，综合档案室专管，各部门兼职档案员配合管理四级档案管理体系。综合档案室是党政办公室的下属部门，属科级机构，2015年配有专职档案人员3名，其中1名为研究馆员，1名为馆员，1名为2014年7月遴选分到档案室人员，职称为高校讲师。

档案室建有档案库房2个，面积200余平方米，阅档室1间25平方米，办公室1间25平方米，密集架109立方米，其他设施设备有空调2台、除湿机2台、复印机1台、计算机3台、扫描仪2台、打印机2台、铁皮柜、防盗设备、灭火器、厚窗帘等。

2005年8月，收编和撰写5万余字的《黔东南民族职业技术学院档案管理制度汇编》。2014年10月至2015年7月，为适应高校档案管理需要和确保档案管理规范有序，根据《中华人民共和国档案法》《普通高等学院档案管理办法》《高等学院档案实体分类法》等规定，重新修订草拟《黔东南民族职业技术学院档案管理办法》《黔东南民族职业技术学院档案分类编号方案》《立卷归档制度》《档案管理领导小组和档案资料员工作职责》《档案员岗位责任制》《档案保密制度》《档案查阅制度》《档案借阅制度》《档案库房管理制度》《档案收集范围和保管期限》《档案鉴定与销毁制度》等15种管理制度。学院档案管理进一步系统化、科学化、规范化、标准化。这些制度为保证档案管理质量、构建档案资源体系奠定扎实的基础。

综合档案室成立后，2005年8月开始对原四校的档案进行全面的清理，原黔东南民族农业学校和黔东南州财贸学校未建有档案室，档案工作从零开始，为做好档案工作，拟订原黔东南民族农业学校、黔东南州财贸学校档案分类大纲、立卷类目、收集范围和保管期限等管理制度，使档案工作有制度保障。在档案收集归档工作中，深入原黔东南民族农业学校、黔东南州财贸学校各科室，收集大量布满灰尘的积存档案。至2007年12月，为原四校整理档案6777卷（册、盒），其中，黔东南民族农业学校933卷（册、盒），黔东南州财贸学校554卷（册、盒），黔东南州民族林业学校1080卷（册、盒），黔东南州卫生学校4210卷（册、盒）。2015年，学院有各类档案4556卷（册），五个全宗，即原四所中专学校的档案和学院的档案有1.13万卷（册），由学院集中统一管理，确保档案的安全保管和有效利用。

档案分为党群档案、行政档案、教学档案、科研档案、基建档案、设备档案、出版物档案、外事档案、财会档案、声像档案、实物档案、电子档案12大类。为扩大档案资料征集范围，对历届毕业证书、校徽、重要领导照片、毕业生信息反馈材料等进行收集，不断拓宽档案来源渠道。档案实行统一管理，分级保管的原则，对“一级保管”（院级保管）的档案，既整合档案的实体，又整合档案的信息。对“二级保管”（系、处室保管）的档案，只整合目录，让人们知道档案的存放处，通过网络平台，实现资源共享。

档案保管安全措施落实到日常工作，做好“九防”工作，即防火、防盗、防潮湿、防强光、防虫鼠、防霉烂、防尘、防腐蚀、防高温。

档案利用

学院档案室成立后，至2015年年底，据不完全统计，为学院历届毕业生和社会提供档案6579件次、复印档案材料2.01万页、出具学历学籍等文字证明材料7372份。为提供凭证、为民服务、工作参考、解决纠纷、促进社会和谐等方面起到重要的作用，得到上级单位、领导和社会的好评。

为办理土地证和土地纠纷提供证明材料。因历史原因，原四校均未办有土地证，通过查阅土地协议书、地界契约、购买合同等档案材料，为四校办理土地证提供大量的文字依据，顺利地办理四校的土地证，使学院能用土地证作抵押贷款，为新校区建设作出应有的贡献；为学院（原黔东南民族农业学校）与凯里市舟溪镇20.55万平方米土地权属纠纷提供有力的证明文件、材料，使土地权属归学院来源清楚，不构成非法转让，为学院挽回损失。

以档为凭，解决学生就业难题。20世纪90年代，黔东南州人民政府决定将州内各偏远乡镇卫生院部分内聘人员纳入定向单独招生计划，送到黔东南州卫生学校读书，并与学员签订协议，毕业后定向分配到当地乡镇卫生院工作，充实基层卫生人员力量。1997年国家实行毕业生自主择业政策后，导致1998、1999、2000、2001届4届127名定向单独招生的乡村医士学生，不能按协议分配工作。这几届毕业生多次到县、州、省反映、上访。2009年至2013年，各县高度重视，派人到学院了解情况，学生也到校查阅档案。学院以档为凭，给政府提供相关依据，为学生解决就业提供便利。并撰写论文《以档为凭解决学生就业难题促进和谐社会》发表在国家档案局主管、中国档案出版社主办的《办公室业务》刊物上。

为部分毕业生就业政审提供方便。1997年之后毕业的学生，部分就业一时没有着落，将自己的个人档案丢失。有些学生参加行政事业单位的招考并通过笔试、面试、体检关，金忠秋、张昌权、吴于香等300余名毕业生，最后一关因没有个人档案，政审过不了关，不能被录用。这些学生陆续到学院请求帮助，学院通过查阅相关档案印证材料，为学生顺利政审和就业提供方便。

处理毕业证书“专业”填写不规范问题，为学生就业提供方便。原黔东南州卫生学校2000届、2001届妇幼医士专业、口腔医士专业毕业的学生有296人，因毕业证书“专业”一栏填写不规范，将“妇幼医士专业”写成“妇幼”专业，“口腔医士专业”写成“口腔”专业，导致学生报名参加事业单位招考初审不合格。2000届妇幼医士专业毕业的吴桥凤快满35周岁，因毕业证书“专业”填写不规范，差点错过最后一年的报考机会。经与卫生局、人社部门协调、沟通、对接，该生最后考取锦屏县彦洞乡卫生院。凡此类学生到学院来查档案，都能帮他们解决“专业”问题，使他们顺利报名参加招考。

为丢失毕业证书的学生提供材料补办学历证明书。原黔东南民族农业学校2000届烟草专业董继章、原黔东南州卫生学校1983届护理专业杨清团、2002届妇幼医士专业高道雨、李朝凤等学生，因毕业证书不慎丢失，不能参加行政事业单位的招考、医师资格、护士资格、会计资格等考试。学院为这类学生先后提供录取新生花名册、学籍、毕业验印花名册、学院证明等材料829件次，到省教育厅、州教育局补办大专、中专毕业生学历证明书，为学生参加各类相应考试提供方便。

为历届毕业生提供学籍材料，完善干部人事档案。从2008年3月开始，各单位将干部档案管理工作作为一项重要的基础性工作来抓，扎实推进干部人事档案目标管理达标升级。各单位在收集、整理干部人事档案的过程中，要求凡有毕业证书复印件的个人档案中，必须有毕业生登记表或学籍等作为支撑材料。先后帮助原黔东南民族农业学校、黔东南州卫生学校、黔东南州财贸学校、黔东南州民族林业学校毕业的杨智盛、石达用等2056名学生复印学籍材料。撰写论文“对高职院校档案利用新常态的研究——以黔东南民族职业技术学院为例”，发表在国家档案局主管、中国档案出版社主办的《办公室业务》上。

为原临时工参加社保提供方便。国家为进一步保障和改善民生，提高各类人群的养老保障，要求临时工到原工作单位出具有关工作经历材料。学院先后给学院临时工龙向钧、饶红、潘银英、彭益珍等，提供原职工花名册、工资及奖金等支撑材料，为他们参加社会养老保险提供可靠的依据。

档案打假辨真伪。2010年后，在事业单位招考和报考医师、护士资格证考试时，有人利用学院及原黔东南州卫生学校、原黔东南民族农业学校的假毕业证书去报名考试被举报，组织单位无法辨别其真假，要求学院查阅档案，帮助辨真假。贵州省医师资格考试办公室给学院传来报名参加医师资格考试的3份毕业证复印件，经查学籍和毕业验印花名册核实，未能查到提供毕业证书复印件的这3人，其毕业证书上的编号系套用其他同学和其他专业的证书号，毕业证书上的学院印章、校长印章均系伪造。档案为毕业证的真实性提供充分的凭证依据。档案室以“档案打假辨真伪，扬正气，树学院形象”一文，于2013年11月发表在学院新闻门户网站，被学院评为三等奖。

档案编研和销毁

档案室先后为黔东南州教育局编写“成功组建黔东南民族职业技术学院、四所中专完成资源整合升级、培养民族专业技术人才的最高学府、永载史册的四所中专学校”等2.7万余字档案史料，发表在《辉煌的10年——20世纪末21世纪初黔东南州教育改革与发展纪实》一书中；为贵州省农业委员会《贵州省志》农业卷中关于原黔东南民族农业学校校史简介撰写材料3000余字；为《贵州省志》教育卷提供2万余字的文字材料；为州档案局提供《荣誉档案》文字材料、图片；为学院举办校史展馆提供文字材料及图片等。编写2000年至2015年大事记，撰写学院校史陈列大纲、完成学院2015年年鉴编撰，出版工作等。

2007年11月、2007年12月、2008年1月、2011年9月，学院先后4次进行清理、鉴定，剔除不属于归档范围的文件材料及无参考利用价值的资料，写出档案鉴定销毁报告、销毁清单造册登记，经分管学院领导签字同意后，由监督销毁人员、档案室工作人员和驾驶员，运往黔东南州国家保密局定点销毁处——贵州省富泰凯纸业有限公司进行打浆销毁，监销人员在销毁清单上签字。

每年清退中共中央、中央办公厅、贵州省委、省委办公厅文件，确保文件的安全。

档案学术科研

档案室工作人员参加学术科研活动，将工作中的实践、体会、感想、经验作为科研课题、论文，进行研究探讨，并上升为理论，在全国中文核心期刊和省级以上刊物发表论文25篇，其中核心期刊3篇。

主持省级科研项目《档案整理装订装具的改革研究》，2011年在贵州省教育厅高校人文社会科学立项。此项目中的卷件合一的档案装订夹，在2012年11月获国家实用新型专利，专利号ZL201220118923.3。2013年12月参加贵州省第二届产品设计大赛获“优秀作品奖”。2014年1月以“科学管理卷件合一档案装订装具”发表在全国中文档案学类核心期刊《兰台世界》，2014年4月结题。2014年11月12日至14日，在云南省昆明理工大学参加西南高校档案工作联盟第二届学术会议，“卷件合一的档案装订夹”研究成果代表贵州省在大会上进行展示和介绍，并得到参会人员的高度评价。

“卷件合一的档案装订夹”专利产品，以“卷”为单位整理装订档案，利用方便，能单份取出，用后马上归位，便于档案保密、复印、传真、扫描、收集、整理、保管、利用和档案信息化、数字化技术的处理。操作简单、方便、快捷、高效。使用“卷件合一的档案装订夹”装订学生的学籍档案，在办理学生毕业证书的过程中得到黔东南州教育局的高度赞扬，建议有关学校也用此装订夹装订学生的学籍档案。前来学院利用档案的首都铁路卫校、贵州省医护校、黔东南州检察院等30余家单位对此方法作出好评。辽宁省康平县档案局等单位来电、来函要求订购。这一方法适用于以“卷”为单位组卷的教学档案、科技档案、诉讼档案等整理装订。以“件”为单位整理装订档案，用“归档文件目录夹”装订归档文件目录检索工具，方便、规范、标准，便于目录的增减、补充和完善。为规范管理，黔东南州档案局建议推广使用，经黔东南州人民政府、州农管委、州财政局、州旅游局、州卫生局、州委宣传部、州纪委、州委组织部、黔东南信用合作社、黎平县水电局等单位使用后，反映效果好，可推广到全国各地以“件”为单位整理装订档案的各单位及档案馆，装订归档文件目录检索工具。

档案信息化建设

加强基础设施建设，2000年，黔东南州卫生学校购买DARMS档案管理软件单机版。2006年学院购买DARMS档案管理软件网络版。随着社会信息化建设的不断发展和学院进行智慧化校园建设，学院与贵州兴泰科技有限公司签订DARMS档案管理软件升级网页版合同，网页版有40余个站点，能满足学院各系、各部门产生的档案材料进行整理、录入、组卷、查阅等需要。

用学院DARMS档案管理软件升级网页版，逐步开展数字化档案建设，与学院智慧化校园建设同步。学院要求贵州兴泰科技有限公司专门设有各系、各部门分类编号代码。

社会效益

通过利用档案的效果，找准档案宣传的切入点，对前来利用档案的各系、各部门、历届毕业生、有关单位等进行《中华人民共和国档案法》的宣传，说明档案与每个人的生活、学习、工作有密切的关系，让他们认识档案、了解档案、走近档案，形成档案意识，从而关心和重视档案，收到较好的社会效益。

2014年9月，在全省高校档案工作行政执法检查中，学院档案工作得到高度的评价。2014年、2015年，档案室工作人员先后应邀到贵州省电子信息职业技术学院、黔东南州政务中心、凯里市总工会等指导档案工作。

2004年2月和2008年3月，学院分别获“全州档案工作优秀集体”称号。

附：

人事档案专记

一、基本情况

2002年5月28日，黔东南民族职业技术学院正式挂牌成立后，人事档案管理实现由被动管理向主动管理的转变。学院领导高度重视，加大对人事档案的建设，投入大量的人力、物力，建立干部人事档案管理的长效机制。坚持把制度建设贯穿于干部人事档案管理工作全过程，建立健全档案收集、归档、整理、鉴定、查阅、借阅、利用、转递、送交、催交、检查、核对、保管、保密、审核、通报等各项常规管理制度，使学院档案管理进一步系统化、科学化、规范化、标准化。这些制度为保证档案管理质量、构建人事档案管理体系奠定了扎实的基础。2009年4月，学院人事档案达“三级”标准，2012年10月达“一级标准”。

2015年底，学院有专职人事档案管理员1人，有人事档案1126卷，其中在职职工636卷、在职合同制职工132卷、离退休职工286卷、死亡职工72卷。

二、人事档案收集

（一）收集四校职工的干部档案

学院干部人事档案工作从零开始，原四校的干部人事档案分别由四校的主管部门州农业局、州卫生局、州财政局、州林业局管理。按照《干部人事档案材料收集归档规定》，从2008年3月开始，学院组织人事档案整理工作组，分别到四个校区和各自主管部门进行人事档案的收集。收有751卷人事档案（均为“袋子档案”），其中在职职工441卷、在职合同制职工52卷、离退休职工222卷、死亡职工36卷。这些档案普遍零乱，不分类别，有的材料甚至还“张冠李戴”。

（二）收集干部档案的十类材料

按照干部人事档案分为十类的要求，努力把好三关。第一抓好收集关。收集的每类档案材料都要求齐全、完整，如干部履历表中“进修”“奖励”项的填写都要求追收补全。第二，把好齐全、完善关。从每类材料上狠抓落实，做好审查中出现的各种问题的登记分析工作，对问题进行整理、分门别类、登记造册，为后期档案材料的补充和完善提供依据。便于弄清缺失档案材料的原因与出现问题的环节，从源头上发现问题并总结产生问题的原因，从而制定处理措施，提高工作效率。第三，把好质量关。形成档案的制成材料要符合质量要求，严把干部人事档案材料“入口关”。如：对学院通过社会招考的本科院校毕业生、引进高层次人才、紧缺人才和遴选进入学院的新教师个人档案，严把入口关，对递交、转送来的档案材料从真实可靠、齐全完整、手续完备和格式上严格审查、把关，确保形成档案的材料规范、质量符合要求。还要对近期形成的档案材料，如每年新增的调资审批表，职务晋升审批表，职称评审申报表，年度考核表，培训、奖励证书等严格要求，确保归档的材料符合质量。

（三）抓好人事档案材料的齐全完整、手续完备

第一，查档案材料的齐全完整，各种表格填写有无缺栏，信息填写是否完整、一致。如干部履历表，核查父母的姓名、子女的姓名是否填写齐全，本人签名是否完备；填写有培训、奖励的，相应类别是否有支撑材料等；学历证明材料，毕业证书复印件，检查是否有入学登记表、毕业生登记表、成绩登记表等支撑材料；参加工作时间、出生时间、入党时间填写是否一致等；民族、籍贯填写是否前后一致等；“惩罚”中有处分材料的，查是否有撤销处分材料。第二，查档案材料的手续完备。如材料与各种文件有无落款、有无公章等。第三，查整卷档案材料的连贯、完整。如有调动的，必须有调动通知书；单位合并、撤销的，必须有合并或撤销情况说明等；调入本院的，必须有调动通知书。

三、人事档案的整理

（一）人事档案达标整理

根据中共中央组织部和贵州省委组织部关于整理人事档案的文件精神，按照黔东南州委组织部的安排部署，要求学院人事档案在2008年末至2009年初达“三级”标准。为迎接达标检查，学院认真组织，周密安排，抽调专门力量，成立以院长为组长的11人人事档案整理工作组。工作组按照《干部人事档案工作目标检查验收细则》和《干部人事档案工作目标管理考评标准》，拟定切实可行的工作计划，统一标准、统一要求，明确职责和整理步骤，按照做准、做细、做全的要求，对全院干部人事档案进行整理，历时7个多月，整理在职职工档案439卷。2009年4月，经上级组织部门考核验收，达到“三级”标准。

2011年3月，根据省委组织部《关于干部人事档案集中审核检查工作有关事宜的通知》和州委组织部《关于进一步深入开展干部人事档案目标管理工作的意见》，学院成立以党委书记王家祥为组长的10人“干部人事档案一级达标工作领导小组”，并抽调政治素质好、业务能力强、有档案整理经验的人员，对原来整理过的干部人事档案和新进人员的个人档案进行整理、审核、补充、完善。整理干部人事档案505卷，其中原已通过三级达标的439卷，近三年新进人员60卷及近年退休的尚未整理的6卷，使学院人事档案进一步条理化、秩序化、标准化、系统化、科学化。2011年11月，经上级组织部门考核验收，学院人事档案达“一级标准”。

（二）抓分类鉴别

在整理干部人事档案达标工作中，严格按照《干部人事档案工作目标检查验收细则》和《干部人事档案工作目标管理考评标准》的要求，将收集起来的人事档案材料进行认真地鉴别与审查。对十类档案材料中有价值的做到分类准确，互不交叉混杂；剔除没有利用价值的档案材料，如手续不完备的材料，专业技术人员年度考核登记表（因有年度考核登记表）以及非正式的材料等，确保有价值的档案材料归档齐全、完整，没有保存价值的档案材料不归档。

（三）抓“三个一票否决”和“三龄一历”的认定

在整理干部人事档案工作中，下大力气杜绝“三个一票否决”，即材料错装一票否决、涂改一票否决、缺干部任免审批表一票否决。依次整理、检查、核对十类人事档案中保存的档案材料是否均为同一人所有，特别注意检查有无同名同姓但档案材料非同一人所有的现象。如学院同名同姓的就有两个“陈晓明”和两个“陈朝霞”；同名同音的有“王晓琴”和“王小琴”等。核实这类问题，从档案材料所记录的内容，如年龄、参加工作时间、学历、籍贯、职称、所从事的工作岗位等进行综合分析，以避免张冠李戴；依次检查十类档案中的内容有无涂改，如奖惩信息等，单位笔误的要求加盖单位更正章，使用圆珠笔、涂改液填写的表格不能进档案；对缺少干部任免审批表的副科级以上的中层干部进行梳理，厘清相关职务的任免关系、衔接关系、逻辑关系，补充和完善干部任免表及任免文件。规范“三龄一历”的认定，即出生时间、参加工作时间、入党时间和学历，根据上级有关规定统一标准进行认定。

（四）抓“五查”、核对“五个要素”

整理人事档案时，以“姓名”为中心，进行“五查”工作。第一查，档案材料是否收集齐全、完整；第二查，每一类有没有装错他人的材料，避免“张冠李戴”；第三查，姓名同名同音的档案装订混淆的；第四查，姓名项所录是否准确；第五查，对整本案卷的所有姓名项进行再次核对，确保准确无误。

核对“五个要素”。第一，核对“姓名”要素。看整个案卷的材料是否有填错姓名的，包括曾用名和同音异字等。对姓名信息有矛盾的，需要本人写说明，对后来改换姓名的需要户口和身份证作为支撑材料，并附本人说明，入档第一类。第二，核对“年龄和工龄”要素。对“两龄”前后填写有矛盾的，按有关政策文件拟写认定说明材料后入档第五类。第三，核对“民族”要素。对档案材料中出现民族填写矛盾的，属少数民族混填的，要求其以填有民族信息最早一份材料记录为依据写出确认说明材料入档第五类；属汉族与少数民族混填的，又不能出具相关材料的，要求其写出放弃少数民族确认为汉族的说明材料入档第五类。第四，核对“籍贯”要素。对填写前后有矛盾的，需与本人核实。第五，核对“准确”要素。对整本案卷逐页审查是否有涂改伪造，是否有张冠李戴、各类材料是否齐全完整、复印件是否审验并加盖公章，分类是否准确，材料编号是否连续，目录页是否倒装或漏装等，并按要求加以纠正。

（五）抓材料的编排有序、录入准确、装订整齐

每类材料先放什么、后放什么，怎样排序，怎样编页，都作统一的要求和认定标准。录档案目录时，要求简明、扼要、准确。如在一本案卷中第四类目录，学历就有几种层次，中专、大专、本科、研究生等，应写明各学历层次，一目了然；对专业技术职称，应将初、中、高级职称评审表、资格证书、聘任证书等，按照职称系列名称和等级进行录入。所有目录均做到准确录入具体题名，起到检索的作用。分类装订成册以及整理加工时，注意不对档案的内容造成损坏和影响、对档案的保管和利用带来不便，确保整理的干部人事档案的科学性。

四、人事档案的保管

（一）档案库房管理

人事档案室建有库房1个，面积近100平方米。档案库房内日常温度要控制在14～24摄氏度，相对湿度控制在45%～60%，做到防火、防盗、防潮湿、防强光、防虫鼠、防霉烂、防尘、防腐蚀、防高温“九防”的安全保管工作。

（二）档案装具

档案装具符合国家标准，对档案无损伤。档案铁皮柜排放整齐一致、美观实用，柜与柜之间留有较大的空间，既避光通风，又便于档案人员取放档案。档案卷皮卷盒符合国家标准。

档案安全检查包括对库藏档案和借阅利用后归还、归位的检查。对库藏档案的检查是查看档案有无霉变、虫咬、鼠咬、损毁等现象；对档案借阅利用的检查是查看档案调出和归还情况。调出和归还档案都应逐卷点交清楚，办理手续。用完的档案要归还原位。

五、人事档案的利用

档案的最终目的是提供利用。干部人事档案是反映个人德、能、勤、绩的客观材料，是政审和考察干部的重要依据。经过两次整理达标的干部人事档案和每年常规化、规范化、系统化的整理，又对缺失的档案材料反复收集、补充、完善以及信息反复核对和专项审核，系统、科学、规范、准确的人事档案，结合计算机管理的信息，便于对不同类别的人事信息进行分类汇总查询，能及时提供各种数据，方便快捷、易于操作、准确可靠，大大提高工作效率。便于为上级单位、学院各项工作提供服务。

第一，解决实际问题，促进学院和谐。如“二龄”（工龄、年龄）的确定，可操作性强，利于把握职工退休、晋职晋升、工资档次确定等，减少矛盾和纠纷，利于学院工作的和谐发展。

第二，确保上报信息准确、规范。将已确认的姓名、年龄、工龄、党龄、民族、籍贯，汇总成全院职工基本信息表，便于职工今后填写各类表格的准确一致，使学院上报人事、工资、职称等报表时能有统一的职工基本信息项，便于上级单位考察干部，提高人事档案利用的可靠性、科学性、价值性。

第三，为学院干部队伍建设服务。学院是新组建的，组织机构有待进一步健全，中层干部也未配齐、配全。从2008年后，多次进行干部竞争性选拔，客观真实的人事档案材料为干部选拔任用发挥重要的作用，中层干部如何配备、适合哪个岗位、能否提拔等提供充分的依据。

第四，为学院科研队伍建设服务。学院专业技术人员，涵盖农林、医卫、财经、旅游、建筑等专业人才，建立健全的基本数据库，便于为学院及上级单位提供人才专家库。

第五，为师资队伍建设服务。在师资队伍建设中，为建设一支数量充足、结构合理、水平较高的师资队伍提供可靠的材料。如每年根据人事档案提供的在职教师专业、学历、职称、年龄、综合素质等方面的分布结构，制定相应的人才招聘计划，为优化教师队伍结构，选拔水平较高的教师提供保证。还为现任各类教师、干部、科研人员的培训、培养和提高，提供充分的依据。

第三节　学　报

《黔东南民族职业技术学院学报》（以下简称《学报》）创刊于2004年12月，同年9月经贵州省新闻出版局批准发行，登记证号为“贵州省（报刊）连续性内资第DK95号”。

《学报》办刊思想：以繁荣科学文化、促进学术交流、发现和培养人才、及时反映学院的科研成果为宗旨，为学院的教学科研服务，为两个文明建设服务。

《学报》为综合版季刊，大16开，80页，汉文。主要开辟的栏目有少数民族技术文化研究、民族职业教育研究、应用技术、实验实训和教学管理等。内容涉及少数民族手工技术、医药技术、建筑技术、耕作技术、营林技术、纺织技术、水利技术、食品加工技术、服饰技术文化、天文历法等。

作为教学科研的载体，学报在学院的发展中发挥较大的作用：促进学术氛围的形成和教学科研的深入开展。学报编辑部定时不定时在学院范围内下发研究课题，开展论文交流活动；增强对外学术交流的能力。学报编辑部每年向上级有关部门推荐优秀论文参加评选，与有关部门及兄弟学院进行期刊交流。至2012年《学报》停刊，出版33期，平均每期刊登论文21篇。主要有毛世斌的《状难状之景达难达之情——柳永词〈雨霖铃〉赏析》，杨正权的《侗族大歌的保护传承与旅游业发展探讨》，朱春红的《利用网络实施母亲教育》，张军、刘洪权的《贵州林业发展和新农村建设刍议》，李民和的《汽车行话与专业术语对比研究》，周娟的《EXCEL在编制工资表中的应用》，宋开旭的《基于VLAN技术的校园网实现》，陈菊的《浅谈我国天然药物的现状与未来发展》，刘书华、肖时宇的《黔东南州OTC销售平台的营销模式》，杨凤安的《班主任工作创新探讨》，刘艳的《对提升高职院校就业指导工作实效的思考》，聂静的《理论与实际结合，培养学生的学习兴趣》，张红艳的《如何提高大课教学质量——以思想政治理论课为例》，陈文祥的《黔东南民族职业技术学院教学工作报告》，杜贻平的《对学院少数民族中职学生实施成功教育的思考》，屈维彪的《高等教育大众化背景下的高职学生思想政治教育路径选择》，余晓林的《关于加强网络时代高校学生思想政治工作的思考》，王在朴的《民族地区高等职业教育的发展研究》，杨尤光的《发展职业教育，培养技能型人才——浅谈黔东南州职业教育的发展》，杨晓岚的《从江县国营林场楠竹发展新趋向》，宋涛的《天柱县楠竹现状与发展对策》，吴馨的《黄平县林木种苗工作存在的问题及对策探讨》，周尚智的《职务犯罪心理及职务犯罪预防对策初探》，宋开旭的《浅析校园网从IPV4向IPV6的过渡》，刘书华的《初论苗族医药技术文化的概念和内涵》，杨凤安的《极限定义的剖析》，杨胜坤的《高职学生的‘胆商’培养途径探索》，王远湘的《关于“2+1”培养模式中“1”的实践与思考》，张新娅的《浅谈〈职业指导〉课程教学》，廖洁的《椤木石楠育苗技术》，龙家贤、龙明忠的《冬桃栽培及生产管理技术》，李朝智、王彪的《中华杜英的苗木培育技术》，李民和的《汽车行驶〈停顿冲撞〉现象的排除技术》，李春的《参麦、多巴胺或多巴酚丁胺治疗心衰疗效观察》等。

第四节　网　络

2009年9月，学院向州机构编制委员会办公室呈送《关于调整内设机构编制的请示》，要求增设党委宣传部3个副县级党政管理机构，其中正科级机构1个，即网络信息中心。2011年4月，设立信息网络中心，明确网络信息中心主任（正科级）职数1名，副主任（副科级）职数1名。

2010年3月，学院继续完善校园网管理制度，院党委下发院党发〔2010〕10号、11号、13号、14号文件，完善校园网管理制度、完善网站挂管办法、完善校园网络安全管理实施办法和完善校园网信息发布管理办法。

校园网建设

2002年，校园网建设启动，由合并前四所学校已建成的局域网组成，各校区之间相对独立，未能实现网络汇聚，在逻辑结构上未能实现一体化。2003年，学院接入带宽为2兆的中国教育专线网。

2009年7月，学院校园网络整改正式实施，结束自2001年合并后各校区网络分离、无法统一管理的状况。在校园网改建期间，校园网通过建立基于IP身份认证的接入层，有效地对全网用户上网准入行为进行管理、追踪和控制；通过光纤建立基于端口的管理汇聚层，有效地将分散于城区的四个校区进行汇聚和互联，使四个校区的校园网在使用和管理上得到统一；通过建立核心出口，有效控制校园网网络边际的吞吐均衡和出入安全；一个管理运行模式趋于合理的校园网初见雏形。建成的校园网，分为核心交换与接入汇聚两级、涵盖四个校区，并且能够统一管理、内部带宽为1000兆出口为100兆的高速校园网络。新增可管理型网络设备22台，其中出口路由器1台、防火墙1台、核心交换机5台，接入交换机15台；搭建网络接入认证管理系统与安全管理两套管理平台，实现对校园网络的统一管理。提供用户接入端口900余处，在网用户600余户，其中办公用户243户，职工个人用户68户，教学及学生实验用户300余户。部署服务器9台，其中公众网4台（学院主网站2台、招生就业网1台、教务管理平台1台），内部服务器6台。能够满足学院信息发布、办公管理、资源共享等功能。

2012年8月，学院整体搬迁至新校区，校园网中心机房建设面积126余平方米，设备机房面积113平方米；电气室面积13平方米。机房内布置有9台机柜，整个格局划分符合机房功能区划分规范。校园网中心机房已经建设内容包括：机房装修装饰、机房电气、门禁系统、综合布线系统、应急照明系统、接地防雷系统。校区共计33栋楼，全面实现光纤铺设，包含教学实训楼、行政楼、计算机中心、学生宿舍、食堂等校园所有建筑物全覆盖，满足学院所有信息化业务及管理系统的数据传输和通信要求。校园内通信光缆主要采用144、96、74、48芯的多芯单模光缆作为主干，通过光纤分接，分别连接到各个楼栋，为学院数字化校园建设铺设主渠道和分支渠道。校园承载网构建覆盖全校的综合布线网络，确保计算机网络高速、可靠、无阻塞的传输要求。项目从布局规划到点位布施始终坚持标准化、工程化的建设要求，确保综合布线建设的实施规范，并结合学院实际情况，采用模块化、开放式的结构，以适应灵活组网、扩充升级的需要，实现信息共享、资源共享和科学管理。为推进智慧校园建设，对校园网综合布线进行改造，打通链路，使校园网有效覆盖校园的每一个点位，同时，也加快学院智慧校园的建设。校园网采用的“核心—汇聚—接入”三层架构，核心层使用两台支持万兆数据交换能力的三层交换机，汇聚层交换机与核心层交换机之间使用万兆光纤连接，汇聚层交换机与接入层交换机使用千兆光缆或千兆双绞线连接，每台汇聚层交换机均与两台核心交换机实现冗余链路连接构成一个可以实现高可靠性和流量负载均衡的骨干网交换系统。从网络中心到办公楼、教学楼、图书馆、多功能教学楼、实训楼等楼栋进行光纤链路的升级与扩容，统一布放12芯光缆，实现网络中心核心层交换机与各楼栋汇聚层交换机之间的连接。整个主干网络要求支持高密度千兆、万兆接数据交换能力。支持大容量RIB（路由表）和FIB（转发表），能够直接面对大规模用户的三层交换业务。支持多业务模块的扩展，满足未来学院对数据交换的复杂应用。在接入层实现在用户接入的准入认证，并对用户进行访问权限约束，保障网络的安全性和可管理性。针对用户的认证支持802.1x认证及Web认证，方便不同用户和场景的认证需求。在核心交换机上互联内容加速系统，为学生提供热点教学资源，提升用户体验的同时节约互联网出口带宽。同时充分考虑原有设备的利用情况，将原有退役设备降低级别，配置在部分汇聚及接入区域。利用已购置的防火墙、网络指挥官、流量控制设备和网络安全管理软件，构建网络防火、入侵检测、网站防篡改、漏洞扫描、网络防病毒等立体网络安全体系。实现对校园网络用户管理、信息安全管理和有效控制，确保校园网络安全稳定有效运行。同时对各类系统产生的安全日志实现全面、有效的综合分析，为网络安全管理建立一个能够集中收集、管理、分析各种日志的安全审计管理中心，使网络管理员不用像以前那样从庞杂的日志信息中手工搜寻网络行为，为学院提供一个方便、高效、直观的审计平台，大大提高安全管理员的工作效率和质量，更加有效地保障网络的安全运行。2013年学院开始布局全校Wi-Fi全覆盖项目，并完成一期工程——行政办公楼Wi-Fi覆盖建设，2015年启动二期工程——图书馆Wi-Fi覆盖。

网站建设

2004年，学院网站（www.qdnzy.com）初步建成，服务器采用租用形式，网站包含学院概况、教学管理、学生工作、招生就业、社会服务等栏目，是学院对外宣传、交流，展示学院形象的一个窗口。2008年，学院网站域名更名为www.qdnpt.com，域名备案信息为黔ICP备10000034号，公安备案信息为52260102556057号，常年法律顾问为贵州七律律师事务所田再建律师。2011年，学院在原有学院网站的基础上，以站群建设为思路，建立以站群管理平台为核心，学院宣传主页、新闻网站、英文网站、10个系部网站和应用系统为基础支撑的网站集群，使学院各网站成为一个数据结构统一、技术形式统一，而运行主体不同的一组网站的集合。站群内各网站既可以统一管理，也可以独立管理自成体系。

教育信息化发展

学院专门成立工作领导小组和推进机构，并聘请校外专家，成立专家顾问组，并在部门、院系设置本部门的“信息主管”及“信息管理员”，落实和检查本部门信息化的建设和管理工作。由此构成从上至下的四级组织管理机构，保障学院信息化建设工作顺利展开。

2011年，学院成功申报教育部第一批教育信息化试点单位，试点工作重点内容为“数字化校园建设机制与应用模式探索”，建立健全管理机制；调研、制定建设方案；筹措资金加强硬件建设；强化软件应用；加强网络管理员和教师的信息技术培训，专业队伍素质进一步提高；实践教学管理等信息化建设。

智慧校园

2015年11月，学院投入178.11万元建设基于物联网智慧校园核心平台，并接入部分应用系统。智慧校园核心平台是具有统一的数据整合与调度功能的综合管理系统，基于信息化标准建设、通过建成统一数据共享中心、数据清洗与整合、统一身份认证、统一信息门户等平台，实现对各业务应用系统数据进行统一管理和信息互联互通。

学院制定《黔东南民族职业技术学院信息标准》，作为全院范围内信息化数据编码的依据和规范，为数据库设计提供数据规范作用，为信息交换、资源共享提供指导。

通过共享数据中心平台系统的建设，以《黔东南民族职业技术学院信息标准》为基础，建立学院的数据中心平台，实现异构信息系统之间的数据交换和共享，明确业务系统与数据中心平台的接口规范；保证数据的准确一致，“谁产生、谁维护”；建立可以提供为整个学院综合查询和决策支持所需的数据信息，为学院的将来决策支持系统积累分析数据；为后续开发各种应用系统的通用数据库平台，保证新的系统建立在数据中心平台上时，不会产生新的分散数据。

数据清洗与整合平台实现共享数据中心的数据采集与分发，提供对被交换信息进行清洗、转换、装载入库等数据交换服务，即清理脏数据，完成对数据的整理，确保数据一致性、完整性和正确性。各业务系统通过清洗与整合系统与共享数据中心平台进行数据交换与共享，各业务系统独立运行，互不影响，某一业务系统故障不会造成对其他系统的影响。

统一身份认证平台为各应用系统提供集中的身份认证服务，提高智慧校园应用系统的安全性。通过指定相应的集中认证技术规范，提供统一的应用系统用户管理接口，实现所有新建系统用户认证的统一集中化管理，做到真正意义的集中认证。该系统为智慧校园的所有用户提供统一的身份确认与权限交付。

第九章　精神文明建设

第一节　思想政治教育

教职工思想政治教育

2009年11月24日，学院思想政治教育工作动员大会在一校区召开。大会由学院院长主持，党委书记王家祥，党委副书记潘盛荣，副书记、副院长李炳昌，副院长陈文祥，纪委书记王贵生等领导及全院教职工参加。会上，王家祥以《统一思想、明确目标、齐心合力，以优异的成绩迎接思想政治教育工作评估》为题，做思想政治教育工作动员大会讲话，要求全院教师要统一思想，深化认识，自觉投入学院促建工作中来；把握评估要求，彰显特色，凝聚合力，出色完成思想政治教育工作攻坚任务；加强领导，强化责任，务求实效，力求实现思想政治教育评估保良争优目标。

2011年，学院党委下发《关于开展“争创教学先进岗　科研先进岗　管理先进岗　服务先进岗　学习先进岗　办人民满意大学”深化创先争优活动的实施方案》。开展“三个建设年”工作，抓好“四方面六项工作”落实，推进“五先进一满意”深化创先争优活动开展。举办《中国共产党普通高等学校基层组织工作条例》专题培训会，贯彻落实条例精神。党委中心组、党支部集中学习党的政治理论、职业教育理论，完成教职员工政治理论考试和普法考试工作，其中参加政治理论考试431人，参加普法考试200人。是年，学院受到上级党委表彰的先进基层组织7个，优秀共产党员6名，优秀党务工作者6名；培训入党积极分子1363名，发展党员583名，其中学生党员571名；组织开展庆祝中国共产党成立90周年系列活动等。

2012年，以推进学习型党组织建设为重点，以党委理论中心组学习为龙头，深入推进基层党组织和党员干部、教职员工理论武装工作。学院党委中心组完成集中学习12次，围绕建立健全学院反腐倡廉长效机制、加强学院内涵建设、学习贯彻党的十八大精神、构建平安法治校园等12个主题，研讨解决问题思路和办法，制定《学院全面推进廉政文化进校园工作实施方案》，用制度推动和指导工作的开展。坚持“集体学习和个人学习相结合，理论学习与主题实践活动相结合，理论学习与工作实际相结合”，建立党委—总支—支部和学院—部门—教学系三级政治学习机制，对党的十八大、省第十一次党代会、州第九次党代会精神以及新党章进行学习，对人民日报《集中精力把两会精神贯彻好》《牢牢把握稳中求进的总基调》《满怀信心迎接党的十八大》3篇评论员文章进行学习与研讨，组织观看张丽莉等先进典型事迹，增强党员和教职员工政治理论学习的针对性、实效性，不断提高党员、教职员工政治理论和政策水平。3月，学院组织志愿者200人在校园内开展“学习雷锋”校园环保活动；组织志愿者35人到凯里福利院参加“继承雷锋精神，弘扬博爱理念”志愿活动。4月，组织志愿者70人到凯里大十字开展“青年志愿者文明交通执勤活动”。6月29日，组织召开庆祝中国共产党成立91周年暨“七一”表彰大会，学院党政领导班子成员、全体教职工党员、10名离退休党员代表和30名学生党员代表参加。11月，组织志愿者120人参加“2012年贵州环雷公山超100千米跑国际挑战赛”志愿服务；组织志愿者80人参加州“第五届中国凯里原生态民族文化旅游节暨2012中国凯里银饰刺绣博览会”志愿服务。12月12日，邀请州委党校副教授杨汉林为学院800余名师生作《十八大精神解读》专题报告；28日，邀请州普法依法治理办公室原主任陈代清为学院领导干部作《认真贯彻落实党的十八大精神，努力构建平安法治校园》专题报告。在全院党员和教职员工中开展贵州教育精神、贵州教师誓词和全省教育系统“十二五”“12345”学习教育活动。开展以“领导班子好、党员队伍好、活动开展好、制度建设好、作用发挥好”为主要内容的“五好”基层组织创建工作，并制定《关于深入开展“三亮三比三评”创先争优活动的实施方案》。开展以“亮标准、亮身份、亮承诺，比能力、比作风、比业绩，群众评议、党员互评、领导点评”为内容的“三亮三比三评”主题活动，涌现出一大批先进集体和先进个人。是年，学院受上级命名的“五好”基层党组织2个，表彰的先进基层党组织5个、优秀共产党员6名；学院党委命名“五好”基层党组织8个，表彰先进基层党组织10个，优秀党员30名和优秀党务工作者10名。同时，结合“五个五活动”，创建“党建示范点”8个、“党员示范区”28个、“党员示范岗”198个。

2013年，学院组织全体教职工集中学习党的十八大精神、《中共中央关于改进工作作风，密切联系群众的八项规定》和《中共中央、国务院关于进一步加强和改进大学生思想政治教育的意见》以及习近平在全国两会上的讲话等一系列重要文件和讲话。3月，学院青年志愿者举行“创建文明校园，弘扬雷锋精神”为宗旨的纪念“雷锋日”活动；组织志愿者50人在学院广场举办“弘扬雷锋精神，从小事做起”活动。4月，组织学院志愿者、红十字会成员40人在大学生活动中心参加“传播知识，奉献爱心”健康宣传讲座活动。6月25日，学院举办《现代职业教育体系思考》学术报告会，由学院院长主讲，全院中级以下职称在职教师聆听。是月，组织志愿者35人到凯里福利院参加“送欢乐、献爱心”服务活动。7月，组织志愿者16人参加“凯里2013年‘一节一会’”志愿服务。9月10日，学院召开“黔东南民族职业技术学院2013年教师节表彰大会”。会上，全体教职员工重温“贵州教师誓词”。

2014年，学院制定《深入开展党的群众路线教育实践活动宣传工作方案》和《学院党的群众路线教育实践活动宣传组工作制度》等相关文件。全院各级党组织和各系、各部门，坚持学习研讨为主、自学为辅、个人自学与专题辅导相结合、书面学习与网络学习相结合的原则，通过党总支中心组集中学习、党支部“三会一课”、报告会、专题讲座等形式，组织师生党员和教职员工学习中央“八项规定”、省委“十项规定”、州委“十二项规定”、省委教育工委“六项规定”和贵州省党员干部政治纪律“十严禁”、贵州省党员干部作风“十不准”等党风廉政建设、党员干部作风建设相关政策，以及《马克思主义哲学十讲（党员干部学习读本）》《世界社会主义五百年（党员干部学习读本）》《2014年黔东南州理论教育读本》等书籍；集中收看《焦裕禄》《文朝荣》《杨善洲》《雨中的树》《天上的菊美》《瓮安之变》《生死牛玉儒》《廉政中国》《偏离坐标的人生》等专题教育片；组织648名教职员工参加2014年政治理论、法律法规学习考试，有效提升师生党员和教职员工的政治思想素质及理论政策水平。5月2日，陈文祥院长向学院各系部负责人传达教育部发展规划司副司长陈锋在贵阳为全省高校负责人所作的《关于中国高等教育改革和发展的若干问题》专题报告的主要精神。22日，学院党委邀请州纪委正县级纪检监察员朱柏仁为学院领导干部和党员代表作题为《坚定理想信念，筑牢拒腐防变防线》的党风廉政教育专题报告。6月20日，学院党委组织党政领导班子成员、各党总支和各系各部门负责人收看省教育厅组织的党纪党规党法视频报告会，聆听省纪委宣教室主任荆富德所作的《认清形势　遵章守纪——做忠诚于党的教育事业的践行者》的专题报告。7月2日，学院党委组织党政领导班子成员、各党总支和各系各部门负责人收看“全省传达学习全国职业教育工作会议及省政府常务会议精神视频会议”。12月19日，州委副秘书长吴昌和为学院副科级以上领导干部宣讲党的十八届四中全会、省委十一届五次全会及州委九届五次全会精神。

2015年，按照年初院党委的学习安排，组织党员干部和教职工重点学习党的十八届三中、四中、五中全会精神和习近平总书记的系列重要讲话，收看上级组织的专题报告会，邀请院内、院外领导及专家为师生作形势政策专题报告。11月17日，学院邀请贵州民族大学党委副书记唐建荣教授为师生作题为《历史照亮明天——纪念中国人民抗日战争胜利70周年》的专题报告；12月24日，州委宣讲团到学院开展党的十八届五中全会、省委十一届六次全会和州委九届六次全会精神宣讲，宣讲团成员、凯里学院经济管理学院党总支书记、教授曾梦宇为师生作专题报告。全年开展形势政策宣传教育活动4次，举行法治教育专题报告会2次，开展法治宣传教育活动4次，组织638名教职工参加2015年学法用法考试。是年6月，学院被贵州省教工委授予“五好”基层党组织称号。

2008年至2015年思想政治教育课题研究一览表

表中9-1-1

课题主持人	课题名称	立项时间	结题时间	批准单位
苏晓红	教育人类学视野下苗族古歌的教育功能研究	2008	已结题	黔东南民族职业技术学院
屈维彪	科学发展观视野下的民族地区高职院校学生德育内涵建设研究	2008	已结题	学院
阳　华	高职院校学生思想道德修养实证研究	2008	已结题	省教育厅
龙春平	黔东南高职院校大学生思想政治状况及其对策研究	2010	2012.4	省教育厅
屈维彪	民族地区高职院校德育生态化建设研究	2011	2013.11	省教育厅
王在朴	贵州省情教学中用侗族传统文化激发学生学习的研究	2011	2015.10	省教育厅
杨胜坤	民族地区高职院校新生的期望值研究	2012	2014.4	省教育厅
黄文平	高职院校思想政治理论课实践教学实施与评价研究	2012	2013.11	省教育厅
李　欢	高职生创业指导服务研究	2012	2013.12	省厅就业指导中心
王万钦	高职大学生理想主义精神的培育和构建研究	2013	2014.9	省教育厅
刘光梓	企业文化背景下高职学生职业素质研究与实践	2013	2014.11	省教育厅
丁爱芹	积极心理学在民族地区高职院校贫困生心理健康教育中的实践研究	2013	2015.11	省教育厅
简才永	当代高职生人际和谐的调查与心理干预研究	2013	2016.6	省教育厅
姚　莉	少数民族地区高校资助工作视域下的贫困生感恩教育研究	2014	2016.4	省教育厅
刘晓东	贵州青少年正义感调查研究	2014	2015.9	省教育厅
万　英	现代高职学生素质教育中的思想道德调查与分析	2014	2015.11	省教育厅
黄文平	高职思想政治理论课学生成绩阳光评价实施研究	2015	2016.11	省教育厅
刘志贻	社会思潮对高职院校思想政治教育影响研究——以历史虚无主义思潮为例	2015	2016.3	省教育厅
王诗渊	社会主义核心价值观融入高校思政课教学研究	2015	2016.8	省教育厅
杨亚琴	少数民族地区职业院校技能大赛与专业教学融合路径研究	2015	2016.9	省教育厅
李魏飞	涉农高职生创业教育探究	2015	2017.9	省教育厅

第二节 文明单位创建

2011年是“十二五”规划的开局之年，亦为文明单位创建工作的起步之年。学院制定下发《2011—2013年文明单位创建工作规划》，提出在全院开展“三个建设年”“四帮四促”“创先争优”活动，学院文明单位创建工作围绕学院的中心工作，以“三个建设年”“四帮四促”“创先争优”活动的开展为契机，以建设社会主义核心价值体系为根本，以组织建设为保障、以作风建设为抓手，推进精神文明建设的内涵发展与方法创新，着力提升干部群众和广大师生的文明素质、培育文明社会风尚，创建“平安校园”“和谐校园”，为实现贵州经济社会又好又快、更好更快发展营造良好氛围。使学院真正成为建设和传播社会主义精神文明的重要阵地和示范窗口。

指导思想。以“三个代表”重要思想和科学发展观为指导，全面贯彻党的十七大、《国家中长期教育改革和发展规划纲要（2010—2020年）》及高职教育有关文件精神，以省州精神文明建设工作意见为依据，以加强内涵建设，提升育人质量、服务经济社会为职责，以提高学院文明程度和干部职工文明素质为目标，以开展群众性精神文明创建活动为载体，大力弘扬正气，树立典型，彰显特色，展示风采，为开创学院教育教学工作新局面提供精神动力和智力支撑，为实现“全面建成小康社会、实现新的跨越发展”目标作出新的贡献。

创建目标。在学院广大干部职工和师生中，牢固树立“人人都是形象、事事皆关创建”的工作理念，建设一流干部职工队伍，实现一流管理和服务，创造一流的教育教学质量和水平，力争在规划期内将学院建成“业务工作实绩突出、思想道德风尚良好、文化建设扎实有效、民主管理科学规范、内外环境整洁优美、领导班子坚强有力”的文明单位。

主要措施。加强领导。学院各党总支、各部门负责人，要自觉担负起组织领导精神文明建设暨创建文明单位工作的重任，充分认识文明创建活动的重要意义，切实做到两手抓、两手都要硬。要把精神文明建设暨创建文明单位工作列入领导班子议事日程，摆到突出位置，要制订好年度活动计划，坚持将创建文明活动与本部门的工作一起部署，一起检查，一起考核，一起奖励，真正把创建各环节工作落到实处并抓出成效。健全组织。学院成立创建文明单位工作领导小组。组长王家祥、吴军；副组长潘盛荣、王贵生、杨政宇、姜达峻、曹庆旭；成员王俊杰、吴如金、屈维彪、石开鹏、杨爱群、罗贤光、杨天林、杨昌权、潘江凯、杨胜坤、吴勇、潘晓蜀、吴德诚、张兴权、刘书华、宋开旭、吴开岑、胡松、龙章烈、闻芳、梁焰、石平昌、周尚智、吴文勇、陈晓明、苏晓红、付存平、郑凯平、刘传荣、杜智勇。领导小组下设办公室在宣传统战部，石开鹏兼任办公室主任，由宣传统战部负责创建的具体工作。各责任单位、处室都要建立健全相应的创建工作组织机构，切实担负起规划、组织、协调、指导和监督本部门、本单位创建活动的职责。培植典型。各系、各部门要注重发现、培养、树立和宣传先进典型，充分发挥典型的示范作用，推进创建活动不断深入。要联系实际，深入开展文明教师、文明学生、文明寝室等评比表彰活动，建立文明示范窗口，总结推广典型经验，推动全院精神文明建设暨创建文明单位活动的广泛深入开展。严格考核。要把创建工作的成效作为评价一个系、一个部门工作成绩以及奖惩使用干部的重要依据，对每个职工的考核情况与年度目标考核、各种奖励挂钩。从规划起始年，凡在创建工作中被表彰的单位个人，在年度考核时可优先评优；凡在创建工作中，被有关部门批评、曝光的教学系、部门和个人都不能评为先进，动真碰硬，确保创建效果。

是年5月，学院以“重素质，高品位”的原则开展丰富多彩的校园文化和社会实践活动。在开展优秀校园文化成果暨优秀社会实践成果评选活动中，学生处、临床医学系、护理系、旅游与经济管理系、医药技术系选送的8项成果受到表彰奖励；学生处的《倾情触摸学生心灵世界、着力提升学生人文素质》送省参评获“高校优秀校园文化成果三等奖”。7月，各党总支、各党支部组织209名教职员工党员设置示范建设支部、总支23个，党员示范创建岗位198个。在文明单位创建工作中加强党的基层组织建设、党风廉政建设和干部教师队伍建设，为学院文明单位创建提供健康环境和人才保证。举办入党积极分子培训班2期，组织观看勤政廉政宣传教育片和反腐警示教育片5次，制订《2011党风廉政建设和反腐败工作实施意见》《“小金库”治理工作长效机制建设方案》《关于开展“廉政准则”贯彻执行情况专项检查实施方案》《新校区建设廉政责任书》等廉政意见、方案、准则、措施5个，并签订廉洁从政承诺书。学院制订《关于开展“争创教学先进岗、科研先进岗、管理先进岗、服务先进岗、学习先进岗、办人民满意大学”深化创先争优活动的实施方案》，开展“五先进一满意”活动。在各级党组织中开展“争创教学、科研、管理、服务、学习”五个方面先进岗位，树立五个方面标兵典型，创新五个方面工作思路，推出五个方面优秀成果，实现“上级、学生、家长、社会、用人单位五个方面满意目标”活动（即“五个五”活动）。是年，省教育厅省级示范性高职院校遴选专家组对学院进行现场评审，结果名列全省参评院校第一名，省教育厅授予学院“贵州省省级示范性高等职业技术院校”，被州人民政府评为勤政廉政先进集体。

2012年，学院全面推进党的建设，进一步夯实文明单位创建工作的思想基础，扎实推进文明单位创建工作。深入开展创先争优、“四帮四促”“五先进一满意”和“三个建设年”活动。扩大基层党组织工作覆盖面，推进基层组织工作进年级、进班级、进宿舍、进社团、进网络、进实习点“六进”工程，各系、各学生宿舍楼都建立党团活动室，基层组织工作实现全覆盖。依托业余党校大力培养入党积极分子，制订《发展大学生党员标准》，提高党员发展质量。全年举办入党积极分子培训班2期35个班，培训1746人；发展党员594名（其中学生党员582名），党员总数达到1008名，其中学生党员660名。制订《关于全面推进廉政文化进校园工作实施方案》，构建廉政文化建设长效机制，引导师生牢固树立正确的世界观、人生观和价值观；制订《关于规范党员领导干部兼职管理的规定》，层层签订《党风廉政建设目标责任书》；院党政主要负责人对学院反腐倡廉建设重要工作亲自部署、重大问题亲自过问、重点环节亲自协调、重点信件亲自批阅、重要案件亲自督办；“谁主管、谁负责”，权责明晰，逐级负责，层层落实。学院两次召开学生思想政治教育例会，开展专职辅导员培训及辅导员和班主任工作研讨，坚持院系两级齐抓共管，广泛动员，全面实施“三全育人”（全员育人、全程育人、全方位育人）；举办8期主题为“职业启航与生涯规划”“黔东南苗侗文化鉴赏”“风味独特的黔东南民族饮食文化”等“走进学生”系列讲座，丰富校园文化，激发学生爱国爱校热情，培养学生社会主义荣辱观。是年，学院被省委党建工作领导小组命名为“五好”基层党组织；获省教育厅贵州省首届优秀校园文化活动三等奖；获教育部2012年高校德育创新发展研究成果三等奖；驾驶学校被贵州省公安厅交警总队授予“2011—2012年度贵州省文明驾校”荣誉称号。

2013年，学院围绕立德树人“根本化”、文明培育“全员化”、综合服务“优质化”、校园环境“安全化”、文化生活“和谐化”推进精神文明建设。按期召开大学生思想政治教育工作会议和学生思想政治教育专题会议，研究制订学生思想政治教育计划并组织实施。开展“我的贵州‘中国梦’”主题教育，第八届校园文化活动月暨科技文化艺术节，第四届“诵读经典”比赛，“养成、诚信、爱心”主题教育，“三下乡”社会实践，学生心理健康教育及学生户外素质拓展训练等丰富多彩的活动，大学生会学习、懂合作、知选择、能自律。配合凯里市创建全国卫生文明城市活动，开展“道德讲堂”“讲文明树新风”等活动。举办劳模事迹报告会、重温“贵州教师誓词”、科普报告会及教授讲坛、个人教学成果展等活动，培养教师的为人之道、为学之风、为师之范，强化师德教育，履行师德规范。弘扬“一方有难、八方支援”的传统美德，先后向四川雅安芦山地震灾区捐款5.42万元，向凯里八中患病学生潘飞捐款1.2万元。开展学习型单位、学习型党组织、文明班级、文明寝室、文明社团、文明餐桌、文明网络等创建活动，以物质文化、制度文化、精神文化和行为文化为重点，加强寝室文化、廊道文化建设，打造人文校园、生态校园、和谐校园。举办科技文化艺术节、“走进学生系列讲座”“中华经典”诵读大赛、廉政文化进校园书画比赛、户外素质拓展活动比赛等活动，丰富校园文化，陶冶学生情操。举办业余党校培训班2期，培训入党积极分子1563人，发展党员383名（其中学生党员380名），预备党员转正336名。组织开展廉政书画比赛，讲廉政故事比赛等系列活动，举办党风廉政教育专题讲座2次，组织新任科级干部进行集体岗前廉政谈话60余人次。是年，学院被中华全国总工会授予“全国模范职工之家”，被中共贵州省委组织部、贵州省扶贫开发办公室授予“2012年度省直机关赴农村党建扶贫先进工作队”，被省委教育工委、省教育厅、团省委授予2013年“多彩校园·闪亮青春”全省大学生校园文化月活动“先进集体”，被省综治委、省公安厅、省教育厅授予贵州省“安全文明校园”、贵州省“安全文化建设示范校园”称号，被州委评为“州级文明单位”；院党委被省党建工作领导小组评为“全省机关企事业单位党建工作先进党委”；学院团委被共青团贵州省委授予“全省五四红旗团支部”称号。

2014年，学院制订《2014—2016年文明单位创建工作规划》。围绕学院科学发展、快速发展目标，统一广大师生“在创建中发展，在发展中提升”的创建工作理念，以“巩固、提高、延伸”为切入点，进一步深入持久地开展文明单位创建活动，全面提升学院文明创建工作整体水平，实现贵州省文明单位创建目标，提高教师队伍素质、学院管理水平、人才培养质量，提升学院文明形象和社会形象。5月22日，学院通过“省级文明单位”考评检查。是年，学院被国家卫生和计划生育委员会、中国红十字会总会、中国人民解放军总后勤部卫生部授予2012—2013年度全国无偿献血促进奖单位奖，获人力资源和社会保障部、教育部“2014年全国教育系统先进集体”；获中共贵州省委、贵州省人民政府“2012—2014年度全省文明单位”，获贵州省教工委“五好基层党组织”，获贵州省安全生产委员会授予贵州省安全文化建设示范校园，贵州省教育厅“2012—2013年度学校安全稳定综治工作先进单位”，贵州省综治办、贵州省公安厅“贵州省安全文明校园”，贵州省2012—2014年度全省文明单位。

2015年，学院继续对文明单位创建活动狠抓落实，巩固成果，及时调整文明单位创建工作领导小组，加强创建工作的组织领导。领导小组办公室加强创建工作的具体组织实施，对各创建单位进行督查、检查，明确各责任部门主要负责人是创建工作的第一责任人，必须亲自抓，负总责，分管领导具体抓，班子成员共同抓，形成各司其职，各负其责，密切配合，通力协作，广大干部职工和师生主动参与、积极作为的创建工作格局。制订《黔东南民族职业技术学院创建文明单位任务分解表》落实责任，把工作任务和责任细化、量化到人，人人身上有压力，个个肩上有担子，明确阶段任务，突出工作重点，确保创建工作完成。通过各种宣传形式和宣传载体，广泛宣传创建省级文明单位的目的、意义和要求，充分调动广大干部群众参与创建工作的积极性、主动性和创造性，坚持创建工作从自己做起，从现在做起。校园网、广播、电子显示屏、手机信息平台等媒体要突出重点，大造声势，营造全员师生参与创建的浓厚氛围。要及时宣传报道创建工作中的好声音、好做法、好经验、好典型。落实创建省级文明单位活动经费，各系、各部门做好创建工作经费安排，保障创建经费。建立健全督促检查制度、工作考评制度、责任追究制度，对工作成绩突出的单位和个人进行表彰奖励；对工作不力，给省级验收工作造成影响的，严格追究责任。2月28日，学院开展由分管校园安全工作的院党委副书记潘盛荣带队的“安全隐患排查，深化安全文明校园建设”活动，深化平安校园“护校行动”，确保学院教育教学正常、有秩序地开展。3月16日开始，院学生会展开“文明岗”行动，每天中午和下午在各个食堂设立“文明岗”，通过“文明岗”执勤，同学们都自觉排队购买饭菜，做到爱惜粮食，尊重他人劳动；是月，旅游与商务管理系2013级学前4班获2014年度省级“先进班集体”荣誉称号，这是学院中职班级唯一的“先进班集体”。5月8日，学院制订《“弘扬中华优秀传统文化和践行社会主义核心价值观”视觉艺术大赛的活动方案》，培育和践行“富强、民主、文明、和谐，自由、平等、公正、法治，爱国、敬业、诚信、友善”社会主义核心价值观。11月5日，学院在大礼堂举行道德讲堂“弘扬传统美德，塑造美丽人生”主题宣讲活动。12月，旅游与商务管理系开展“中华传统文化国学常识”讲座。12月15日，学院在学院大礼堂开展“恭敬礼让，文明修身”道德讲堂宣讲活动。是年，学院被贵州省委宣传部、贵州省委统战部命名为“全省民族团结进步创建活动示范学院”、被贵州省教育厅命名为“贵州省优秀校园文化育人基地”；学院党委被中共黔东南州委命名为“学习型党组织”。

第三节　宣传与校网建设

2011年，学院建立校园网站，并制订《黔东南民族职业技术学院网站信息发布审核制度》和《黔东南民族职业技术学院英文网站翻译工作实施办法（试行）》，规范校园信息的审核、发布和管理。1至11月，校园网站登载新闻、信息、通知、通告等800余条（篇）。同时，通过电子屏、宣传横幅、手机短信、橱窗展板等，对学院重大决策、重大活动、重要工作等进行广泛宣传，在电子屏发布宣传标语80余条，制作宣传横幅100余条，发布手机短信20余次1万余条，通过移动公司彩信平台发布手机彩信2000余条。主动加强与州内主流媒体联系，加强对外宣传。是年，黔东南电视台播报学院新闻9条，《黔东南日报》登载学院新闻5条。按照“构建中华传统文化、民族文化、企业文化为主，多元文化并存的无边界校园文化体系”要求，通过校园网宣传中华传统文化、民族文化、企业文化的丰富内容，结合墙报、橱窗、电子显示屏、广播等充实校园文化阵地，营造向上的校园文化氛围和良好的育人环境。

校园网站的建立，与学院门户网站共同承担宣传主力军的作用，推进校园信息化建设进程。是年，学院完成门户网站主页改版工作，进一步突出高等职业院校网站特色和民族特色，增强网站的思想性、时效性、技术性、服务性和安全性，使网站栏目设置达到分类标准统一、布局合理、层次分明、简明直观、易于操作的要求；页面总体风格统一，色彩搭配协调；通过校企合作方式建成学院OA办公系统和一卡通考勤系统；组织网络信息中心自主开发7个系部网站、创先争优专题网站；组织完成学院英文网站建设、优化校园网教学资源库建设，完成贵州省高校门户网站评比申报表的上报，协助院领导做好与中国移动黔东南分公司进行新校区《无线智慧校园项目建设合作框架协议》《黔东南民族职业技术学院无线智慧校园规划蓝本》有关内容的协商和项目实施。

2012—2013年，学院加强宣传力度和校园网的建设。2012年9月至2013年8月期间，学院不断完善校园网络建设，对校园网站的新闻版块进行充实。校园新闻栏目总共分为学院新闻、系部新闻和国内外新闻三个版块。其中，学院新闻增加297条，系部新闻新增109条，挂网的国内外热点新闻21条，通知公告栏新增通知公告25条。在校园网首页的建设上，设立10个系部子版块，每个子版块自成独立网络系统，方便人们浏览和查询。在校园网主页上开设专题网、学籍查询、图书资源、教务管理系统等12个方面的快捷链接，每个快捷链接对应相关信息，最大限度地给师生查询信息提供方便。在对宣传栏的充实和更新上，进行校务公开和党务公开。24小时在DLC显示屏上循环滚动播出“创卫”知识。制订完善学生宿舍、食堂等生活场所的各种制度。在校园网互动交流上，设立“书记信箱”和“院长信箱”、官方微博、网上咨询和校园征集栏目，拓宽学院宣传面，促进广大师生互动交流，更好地为社会和广大师生提供服务。

2014年，学院在网站、网络和信息化建设方面，汲取2013年校园门户网站评估建设的经验教训，强化校园门户网站评估建设工作措施，下发《关于对落实2014年度贵州省高校门户网站评估指标体系进行责任分解的通知》，组织召开3次校园门户网站评估建设专题会议，加强对校园门户网站评估建设工作的调度和督察。抓好校园网络的日常维护、维修，将所有服务器重新进行资源优化及分配，将数据库和程序进行分离，并对数据库和程序分别进行物理同步，结合人工每30天一次的手工备份。组织完成微信公众平台和腾讯微博官方微博的开发建设，并对主页进行代码优化。对服务器逻辑结构进行更加严谨的配置，配合堡垒服务器和域名代理服务器的使用，让准入准出机制更加严密。完成教育信息化数据的填报工作及全省状态数据采集平台、心理管理平台、教务管理平台、精品课程平台的搭建和运行保障工作。组织信息中心职工完成第二教学楼网络重新布线、图书馆部分重新布线和学生宿舍执勤岗计算机入网搭建工作。学院门户网站在省教育厅2014年度53所高校网站评估中获得第五名。4月1日，院党委组织召开2014年宣传思想工作会议，贯彻落实全省、全州宣传思想工作会议精神，通报2013年度学院门户网站参与全省高校门户网站评估情况、新闻信息稿件报送采用情况，表彰2013年学院门户网站建设评估、新闻信息宣传工作先进集体和先进个人。通过宣传思想工作会议，强化全院各级党组织和各系、各部门对新闻宣传思想工作重要性的认识，增强做好宣传思想工作的责任感和自觉性。坚持“团结稳定鼓劲、正面宣传为主”的方针，落实《黔东南民族职业技术学院新闻宣传工作考核奖惩办法（暂行）》，鼓励广大师生投稿；实行宣传部干部职工新闻值周制度，强化新闻稿件采写、报送的监督措施，保证每日的新闻数量，贴近教学科研、贴近师生工作、贴近系部一线的新闻稿件能及时发布到校园网。学院门户网站发布2014年新闻稿件558篇，比2013年增加193篇，增长52.88%。建立完善舆情信息分析研判和定期反馈机制，加强与黔东南日报社、黔东南州电视台等州内主流媒体及各种网络媒体的联系，掌握话语主动权，增强新闻宣传的针对性和时效性，提高新闻报道的吸引力和感染力。据不完全统计，2014年黔东南主流媒体播报有关学院新闻报道有30余篇。利用各种宣传阵地开展多形式宣传活动，明确各系、部宣传栏宣传的主要内容，下发《学院2014—2015学年宣传栏和黑板报宣传内容的通知》，各系部宣传栏每月更新一次；利用LED屏发布宣传标识126条；制作教育实践活动专题宣传3期，“中国梦”“明礼知耻、崇德向善”专题宣传各1期。

2015年，加强校园网站新闻宣传力度，严格审核把关，提高宣传质量和宣传时效性。学院门户网站发布新闻稿件517篇，其中，校外媒体报道学院的新闻有40余条（篇）。利用LED屏发布宣传标识126条；制作教育实践活动专题宣传3期，“中国梦”“明礼知耻、崇德向善”专题宣传各1期。围绕学院第一次党代会、学院章程、普通话验收、“一站式”学生事务服务中心验收等工作，网站、广播、电子屏、宣传栏（橱窗）等宣传阵地，广泛开展宣传。将学院门户网站建设任务分解到有关部门，为推进学院门户网站建设奠定基础。在2015年省教育厅高校门户网站第一次监测中，学院门户网站得分名列全省53所高校并列第一名。

第四节　校园文化建设

学院每年有一些固定的文体、品德教育和社会公益活动。

升旗仪式。新校区启用前，四个校区周一分别举行升旗仪式；新校区启用后，周一各教学系轮流举行升旗仪式，并发表国旗下的讲话。

田径运动会。2004年开始每年秋季学期举行。2009年起，新增户外素质拓展运动会项目。

“12·9”歌咏比赛。每年各系派一支代表队参赛，参赛歌曲为红色经典歌曲。

校园十佳歌手比赛。始于2013年，由团委牵头，音乐协会协助。比赛分海选赛，晋级赛两种，最后选出十佳歌手。至2015年已举行3届。

“庆国庆·迎新生”文艺晚会。每年新生入校后1个月左右举行，具体时间不固定。各系部也举行迎新晚会。

大学生心理健康周。始于2013年，每年5月25日启动，开展心理健康知识宣传。

社会服务活动。2011年，学院师生成立学雷锋志愿者协会，制定各项管理制度，由院团委加强对活动的组织协调和管理指导。协会定期到凯里市福利院、学院周边小学开展志愿服务活动，并参加州、市大型节庆活动的志愿服务社会活动。

社会实践活动。2010年始，由院团委牵头，每年寒、暑假下发社会实践计划，内容包含专业实践、专题调研、宣传教育、科技下乡等方面。

学生社团活动。至2015年，学院有学生社团31个，分为实践公益类、学术公益类、文化艺术类、体育运动类。学生社团根据各自社团宗旨开展各种活动，有志愿服务、文化体育活动、专业技能比赛、专题讲座、实践活动等。学院将学生社团活动经费列入思想政治教育经费预算，每年拨付每个学生社团活动经费1000元，为学生社团安排办公地点，添置必要的设备设施，安排稳定的活动场所。

建筑文化

至2015年，学院占地面积100.23万平方米、校舍建筑34.55万平方米的新校区建筑群，融入苗侗文化元素特质，铜鼓广场、叠水广场、文化广场的设计与布局，学生公寓、食堂、实训场所、道路以及图书馆、大礼堂、教学楼、行政楼、大学生活动中心等建筑群体，既按实用与技术的标准设计，又突出学院的职业特色，体现了学院的品位和内涵，使学院建筑内涵得以升华。三栋学生食堂分别命名为：思源楼、回味轩、禾香楼；学生宿舍按方位分别命名为礼园、诚园、信园、敬园；校园路道分别命名为行知路、鼓藏路、萨马路、三立路、熟友路、五环路、创新路等。

校训凝练

学院校训的凝练历经“厚德笃行，自强不息”到“格物精技，敬业乐群”的演进。“厚德笃行，自强不息”凝练于“十一五”期间。2010年10月，学院提出变更校训的构想，把“厚德笃行，自强不息”原校训作为学院精神，拟将“格物精技，敬业乐群”作为新校训。2011年春，“格物精技，敬业乐群”经学院教职代会讨论通过，形成了“格物精技，敬业乐群”新校训。

校训“格物精技”的“格物”最早出自《礼记·大学》：“欲诚其意者，先致其知，致知在格物。物格而后知至，知至而后意诚，意诚而后心正，心正而后身修，身修而后家齐，家齐而后国治，国治而后天下平”。“精技”，精的相关组词有精通、精湛、精巧、精致等，技的相关组词有技术、技艺、技能、技法等。校训语“精技”，顾名思义，说的是技术精通、技艺精湛、技能精巧、技法精致。“格物”一词，配之“精技”，其意在于，就一个学院人而言，要想成为一个为社会所用并有所作为的社会人，需从最基本的做起并要做好，应该具有推究事物原理的精神和行动，在现实生活中敢于也善于“纠正人的行为”，自觉培养认真踏实、恪尽职守、精益求精的工作态度；均应精于所专，以精技为立身之本；耐得住寂寞，不急不躁，不好高骛远，凡事都应问一个为什么，搞清楚事物的来龙去脉。这样，教师的教学水平才会不断提高，成为一个称职的人民教师；学生才不会虚度光阴，在有限的校园时间里，学到自己应该学到的本领，为自己今后立足社会并有所作为奠定基础。

校训另一句“敬业乐群”语出中国最早的教育学经典专著《礼记·学记》，原义是说做学生的，既要专心、用心于自己的学业，又要乐于与朋友、同道者相互切磋，学会与人相处。原文体现了“学业与做人并重”的中华传统教育思想的核心价值观。在现代社会，“业”可通指职业、事业；“群”可指群体、集体、团队。校训语“敬业乐群”作为一种规范、一种要求、一种自律，作为我院师生共同遵奉的思想行为准则，其基本意蕴应该是“敬业”，即对自己所学习的专业和所从事的职业具嗜好心，对所担当的事业具责任心，每一个职院人都要树立正确的职业观，爱好和敬重自己所学习的专业和从事的职业，自觉培养一种基于挚爱基础上的对学习、对工作、对事业全身心忘我投入的精神境界；“乐群”，即应具有优美和乐之情操及共同协作之精神，能与社会和谐相处，能与同事、同学和谐共事。

学院精神

“厚德笃行，自强不息”学院精神的前身是学院校训。2010年10月，学院提出变更校训的构想：把“厚德笃行，自强不息”原校训作为学院精神，拟将“格物精技，敬业乐群”作为新校训之后的2011年春，“格物精技，敬业乐群”经学院教职代会讨论通过，“格物精技，敬业乐群”新校训产生的同时，“厚德笃行，自强不息”便成了学院精神。

学院精神“厚德”出自《周易》：“地势坤，君子以厚德载物”。意指大地的气势厚实和顺，君子应增厚美德，容载万物。厚，推崇、重视；德，道德、品行、政治品质。

学院精神引用“厚德”二字，意在期望师生砥砺德行，以高尚的道德立身，以博大宽厚的胸怀承载国家之重任，凸显学院育人为本、德育为先的教育理念。

“笃行”源自《礼记·中庸》“博学之、审问之、明辨之、笃行之”。意指忠实履行，专心致志、锲而不舍、勤于实践。笃，忠实、专注、一心一意、持之以恒；行，做。

学院精神引用“笃行”二字，意在引导师生脚踏实地、崇尚实干，身体力行，学以致用，强调的是学院重视实践，知行合一的治学态度。

而“自强不息”则语出《周易·乾》：“天行健，君子以自强不息”。其意是天上的日月星辰是不分昼夜，永恒运动的，所以“天”是“刚健”的，人应效法天，积极进取，永不停息。自强，自己努力向上；息，停止。

学院精神引用“自强不息”，旨在期冀广大师生发奋图强，励精图治，卧薪尝胆，永不松懈，彰显全院上下共同追求、践行的精神境界。

学院校训、学院精神都是学院风格特色和精神面貌的集中体现，都是在学院长期的教学实践中逐步形成的。

学院校训、学院精神两者之间既有联系，又有区别，是一个有机的整体。它对于我们升华精神境界，明确努力方向和规范行为活动，激励全校师生更好地工作、学习、生活具有重要的现实意义。

校徽制作

校徽设计理念。动感，形象，寓意深刻。它源于生活和传统，立足现在，又放眼未来，喻示学院美好前景。

字体。中文名称为行书，英文名称为Aril 2号字。

色彩。标志标准色C：100 M：70 Y：00 K：00。采用单一蓝色，象征博大和永恒，表现出一种美丽、文静、理智、安详和洁净。

制作比例。最小不小于1厘米，最大不大于5米（直径）。

象征意义。校徽图案由内外两部分组成，外环内容为学院中英文对照规范名称；内核心部分为校徽基本图形，分别由齿轮、茂盛的枝叶、牛角、鼓楼以及借用医疗卫生标志的星形图案和年份组成。校徽主体为圆形，喻示博大、浩淼，契合对圆文化的尊崇和孜孜不倦的探求，体现学院兼容并蓄、多元文化共存、民主开放的治学精神。齿轮代表工业，非常贴切地对接“工业强省”的发展战略，蕴含改革发展的无穷动力，体现对和谐发展的渴望。繁茂的枝叶象征旺盛的生命力和积极向上的态度，体现对生命的尊重，对人与自然和谐的向往。借用医疗卫生标志的星形图案，象征万众一心，众志成城，谨记“仰望星空，脚踏实地”的期望，体现对美好未来的无限憧憬。整体上形象化地展现出学院是一所集医、农、工、经、管于一体的综合性高职院校。牛角是苗族文化的显著标志，它宛若一条不断攀高、通往未来的阶梯，宛如一条奔腾不息、流向大海的长河，喻示着学院师生勤劳奋进的品格、锲而不舍的精神和勇攀高峰的坚强意志。鼓楼是侗族文化的象征，它宛如高高矗立、风光无限的险峰，宛如指引航向的灯塔，喻示学院师生团结协作、锐意改革、勇于创新、立功创业的不懈追求。“2001”代表学院创建的年代。

办学思想

办学定位。根植民族地区、弘扬民族文化、培养民族工匠、服务民族产业。

办学理念。学校融入区域发展，专业融入产业发展，教师融入行业发展，学生融入岗位发展。

办学机制。校企合作、校政合作、校校合作“多元一体集团化”。

办学模式。产教融合，工学结合。

办学特色。职业性、民族性、综合性、应用型、开放型、创新型。

培养机制。产教融合、校企一体、师傅带徒。

文化活动

学生系列讲座 学院自2002年5月28日正式挂牌招生后的几年间，学院在着力培养高素质、技能型应用人才的同时，还着力培育和提升广大学生的人文素质。2006年10月，学院成为地区高职院校首个接受并通过人才培养工作水平评估的学校。评估中的一个环节，是随机抽取16名同学参加学生专题研讨会。会上，专家随意问道：大家知道易中天吗？你们看过《红高粱》影片吗？同学们几乎没有一个能回答上来。评估结束后专家留下的“学生综合人文素质和社会科学知识较差”信息，深深地刺痛在场的学院人。之后，经过思考、比较、筛选、定位，2007年12月，学院启动“倾情触摸学生心灵世界，着力提升学生人文素质”为目的的“走进学生系列讲座”活动。走进学生系列讲座坚持每月一期四场，有组织、有目的、有针对性地邀请主讲人，明确讲座主题，配有主持人，定时在不同校区同时开讲，通过主讲人精心准备，主讲人与学生之间心灵与心灵的碰撞、交流、融合，使“走进学生系列讲座”成为校园文化中不可或缺的一部分，成为学生生活中的精神食粮和重要的人文涵养源泉，从而实现有效提升学生人文素质的目的。2011年获贵州省第六届大学生校园文化活动月“高校优秀校园文化成果暨优秀社会实践成果评选”校园文化成果类三等奖。自2007年12月后，“走进学生系列讲座”共举办40期。讲座从2007年启动到2014年7年间，累计完成139场次。

中华经典诵读 2009年，学院组织编辑《中华经典荟萃》，开展“中华经典诵读”活动，借助中华五千年国学文化的力量，对高职学生的现状有所改观，助高职学生健康成长成才。学院志愿者利用周末、节假日时间，坚持每月两次到州社会福利院开展“敬老帮老”服务活动，为孤寡老人打扫卫生、体格检查、洗衣服、谈心、表演文艺节目等，给福利院老人们送去问候、欢乐和笑声，参加此项活动的师生每年达300余人次。一年又一年，一届又一届，交班接力从未间断。2012年此项活动获贵州省首届优秀校园文化活动成果三等奖。

2012年3月，学院组织参加凯里地区“三八”国际妇女节职工舞蹈大赛。4月，举办科技文化艺术节暨第三届“中华经典”诵读大赛。

2013年，举办科技文化艺术节暨第四届“中华经典”诵读大赛、“三校”心理情景剧巡演主校园十佳歌手比赛。从是年开始，每年举办“庆国庆·迎新生”文艺晚会。

道德讲堂宣讲 2015年，学院启动道德讲堂建设工作并组织实施，把走进学生系列讲座、中华经典诵读等活动融入道德讲堂。道德讲堂宣讲按重温学院校训、价值观和“六个一”的模式进行。

重温学院校训。格物精技，敬业乐群。

价值观。知识改变命运，技能成就梦想，品德决定人生。

唱一首歌。组织唱道德讲堂的主题歌曲《公明道德歌》。

看一部短片。围绕主题，组织师生观看一部道德建设先进人物事迹短片。

诵一段经典。组织师生诵读一段中华传统经典语录或诗词。

讲一个故事。讲述一个发生在师生身边的体现中华传统美德与时代精神的典型事例。

做一番点评。由师生评议身边好人故事，讲述心中感受，品悟道德力量，升华自身境界。

送一份吉祥或一句祝福。故事主人公和宣讲员向师生送出寓意吉祥的吉祥卡等纪念品或一句祝福语。

道德讲堂作为学校思想政治建设的又一主阵地，作为学校一项常态化的工作持续开展，每月开展一次“道德讲堂”活动，为学院师生创造“崇德向善，积小善为大德”的文化环境，推动“知行合一，奋发向上，文明和谐，诚信友爱”的道德实践持久化深入化。

校园户外素质拓展 2009年，学院启动校园户外素质拓展活动项目，该活动旨在帮助学生提高团队协作意识和集体荣誉感，让学生在游戏中体验挑战自我的乐趣，培养他们的自信心，从而达到认识自我、激发潜能、树立积极健康的生活信念，并将这些感悟内化于心，外化于行，潜移默化促进习惯养成，科学定位未来的工作学习、生活目标，不断突破自我，为未来的工作、学习和生活打下坚实基础；校园户外素质拓展运动会，至2015年，该项目已开展6年，每年参与人数1200余人次，这是学院知晓度和参与度最高的校园文化活动之一，已然成为学校传统校园文化活动重要项目。

大型庆典活动演出 2002年5月4日，学院团委举办盛大的“五四”青年节纪念活动。形式多样，内容丰富，如青春感言征集、主题黑板报宣传、主题班会、演讲辩论会、诗歌朗诵会、新团员入团暨十八岁成人宣誓、文艺晚会等。

2006年3月16日，动感地带杯“弘扬长征精神，建设美好贵州”征文演讲活动在全院范围内启动，经班、系选拔推荐，演讲决赛于6月10日结束。决赛18名选手由各系、班筛选后脱颖而出，最终高护05014班的戴瑶获一等奖，卫保0504班吴家美、药学高职001班裴家芳获二等奖，高护05019班冯世敏、高护05017班庄付莲和计算机网络05中职班邓林雪获三等奖。7月23日，学院2200名师生参加“锦绣黔东南”建州50周年大型歌舞庆典活动，编排的《车江琵琶》《苗乡侗寨请你来》《洪洲琵琶歌》《行歌坐月》伴舞以及优美的“芦笙”“风雨桥”“琵琶”“圆环”等队伍造型形象地展示自治州的民族特色。

2010年3月21日至23日，学院组织学生参与西江世博论坛服务活动。7月23至8月7日，组织学生参加黔东南州第七届运动会暨第一届少数民族运动会服务活动。9月25日，学院离退休干部老年艺术团参加州老年活动中心举办的2010年黔东南州直单位老年人“迎国庆、重阳节文体活动”，获红歌演唱优秀奖。12月9日，学院举行“一二·九”运动纪念日活动。内容有各班团支部主题团日活动、大合唱比赛，并在宣传栏开展宣传。通过开展主题纪念日活动，引导学生铭记历史、继承传统、弘扬斗志，激发学生爱国热情和进取精神，丰富学生的校园文化生活，展示学生良好的精神面貌和青春风采，培养学生爱党、爱国、明礼、崇德、守法的高尚情操。自是年起，学院每年都举办“一二·九”运动纪念日念活动，至2015年已举办6届。

2012年10月26日，学校新校区启用仪式暨办学十周年纪念活动在新校区举行。主题为“追昔抚今，畅想未来，跨越发展”，由开场歌舞、第一章《启航篇》、第二章《创业篇》、第三章《展望篇》及尾声五部分组成的。大型歌舞演出是其中的一个重要组成部分，演员全部是学校师生，突出表现学校10年来走过的沧桑之路、取得的成绩以及对美好明天的祝福。

2013年7月23日至26日，学院组团参加第六届中国·凯里原生态民族文化旅游节暨2013中国（贵州）国际民间工艺品博览会服务活动。

2015年1月6日，学院工会和团委主办，工会职工书画协会和团委清风书画协会共同承办的“迎新春”师生艺术展览活动，在学院图书馆举行，展出师生作品100余幅。5月16日，全省职业院校“献礼中国教育梦　唱响职教好声音”合唱比赛在贵州职业学院举行，由旅游与商务管理系60名学生组成学院合唱队参加，获高职组优秀奖。是年，旅游系学生韩奥兰获“黔东南州十佳导游”第一名。

活动月活动　校园文化活动月活动、技能竞赛活动月活动和职业能力竞赛活动贯穿学期始终。

校园文化活动月活动。自2006年省教育厅（省教育工委）、省文明办、团省委举办第一届全省大学生校园文化活动月开始，截至2015年，学院已参加10届。2011年学院将省校园文化活动月活动和本校活动结合开展，在每年的4月至6月举办科技文化艺术节暨“多彩校园·闪亮青春”大学生校园文化活动月活动、技能竞赛活动月活动。内容涵盖技能竞赛活动月活动、职业能力竞赛活动以及感动校园十大人物评选活动、大学生宪法知识竞赛和学法征文活动、“弘扬中华优秀传统文化、践行社会主义核心价值观”视觉艺术大赛、校园十大歌手大赛、大学生器乐合奏比赛、校园足球比赛、户外素质拓展活动比赛、职业生涯规划设计大赛暨求职简历大赛、创业大赛、“5·25”心理健康节系列活动、校园篮球比赛等。2011年4月，学院举办科技文化艺术节暨“多彩校园·闪亮青春”大学生校园文化活动月活动，并将省校园文化活动月和学院活动月结合开展。5月，学院举办大学生校园心理情景剧本大赛。从是年起，每年上半年均开展学院校园心理情景剧本大赛，每系派一支代表队参加，获得一等奖的将代表学院参加贵州省大学生校园心理情景剧本大赛比赛。凯里学院、黔东南民族职业技术学院、贵州电子信息技术学院联合举行心理情景剧三校巡演。6月24日和26日，学院分别参加州直机关和全州教育系统“庆祝中国共产党成立90周年红歌演唱大赛”，并在全州教育系统红歌大赛中获二等奖。是年，学院举办科技文化艺术节“诵红色经典”主题活动暨第二届“诵读经典”大赛。举办中华传统道德讲堂讲座。至2012年3月14日，分别以《辨析人性善与恶，把住人生成或败》《知荣辱，鉴善恶美丑，弘扬中华美德》《感恩——人类善良天性的表现》《感悟亲情　学会感恩》《拥有一颗感恩的心》《修身立德　学会做人》《修身养性　学会做人》《传统道德与雷锋精神思辨》《雷锋精神具有永恒的魅力》《授人玫瑰手有余香》《传承雷锋精神、争做时代先锋》为题，举办中华传统道德讲堂讲座11次。2014年3月19日，第九届“多彩校园·闪亮青春”全省大学生校园文化活动月暨黔东南民族职业技术学院2014年“和”科技文化艺术节在足球场开幕，学院党政领导和全院师生参加。

技能竞赛活动月活动。从2007年开始至2015年已举办9届。竞赛项目由最初10个发展到近百个；从2010年开始参加省级以上的各项职业技能比赛，截至2015年12月，获国家级奖项23个（三等奖13个，优秀奖8个，学校获优胜团体奖2个）和省级奖项155个（特等奖1个，一等奖23个，二等奖44个，三等奖84个，优秀奖3个）。

职业能力竞赛活动。2008年4月28日，学院举行首届职业生涯规划大赛。此后先后举办职业生涯规划大赛、求职简历大赛、创业设计大赛、模拟面试大赛、模拟商战大赛等职业能力竞赛活动。

体育运动　学院的体育运动主要有校园田径运动会以及学院参加校外体育活动。

校园田径运动会。校园田径运动会除2002年刚建院未举办，2003年因“非典”未举办，2012年新校区运动场未落成未举办外，从2002年建立职院至2015年，已举办十届校园田径运动会，包括广播体操比赛。2015年起，增加环校园接力（4女、6男）混合集体项目。在校园运动会蓬勃开展的基础上，从2006年起，学校开始组队参加全省高校大学生运动竞技比赛并取得不俗的成绩。

校外体育活动。2012年9月，学院组织参加凯里经济开发区“迎国庆　庆中秋”职工篮球赛，分别获得男子组、女子组第一名。10月26日，学院举行以主题为“追昔抚今、畅想未来、跨越发展”的新校区启用仪式暨办学十周年纪念活动。11月，参加贵州环雷公山超100千米跑国际挑战赛、贵州凯里原生态民族文化旅游节暨2012中国凯里银饰刺绣博览会服务活动；组织100名职工参加“全民健身跑 喜迎十八大”等活动。2013年8月17日至24日，组团参加全州第八届运动会暨第二届少数民族运动会，参与篮球、羽毛球、乒乓球、围棋、象棋、押加、高脚竞速、板鞋竞速8个项目的比赛。

文化成果

校园文化品牌打造 学院打造并形成科技文化艺术节暨多彩校园·闪亮青春校园文化活动月活动、技能竞赛活动月活动、“移动4G”杯运动会、“走进学生系列讲座”“中华经典诵读”“思想政治理论课实践活动”、户外素质拓展运动会、“道德讲堂”等校园文化品牌。

系列理论成果形成 组织编辑《高校德育创新与发展成果选编（黔东南民族职业技术学院卷）》并获得教育部高等学校社会科学发展研究中心“2012年高校德育创新发展研究成果”三等奖；出版专著《心灵的契合——新形势下民族地区高职院校学生工作研究》；撰写一系列民族文化保护传承、开展利用的理论文章：《苗族芦笙文化内涵与制作技艺传承路径探析》《反排木鼓舞的文化传承与发展路向》《黔东南苗族刺绣工艺技术的传承与开发》等；形成一批校园文化建设的理论研究成果：《融合民族文化创特色、磨砺职业技能是根本——黔东南民族职业技术学院校园文化内涵建设巡礼》《对黔东南民族职业技术学院校训与学院精神的解读》《贵州当代大学生核心价值观背景下的高职学生行为取向与修养》《论校园体系中的以人为本》《黔东南民族职业技术学院校训校徽校歌的设计创作与内涵》《黔东南民族职业技术学院新校区建设教育功能释义》《构建高职院校校园文化的路径选择》《对新时期党员干部读书学习的思考》等。

多项奖项获得 《我健康，我快乐》获得2010年贵州省大学生校园文化活动月优秀大学生心理健康教育主题活动三等奖；《倾情触摸学生心灵世界，着力提升学生人文素质——走进学生系列讲座》获2011年第六届大学生校园文化活动月“高校优秀校园文化成果暨优秀社会实践成果评选”校园文化成果三等奖；《诵读经典·滋养人生——用中华经典国学文化浸润学生心灵》获2012年贵州省首届优秀校园文化建设成果三等奖；《“实践出真知·实现中国梦”——思想政治理论课实践活动》获2013年优秀大学生社会实践活动成果三等奖；《扬苗侗文化个性 构多彩和谐校园》获2013年贵州省第二届优秀校园文化建设成果二等奖；2014年，学院被授予贵州省特色文化学校建设单位；《民族技术文化展馆》2015年获贵州省优秀校园文化育人基地；学院2013、2014连续两年获“多彩校园·闪亮青春——全省大学生校园文化活动月活动先进集体”。

第十章　后勤保障

第一节　校园建设

校址变迁

2001年8月，学院由四校合并建立后，院部临时办公室安排在黔东南州卫生学校行政楼，其他系分四个校区办公。黔东南州卫生学校为第一校区，地址位于凯里市红州路51号，占地面积6.53万平方米；黔东南州民族林业学校为第二校区，地址位于凯里市建森路8号，占地面积10.53万平方米；黔东南民族农业学校为第三校区，地址位于凯里市北京东路35号，占地面积4.67万平方米；黔东南州财贸学校为第四校区，地址位于凯里市环城北路143号，占地5万平方米；鸭塘黔东南民族农业学校实验基地占地面积33.33万平方米，学院校区总占地面积60.07万平方米。

2002年，学院成立相关部门临时办公室，设在黔东南州卫生学校行政楼，各学校机构不变，按合并前开展工作，基础设施建设工作未启动。2003年，学院人财物合并。2004年，学院在黔东南州民族林业学校校区组建高中部。

2005年，学院重新分校区，黔东南州卫生学校为学院总部、医卫系南校区，黔东南州民族林业学校为高中部和科技系，黔东南民族农业学校为医卫系北校区、生物与环境工程系，黔东南州财贸学校为财经系。

2009年6月，学院资产全部移交黔东南州公产管理办公室。

2012年8月，学院由老校区搬迁至新校区，地址为凯里经济开发区凯开大道1009号，规划占地面积100.23万平方米，总建筑面积34.55万平方米。老校区土地及建筑物全部由黔东南州凯宏公司管理。

2013年至2015年，学院所有部门在新校区办公。老校区教师宿舍组建管委会管理，安全由学院保卫处负责，卫生由学院总务处负责。

2009年移交的老校区学校基础设施统计表

表中10-1-1

资产编号	资产名称	数量（个）	价值（元）	土地面积（平方米）	建筑面积（平方米）	取得日期
000147087	土地	1	6479999.73	64234.1	—	2001.10.18
000148150	食堂	1	22000	—	266	1956.03.21
000148146	图书馆	1	53000	—	1323.5	1956.03.26
000148148	礼堂	1	40000	—	895.9	1956.03.28
000148138	附院住院部	1	40000	—	872	1956.10.03
000148136	附院门诊	1	40000	—	872	1956.10.24
000148194	猪场	1	610000	—	9600	1972.03.19
000148180	办公楼	1	80000	—	160	1972.03.28

续表中10-1-1

资产编号	资产名称	数量（个）	价值（元）	土地面积（平方米）	建筑面积（平方米）	取得日期
000148182	陈列室	1	100000	—	164	1972.04.16
000148186	牛舍	1	80000	—	300	1972.05.18
000148184	加工房	1	50000	—	120	1972.05.23
000148188	培训中心房	1	79000	—	1034.4	1972.06.07
000148190	水站	1	660000	—	1434	1972.06.11
000148197	猪舍	1	300000	—	1296	1972.07.23
000148134	学生宿舍	1	220463.48	—	1367.4	1978.10.05
000148107	礼堂	1	420000	—	452.76	1978.10.29
000148162	平房	1	52000	—	431.4	1981.02.11
000148152	锅炉房	1	25000	—	205.9	1981.10.15
000148140	教学楼	1	263000	—	2190.2	1982.03.26
000148158	厕所	1	8000	—	80	1982.10.02
000148144	综合楼	1	250000	—	1873.5	1983.03.16
000148087	办公楼	1	62000	—	336	1983.05.24
000148091	教学楼	1	420000	—	1570	1983.07.25
000148160	平房	1	40000	—	326.3	1984.12.08
000148115	招待所	1	820000	—	860	1985.10.02
000147233	教学楼	1	874907.91	—	3413	1986.03.26
000148103	锅炉房/浴室	1	157500	—	547	1986.07.28
000147264	学生宿舍	1	128782.14	—	968	1987.06.23
000147131	学生宿舍	1	220727.9	—	1494	1987.09.23
000148142	实验楼	1	410000	—	2373	1987.10.12
000147109	办公楼	1	168158.39	—	598	1988.03.24
000147176	厕所	1	39029.41	—	162	1988.03.27
000147317	教学楼	1	717139.3	—	2577	1988.06.21
000147167	礼堂/食堂	1	496221.3	—	1337	1988.06.24
000147289	配电房	1	8276.45	—	137	1988.06.24
000147214	配电房	1	14012.23	—	28	1988.06.27
000147140	学生宿舍	1	305997.28	—	1438	1988.07.21
000147205	水泵房	1	39380.12	—	36	1988.08.23
000147335	宿舍	1	30571.89	—	73	1988.09.23
000147476	柴棚	1	185000.56	—	744	1988.10.20
000147381	实验楼	1	1523127.50	—	5107	1989.01.20

续表中10-1-1

资产编号	资产名称	数量（个）	价值（元）	土地面积（平方米）	建筑面积（平方米）	取得日期
000147427	食堂	1	178071.40	—	1765	1990.01.24
000147120	实验楼	1	394841.19	—	1504	1990.03.25
000147224	猪圈	1	6000	—	75	1990.04.23
000147448	锅炉房	1	80000	—	164	1990.06.24
000147241	厕所	1	5574.21	—	30	1990.08.21
000147185	柴房	1	38176.18	—	190	1990.11.20
000147195	锅炉房	1	145906.73	—	435	1990.12.16
000147434	值班室	1	82443.26	—	110	1991.03.21
000148214	高位水池	1	65634.63	—	5000	1991.09.18
000148211	高位水池	1	38928.34	—	5000	1991.10.12
000148220	路面硬化	1	1612800	—	8064	1991.11.07
000148217	高位水池	1	125000	—	5000	1991.12.06
000147394	学生宿舍	1	485500	—	1993	1992.03.16
000148049	高知楼	1	438240	—	1854	1992.03.24
000148061	厕所B	1	15000	—	50	1992.09.18
000148095	教学楼	1	1295000	—	2200	1992.12.26
000148053	学生宿舍	1	303662.24	—	1127	1993.09.13
000147366	教学楼	1	1495856.36	—	2484	1994.06.01
000148045	简易礼堂	1	100000	—	620	1994.12.12
000148229	地坪	1	16533.88	—	331	1995.03.21
000147401	学生宿舍	1	704000	—	1993	1995.04.20
000148057	厕所A	1	35000	—	100	1995.08.17
000148111	配电房	1	21546	—	47.25	1995.10.01
000148246	围墙	1	200000	—	1333.3	1997.03.05
000148243	围墙	1	359858	—	2399	1997.06.24
000148260	运动场	1	2217756	—	4000	1997.07.23
000148126	门面	1	250000	—	310	1997.10.07
000148128	门面	1	46000	—	136.2	1997.10.23
000147272	锅炉房/澡堂/车库	1	37171.91	—	338	1998.03.18
000148071	学生食堂	1	738776.16	—	1245	1998.03.20
000148249	鱼塘	1	140000	—	700	1998.03.20
000148252	运动场	1	250000	—	1800	1998.03.21

续表中10-1-1

资产编号	资产名称	数量（个）	价值（元）	土地面积（平方米）	建筑面积（平方米）	取得日期
000147374	办公楼	1	1759245.81	—	2350	1998.03.24
000147310	食堂	1	27204.12	—	300	1998.03.25
000147388	保卫室	1	143114.31	—	100	1998.03.26
000148223	地坪	1	175993	—	3708	1998.04.10
000148255	运动场	1	275000	—	2800	1998.05.20
000147326	厕所	1	29070.37	—	140	1998.06.21
000148257	运动场	1	1027000	—	3000	1998.06.21
000147455	水泵房	1	1900	—	45	1998.06.25
000148132	学生宿舍	1	542154.94	—	1277	1998.10.23
000148124	培养室	1	30000	—	60	1998.12.06
000148130	值班室	1	4132.85	—	7.9	1998.12.09
000147358	实验楼	1	280000	—	600	1999.01.23
000147351	教学楼	1	350000	—	600	1999.01.23
000148178	值班室	1	3000	—	15	1999.04.17
000147442	浴室	1	355000	—	426	1999.05.21
000148121	大棚间	1	2100	—	200	1999.06.04
000148226	地坪	1	9600	—	132	1999.06.20
000148240	围墙	1	2970.44	—	19.8	1999.06.20
000147304	值班室	1	1000	—	30	1999.09.24
000148156	厕所	1	20000	—	50	2000.10.13
000148118	连栋大棚	1	87850	—	800	2001.05.03
000148231	地坪	1	96000	—	4800	2001.05.23
000148099	公寓楼	1	2500043.51	—	4635	2001.07.27
000148154	活动室	1	44944	—	151	2002.02.04
000148065	垃圾站	1	38000	—	50	2002.08.19
000148068	卫生工具房	1	5400	—	45	2002.08.20
000148234	地坪	1	84000	—	2800	2002.08.21
000148237	地坪/排污沟/围墙	1	24636.28	—	370	2002.09.21
000147088	值班室	1	13558.06	—	30	2005.11.10
000147420	公寓楼	1	2510954.7	—	3787	2006.04.23
000147407	学生宿舍楼扩建	1	623549.7	—	480	2006.12.20
000147414	学生宿舍楼扩建	1	623549.7	—	480	2006.12.20

基本建设

2001年5月，在黔东南民族农业学校职工宿舍楼后建成连栋大棚1个，面积800平方米，投资8.8万元；在黔东南州民族林业学校宿舍区打地坪，面积4800平方米，投资9.6万元。6月，黔东南州卫生学校区职工宿舍集资楼建成，建筑面积1643平方米，总投资53.65万元。7月，黔东南州财贸学校区公寓楼建成，建筑面积4635平方米，总投资250万元。

2002年2月，建成黔东南州民族林业学校活动室，总投资4.49万元。8月，建成垃圾站、卫生工具房等，投资13万元。

2005年4月，在黔东南州卫生学校区域建成学生公寓1栋，建筑面积3787平方米，总投资151万元。

2006年9月，黔东南州卫生学校第1、2栋学生宿舍扩建卫生间、洗漱间工程竣工，扩建总面积960平方米，投资124.7万元。

2006年后，开始筹备新校区建设，2012年建成一期工程，实现整体搬迁。

新校区建设规划 新校区建设规划用地面积100.23万平方米，实训楼16.71万平方米，图书馆和计算机中心2.46万平方米，学生宿舍10.16万平方米以及食堂、绿化、水电、给排水工程等，总建筑面积34.55万平方米。项目概算总投资6.9亿元。一期完成征地498.23万平方米，完成总建筑面积27.88万平方米，完成总投资5.98亿元，其中土建类投资5.28亿元，完成服务类投资6999.01万元。筹备及建设时间为2006年8月至2012年8月。

新校区建设筹备工作 2006年8月29日，学院成立新校区规划建设工作领导小组，院长任组长，李炳昌、陈道明、王贵生任副组长，成员有罗贤光、石平昌、杨绍钦、杨启璜、吴育辉、张永斌、李立新。下设办公室，罗贤光任主任。

2007年5月9日，州人民政府第十二届第四次州长办公会同意学院规划建设新校区搬迁选址方案；27日，州人民政府成立学院新校区规划建设领导小组。李飞跃（州人民政府州长）任领导小组组长，副组长为李再勇（州人民政府副州长）、姜学东（州人民政府副州长）、刘晓春（州人民政府副州长），成员有张启英（州人民政府副秘书长）、张孝云（州发改委主任）、李正相（州财政局局长）、龙义铨（州国土资源局局长）、刘耀伦（州建设局局长）、学院院长、袁继穆（凯里经济开发区管委会主任）、潘年富（州教育局副局长）。领导小组下设办公室（在学院），学院院长兼任主任。6月，学院取得新校区建设用地规划许可证，规划用地面积100.23平方米。11月9日，成立老校区土地权属工作组，石平昌任组长，石红卫任副组长，成员有邰化彩、吴传福、李立新、赵禄权、潘江凯、杨爱兰、周娟。12月9日，根据《黔东南州人民政府关于凯里学院和黔东南民族职业技术学院相邻用地分界划定有关问题的批复》，同意与凯里学院相邻用地分界线坐标按照两校位置图从北至南由学院路中轴线调整为：（X=2936044.089，Y=489219.018）（X=2934604.065，Y=489445.568），调整后学院用地规划为100.23万平方米，其中，一类用地约31.19万平方米，二类用地约7.02万平方米，三类用地约62.62万平方米。

2008年4月3日，州人民政府第20次州长办公会议纪要，明确学院建设资金由州人民政府融资统筹一次性解决，州财政局搭建融资平台，州凯宏公司具体负责融资到位；同时，明确学院的国有资产全部纳入融资平台用于还贷。4月，为加快新校区建设，经凯里经济开发区管委会和学院研究决定，成立学院征地工作小组，组长杨光成（开发区国土分局局长），副组长张永斌（学院新校区建设办副主任）、段文红（开发区社会发展局副局长），成员有杨广沛、龙青松、胡美、王瑞、黄靖、何祖金、张堂生、蒲学林、文首杰、潘正先。领导小组下设办公室在国土分局，杨广沛兼任办公室主任。8月18日，州人民政府将学院老校区所有存量资产划入州凯宏公司。11月25日，省发改委批复学院新校区发展规划指标："新校区规划占地面积100.23平方米，总建筑面积34.55万平方米，主要建设内容包括教学行政用房、实验用房、图书馆、会堂、学生宿舍、学生食堂、教师公寓、教师食堂、风雨操场等。新校区建成后容纳1万名高职在校学生和2000名中职在校生。总投资估算6.32亿元，资金来源为黔东南州政府投入4亿元（含资产置换3.3亿元），学院向银行贷款2.1亿元，学院自筹2200万元。新校园建设一次规划，分期实施，规划建设年限为2008年至2012年。"12月22日，对新校区建设领导小组成员和内设机构进行调整。新校区建设领导小组由院长任组长，潘盛荣、王贵生任副组长，成员有罗贤光、杨爱群、石平昌、吴育辉、张永斌、潘江凯；校区建设领导小组下设办公室、指挥部、纪检监察组。办公室与工程指挥部一个机构，两块牌子，潘盛荣任办公室主任、指挥长；罗贤光任办公室副主任、副指挥长；吴育辉、张永斌为指挥部成员。王贵生任纪检监察组组长；杨爱群、雷建邦为纪检监察组成员。新校区建设办公室及指挥部下设综合处、融资处、工程处。罗贤光任综合处处长，黄靖、何祖金、周娟、欧朝萍为成员；张永斌任融资处处长；吴育辉任工程处处长，钱正安、张堂生、蒲学林、文首杰为成员。是月，学院征地工作小组完成一期征地49.83万平方米，支付土地补偿金、村发展金、征地管理费1869.99万元。

2009年2月16日，新校区修建性详细规划通过州城规委审查。3月12日，新校区建设可行性研究报告获州发改委批复。4月15日，新校区建设正式开工建设。5月12日，成立新校区建设融资与采购工作领导小组，王贵生任组长，张永斌任副组长，刘艳、黄靖为成员。负责新校区资金筹措、新校区建设中2万元以上的各种物资采购工作。同日，成立"两证"移交和权属变更领导小组，院长任组长，李炳昌任副组长，潘江凯、朱恒亮、雷安阳、龙胜远、赵长青、罗朝勇、伍美青、单桢梅、周娟为成员。6月25日，在清理完所有老校区房产和地产后，学院与州公产办办理《州级事业单位房地产"两证"资料移交清单》，并附有《州级事业单位土地使用权移交表》和《州级事业单位房产移交表》。至此，老校区原黔东南民族农业学校、黔东南州卫生学校、黔东南州财贸学校、黔东南州民族林业学校的四宗土地证和鸭塘实训基地的四宗土地证，以及老校区所有房产证（黔东南民族农业学校缺房产证），全部移交州公产办。9月2日，新校区建设项目初步设计获州发改委批复，正式立项并列入省级重点工程。批复的建设内容及规模是：实训楼16.71万平方米、图书馆和计算机中心2.46万平方米、学生宿舍10.16万平方米及食堂、绿化、水电、排水工程等，总建筑面积34.55万平方米。批复的项目概算总投资6.9亿元，其中申请银行贷款4.5亿元，自筹2.4亿元。

2010年8月20日，姜达峻调任学院副院长，兼任新校区建设领导小组办公室主任、指挥长。

此后至2012年8月，因工作需要抽调或外聘参与新校区建设的有邓林、刘志武、周德才、吴静、王树礼、欧阳平、周国成（外聘）、陈显雄（外聘）。

2012年12月25日和2013年6月7日，学院与州凯宏公司分别办理老校区八宗土地、租赁用房和黔东南州卫生学校8层综合楼的移交手续，至此老校区资产全部移交州凯宏公司。

新校区建设（一期）基础配套工程 新校区建设基础配套工程，任务繁重，时间跨度大，其实施时间基本覆盖新校区建设的土建施工全过程，实际完成投资约1.26亿元。

场平工程。2009年6月动工，开挖土石方量157万立方米，完成投资3981.06万元，2010年3月29日竣工。该工程由贵州建工集团总公司、贵州建工集团第六建筑工程公司、贵州建工集团第七建筑工程公司承建。

道路及综合管网工程。2010年7月12日动工，总长度4010米，完成投资1237.43万元，2012年8月竣工。该工程由黔东南州建筑工程总公司和贵州大地建筑工程公司承建。

配电工程。2011年11月开工，含开闭所1台、环网柜3台、变压器11套、高压供电线路约2000米，完成投资1092.2万元，2012年8月建成交付使用。该工程由贵州长禹建设工程有限公司承建。

供水管网工程。2010年8月29日进场施工，总投资约550万元，2011年7月建成交付使用。该工程由凯里市自来水公司承建。

广场景观工程。2012年2月28日动工，占地面积约3.1万平方米，完成投资1512.7万元，9月竣工。该工程由贵州省建工楼宇工程公司承建。

边坡支护工程。2011年8月15日动工，处理面积约2.54万平方米，完成投资913.66万元，2012年8月竣工。该工程由贵州省建工楼宇工程公司承建。

室外运动场工程。2012年6月动工，建400米田径场1个、田径场主席台（看台）1个、游泳池（及附属用房）1个、篮球场16个、排球场14个、网球场2个，总占地面积约3.3万平方米，完成投资1432.13万元，9月竣工。参建单位有黔东南州建筑工程总公司、黔东南州兴源建筑工程公司、贵州康大体育设施公司和贵州竟亿建筑工程公司。

校区庭院绿化。2013年5月开始施工，总占地面约3万平方米，完成投资970.71万元，12月建成。该工程由贵州凯山园林工程公司承建。

新校区建设（一期）房屋建设工程　2010年11月，新校区房屋建设工程开工，2012年8月基本建成，完成总投资5.98亿元，其中土建类投资5.28亿元，完成服务类投资6999.01万元。建成5栋教学实训楼、旅游系实训楼、阶梯教室、图书馆、礼堂、室内体育馆、大学生活动中心、行政楼，17栋宿舍楼、三栋食堂、高低位水池及泵房。主要参建单位有黔东南州建筑工程总公司、贵州大地建筑工程公司、黔东南州兴源建筑工程公司、贵州凯禾建筑工程公司、贵州建工集团第三建筑工程公司。

新校区教学行政用房建设完成情况统计表

表中10-1-2

项目名称	初步设计（一期）	初步设计（一期）
	建筑面积（万平方米）	价值（万元）
行政楼	1.34	1428.48
阶梯教室	1.01	1182.84
旅游系实训楼	1	2501.85
第三教学实训楼（A1）	2.89	4765.92
第一教学实训楼（B1）	1.79	2657.8
第三教学实训楼（A2）	2.18	2889.24
第二教学实训楼（B2）	1.83	2972.29
第四教学实训楼（A3）	2.18	2867.05
综合实训楼（A4）	0.55	—
合　计	14.77	21265.47

新校区学生宿舍建设完成情况统计表

表中10-1-3

项目名称	初步设计（一期）	初步设计（一期）
	建筑面积（平方米）	价值（万元）
12号学生宿舍	6625	751.94
13号学生宿舍	3992	453.09

续表中10-1-3

项目名称	初步设计（一期）建筑面积（平方米）	初步设计（一期）价值（万元）
14号学生宿舍	4702	533.68
15号学生宿舍	4702	533.68
16号学生宿舍	4702	533.68
19号学生宿舍	4702	533.68
20号学生宿舍	4702	533.68
21号学生宿舍	4702	533.68
22号学会宿舍	4702	533.68
23号学生宿舍	4702	533.68
24号学生宿舍	6625	751.94
25号学生宿舍	6625	751.94
26号学生宿舍	4702	533.68
27号学生宿舍	3392	384.99
29号学生宿舍	4702	533.68
30号学生宿舍	4702	533.68
31号学生宿舍	4702	533.68
32号学生宿舍	4702	533.68
合　计	88385	10031.74

新校区基础设施建设完成情况统计表

表中10-1-4

项目名称	初步设计（一期）建筑面积（平方米）	初步设计（一期）价值（万元）
图书馆	24586	4322.03
礼堂	4997	1192.05
风雨操场	11631	1836.41
食堂一	3360	—
食堂二	2180	—
食堂三	4872	796.66
大学生活动中心	5302	633.80
游泳池及管理用房	614	210.17
合　计	57542	8991.12

第二节　设施建设

学院通过多年的积累和建设，教学设施日臻完备，基本能满足教学需要。

2001年至2016年学院教学实验室统计表

表中10-2-1

年度	实验室（个）	仪器设备（台件）	仪器设备值（万元）
2001.9—2002.8	15	475	279.63
2002.9—2003.8	20	748	479.92
2003.9—2004.8	23	1023	616.94
2004.9—2005.8	27	1463	892.11
2005.9—2006.8	38	2148	1566.58
2006.9—2007.8	45	2395	1704.77
2007.9—2008.8	49	2519	1798.25
2008.9—2009.8	52	2762	1889.01
2009.9—2010.8	55	3363	2242.32
2010.9—2011.8	58	4230	4300.02
2011.9—2012.8	58	4936	4728.75
2012.9—2013.8	84	6198	5602.98
2013.9—2014.8	70	7376	6444.31
2014.9—2015.8	94	8454	7097.08
2015.9—2016.8	98	9513	6867.70

2001年至2015年学院现代化教学设施统计表

表中10-2-2

年度	多媒体（台件）	价值（万元）	计算机（台件）	价值（万元）
2001	5	9.30	7	5.96
2002	5	9.30	20	23.95
2003	5	9.30	56	78.09
2004	9	16.64	137	129.22
2005	10	17.98	201	155.21
2006	16	26.4	225	179.93
2007	21	32.46	253	192.13
2008	23	43.47	335	221.58
2009	24	44.26	365	232.44
2010	47	71.55	540	301.02
2011	56	79.23	642	341.71
2012	60	86.84	928	425.21

续表中10-2-2

年度	多媒体（台件）	价值（万元）	计算机（台件）	价值（万元）
2013	74	100.26	1189	510.74
2014	85	115.33	1282	582.03
2015	252	201.46	1390	619.61

2001年至2015年学院体育设施统计表

表中10-2-3

年度	体育设施（台、件）	体育设施金额（万元）
2001	19	381.08
2002	26	382.16
2003	26	382.16
2004	26	382.16
2005	28	383.21
2006	31	384.14
2007	31	384.14
2008	31	384.14
2009	31	384.14
2010	31	384.14
2011	31	384.82
2012	32	384.82
2013	32	384.82
2014	33	391.60
2015	34	392.00

第三节　环境管理

管理制度

2008年后，学院先后成立健康教育工作领导小组、爱国卫生工作领导小组和创建国家卫生城市工作领导小组，领导全院全力以赴抓好健康教育、爱国卫生及创建国家卫生城市等工作。各领导小组下设办公室，明确专人负责日常工作。

2008年9月，制订《黔东南民族职业技术学院校园卫生检查评比制度》。12月5日，制订《黔东南民族职业技术学院公共场所危害健康事故应急处理预案及报告制度》。

2009年5月9日，制订《黔东南民族职业技术学院卫生工作管理办法》。5月25日，制订《黔东南民族职业技术学院爱国卫生专项整治行动工作方案》和《黔东南民族职业技术学院除四害工作计划》。6月，制订《黔东南民族职业技术学院创卫工作实施方案》。8月25日，制订《黔东南民族职业技术学院控烟工作管理制度》。

2010年3月29日，制订《卫生教室、卫生寝室评比活动实施方案》。

2012年9月13日，制订《黔东南民族职业技术学院创卫工作规划》。

2013年8月，修订《黔东南民族职业技术学院卫生工作管理办法》。

2014年3月，新订《黔东南民族职业技术学院校园卫生工作管理制度》。

2014年9月，制订《黔东南民族职业技术学院校园清洁人员工作量化考核制度》。10月，制订《黔东南民族职业技术学院教学系清洁区卫生检查评比办法》。

2015年3月，制订《环境卫生管理科科长工作职责》和《环境卫生科理科卫生监督员工作职责》。

管理工作

每年通过凯里市卫生部门对学院开展爱卫工作的各项内容检查；每年通过凯里市卫生部门和州直教育部门对学院开展创卫工作的各项内容检查；每年春季在校园内有序开展灭鼠、灭蚊、灭蝇、灭蟑螂除“四害”工作；每学年开学初对各教学实训楼、行政楼、综合楼天井进行垃圾清理和排水管道的疏通工作；每学期每月由总务处组织学院工会、宣传部、公教部、学生处、公保卫、团委以及各系分管学生工作的副主任共同对各系的卫生区进行现场检查和评分工作；2014年，组织40名外来人员对全校学生公寓楼寝室、过道、阳台等进行彻底清污、除垢；定期督促校园绿化维护单位对校园绿化修剪树枝、清除杂草、及时浇水、喷洒农药等；顺利通过凯里市卫生部门和州直教育部门对学院开展“文明在行动，满意在贵州”活动暨“多彩贵州文明行动”交叉检查；2015年，组织制作校园二类城市语言文字工作评估所需的有关办公场所、教学楼宣传栏、校园休闲场所等的语言文字宣传标识工作；完成凯里市绿化委和州绿化委下达给学院绿化植树挖坑460个的工作。

第四节　总务管理

2002年7月，学院成立临时性总务后勤办公室，其主要工作是对4个学校的资金、资产进行清查。2003年，继续完成4校区资产的全面清查，所有资产登记入卡上账。修缮黔东南州民族林业学校办公区、教学区、学生宿舍区木窗换装铝合金窗以及学生宿舍1至3栋木门包铁皮门和砼地坪。

2004年7月，成立总务处。2006年总务处下设基建房产科，负责管理4校区医务室、水电、复印部、车辆、绿化、锅炉、清洁、校产维修等工作。是年，总务处组建和完善医卫系南、北校区、科技系医务室；完成学院所有固定资产清查、建账、建卡、汇总上报；配合有关单位妥善处理市区道路改造征用学院科技系土地补偿事宜；完成学院土地、房屋（除职工宿舍）及建筑设施收集、整理、制作、统计、核实工作，收集整理全院（四校区一基地）占地面积59.92万平方米；房屋（除职工宿舍）及建筑设施60项，合计面积7.84万平方千米；收集和制作（拍照）图纸370余张（本）；建档案资料20余盒。

2008年，总务处主持完成全院职工住房分配货币化改革工作，收集各种房产资料594卷，完成存量补贴计算。接管附属医院，盘存医院物资。抢修因雪凝灾害受损严重的学院水电设施。

2009年，制定学院固定资产管理新规定，对全院固定资产进行全面清查，统一采用建档立卡方式保管。对黔东南州卫生学校、黔东南州民族林业学校锅炉房锅炉办理报废手续后拍卖。

2010年至2011年，总务处主要为新校区筹备搬迁，提供物资供应、资产管理、基建维修、食堂饭菜质量监督、保证水电供应、校区绿化、完善宿舍管理等后勤服务。

2012年8月20日，除图书馆、人事处、信息中心及小部分库房未搬迁外，四个校区行政、后勤及教学物资全部搬迁到新校区。尚未搬迁资产1.05万件，折合人民币312.78万元，其中已达报废资产9292件，折合人民币233万元，未入账物资约15万元；4个校区和1个实验基地，8宗土地面积共为51.8万平方米，教学用房屋建筑面积2.02万平方米。房屋建筑物中，手续完善的1.52万平方米，手续未完善的约0.5

万平方米。10月，新校区水电管理由总务正式接手管理。12月25日，老校区的土地及房屋资产正式移交黔东南州人民政府公产办公室，同时接受新校区8栋房屋钥匙，登记并分发2172间8688把，完成水电设施登记1056处。

2013年，启动打井抽水方案，完成高位水池和进水变频泵的改造，对所有教学楼、食堂等安装水、电表，实现水电供应正常化，校园路灯、景观灯自动时控管理，全面启动智能水电控制系统。推行学生宿舍、教学楼水电报修、维修程序，完成实验室装修、路道修缮工程77项，修缮总投资118万元。老校区门卫设施改造工作基本完成，学生宿舍敬园区路灯、校园道路LED路灯改造完成安装，水泵房正式供水，组培大棚启用，各种实验室装修和其他修缮按期完工。完成搬迁后的资产清查、登记与库存物资管理工作，至2013年学院资产总额为4.23亿元。在校园内开设超市、专项店等购物点和贵阳银行、工商银行、邮政、信用合作社等银行存取款点，开办移动、电信、联通等通信网点服务和理发店、洗衣房等日常生活服务部。

2014年，完成金泉水务公司接水工程、打井取水工程和高位水池供水改造工程，日进水量由60万千克/日提高到190万千克/日，全面启动智能水电控制系统，校区用水得到彻底改善；对办公区、道路灯、景观灯、宿舍灯进行时空管理，对80%的路灯进行节能改造，启动供电双路专线建设，进一步改善宜学宜居的校园环境，有效降低资源和管理成本，水电费用同比减少41万元；完成学院408套公租房的选址、户型方案的编制、申报工作；撤销后勤集团，将业务按其职能回归总务处和学生处。

2015年，完成供电双路电源搭建工作；启动省级节水型学校申报、创建工作，成立由院长任组长、分管副院长任副组长的节水创建工作领导小组；制定《黔东南民族职业技术学院食堂日常管理规定》《黔东南民族职业技术学院关于进一步加强校园卫生管理实施意见》《校园卫生评比办法》《校园卫生清洁人员考核评比办法》《黔东南民族职业技术学院固定资产管理办法》《黔东南民族职业技术学院固定资产管理考核细则》《黔东南民族职业技术学院固定资产损坏和丢失赔偿办法》和《黔东南民族职业技术学院低值耐用品管理办法》。

第五节 财务审计

计划财务处是学院财务管理职能部门，统筹全校财务工作，主要职责是依据党和国家政策及财经法规，制定相应的内部会计制度，规范会计行为，实现会计基础工作规范化管理，多渠道筹措资金，开源节流，增收节支，提高资金使用效益，维护学院正常的经济秩序。

制度建设

制定文件 为强化学院财务管理工作，规范学院经济活动有序开展，学院先后制定《黔东南民族职业技术学院内部会计管理制度》（2003年），《黔东南民族职业技术学院差旅费管理实施办法》（2009年），《黔东南民族职业技术学院关于财务原始凭证（单据）报销手续及做账的补充规定》（2010年），《关于印发黔东南民族职业技术学院财务原始凭证报销办法规定的通知》（2013年），《关于缴费培训费用报销有关事项的通知》（2014年），《黔东南民族职业技术学院国内公务出差审批办法》（2014年）等财务制度。

收支管理 学院的收入包括财政补助收入、学费杂费收入、其他收入等，严格实行“收支两条线”制度，各种收费全部纳入学院财务统一管理，统一使用财政部门印制的收费专用收据，并全部存入财政专户；支出上严格按照财经法律制度规定，明确支出权限和责任，要求每一笔支出都严格按照审批程序要求办理，环环把关。

会计核算 财务人员依法进行会计核算，实施会计监督，依照财政部门要求，合理编制预、决算，组织预算执行，定期编制会计报表。统筹安排调度资金，强化增收节支，保障学院正常运行经费。

信息化建设 2003年，学院购置金蝶财务软件，配备相应的工作人员，对会计核算进行电算化会计处理，会计工作的规范性、快捷性、安全性有较大的提高。6月，使用由贵州东方网络提供的高校收费系统，为收费、查询、统计提供便捷。

2010年6月，POS机提供刷卡业务，学杂费收取实现刷卡缴费，拓宽缴费形式的多渠道。2011年3月，学生学杂费收取采取由学院委托银行代扣的方式。2014年9月，第一次在事前将新生相关收费信息导入收费系统，改变长期以来现场录入学生个人信息再收费的现状。2014年9月，在学院各食堂安装一卡通业务刷卡交费POS机，既方便学生缴费，也减轻工作人员的工作量，减少现金流风险。12月，购入东方网络收费系统触屏查询机，供学生查询个人缴费信息，提高缴费信息咨询服务水平。

队伍建设 为提高财务人员个人政治素养水平和专业能力，计财处有计划地对财务人员进行集中学习，内容包括相关的法律法规、财经制度及上级有关方针政策、专业知识的学习等，安排财务人员外出培训，加强与兄弟院校及企业单位的业务交流，不断提高财务人员的整体水平。2002年，获年度预算外资金收支决算评比优秀单位。2003年，获年度州级预算外资金决算评比三等奖。2011年和2012年，获固定资产投资决算报表综合评比先进单位。2015年，获州直单位部门决算工作评比优秀奖。

经费收支

经费收入 主要包括财政拨款和事业收入。2003年至2015年，学院经费收入9.81亿元。

2003年至2015年学院经费收入统计表

表中10-5-1　　　　金额单位：万元

年度	财政拨款	事业收入	合计
2003	959.30	624.02	1583.32
2004	1067.37	910.95	1978.32
2005	1228.91	934.20	2163.11
2006	1781.23	1231.24	3012.47
2007	2213.20	1537.38	3750.58
2008	2908.67	2132.90	5041.57
2009	3076.91	2234.82	5311.73
2010	4062.23	2535.50	6597.73
2011	5946.42	2908.69	8855.11
2012	7571.31	3386.50	10957.81
2013	8226.07	5160.00	13386.07
2014	11310.86	5013.00	16323.86
2015	15033.15	4079.16	19112.31

经费支出　主要包括人员支出和公用支出。2003年至2015年，学院经费支出9.04亿元。

新校区建设支出　2010年11月至2014年6月，新校区建设投入6.44亿元，资金主要来源于贷款及学院自筹，贷款主要包括向国家开发银行贷款3.5亿元、贵阳银行贷款8200万元、上海远东公司借款6100万元。先后建成行政楼、图书馆、教学楼、实训楼、阶梯教室、食堂、学生公寓、学生活动中心、体育馆等。2012年11月，黔东南州政府办公会议决定，学院新校区建设4.32亿元贷款偿还主体为凯宏公司。

2003年至2015年学院经费支出统计表

表中10-5-2　　金额单位：万元

年度	人员支出	公用支出	合计
2003	972.01	611.32	1583.33
2004	1177.64	815.47	1993.11
2005	1460.67	632.46	2093.13
2006	1703.23	1199.44	2902.67
2007	2077.06	1295.52	3372.58
2008	3232.27	1869.72	5101.99
2009	3133.23	1914.77	5048.00
2010	3837.0413	2011.51	5848.56
2011	5182.73	2607.77	7790.50
2012	7784.83	3832.51	11617.34
2013	8182.05	4520.42	12702.47
2014	7585.84	4876.58	12462.42
2015	11815.29	6044.95	17860.24

学杂费收入　主要包括学费、住宿费和杂费。2003年至2015年，学院学杂费收入3.86亿元。

2003年至2015年学院学杂费收入统计表

表中10-5-3　　金额单位：万元

年度	学费	住宿费	杂费	合计
2003	470.47	24.75	147.25	642.47
2004	704.14	35.33	150.21	889.68
2005	824.64	49.56	195.75	1069.95
2006	1153.61	107.54	220.52	1481.67
2007	1373.40	159.14	302.10	1834.64
2008	1778.58	177.68	384.30	2340.58
2009	1985.77	166.11	473.02	2624.90
2010	2460.74	207.31	494.41	3162.46
2011	2318.24	197.97	525.93	3042.14

续表中10-5-3

年度	学费	住宿费	杂费	合计
2012	2904.12	469.32	730.56	4104.01
2013	4177.55	1015.89	1065.23	6258.66
2014	3904.86	768.3	881.99	5555.15
2015	4047.32	753.24	772.66	5573.22

注：杂费包括代收的教材费、医学专业学生使用白大衣、听诊器费用等

审计工作

审计科自2004年成立至2015年，制定《黔东南民族职业技术学院基建项目审计实施办法（暂行）》《黔东南民族职业技术学院领导干部任期经济责任审计办法》《黔东南民族职业技术学院内部审计制度》《黔东南民族职业技术学院内部审计工作规程》《黔东南民族职业技术学院财务预算与执行情况审计实施办法》。

对学院原医疗卫生系、保卫处（武装部）、附属高中、植物组培中心、驾驶学校、绿化公司等内设机构的经济活动和财务收支实施内部审计，对审计发现的不足和问题提出整改意见建议；对学院附属医院与上海爱生公司联办期间（2006年3月1日至2007年9月30日）的财务状况、经营成果进行专案审计；对新校区各项完工项目开展竣工结算内审和核查工作。对2013年至2015年完成的30个建设项目进行内部审计，涉及金额4.96亿元，其中合同价3.81亿元，其他变更及附属1.14亿元。核减3595.26万元，为学院节约建设资金，最大限度地反映和维护学院资产投资的真实性与完整性；参与学院工程项目、办公设备、教学设备等物资采购监督以及项目、设备验收工作。

第六节　安全保卫

主要工作

2001年8月至2011年8月，负责学院的消防、禁毒、治安管理、整脏治乱综合治理工作；组织开展“三五”“四五”普法和安全宣传教育工作；开展校园安全检查工作，落实安全责任；配合辖区派出所开展涉校涉生案件的调查处理及户籍管理。

2006年10月至2011年4月，负责学院的消防、禁毒、治安、整脏治乱综合治理及维稳工作；开展组织“五五”普法和安全宣传教育及培训工作；开展校园安全检查工作，落实安全责任；配合公安部门做好涉校涉生案件的调查处理和户籍管理工作；开展国防教育和军事训练，学生应征入伍宣传及相关工作。

2011年5月至2015年12月，开展以“平安校园”为目标的校园及周边的治安综合治理和维护校园稳定工作。以防“六灾一渗透一暴恐”为重点，加强安全责任制度的落实，组织开展法制、安全宣传教育培训及防灾减灾逃生疏散演练活动。开展安全隐患排查整治及矛盾纠纷化解工作；强化安全管理，加大技防、人防、物防建设力度，提高安全防范能力；配合公安部门做好涉校涉生案件处置和户籍管理工作。

重大活动

2007年5月9日，学院召开整脏治乱专题工作会议，全面部署学院整脏治乱工作。通过广泛宣传教

育，并由总务处、保卫处、学生处、后勤集团派出22人组成4个校区“整脏治乱”值班小组，采取有效措施，加大整治力度，形成家喻户晓、师生共同参与的良好氛围。专项整治活动通过值班值勤的检查、监督、防范等各种措施，各校区“脏、乱、差”和白色垃圾流入校园的现象基本得到治理，校容校貌整洁干净，环境卫生状况明显好转。

2008年5至6月，保卫处分别与凯里市奥运火炬接力大十字街道领导小组、奥运火炬传递凯里站组委会等单位签订传递活动安全保卫责任书。7月7日，省政协副主席、依法治省工作领导小组副组长武鸿麟及州人大常委会副主任、依法治州工作领导小组副组长欧阳武一行11人到学院就“五五”普法规划的贯彻执行情况进行检查指导。学院纪委书记王贵生汇报学院“五五”普法规划贯彻落实情况，党委书记王家祥主持汇报会并表示：学院将继续推进普法工作，让全体师生真正知法、懂法、用法。

2009年1月17日，黔东南州交通警察支队阳书新科长应邀到学院开展交通安全知识讲座。学院有2600余名学生到现场听课。

2010年5月13日，学院副院长李炳昌主持召开综合治理专题会议。会上通报陕西郑县幼儿园学生被杀事件，对学校安全工作做了安排。8月26日，州“五五”普法依法治理领导小组一行数人到学院开展“五五”普法检查验收工作，对学院的“五五”普法依法治理进行测评，测评结果令人满意。

2011年5月，学院呈报市人民政府《关于帮助治理一校区学生宿舍后围墙重大安全隐患的请示》受到市政府的高度重视，政府分管领导及时组织有关部门到现场勘查，并提出整治方案，随即实施治理，为学院排除安全隐患。10月，学院严格按照警务室建设标准，分别在四个校区建成警务室。

2012年4月13日，学院召开安全维稳工作专题会议，研究部署校园安全维稳工作。5月10日，学院召开校园安全稳定工作会议，副院长杨政宇、姜达峻、曹庆旭和校园安全稳定领导小组成员参加。会议由副院长姜达峻主持。

10月26日，学院举行新校区启用仪式暨办学十周年纪念活动，保卫处组织保卫力量，全力做好校园安全工作，确保活动的成功举办。10月3日，学院副院长姜达峻主持召开2012年防灾减灾暨消防疏散演练活动工作部署会。凯里军分区驻学院军训团团长范洪波、副团长肖贵军，凯里经济开发区消防大队大队长杨先刚、消防中队中队长韦骏及学院党政办、宣传统战部、保卫处、学生处、总务处和各系相关负责人参加会议。是月，学院投入资金234.8万元，建设校园视频监控系统；投入资金9万元，在学院正大门及两侧通道安装78米铝合金伸缩道闸门。11月2日，学院开展“2012年防灾减灾暨消防疏散演练”活动。本次演练活动，由保卫处牵头，凯里军分区、凯里经济开发区消防大队、消防中队官兵作指导，学院党政办、宣传部、学生处、总务处、各教学系等部门配合，参加学生达4441人，是学院新校区启用后的第一次较大规模的集中演练活动。疏散演练包括应急避震演练和消防应急疏散，演练耗时6分10秒，演练过程无一例意外事故发生。12月28日，学院学习贯彻十八大精神，构建平安法治校园报告会在行政大楼九楼会议室举行。州普法依法治理办公室原主任、州普法教育专家陈代清，州普法依法治理办公室主任文兴明应邀出席报告会。报告会由学院党委书记王家祥主持，全院副科级以上领导干部参加。

2013年7月5日，省综治委校园及周边治安黔东南检查组、贵州省卫生厅处长金海燕一行3人，在黔东南州教育局副局长谢志军等陪同下，到学院开展校园及周边治安综合治理检查。12月12日，贵州省新闻出版局副巡视员刘筱平、省教育厅安稳处处长王应刚一行3人组成的贵州省校园及周边治安综合治理目标管理工作检查考核组到学院开展校园及周边安全综合治理检查考核，并给予高度评价。

2014年6月24日，凯里市运管处和凯里市安全生产监督管理局举办的“凯里市道路运输行业安全生产管理培训会”在学院举行，有100余名从业人员参加此次培训。9月17日，黔西南州教育局副处长级督学陈运忠、兴义市教育局局长田进领一行代表全省教育系统安全工作大检查第七检查组到学院开展校园安全检查工作。10月15日，第五届贵州省残疾人职业技能竞赛在学院举行。学院成立工作领导小组，下设安全交通组，负责竞赛期间驻地人员的安全保障、竞赛期间车辆运行线路交通保畅工作；负责竞赛地点安全保障、交通秩序等相关工作。12月4日，由贵州省食药监局食监处处长安志、省教师教育学校副校长徐则鸣、省消防总队火灾科学实验室副站长岳松、省地质环境检测院工程师吕东一行4人组成的省校园及周边治安综合治理目标管理工作检查考核组，到学院开展校园及周边治安综合治理检查考核，并对学院的校园及周边社会治安综合治理工作给予高度评价。

2015年3月20日，学院举行消防知识讲座暨疏散演练活动。讲座由学院党委副书记潘盛荣主持，凯里经济开发区消防中队队长朱鸣主讲。学院应急疏散演练领导小组成员、辅导员和班主任及2014级部分学生代表1000余人参加聆听。

5月12日，为迎接中国第七个防灾减灾日，学院与凯里经济开发区国土资源分局联合举办防灾减灾宣传教育活动，参加本次活动的有101地质大队总工程师部胜鹏，凯里经济开发区国土分局党组成员、执法大队队长龙振江、法规矿产科科长石钰、学院保卫处副处长杨正怀及保卫处工作人员和旅游与商务管理系部分学生200余人。6月2日，黔东南州检察院职务犯罪预防局局长潘涛在学院进行以“预防青少年违法犯罪，构建圣洁美好校园”为主题的法治进校园专题报告会，学院相关部门负责人、各系分管学生的领导及学生代表1000余人参加。12月3日，省国土厅副处长王红梅率2015年全省校园及周边治安综合治理工作考核小组一行对学院综治工作进行检查，并给予肯定性的评价。

获得荣誉

2006年1月，学院被依法治州工作领导小组授予“‘四五’普法合格单位”。2008年1月，学院获“黔东南州2007年度‘整脏治乱’专项行动先进单位”称号。2014年3月17日，学院被贵州省教育厅、省综治委校园及周边治安综合治理专项组授予“2013年学校安全稳定综合治理工作先进单位”“2013年贵州省安全文明校园”“贵州省安全文化建设示范校园”称号。

下篇

人物

人物简介

学院领导

曾纪长

曾纪长，汉族，1942年4月生，江西吉安市人，中共党员，大学文化，学院原书记兼院长、州发改委原党组副书记、副主任。

1963年，毕业于贵阳师范学院化学系，分配到黄平中学任教；1964年，抽调到州教育局工作组，同年调入黔东南州卫生学校任教；1985年，任教务科科长兼任搬迁办公室主任；1988年12月，任学校副校长，主持工作；1992年，任校长；1993年，兼任党总支书记，同时兼任州卫生局党组成员、副局长；1999年任党委书记、校长，兼任州计委党组副书记、副主任；2001年，任学院筹建领导小组副组长；2002年，任学院第一任党委书记兼院长，同时兼任州计划局副局长主持工作；2005年退休。

在学校工作期间，1987年被聘为高级讲师。从1987年开始，致力于学校搬迁，8年时间里筹资3000万元，把学校从镇远县城搬迁到凯里金泉湖畔。其间，学校的教学从搬迁前评估及格达到优秀。在3000万元搬迁经费中，仅用州财政资金200万元。1999年，学校被国家体育总局授予全国全民健身运动宣传周活动先进单位；同年，省政府授予学校“省级精神文明单位”。2001年，教育部授予国家级重点学校，同年州政府给学校记集体三等功1次。

学院成立后，争取到华夏基金爱德基金及国家项目资金的援助，加强内部管理，创办驾校、绿化公司、组培中心、附属医院等各种产业基地。同时，创办大专医学专业，成为当时全国批准的十家办临床医学专业的学院之一。

1986年，被评为州级机关事业单位先进工作者；1988年，被评为省卫生文明先进工作者；1989年，被评为省优秀教师；1992年，被授予全国卫生系统模范工作者；2000年，获贵州省先进工作者；2001年，获“省村村通”先进个人；2003年，中国美容美发协会授予“中国美容美发创业之星”奖章；论文《民族地区职业教育的思考与实践》获全国论文一等奖；2005年，国务院授予“全国民族团结进步模范个人”称号。

余晓林

余晓林，汉族，1963年1月生，贵州丹寨县人，中共党员，研究生学历，凯里学院党委副书记，教授。

1984年7月，从黔东南师专中文系毕业后留校；1987年7月，从贵州师大政教系毕业，获法学学士学位；2008年5月，获西南大学教育管理专业在职研究生学历；1995年11月，任黔东南教育学院副院长；1996年9月，挂职任三穗县委副书记；1998年8月，任黔东南民族农业学校党总支书记、校长；1999年12月，任黔东南民族农业学校党委书记、校长；2002年3月，任学院党委副书记、副院长；2002年9月，任黔东南教育学院党委书记；2004年12月，任学院党委书记，系黔东南州第七届州委候补委员；2007年7月，任凯里学院党委副书记。

长期从事高校思想政治教育教学和党政管理工作，坚持教学第一线承担本专业的主干与基础课教学。2008年，参与并完成全国教育科学“十五”规划教育部重点课题“高校思想政治理论课新方案课程体系构建与重点难点内容研究”。多次参编高校统编教材，主持省级、校级多项科研课题研究。在多种学术刊物和中文核心期刊上发表论文50余篇，多篇论文入选《全国优秀教育教学论文集》《中国社会科学世纪文库》《二十一世纪教育思想文献》等。为中国教育工作者协会《中国教育教学创新成果集》副主编。

1997年，获贵州省第三次哲学社会科学科研成果三等奖、贵州高校思政教育研究会论文评选一、二等奖；2007年，获教育部思政司等联合举办的全国高校迎十七大征文二等奖，同年获贵州省教育系统“和谐校园建设”征文二等奖；2009年，被评为凯里学院优秀科研工作者、学术带头人；2011年，聘任为济南大学硕士研究生导师；2012年，黔东南州委组织部授予第一批“黔东南州干部教育培训名师”称号，同年被评为第四批全省高校哲学社会科学学术带头人，获2012年度全国高校学生工作优秀学术成果二等奖；2014年，获第三届全国素质教育优秀教学论文大赛一等奖。

王家祥

王家祥，彝族，1954年10月生，贵州榕江县人，中共党员，大学文化，学院党委书记。

1973年8月至1985年9月，在榕江县八开中学任教，曾先后担任临时负责人、副教导主任、教导主任（主持学校工作）、校长职务；1985年9月至1986年5月，任黔东南师专学生科干部，1986年5月，任总务科副科长（主持工作）、科长；1991年9月至1994年1月，任中共黔东南州委办公室行政科长；1994年1月至2000年1月，任中共黔东南州委办公室副主任、州委副秘书长；2000年2月至2001年6月，任中共丹寨县委副书记、代县长、县长，2000年4月至6月，主持县委工作；2001年7月至2006年5月，任中共丹寨县委书记；2006年6月至8月，任中共黔东南州委常务副秘书长；2006年9月至2007年2月，任黔东南州人大党组成员、副秘书长，主持机关工作，2007年2月至2008年7月，任黔东南州人大党组成员、秘书长；2008年6月至2015年5月，任学院党委书记。2015年6月退休。

1990年、1998年获全省高校后勤先进工作者；省委党校1995年度至1998年度优秀学员；2003年获全省拥军优属先进个人称号。

张恩莲

张恩莲，女，布依族，1959年12月生，贵州麻江县人，中共党员，大学文化，学院党委书记，助理会计师。

1980年12月至1989年4月，在麻江县财政局工作（其间：1982年9月至11月，在黔东南州财贸学校财政干部培训班学习，1986年9月至1989年1月，在黔东南州财贸学校学习并获得中专文凭）；1989年4月至1993年7月，任麻江县财政局企财股副股长；1993年7月至1997年7月，任麻江县财政局副局长；1997年7月至1998年5月，任麻江县地税局副局长（其间：1995年9月至1998年7月，在贵州省委党校经济管理专业学习并获得大专文凭）；1998年5月至1998年10月，任麻江县财政局局长；1998年10月至2001年12月，任麻江县财政局局长、党组书记（其间：1998年9月至2001年7月在贵州省委党校法律专业学习并获得本科文凭）；2001年12月至2004年8月，任黔东南州财政局副局长、党组成员；2004年8月至2008年8月，任黔东南州财政局副局长、党组成员、州农业税征收管理局局长；2008年8月至2014年7月，任凯里学院计财处处长、凯里学院院长助理，黔东南州财政局副局长、党组副书记（正县长级）；2014年7月至2015年3月，任黔东南州财政局副局长（正县长级）、党组副书记，凯里学院院长助理；2015年3月至5月，任黔东南州审计局党组书记；2015年5月至2019年12月，任学院党委委员、书记。

2011年6月，被贵州省教育工委授予“全省高校优秀党务工作者”称号；2014年3月，被贵州省妇联授予贵州省“三八”红旗手称号。

邱兴萍

邱兴萍，汉族，1962年10月生，贵州瓮安人，中共党员，中央党校在职研究生，学院党委书记，教授。

1983年7月参加工作；1983年7月至1985年12月，任贵州无线电工业学校三专科教师；1985年12月至1992年3月，任贵州无线电工业学校四专科教师、教研室主任；1992年3月至1993年11月，任贵州无线电工业学校团委书记；1993年11月至2000年7月，任贵州无线电工业学校招生就业办党支部书记、副主任、主任；2000年11月至2002年12月，任贵州电子信息职业技术学院党委委员、副院长；2002年12月至2006年7月，任贵州电子信息职业技术学院党委书记（正处级）；2006年7月至2019年12月，任贵州电子信息职业技术学院党委书记，2019年12月，任学院党委书记。

长期从事职业教育、党建及思想政治教育、教育教学改革、管理等研究工作，先后在《学校党建与思想教育》《职业教育研究》《中国人才》《成人教育》《高等农业教育》等期刊发表论文20余篇，主编、参编教材5本，主持和参与厅级以上科研课题6项。

曾获中国振华电子集团优秀团干部、十佳营销人员、先进工作者、劳动模范等荣誉称号，获黔东南州优秀党务工作者荣誉称号。

陈文祥

陈文祥，布依族，1963年11月生，贵州都匀市人，中共党员，大学学历，学院党委副书记、院长，教授。

1979年9月至1982年6月，在丹寨县兴仁中学学习；1982年9月至1985年7月，在黔东南民族师范高等专科学校化学专业学习（其间：1985年1月加入中国共产党）。1985年7月至2007年11月，在黔东南民族师范高等专科学校工作（1991年9月至1992年7月在贵州师范大学马克思主义哲学研究生课程班学习，1997年9月至1999年12月在贵州教育学院行政管理专业学习），历任校团委书记、政经系主任和党总支书记，马列部主任，校党委委员、副校长；2007年11月至2010年3月，任学院党委委员、副院长；2010年3月至2014年4月，任黔东南州科技局（州知识产权局）党组书记、局长；2013年11月至2020年1月，任学院党委副书记、院长；2020年1月，任中共贵州电子信息职业技术学院党委书记。

发表学术论文30余篇，参编教材3本，出版专著《大学生素质发展》1部。

杨　玲

杨玲，女，土家族，1975年7月生，贵州岑巩县人，中共党员，副教授，学院党委副书记、院长。

贵州工业大学无机非金属材料专业毕业，贵州大学化学工程领域工程硕士。曾在黔东南民族师范高等专科学校、凯里三中、麻江县坝芒乡、雷山县政府、黎平县政府和黔东南州纪委工作。历任黔东南民族师范高等专科学校化学系教师、学校团委工作员、审计科科长，麻江县坝芒乡挂职任乡党委副书记，雷山县政府科技副县长，黎平县委常委、副县长，州纪委常委、纠风办主任。曾由州委组织部选派到杭州市挂职锻炼，挂任杭州市富阳区区长助理。2014年6月至2020年1月，任学院党委委员、副院长；2020年1月，任学院党委副书记、院长。

李炳昌

李炳昌，侗族，1963年10月生，贵州黎平县人，中共党员，本科学历，硕士学位，教授。

1980年9月至1982年8月，在黎平民族师范学校学习；1982年9月至1984年8月，在黎平县育洞小学任教；1984年9月至1988年7月，在贵州师范大学地理系学习。1988年8月至2002年3月，在榕江民族师范学校工作，历任助理讲师、讲师，副科长、科长、副校长、校长，副书记、书记；2002年4月至2010年8月，在学院工作，任党委副书记、副院长，获高级讲师、副教授、教授职称（其间：2003年8月至10月在国家教育行政学院学习；2005年2月至6月，在广州社会科学院区域经济研究所做访问学者；2007年，被聘为黔东南州人民政府旅游产业发展规划专家组成员，中国财政经济出版社聘为全国高职高专院校旅游与酒店管理专业规划教材编委会的主任委员；2007年7月至2010年6月，在云南师范大学在职攻读高校教师人文地理学硕士学位）；2010年9月，调贵阳职业技术学院工作。

在学院工作期间，致力于“高校管理”“区域资源开发与管理”和“职业教育”的理论研究和实践探索，在各种学术期刊上公开发表论文15篇，其中发表在核心期刊上的论文6篇，主编全国高职高专旅游专业规划教材《旅游资源概论》，承担2008年贵州省教育厅哲学社会科学课题1项、2009年文化部研究课题的子课题1项、2010年黔东南州哲学社会科学研究课题1项。分管过教务处、学生处、保卫处、招生就业处、人事处、总务处、成人继续教育处、公共教学部、附属高中、学报编辑部、旅游管理系等工作；承担“旅游与酒店管理”专业“管理学基础”“旅游地理学”“中国旅游地理”“旅游资源开发与规划”“旅游学概论”等课程的教学工作。

2004年9月，被贵州省教育厅、贵州省人力资源和社会保障厅授予“贵州省优秀教师”称号；2008年10月，获黔东南州第五次哲学社会科学优秀成果（论文类）三等奖；2009年6月，被黔东南州委、黔东南州人民政府授予“黔东南州级拔尖人才”；2010年2月，获贵州省第八次哲学社会科学优秀成果（论文类）三等奖。

潘盛荣

潘盛荣，苗族，1962年5月生，贵州麻江县人，中共党员，在职研究生学历，学院党委副书记。

1983年8月至1984年4月，在麻江县农机局工作；1984年5月至8月，任麻江县杏山乡副乡长、乡武装部长；1984年8月至1988年7月，任麻江县杏山镇秘书（其间：1986年9月至1988年7月在中共黔东南州委党校脱产读大专）；1988年8月至1990年5月，先后任麻江县政府办公室秘书、办公室副主任；1990年5月至1993年5月，先后任中共麻江县委办公室副主任、主任；1993年6月至1998年9月，任黔东南州科协秘书、行政部部长（其间：1996年6月至1998年6月在榕江县乐里镇挂职任党委副书记）；1998年10月至2003年8月，任黔东南州建设局副局长（其间：先后到省委党校中青班、同济大学建设局长培训班学习）；2003年8月至2005年3月，任黎平县委副书记、组织部长；2005年3月至2007年6月，任黎平县委副书记；2007年6月至2008年12月，任黔东南州建设局党组书记（其间：2007年10月至11月在清华大学参加公共管理高级研修班学习）；2008年12月至2016年8月，任学院党委副书记；2016年8月，任州教育局调研员。

吴一生

吴一生，苗族，1965年9月生，贵州凯里人，中共党员，本科学历，院党委副书记。

1985年9月至1988年7月，在贵州省黔东南民族师范高等专科学校美术系中国画专业学习；1988年8月至1991年9月，任贵州省凯里市炉山中学教师；1991年9月至1996年8月，任贵州省凯里市委宣传部工作员、科员（其间：1995年8月至1995年12月在贵州省凯里市委党校干部轮训班学习）；1996年8月至2000年6月，任贵州省凯里市委宣传部副主任科员；2000年6月至2000年7月，任贵州省黔东南州委宣传部副科级干部；2000年7月至2002年6月，任贵州省黔东南州委宣传部宣传科副科长；2002年6月至2003年10月，任贵州省黔东南州委宣传部宣传科科长（其间：2000年9月至2003年1月在贵州省委党校法律专业学习〈函授本科〉）；2003年10月至2007年9月，任贵州省黔东南州委宣传部办公室主任；2007年9月至2010年4月，任贵州省剑河县委常委、宣传部部长（其间：2009年3月至2009年4月在清华大学继续教育学院公共管理高级研修班学习）；2010年4月至2010年8月，任贵州省剑河县委常委、组织部部长、宣传部部长；2010年8月至2011年12月，任贵州省剑河县委常委、组织部部长；2011年12月至2015年6月，任贵州省剑河县委常委、组织部部长、统战部部长、县委党校校长；2015年6月至2015年7月，任贵州省剑河县委常委、副县长（分管县政府常务工作）、组织部部长、统战部部长、县委党校校长；2015年7月至2015年8月，任贵州省剑河县委常委、副县长（分管县政府常务工作）、统战部部长、县委党校校长；2015年8月至2016年10月，任贵州省剑河县委常委、副县长（分管县政府常务工作）、县行政学校校长；2016年10月至2018年6月，任贵州省剑河县委副书记；2018年6月，任学院党委副书记。

陈道明

陈道明，汉族，1946年7月生，贵州黔西县人，中共党员，大学文化，学院党委委员、副院长。

1965年9月至1969年7月，在贵州大学外语专业读书；1969年8月在榕江县参加工作至1995年3月调入黔东南师专，在榕江工作25年。在榕江工作期间，先后在榕江县忠诚区中学、榕江中学、榕江二中、榕江一中、榕江县师范、榕江县委办、榕江县政府工作，历任临时负责人、教导副主任、教导主任、校长、县委办副主任、副县长等职务；1995年3月至1997年2月，任黔东南师专副校长（主持工作）；1997年1月，调黔东南州财贸学校任总支书记、校长；1999年4月至2002年2月，任黔东南州财贸学校党委书记、校长；2002年3月，任学院党委委员、副院长。2006年12月，退休；2012年8月，因病去世。

王贵生

王贵生，汉族，1964年4月生，贵州铜仁市人，中共党员，大学学历，学院党委委员，纪委书记，教授。

1981年9月至1985年7月在贵州师范大学体育系学习。1985年7月至1990年7月，在贵州铜仁高等师范专科学校工作任教（其间：1987年9月至1988年7月在西安体育学院助教进修班学习），历任铜仁师专体育系党支部副书记，主持行政工作；1990年7月至2002年3月，在林校工作，历任学生科副科长、科长兼团委书记、教务科科长、党委委员、纪委书记；2001年3月至2002年1月，挂任榕江县委常委、副书记，党建扶贫工作队长；2002年2月至7月，参加省委党校第二十一期中青班学习；2002年3月，任学院党委委员、纪委书记（副县级）；2004年12月，参加国家教育行政学院第二十五期高校领导干部专修班学习；2005年2月至12月，分别任州委派驻三穗、州化肥厂党的先进性教育活动督导组组长；2008年4月，任学院纪委书记（正县级）。

1992年获中专讲师任职资格，1999年获中专高级讲师任职资格，2012年获普通高校教授任职资格。历任学院第三届学术委员会主任委员。2007年，被黔东南州政府授予先进教育工作者称号。

主持贵州省教育厅课题“黔东南民族职业技术学院学生体质调查及对策研究”；参与贵州省职业教育学会规划课题“职业院校教育教学质量保障体系与评价机制研究”。在学术期刊上分别发表《体育教学与学生心理健康教育》《大学生体育社团的德育功能与发展对策》《浅论体育课程与现代信息技术的整合模式》《略论北京奥运会对高校体育人才培养的影响及对策》《浅析田径运动技术教学的特点》《刍议田径项目进行教学与训练研究的基础》《基于新课程指导纲要的高校体育差异化教学模式研究》《科学发展观指导下的高职院校体育课程资源建设初探》《我国社会不同阶层休闲体育发展初探》等10余篇教育教学科研论文。

杨政宇

杨政宇，侗族，1966年3月生，贵州三穗县人，中国民主促进会员。1986年8月参加工作，贵州省委党校经济管理专业毕业，在职大学学历，副主任技师。贵州省黔东南州政协副主席、民进黔东南州委主任委员。

1983年9月至1986年7月，在贵州省贵阳卫生学校检验专业学习。1986年8月至1993年9月，任黔东南州中医院检验科工作员、负责人。1993年9月至1996年3月，任黔东南州中医院检验科副主任（其间：1993年4月至1995年12月在贵阳医学院临床医学专业学习〈自考大专〉）；1996年3月至1998年5月，任黔东南州中心血站负责人。1998年5月至2006年9月，任黔东南州中心血站站长（其间：1998年9月评为主管检验师；1998年9月至2001年7月，在贵州省委党校经济管理专业学习〈函授本科〉）；2002年10月至2003年7月，在贵阳医学院临床医学专业研究生课程进修班学习；2006年9月至2008年8月，任黔东南州中心血站站长、民进黔东南州委副主任委员；2008年8月至2010年3月，任黔东南州卫生局副局长、州中心血站站长、民进黔东南州委副主任委员，同年12月评为副主任技师；2010年3月至2010年6月，任学院副院长、州中心血站站长、民进黔东南州委副主任委员；2010年6月至2011年8月，任学院副院长、民进黔东南州委副主任委员；2011年8月至2014年1月，任学院副院长、民进黔东南州委主任委员；2014年1月至6月，任黔东南州政协副主席、学院副院长、民进黔东南州委主任委员；2014年6月，任黔东南州政协副主席、民进黔东南州委主任委员。

姜达峻

姜达峻，苗族，1962年8月生，贵州锦屏县人，中共党员，大学学历。

1980年，于锦屏县启蒙中学高中毕业，同年参加工作；历任锦屏县河口公社团委书记，锦屏县新民乡人武干事、乡长，中共锦屏县平略区委组织委员，锦屏县委组织部人事干事，锦屏县劳动局副局长，锦屏县政府驻东莞办事处主任，锦屏县民政局局长，雷山县人民政府副县长，雷山县委常委常务副县长；2010年8月至2012年11月，任黔东南民族职业技术学院党委委员、副院长，担任新校区建设指挥部指挥长，负责新校区建设的规划设计和现场施工管理工作；2012年11月，调任黔东南州新农村建设领导小组办公室，任常务副主任（正县长级）。

2008年，任锦屏县民政局局长期间，因组织本县抗洪救灾和支持抗击长江中下游特大水灾工作突出，被民政部表彰为“全国抗洪救灾先进个人”。

曹庆旭

曹庆旭，女，满族，1969年12月生，辽宁辽阳市人，中共党员，石油大学地球物理专业本科，石油大学计算机应用技术专业硕士，学院党委委员、副院长，教授。

先后任学院信息工程系副主任、评估办主任、督导室主任、教务处副处长、教务处处长。

主要从事教育教学管理，职业教育研究和教育信息化研究，计算机相关专业教学，在省级以上期刊等刊物发表论文20余篇，主编教材1部。

罗春寒

罗春寒，水族，1967年12月生，贵州三都县人，中共党员，博士，教授。学院党委委员、副院长。

1974年9月至1979年7月、1979年9月至1985年7月，在贵州省三都县民族中学读初中、高中；1985年9月至1989年7月，在中央民族学院历史系读本科，获历史学学士学位；1989年9月至1992年7月，在中央民族学院民族学系读硕士研究生，获历史学硕士学位；1992年9月至1994年7月，在贵州省三都县民委工作，任副主任；1994年8月至1996年8月，在黔南州国家安全局工作，任副科级侦察员；1996年9月至1998年3月，在贵州省三都县旅游局工作，任副局长；1998年4月至1999年1月，在贵州省三都县水龙乡任中共水龙乡党委书记；1999年2月至2009年8月，在贵州民族学院历史系、人文科技学院任讲师、副教授［其间：2002年9月至2005年7月，在中央民族大学读博士研究生（全脱产），获文学博士学位］，2005年8月至2007年10月，在厦门大学历史学博士后流动站从事博士后研究工作；2006年8月至2007年10月，在韩国汉阳大学担任客座教授；2009年7月至2010年7月，在凯里学院任副教授、教授，民族学学科带头人；2010年8月至2015年4月，在黔东南州民族博物馆任馆长、研究馆员；2015年5月后，在学院任党委委员、副院长；是《中华民族文化大系》水族卷主编，黔东南州州管专家，贵州省文博学会副会长，黔东南州文物保护与博物馆建设专家委员会委员、黔东南州水家学会副会长兼秘书长。

先后公开出版《台湾平埔族群文化变迁之研究》《水族风俗志》等学术著作3部，主编学术著作1部、合作出版学术著作3部。先后在《中央民族大学学报》《广西民族大学学报》《贵州民族研究》《广西民族研究》、韩国《中国语文学论集》等刊物发表学术论文40余篇，其中核心期刊10余篇，《论台湾原住民和海南黎族文身习俗的异同及其功能》一文曾被人大资料中心全文复印转载。独立主持中国博士后科学基金课题1项、贵州省社科规划项目1项、贵州省教育厅项目2项。

曾获中央民族学院“优秀团员”、贵州民族学院“三下乡”优秀带队教师、黔东南州文体广电系统“优秀党员”、黔东南州干部培训教育名师等称号。

吴文勇

吴文勇，侗族，1967年10月生，贵州榕江县人，本科学历，农学学士，教授，学院副院长。中国民主促进会会员。

1982年9月至1985年7月，在榕江县第一中学学习；1985年9月至1989年7月，在西南农业大学果树专业学习；1989年7月至2001年4月，在黔东南民族农业学校工作；2001年5月至2003年7月，在生物工程系任教；2001年12月，评为高级讲师；2005年11月，评为副教授；2008年10月至2011年4月，任教务处副处长；2009年12月，评为教授；2011年5月至2012年4月，任公共教学基础部主任；2012年5月至2015年5月，任教务处处长；2015年5月任副院长。

2010年10月，任民进黔东南州委委员；2011年2月，任政协黔东南州第十一届委员。

主要从事教育教学管理，职业教育研究，园艺相关专业教学及研究，先后在国家、省级刊物发表职业教育、园艺专业等学术论文近20篇，其中发表于全国中文核心期刊8篇。参与教育部规划课题研究1项；主持贵州省教育厅课题研究2项。

杨文富

杨文富，苗族，1975年2月生，贵州凯里市人，中共党员，哲学学士，在职研究生学历，副教授，学院党委委员、纪委书记。

1992年9月至1996年7月，贵州大学哲学系哲学专业学习；1996年7月至1996年9月，毕业待分配；1996年9月至2004年4月，黔东南民族师范高等专科学校马列主义教研室教师（其间：1996年6月至1997年7月，在麻江县下司中学教学锻炼，2001年11月，被评为讲师，2002年9月至2005年7月，在贵州省委党校政治学在职研究生班学习，并取得学历）；2004年4月至2008年8月，任黔东南民族师范高等专科学校马列部副主任（其间：2004年3月至2005年1月，挂职任黔东南州委办公室综合科副科长；2006

年12月评为副教授；2007年3月至6月，在黔东南州委党校第12期中青班学习）；2008年8月至2011年6月，任凯里学院党政办公室副主任（其间：2011年3月至2011年5月在贵州省委党校第40期中青班学习）；2011年6月至2012年7月，任黔东南州科技局党组成员、州纪委派驻州科技局纪检组组长；2012年7月至2015年4月，任黔东南州纪委第二纪工委委员、州科技局党组成员、州纪委派驻州科技局纪检组组长（其间：2014年2月至11月，抽调任党的群众路线教育实践活动黔东南州委第十督导组副组长）；2015年4月至5月，任黔东南州纪委第五纪工委委员、州科技局党组成员、州纪委派驻州科技局纪检组组长；2015年5月至2016年12月，任学院纪委副书记（其间：2015年3月至2016年1月，抽调任十一届贵州省委第九巡视组、第六巡视组副处级巡视专员；2016年2月至6月，抽调任十八届中央第九轮巡视第八巡视组副处级巡视专员；7月至10月，抽调任十一届贵州省委第十八、第四巡视组副处级巡视专员；10月至2017年10月，抽调任贵州省委巡视办副处级巡视专员）；2016年12月至2018年6月，任十届黔东南州纪委委员、学院纪委副书记；2018年6月，任十届黔东南州纪委委员、学院党委委员、纪委书记（其间：2019年4月至5月，抽调任贵州省检察院党组第二轮巡视第一巡视组副组长；2020年4月至8月，抽调任十届黔东南州委第十一轮巡察第七巡察组组长）。

先后在《教育与职业》《思想政治教育研究》等刊物发表论文19篇，参编教材3部，主持完成省级教改课题1项。

吴如金

吴如金，苗族，1972年2月生，贵州凯里市人，中共党员，本科学历，学院党委委员、副院长，副教授。

1986年9月至1990年7月，在黔东南民族农业学校农学专业学习；1990年9月至1994年7月，在北京农业大学园艺系园艺专业学习；1994年8月至1999年5月，任黔东南民族农业学校教师（其间：1994年8月至1996年7月，挂职任贵州省天柱县坪地镇镇长助理）；1999年5月至1999年12月，任黔东南民族农业学校人保科副科长；1999年12月至2001年8月，任黔东南民族农业学校纪委委员、人保科副科长（其间：2000年10月评为讲师）；2001年8月至2005年12月，任学院教师、人事处工作员（副科级）（其间：2005年12月评为高级讲师）；2005年12月至2008年8月，任学院人事处副处长（正科级）（其间：2006年12月评为副教授，2006年4月至2008年5月，在西南大学教育经济与管理专业教育管理研究方向研究生课程班进修学习；2006年4月至2006年6月，在贵州省直机关党校处级干部培训班学习）；2008年8月至2018年5月，任学院组织人事处处长（其间：2017年8月至12月在省委党校第50期少数民族干部培训班学习）；2018年5月至2018年6月，任学院组织部部长、党校校长；2018年6月至2020年9月，任学院党委委员、组织部部长、党校校长；2020年9月，任学院党委委员、副院长。

龙　军

龙军，苗族，1979年4月生，贵州岑巩县人，中共党员，大学学历，学院党委委员、宣传统战部（精神文明办）部长（主任）。

1994年9月至1997年7月，在黔东南州财贸学校财务会计专业学习；1998年1月至2000年2月，在岑巩县政府招待所工作；2000年2月至2003年12月，在岑巩县大有乡政府工作；2003年12月至2005年5月，在岑巩县文广局、岑巩县委宣传部工作（其间：2004年8月加入中国共产党）；2005年5月至2018年6月，在黔东南州委组织部工作，先后任副主任科员、组织科副科长、远程教育中心综合科科长、干部教育科科长、研究室（新闻办）主任（其间：2005年8月至2007年12月，在中央党校函授学院经济管理专业学习）；2018年6月，任学院党委委员、宣传统战部部长、精神文明办主任，主持学院党委宣传统战部工作，分管总务处，联系物联网技术系。

2007年10月，被中共贵州省委组织部表彰为全省村级组织活动场所建设工作先进个人。2008年3月，获人民日报社等联合举办的“全国学习十七大知识竞赛”个人二等奖；10月，获省委党的建设工作领导小组办公室“全省党的基层组织建设年调研文章二等奖”。2009年9月，被中共黔东南州委学习实践科学发展观活动领导小组办公室表彰为全州深入学习实践科学发展观活动先进工作者。2010年3月，被中共贵州省委深入学习实践科学发展观活动领导小组表彰为全省学习实践活动先进工作者。2015年2月，被黔东南州委目标管理考核领导小组表彰为全州“铸勤行动”“标兵岗位奖”。在《贵州日报》等各级报纸杂志先后发表文章300余篇，主持完成州委重大课题1项、参与完成州委重大课题1项，参编公开出版著作《苗乡侗寨致富金桥》，主编内部资料书籍《苗乡侗寨党旗红》《思索——黔东南州组织系统优秀调研课题文集》。

2018年7月调入学院工作后，积极推进工作创新，主抓工作宣传思想工作、精神文明建设、校园文化活动、民族团结和统战工作；12月，学院被省委宣传部、省教育厅、省总工会等评为贵州省推进新时代贵州好网民工程表现突出单位，被省民委表彰为贵州省民族团结进步示范学校。2019年12月，本人主持的课题《落实意识形态工作责任制有形化研究》获州委重大课题三等奖。2020年12月，学院被省文明委评为贵州省文明校园、被州委州政府评为黔东南州创建全国民族团结进步示范州活动先进集体、被州文明委评为州级文明单位，本人撰写的论文《“五聚五化”推进高校意识形态工作守正创新》《战“疫”斗“贫”彰显制度优势》均获全国高职高专党委书记论坛2020年优秀论文评选三等奖，分管的总务工作被省水文局表彰为全省节水高校。

曾令波

曾令波，侗族，1982年9月生，贵州天柱人，中共党员，研究生学历，法学硕士，学院党委委员、组织部部长、党校校长。

2001年9月至2005年7月，在贵州大学法学院法学专业学习；2005年7月至9月待业；2005年9月至2011年5月，先后任凯里市检察院书记员、科员、助理检察员、检察员（其间：2007年2月至9月借调凯里市委组织部工作，2007年9月至2010年7月，在贵州民族学院法学院刑法学专业读硕士研究生，2010年8月至2011年5月在黔东南州委组织部挂职锻炼）；2011年5月至2012年1月，任黔东南州委组织部干部监督科科员；2012年1月至2013年10月，任黔东南州干部综合考评办公室综合科副科长（其间：2012年2月至5月在中央组织部全国组织干部学院跟班学习）；2013年10月至2015年7月，任黔东南州委组织部干部监督科副科长；2015年7月至2016年7月，任黔东南州委组织部干部三科副科长；2016年7月至2018年2月，任黔东南州人才工作领导小组办公室人才引进科科长（正科长级）；2018年2月至7月，在学院组织人事处工作；2018年7月至2020年9月，任学院组织部副部长、党校副校长（正科长级）（其间：2019年12月，评为讲师）；2020年9月，任学院党委委员，组织部部长、党校校长（副县长级）。

先后在司法机关、党政部门、高职院校工作任职，对法律、党建、干部、人才工作有一定研究。先后在《凯里学院学报》《中国经济社会论坛》《法制与社会》《法商论丛》《南北桥》《贵州检察》《魅力中国》等期刊独著、合著发表《走在斑马线上——黔东南凯里市人行交通秩序治理与市民守法意识调查》《浅谈黑社会性质犯罪及其预防》《浅析徇私舞弊减刑、假释、暂予监外执行罪在实践中存在的几个问题》《布依族习惯法的表现形式——以紫云麻山地区布依族为例》《从经济法角度浅析农民工社会保障制度》《浅析“中国梦”融入高校思想政治教育的意义与途径》等论文10余篇。

专家教授

王守清

王守清，汉族，1942年8月生，四川省南川区人，1965年毕业于贵阳医学院，中共党员，主任医师，2002年退休。

撰写的论文《中西医结合治疗面神经瘫痪》，获1990年黔东南州科技进步成果奖，1998年6月，在韩国汉城召开的“98国际中西医优秀成果交流研讨会”上获优秀成果奖。《中西医结合治疗原发性三叉神经痛》获1994年黔东南州科技成果奖，并刊登于《遵义医学院学报》上，1997收编入《世界优秀医学论文选要大全》，1998年6月，在马来西亚槟城召开的“98世界中医杰出成就交流推广大会”上获优秀成就奖。《中西医结合治疗颞颌关节紊乱综合征》1996年10月在黄山召开的全国中医、中西医结合治疗学术研讨会上发表，并收入《临床治疗学研究与应用集成》一书中。《木姜油治疗急性牙髓炎》1996年5月在北京召开的中国传统医药研讨会上被评为优秀论文，收入《中国传统医疗荟萃》一书中。1997年10月，《中西医结合治疗复发性口疮》在广西桂林召开的“98国际名医特色医疗交流推广大会”上获金奖。以上成果先后收编入《求医问药咨询指南》《中国名医名药大观》《中国医药卫生学术文库》《世界优秀医学专家与人才业绩名典》《中国专家大辞典》《世界名人录》等书籍中。2002年，晋升为主任医师。

1996年，他曾应人事部专家服务中心和中国专家服务咨询中心传统医疗研究会邀请，参加人事部专家扶贫医疗队赴祖国各地进行扶贫诊疗活动。1998年，应邀参加“98高级中医专家国际研讨会”，并赴斯里兰卡国巡诊。

他参加征兵体检工作二十余年，体检合格的新兵到部队后从未退过一个兵，1987年9月，获国防部颁发证书和纪念章以资鼓励。

邹　波

邹波，汉族，1964年1月生，贵州三穗县人，本科学历，农学学士，中国民主促进会委员，教授，生物与环境工程系主任。

1981年9月至1985年7月，就读于贵州农学院植保园艺系果树专业；1985年7月至2002年5月，在黔东南民族农业学校任教。其间，任教务科副科长，1993年和1998年，先后取得讲师及高级讲师资格。1986年9月至12月，在浙江农业大学参加农牧渔业部举办的全国中等农业学校农产品贮藏加工师资培训班学习，2000年，加入中国民主促进会。2002年5月后，先后任学院教务处副处长、科研处处长、生物与环境工程系系主任等职务，学院第一、第二届学术委员会秘书长。2005年至2007年，在职就读西南大学教育管理研究生课程班；2006年12月，取得教授任职资格。2012年，受命参加省党建扶贫队赴锦屏启蒙镇工作一年，2010年至2012年，连续三年被省教育厅选为全省高校高级技术职称评定委员会评委。2013年9月，在美国加州参加职业教育骨干教师短期培训。

1989年，因工作表现突出被省农业厅授予“优秀教师”称号，在2013、2015年因工作出色被推荐为“先进教育工作者”受到学院表彰。十年来，他主持过省科技厅三地联合项目1个、省教育厅人文社科项目5个、黔东南州科技计划项目4个；作为主要成员参加贵州省科技厅项目3个。1992年，获自治州科技进步二等奖；2012年，获省教育厅举办的全省高校第三届人文社科成果评选活动论文类三等奖；2011年至2012年，在中国职业教育学会、《中国职业教育》杂志社等多家单位联合举办的优秀职教论文评选活动中分别获三等奖和优秀奖。在国内多家期刊杂志上发表科研论文60余篇，其中北京大学核心期刊文章9篇。

他是贵州省科技项目评审专家库专家，黔东南州政协第十届常委，民进黔东南州委第二届委员，黔东南州生态环境项目评审专家，黔东南劳动人事干部招考面试考官库考官；黔东南州第一届民办职业学校评审专家组组长。

王远湘

王远湘，侗族，1963年5月生，贵州锦屏县人，大学本科，学士学位，中共党员，财经系副主任，教授。

1979年9月至1981年7月，在锦屏中学读高中；1981年9月至1985年7月，在贵州财经学院学习。1985年7月至1986年7月，在中国工商银行锦屏县支行工作；1986年7月至2002年7月，在黔东南州财贸学校工作；2002年7月后，在学院工作；2007年12月，晋升教授；2014年9月至10月到台湾明新科技大学培训学习。

在教学研究中主讲的课程有基础会计、财务会计、经济法基础、预算会计、财务报表分析、税务会计实务、会计专业综合能力实践、经济学基础、金融概论、行业会计、投资学原理等课程。参与编写“基础会计”省级精品课程和《企业财务会计》，为“财务报表分析”省级精品课程负责人。编写投资与理财、财务管理、会计等三个专业的论证材料、修订财经系各专业的顶岗实习方案。

发表论文《加强高校内部审计之我见》《中西方内部审计的差异》《论企业财务报告的发展趋势》《中西方财务与会计关系差异分析》《试论现行财务报告体系的改进》《价格是由什么决定的——介绍一般均衡理论》《关于“2+1”培养模式中“1”的实践与思考》《试论北侗民歌的艺术形式》《盘轴滚龙绣初析》等20余篇。

编写教材或著作《企业财务会计（下）》《会计模拟实验教程》《经济学基础》《财务报表分析》4本。

吴德诚

吴德诚，侗族，1956年12月生，贵州黎平县人，中共党员，教授。

1978年7月，毕业于贵州大学化学系分析化学专业；1978年9月，分配到黔东南州卫生学校工作；工作期间先后在河北大学和南开大学化学系进修学习；历任黔东南州卫生学校教务科长、学院教务处处长、医药卫生系党总支书记、系主任，护理系主任、公共教学基础部主任；2008年12月，晋升教授；曾任贵州省中等医学教育化学校际教研组组长、贵州省职业教育学会化学教育教学研究会理事长、会长，贵州省职业教育学会常务理事。

主编出版高职高专化学教材3本，参编出版化学教材2本，在中文核心期刊及其他公开期刊上发表论文20余篇。

刘书华

刘书华，苗族，1957年4月生，贵州麻江县人，中共党员，教授，执业药师。

1973年7月，麻江中学高中毕业；1978年8月，贵阳医学院药学专业毕业，同年8月进入黔东南州卫生学校工作（其间：1983年1月至1984年1月在四川省卫生干部管理学院学习）；1985年5月至6月，在中国科学技术大学应用化学系学习；2002年5月至2015年，在学院工作；2008年8月至2015年，担任医药技术系主任（其间：2008年12月晋升教授）。

在40年的工作时间里，共为中、高职护理、民族医士、口腔、助产、爱德基金班、药剂、药学专业的

1.6万余名学生授课，达1.5万余学时。主讲药理学、拉丁语、药品销售技术、医院药学综合知识与技能。

发表论文50余篇，其中《苗药道否纳栓剂的毒性学实验研究》发表于《时珍国医国药》，《苗药窝嘎抗炎镇痛作用的实验研究》发表于《中国现代医药杂志》，一种中药抗菌洗液杀菌效果与毒性试验观察发表于《中国消毒学杂志》，《苗格郎软膏的药效学实验研究》发表于《中华中医药杂志》，《苗药玖曼软膏抗炎止痒作用与阴道黏膜刺激试验的实验研究》发表于《凯里学院学报》，《苗药窝播嘎颗粒对小肠平滑肌影响实验研究》发表于《江苏医药》。

主编著作有《药理学》《药理学实验教程与学习指导》《药理学基础知识分析与训练》《社区常见病的中西药治疗及其分析》，担任副主编著作《制药化工过程及设备》《药品销售技术》，独著《2013教材》。

研发雷公山牌苗家人系列苗药3个品种；苗山牌系列16个品种；苗格郎牌系列品种8个；申请发明专利6个，获得授权2个。科研课题获得国家级课题1项，省级课题1项，院级课题4项。2011年，获黔东南州科技成果三等奖1项。

为黔东南州州管专家、黔东南州拔尖人才、贵州省职教名师。

兼任凯里市产业发展顾问专家，黔东南州药学会副理事长，贵州省苗医药学会常务理事，中国苗医药学会常务理事。

何 武

何武，女，彝族，1963年3月生，贵州黄平县人，民盟盟员，大学本科，学士学位，教授。

1980年7月至1982年7月，在黄平中学读书，1982年7月至1986年7月，在西南民族大学就读；2002年9月至2003年1月，在北京第二外国语学院进修；2008年8月至10月，在云南大学、云南省旅游学校培训；2008年12月，晋升教授；2013年9月至2013年10月，在美国社区大学培训；1986年7月至2002年5月，在黔东南州财贸学校任教；2002年5月后，在学院任教；主要从事旅游管理和语言文字教学及相关科研工作。

先后在中文核心期刊和省级以上公开刊物发表学术、教学科研论文30余篇。主要有《苗族服装的“规则性”及其情感寄托》《黔东南乡村旅游发展探究》《一幅用实物“堆砌”的画卷》《民族工艺技术文化在旅游发展中的运用模式研究》《逆向思维在广告创意中的运用》《从“赔付”看瞿传刚的公关意识和技巧》《旅游工作者怎样塑造外化审美形象》《导游如何使自己的讲解更精彩》。

主持完成贵州省人文社科课题“民族工艺技术文化在旅游发展中的运用模式研究”和州社科联人文社科课题“贵州省民族工艺技术文化数据库建设研究”。主持院级“旅游社交礼仪”精品课程建设和院级课题“任务驱动教学课堂评估体现构建研究”。

2006年，获学院优秀教师称号；2016年，被特聘为黔东南州第六次哲学社会科学优秀科研成果奖评审委。

陈治敏

陈治敏，女，汉族，1966年6月生，贵州黄平县人，中南财经大学投资经济专业毕业，学士学位，教授，会计师。

在担任财经系会计教研室主任期间，带领团队进行教学改革，取得丰硕成果，有集体作品“企业财务会计”“会计报表分析”和本人作品“基础会计”被评为贵州省省级精品课程；团队自编的10本教材出版发行。撰写论文16篇，其中6篇在专业核心期刊上发表，另有省级课题通过省级验收。2008年12月，晋升教授。

2012年9月至2015年12月，在担任审计科科长期间，她带领审计组人员完成30个建设项目的内部审计工作，涉及金额4.95亿元，核减3595万元，为学校节约建设资金。工作中，积极服务社会，为州财政局、州国税、州地税、企事业单位提供培训、咨询等技术服务。多次被评为院级优秀教师，2009年被评为州级优秀教师。

吴格娥

吴格娥，女，苗族，1968年6月生，贵州天柱县人，本科学历，农学学士，民盟盟员，教授，民族职业教育研究所所长。黔东南州第十二、十三、十四届人大代表、委员、常委。

1987年9月至1991年7月，在贵州农学院植物保护系植物保护专业学习。1991年8月至2002年5月，在黔东南民族农业学校从事植保教学工作任助讲、讲师。2002年5月至2008年11月，在学院任教，先后为高级讲师、副教授；2008年12月，晋升教授；2011年6月至2013年4月，任学院农林牧实训室主任。2013年5月至2015年3月，任科研处副处长。2015年3月，任学院民族职业教育研究所所长。

主持的主要学术成果有省科技厅农业公关项目“攻克枇杷大小年关键技术研究与应用”，省社科联理论创新课题“贵州农村劳动力就业期望研究”，省教育厅规划课题“贵州民族贫困地区农村职业教育发展研究”，省教育厅规划课题“贵州民族贫困地区农民创业教育研究”，黔东南州委智库课题“黔东南山地农业绿色生产模式研究”。成果获奖有“贵州农村劳动力就业期望研究——以黔东南州为例”获黔东南州第六届哲学社会科学优秀科研成果研究报告类一等奖；“劳务经济视角下民族贫困地区农村职业教育发展”获省教育科学研究优秀成果三等奖；“施秉县推广稻瘟病综合防治技术”获省农业丰收二等奖；“水稻稻瘟病综合防治及配套技术研究”获州科技进步三等奖；“稻曲病的发生及防治对策研究”获州科技进步三等奖。同时获“安博杯”首届全国高校就业指导课程教学大赛贵州赛区决赛二等奖；独著或第一作者公开发表论文25篇，其中全国中文核心期刊论文12篇；参编出版《果树病虫害防治技术》（贵州科技出版社）、《大学生职业发展与就业指导》（南开大学出版社）。

为黔东南州第十二、十三、十四届人大代表、委员、常委，贵州省教育厅职业教育与成人教育农林牧渔类兼职研究员，黔东南州高校教师中级职称评审委员会委员。2015年被授予省教育系统“五一”巾帼标兵。

杨燕玲

杨燕玲，女，侗族，1960年1月生，贵州天柱县人，本科学历，学士学位，民盟盟员，中医教授，副主任医师。

1978年至1982年，在贵州中医学院读书，获本科毕业证和中医学士学位证。1982年至2002年，在黔东南州卫生学校从事临床及教学工作（其间：到贵阳医学院附院，贵阳中医学院二附院，武汉同济医科大学进修学习）；2002年至2015年，在学院从事教学工作并兼任实训中心副主任（其间；曾到新加坡参加职业教育改革学习，2009年12月晋升教授）。

撰写专业学术论文10余篇，分别刊登于省级和国家级学术期刊，参加学术会议。写有中文核心期刊3篇，主编教材2部，主持厅级科研项目。多次被评为优秀班主任、优秀教师、师德师风模范教师。

宋开旭

宋开旭，侗族，1963年3月生，贵州三穗县人，中共党员，教授，学院汽车与机电工程系主任。

1979年，随父亲调动在丹寨县中学高中部学习。1981年，就读于贵州民族学院数学系数学专业，1985年7月毕业，获理学学士学位。1985年8月，分配到黔东南州财贸学校任专职教师。1987年1月，参加黔东南州扶贫工作队，任榕江县加宜乡政府副乡长。1987年10月，加入中国共产党，同年被州委评为优秀扶贫队员。1988年，被评为中专系列助理讲师。1990年，参加全国第四次人口普查，获国家统计局优秀数据处理工作员称号。1991年初，组建黔东南州财贸学校计算机实验室，同年开展计算机系统应用和程序设计等课程的教学。1995年，晋升为讲师。1998年，组建财贸学校计算机中心并任主任。同年，加入贵州省计算机学会，主编出版第一部公开发行的教材《计算机网络基础》。2000年，晋升中专高级讲师。2004年初，负责黔东南州财贸学校校区原信息系党政工作。2005年，获高校教师资格，同年转评为高校副教授。2008年9月，调任生物与环境工程系党总支书记。2010年至2012年，参加州委党建扶贫工作队，任岑巩工作队队长、县委副书记、县委常委。2010年12月晋升教授。2013年9月，学院成立汽车与机电工程系，任系主任。

主持信息系、汽车与机电工程系工作期间，注重管理团队和专业教学团队建设，帮助年轻教师成长。推进校企合作，创新专业群校企共建机制，推进全方位的产教融合，探索“产教结合、校企一体”的办学模式，深化人才培养模式和课程改革，建设功能完善的校内外实训基地。帮助学生创新创业。参与贵州中科汉天下电子有限公司智慧校园项目建设。

学术研究成果主要包括专著《软件工程》，2010年由天津科学技术出版社出版。主编公开发行教材《计算机网络基础》《ASP程序设计》《C程序设计》《会计电算化教程》等。主持省级科研课题1项。发表“基于分层的无线传感器网络”“基于Pro Toolkit与DLL的产品参数化建模研究”等论文20余篇。

郑晓峰

郑晓峰，女，汉族，1965年8月生，河北东光县人，民进会员，教授，科研处处长。

1982年9月至1986年7月，就读于贵州农学院，农学学士。1986年8月至2003年8月，在黔东南民族农业学校任教，为讲师、高级讲师。1999年1月起，参与黔东南民族农业学校筹建组培室及研发工作。2003年12月至2010年11月，任学院副教授，2010年12月晋升教授，承担教学及负责组培中心研发工作。2011年5月至2013年4月，任学院科研处副处长，教授，承担教学及负责组培中心研发工作。2013年5月至2015年5月，任学院科研处副处长，主持工作。2015年6月，任科研处处长，教授。

2008年至2012年，参与贵州大学主持的国家科技支撑计划项目“喀斯特山区主要作物品种资源亲缘关系鉴定”的实施，并负责子课题“黔东南喀斯特山区主要作物种质资源收集及保存研究”“特有种质贵州禾品种比较及丰产栽培研究”“从江香禾糯有机栽培试验研究”的研究工作。2015年，参与贵州大学主持的贵州省科技重大专项项目“贵州特有水稻种质资源优异基因克隆及育种技术研究应用”子课题“特有种质从江香禾不同生境品种表现试验研究”；主持贵州省科技厅农业攻关项目“麻江红蒜良种繁育体系及组培快繁技术研究”；参与贵州省科技厅农业攻关项目1项；主持贵州省科技厅省州县科技计划项目“施秉县中药材研究成果汇编及中药材生产技术丛书编写”；负责贵州省省州县科技计划项目子课题2项；主持黔东南州科技局科研项目4项，参与2项；参与贵州省发改委项目2项。发表论文15篇，其中中文核心期刊10篇。出版《太子参高产栽培技术》等技术丛书3部。

2004年，获黔东南州科技进步二等奖；2011年，获黔东南州科技进步三等奖；2012年，获黔东南州“巾帼建功”先进奖；2013年，获贵州省职工优秀科技创新成果三等奖；2014年9月，所在处室获“全国教育系统先进集体”荣誉称号。

杨　群

杨群，女，侗族，1967年4月生，贵州天柱县人，本科学历，民盟盟员，教授，财经系副主任。

1987年，毕业于贵州财经学院计划统计专业，同年分配到黔东南州财贸学校任教。2002年，学院建立后一直在财经系从事教学管理及教学工作。省级会计专业优秀教学团队负责人，省级精品课程《财务会计》负责人，省级精品资源共享课程《基础会计》负责人，院级职教名师。2010年12月，晋升教授。主要承担基础会计、财务会计、财务管理、成本会计、统计学基础、管理会计等专业课程教学，编写有基于工作过程的《基础会计及实训教程》和《初级财务会计及实训教程》。

王在朴

王在朴，侗族，1961年4月生，贵州天柱县人，中共党员，教授。

1984年7月，毕业于贵州民族学院政治系，获学士学位，参加工作后一直在学院任教。任学院马列部副主任，分管教学科研工作。

1998年9月至2000年7月，到麻江县支教，成绩显著，被评为优秀支教队员并作典型事迹发言。2004至2006年，被黔东南州直属机关工委评为优秀共产党员，2009年、2011年被评为院优秀教师。2011年12月，晋升教授。

在教学科研上承担学院形势与政策、毛泽东思想和中国特色社会主义理论体系概论、思想道德修养与法律基础、贵州省情课程主讲。为多期黔东南州公务员初任培训班讲授依法行政与法治政府和依法行政与信息公开课程。主编《形势与政策》教材（四川大学出版社2014），发表《浅谈转型期严复法哲学与政治哲学思想》《进化论与严复法律思想研究》《优化职业学院思政课教学方法体系改革的措施》《新形势下构建高职思想政治理论高效课堂的策略研究》《试论高职业院校德育实践模式的构建》《浅谈市场经济条件下的法律教学研究》《目前大学生网络道德中存在的问题研究》《目前大学生就业法律风险管理研究》等多篇论文。

阳　华

阳华，女，苗族，1963年2月生，贵州榕江县人，大学本科学历，教授职称。

1982年9月至1985年7月，在黔东南民族师范专科学校政教科学习；1984年5月至1987年6月，在全国律师函授中心学习；1993年9月至1996年7月，在贵州师范大学政教系政治教育专业学习。1985年7月至2001年7月，历任黔东南榕江民族师范学校教师、助理讲师、讲师；2001年8月至2002年10月，任榕江民族高级中学教师；2002年11月至2011年11月，任学院高级讲师、副教授；2011年12月晋升教授。

长期从事高校思想政治理论课的教育教学工作，主要承担高校思想政治理论课主干课程思想道德修养与法律基础与毛泽东思想和中国特色社会主义理论体系等课程的教学工作，主持完成院级精品课程“思想道德修养与法律基础”的建设任务。担任学院思想政治理论课教研室主任，全面主持学院思想政治理论课程的教学与教研工作，并身体力行担任公开课程的教学，使思想政治理论课程在学院及兄弟院校的影响力不断提升。担任学院兼职督学，负责学院公共教学部的教学督导工作；同时承担对青年教师的传帮带工作任务，在教学工作上进行指导，并帮助多名教师成长为学院思想政治理论课的教学骨干。

公开发表学术论文14篇。2008年，主持贵州省教育厅专项任务课题“高职院校思想道德修养实证研究”的研究工作，其成果获第三届贵州省高校人文社会科学研究优秀成果论文类三等奖。2009年9月，获贵州省优秀教师称号；2011年9月，获“贵州省第二批高校思想政治理论课教学名师”称号；11月，获第三届贵州省高校人文社会科学研究优秀成果论文类三等奖。

苏晓红

苏晓红，女，布依族，1972年11月生，贵州都匀市人，中共党员，教授、文学硕士，口腔医学系党总支书记。

1991年9月至1995年7月，在贵州民族学院中国汉语言文学专业读本科。2009年9月至2012年7月，在贵州民族大学攻读少数民族语言文学专业研究生。1995年7月至2001年3月，在黔东南州民族林业学校从事汉语言文学专业教学工作，其中1996年被聘为助理讲师，1998年担任黔东南州民族林业学校团委副书记，2000年被聘为讲师。2001年4月至2004年8月，在学院学生处工作。2004年9月至2013年2月，在学院学报编辑部工作。2005年任学报编辑部主任，2006年聘为副教授。2011年12月晋升教授。2013年3月，任学院口腔医学系党总支书记。

从教21年，在教学上承担大学语文、文学鉴赏、应用写作、医学伦理学、卫生法规、大学生素质的培养、大学生就业指导、社交礼仪、形势与政策等多门课程教学任务，独立组织开展教学活动，注重培养学生的自主探究、团队合作、创新实践能力，培养语言交际、应用写作、理解鉴赏能力，教学效果良好，赢得学生的好评和同事的肯定。

作为课题组主要成员，参加教育部人文社会科学重点研究基地重大项目“民族地区教育优先发展的职业教育支撑系统研究”子课题的研究，参加省教育厅规划项目课题“民族地区高职院校德育生态化建设研究”的研究。主持完成2013年首届贵州省教育科学规划课题“黔东南教育‘9+3’计划实施保障机制的构建”课题、省教育厅高校人文社会科学研究专项课题“苗族民间文学代表性传承人保护与培养研究”和“苗族民间文学作品中的女性形象探析”；完成院级重点课题“教育人类学视野下苗族古歌教育功能的研究”。在省级以上公开出版学术期刊发表论文30余篇，其中核心期刊发表4篇。

多次被评为院级“先进教育工作者”“优秀辅导员”“优秀党务工作者”“优秀兼职辅导员”和“优秀共产党员”。2008年7月，获全国青少年主题教育“激情奥运，阳光校园”读书征文活动辅导三等奖荣誉证书。

欧祥林

欧祥林，侗族，1954年生，贵州榕江县人，无党派人士，教授。

1980年，毕业于四川医学院口腔医学系（现四川大学华西口腔医学院），同年分配到黔东南州卫生学校（现黔东南民族职业技术学院）工作。工作以来，一直从事口腔科医疗及口腔专业教学工作。工作期间，先后到遵义医学院和四川大学华西口腔医学院进修学习。历任主治医师，副主任医师、副教授，教授。口腔教研室主任，医药技术系副主任，临床医学系副主任，口腔医学系副主任，学院附属口腔医院院长等职务。贵州省口腔医学会会员，国际牙医师学院院士。

作为学院口腔系创始人和学科带头人，双师型教师，在30多年的教学工作中，根据职业教育的特点，强化实践教学，注重应用型人才的培养。在国内中文核心期刊和其他公开期刊发表论文20余篇；主持和参与省级及院级科研课题7项；参编卫生部规划教材2本。

杨胜坤

杨胜坤，苗族，1967年10月生，贵州榕江县人，中共党员，本科学历，理学学士，教授，临床医学系党总支书记。

1982年9月至1985年7月，就读于榕江县第一中学，1985年9月至1990年7月，就读于西南师范大学历史系、生物系。1990年8月至2001年12月，在黔东南州卫生学校任教。2002年1月至2002年12月，挂职镇远县金堡乡乡长助理。2003年1月至2004年4月，任学院医卫系学生科负责人兼生物学教学工作。2004年4月至2005年5月，任学院旅游系负责人兼教学工作。2005年5月至2008年7月，任学院医卫系副主任、系总支委员、总支负责人并兼教学工作。2012年12月晋升教授。

主要从事医学生物学、医学遗传学基础、医学心理学、大学生心理健康教育和大学生就业指导等课程教学。2008年主持完成院级科研课题“学生团队建设及熔炼途径探索”；2012年主持完成省教育厅人文社科课题青年项目“民族地区高职院校新生的期望值研究”。

先后公开发表专业、思想政治教育及心理学研究等论文17篇，其中有3篇登载于中文核心期刊。参编《心理修养与成才》全国大、中专学校素质教育教材和《医用生物学》中等卫生学校教材。

多次被评为校级优秀班主任，优秀辅导员、优秀共产党员和先进党务工作者。为凯里市产业发展指导专家库成员，全国“爸妈在线”心理网咨询师，凯里多彩婚恋交友中心心理顾问。

吴开岑

吴开岑，侗族，1965年1月出生，贵州岑巩县人，中共党员，大学学历，教授职称，州管专家。

1980年，就读岑巩中学；1983年，考入贵州农学院林学系林学专业学习；1987年7月，加入中国共产党，同年8月分配到黔东南州民族林业学校任教；1992年，任学生科副科长；1993年，评为讲师；1995年，转任培训部副主任兼教务科副科长（期间1994年8月至1996年7月挂职扶贫，任黎平县坝寨乡党委副书记）；1999年，获高级讲师；2002年至2005年，在校办企业黔东南生态园林公司任总工程师，从事园林建筑工程施工，期间获水工二级项目经理、园林二级建造师证书；2005年，任学院科技工程系副主任；2008年，任生物与环境工程系主任；2013年后，任建筑工程系主任，是年12月晋升教授；2016年，入选黔东南州管专家。

吴开岑带领全系师生，将生物与环境工程系从仅有几十名学生和3个涉农专业，发展到学生规模达1300余人，学科涉及农业、汽车、机电、建筑4个大类涵盖农工8个专业，形成农林、畜牧、汽车、机电、建筑等专业教学团队，为学院工科专业发展奠定基础。

参加科研教研工作，发表《贵州黔东南地区蕨类植物区系初探》《以就业为导向，加强少数民族地区高职生综合职业素质培养》等论文10余篇；负责林业技术专业中央财政支持高等职业学校提升专业服务能力项目和院级质量提升工程项目等多个项目建设；2011年，指导学生参加全国职业技能大赛获农业项目三等奖。

李魏飞

李魏飞，女，汉族，1965年10月生，贵州镇远县人，农工党员，教授。

1977年9月至1980年7月，就读于镇远二中；1980年9月至1982年7月，就读于镇远一中；1982年8月至1986年7月，就读于贵州省农学院林学系；1986年8月至1990年8月，在镇远县林业局工作；1990年，调到森工技校从事教学工作；1994年，黔东南州民族林业学校与技校合并后从事教学工作；2001年后，在学院生物与环境工程系从事教学工作；2014年12月，晋升教授。

2013年，申报并主持“涉农高职毕业生就业探究”项目研究；2015年，成功申报“涉农高职生创业教育探究”项目研究；校企合作“中草药配方在散养土鸡常见疾病中的防治研究及应用示范”课题立项。参与黔东南州科技计划“苗族多彩姊妹饭软罐头保持工艺研究”项目的研究。合著《黔东南林区病虫普查名录》，连载发表在《贵州林业科技》。论文《凯里市建立马尾松林基地的可行性及在经营中存在问题的解决办法》《浅析2008年贵州冻雨成灾的原因》《对屋顶绿化的探析》《浅析树木的支撑方法》《浅析融雪盐带来的危害和预防措施》《萘乙酸对铜胁迫下刺槐幼苗生理特性的影响》

《柑橘的高接换冠技术要点》《谈谈自然保护的必要性和保护措施》《植物生长调节剂对刺槐种子萌发及幼苗生长的影响》《马尾松种子萌发期的内源激素和酶活性变化》《涉农高职毕业生就业调查及分析》《高职院校涉农专业学生创业能力的培养途径》先后发表在《中国高新技术企业》《北京农业》《农业与技术》《贵州农业科学》《科技创新导报》等刊物上。

1988年，在发展黔东南经济林现场操作技术比赛中获第二名，1989年，在黔东南林区病虫普查中，《黔东南林区病虫普查名录》的调查结果及论文获全省科技成果奖第二名。

刘光梓

刘光梓，侗族，1963年12月生，贵州锦屏县人，中共党员。

1987年7月，毕业于贵州民族学院政治理论专业，取得法学学士学位。1987年8月，分配到黔东南州卫生学校工作，专任思想政治课教师。2002年5月后，先后任学院医卫系、医药技术系副主任，马克思主义教研室副主任。2006年4月至2008年5月，西南大学研究生课程班毕业，2012年、2013年，在省委党校参加省哲学社会科学骨干教师培训。2005年，获得高级讲师职称，2009年，取得贵州省高教系列政治专业副教授职称资格，2015年12月晋升教授。

长期从事思想政治教学工作。独立讲授思想道德修养与法律基础、毛泽东思想和中国特色社会主义理论体系概论、职业生涯规划、形势与政策、职业道德与法律等课程。先后在国内各种期刊发表学术论文20余篇。其中《国学教育对于高等院校学生人文思想的培养作用》《治国、安邦、持家之经典——“三字经”的思想教育内涵》《高职院校大学生人才思想政治教育改进策略》《学校为主体的青少年思想道德建设》等论文在全国中文核心期刊《语文建设》《中国人才》《中学政治教学参考》上发表；《全球化背景下高职思政工作研究》《马克思实践辩证法对构建社会主义和谐社会的意义》《情感教育法在政治学科教学中的应用分析》《信息化下的高职院校学生思想工作的挑战与对策》《探究高校思想政治理论课教师队伍建设》《邓小平的国家文化建设思想与实践路径研究》《以立德树人为根本增强高职学生思想政治教育的实效性》《企业文化背景下高职学生职业素质研究与实践》先后发表在《哈尔滨师范大学社会科学学报》《中国校外教育》《长春理工大学学报》《凯里学院学报》《佳木斯教育学院学报》《南昌教育学院学报》等期刊。

张 敏

张敏，女，侗族，1964年9月生，贵州镇远县人，教授。

1983年8月参加工作，贵阳医学院临床医学专业毕业；学院临床医学教授、眼科主治医师、养老护理员高级考评员。1980年至1983年，在黔东南州卫生学校护理专业学习；1983年至1985年，在黔东南州卫生学校附属医院外、产、五官科从事临床护理工作；1986年至1987年，在贵阳中医学院第二附属医院麻醉科进修学习；1987年至1993年，在黔东南州卫生学校附属医院主要从事麻醉工作、兼护理及药房工作；1993年至1995年，在遵义医学院临床医学专科学习（脱产）；1995年至2000年，在黔东南州卫生学校五官科教学（2000年晋升讲师）；2000年至2001年，在四川大学华西医院眼科临床进修学习；2001年至2002年，在州人民医院眼科学习；2003年至2005年，在学院附属医院五官科临床工作（其间：2003年通过临床执业医师考试）；2006年至2009年，在贵阳医学院临床医学本科在职学习；2006年至2015年，在学院从事教学工作。2010年，晋升副教授；2012年，通过职称资格晋升考试取得眼科主治医师资格；2014年，考取养老护理高级考评员资格；2015年12月，晋升临床医学教授。主要担任五官科学、五官科护理学、中医五官科学、急救护理学、护理药理学等学科理论及实训教学，五官科实训室的创建及管理；历任民护002班、卫Ⅳ96009班、妇幼98011班、高护023班及成教班主任。

专业上能独立完成五官科常见病的诊治工作，如睑内翻矫正术、翼状胬肉切除联合结膜移植术、眼球摘除术、白内障、青光眼手术、扁桃体微波治疗消融术、鼻息肉摘除、舌下囊肿摘除术；能独立完成颈丛、臂丛、椎管、静脉复合麻醉及各种阻滞麻；能独立完成临床常用护理操作技术；1990年曾成功救治一例无钱住院病危的新生儿破伤风病人。

任副主编出版教材《眼耳鼻咽喉口腔科护理学》第一、二、三版，由第四军医大学出版社出版，完成书稿13万余字。先后发表论文15篇，其中有5篇发表在北京大学核心期刊。

多次获得先进教师、优秀教师、优秀教学奖，2012年课程整体设计比赛一等奖、人才培养质量提升工程项目先进个人等。

王艳兰

王艳兰，女，侗族，1965年1月生，贵州天柱县人，教授。

1985年7月，毕业于黔东南州卫生学校；1985年8月，留校担任电教工作。1996年9月，考入贵阳医学院临床医学专业脱产专科学习；1999年7月，毕业回到黔东南州卫生学校基础护理教研室任专任教师；2001年9月，考入贵阳中医学院护理学专业学习；2004年7月，本科毕业。学院成立后，任护理系专任教师；2015年12月，晋升教授。

主要承担学院护理系护理和助产专业学生的基础护理学、老年护理学、营养与膳食等课程的教学任务。曾三次获得学院教学质量测评优秀奖。2011年，被评为学院优秀教师。

从2009年开始，每年参与学院护理系组织的护士执业资格考试前培训辅导，所辅导的学生护士执业资格考试通过率均在90%以上；承担学院成人继续教育处组织的养老护理员、家政服务员培训的教学任务或考评工作，所培训的学员获证率达100%。参与指导学生参加校内、贵州省和全国职业院校护理技能操作大赛的赛前指导，在2013年贵州省职业院校技能大赛暨全国职业院校技能大赛选拔赛中，分别被评为护理技能中职组和高职组优秀指导教师奖。2010年至2012年，分别参加第四军医大出版社出版的全国医药类高职高专护理专业“十二五”规划教材《基础护理学》第二版和《老年护理学》第一版的教材编写，并担任第二主编和副主编；2011年6月，参与校本教材《护理技术》和《护士执业资格考试辅导教材及同步练习》的编写，个人完成编写12万字。2011年，主持“行动导向教学在基础护理教学中的实践研究”院内课题并结题；2014年9月，主持申报的贵州省教育厅高校人文社会科学自筹资金项目“护理程序在农村中老年人营养健康教育中的实践研究”课题获得立项，并于2015年10月结题。在国内公开发行的专业学术杂志上发表论文12篇。

李民和

李民和，苗族，1971年2月生，贵州台江县人，中共党员，教授，本科文凭，农学学士。

1991年9月至1995年7月，在贵州农学院林学系林学专业学习。1995年9月至2001年8月，任专职教师。2001年9月至2011年8月，任学院生物与环境工程系汽车专业教研室主任（其间，2002年12月至2003年12月，在锦屏县彦洞乡党建扶贫挂职乡长助理）。2011年9月至2013年8月，任学院技能实训中心工科实训室主任。2013年9月至2015年12月，任学院汽车与机电工程系副主任，其间，2015年9月被遴选为教育部高等学校青年骨干教师国内访问学者，到清华大学汽车工程系访问学习1年，是年12月，晋升教授。

2011年主持的“汽车底盘构造与维修”精品课程建设获省级精品课程；编写校本教材4本，其中公开出版教材2本；发表《立足少数民族地区实际，开创高职教育新局面》《汽车传感器的“识、讲、检”三步教学法》等学术论文29篇，其中4篇发表在中文核心期刊上。主持贵州省教育厅人文社会科学科研课题“经济欠发达地区职业院校学生顶岗实习研究”；参与贵州省教育厅人文社会科学科研课题“少数民族地区职业院校技能大赛与专业教学融合路径研究”；参与国家火炬计划产业化示范项目“碳化硅壁流式峰陶瓷柴油微粒过滤器产业化”项目研究；参与国家自然科学基金项目“高效长寿命氢燃料电池动力系统”研究工作。

被评聘为黔东南州人民政府“扶贫产业专家”；贵州省人民政府“评标专家”；贵州省质量技术监督局机动车检测实验室资质认定“评审员”；凯里机动车检测站司法鉴定所“司法鉴定专家”；黔东南州道路运输行业协会道路运输企业安全生产标准化达标考评机构“考评员”。

2008年，中等职业学校专业骨干教师国家级培训学员公开课比赛获一等奖；2011年，参加全国汽车职业院校课程设计大赛获二等奖；在省级示范院校学院工作中被评为“先进个人”；分别于2008年、2009年、2010年、2014年被贵州省教育厅评为“优秀指导教师”。

李雪萍

李雪萍，女，汉族，1965年6月生，贵州黄平县人，教授。

1984年至1989年，在贵阳医学院临床医学系学习；1989年至1992年，在黄平县医院妇产科工作；1993年至2001年，在黔东南州卫生学校工作任助教；2002年后，在学院工作，先后在贵阳医学院附属医院、州人民医院脱产进修妇产科临床。

主要从事妇产科教学及临床工作，并担任妇产科学、妇产科护理学、产科学及护理、临床医学概要等多门学科的教学，每学年学时均在300学时以上。从教20多年来从未脱离临床实践工作，成为学院二级双师型教师，在2012学年度至2013学年度被评为优秀教师，2014学年度至2015学年度被评为先进教师。2016年12月晋升教授。

教学工作之余撰写发表论文多篇，主要有《产科医生如何指导产妇选择分娩方式》《米索前列醇联合催产素与单纯使用催产素预防产后出血疗效比较》《68例腹腔镜治疗宫外孕与开腹手术治疗宫外孕的临床比较》《分析腹腔镜联合药物治疗子宫内膜异位症的临床效果探讨》《保妇康栓配伍小剂量雌激素治疗老年性阴道炎临床观察》《助产专业发展中存在的问题及对策》《利用妇产科教学优势开展高职医学生性教育探索》《孕宫Ⅰ号联合氨甲蝶呤、米非司酮保守治疗异位妊娠的有效性与安全性研究》。

担任副主编于2010年、2012年、2014年参加全国医药类高职高专护理专业“十二五”规划教材《妇产科护理学》的编写工作。2013年，申报并主持省教育厅高校人文社会科学研究项目《在妇产科教学中融入学生性教育的探索与研究》。

邹黔荣

邹黔荣，女，侗族，1965年6月生，湖南新化县人，本科学历，中共党员，档案馆馆长，研究馆员，贵州省档案专家库专家。2020年7月退休。

1984年8月参加工作。在工作中积极主动，任劳任怨，乐于奉献，为档案事业作出一定贡献：档案制度建设，先后制订原四所中专学校及学院系列管理制度8万余字；多年来，在《兰台世界》《中国档案》《党史博览》《贵州档案》《黑龙江档案》《办公室业务》等刊物发表论文20余篇，其中在核心刊物发表3篇；主持科研课题2项，其中2011年主持省级科研课题《档案整理装订装具的改革研究》，通过调研、实践、使用，发明了“卷件合一的档案装订夹”，2012年11月，获国家实用新型专利。此专利得到20余家单位的好评，生产的系列产品得到推广应用。2013年12月，“卷件合一的档案装订夹”获贵州省第二届产品创新设计大赛“优秀作品奖”。另一项是：2016年《对高职院校档案利用新常态的研究——以黔东南民族职业技术学院为例》在贵州省教育人文社科立项；编研工作：为贵州省教育厅、黔东南州教育局及黔东南州档案局撰写5万多字档案史料及提供图片资料。为上级单位修史编志提供3万多文字材料。为《学院志》编写大事记、组织沿革、数据汇编、历届毕业生名录，撰写学院党委志、党政办志、综合档案志、人事档案专记等20多万字并提供图片资料190幅及学院年鉴编撰工作；为校史馆编写校史馆陈列大纲10165字、提供图片资料390幅、实物档案200多件，并进行布展及编写解说词。

工作以来，多次获得荣誉，先后获先进工作者、先进个人、优秀共产党员、全国优秀档案工作者、三八红旗手、黔东南州拔尖人才等荣誉称号。2016年12月，入选为“贵州省档案专家库专家”。

杨亚琴

杨亚琴，女，土家族，1973年11月生，贵州铜仁市人，农学学士，管理学硕士，教授。

1993年9月至1997年7月，在贵州农学院林学专业学习，1997年10月至2001年8月，任专任教师；2001年9月，以后任学院专任教师，其间1998年10月，被评为助理讲师；2003年12月，被评为讲师；2008年12月，晋升副教授；2009年4月至2013年5月，在贵州大学企业管理专业在职研究生学习；2014年，为国家职业技能鉴定园林工高级考评员；2015年2月，为花卉园艺师高级技师；2016年12月，晋升教授。

主持“少数民族地区职业院校技能大赛与专业教学融合路径研究”省教育厅科研课题1项。发表《不同林龄油茶生理特性及其根区土壤性质研究》《不同园林绿化植物对土壤重金属的吸收富集研究》《“四旁”毛竹开花原因调查及复壮试验》《锦屏县黄秋坡股份制集体林场产业结构调整探索与实践》等学术论文17篇，其中3篇在中文核心期刊上发表。

2015年1月，获贵州省人民政府农业、林业工程类评标专家证。

在2008学年度至2009学年度，被评为学院优秀班主任；2010学年度至2011学年度，被评为优秀教师；2014学年度至2015学年度，被评为先进教师。

张绍敏

张绍敏，女，汉族，1972年8月生，贵州遵义市人，本科学历，中共党员，护理系综合办公室主任。护理学教授，主管护师，老年照护师，健康管理师，高级美容技师，高级育婴师。

1995年9月参加工作，主要从事基础护理学、老年护理学、护理学导论、护理礼仪、康复护理等课程教学及养老护理员的培训和鉴定工作。主编教材4部、参编教材1部，主持省教育厅课题2项、参与省厅课题2项，实用新型专利3项，在省级刊物上发表论文10余篇。多次获得省级技能大赛优秀指导教师、州级优秀教师、院级技能操作能手、先进教育工作者、职教名师等称号。2017年12月晋升教授。

2016年至2020年，为基层医院进行急救技能公益培训22场，培训人数1000余人；为贵州省红十字会培训养老护理员2期100余人，为移民搬迁贫困户培训老年护理5场300余人；为社区居民培训养老护理技术1场，35人；为养老机构护理员培训4场30余人；为基层医院培训护理礼仪1场100余人。

张华坤

张华坤，汉族，1971年8月生，贵州雷山县人，本科学历，医学学士，口腔正畸副主任医师，教授。

1991年9月至1996年7月，在遵义医学院临床医学专业本科学习；1996年8月，在黔东南州卫生学校工作。其间，1999年8月至2001年2月，在遵义医学院口腔医院脱产进修教学及临床；2005年10月至2006年10月，在武汉大学口腔医学院脱产进修学习口腔正畸临床；2014年，通过统一考试及专家评审取得口腔正畸副主任医师资格；2018年12月，晋升教授，具有正高职称的“双师型”口腔专业教师，是学院口腔医学专业省级骨干专业申报的专业带头人。

2015年，获贵州省第二届教育科学研究优秀成果奖三等奖；2018年，获贵州省职业教育省级教育成果奖一等奖和职业教育国家级教学成果奖二等奖。

在国家级杂志上发表论文12篇，其中3篇为北大核心期刊，编写教材三本，其中两本为人民卫生出版社规划教材。参与完成省教育厅课题1项，主持黔东南州科技局科研项目1项，获授权专利2项。主要从事口腔青少年牙齿矫正、口腔医学美学教学科研、口腔微距摄影研究。

现为中华医学会会员，中华医学会口腔正畸专业委员会专科会员，贵州省口腔医学会正畸专业委员会常务委员，黔东南州口腔医学分会常务委员。

闻　芳

闻芳，女，侗族，1973年10月生，贵州黎平县人，硕士研究生，旅游与商务管理系主任、教授。

主要从事旅游与商务管理的教学、科研和管理工作。先后获得国家级教学成果奖二等奖2项，省级教学成果奖一等奖2项、三等奖1项，获技能大赛优秀指导教师省级一等奖1次、二等奖2次；主持、参与教育部课题2项，主持贵州省科技厅重大科技项目1项，省社科联理论创新项目1项，公开出版教材著作4部，在国家公开刊物发表论文近10篇；是省级开放实训基地、省级特色骨干专业群、国家级骨干专业、全国职业院校旅游类示范专业点、全国校企合作示范基地项目负责人。2018年12月，晋升教授。

现为黔东南州旅游标准化技术委员会委员、贵州省首批专家导游、省级职教名师、国家级导游员、国家高级礼仪培训师、礼宾师、全国专业人才教育专家委员会礼仪委员、全国导游人员资格考试面试考官。2018年，被贵州省委、省人民政府评为贵州省优秀教师。

吴晓燕

吴晓燕，女，苗族，1976年10月生，贵州三穗县人，本科学历，教授，学院财经系副主任。

主要从事财会专业的教学与研究，先后担任会计专业、财务管理专业带头人，主讲基础会计、初级财务会计等专业核心课程。主持、参与完成校级精品课程1门、省级精品课程3门、省级精品资源共享课程1门、省级精品在线开放课程2门，主编出版专业教材4部，撰写学术和教育教学论文10余篇，主持、参与省、市、校级科研课题5项，指导、评审各类大赛5次。2019年12月，晋升教授。曾获贵州省职业技能大赛学生技能竞赛优秀指导教师、黔东南州优秀教师、质量提升工程先进个人、技能操作能手、校级职教名师等荣誉称号。

黄　刚

黄刚，汉族，1976年12月生，湖南隆回县人，中共党员，本科学历，理学硕士学位，教授，学院植物组织培养中心主任。

1990年9月至1994年7月，在黔东南民族农业学校农学专业学习。1994年8月至2001年8月，在黔东南民族农业学校工作（其间：1997年4月至1999年12月，在贵州大学农学专业学习；2000年9月至2002年7月，在贵州教育学院公共事业管理专业本科学习）。2001年8月至2014年4月，在学院任教师（其间：2006年4月至2008年5月，在西南大学教育经济与管理专业研究生课程进修班学习；2009年3月至

2012年6月，在贵州大学生物化学与分子生物学专业攻读硕士学位）；2005年12月，评为实验师；2008年11月，评为高校讲师；2012年12月，评为副教授。2014年4月，任学院植物组织培养中心主任。2019年12月，晋升教授。

2012年5月至2015年9月，主持贵州省科技厅“草莓脱毒快繁关键技术研究与应用”和“施秉太子参常规丰抗品种培育与高产示范”“白芨组培快繁关键技术研究与应用”项目获得立项。2011至2013年，参与施秉道地中药材产业科技合作专项项目——“太子参种源筛选及种源基地建设”“太子参脱毒种参的组培繁殖生产”“脱毒太子参种参繁育与生产技术应用示范”“施秉县道地中药材研究成果汇编及道地中药材生产技术丛书编写”。2014年，开展黔东南州科技计划项目“蓝莓营养需肥特性研究及其在平衡施肥上的应用”等的研究工作。发表相关论文11篇，其中，发表在中文核心期刊2篇。参与研究的“草莓组培快繁技术体系及推广应用研究”成果，获2011年度黔东南州科技进步三等奖。2015年5月，被科技部授予“优秀科学使者”称号。

杨彩鸾

杨彩鸾，女，侗族，1970年12月生，贵州天柱县人，中共党员，本科学历，教授。

1997年7月，毕业于贵阳医学院临床医学专业，毕业后在学院从事临床医学专业诊断学、内科学教学和临床工作。其间，1999年，考取执业医师资格；2001年7月至2002年7月，在黔东南州人民医院心血管内科进修学习及带教；2002年7月至2007年4月，在学院附属医院工作（其间：2003年考取内科主治医师，2005年5月至2006年5月在贵阳医学院附属医院心血管内科进修学习）；2007年7月至2019年4月，任学院内科教研室主任（其间：2010年12月晋升为副教授，2011年5月加入中国共产党，2016年9月至2017年3月在黔东南州人民医院心血管内科进修学习）；2019年4月，为临床医学专业学科带头人，是年12月晋升为教授。

2011年始，参与省教育厅高校人文社会科学研究项目“高职医学教育核心竞争发展力瓶颈要素相关性研究”课题研究，撰写论文获得第十届全省职业教育优秀论文三等奖。是贵州省首届科学教育规划课题“行动导向教学中通过病例实施启发式教学提升民族地区高职医学教育质量的探究”（编号2013B164）负责人。是2018年贵州省人才培养质量提升工程项目中临床技能开放实训基地项目的负责人，并承担该项目申报资料的编写、现场评审汇报和答辩、项目建设和验收工作。完成教材《内科疾病诊疗》《诊断学》的《课程标准》《课程整体设计》《考核方案》《病例库》《电子讲义》《教学课件》《在线试题库》等教学资源的建设。其中，担任“内科疾病诊疗”精品课程负责人，该精品课程2012年建成院级精品课程建设，2013年建成省级精品课程建设。2009年参与完成“临床诊断基本技术”省级精品课程建设。主编《内科疾病诊疗》校本教材1本，2012年8月由北京大学医学出版社出版。

多次参加省医学会举办的“心血管学术年会”及各种心内科学术交流会、省内外举办的相关职业教育改革研讨会，2012年9月，出访新加坡学习《职业教育教学理论与实践》培训。分别于2008年、2009年、2011年、2013年、2014年、2017年、2019年年度考核评为优秀等次，2011年、2012年、2014年、2016年被评为优秀教师。2013年，主持“内科疾病诊疗”省级精品课程建设并获得先进个人；2016年及2017年，分别获得“贵州省人才培养质量提升工程项目”先进个人和“校级职教名师”称号；2017年，被学院学术委员会聘为第四届学术委员会副主任委员。2018年，获得“健康中国视阈下高职医学教育病例分析中岗位业态的构建”教学成果院级优秀奖。

发表论文14篇，其中3篇发表在中文核心期刊。

张 森

张森，男，1982年10月生，陕西咸阳市人，临床兽医学硕士，教授，中国畜牧兽医学会会员，国家执业兽医师，动物疫病防治员一级技师。

2000年9月至2004年7月，在西南农业大学动物医学专业学习，获得农学学士学位；2004年9月至2008年7月，在中国人民解放军军需大学（后并入吉林大学）临床兽医学专业学习，获得农学硕士学位；2008年8月至2010年，任学院生物与环境工程系畜牧兽医专业专任教师；2010年至2019年，任畜牧兽医专业教研室主任；2019年，任生物与环境工程系副主任，12月晋升教授。

工作中，主要担任学院畜牧兽医专业中兽医、动物外产科技术、动物传染病防治技术等课程的教学以及从事民族兽医药研究与应用、畜牧兽医职业教育研究。先后主持“苗药对母猪催乳的应用研究”“芦荟保健对‘苗寨猪’无抗生态养殖技术的应用研究”“苗药防治新生仔猪腹泻的应用研究”“少数民族山区生态文明理念下现代畜牧业可持续发展模式的研究”“非洲猪瘟实验室诊断方法的构建”等科研项目5项。其中，前三项已结题。以第一作者发表论文8篇，其中中文核心期刊7篇；参编教材一本，主编教材一本。

2012年，被黔东南州聘为产业扶贫专家、黔东南州科技咨询专家、凯里市科技咨询专家。2016年，获学院“职教名师”称号，是年，指导14级畜牧兽医学生马佳、林鑫代表贵州省参加全国职业院校技能大赛，获高职组鸡新城疫抗体水平测定项目团体三等奖；2017年，指导2016级畜牧兽医学生丁宗铭、李江燕参加职业院校技能大赛——高职组鸡新城疫抗体水平测定项目，获贵州省团体一等奖；代表贵州省参加全国大赛，获团体三等奖；2017年，获黔东南州“优秀教师”称号和中国新时代临床兽医教育“优秀园丁奖”。

代表委员

杨凤安

杨凤安，侗族，1955年3月生，贵州榕江县人，民盟盟员，大学学历，副教授。政协黔东南州第九、十、十一届委员会委员。

1978年9月至2001年7月，在黔东南州卫生学校任教；2001年8月至2015年3月，在学院任教。

先后任政协黔东南州第九、第十届委员会常委、第十一届委员会委员。在担任州政协委员期间，调研反映社情民意多项。“关于解决榕江县八开中学学生宿舍存在安全隐患问题的建议”得到州政府的高度重视，拨款10万元修建防洪堤；“关于解决从江县加勉乡民族中学住校生缺乏学生用床的建议”得到州教育局领导的高度重视，拨款4万元购买100套高低铁床，解决200多个住校生长期睡地板的问题；“关于拆除州林汽中心花园的建议”得到凯里市政府的高度重视并实施拆除；“关于立即关闭凯里经济开发区冶炼厂的建议”列为州十一届政协三次会议第156号提案，州人民政府责成州环境保护局调查处理，将其中贵州明鑫冶金有限公司、贵州瑞邦硅业有限公司、贵州亚华实业有限公司、贵州凯丰矿业有限责任公司4家铁合金企业实施关停，初步解决凯里经济开发区局部空气污染的问题。

从事教育工作40年，在学院工作期间获优秀班主任、先进教师、先进教育工作者等称号。撰写论文10篇，其中发表在核心期刊3篇，《浅论高校班主任与班集体建设》发表在《教育探索》2010年第2期；《高职文科生学习高数问题探析》发表在《山西财经大学学报》2010年第1期；《刍议数学教学中的证明》发表在《教学与管理》2010年第2期。

李树禄

李树禄，汉族，1965年10月生，贵州遵义市人，民进会员，本科学历，主治医师，民进黔东南州委副主委，学院技能实训中心副主任（主持工作），政协黔东南州第十二届委员会委员。

主要从事儿科临床和《儿科学》《儿科护理学》等课程教学，副主编、参编高职高专《儿科学》（北医大出版社）和《儿科护理学》（第四军医大出版社）教材各一本，作为主要参加人参研贵州省教育科学规划省级课题1项，在国内学术期刊发表论文3篇。

2020年4月，在政协黔东南州第十二届委员会第五次会议上当选为州政协委员，围绕党委政府的中心工作履好职，关注社会民生热点，经过调研，作为主要执笔人申报完成中共黔东南州委重大课题“人口老龄化背景下养老服务产业发展研究——以黔东南为例”获三等奖。协助完成民进贵州省委承办中共贵州省委调研课题“盘活工业园区资产研究”，并完成《盘活工业园区资产——以黔东南为例》调研报告；在黔东南州政协第十二届第五、六次会议上撰写《关于加大职业院校中高职贯通培训技术人才力度的建议》《加快我州申报国家医师资格考试（临床类）实践技能考试基地的建议》《关于加强农村产业人才队伍建设促进我州乡村振兴的建议》提案3项。

谢　宏

谢宏，侗族，1969年8生，贵州贵阳市人，民建会员，本科学历，护理系主任，副教授，政协黔东南州第十二届委员会委员。

主要从事儿科护理学、卫生法规、形势政策等课程教学，主编《儿科护理学》等公开教材5本，参研省级课题2项，主持市级课题2项，在国内学术期刊发表论文8篇。

2017年2月，任职政协黔东南州第十二届委员会委员后，先后个人提交“关于普及中学生及中职生徒手心肺复苏急救知识的提案”“关于提升社区卫生服务能力的建议”“关于成立黔东南州急救培训联盟的建议”“关于普及全州大中小学生急救知识教育和培训的建议”的提案或建议；联名提交“关于如何快速推动我州中医药、苗侗医药发展的建议”“关于事业单位专业技术人员培训费报销的建议”的建议。

现为中国职业技术教育学会教学工作委员会医护专业教学研究会（高职）、全国医学高职高专教育研究会护理教育分会委员。

先进模范

姚民英

姚民英，女，苗族，1941年10月生，贵州榕江县人，中共党员，本科学历，高级讲师，1996年度享受国务院政府特殊津贴。

1963年8月，贵州农学院土化专业毕业，分配到榕江县农业局工作；1965年7月，调黔东南民族农业学校任教；1982年至1984年，任黔东南民族农业学校土肥教研组组长（其间：1982年获讲师职称）；1984年至1990年2月，任黔东南民族农业学校教务科副科长（其间：1984年加入中国共产党，1987年评聘为高级讲师）；1990年2月至1998年8月，任黔东南民族农业学校主持工作副校长（其间：1996年选拔认定为享受国务院政府特殊津贴专家）；2000年3月退休。

工作期间，主要讲授土壤学附地质学、土壤农化分析、土地肥料学等学科的教学与科研工作。1970年3月至1976年，参加州科委、州农业局组织实施的生物防治和紫云英根瘤苦肥等的试验、示范和推广工作。1985年参加黔东南州雷公山自然保护区科学考察团地学组野外取土工作以及参加《雷公山区土壤的宜林评价》的编写；参加州农业局主持的1979年至1987年贵州省第二次土壤普查三穗试点及全州土壤普查；参加《贵州土壤》《黔东南土壤》的编写工作。1987年，参加省、州农业局黄平县土地利用现状调查试点工作和参加农学院、州农业局“黄平县土地总体规划”，分别撰写《黄平县土地利用现状调查报告》和《黄平县土地资评价》部分。1997年至1999年，于省农业厅争取到三期“贵州持续农业培训项目”；1998年，于州农业局争取到5万元项目经费建立黔东南民族农业学校“植物组织培养实验室”。

1981年，参与完成黔东南低产田调查项目、撰写《黔东南几种主要低产的改良及利用》获省科技成果三等奖；参与完成的“黔东南州第二次土壤普查三穗试点”获“州科技成果二等奖”；1987年，参加完成的“黔东南州土壤硼、锌、钼、硫元素，普查及施用技术调查研究”项目获省科技进步二等奖，“利用航卫电判译编制土地利用现状图”项目获“省科技进步四等奖”；1992年，参与完成的“主要生态环境对柑橘品质影响的调查研究”项目获州科技进步二等奖；撰写专题报告《黔东南几种主要低产的改良及利用》《黔东南土壤硫的含量及硫肥的施用》载于《中国土壤的合理利用和培肥》文集中。

1983年，被省农委评为省农委系统教育战线先进工作者；1984年9月，被贵州省委、省农委评为优秀教师；1985年，在省中专农牧学校教学质量检查中被评为先进工作者；1986年1月，获评为州直行政事业单位先进工作者，2月获评为州直机关优秀共产党员，是年，被省农业厅、省教育厅评为优秀教师；1994年，被省农业厅评为优秀教师。

1984年和1988年，分别参加在西安和南昌召开的第五次和第六次“中国土壤学会代表大会暨学术年会”，是中国土壤学会会员、贵州省土壤学会理事；1993年11月，出席中国共产党贵州省第七次代表大会。

1993年10月，受聘为州职称改革工作领导小组州中专教师中级专业技术职务评审委员会委员；1993年12月，受聘为省教委职称改革工作领导小组省中等专业学校教师职称评审组成员；1995年9月，受聘为贵州省农业厅省农业中专教育督导。

王兆石

王兆石，汉族，1946年3月生，江苏丹阳市人，中共党员，本科学历。

1969年8月，毕业于上海医科大学；1970年8月，分配到贵州黎平县工作；1984年，加入中国共产党。1996年以前，先后任黎平县区医院副院长、院长，县人民医院院长，县卫生局局长，县委副书记，县人大常委会主任等职务。其间，1986年，被中共贵州省委授予“优秀共产党员”称号，同年被卫生部授予“全国卫生文明建设先进工作者”称号；1992年，被中国红十字会总会授予“1991年抗洪救灾先进个人”称号。

1996年4月至2002年5月，任黔东南州卫生学校副校长、党委副书记、纪委书记。2001年9月，任学院医卫生系总支书记、系主任。2003年，获州教育局授予“全州职业教育先进个人”称号。

屈维彪

屈维彪，汉族，1957年7月生，湖南衡阳人，中共党员，高级讲师，学生处处长。

1981年7月和1987年7月，先后毕业于黔东南民族农业学校和沈阳农业大学。1981年9月至2002年4月，在黔东南民族农业学校任教，主要承担作物遗传学、作物育种学、田间试验与生物统计课程教学。在教学上，既注重基本理论的讲授，更注重理论与实际的结合，有效地组织学生开展一系列的科研、试验，从试验设计到田间区划、农事操作、观察记载、收集资料、数据处理直至综合报告。2000年，获高级讲师职称，2009年，任学院学生处处长。2002年5月至2015年，主要从事学生管理和大学生思想政治教育工作。

1994年，获州科技进步三等奖1项。1995年在宁安和1997年在北京两次出席中国青年农学学术年会。发表专业论文近20篇，管理类文章近30篇。《再论合并升级高职院校学生工作——黔东南民族职业技术学院学生工作的实践与探索》论文获中国高等教育学会学生工作研究分会2008年度全国高校学生工作优秀学术成果二等奖，《以人为本理念下的高职院校学生思想政治教育》论文获中国职业技术教育学会德育工作委员会优秀论文二等奖（2009）。2013年，主持完成贵州省教育厅高校人文社会科学规划课题“民族地区高职院校德育生态化建设研究”；出版专著《心灵的契合——新形势下民族地区高职院校学生工作研究》（光明日报出版社），获2014年度全国高校学生工作优秀学术成果二等奖。参编《高校德育：创新与发展成果选编——黔东南民族职业技术学院卷》（人民出版社，2011年）。

1984年和1988年，两次获评全省中等农牧学校优秀班主任；1992年，获评全省农业系统先进工作者；1994年，获评全省中等农牧学校优秀教师、农业部全国中等农业学校优秀教师，2000年、2003年及2006年，三次获得黔东南州直机关工委“优秀共产党员”称号，2009年，获评“优秀党务工作者”。2014年，被中共黔东南州委宣传部聘为黔东南州“理论走基层·惠民好声音”州级理论宣讲员。

职工名录

一、2002年3月至2020年12月学院领导班子名录

表下2-1-1

届　别	姓　名	性别	民族	籍贯	党派	学历	职　务	任职起止时间
第一任（2002.03—2004.12）	曾纪长	男	汉	江西吉安	中共党员	大学	党委书记	2002.3—2004.12
							院长	2002.3—2005.4
	余晓林	男	汉	贵州丹寨	中共党员	研究生	副书记、副院长	2002.3—2002.9
	李炳昌	男	侗	贵州黎平	中共党员	大学	副书记、副院长	2002.3—2010.9
	陈道明	男	汉	贵州黔西	中共党员	大学	党委委员、副院长	2002.3—2006.11
	王贵生	男	汉	山东茌平	中共党员	大学	纪委书记	2002.3—2015
第二任（2004.12—2008.06）	余晓林	男	汉	贵州丹寨	中共党员	研究生	党委书记	2004.12—2007.7
	曾纪长	男	汉	江西吉安	中共党员	大学	党委副书记	2005.1—2005.5
	吴　军	男	侗	贵州黎平	中共党员	博士	副书记、院长	2005.4—2013.10
	李炳昌	男	侗	贵州黎平	中共党员	大学	副书记、副院长	2002.3—2010.9
	陈道明	男	汉	贵州黔西	中共党员	大学	党委委员、副院长	2002.3—2006.11
	王贵生	男	汉	山东茌平	中共党员	大学	纪委书记	2002.3—2015
	陈文祥	男	布	贵州开阳	中共党员	大学	党委委员、副院长	2007.11—2010.3
第三任（2008.06—2015.05）	王家祥	男	彝	贵州三都	中共党员	大学	党委书记	2008.6—2015.5
	吴　军	男	侗	贵州黎平	中共党员	博士	副书记、院长	2005.4—2013.10
	陈文祥	男	布依	贵州开阳	中共党员	大学	副书记、院长	2013.11—2020.1
	潘盛荣	男	苗	贵州麻江	中共党员	大专	党委副书记	2008.12—2016.8
	李炳昌	男	侗	贵州黎平	中共党员	大学	副书记、副院长	2002.3—2010.9
	王贵生	男	汉	山东茌平	中共党员	大学	纪委书记	2002.3—2015
第四任（2015.05—2019.11）	陈文祥	男	布依	贵州开阳	中共党员	大学	党委委员、副院长	2007.11—2010.3
	杨政宇	男	侗	贵州三穗	民进	大学	副院长	2010.3—2014.1
	姜达峻	男	侗	贵州锦屏	中共党员	大学	党委委员、副院长	2010.8—2012.11
	曹庆旭	女	满	辽宁辽阳	中共党员	大学	党委委员、副院长	2011.2—
	杨　玲	女	土家	贵州岑巩	中共党员	硕士	党委委员、副院长	2014.6—2020.1

续表下2-1-1

届　别	姓　名	性别	民族	籍贯	党派	学历	职　务	任职起止时间
第四任（2015.05—2019.11）	张恩莲	女	布依	贵州贵定	中共党员	大学	党委委员、书记	2015.5—2019.12
	陈文祥	男	布依	贵州开阳	中共党员	大学	副书记、院长	2013.11—2020.1
	潘盛荣	男	苗	贵州麻江	中共党员	大专	党委副书记	2008.12—2016.8
	王贵生	男	汉	山东茌平	中共党员	大学	纪委书记	2002.3—2018.6
	吴一生	男	苗	贵州凯里	中共党员	大学	党委副书记	2018.6—
	曹庆旭	女	满	辽宁辽阳	中共党员	大学	党委委员、副院长	2011.2—
	杨　玲	女	土家	贵州岑巩	中共党员	硕士	党委委员、副院长	2014.6—2020.1
	罗春寒	男	水	贵州三都	中共党员	博士	党委委员、副院长	2015.5—
	吴文勇	男	侗	贵州黎平	民进	大学	副院长	2015.5—
	杨文富	男	苗	贵州凯里	中共党员	研究生	纪委书记	2018.6—
	吴如金	男	苗	贵州凯里	中共党员	大学	党委委员、组织部部长	2018.6—2020.9
	龙　军	男	苗	贵州岑巩	中共党员	大学	党委委员、宣传统战部部长	2018.6—
第五任（2019.12—）	邱兴萍	男	汉	贵州瓮安	中共党员	研究生	党委委员、书记	2019.12—
	杨　玲	女	土家	贵州岑巩	中共党员	硕士	副书记、院长	2020.1—
	吴一生	男	苗	贵州凯里	中共党员	大学	党委副书记	2018.6—
	曹庆旭	女	满	辽宁辽阳	中共党员	大学	党委委员、副院长	2011.2—
	罗春寒	男	水	贵州三都	中共党员	博士	党委委员、副院长	2015.5—
	吴文勇	男	侗	贵州黎平	民进	大学	副院长	2015.5—
	杨文富	男	苗	贵州凯里	中共党员	研究生	纪委书记	2018.6—
	吴如金	男	苗	贵州凯里	中共党员	大学	党委委员、副院长	2018.6—2020.9
	龙　军	男	苗	贵州岑巩	中共党员	大学	党委委员、宣传统战部部长	2018.6—
	曾令波	男	侗	贵州天柱	中共党员	研究生	党委委员、组织部部长	2020.9—

说明：1.本表中“届别”的划分，以学院领导班子班长（党委书记）的任职为一任，老班长离任后，新班长就任即为下一任，以此类推；

2.班子成员中，有的连任几任班子成员，其每任的任职起止时间都是其在学院担任此职务的起任至离任时间，职务不变动的不因届别更替而另起时间

二、2020年12月学院在职人员名录

表下2-2-1

序号	姓名	性别	出生时间	民族	籍贯	党派	学历	参加工作时间	行政职务	职称
1	田必华	男	1961.3	苗	贵州镇远	群众	高中及以下	1979.3	—	高级工
2	王在朴	男	1961.4	侗	贵州天柱	中共党员	本科	1984.8	马列主义教研部副主任	教授
3	潘江凯	男	1961.4	汉	浙江浦江	中共党员	本科	1980.11	保卫处副处长	助理政工师
4	胡明军	男	1961.5	汉	贵州镇远	党员	高中及以下	1979.2	—	高级工
5	田景德	男	1961.8	苗	贵州剑河	中共党员	本科	1984.8	物联网技术系党总支书记	高级政工师
6	江　波	男	1961.9	汉	贵州三穗	群众	本科	1980.7	网络技术与教育信息化中心主任	—
7	郑凯平	男	1961.9	汉	浙江江山	中共党员	本科	1980.8	民族文化创意产业系党总支专职副书记（主持党总支工作）	副教授
8	宋云生	男	1961.11	汉	山西长治	群众	本科	1982.8	临床医学系教务与创新创业教育科科长	副教授
9	杨再旭	男	1961.12	侗	贵州三穗	中共党员	本科	1985.8	—	副教授
10	周尚智	男	1962.6	汉	贵州三穗	中共党员	本科	1984.8	工会主席	高级政工师
11	胡卫华	男	1962.7	汉	贵州镇远	群众	本科	1982.8	—	副教授
12	田态灿	男	1962.8	苗	贵州施秉	中共党员	本科	1985.8	—	实验师
13	潘远才	男	1962.9	汉	贵州黄平	群众	本科	1987.8	—	副教授
14	邱兴萍	男	1962.10	汉	贵州瓮安	中共党员	研究生	1983.7	党委书记	教授
15	郃昌国	男	1962.10	苗	贵州台江	群众	本科	1984.8	—	讲师
16	潘仕利	男	1963.1	侗	贵州黎平	群众	本科	1983.7	保卫处副处长	副教授
17	杨志银	男	1963.2	苗	贵州贞烽	群众	高中及以下	1980.1	—	高级工
18	田再建	男	1963.2	侗	贵州天柱	中共党员	本科	1987.8	—	高级讲师
19	宋开旭	男	1963.3	侗	贵州三穗	中共党员	本科	1985.8	物联网技术系主任	教授
20	洪小平	男	1963.3	苗	江西永新	中共党员	大专	1980.8	—	—
21	吴文海	男	1963.4	侗	贵州三穗	农工	本科	1982.8	民族文化创意产业系教务与创新创业教育科科长	副教授
22	王远湘	男	1963.5	侗	贵州锦屏	中共党员	本科	1985.8	财经系党总支专职副书记	教授
23	杨天林	男	1963.5	苗	贵州台江	中共党员	本科	1983.8	口腔医学系党总支书记	—
24	唐志伟	男	1963.5	汉	重庆巴南区	中共党员	大专	1983.12	物联网技术系总教练	技师
25	田　荣	男	1963.6	侗	贵州天柱	中共党员	本科	1980.8	—	讲师

续表下2-2-1

序号	姓　名	性别	出生时间	民族	籍　贯	党派	学历	参加工作时间	行政职务	职称
26	何宪江	男	1963.9	汉	贵州施秉	中共党员	本科	1983.3	—	高级实验师
27	刘　云	男	1963.10	苗	江苏扬州	群众	本科	1982.9	—	副教授
28	王正海	男	1963.11	苗	贵州凯里	中共党员	本科	1982.7	—	副教授
29	刘晓筑	男	1963.11	汉	江西万年	群众	本科	1984.8	继续教育部招生科科长	助教
30	刘光梓	男	1963.12	侗	贵州锦屏	中共党员	本科	1987.8	护理系党总支专职副书记	教授
31	邹　波	男	1964.1	汉	贵州三穗	民进	本科	1985.7	民族职业教育研究所（高等职业教育研究所）所长	教授
32	姜云平	男	1964.2	侗	湖南邵东	中共党员	本科	1986.8	中专部副主任	副教授
33	胡明成	男	1964.2	汉	贵州湄潭	群众	大专	1981.1	—	高级工
34	韦信祥	男	1964.3	水	贵州榕江	农工	本科	1987.8	—	讲师
35	舒选璧	男	1964.3	汉	贵州岑巩	中共党员	本科	1985.7	医药技术系党总支书记	副教授
36	包　羽	男	1964.5	汉	贵州贵阳	中共党员	本科	1984.8	医药技术系党总支专职副书记	讲师
37	吴寿峰	男	1964.7	苗	贵州凯里	中共党员	本科	1989.8	临床医学系主任	副教授
38	厉　波	男	1964.9	汉	贵州黄平	群众	本科	1987.8	—	副教授
39	龙根友	男	1964.9	侗	贵州锦屏	中共党员	本科	1986.9	—	副教授
40	张永斌	男	1964.10	苗	贵州余庆	中共党员	本科	1985.9	建筑工程系党总支书记	政工师
41	淳友忠	男	1964.10	汉	贵州黄平	民盟	本科	1988.7	—	副教授
42	杨启璜	男	1964.11	侗	贵州黎平	中共党员	本科	1985.8	总务处副处长	高级实验师
43	吴展奎	男	1964.11	苗	贵州天柱	中共党员	本科	1985.9	—	副教授
44	王　华	男	1964.12	苗	贵州黄平	群众	大专	1980.12	—	高级工
45	吴开岑	男	1965.1	侗	贵州天柱	中共党员	本科	1987.8	建筑工程系主任	教授
46	石红卫	男	1965.1	苗	贵州雷山	中共党员	本科	1986.7	临床医学系党总支书记	高级政工师
47	代　勇	男	1965.1	布依	贵州都匀	民进	本科	1987.8	—	副教授
48	李　俊	男	1965.4	汉	江苏江宁	民进	本科	1985.8	—	副教授
49	孙贵越	男	1965.6	汉	山东聊城	群众	大专	1982.12	—	—
50	欧　军	男	1965.7	苗	贵州剑河	群众	大专	1985.8	—	讲师
51	陈再东	男	1965.7	苗	贵州岑巩	中共党员	本科	1985.8	计划财务处（国有资产管理处）处长	—
52	李树禄	男	1965.10	汉	贵州遵义	民进	本科	1990.8	民进黔东南州委员会副主任委员（兼），技能实训中心（校企合作中心）副主任（主持工作）（同时负责中专部工作）	主治医师
53	李钰强	男	1965.11	汉	山东蓬莱	中共党员	本科	1986.7	继续教育部主任	高级政工师

续表下2-2-1

序号	姓　名	性别	出生时间	民族	籍　贯	党派	学历	参加工作时间	行政职务	职称
54	龙　凡	男	1965.12	侗	贵州天柱	群众	本科	1987.8	—	讲师
55	石玉林	男	1965.12	侗	贵州黎平	中共党员	本科	1988.8	建筑工程系副主任	副教授
56	黄　靖	男	1966.1	侗	贵州三穗	中共党员	大专	1985.7	党政办公室党委行政督察室主任	西药师
57	杨跃前	男	1966.1	侗	贵州榕江	群众	大专	1988.8	—	—
58	杨永旭	男	1966.2	苗	贵州天柱	中共党员	本科	1988.8	—	助教
59	杨炳英	女	1966.2	苗	贵州雷山	中共党员	本科	1988.8	—	高级实验师
60	杨先爱	女	1966.2	侗	贵州锦屏	群众	本科	1988.8	—	高级实验师
61	张学杰	男	1966.3	苗	贵州台江	群众	本科	1991.8	—	讲师
62	吴枝梅	女	1966.3	侗	贵州榕江	群众	大专	1987.8	—	主管护师
63	潘　江	男	1966.3	侗	贵州镇远	群众	本科	1986.8	—	主管药师
64	单桢梅	女	1966.3	苗	贵州锦屏	中共党员	本科	1986.7	党政办公室档案馆副馆长	馆员
65	龙治峰	男	1966.3	苗	贵州锦屏	中共党员	本科	1989.8	医药技术系主任	副教授
66	龙朝霞	女	1966.5	侗	贵州天柱	民进	本科	1987.9	—	副教授
67	胡　铨	男	1966.5	汉	贵州岑巩	群众	本科	1986.8	—	讲师
68	吴　勇	女	1966.5	汉	贵州凯里	中共党员	本科	1991.9	教务处（创新创业教育工作处）处长	副教授
69	刘志武	男	1966.6	水	贵州黎平	群众	本科	1985.8	工会副主席	讲师
70	池明剑	男	1966.6	苗	贵州从江	群众	本科	1988.8	—	讲师
71	陈治敏	女	1966.6	汉	贵州黄平	群众	本科	1989.8	科技处大健康产业发展研究中心主任	教授
72	朱方来	男	1966.8	侗	贵州天柱	民盟	本科	1989.7	公共教学部副主任（主持工作）	副教授
73	王永昌	男	1966.8	苗	贵州黄平	中共党员	本科	1989.7	建筑工程系党总支专职副书记	副教授
74	欧卫华	女	1966.8	苗	贵州台江	群众	本科	1984.8	—	副教授
75	龙章烈	男	1966.9	侗	贵州天柱	中共党员	本科	1990.7	学报编辑部主任	副教授
76	石平昌	男	1966.9	侗	贵州榕江	中共党员	大专	1986.8	总务处处长	统计师
77	杨昌权	男	1966.10	侗	贵州黎平	中共党员	本科	1991.8	党政办公室主任	—
78	雷建邦	男	1966.11	苗	贵州黄平	中共党员	本科	1988.8	财经系党总支书记	副教授
79	李义香	女	1966.11	汉	湖南新化	群众	大专	1982.11	—	—
80	黄文平	女	1966.12	汉	贵州黄平	群众	本科	1983.12	—	副教授
81	禹俊梅	女	1967.2	汉	湖南邵阳	群众	本科	1988.7	—	副教授
82	王　强	男	1967.4	汉	山东牟平	群众	大专	1988.12	—	高级工

续表下2-2-1

序号	姓　名	性别	出生时间	民族	籍　贯	党派	学历	参加工作时间	行政职务	职称
83	杨　群	女	1967.4	侗	贵州天柱	民盟	本科	1987.8	财经系主任、民盟黔东南州工作委员会副主任委员（兼）	教授
84	杨祖文	男	1967.5	苗	贵州黄平	群众	本科	1989.7	—	讲师
85	金　红	女	1967.5	苗	贵州凯里	民盟	本科	1989.10	科技处大健康产业发展研究中心副主任	副教授
86	杨昌平	男	1967.7	苗	贵州黄平	中共党员	本科	1989.10	总务处副处长	副教授
87	马原野	男	1967.7	汉	河南原阳	中共党员	本科	1991.8	—	副教授
88	卢永平	男	1967.8	布依	贵州镇宁	群众	本科	1989.7	—	讲师
89	吴一生	男	1967.10	苗	贵州凯里	中共党员	本科	1988.8	党委副书记	—
90	杨胜坤	男	1967.10	苗	贵州榕江	中共党员	本科	1990.8	护理系党总支书记	教授
91	吴文勇	男	1967.10	侗	贵州榕江	民进	本科	1989.1	副院长	教授
92	欧向阳	男	1967.11	侗	贵州黄平	群众	大专	1990.8	招生就业处就业创业指导中心主任	助理讲师
93	杨海莉	女	1967.12	苗	贵州黄平	民建	本科	1988.8	—	副教授
94	罗春寒	男	1967.12	水	贵州三都	中共党员	研究生	1992.9	党委委员、副院长	教授
95	陈启龙	男	1967.12	布依	贵州贵定	中共党员	本科	1992.8	—	讲师
96	苏　萍	女	1968.1	汉	四川永川	群众	本科	1991.8	—	副教授
97	邓燕红	女	1968.1	汉	贵州黄平	民盟	本科	1988.8	—	高级实验师
98	谭继鹏	男	1968.2	侗	贵州天柱	中共党员	本科	1991.8	驾驶学校校长	讲师
99	隆益强	男	1968.3	汉	四川内江	中共党员	大专	1991.12	学生处（学生工作部、武装部、学生资助管理办公室）学生资助管理科科长	助理政工师
100	万新屏	女	1968.3	苗	贵州三穗	民进	本科	1989.10	—	副教授
101	莫秀娥	女	1968.3	水	贵州三都	群众	中专	1992.9	—	—
102	谢光棋	男	1968.4	汉	贵州岑巩	中共党员	本科	1988.8	—	讲师
103	杨　洋	女	1968.4	苗	贵州施秉	群众	本科	1990.9	—	讲师
104	吴桂叶	女	1968.5	苗	贵州锦屏	中共党员	本科	1991.8	—	副教授
105	龙仲平	男	1968.5	汉	贵州天柱	群众	本科	1990.8	—	副教授
106	刘兴琴	女	1968.6	侗	湖南新晃	农工	本科	1989.10	物联网技术系副主任	副教授
107	田景文	男	1968.6	侗	贵州黎平	群众	本科	1992.8	生物与环境工程系黔东南地方畜禽品种养殖技术研发中心主任	副教授
108	吴格娥	女	1968.6	苗	贵州天柱	民盟	本科	1991.8	生物与环境工程系主任	教授
109	吴　静	男	1968.8	苗	贵州黄平	群众	本科	1990.9	—	讲师
110	刘发富	男	1968.9	汉	贵州榕江	群众	本科	1990.7	—	讲师

续表下2-2-1

序号	姓　名	性别	出生时间	民族	籍　贯	党派	学历	参加工作时间	行政职务	职称
111	胡红阳	女	1968.9	苗	贵州施秉	中共党员	大专	1993.3	—	中级工
112	姚选林	男	1968.9	侗	贵州岑巩	中共党员	本科	1992.8	—	—
113	周　勇	男	1968.10	侗	贵州剑河	群众	大专	1990.7	—	—
114	龙　勇	男	1968.11	苗	贵州三穗	中共党员	本科	1991.8	保卫处处长，生物与环境工程系党总支专职副书记	讲师
115	龙昌武	男	1968.11	侗	贵州天柱	中共党员	本科	1989.7	人事处（教师工作处）处长	—
116	潘德良	男	1968.11	苗	贵州天柱	中共党员	本科	1992.10	—	副教授
117	杨　英	女	1968.11	侗	贵州剑河	群众	本科	1982.12	—	二级演员
118	唐　红	女	1969.1	汉	四川荣昌	中共党员	本科	1989.10	—	副教授
119	肖　敏	女	1969.1	苗	贵州天柱	中共党员	大专	1990.11	计划财务处（国有资产管理处）副处长	经济师
120	彭　艳	女	1969.2	侗	贵州凯里	民盟	本科	1987.9	—	副教授
121	顾　军	男	1969.3	苗	贵州凯里	中共党员	大专	1989.10	—	—
122	吴小碧	女	1969.3	汉	贵州凯里	群众	本科	1989.9	—	副教授
123	聂　静	女	1969.4	侗	贵州三穗	群众	本科	1991.7	—	副教授
124	陈　璇	女	1969.5	回	贵州铜仁	民盟	本科	1993.7	—	副教授
125	王　红	男	1969.5	汉	山东博平	群众	本科	1992.10	教学质量监控与评估办公室副主任（主持工作）	主治医师
126	杨　靖	女	1969.6	苗	贵州黄平	中共党员	大专	1986.12	—	—
127	谢　宏	男	1969.8	侗	贵州贵阳	民建	本科	1993.12	护理系主任	副教授
128	刘传荣	男	1969.8	侗	贵州天柱	中共党员	本科	1994.8	临床医学系副主任	副教授
129	廖　晓	女	1969.8	汉	四川成都	群众	大专	1989.12	—	中级工
130	杨　捷	男	1969.10	侗	贵州岑巩	中共党员	研究生	1990.8	宣传统战部（精神文明办）副部长（副主任）	副教授
131	曹庆旭	女	1969.12	满	辽宁辽阳	中共党员	本科	1991.7	党委委员、副院长、州科学技术协会副主席（兼）	教授
132	吴正凯	男	1969.12	侗	贵州榕江	中共党员	本科	1990.7	旅游与商务管理系党总支专职副书记（主持党总支工作）	高级实验师
133	李　燕	女	1970.1	苗	贵州锦屏	群众	本科	1991.7	—	副教授
134	孟林春	女	1970.2	土家	云南泸西	中共党员	大专	1990.8	—	经济师
135	徐　阳	男	1970.2	汉	贵州镇远	民进	本科	1992.10	—	副教授
136	马　雯	女	1970.5	布依	贵州镇宁	群众	本科	1992.7	—	实验师
137	冉明川	男	1970.7	汉	四川宣汉	群众	本科	1987.9	—	实验师
138	石向欣	男	1970.7	侗	贵州黎平	中共党员	本科	1994.9	口腔医学系主任，党总支副书记（兼）	副教授

续表下2-2-1

序号	姓　名	性别	出生时间	民族	籍　贯	党派	学历	参加工作时间	行政职务	职称
139	黄显琴	女	1970.7	白	贵州黎平	中共党员	本科	1992.7	马列主义教研部主任	副教授
140	刘　艳	女	1970.8	汉	湖南隆回	中共党员	本科	1995.12	计划财务处（国有资产管理处）副处长	副教授
141	龙晓方	男	1970.9	侗	贵州天柱	群众	高中及以下	1991.10	—	普工
142	李　芳	女	1970.9	苗	贵州雷山	群众	本科	1996.1	—	副教授
143	陈朝霞	女	1970.9	汉	四川南充	中共党员	大专	1991.8	审计科科长	助理会计师
144	王庭鑫	男	1970.9	侗	贵州剑河	群众	本科	1996.8	—	副教授
145	杜富麾	男	1970.10	苗	贵州天柱	中共党员	本科	1995.11	—	讲师
146	赖建书	男	1970.11	汉	福建永定	群众	本科	1993.10	旅游与商务管理系副主任	副教授
147	潘恒志	男	1970.11	苗	贵州黄平	中共党员	本科	1996.12	临床医学系党总支专职副书记（负责生物与环境工程系党总支工作）	副教授
148	杨彩鸾	女	1970.12	侗	贵州天柱	中共党员	本科	1997.8	—	副教授
149	李民和	男	1971.2	苗	贵州台江	中共党员	本科	1995.10	物联网技术系党总支专职副书记	教授
150	刘　凯	男	1971.3	布依	贵州镇远	群众	本科	1992.11	—	助理政工师
151	李　宏	女	1971.3	汉	四川隆昌	民建	本科	1994.8	—	副教授
152	廖廷惠	女	1971.4	苗	贵州黄平	群众	大专	1992.3	—	中级工
153	梁开宇	男	1971.4	侗	贵州天柱	群众	大专	1988.10	—	中级工
154	孔　云	女	1971.7	苗	贵州麻江	群众	大专	1992.1	—	
155	周　欣	女	1971.7	汉	安徽芜湖	中共党员	本科	1992.9	—	副教授
156	胡美娜	女	1971.8	汉	湖南湘乡	群众	本科	1994.9	—	副教授
157	张华坤	男	1971.8	汉	贵州雷山	群众	本科	1996.8	—	教授
158	李桂兰	女	1971.8	汉	湖南新晃	群众	本科	1998.1	—	讲师
159	杨芳建	男	1971.9	侗	贵州天柱	群众	大专	1995.11	—	助理政工师
160	杨建兰	女	1971.10	苗	贵州黄平	中共党员	本科	1992.7	—	副研究馆员
161	杨丽蓉	女	1971.11	苗	贵州黄平	中共党员	本科	1994.8	—	副教授
162	杨　森	男	1971.11	苗	江苏江阴	群众	大专	1995.7	—	
163	李竹丰	女	1971.11	汉	江西抚州	群众	本科	1997.10	—	助理政工师
164	黄　华	女	1971.11	苗	贵州贵阳	群众	本科	1995.8	—	副教授
165	莫宇英	女	1971.12	汉	广西玉林	中共党员	大专	1992.3	组织部（党校）副部长（副校长）	助理政工师
166	王晓勇	男	1972.1	汉	山西洪洞	群众	本科	1998.1	—	副教授
167	唐子婷	女	1972.1	布依	贵州丹寨	群众	本科	1996.9	—	副教授

续表下2-2-1

序号	姓 名	性别	出生时间	民族	籍 贯	党派	学历	参加工作时间	行政职务	职称
168	何祖金	男	1972.2	侗	贵州三穗	中共党员	本科	1992.12	—	
169	吴如金	男	1972.2	苗	贵州凯里	中共党员	本科	1994.8	党委委员、副院长	副教授
170	罗 剑	女	1972.7	侗	贵州黎平	中共党员	本科	1996.9	—	副教授
171	张绍敏	女	1972.8	汉	贵州遵义	中共党员	本科	1995.9	护理系综合办公室主任	教授
172	金记平	女	1972.8	汉	湖南长沙	群众	本科	1996.8	护理系副主任	副教授
173	潘晓晴	女	1972.8	侗	湖南安化	群众	本科	1993.9	—	讲师
174	杨宏松	男	1972.8	侗	贵州榕江	中共党员	本科	1995.12	技能实训中心（校企合作中心）副主任	副教授
175	贺爱梅	女	1972.8	侗	贵州三穗	群众	本科	2006.9	—	主治医师
176	潘爱民	男	1972.8	苗	贵州黄平	中共党员	本科	1994.12	继续教育部教务科科长	助理会计师
177	陈福燕	女	1972.9	汉	贵州黄平	群众	本科	1996.8	—	副教授
178	杨晓琳	女	1972.9	苗	贵州黄平	中共党员	研究生	1992.9	—	副教授
179	杨 昕	男	1972.9	侗	贵州黎平	中共党员	大专	1992.8	—	助理实验师
180	刘 铁	男	1972.10	壮	广西融水	群众	大专	1995.9	—	三级演奏员
181	苏晓红	女	1972.11	布依	贵州都匀	中共党员	本科	1995.8	图书馆馆长	教授
182	龙 旺	男	1973.2	苗	贵州黄平	群众	本科	1996.8	—	副教授
183	罗静文	女	1973.2	仫佬	贵州都匀	群众	本科	1994.12	—	中学高级教师
184	龙政和	男	1973.4	苗	贵州剑河	群众	本科	1996.12	—	讲师
185	史 霞	女	1973.4	汉	山东东平	中共党员	研究生	1995.7	—	副教授
186	郭 锐	男	1973.5	汉	河南驻马店	中共党员	大专	1992.12	—	高级工
187	聂 芸	女	1973.5	汉	贵州黄平	群众	本科	1994.9	—	副教授
188	陈镇兰	女	1973.5	土家	贵州思南	群众	本科	1997.7	—	副教授
189	杨庆华	女	1973.6	苗	贵州雷山	团员	本科	1997.8	—	副教授
190	黄 擎	女	1973.6	侗	贵州天柱	群众	研究生	1995.11	公共教学部副主任	副教授
191	康坚强	男	1973.7	汉	湖南新化	中共党员	研究生	2009.4	—	副教授
192	李海荣	女	1973.8	汉	安徽宿州	中共党员	本科	1997.8	—	助教
193	姚 莉	女	1973.10	苗	贵州天柱	中共党员	本科	1996.10	医药技术系健康产品与特色食品研发中心主任	副教授
194	张宜坤	男	1973.10	侗	贵州天柱	中共党员	本科	1994.8	学生处（学生工作部、武装部、学生资助管理办公室）处长（部长、主任）	副教授
195	闻 芳	女	1973.10	侗	贵州黎平	中共党员	本科	1996.12	旅游与商务管理系主任	教授
196	杨章慧	女	1973.10	苗	贵州剑河	中共党员	大专	1994.11	总务处膳食管理科科长	助理馆员

续表下2-2-1

序号	姓　名	性别	出生时间	民族	籍　贯	党派	学历	参加工作时间	行政职务	职称
197	骆　玲	女	1973.11	苗	贵州丹寨	中共党员	大专	1993.8	—	中级工
198	杨亚琴	女	1973.11	土家	贵州石阡	群众	本科	1997.10	生物与环境工程系教务与创新创业教育科科长	教授
199	杨廷彪	男	1973.12	苗	贵州施秉	群众	本科	1997.8	招生就业处副处长（负责招生就业处工作）	实验师
200	李　云	男	1973.12	汉	四川云阳	群众	高中及以下	1991.12	—	中级工
201	吴方化	女	1973.12	侗	贵州黎平	群众	本科	1995.10	—	副教授
202	何　山	男	1973.12	汉	河南杞县	中共党员	研究生	1994.8	学生处（党委学生工作部、武装部、学生资助管理办公室）学生健康发展服务中心主任	副教授
203	宋景耀	男	1974.1	汉	贵州剑河	中共党员	本科	1996.1	学生处（学生工作部、武装部、学生资助管理办公室）学生宿舍管理科科长	助理政工师
204	万　英	男	1974.1	汉	广东龙川	中共党员	研究生	2012.11	—	副教授
205	杨雪燕	女	1974.2	侗	贵州天柱	群众	本科	1996.10	人事处（教师工作处）副处长	副教授
206	周　娟	女	1974.3	汉	四川巴县	中共党员	本科	1993.12	—	经济师
207	杨　群	女	1974.7	苗	贵州黄平	中共党员	本科	1997.7	纪委副书记、监察室主任	—
208	张柳青	女	1974.8	汉	贵州麻江	群众	本科	1997.10	学生处（学生工作部、武装部、学生资助管理办公室）副处长（副部长、副主任）	副教授
209	陈兴丹	女	1974.9	汉	四川云阳	群众	本科	1998.1	教务处（创新创业教育工作处）教材科科长	副教授
210	周媛祚	女	1974.9	苗	贵州黄平	中共党员	本科	1999.3	—	副教授
211	文明娟	女	1974.10	苗	贵州雷山	中共党员	本科	1999.3	公共教学部公共外语教研室主任	副教授
212	张建菊	女	1974.11	苗	贵州台江	中共党员	本科	1997.7	技能实训中心（校企合作中心）综合科科长	副教授
213	邰庆红	女	1974.11	苗	贵州台江	中共党员	本科	1993.7	—	—
214	杨东东	女	1974.11	水	四川乐池	中共党员	大专	1997.10	口腔医学系学生管理科科长	副教授
215	杨文富	男	1975.2	苗	贵州凯里	中共党员	研究生	1996.9	党委委员、纪委书记	副教授
216	粟永华	男	1975.4	侗	贵州镇远	群众	大专	2010.12	—	实验师
217	杨再琼	女	1975.5	侗	贵州黎平	中共党员	本科	1995.6	—	副教授
218	文首杰	男	1975.6	苗	贵州凯里	中共党员	大专	1992.12	—	中级工

续表下2-2-1

序号	姓　名	性别	出生时间	民族	籍　贯	党派	学历	参加工作时间	行政职务	职称
219	杨　玲	女	1975.7	土家	贵州岑巩	中共党员	本科	1996.8	党委副书记、院长，州妇女联合会副主席（兼）	副教授
220	陈　弘	男	1975.8	汉	江西东乡	群众	本科	1996.12	—	助教
221	龙张华	女	1975.9	侗	贵州锦屏	群众	本科	1997.10	—	副教授
222	范祥科	男	1975.10	汉	安徽临泉	群众	研究生	1999.7	—	副教授
223	欧阳德川	男	1976.1	苗	贵州台江	中共党员	大专	1993.5	—	中级工
224	王有林	男	1976.2	侗	贵州岑巩	团员	本科	2000.1	—	副教授
225	董平慧	女	1976.3	汉	贵州凯里	群众	本科	2000.12	图书馆副馆长	副教授
226	杨正怀	男	1976.10	侗	贵州黎平	中共党员	研究生	1995.8	学生处（学生工作部、武装部、学生资助管理办公室）副处长（副部长、副主任）	讲师
227	吴晓燕	女	1976.10	苗	贵州三穗	群众	本科	2000.11	财经系副主任	副教授
228	唐　蓉	女	1976.10	汉	贵州黄平	中共党员	本科	1997.10	—	副教授
229	夏志军	男	1976.11	汉	湖北仙桃	群众	研究生	2014.9	—	
230	陶　霞	女	1976.11	侗	贵州兴义	群众	本科	1998.1	—	副教授
231	郭　倩	女	1976.11	仫佬	贵州黄平		本科	1996.10	—	副教授
232	黄　刚	男	1976.12	汉	湖南隆回	中共党员	本科	1994.8	生物与环境工程系植物组织培养与栽培技术研发中心主任	副教授
233	吴鹏飞	男	1977.8	土家	湖南张家界	中共党员	研究生	2014.9	医药技术系学生管理科科长	讲师
234	伍宏成	男	1977.11	苗	贵州台江	中共党员	本科	2001.12	继续教育部副主任	讲师
235	金　倩	女	1978.1	汉	贵州毕节	中共党员	本科	2004.12	—	副教授
236	龙先兰	女	1978.1	侗	贵州天柱	中共党员	本科	2000.12	党政办公室对外交流合作部主任	副教授
237	全宏春	男	1978.2	侗	贵州剑河	群众	本科	2013.8	—	—
238	程昌培	男	1978.4	侗	贵州天柱	中共党员	研究生	2002.9	—	副教授
239	刘　彦	男	1978.5	回	贵州岑巩	中共党员	本科	2008.4	学生处（学生工作部、武装部、学生资助管理办公室）副处长（副部长、副主任）	讲师
240	朱　梅	女	1978.5	侗	湖南双峰	群众	本科	2004.12	—	副教授
241	吴文华	男	1978.8	苗	贵州凯里	中共党员	本科	2002.12	民族职业教育研究所（高等职业教育研究所）副所长	助教
242	李春雷	男	1978.8	彝	广西崇左	群众	中专	1998.12	—	中级工
243	尹勤芳	女	1978.9	汉	湖南新宁	群众	本科	1997.12	—	副教授

续表下2-2-1

序号	姓名	性别	出生时间	民族	籍贯	党派	学历	参加工作时间	行政职务	职称
244	王娴	女	1978.10	苗	贵州榕江	中共党员	本科	2002.7	—	副教授
245	张明洪	男	1978.11	汉	贵州凯里	群众	本科	2013.8	—	讲师
246	瞿萍	女	1978.11	侗	贵州镇远	群众	本科	2001.7	图书馆副馆长	副研究馆员
247	杨祝	女	1978.11	布依	贵州凯里	中共党员	研究生	2001.7	附属医院（医务所）院长（所长）	副教授
248	潘锋	男	1978.12	汉	贵州镇远	中共党员	本科	1996.12	—	普工
249	韩海	男	1978.12	汉	贵州关岭	中共党员	本科	2003.10	网络技术与教育信息化中心副主任	—
250	李婉玲	女	1979.4	汉	吉林长岭	中共党员	研究生	2012.10	—	副教授
251	龙军	男	1979.4	苗	贵州岑巩	中共党员	本科	1998.1	党委委员、宣传统战部（精神文明办）部长（主任）	—
252	丁爱芹	女	1979.4	汉	河南台前	中共党员	研究生	2000.8	学生处（党委学生工作部、武装部、学生资助管理办公室）学生健康发展服务中心副主任	副教授
253	邰昌东	男	1979.6	苗	贵州台江	中共党员	本科	2005.12	建筑工程系苗侗建筑技术研发中心副主任	高级工程师
254	陈菊	女	1979.9	苗	贵州长顺	中共党员	研究生	2008.6	—	副教授
255	邓吉剑	男	1979.9	布依	贵州丹寨	中共党员	本科	2009.9	—	—
256	张永泽	男	1979.10	苗	贵州三穗	群众	研究生	2014.9	—	讲师
257	陈萍	女	1979.10	汉	安徽宿州	中共党员	研究生	2014.9	—	讲师
258	杨波	女	1979.10	侗	贵州岑巩	群众	本科	2004.12	—	副教授
259	曾国东	男	1979.11	侗	贵州天柱	群众	本科	2003.9	—	助教
260	王俊峰	男	1980.3	汉	河南襄城	中共党员	本科	2004.7	党政办公室发展改革与法制办公室副主任	讲师
261	张忠台	男	1980.4	苗	贵州台江	团员	本科	2009.10	—	讲师
262	杨明	男	1980.6	汉	贵州贵阳	群众	本科	2005.7	—	讲师
263	杨国江	男	1980.6	汉	贵州三穗	中共党员	本科	2007.9	—	讲师
264	王珂雅	男	1980.6	侗	贵州锦屏	群众	本科	2003.9	—	讲师
265	杨平	男	1980.9	侗	贵州锦屏	中共党员	本科	2002.8	宣传统战部（精神文明办）副部长（副主任）	副教授
266	石磊	女	1981.1	苗	河北蠡县	中共党员	本科	2005.11	—	讲师
267	张新燕	女	1981.2	汉	河南安阳	中共党员	本科	2005.9	—	讲师
268	宋林波	男	1981.4	侗	贵州天柱	群众	本科	2012.11	建筑工程系教务与创新创业教育科科长	讲师

续表下2-2-1

序号	姓 名	性别	出生时间	民族	籍 贯	党派	学历	参加工作时间	行政职务	职称
269	张道毅	男	1981.7	布依	贵州麻江	群众	本科	2004.8	公共教学部体育教研室主任	讲师
270	彭莉莎	女	1981.8	汉	贵州镇远	群众	本科	2007.8	—	讲师
271	张 露	女	1981.9	汉	贵州安顺	群众	本科	2008.1	—	讲师
272	王 颖	女	1981.9	汉	山东昌邑	中共党员	本科	2008.1	—	助教
273	袁家政	男	1981.9	苗	贵州天柱	中共党员	本科	2006.6	—	讲师
274	粟 华	女	1981.9	侗	贵州三穗	群众	研究生	2002.8	教务处（创新创业教育工作处）副处长	副教授
275	杨 健	男	1981.9	畲	贵州麻江	中共党员	本科	2008.8	保卫处副处长	讲师
276	毛 静	女	1981.9	汉	重庆巴南区	中共党员	本科	2006.8	—	讲师
277	刘发胜	男	1981.10	苗	贵州剑河	中共党员	本科	2010.2	民族职业教育研究所（高等职业教育研究所）副所长	讲师
278	罗朝勇	男	1981.10	侗	贵州天柱	群众	大专	2002.1	—	—
279	顾奎业	男	1981.11	汉	贵州麻江	中共党员	本科	2007.9	—	讲师
280	崔沥元	女	1981.11	汉	河南项城	中共党员	本科	2011.11	招生就业处综合科科长	—
281	杨 莹	女	1981.11	苗	贵州天柱	中共党员	本科	2008.12	—	—
282	张长云	男	1981.12	汉	贵州六盘水	中共党员	本科	2007.8	—	副教授
283	王 政	男	1982.1	汉	山东莱芜	中共党员	研究生	2012.12	—	讲师
284	杨凯雪	男	1982.1	侗	贵州剑河	中共党员	本科	2008.1	网络技术与教育信息化中心副主任	副教授
285	杨 洁	女	1982.1	苗	贵州黄平	群众	本科	2004.8	—	讲师
286	欧春平	女	1982.3	侗	贵州黎平	中共党员	研究生	2006.8	—	副教授
287	汪 锋	男	1982.3	汉	贵州安顺	群众	本科	2006.8	—	讲师
288	吕昌清	男	1982.3	汉	山东莱芜	中共党员	本科	2008.4	民族文化创意产业系苗侗银饰刺绣蜡染工艺技术研究中心主任	副教授
289	雷 晔	女	1982.3	苗	贵州凯里	中共党员	本科	2008.1	—	讲师
290	杨 睿	男	1982.4	侗	贵州黎平	中共党员	本科	2010.8	生物与环境工程系招生就业创业科科长	讲师
291	莫 丽	女	1982.4	布依	贵州麻江	中共党员	本科	2004.12	职业技能鉴定所所长	副教授
292	吴志松	男	1982.4	苗	贵州松桃	中共党员	研究生	2008.4	人事处（教师工作处）副处长	副教授
293	杨 彬	男	1982.5	侗	贵州岑巩	群众	本科	2010.11	—	经济师
294	周 黎	女	1982.5	汉	湖南隆回	中共党员	研究生	2009.4	—	副教授
295	蒋升凤	女	1982.6	侗	贵州剑河	群众	本科	2015.9	—	助教
296	罗孝琼	女	1982.6	侗	贵州黎平	群众	本科	2007.9	—	讲师

续表下2-2-1

序号	姓 名	性别	出生时间	民族	籍 贯	党派	学历	参加工作时间	行政职务	职称
297	龙凤英	女	1982.6	苗	贵州黄平	群众	本科	2008.4	—	讲师
298	邓玉兰	女	1982.7	汉	湖北浠水	群众	本科	2016.1	—	讲师
299	付 燕	女	1982.7	汉	四川简阳	中共党员	研究生	2009.10	—	副教授
300	朱 静	女	1982.7	侗	贵州天柱	中共党员	本科	2005.8	—	副教授
301	吴晓丽	女	1982.8	汉	贵州贵阳	中共党员	研究生	2009.10	—	副教授
302	潘红梅	女	1982.8	侗	贵州天柱	群众	本科	2013.5	—	讲师
303	张承厉	女	1982.8	侗	贵州剑河	群众	本科	2009.11	—	助教
304	罗银碧	女	1982.9	侗	贵州天柱	群众	本科	2008.4	—	副教授
305	吴海银	男	1982.9	侗	贵州雷山	群众	本科	2013.8	—	讲师
306	张荣辉	男	1982.9	侗	贵州镇远	中共党员	本科	2009.1	招生就业处副处长	副教授
307	曾令波	男	1982.9	侗	贵州天柱	中共党员	研究生	2005.9	组织部（党校）副部长（副校长）	讲师
308	吴 宇	男	1982.9	苗	贵州凯里	中共党员	本科	2008.9	民族文化创意产业系学生管理科科长	讲师
309	蒋友财	男	1982.9	苗	贵州锦屏	中共党员	本科	2006.8	民族文化创意产业系副主任（主持工作）	教授
310	张 森	男	1982.10	汉	陕西咸阳	团员	研究生	2009.4	生物与环境工程系副主任	教授
311	杨 珍	女	1982.10	侗	贵州天柱	中共党员	本科	2006.8	—	讲师
312	田绍东	男	1982.11	苗	贵州凯里	中共党员	本科	2007.6	财经系副主任	副教授
313	吴隆云	女	1982.11	侗	贵州黎平	中共党员	本科	2016.1	—	工程师
314	龙征荣	男	1983.1	苗	贵州台江	群众	本科	2007.9	—	讲师
315	马 莉	女	1983.2	苗	福建厦门	中共党员	本科	2006.7	—	主治医师
316	黄德玉	女	1983.3	苗	广西鹿寨	群众	本科	2007.8	—	讲师
317	刘维思	男	1983.4	畲	贵州麻江	群众	本科	2006.8	—	讲师
318	吴 婷	女	1983.5	侗	贵州黎平	群众	本科	2006.7	—	副教授
319	徐万明	男	1983.5	汉	贵州余庆	中共党员	本科	2009.4	科技处副处长（现挂任剑河县南加镇党委副书记、科技副镇长）	讲师
320	赵光红	男	1983.5	苗	贵州台江	中共党员	本科	2008.12	建筑工程系学生管理科科长	助教
321	陈 琳	女	1983.7	侗	贵州天柱	中共党员	本科	2006.10	党政办公室档案馆副馆长	讲师
322	刘 杰	男	1983.8	汉	江苏连云港	中共党员	研究生	2016.2	物联网技术系互联网+应用技术研发中心主任	副教授
323	欧 婧	女	1983.8	苗	贵州台江	群众	大专	2009.10	—	讲师
324	王 丹	女	1983.9	苗	贵州黄平	群众	本科	2007.8	—	讲师

续表下2-2-1

序号	姓 名	性别	出生时间	民族	籍 贯	党派	学历	参加工作时间	行政职务	职称
325	袁 静	女	1983.9	侗	贵州凯里	群众	本科	2008.9	教务处（创新创业教育工作处）医学实训中心（基础医学部）副主任	讲师
326	郑盼盼	男	1983.9	汉	河南巩义	中共党员	研究生	2014.2	教学质量监控与评估办公室副主任	讲师
327	赵尤莉	女	1983.10	汉	贵州六盘水	中共党员	本科	2006.11	党政办公室对外交流合作部副主任	讲师
328	杨梅瑾	女	1983.10	侗	贵州剑河	中共党员	本科	2011.11	—	助理实验室
329	徐文丽	女	1983.10	侗	贵州天柱	中共党员	本科	2006.8	—	副教授
330	王绍芬	女	1983.10	汉	贵州凯里	中共党员	本科	2008.9	—	—
331	吴仕金	男	1983.10	侗	贵州黎平	中共党员	研究生	2010.7	党政办公室副主任	副教授
332	郭 鹏	女	1983.10	苗	山东阳谷	群众	本科	2008.9	—	副教授
333	彭 丹	女	1983.10	苗	贵州镇远	中共党员	本科	2008.9	—	讲师
334	龙翠桃	女	1983.11	侗	贵州天柱	群众	本科	2012.6	—	讲师
335	雷邦兰	女	1983.11	苗	贵州黄平	群众	本科	2008.4	—	副教授
336	吴如斌	男	1983.11	苗	贵州凯里	中共党员	本科	2010.9	学生处（学生工作部、武装部、学生资助管理办公室）学生科科长	讲师
337	王 鲜	女	1983.11	苗	贵州凯里	中共党员	大专	2010.11	—	助教
338	杨 露	女	1983.12	汉	贵州镇远	群众	本科	2006.9	—	讲师
339	吴勋阳	男	1983.12	汉	贵州凯里	群众	本科	2004.12	计划财务处（国有资产管理处）综合科科长	助教
340	刘志贻	男	1983.12	汉	湖南邵阳	中共党员	研究生	2008.6	—	副教授
341	刘荣相	男	1983.12	侗	贵州天柱	中共党员	研究生	2010.9	—	副教授
342	罗建平	女	1983.12	侗	贵州天柱	中共党员	本科	2008.3	—	主治医师
343	罗显鑫	男	1984.1	布依	贵州麻江		本科	2012.6	—	讲师
344	龙佳佳	女	1984.2	侗	贵州天柱	中共党员	本科	2007.8	—	讲师
345	谢凌雁	女	1984.2	侗	贵州镇远	中共党员	本科	2016.1	—	助教
346	张立琴	女	1984.2	苗	贵州独山	中共党员	本科	2007.8	科技处副处长	副教授
347	钱正安	男	1984.2	侗	贵州榕江	中共党员	本科	2008.1	教务处（创新创业教育工作处）副处长	讲师
348	陈 静	女	1984.2	苗	贵州黄平	中共党员	本科	2006.10	—	副教授
349	刘盛红	女	1984.3	汉	贵州福泉	中共党员	本科	2011.9	—	讲师
350	蒋贵娥	女	1984.3	侗	贵州黎平	中共党员	本科	2007.10	党政办公室副主任	—
351	杨 鹓	男	1984.3	侗	贵州榕江	中共党员	本科	2009.12	—	讲师

续表下2-2-1

序号	姓名	性别	出生时间	民族	籍贯	党派	学历	参加工作时间	行政职务	职称
352	刘晓东	男	1984.4	汉	四川开江	中共党员	研究生	2011.9	教务处（创新创业教育工作处）副处长	副教授
353	顾春先	女	1984.4	苗	贵州麻江	中共党员	本科	2008.4	物联网技术系互联网+应用技术研发中心副主任	讲师
354	王露佼	女	1984.5	布依	贵州麻江	群众	本科	2008.6	—	讲师
355	刘斌	男	1984.5	苗	四川井研	中共党员	本科	2010.10	—	讲师
356	江嵬	男	1984.6	汉	重庆万盛	群众	本科	2013.8	口腔医学系综合办公室主任	讲师
357	韩丹丹	女	1984.6	汉	贵州黎平	中共党员	本科	2013.8	临床医学系苗侗康复技术研究中心副主任	主治医师
358	韩国声	男	1984.7	汉	贵州衡阳	中共党员	本科	2011.2	—	讲师
359	王敏	女	1984.7	侗	贵州天柱	中共党员	本科	2007.8	口腔医学系副主任	副教授
360	龙钢	男	1984.7	苗	贵州凯里	中共党员	本科	2006.8	组织部（党校）老干科科长	中学一级教师
361	邹雪	女	1984.8	汉	重庆秀山	中共党员	本科	2006.10	—	副教授
362	黄平丽	女	1984.8	汉	贵州兴义		本科	2006.8	—	讲师
363	蒋光辉	男	1984.8	侗	贵州剑河	中共党员	本科	2007.7	—	讲师
364	陈孟君	女	1984.8	侗	贵州镇远		本科	2008.4	—	助教
365	叶婷	女	1984.8	汉	贵州凯里	中共党员	本科	2008.1	教务处（创新创业教育工作处）医学实训中心（基础医学部）主任	讲师
366	李全秀	女	1984.8	侗	贵州黎平	中共党员	本科	2009.1	医药技术系教务与创新创业教育科科长	讲师
367	李应东	男	1984.8	苗	贵州台江	中共党员	本科	2009.12	—	讲师
368	魏涛	女	1984.9	侗	贵州镇远	中共党员	研究生	2012.5	—	讲师
369	侯秀发	男	1984.9	苗	贵州台江	群众	研究生	2014.2	—	讲师
370	吴应娥	女	1984.9	侗	贵州榕江	群众	本科	2010.10	—	—
371	王树元	男	1984.9	侗	贵州锦屏	中共党员	本科	2012.11	—	讲师
372	杨英鹰	女	1984.10	侗	贵州三穗	群众	本科	2007.8	口腔医学系教务与创新创业教育科科长	讲师
373	吴增梅	女	1984.10	水	贵州剑河	群众	本科	2009.12	—	讲师
374	何华	男	1984.10	汉	贵州施秉	中共党员	本科	2008.11	—	讲师
375	蒋大勋	男	1984.10	侗	贵州剑河	中共党员	本科	2010.8	教务处（创新创业教育工作处）教务科科长	讲师
376	顾翰先	男	1984.11	苗	贵州凯里	群众	本科	2007.11	—	讲师
377	徐万均	男	1984.11	汉	贵州余庆	中共党员	本科	2009.9	—	讲师

续表下2-2-1

序号	姓 名	性别	出生时间	民族	籍 贯	党派	学历	参加工作时间	行政职务	职称
378	李林静	女	1984.11	侗	贵州黄平	中共党员	研究生	2011.3	党政办公室综合信息科科长	讲师
379	杨福东	男	1984.11	苗	贵州凯里	群众	研究生	2014.9	—	讲师
380	文　成	男	1984.11	汉	贵州镇远	中共党员	本科	2008.4	—	讲师
381	张玉琴	女	1984.11	侗	贵州天柱	中共党员	本科	2009.11	人事处（教师工作处）人事与师资科科长	—
382	黄　军	男	1984.12	侗	贵州天柱	中共党员	本科	2016.1	—	助教
383	吴　定	男	1984.12	苗	贵州凯里	中共党员	本科	2009.12	监察室副主任	助教
384	吴泽慧	女	1985.1	汉	贵州榕江	群众	本科	2010.9	—	讲师
385	李宏涛	男	1985.1	苗	贵州天柱	群众	本科	2013.8	—	讲师
386	刘　静	女	1985.1	侗	贵州丹寨	中共党员	本科	2006.8	团委副书记（主持工作）	副教授
387	赵　榕	女	1985.2	瑶	贵州榕江	中共党员	本科	2009.3	—	讲师
388	潘　祥	女	1985.2	侗	贵州榕江	中共党员	研究生	2016.1	—	讲师
389	简才永	男	1985.3	布依	贵州望谟	中共党员	研究生	2012.8	—	副教授
390	陈晓明	女	1985.3	苗	贵州黎平	群众	本科	2007.8	—	讲师
391	姜德文	男	1985.3	苗	贵州凯里	中共党员	本科	2012.11	—	讲师
392	田　成	男	1985.4	苗	贵州剑河	中共党员	本科	2015.9	—	助理审计师
393	吴跃华	男	1985.4	侗	贵州黎平	中共党员	本科	2013.5	—	助教
394	杨　雄	男	1985.4	苗	贵州凯里	中共党员	本科	2010.10	—	助教
395	潘永天	男	1985.4	苗	贵州黄平	中共党员	本科	2008.9	宣传统战部（精神文明办）统战科科长	讲师
396	娄　佳	女	1985.5	侗	贵州岑巩	中共党员	本科	2009.11	—	讲师
397	吴正英	女	1985.5	侗	贵州黎平	中共党员	本科	2012.6	—	讲师
398	杨　莹	女	1985.5	侗	贵州天柱	中共党员	本科	2008.9	—	讲师
399	杨　莹	女	1985.5	苗	贵州镇远	中共党员	本科	2008.9	—	讲师
400	何清静	女	1985.5	汉	贵州黄平	中共党员	本科	2009.8	—	讲师
401	王诗渊	男	1985.6	汉	贵州凯里	中共党员	研究生	2013.8	—	副教授
402	杨　骏	男	1985.6	侗	贵州凯里	中共党员	研究生	2010.5	物联网技术系教务与创新创业教育科科长	副教授
403	杨　静	女	1985.6	侗	贵州凯里	中共党员	本科	2009.11	—	讲师
404	罗培娟	女	1985.6	布依	贵州独山	中共党员	本科	2013.8	计划财务处（国有资产管理处）会计核算科科长	讲师
405	欧阳倩	女	1985.6	苗	贵州剑河	群众	本科	2007.8	—	讲师
406	周文醇	男	1985.7	苗	贵州台江	群众	本科	2010.9	—	讲师
407	申宗林	男	1985.8	苗	贵州凯里	中共党员	本科	2009.9	—	讲师

续表下2-2-1

序号	姓　名	性别	出生时间	民族	籍　贯	党派	学历	参加工作时间	行政职务	职称
408	文四妹	女	1985.9	苗	贵州凯里	中共党员	本科	2011.9	—	讲师
409	阙　敏	女	1985.9	侗	贵州镇远	中共党员	本科	2007.12	—	讲师
410	石水芳	女	1985.10	侗	贵州雷山	中共党员	本科	2013.6	—	讲师
411	谢凯凤	女	1985.10	苗	贵州凯里	群众	本科	2016.1	—	讲师
412	曾菲菲	女	1985.10	苗	贵州锦屏	中共党员	本科	2007.8	护理系教务与创新创业教育科科长	副教授
413	杨正杰	女	1985.10	苗	贵州丹寨	群众	本科	2008.4	—	讲师
414	文　静	女	1985.10	苗	贵州剑河	群众	本科	2009.12	—	助教
415	杨宗琴	女	1985.11	侗	贵州锦屏	群众	本科	2007.8	—	讲师
416	蒋永彩	女	1985.11	汉	山东莒县	中共党员	研究生	2014.9	—	—
417	韦　娟	女	1985.11	侗	贵州榕江	群众	本科	2010.11	—	讲师
418	龙见财	男	1985.11	侗	贵州榕江	中共党员	本科	2011.11	组织部（党校）综合科科长	助教
419	刘　勇	男	1985.11	苗	贵州剑河	中共党员	本科	2016.9	—	—
420	杨　沙	女	1985.11	苗	贵州黄平	中共党员	本科	2010.2	—	讲师
421	李玉荣	女	1985.12	苗	贵州织金	中共党员	本科	2013.5	—	助教
422	宋和兰	女	1985.12	侗	贵州天柱	中共党员	研究生	2011.9	—	讲师
423	肖振杜	男	1985.12	苗	贵州天柱	群众	本科	2017.8	—	工程师
424	肖芳梅	女	1985.12	汉	贵州镇远	中共党员	本科	2012.6	—	讲师
425	刘宗辉	男	1985.12	汉	贵州赫章	群众	本科	2016.1	—	助教
426	杨光英	女	1985.12	苗	贵州剑河	群众	本科	2009.12	—	讲师
427	付　苏	女	1985.12	布依	浙江诸暨	中共党员	本科	2008.9	公共教学部人文教研室主任	讲师
428	杨芳丽	女	1986.1	苗	贵州凯里	中共党员	本科	2016.1	—	讲师
429	吴晓力	男	1986.1	苗	贵州凯里	中共党员	本科	2011.5	教学质量监控与评估办公室教学质量评估科科长	讲师
430	杨　曦	女	1986.1	侗	贵州三穗	中共党员	本科	2011.9	—	副教授
431	石德艳	女	1986.1	侗	贵州黎平	中共党员	本科	2009.10	党政办公室文书科科长	讲师
432	杨雨薇	女	1986.1	侗	贵州黎平	中共党员	本科	2009.1	财经系招生就业创业科科长	讲师
433	吴　萍	女	1986.2	侗	贵州天柱	中共党员	本科	2009.9	—	讲师
434	唐春丽	女	1986.2	侗	贵州剑河	中共党员	本科	2011.9	—	讲师
435	刘福海	男	1986.2	侗	贵州榕江	中共党员	本科	2011.6	党政办公室秘书科科长	—
436	杨再玉	女	1986.2	苗	贵州台江	群众	本科	2011.9	—	讲师
437	朱　静	女	1986.3	汉	江苏常州	中共党员	研究生	2012.8	马列主义教研部综合办公室主任	副教授
438	李　静	女	1986.4	汉	辽宁抚顺	中共党员	本科	2013.8	—	讲师

续表下2-2-1

序号	姓 名	性别	出生时间	民族	籍 贯	党派	学历	参加工作时间	行政职务	职称
439	吴国涛	男	1986.4	侗	贵州黎平	中共党员	本科	2012.6	—	讲师
440	彭文亮	男	1986.5	瑶	湖南零陵	中共党员	本科	2013.8	附属医院（医务所）副院长（副所长）	主管护师
441	吴秋丽	女	1986.5	苗	贵州天柱	群众	本科	2010.9	物联网技术系综合办公室主任	讲师
442	杨殿毅	男	1986.6	汉	黑龙江哈尔滨	中共党员	研究生	2016.1	—	讲师
443	潘大波	男	1986.6	苗	贵州天柱	中共党员	研究生	2012.8	—	助教
444	陈莹莹	女	1986.6	回	浙江宁波	中共党员	本科	2009.3	—	讲师
445	曾纪亮	男	1986.6	汉	四川遂宁	中共党员	本科	2016.9	—	助教
446	吴秀军	男	1986.6	侗	贵州三穗	群众	本科	2013.8	—	讲师
447	冉 丽	女	1986.6	苗	贵州雷山	中共党员	本科	2010.10	—	讲师
448	陆克慧	女	1986.7	侗	贵州黎平	群众	本科	2010.9	—	讲师
449	罗开鸣	男	1986.8	苗	贵州锦屏	群众	中专	2006.12	—	—
450	许青学	女	1986.8	彝	贵州都匀	中共党员	研究生	2016.5	—	—
451	姚元媛	女	1986.8	侗	贵州榕江	群众	本科	2013.8	—	讲师
452	潘小杰	男	1986.9	苗	贵州凯里	中共党员	本科	2013.8	人事处（教师工作处）工资科科长	讲师
453	田朕先	男	1986.9	土家	贵州岑巩	群众	本科	2015.9	—	工程师
454	陈礼松	男	1986.9	侗	贵州黎平	中共党员	研究生	2014.9	党政办公室副主任	副教授
455	罗海燕	女	1986.9	苗	贵州紫云	中共党员	本科	2007.7	—	高级工程师
456	陈 超	男	1986.10	汉	湖南华容	中共党员	研究生	2012.11	—	讲师
457	赵 云	男	1986.10	苗	贵州凯里	中共党员	本科	2011.9	—	助教
458	冯志昂	男	1986.10	苗	贵州榕江	群众	本科	2012.11	—	讲师
459	潘明芳	女	1986.10	苗	贵州锦屏	中共党员	本科	2010.11	计划财务处（国有资产管理处）资金管理科科长	讲师
460	杨 芸	女	1986.10	苗	贵州黄平	中共党员	本科	2012.6	—	讲师
461	李文师	男	1986.10	苗	贵州丹寨	中共党员	本科	2013.9	—	讲师
462	杨冯磬	女	1986.11	白	云南大理	中共党员	研究生	2012.8	—	副教授
463	王廷荣	男	1986.11	苗	贵州黄平	中共党员	研究生	2012.10	民族文化创意产业系综合办公室主任	工程师
464	余荣明	男	1986.12	苗	贵州雷山	中共党员	高中及以下	2005.12	—	—
465	吴 坤	男	1986.12	土家	贵州江口	群众	本科	2010.8	—	讲师
466	徐文基	男	1986.12	苗	贵州从江	中共党员	本科	2012.8	—	讲师

续表下2-2-1

序号	姓　名	性别	出生时间	民族	籍　贯	党派	学历	参加工作时间	行政职务	职称
467	余朝旭	女	1986.12	蒙古	贵州思南	群众	本科	2012.11	护理系招生就业创业科科长	主治医师
468	黄文雅	女	1986.12	苗	湖南安化	群众	本科	2011.1	—	助教
469	龙正龄	女	1987.1	侗	贵州镇远	中共党员	研究生	2014.9	—	讲师
470	潘胜维	男	1987.1	苗	贵州麻江	中共党员	本科	2015.9	—	讲师
471	唐伶俐	女	1987.1	苗	贵州天柱	中共党员	本科	2009.10	—	讲师
472	周承伦	男	1987.1	侗	贵州天柱	中共党员	高中	2006.12	—	—
473	蒋　振	女	1987.2	侗	贵州凯里	群众	本科	2009.9	教务处（创新创业教育工作处）综合科科长	讲师
474	梁峰华	男	1987.2	景颇	贵州玉屏	群众	本科	2011.10	—	—
475	杨思阳	男	1987.2	侗	贵州天柱	中共党员	研究生	2014.9	物联网技术系招生就业创业科科长	讲师
476	刘世美	女	1987.3	苗	贵州台江	中共党员	本科	2013.10	—	讲师
477	石　俊	女	1987.3	侗	贵州黎平	团员	本科	2010.8	—	讲师
478	卿　斐	男	1987.3	汉	湖南新化	中共党员	研究生	2018.8	—	讲师
479	何丽立	女	1987.4	汉	贵州绥阳	群众	本科	2012.11	—	讲师
480	欧阳乐	男	1987.4	侗	贵州锦屏	中共党员	本科	2011.9	—	讲师
481	杨光勇	男	1987.4	侗	贵州黎平	中共党员	本科	2013.9	—	讲师
482	罗嗣乾	男	1987.4	布依	贵州麻江	群众	本科	2013.8	—	讲师
483	万秀红	女	1987.5	苗	贵州剑河	中共党员	本科	2012.8	—	助教
484	王廷珍	女	1987.5	苗	贵州黄平	中共党员	本科	2016.1	—	讲师
485	皮荣娇	女	1987.5	苗	贵州凯里	群众	本科	2012.11	—	讲师
486	杨伊玲	女	1987.6	侗	贵州天柱	中共党员	研究生	2013.8	—	副教授
487	龙大武	男	1987.6	苗	贵州麻江	群众	本科	2011.9	—	—
488	张　帆	女	1987.7	汉	四川成都	中共党员	本科	2009.9	旅游与商务管理系学生管理科科长	助教
489	祝　静	男	1987.7	汉	贵州绥阳	中共党员	本科	2012.10	—	助教
490	莘海亮	男	1987.7	汉	河北沽源	中共党员	研究生	2014.8	生物与环境工程系黔东南地方畜禽品种养殖技术研发中心副主任	副教授
491	陈克林	男	1987.7	侗	贵州黎平	群众	本科	2016.1	—	工程师
492	李　智	男	1987.7	苗	贵州凯里	群众	本科	2012.10	—	助教
493	文光贤	男	1987.7	苗	贵州凯里	中共党员	大专	2005.12	—	—
494	王万钦	男	1987.7	侗	贵州天柱	中共党员	本科	2012.11	—	讲师
495	徐　倩	女	1987.7	苗	贵州凯里	中共党员	本科	2012.11	—	讲师
496	雷婍绮	女	1987.7	苗	贵州黄平	群众	本科	2012.8	—	讲师

续表下2-2-1

序号	姓　名	性别	出生时间	民族	籍　贯	党派	学历	参加工作时间	行政职务	职称
497	杨光曦	男	1987.8	苗	贵州榕江	群众	本科	2012.8	—	讲师
498	彭　琳	女	1987.8	水	贵州剑河	中共党员	本科	2012.9	—	讲师
499	李新云	女	1987.8	汉	湖南新化	中共党员	研究生	2013.9	—	讲师
500	钟　奎	男	1987.8	侗	贵州岑巩	群众	本科	2018.2	—	—
501	唐智勇	男	1987.9	苗	贵州凯里	群众	本科	2011.9	临床医学系学生管理科科长	—
502	罗　开	男	1987.9	仫佬	贵州黄平	群众	本科	2013.8	—	讲师
503	田瑞能	男	1987.9	侗	贵州三穗	中共党员	大专	2005.12	—	—
504	张雪峰	男	1987.9	汉	重庆武隆	中共党员	本科	2012.8	生物与环境工程系综合办公室主任	讲师
505	姜成菊	女	1987.9	苗	贵州锦屏	中共党员	研究生	2014.9	—	讲师
506	吴明凯	男	1987.9	苗	贵州凯里	中共党员	本科	2012.6	医药技术系招生就业创业科科长	讲师
507	王小芳	女	1987.10	畲	贵州麻江	中共党员	本科	2016.1	—	讲师
508	王学陶	男	1987.10	苗	贵州凯里	中共党员	本科	2010.9	科技处综合科科长	助教
509	罗烈航	男	1987.10	侗	贵州岑巩	群众	本科	2011.11	党政办公室党委行政督察室副主任	—
510	杨文吉	女	1987.11	侗	贵州锦屏	群众	本科	2013.1	—	讲师
511	石德慧	女	1987.11	侗	贵州黎平	群众	本科	2010.7	—	主管医师
512	宋佳燕	女	1987.11	汉	贵州镇远	中共党员	本科	2013.8	—	讲师
513	彭利兰	女	1987.11	汉	湖南怀化	中共党员	本科	2011.9	—	讲师
514	邓百雄	男	1987.11	汉	湖南双峰	中共党员	研究生	2016.1	—	—
515	邰　健	男	1987.12	苗	贵州三穗	群众	本科	2012.8	—	讲师
516	张登雪	女	1987.12	汉	贵州施秉	中共党员	本科	2013.5	—	讲师
517	张永豪	男	1987.12	苗	贵州台江	中共党员	本科	2012.11	医药技术系综合办公室主任	讲师
518	陈方进	女	1987.12	布依	贵州福泉	中共党员	研究生	2014.9	—	讲师
519	徐　萍	女	1987.12	汉	江西吉安	群众	本科	2012.9	—	助教
520	姜　波	男	1988.1	苗	贵州凯里	中共党员	中专	2008.12	—	初级工
521	朱　丽	女	1988.1	汉	湖南常德	群众	本科	2012.1	—	助教
522	杨光艳	女	1988.1	苗	贵州黄平	中共党员	本科	2012.9	—	助教
523	杨　燕	女	1988.1	苗	贵州天柱	中共党员	本科	2013.8	—	讲师
524	李安隆	男	1988.2	苗	贵州三穗	群众	本科	2010.9	—	讲师
525	杨琴琴	女	1988.2	侗	贵州锦屏	群众	本科	2013.8	—	讲师
526	张秀辉	男	1988.2	侗	贵州天柱	中共党员	本科	2012.11	图书馆办公室主任	讲师
527	潘　昱	女	1988.2	汉	贵州从江	群众	本科	2011.10	—	讲师

续表下2-2-1

序号	姓　名	性别	出生时间	民族	籍　贯	党派	学历	参加工作时间	行政职务	职称
528	刘　华	女	1988.2	侗	贵州黎平	中共党员	本科	2013.8	—	讲师
529	文正昌	男	1988.3	苗	贵州麻江	中共党员	本科	2016.1	—	助教
530	蔡湘湘	女	1988.4	侗	贵州锦屏	中共党员	本科	2011.11	—	助教
531	吴昌燕	女	1988.4	水	贵州独山	群众	本科	2013.8	—	讲师
532	杨　默	女	1988.4	回	贵州凯里	中共党员	本科	2012.6	—	讲师
533	蒋　慧	女	1988.4	汉	贵州镇远	中共党员	研究生	2013.8	—	讲师
534	刘红梅	女	1988.5	汉	四川绵阳	中共党员	本科	2018.2	—	—
535	冯　香	女	1988.5	汉	河南夏邑	中共党员	本科	2011.8	—	讲师
536	杨莎莎	女	1988.5	苗	贵州雷山	中共党员	本科	2013.8	—	讲师
537	张　慧	女	1988.6	苗	山东齐河	群众	本科	2013.8	—	讲师
538	毛启丰	男	1988.6	汉	山东青岛	中共党员	本科	2012.10	财经系学生管理科科长	讲师
539	杨　敏	男	1988.6	侗	湖南怀化	群众	研究生	2013.7	—	讲师
540	黄孟远	男	1988.7	汉	贵州遵义	中共党员	本科	2016.2	—	助教
541	林丽娇	女	1988.7	苗	贵州施秉	中共党员	本科	2011.12	—	助教
542	全宏旭	男	1988.8	侗	贵州剑河	中共党员	本科	2011.4	建筑工程系综合办公室主任	讲师
543	陈璐玮	女	1988.8	回	山东济宁	中共党员	本科	2011.9	—	讲师
544	张　刚	男	1988.8	土家	贵州沿河	群众	本科	2016.9	—	—
545	胡毓璐	女	1988.8	侗	贵州岑巩	中共党员	本科	2011.8	宣传统战部（精神文明办）综合科科长	助教
546	唐自延	女	1988.8	侗	贵州锦屏	群众	本科	2010.8	—	讲师
547	杨彦妮	女	1988.8	侗	贵州凯里	中共党员	本科	2016.1	—	—
548	王世娟	女	1988.9	苗	贵州丹寨	中共党员	本科	2013.8	—	助教
549	粟屏艳	女	1988.9	侗	贵州锦屏	中共党员	本科	2013.8	—	讲师
550	王左特	男	1988.9	汉	河南郑州	中共党员	本科	2011.11	—	讲师
551	陈　娜	女	1988.9	汉	贵州普定	中共党员	大专	2008.3	—	助教
552	杨邱杰	男	1988.9	侗	贵州榕江	团员	本科	2013.8	—	助教
553	胡丽金	女	1988.10	苗	贵州天柱	中共党员	研究生	2017.8	—	助教
554	梁旭楷	男	1988.10	汉	贵州独山	中共党员	本科	2013.8	旅游与商务管理系招生就业创业科科长	讲师
555	钟媛媛	女	1988.10	苗	贵州黄平	中共党员	本科	2013.8	—	讲师
556	石熙然	女	1988.10	苗	贵州施秉	群众	本科	2013.8	—	讲师
557	邰婷婷	女	1988.10	苗	贵州剑河	群众	本科	2011.11	—	—
558	杨衍莹	女	1988.10	侗	贵州天柱	中共党员	本科	2012.6	计划财务处（国有资产管理处）资产管理科科长	讲师

续表下2-2-1

序号	姓　名	性别	出生时间	民族	籍　贯	党派	学历	参加工作时间	行政职务	职称
559	段红星	女	1988.11	苗	贵州麻江	中共党员	本科	2011.10	—	助教
560	梁方丽	女	1988.11	汉	湖南岳阳	中共党员	研究生	2014.9	—	讲师
561	石汶朋	男	1988.11	侗	贵州黎平	群众	本科	2012.8	—	讲师
562	张　彦	女	1988.11	侗	贵州镇远	中共党员	本科	2013.5	—	讲师
563	沈　黎	女	1988.12	汉	贵州黄平	中共党员	本科	2012.11	—	讲师
564	苏　娱	女	1988.12	满	山东青岛	中共党员	本科	2011.1	—	助教
565	黄莲芳	女	1988.12	侗	贵州天柱	群众	本科	2013.8	—	讲师
566	欧阳明珠	女	1988.12	苗	贵州台江	群众	本科	2012.8	—	讲师
567	杨绍荣	男	1988.12	侗	贵州天柱	团员	本科	2013.8	—	讲师
568	张江龙	男	1988.12	汉	甘肃礼县	群众	研究生	2014.9	保卫处治安与消防处突科科长	讲师
569	张书圆	女	1988.12	苗	贵州凯里	群众	本科	2011.11	—	—
570	李　丹	女	1988.12	汉	贵州赤水	中共党员	本科	2012.8	—	讲师
571	郑　欣	男	1988.12	回	贵州施秉	团员	本科	2012.8	—	讲师
572	黄小燕	女	1989.1	侗	贵州岑巩	群众	本科	2016.1	—	助教
573	李芳菲	女	1989.1	侗	贵州镇远	中共党员	本科	2012.8	—	讲师
574	李贵川	男	1989.2	侗	四川安岳	中共党员	本科	2012.3	保卫处综合科科长	讲师
575	豆晓霞	女	1989.4	汉	河南沁阳	中共党员	研究生	2019.10	—	—
576	刘海波	男	1989.4	回	河南郏县	群众	本科	2016.1	—	助理实验师
577	高　媛	女	1989.4	汉	山东茌平	中共党员	本科	2012.6	—	讲师
578	杨恩巧	女	1989.5	侗	贵州锦屏	中共党员	本科	2011.5	—	助教
579	吴相竹	女	1989.5	苗	贵州剑河	中共党员	本科	2014.10	—	—
580	谢思思	女	1989.5	汉	山东青州	群众	本科	2018.2	—	—
581	张玲艳	女	1989.5	苗	贵州天柱	中共党员	本科	2013.8	—	助教
582	范国辉	男	1989.6	苗	贵州锦屏	群众	本科	2016.1	—	助教
583	罗　莉	女	1989.6	侗	贵州三穗	中共党员	本科	2013.8	—	讲师
584	杨　慧	女	1989.6	侗	贵州天柱	群众	本科	2014.2	—	助教
585	田亚男	女	1989.7	侗	贵州沿河	中共党员	本科	2013.8	—	讲师
586	刘　龙	男	1989.7	侗	贵州天柱	中共党员	本科	2013.8	—	讲师
587	杨安莉	女	1989.8	侗	贵州黎平	中共党员	本科	2013.8	—	讲师
588	孙丽蓉	女	1989.8	汉	甘肃金塔	群众	研究生	2019.10	—	—
589	杨　芬	女	1989.8	侗	贵州岑巩	中共党员	研究生	2016.1	—	—
590	甘玲婧	女	1989.8	侗	贵州凯里	中共党员	研究生	2014.9	—	讲师

续表下2-2-1

序号	姓　名	性别	出生时间	民族	籍　贯	党派	学历	参加工作时间	行政职务	职称
591	王惠民	男	1989.8	侗	贵州天柱	群众	本科	2013.8	—	助教
592	吴宗蔚	男	1989.9	侗	贵州三穗	群众	本科	2012.8	招生就业处招生科科长	讲师
593	顾　敏	女	1989.9	汉	贵州凯里	中共党员	本科	2012.10	—	助教
594	杨　婷	女	1989.9	侗	贵州剑河	团员	研究生	2017.8	—	—
595	袁　佳	男	1989.9	苗	贵州岑巩	中共党员	本科	2013.8	教学质量监控与评估办公室教学质量监控科科长	讲师
596	黄　蓉	女	1989.10	布依	贵州三都	中共党员	本科	2011.9	—	讲师
597	吴正兴	男	1989.10	侗	贵州榕江	中共党员	本科	2013.8	人事处（教师工作处）综合科科长	讲师
598	柳香香	女	1989.10	苗	贵州凯里	团员	本科	2013.8	—	助教
599	杨周霖	男	1989.10	侗	贵州锦屏	群众	本科	2016.1	—	助教
600	徐　洪	男	1989.10	穿青	贵州织金	中共党员	研究生	2014.9	教务处（创新创业教育工作处）副处长	讲师
601	吴成丽	女	1989.10	侗	贵州黎平	群众	本科	2016.9	—	助教
602	杨　岚	女	1989.10	汉	贵州剑河	群众	本科	2016.1	—	助教
603	龙菁菁	女	1989.10	苗	贵州凯里	群众	本科	2013.9	—	—
604	夏建程	男	1989.11	汉	河北安新	中共党员	本科	2013.8	—	助教
605	陈　冬	男	1989.11	汉	河南洛阳	中共党员	高中	2007.12	—	初级工
606	李　杰	男	1989.11	汉	贵州福泉	中共党员	研究生	2017.8	—	讲师
607	彭晓青	女	1989.11	土家	贵州赫章	中共党员	研究生	2016.1	—	讲师
608	黄思玮	女	1989.11	苗	贵州锦屏	群众	本科	2012.9	—	—
609	张　彦	男	1989.12	汉	贵州镇远	群众	研究生	2013.5	—	讲师
610	张凯丽	女	1989.12	汉	贵州凯里	群众	本科	2013.8	—	讲师
611	田娅玲	女	1989.12	苗	贵州凯里	中共党员	研究生	2017.8	—	—
612	李若宁	男	1990.1	苗	贵州雷山	中共党员	本科	2013.8	组织部（党校）组织科（干部科）科长	讲师
613	唐　娅	女	1990.1	汉	四川遂宁	群众	本科	2014.2	—	讲师
614	邓力夫	男	1990.1	侗	湖南长沙	中共党员	本科	2013.8	—	讲师
615	罗春香	女	1990.1	苗	贵州天柱	群众	本科	2016.1	—	助教
616	姜　坤	男	1990.2	汉	湖北孝感	群众	本科	2016.9	—	助教
617	佘莎莎	女	1990.2	汉	湖南邵东	群众	本科	2013.9	审计科副科长	审计师
618	陈　宇	男	1990.3	汉	江西东乡	团员	本科	2013.8	—	助教
619	吴　限	男	1990.3	苗	贵州丹寨	中共党员	本科	2014.8	—	助教
620	李俊杰	男	1990.4	布依	贵州麻江	群众	本科	2016.1	—	助教

续表下2-2-1

序号	姓 名	性别	出生时间	民族	籍 贯	党派	学历	参加工作时间	行政职务	职称
621	何 蕾	女	1990.6	汉	四川巴中	中共党员	本科	2013.8	—	讲师
622	李慧君	女	1990.6	侗	贵州天柱	中共党员	本科	2013.8	—	讲师
623	谭榕榕	女	1990.6	侗	贵州榕江	群众	本科	2013.8	民族职业教育研究所（高等职业教育研究所）综合办公室主任	助教
624	张 磊	女	1990.7	汉	湖南安化	中共党员	研究生	2017.11	—	—
625	谢白杨	女	1990.8	侗	贵州凯里	中共党员	研究生	2017.11	—	讲师
626	刘礼炜	男	1990.8	苗	贵州榕江	群众	本科	2016.1	—	助教
627	吴佳琦	女	1990.8	苗	贵州岑巩	中共党员	本科	2013.8	—	讲师
628	陈 晋	女	1990.8	满	辽宁辽阳	中共党员	本科	2014.10	—	助教
629	崔 俊	男	1990.8	土家	湖北咸丰	中共党员	本科	2017.8	—	讲师
630	孟 炜	女	1990.9	壮	贵州从江	群众	本科	2016.1	—	—
631	戚梦然	女	1990.9	侗	贵州镇远	中共党员	本科	2014.8	—	—
632	龙丽萍	女	1990.9	苗	贵州黄平	中共党员	本科	2013.10	—	助教
633	唐 菲	女	1990.10	苗	贵州天柱	群众	本科	2016.1	—	助教
634	贾曼曼	女	1990.10	汉	山东济宁	中共党员	研究生	2017.8	—	—
635	刘 陈	男	1990.10	苗	贵州锦屏	群众	本科	2016.1	—	助教
636	杨 燕	女	1990.11	汉	贵州余庆	群众	本科	2016.1	—	助教
637	何克理	男	1990.11	汉	贵州盘县	中共党员	本科	2014.8	财经系教务与创新创业教育科科长	讲师
638	黄 璇	女	1990.11	侗	贵州凯里	中共党员	本科	2016.1	—	助教
639	罗 燕	女	1990.11	汉	贵州金沙	群众	本科	2016.1	—	助教
640	罗 恒	女	1990.11	苗	贵州岑巩	中共党员	本科	2016.1	—	助教
641	王 瑾	女	1990.11	苗	四川乐山	群众	本科	2016.1	—	助教
642	胡锦峰	男	1991.1	汉	湖南湘乡	群众	本科	2016.9	—	助教
643	李 俊	男	1991.1	汉	毕节威宁	中共党员	本科	2018.2	—	—
644	肖 肖	女	1991.3	汉	贵州镇远	中共党员	本科	2016.1	—	讲师
645	罗雅文	女	1991.3	苗	贵州镇远	中共党员	研究生	2016.9	—	讲师
646	周尚武	男	1991.3	侗	贵州天柱	中共党员	本科	2016.1	—	助教
647	严 律	女	1991.4	汉	四川资中	群众	本科	2013.8	—	讲师
648	潘宏柔	女	1991.4	水	贵州榕江	群众	本科	2016.9	—	助教
649	刘怡辰	女	1991.4	汉	贵州凯里	群众	本科	2016.1	—	助教
650	贺 红	女	1991.6	布依	贵州兴义	中共党员	研究生	2020.1	—	—

续表下2-2-1

序号	姓 名	性别	出生时间	民族	籍 贯	党派	学历	参加工作时间	行政职务	职称
651	吴尔斯林	女	1991.6	苗	贵州凯里	中共党员	研究生	2017.8	—	讲师
652	杨路勤	女	1991.6	侗	贵州铜仁	中共党员	研究生	2017.8	—	讲师
653	李倩颖	女	1991.7	土家	贵州镇远	群众	本科	2016.1	—	助教
654	文庭洋	男	1991.9	苗	湖南长沙	中共党员	大专	2009.12	—	—
655	秦思维	女	1991.9	满	河北昌黎	中共党员	本科	2013.8	—	讲师
656	姜雅楠	女	1991.10	汉	山东烟台	中共党员	本科	2013.8	学生处（学生工作部、武装部、学生资助管理办公室）综合科科长	讲师
657	雷宗亮	男	1991.10	苗	贵州镇远	中共党员	本科	2015.9	—	讲师
658	杨秀林	男	1991.10	苗	贵州印江	中共党员	本科	2018.2	—	—
659	苏 芯	女	1991.10	水	山东胶南	群众	本科	2016.1	—	助教
660	万承真	男	1991.11	苗	贵州遵义	中共党员	本科	2015.9	—	助教
661	赵令江	男	1991.11	汉	湖南邵阳	中共党员	本科	2015.9	—	助教
662	周 玮	女	1991.12	革	贵州黄平	群众	本科	2015.9	—	助教
663	杨楚雪	女	1992.1	苗	湖南黔阳	团员	本科	2017.2	—	—
664	程晓莹	女	1992.1	苗	贵州凯里	团员	本科	2017.8	—	助教
665	厉荣渔	男	1992.1	苗	贵州凯里	群众	本科	2016.1	—	助教
666	陈红艳	女	1992.4	汉	四川绵阳	中共党员	本科	2018.2	—	—
667	张书圣	男	1992.6	苗	贵州凯里	群众	本科	2016.1	—	助教
668	姜雅男	女	1992.6	苗	贵州凯里	中共党员	本科	2016.1	—	助教
669	杨梅花	女	1992.8	苗	贵州凯里	中共党员	本科	2013.8	—	讲师
670	黄珂昕	女	1992.10	侗	贵州天柱	群众	本科	2018.2	—	—
671	王 新	女	1992.10	汉	河南偃师	群众	本科	2016.1	—	助教
672	杨何丽	女	1992.11	侗	贵州天柱	群众	本科	2019.4	—	—
673	罗 乔	女	1992.11	侗	贵州天柱	群众	本科	2016.1	—	助教
674	杨 凡	男	1992.11	土家	湖南桑植	中共党员	本科	2016.9	—	—
675	袁倩颖	女	1992.11	汉	贵州贵定	群众	本科	2016.9	—	助教
676	杨 倩	女	1992.11	水	贵州剑河	群众	本科	2018.2	—	—
677	周 爽	男	1993.1	侗	贵州凯里	群众	本科	2016.1	—	助教
678	杨 琦	女	1993.1	汉	山东平阴	群众	本科	2016.1	—	助教
679	李凌霄	女	1993.3	苗	贵州三穗	中共党员	本科	2016.1	—	助教
680	田新宇	男	1993.3	汉	贵州余庆	群众	本科	2016.1	—	助教
681	何 孟	女	1993.4	穿青人	贵州纳雍	中共党员	本科	2018.2	—	—

续表下2-2-1

序号	姓　名	性别	出生时间	民族	籍　贯	党派	学历	参加工作时间	行政职务	职称
682	杨雨婷	女	1993.8	苗	贵州凯里	中共党员	本科	2016.9	—	助教
683	谭　静	女	1993.8	汉	贵州余庆	群众	本科	2016.9	—	助教
684	严曦煬	女	1993.8	汉	贵州凯里	群众	本科	2019.4	—	—
685	文肖婷	女	1993.9	苗	贵州雷山	群众	本科	2016.1	—	助教
686	李田梅	女	1993.9	汉	贵州赤水	群众	本科	2018.2	—	—
687	谢　青	女	1993.10	汉	贵州安顺	群众	本科	2016.9	—	助教
688	刘佳欣	女	1993.11	苗	贵州锦屏	群众	本科	2019.4	—	—
689	吴本优	女	1994.2	仫佬	贵州凯里	群众	本科	2018.2	—	—
690	黄朝露	女	1994.6	侗	贵州石阡	群众	本科	2016.9	—	助教
691	雷　英	女	1994.8	土家	贵州江口	群众	本科	2018.2	—	助教
692	林城杏	女	1994.10	苗	贵州榕江	团员	研究生	2019.10	—	—
693	胡　蓉	女	1994.11	苗	贵州剑河	群众	本科	2018.2	—	—
694	马勋红	男	1995.4	回	贵州威宁	群众	本科	2020.1	—	—
695	张　乾	女	1990.12	汉	贵州黄平	群众	研究生	2013.12	—	—
696	龙　娜	女	1989.1	侗	贵州凯里	民盟	本科	2012.7	—	—
697	杨永军	男	1994.11	汉	贵州福泉	中共党员	本科	2020.7	—	—
698	陈光财	男	1991.8	苗	贵州罗甸	中共党员	本科	2020.7	—	—
699	雷　梦	女	1995.6	苗	贵州黄平	群众	本科	2020.7	—	—
700	蒋　菲	女	1993.7	土家	贵州铜仁	中共党员	研究生	2020.7	—	—
701	袁鸾英	女	1989.5	侗	贵州天柱	中共党员	本科	2012.11	—	—
702	高开玉	女	1995.3	汉	贵州毕节	群众	本科	2020.7	—	—
703	高江玲	女	1995.8	仡佬	贵州遵义	团员	本科	2020.7	—	—
704	周　宪	男	1994.4	汉	贵州遵义	中共党员	本科	2020.7	—	—
705	吴　青	女	1989.5	侗	安徽休宁	中共党员	本科	2020.7	—	—
706	龙　辉	女	1996.12	苗	贵州施秉	团员	本科	2020.7	—	—
707	王炳维	男	1990.7	苗	贵州黄平	团员	本科	2016.8	—	—
708	姚　杰	男	1991.3	汉	贵州贵阳	群众	本科	2016.6	—	—
709	张桂花	女	1994.5	苗	贵州黄平	团员	研究生	2020.10	—	—
710	刘梅梅	女	1994.10	汉	贵州贵阳	中共党员	研究生	2020.10	—	—
711	唐金铃	女	1994.10	汉	湖南邵阳	团员	研究生	2020.10	—	—
712	郭忠莹	女	1993.11	汉	贵州册亨	团员	本科	2020.10	—	—
713	黄媛媛	女	1994.4	汉	湖北恩施	中共	研究生	2020.10	—	—
714	杨赟静杨	女	1994.8	侗	贵州天柱	团员	本科	2016.7	—	—

续表下2-2-1

序号	姓　名	性别	出生时间	民族	籍　贯	党派	学历	参加工作时间	行政职务	职称
715	皮荣宇	女	1990.12	苗	贵州凯里	群众	研究生	2020.10	—	—
716	吴好叶	女	1993.7	侗	贵州黎平	团员	研究生	2020.10	—	—
717	杨远睿	男	1996.9	侗	贵州三穗	中共党员	研究生	2020.10	—	—
718	段瑶瑶	女	1992.2	汉	贵州黄平	群众	本科	2020.10	—	—

三、2001年8月至2020年12月学院退休职工名录

表下2-3-1

姓　名	性别	出生年月	民族	籍贯	政治面貌	职务职称	退休时间
杨世维	男	1941.08	汉	四川巴县	群众	原州卫校总务科副科长/副主任医师	2001.11
孙洪祥	男	1941.12	汉	贵州麻江	中共党员	原州林校校长/高级工程师	2001.12
陈昌群	女	1952.04	苗	贵州镇远	群众	—	2002.05
胡正明	女	1951.04	苗	遵义绥阳	中共党员	助理讲师	2002.07
杨诗锦	女	1957.07	侗	贵州榕江	群众	护师	2002.09
王守清	男	1942.08	汉	四川南川	中共党员	主任医师	2002.11
王永良	男	1942.09	汉	安徽寿县	群众	高级讲师	2002.11
邓吉莲	女	1947.10	汉	贵州松桃	中共党员	护师	2002.11
李亚凤	女	1952.11	汉	浙江奉化	中共党员	实验师	2002.11
屈志勇	女	1947.04	汉	湖南德阳	中共党员	会计师	2002.11
刘绍桃	女	1954.05	汉	贵州三穗	群众	讲师	2002.12
张体强	男	1952.07	汉	贵州桐梓	中共党员	—	2003.01
王正本	男	1945.04	汉	贵州凯里	中共党员	—	2003.09
王学兰	女	1948.11	苗	贵州凯里	群众	主治医师/教务副科长	2003.11
甘翠仙	女	1949.01	布依	贵州麻江	中共党员	中教一级	2004.01
李加南	女	1946.03	汉	河南许昌	群众	高级讲师	2004.08
秦念皖	男	1944.08	汉	安徽怀宁	中共党员	原州林校副校长	2004.08
饶焕筑	女	1949.07	汉	湖北广济	群众	高级讲师	2004.10
许志刚	男	1944.02	侗	贵州榕江	中共党员	原农校校办主任/高级讲师	2004.10
方家玲	女	1949.12	汉	上海	中共党员	主治医师	2004.12
冉贞惠	女	1950.12	汉	贵州道真	群众	—	2005.12
王胜贵	女	1955.01	汉	山东齐河	群众	—	2006.02
王兆石	男	1946.03	汉	江苏丹阳	中共党员	原州卫校副校长/高级政工师	2006.03
杨　琴	女	1951.01	苗	贵州福泉	中共党员	实验师	2006.03
王兰仙	女	1951.04	侗	贵州三穗	中共党员	医师	2006.04
熊芳贵	女	1951.08	汉	四川	群众	—	2006.04

续表下2-3-1

姓　名	性别	出生年月	民族	籍贯	政治面貌	职务职称	退休时间
赵学兰	女	1953.03	侗	江西久江	群众	—	2006.06
毛夏英	女	1951.09	汉	浙江龙泉	群众	主管护师	2006.09
孔庆梅	女	1956.09	侗	贵州三穗	群众	—	2006.09
胡英秋	女	1956.11	侗	贵州天柱	群众	—	2006.11
龙昌烈	男	1946.12	侗	贵州天柱	中共党员	原州卫校办公室主任/高级政工师	2007.01
黄　敏	女	1952.02	汉	四川蓬溪	群众	助理会计师	2007.02
王庆芝	女	1952.03	苗	贵州凯里	群众	护师	2007.03
白清玉	女	1952.03	苗	贵州三穗	群众	—	2007.03
邓梅芳	女	1948.12	侗	湖南衡阳	中共党员	高级讲师	2007.04
赵玉华	女	1952.05	汉	河北行唐	群众	—	2007.05
曾如琼	女	1952.07	苗	四川大足	群众	会计员	2007.06
杨小凤	女	1957.08	汉	湖南邵东	群众	—	2007.08
潘家珍	女	1952.09	苗	贵州黄平	中共党员	主治医师	2007.09
管绍兰	女	1950.02	汉	四川巴县	中共党员	副教授	2007.11
李正凡	女	1952.11	侗	贵州剑河	中共党员	高级讲师	2007.11
谢尚群	女	1952.11	苗	贵州凯里	群众	主管护师	2007.11
杨桂英	女	1952.12	布依	贵州贵阳	群众	—	2007.12
张秀花	女	1953.03	苗	贵州从江	民进会员	高级讲师	2008.03
蒋黔灵	女	1953.08	汉	湖南零陵	中共党员	馆员	2008.08
何晓雪	女	1953.11	苗	贵州凯里	群众	中专讲师	2008.11
龙　泉	男	1948.12	侗	贵州天柱	群众	高级讲师	2009.01
於根英	女	1953.11	汉	浙江镇海	中共党员	原农校工会副主席/讲师	2008.12
甘朝衔	男	1949.01	汉	江苏	群众	—	2009.01
李兴平	女	1954.01	汉	山东长青	中共党员	原州财校人事科科长/高级政工师	2009.01
粟多菊	女	1954.02	侗	贵州镇远	群众	护师	2009.02
赵禄权	男	1949.07	汉	贵州黔西	中共党员	—	2009.07
杨政华	男	1955.08	汉	四川长寿	群众	—	2009.08
欧　勇	男	1955.12	苗	贵州剑河	群众	讲师	2009.08
邱　玲	女	1955.03	土家	贵州麻江	中共党员	—	2009.08
宋　敏	女	1957.03	汉	山东蓬莱	中共党员	原州林校学生科副科长/讲师	2009.08
吴道敏	女	1955.03	侗	贵州雷山	中共党员	—	2009.08
黄天明	男	1956.09	苗	贵州黄平	中共党员	—	2009.08
潘存文	男	1949.11	汉	贵州三穗	中共党员	—	2009.08
杨光英	女	1954.09	苗	贵州黄平	中共党员	原州林校工会副主席/馆员	2009.09
吴　英	女	1954.09	侗	山东齐河	中共党员	副主任医师	2009.09

续表下2-3-1

姓　名	性别	出生年月	民族	籍贯	政治面貌	职务职称	退休时间
刘德权	男	1949.11	汉	贵州龙里	群众	高级讲师	2009.11
龙本秀	女	1954.11	苗	贵州锦屏	中共党员	高级实验师	2009.11
罗春梅	女	1954.11	苗	贵州天柱	群众	政工师	2009.11
倪木兰	女	1954.12	侗	四川自贡	群众	高级讲师	2010.01
邰纲华	男	1950.04	苗	贵州三穗	中共党员	主治医师	2010.05
吴宗林	男	1950.07	回	上海	群众	—	2010.07
向发英	女	1955.10	汉	贵州黄平	群众	馆员	2010.10
杨志明	男	1950.11	苗	贵州黄平	中共党员	—	2010.11
田洪珍	女	1955.12	汉	贵州镇远	群众	会计员	2010.12
赵家文	男	1950.12	汉	贵州黄平	群众	讲师	2010.12
张新娅	女	1955.12	侗	贵州石阡	中共党员	院公教部副主任/高级讲师	2010.12
黄华英	女	1956.02	苗	贵州镇远	群众	中药师	2011.02
吴育辉	男	1951.02	苗	四川西充	中共党员	院技能实训中心副主任	2011.02
王妮娜	女	1956.01	汉	山东梁山	群众	—	2011.01
刘先惠	女	1956.04	水	贵州榕江	群众	主管护师	2011.04
王黔英	女	1961.06	汉	河南太康	群众	—	2011.06
罗前珍	男	1951.06	汉	贵州镇远	中共党员	院公教部副主任/副教授	2011.06
李炳香	女	1956.09	侗	贵州榕江	群众	主管护师	2011.09
康乐林	男	1951.09	汉	贵州丹寨	民进会员	院图书馆馆长/副教授	2011.09
文德芳	男	1951.09	汉	贵州凯里	群众	—	2011.09
李呈英	女	1956.11	汉	山东齐河	民建会员	高级实验师	2011.11
陈兰英	女	1961.11	汉	湖南南山	群众	—	2011.12
杨通玉	女	1956.12	苗	贵州凯里	群众	主管护师	2011.12
邰通珍	女	1957.02	侗	贵州剑河	群众	护师	2012.02
邰化彩	男	1952.03	侗	贵州镇远	中共党员	院工会主席	2012.03
彭桂荷	女	1957.05	侗	贵州天柱	中共党员	高级实验师	2012.05
平玲玲	女	1957.06	汉	贵州贵阳	群众	讲师	2012.06
李建军	女	1958.08	彝	河北定兴	中共党员	—	2012.06
侯胜华	男	1952.07	侗	贵州岑巩	群众	高级实验师	2012.07
龙金玉	女	1957.07	苗	贵州黄平	中共党员	—	2012.07
吴晓凤	女	1957.07	汉	贵州黄平	群众	—	2012.07
李华相	男	1952.07	布依	贵州麻江	中共党员	—	2012.07
周晓虹	女	1961.07	汉	江西余江	群众	馆员	2012.08
杨爱兰	女	1957.09	苗	贵州天柱	中共党员	院技能实训中心副主任	2012.09
杨春荣	女	1957.10	回	山东禹城	中共党员	馆员	2012.10

续表下2-3-1

姓　名	性别	出生年月	民族	籍贯	政治面貌	职务职称	退休时间
张　艳	女	1959.08	汉	辽宁盖县	中共党员	—	2012.10
周晓琴	女	1963.05	汉	河北大兴	群众	实验师	2012.10
禹荣珠	女	1957.11	侗	贵州榕江	群众	主管护师	2012.11
胡元珍	女	1957.11	汉	贵州岑巩	中共党员	院后勤集团副经理	2012.11
龙跃娥	女	1957.12	苗	贵州锦屏	群众	高级实验师	2012.12
杨卫民	女	1957.12	汉	贵州贵阳	群众	助理会计师	2012.12
张满华	女	1958.01	侗	湖南华容	中共党员	—	2013.01
欧朝萍	女	1958.01	侗	贵州剑河	中共党员	—	2013.01
王晓琴	女	1958.02	汉	山东齐河	群众	—	2013.02
杜贻平	女	1958.02	回	山东嘉祥	中共党员	院督查室副主任/副教授	2013.02
龙胜远	男	1953.03	苗	贵州黄平	群众	—	2013.03
张政明	男	1953.05	汉	河北炬鹿	群众	—	2013.05
邹倩怡	女	1958.05	汉	江西永丰	群众	讲师	2013.05
王治忠	男	1953.06	汉	贵州镇远	群众	—	2013.06
欧祥林	男	1956.02	侗	贵州榕江	群众	院口腔医学系副主任/教授	2013.07
杨爱群	女	1956.04	侗	贵州天柱	中共党员	院纪检监察室主任	2013.08
王兴琴	女	1958.09	苗	贵州雷山	群众	实验师	2013.09
姚元珍	女	1958.10	侗	贵州岑巩	群众	副教授	2013.10
王明忠	男	1953.11	苗	贵州麻江	中共党员	主治医师	2013.11
彭文琼	女	1958.11	侗	贵州镇远	群众	主管护师	2013.11
郭书宽	男	1958.11	侗	辽宁新金	群众	—	2013.11
高清江	男	1959.09	汉	山东茌平	中共党员	—	2013.11
席道林	男	1953.11	汉	贵州黄平	中共党员	院中专部副主任/讲师	2013.11
雷安阳	男	1953.12	苗	贵州黄平	中共党员	原农校办公室主任	2013.12
冯贤友	男	1953.01	汉	湖北利川	民进会员	副教授	2013.12
闻大书	女	1959.12	汉	重庆江北	群众	副主任护师	2014.01
全洪美	女	1959.03	侗	贵州剑河	群众	馆员	2014.03
孙晓英	女	1959.03	汉	山东聊城	群众	高级实验师	2014.03
肖林榕	男	1954.05	侗	贵州剑河	中共党员	院离退休干部科科长	2014.05
潘正先	男	1963.06	苗	贵州凯里	中共党员	—	2014.09
李　骥	男	1960.08	汉	江西弋阳	民建会员	讲师	2014.01
肖丽君	女	1961.11	苗	贵州凯里	群众	—	2014.11
杨燕玲	女	1960.01	侗	贵州天柱	群众	院技能实训中心副主任/教授	2015.01
曾小平	女	1962.08	汉	贵州凯里	民盟盟员	副教授	2015.01
傅存平	男	1955.01	汉	山东齐河	中共党员	院驾校校长	2015.01

续表下2-3-1

姓　名	性别	出生年月	民族	籍贯	政治面貌	职务职称	退休时间
邓小康	男	1962.09	汉	贵州大方	群众	—	2015.02
杨凤安	男	1955.03	侗	贵州天柱	群众	副教授	2015.03
罗贤光	男	1955.02	布依	贵州麻江	中共党员	院工会主席/馆员	2015.03
雷　刚	男	1955.04	苗	贵州黄平	中共党员	副教授	2015.04
李玉琦	男	1955.03	苗	贵州雷山	群众	讲师	2015.03
梁庄源	男	1955.04	侗	贵州天柱	中共党员	院保卫处副处长	2015.04
许晓红	女	1960.05	汉	贵州毕节	中共党员	讲师	2015.05
王家祥	男	1954.08	彝	贵州三都	中共党员	院党委书记	2015.05
潘世梅	女	1960.05	苗	贵州黄平	群众	图书馆员	2015.05
张堂生	男	1955.06	苗	贵州三穗	群众	—	2015.06
尹如秋	男	1955.08	苗	湖南邵东	民进会员	副教授	2015.08
申屏江	男	1960.06	苗	贵州锦屏	群众	—	2015.09
申京娥	女	1960.11	汉	河北涉县	中共党员	副教授	2015.11
魏小平	男	1962.12	汉	四川资中	民建会员	副教授	2015.12
蒲学林	男	1956.02	苗	贵州剑河	中共党员	讲师	2016.02
申桂萍	女	1961.04	苗	湖南邵东	群众	—	2016.04
潘永明	男	1956.05	苗	贵州黄平	中共党员	副教授	2016.05
陈守祥	男	1956.07	侗	贵州三穗	群众	—	2016.07
徐凤生	男	1956.07	汉	山东曹县	民进会员	副教授	2016.07
潘晓蜀	女	1960.01	汉	重庆巴县	中共党员	院护理系党总支书记/副教授	2016.08
舒镇英	女	1961.08	汉	贵州镇远	群众	主管护师	2016.08
王俊杰	男	1963.09	汉	贵州桐梓	中共党员	院机关党总支书记/副教授	2016.08
罗桂花	女	1961.10	汉	广东兴宁	群众	—	2016.10
杨荣卿	男	1956.10	侗	贵州三穗	群众	—	2016.10
杨先泽	男	1956.12	侗	贵州天柱	群众	副教授	2016.12
吴德诚	男	1956.12	侗	贵州黎平	中共党员	院公共教学基础部主任/教授	2016.12
张兴权	男	1956.12	侗	贵州镇远	中共党员	院医技系党总支书记/高级政工师	2016.12
杨瑾华	女	1962.03	侗	贵州天柱	群众	主治医师	2017.03
郑贵榕	女	1962.04	布依	福建古田	群众	—	2017.04
杨政文	男	1957.04	侗	贵州天柱	群众	—	2017.04
刘书华	男	1957.04	汉	贵州麻江	中共党员	院医药技术系主任/教授	2017.05
李　琼	女	1962.04	侗	贵州三穗	群众	政工师	2017.04
杨礼玉	男	1962.03	侗	贵州天柱	中共党员	副教授	2017.05
董　薇	女	1962.05	侗	贵州台江	民盟盟员	院临床医学系副主任/副教授	2017.05
屈维彪	男	1957.06	汉	湖南衡阳	中共党员	院学生处处长/副教授	2017.07

续表下2-3-1

姓 名	性别	出生年月	民族	籍贯	政治面貌	职务职称	退休时间
吴传福	男	1957.08	侗	贵州锦屏	中共党员	院保卫处副处长	2017.08
孟朝秀	女	1962.08	汉	贵州施秉	群众	—	2017.08
杨深健	男	1957.10	侗	贵州天柱	中共党员	主治医师	2017.10
李 燕	女	1962.10	汉	陕西延长	群众	药师	2017.10
李 春	男	1957.11	汉	陕西延长	群众	副教授	2017.11
陈晓明	男	1957.10	汉	江西东乡	群众	院继续教育处处长/副教授	2017.10
杨 梅	女	1962.11	侗	贵州榕江	中共党员	—	2017.11
黄晓兰	女	1962.11	汉	贵州麻江	群众	馆员	2017.11
黄春兰	女	1962.12	苗	贵州息烽	中共党员	高级实验师	2017.12
陈爱珍	女	1962.12	水	广东罗定	群众	高级实验师	2017.12
龙桂仙	女	1962.12	侗	贵州天柱	群众	主治医师	2017.12
黄冬艳	女	1962.12	苗	贵州榕江	群众	助理讲师	2017.12
李光跃	男	1960.01	苗	贵州雷山	群众	院技能实训中心副主任/高级政工师	2018.01
潘秋红	女	1966.10	苗	贵州黄平	群众	副教授	2018.01
欧阳开斌	男	1958.01	汉	贵州三穗	群众	高级工	2018.01
刘琳丰	女	1963.01	汉	安徽安庆	农工党	院图书馆副馆长/副教授	2018.01
郭秀霖	男	1958.02	汉	河南南乐	群众	—	2018.02
陈朝霞	女	1963.02	苗	贵州天柱	群众	讲师	2018.02
龙晓幸	女	1963.03	苗	贵州黄平	中共党员	讲师	2018.03
李 军	男	1958.04	侗	贵州镇远	群众	实验师	2018.04
王 慧	女	1963.04	汉	山东东阿	群众	—	2018.04
龙春平	女	1963.03	侗	贵州天柱	中共党员	院马列部主任/副教授	2018.05
朱江琼	女	1963.05	苗	贵州锦屏	中共党员	高级实验师	2018.07
王志芬	女	1963.06	苗	贵州台江	群众	主管护师	2018.07
李竹莹	女	1963.05	汉	江西抚州	民进会员	高级实验师	2018.07
欧阳克祥	男	1958.10	侗	贵州锦屏	群众	院驾校校长	2018.10
全学馥	女	1963.10	汉	四川灌县	农工党党员	药剂师	2018.10
龚贵兰	女	1963.10	汉	江西修水	群众	讲师	2018.10
彭兰桂	女	1963.10	侗	贵州剑河	群众	高级实验师	2018.10
刘玉兰	女	1963.11	侗	贵州天柱	群众	高级实验师	2018.11
宋爱萍	女	1963.11	侗	湖南怀化	中共党员	副教授	2018.11
杨昌英	女	1963.11	苗	贵州黄平	中共党员	政工师	2018.11
吴化美	女	1963.12	侗	贵州锦屏	群众	讲师	2018.12
周水菊	女	1964.01	侗	贵州天柱	群众	高级实验师	2019.01
周德才	男	1966.08	侗	贵州黎平	群众	副教授	2019.01

续表下2-3-1

姓　名	性别	出生年月	民族	籍贯	政治面貌	职务职称	退休时间
邓　林	男	1959.04	汉	河南新安	群众	—	2019.04
何　武	女	1963.03	彝	贵州黄平	群众	教授	2019.03
吴继红	女	1964.07	汉	山东齐河	群众	馆员	2019.07
丁海燕	女	1964.07	侗	贵州镇远	群众	副主任护师	2019.07
张兴国	男	1959.08	汉	江苏江都	中共党员	副教授	2019.08
余春香	女	1964.09	苗	贵州三都	民盟盟员	高级实验师	2019.09
张　敏	女	1964.09	侗	贵州镇远	群众	教授	2019.09
李　欢	女	1963.11	水	贵州从江	中共党员	院招生就业处主任/副教授	2019.07
胡　松	男	1959.10	苗	贵州黄平	中共党员	院生物与环境工程系总支书记/副教授	2019.10
凌文霞	女	1964.10	汉	贵州黎平	群众	副教授	2019.10
欧阳平	女	1969.11	苗	贵州台江	群众	—	2019.12
董汉英	女	1964.12	侗	山东胶南	群众	馆员	2019.12
王光生	男	1968.12	苗	贵州雷山	中共党员	讲师	2019.12
张恩莲	女	1959.12	布依	贵州贵定	中共党员	院党委书记	2020.01
邵正维	女	1965.01	汉	贵州遵义	群众	讲师	2020.01
王艳兰	女	1965.01	侗	贵州天柱	群众	教授	2020.01
宋芳梅	女	1965.02	苗	贵州天柱	群众	高级实验师	2020.01
伍美青	女	1965.04	侗	湖南新宁	群众	护师	2020.04
张宽英	女	1965.05	苗	贵州剑河	中共党员	小教高级	2020.05
李雪萍	女	1965.06	汉	贵州黄平	群众	教授	2020.06
邹黔荣	女	1965.06	汉	湖南邵阳	中共党员	院档案馆馆长/研究馆员	2020.07
文英兰	女	1965.07	苗	贵州麻江	民盟盟员	院旅游与商务管理系副主任/副教授	2020.07
孙光英	女	1965.07	土家	贵州铜仁	民盟盟员	副教授	2020.07
郑晓峰	女	1965.08	汉	河北东光	民进会员	院科技处处长/教授	2020.08
郭玉敏	女	1965.09	汉	河南泌阳	中共党员	讲师	2020.09
常青馨	女	1965.09	汉	贵州黄平	群众	副教授	2020.09
董清正	男	1960.09	汉	山东单县	群众	副教授	2020.09
李魏飞	女	1965.10	汉	四川资中	农工党党员	教授	2020.10
王小琴	女	1965.10	侗	贵州岑巩	群众	—	2020.10
黄　英	女	1965.10	苗	贵州凯里	群众	助理医师	2020.10
李秀梅	女	1963.09	汉	贵州思南	群众	助理政工师	2020.10
叶　玫	女	1965.12	汉	广东和平	群众	副教授	2020.12
朱恒亮	男	1960.12	汉	贵州毕节	中共党员	院总务处水电管理科科长	2020.12

说明：按退休时间先后排名，退休时间不详的按出生时间排名

四、2001年8月至2020年12月学院已故职工一览表

表下2-4-1

姓　名	性别	去世时间	姓　名	性别	去世时间
张东风	男	2003.10	欧阳清明	男	2010.06
吴康鑫	男	2003.12	龙发远	男	2010.08
杨世雄	男	2004.04	田宏竣	男	2010.11
赵野樵	男	2004.04	周联辉	女	2011.04
薄秀山	男	2004.06	韩碧煦	男	2011.06
董正刚	男	2004.09	潘晓霞	女	2011.08
申桂芳	男	2004.11	张道益	男	2011.08
杨泽长	男	2005.04	孙兴泉	男	2011.08
陈派林	男	2005.04	杨细华	男	2011.12
林华章	女	2005.05	徐国苏	男	2012.04
李经文	男	2005.11	陈道明	男	2012.08
陈光忠	男	2005.12	龙光文	男	2012.08
邱均奇	男	2006.02	熊雪琴	女	2013.01
王荫遐	男	2006.03	杨秀薇	男	2013.04
杨远治	男	2006.07	吴国铭	男	2013.05
杨绍钦	男	2006.11	龙通吉	男	2013.06
陈　銑	男	2007.02	刘　涛	男	2013.08
付晓明	男	2007.06	向南群	女	2013.10
姚录林	男	2007.09	杨和平	男	2013.11
吴国滔	男	2008.03	李俊波	男	2014.03
欧大军	男	2008.04	胡正金	男	2014.04
李泽辉	男	2008.04	梁艾丽	女	2014.08
宋兆升	男	2008.04	徐利仁	女	2014.08
吴冠民	男	2008.08	杨传燊	男	2014.11
胡元清	男	2008.08	熊　燕	女	2014.11
潘飞文	男	2009.01	李星晟	男	2015.10
欧克群	男	2009.01	杨昌祥	男	2015.11
孔庆涛	男	2009.02	张树兰	女	2015.12
杨久劲	男	2009.09	郑一鸣	男	2016.01
范鸿湘	女	2009.11	周素云	女	2016.03
张开琳	女	2010.04	肖洪荣	男	2016.03
穆发茂	男	2010.05	肖开莲	女	2016.06
杨朝模	男	2010.05	陈仕秀	女	2016.08

续表下2-4-1

姓 名	性别	去世时间	姓 名	性别	去世时间
郑世碧	女	2016.07	吴朝银	男	2019.02
姜宗秀	女	2016.10	邓功秋	男	2019.03
王少春	男	2016.10	孙有才	男	2019.03
杨绍猷	男	2017.02	陈守祥	男	2019.04
龙玉莲	女	2017.06	鲍 琳	男	2019.09
杨光华	男	2017.06	吴宗林	男	2019.10
沈旭初	男	2017.06	徐 蕴	男	2019.12
周季叔	男	2017.08	孙 聪	男	2019.07
宋顺兰	女	2017.12	朱元屏	男	2019.08
史元权	男	2017.10	李立新	男	2019.11
郑小康	男	2018.02	姚本丽	女	2019.06
王玉兰	女	2018.02	熊 刚	男	2020.02
周邦豫	男	2018.05	肖华珍	男	2020.02
朱树英	女	2018.05	孙继武	男	2020.08
沈邦珍	女	2018.08	潘启香	女	2020.08
黄润军	男	2018.10	廖朝铭	男	2020.10
文庭芳	男	2019.02	张泽铨	男	2020.12

五、2001年8月至2020年12月学院民主党派人士一览表

表下2-5-1

姓 名	性别	出生时间	民族	籍贯	党派	学历	单位职务	职称	参加工作时间	参加党派时间	党派职务	备注
杨 群	女	1967.4	侗	贵州天柱	民盟	本科	财经系主任	教授	1987.8	2010.12	民盟省直黔东南州工委副主委、学院支部主任	州政协委员
吴格娥	女	1968.6	苗	贵州天柱	民盟	本科	生物与环境工程系主任	教授	1991.8	2010.12	支委委员	州人大代表
朱方来	男	1966.8	侗	贵州天柱	民盟	本科	公共教学部副主任(主持工作)	副教授	1989.7	2010.12	—	
彭 艳	女	1969.2	侗	贵州凯里	民盟	本科	公教部	副教授	1987.9	2012.8	—	
邓燕红	女	1968.1	汉	贵州黄平	民盟	本科	教务处	高级实验师	1988.8	2012.8	—	
金 红	女	1967.5	苗	贵州凯里	民盟	本科	科技处大健康产业发展研究中心副主任	副教授	1989.10	2012.8	—	

续表下2-5-1

姓 名	性别	出生时间	民族	籍贯	党派	学历	单位职务	职称	参加工作时间	参加党派时间	党派职务	备注
文英兰	女	1965.7	苗	贵州麻江	民盟	本科	旅游与商务管理系副主任	副教授	1988.8	2010.12	—	
孙光英	女	1965.7	土家	贵州铜仁	民盟	本科	教务处	副教授	1986.8	2013.12	—	
陈 璇	女	1969.5	回	贵州铜仁	民盟	本科	学生处	副教授	1993.7	2012.8	—	
金记平	女	1972.8	汉	湖南长沙	民盟	本科	护理系副主任	副教授	1996.8	2014.8	—	
马 雯	女	1970.5	布依	贵州镇宁	民盟	本科	工会	实验师	1992.7	2014.8	—	
何 武	女	1963.3	彝	贵州黄平	民盟	本科	公教部	教授	1986.7	2010.12	—	
余春香	女	1964.9	苗	贵州三都	民盟	本科	医药技术系	高级实验师	1982.12	2012.8	—	
杨凤安	男	1955.3	侗	贵州天柱	民盟	本科	医药技术系	副教授	1974.9	1995.7	—	
董 薇	女	1962.5	侗	贵州台江	民盟	本科	临床系	副教授	1981.12	2014.2	—	
杨燕玲	女	1960.1	侗	贵州天柱	民盟	本科	技能实训中心	教授	1977.9	2011.8	—	
曾小平	女	1962.8	汉	贵州凯里	民盟	本科	公教部	副教授	1982.1	2012.8	—	
谢 宏	男	1969.8	侗	贵州贵阳	民建	本科	护理系主任	副教授	1993.12	2006.10	州直一支部副主任	州政协委员
李 宏	女	1971.3	汉	四川隆昌	民建	本科	临床系	副教授	1994.8	2012.11	—	
杨海莉	女	1967.12	苗	贵州黄平	民建	本科	医药技术系	副教授	1988.8	2010.10	—	
吴 婷	女	1983.5	侗	贵州黎平	民建	本科	护理系	副教授	2006.7	2019.11	—	
李呈英	女	1956.11	汉	山东	民建	本科	生物与环境工程系	高级实验师	1974.10	2003.12	—	
李光跃	男	1960.1	苗	贵州雷山	民建	大专	技能实训中心	副教授	1976.3	2009.6	—	
李 骥	男	1960.8	汉	江西弋阳	民建	本科	绿化公司	讲师	1981.12	2010.10	—	
魏小平	男	1962.12	汉	四川资中	民建	本科	临床系	副教授	1985.8	2010.12	—	
李树禄	男	1965.10	汉	贵州遵义	民进	本科	技能实训中心（校企合作中心）副主任（主持工作）（同时负责中专部工作）	主治医师	1990.8	1999.12	民进学院支部委员、主任	州政协委员
吴文勇	男	1967.10	侗	贵州榕江	民进	本科	副院长	教授	1989.1	2001.9	民进黔东南州委委员、常委；民进学院支部副主任	州政协委员
郑晓峰	女	1965.8	汉	河北东兴	民进	本科	科技处处长	教授	1986.8	2001.12	民进学院支部委员、副主任	州人大代表

续表下2-5-1

姓　名	性别	出生时间	民族	籍贯	党派	学历	单位职务	职称	参加工作时间	参加党派时间	党派职务	备注
邹　波	男	1964.1	汉	贵州三穗	民进	本科	民族职业教育研究所（高等职业教育研究所）所长	教授	1985.7	2001.12	民进学院支部委员	
龙朝霞	女	1966.5	侗	贵州天柱	民进	本科	公教部	副教授	1987.9	1996.10	—	
代　勇	男	1965.1	布依	贵州都匀	民进	本科	驾校	副教授	1987.8	2003.11	—	
徐　阳	男	1970.2	汉	贵州镇远	民进	本科	临床系	副教授	1992.10	2007.12	—	
万新屏	女	1968.3	苗	贵州三穗	民进	本科	生环系	副教授	1989.10	2010.6	—	
李　俊	男	1965.4	汉	江苏江宁	民进	本科	医药技术系	副教授	1985.8	2007.12	—	
谢家清	女	1938.3	汉	贵州贵阳	民进	本科	黔东南民族农业学校	讲师	1961.9	1989.6	—	
张荣轩	女	1946.1	汉	北京	民进	本科	黔东南民族农业学校	副教授	1968.12	1987.5	—	
张秀花	女	1953.3	苗	贵州从江	民进	本科	公共教学部	副教授	1975.9	1990.5	—	
康乐林	男	1951.9	汉	贵州丹寨	民进	本科	公共教学部	副教授	1968.7	2001.12	—	
冯贤友	男	1953.10	汉	湖北利川	民进	本科	生物与环境工程系	副教授	1973.9	2003.11	—	
尹如秋	男	1955.8	苗	湖南邵东	民进	本科	公共教学部	副教授	1974.3	2001.3	—	
徐凤生	男	1956.7	汉	山东曹县	民进	大专	技能实训中心	副教授	1975.9	1996.7	—	
李竹莹	女	1963.5	汉	江西抚州	民进	本科	继续教育部	副教授	1982.12	2009.12	—	
吴文海	男	1963.4	侗	贵州三穗	农工党	本科	民族文化创意产业系教务与创新创业教育科科长	副教授	1982.8	2011.8	农工党黔东南州工作委员会委员、州直支部副主任	
韦信祥	男	1964.3	水	贵州榕江	农工党	本科	生物与环境工程系专任教师	讲师	1987.8	2012.8	—	
李魏飞	女	1965.10	汉	四川资中	农工党	本科	生物与环境工程系专任教师	教授	1986.8	2013.12	—	
刘兴琴	女	1968.6	侗	湖南新晃	农工党	本科	物联网技术系副主任	副教授	1989.10	2011.8	—	
刘琳丰	男	1963.1	汉	安徽安庆	农工党	本科	图书馆	副教授	1983.8	2011.11.17	—	

校友选录

本名录收录部分四校副高以上职称、副县以上职务以及获省级以上成果及表彰的校友。排列不分先后。

一、1967年至2020年12月黔东南民族农业学校校友

表下3-1-1

姓　名	性别	专业	毕业时间	工作单位	职务	职称	获　奖（省级以上成果及表彰）
李洪才	男	土肥	1967	从江县政协	副主席	—	1992年获贵州省人民政府科技兴农人才奖；1995年获农业部农牧渔业丰收三等奖
游本华	男	土肥	1967	岑巩县农业局	—	—	1988年、1990年获农业部农牧渔业丰收奖；1994年享受省政府特殊津贴
张先炽	男	土肥	1967	黔东南州水利局	副局长	—	—
潘德荣	男	农学	1968	丹寨县农业局	—	—	1993年获省政府特殊津贴
王安龙	男	农学	1968	黔东南州烟草局	副局长	—	—
赵全丰	男	农学	1968	岑巩县天星乡农推站	—	—	1990年获农业部全国农牧渔业丰收二等奖
顾亚东	男	农学	1975	黔东南州农科院	—	高级农艺师	—
田　智	男	农学	1975	三穗县人民政府	副县长	—	—
修耀华	男	农学	1975	贵州财经大学	党委书记	—	—
雷安阳	男	农学	1976	黔东南民族农业学校	副校长	—	—
雷邦海	男	植保	1976	凯里市农业局	—	高级农艺师	获省科学技术进步奖二等奖2项，获省科学技术进步奖三等奖1项，州科学技术进步奖2项。享受省政府特殊津贴专家
彭德源	男	植保	1976	岑巩县农业局	—	高级农艺师	获农业部成果奖1项，农业厅成果奖4项，黔东南州科技进步奖1项。享受省政府特殊津贴专家
文炳智	男	植保	1976	雷山县农业局	—	高级农艺师	获贵州省科技进步二等奖1项，三等奖1项，农业丰收二等奖4项

续表下3-1-1

姓　名	性别	专业	毕业时间	工作单位	职务	职称	获　奖（省级以上成果及表彰）
文朝林	男	植保	1976	黔东南州信访局	副县级调研员	—	2006年被贵州省委、省人民政府表彰为全省信访系统先进工作者
王朝国	男	土肥	1976	新疆维吾尔自治区农业厅	—	高级农艺师	1993年被国家计委、农业部授予省柴节煤先进工作者
黄　鹞	男	农学	1980	贵州省信访局	副局长	—	—
蒋德凤	男	农学	1980	三穗县农业局	—	高级农艺师	1988年获全国农牧渔业丰收二等奖；1989年获全国农牧渔业丰收三等奖
刘跃平	男	农学	1980	黔东南州扶贫办	党组副书记	—	—
龙云茂	男	农学	1980	天柱县人大常委会	副主任	—	—
罗永芬	男	农学	1980	榕江县农委	—	—	1985年评为全国边陲优秀儿女，获得金质奖章
潘光亮	男	农学	1980	从江县下江镇农业服务中心	—	高级农艺师	—
潘榕生	男	农学	1980	凯里市炉山镇农业服务中心	—	高级农艺师	—
田维军	男	农学	1980	镇远县农业技术推广站	—	高级农艺师	—
魏永建	男	农学	1980	州人大农业与农村委员会	主任委员	—	1989年、1998年先后被农业部、教育部授予全国优秀教师荣誉称号
席安福	男	农学	1980	榕江县农业局	—	高级水产工程师	—
肖方贤	男	农学	1980	黔东南州纪委	常务副书记	—	—
杨世敏	女	农学	1980	民进黔东南州委	副主委	—	—
杨永灯	男	农学	1980	天柱县农业局	—	高级农艺师	
张方均	男	农学	1980	贵阳市气象局	局长	—	—
许保平	男	作物栽培	1980	黎平县农业局	主任	高级农艺师	—
樊学来	男	牧医	1981	岑巩县科协	副主席	—	1988年获农业厅先进工作者
杨　海	男	牧医	1981	岑巩县农业局动物卫生监督所	副所长	高级兽医师	—
杨汉森	男	牧医	1981	天柱县农业局	—	高级畜牧师	—
胡建平	男	农学	1981	黔东南州农业局	—	高级农艺师	—
李家灿	男	农学	1981	剑河县磻溪农技中心	—	高级农艺师	—
林安发	男	农学	1981	锦屏县农推站	—	高级农艺师	—

续表下3-1-1

姓 名	性别	专业	毕业时间	工作单位	职务	职称	获 奖（省级以上成果及表彰）
龙家磅	男	农学	1981	榕江县委办	—	—	1994年被评为贵州省第二届十大杰出青年
屈维彪	男	农学	1981	黔东南民族职业技术学院学生处	处长	高级讲师	1994年被农业部授予全国中等农业学校优秀教师荣誉称号
吴昌廉	男	农学	1981	黎平县农业局	—	高级农艺师	—
徐来亮	男	农学	1981	岑巩县农业局	—	—	1986年获省政府先进工作者
杨国昌	男	农学	1981	岑巩县农业局	—	—	2000年获农业部颁发全国农牧渔业丰收二等奖
杨正谷	男	农学	1981	锦屏县产业化办公室	—	高级农艺师	—
张仁才	男	农学	1981	岑巩县农业局植保植检站	—	高级农艺师	—
袁大龙	男	畜牧	1981	凯里市农林扶贫工作局	—	高级畜牧师	—
谌洪跃	男	农学	1982	三穗县政协	—	—	2011年获农业部农业丰收二等奖
文胜光	男	农学	1982	雷山县永乐镇	—	高级农艺师	—
龙瑞春	男	农学	1982	锦屏县农业局	—	高级农艺师	1996年获省农业丰收二等奖2项、2005年获省农业丰收一等奖1项、2007年获省农业丰收二等奖1项
罗贤荣	男	农学	1982	黄平县谷硐镇农业服务中心	—	高级农艺师	—
吴明华	男	农学	1982	黄平县重安镇农业服务中心	—	高级农艺师	—
杨昌军	男	农学	1982	剑河农业局	—	高级农艺师	—
杨定科	男	农学	1982	从江县农业局农经站	—	高级农艺师	—
杨启才	男	农学	1982	剑河农业局	—	高级农艺师	—
李立新	男	农学	1982	黄平县种子管理站	—	高级农艺师	—
顾泽谋	男	牧医	1983	从江县农业局水产站	—	高级水产工程师	—
刘德卓	男	牧医	1983	黔东南州科技局	副局长		—
吴定球	男	牧医	1983	剑河县磻溪农技中心	—	高级农艺师	—
杨通州	男	牧医	1983	三穗县款场乡农业服务中心	—	高级兽医师	—
宋茂贵	男	牧医	1983	台江县农业局	—	—	1995年、2001年获农业厅先进个人，1999年获省政府科技兴农人才奖
赵荣魁	男	牧医	1983	锦屏县农业局	—	—	2002年获农业部授予全国农业丰收奖三等奖
黄德忠	男	农学	1983	州政法委、州综治办	常务副书记、主任	—	—

续表下3-1-1

姓　名	性别	专业	毕业时间	工作单位	职务	职称	获　奖（省级以上成果及表彰）
唐成德	男	农学	1983	黄平县人大常委会	—	副主任	—
吴安相	男	农学	1983	剑河农业局	—	高级农艺师	—
谢德祥	男	农学	1983	三穗县农业局	—	高级农艺师	1997年获贵州省人民政府科技兴农人才奖；2000年获农业部全国农牧渔业丰收二等奖
杨　林	男	农学	1983	锦屏县植保站	—	高级农艺师	—
杨通州	男	农学	1983	三穗县款场乡农业服务中心	—	高级农艺师	—
杨秀江	男	农学	1983	岑巩县农业局农推站	站长	高级农艺师	1990年获农业部农牧渔业丰收二等奖
谌业品	男	牧医	1984	三穗县农业局	—	中级兽医师	1999年获贵州省人民政府第四届科技兴农人才奖
柳　卫	男	牧医	1984	岑巩县物价局	副局长	—	1992年获农业部农牧渔业丰收三等奖
闻世江	男	牧医	1984	三穗县滚马乡农业服务中心	—	高级畜牧师	—
杨再明	男	牧医	1984	镇远县蕉溪镇农业服务中心	—	高级兽医师	—
罗仁祥	男	农学	1984	岑巩县人大	—	—	获省政府星火科技四等奖
任和伟	男	农学	1984	黔东南州第二纪工委	副书记	—	—
吴厚道	男	农学	1984	黔东南州扶贫办	—	总经济师	—
吴世炳	男	农学	1984	黎平县农业局	站长	高级农艺师	—
叶永丰	男	农学	1984	剑河县农业局	—	高级农艺师	—
周尚智	男	农学	1984	黔东南民族职业技术学院	图书馆馆长	高级政工师	—
陈启德	男	牧医	1985	黎平县农业局	站长	高级畜牧师	—
陈光洲	男	农学	1985	丹寨县委	副书记	—	1994年获国家土地管理局优秀成果一等奖
陈洪举	男	农学	1985	凯里市炉山镇农业服务中心	—	高级农艺师	—
龙永贵	男	农学	1985	锦屏县人大常委会	主任	—	—
罗　健	男	农学	1985	黔东南州政府驻北京联络处	主任（正县级）	—	—
杨昌焯	男	农学	1985	凯里学院	信息工程学院党总支书记	—	—
杨启璜	男	农学	1985	黔东南民族职业技术学院	—	高级实验师	—
左　松	男	农学	1985	黔东南州农业委员会	—	高级经济师	—
陈建祥	男	土肥	1985	黔东南州农科院	—	高级农艺师	—

续表下3-1-1

姓　名	性别	专业	毕业时间	工作单位	职务	职称	获　奖（省级以上成果及表彰）
邓海平	男	土肥	1985	铜仁市科学院	—	高级农艺师	—
田永池	男	土肥	1985	铜仁市移民局	副局长	—	—
文玉能	男	土肥	1985	德江县农业局	—	高级农艺师	—
曾令兵	男	土肥	1985	石阡县农业局	—	高级农艺师	—
卜通达	男	土肥	1986	贵州大学农学院	—	高级农艺师	—
刘玉权	男	土肥	1986	独山县农业局	—	高级农艺师	—
石金芝	女	土肥	1986	松桃县农业局	—	高级农艺师	—
王显权	男	土肥	1986	石阡县农业局	—	高级农艺师	—
翁启应	男	土肥	1986	黄平县农业局	—	高级农艺师	—
张芳铭	男	土肥	1986	贵定县农业局	—	高级农艺师	—
陈启东	男	农学	1986	从江县农业局经作站	—	高级农艺师	—
刘昌浩	男	农学	1986	榕江县平阳乡农业服务中心	—	高级农艺师	—
潘昌俊	男	农学	1986	台江县农业局	—	高级农艺师	1999、2003、2006、2010获农业厅丰收奖
苏昌龙	男	农学	1986	黔东南州农业委员会、州经济作物技术推广站	—	农业技术推广研究员	—
王安平	男	农学	1986	丹寨县排调镇农推站	—	高级农艺师	—
杨帮云	男	农学	1986	从江县农业局	—	高级农艺师	—
杨　华	男	农学	1986	黎平县农业局	站长	高级农艺师	—
尹　亮	男	农学	1986	黔东南州农委、州委农工委、州烟办	主任、党组书记，书记，主任	—	—
杨德华	男	土肥	1986	铜仁市	副市长	—	—
金忠诚	男	农学	1987	施秉县农业局农推站	站长	高级农艺师	—
吕瑞明	男	农学	1987	三穗县滚马乡农业服务中心	—	高级农艺师	—
舒孝广	男	农学	1987	从江县农业局区划站	—	高级农艺师	—
张　强	男	农学	1987	黔东南州农业技术推广站	—	高级农艺师	—
杨芳锡	男	土肥	1987	从江县农业局科教站	—	高级农艺师	—
杨瑛琴	女	土肥	1987	天柱县农业局	—	高级农艺师	—
欧勇祥	男	园艺	1987	台江县农业局	—	—	2011年获省政府科技兴农人才奖
冉光书	男	土肥	1987	德江县煎茶镇农业技术服务中心	—	高级农艺师	—
王中文	男	农学	1988	凯里市三棵树镇农业服务中心	—	高级农艺师	—

续表下3-1-1

姓　名	性别	专业	毕业时间	工作单位	职务	职称	获　奖（省级以上成果及表彰）
邓燕红	女	农学	1988	黔东南民族职业技术学院	—	高级实验师	—
何宪江	男	农学	1988	黔东南民族职业技术学院	—	高级实验师	—
李继才	男	农学	1988	凯里市三棵树镇农业服务中心	—	高级农艺师	—
—	男	农学	1988	凯里市湾水镇农业服务中心	—	高级农艺师	—
李竹莹	女	农学	1988	黔东南民族职业技术学院	—	高级实验师	—
王德美	女	农学	1988	黎平县农业局	副站长	高级农艺师	—
吴祖军	男	农学	1988	镇远县羊坪镇农业服务中心	—	高级农艺师	—
姚国权	男	农学	1988	岑巩县农业局	—	—	2001年获贵州省政府第五届科技兴农人才奖
姚秀峰	男	农学	1988	天柱县农业局	—	高级农艺师	—
余春香	女	农学	1988	黔东南民族职业技术学院		高级实验师	—
蒋志超	男	土肥	1988	贵州深龙港工程项目管理有限公司	—	高级工程师	—
李超军	男	土肥	1988	金沙县人大常委会	党组成员、副主任	—	—
代国权	男	农经	1988	岑巩农业项目办公室	—	高级农艺师	—
王友敏	男	土肥	1988	金沙县孔岩街道农业技术服务中心	—	高级农艺师	—
李建华	男	果树	1989	施秉县农业局果树站	站长	高级农艺师	—
杨兴军	男	果树	1989	从江县农业局果树服务中心	—	高级农艺师	—
苏子才	男	园艺	1989	黄平县农业局经济作物站	—	高级农艺师	—
黄秀红	女	果树	1989	黄平县重安镇农业服务中心	—	高级农艺师	—
陈秀德	男	果树	1990	施秉县农业局土肥站	站长	高级农艺师	—
石传磊	男	牧医	1990	凯里市湾水镇农业服务中心	—	高级农艺师	—
李宏富	男	农学	1990	三穗县款场乡农业服务中心	—	高级农艺师	—
蒲祖锋	男	农学	1990	剑河县教育和科技局	—	高级农艺师	—
张　希	女	农学	1990	从江县贯洞镇农业服务中心	—	高级农艺师	—
龙胜锦	男	农学	1990	榕江县农业局	—	高级农艺师	2010年2月获贵州省农业丰收奖一等奖
潘仲萍	女	农学	1990	施秉县牛大场镇农业服务中心	—	高级农艺师	2014年获全国科普带头人荣誉称号、1994年获贵州省农业丰收奖
吴如金	男	农学	1990	黔东南民族职业技术学院	组织人事处处长	副教授	—

续表下3-1-1

姓 名	性别	专业	毕业时间	工作单位	职务	职称	获 奖（省级以上成果及表彰）
吴正凯	男	农学	1990	黔东南民族职业技术学院	—	高级实验师	—
杨从清	男	农学	1990	锦屏经济开发区党工委	副书记、管委常务副主任（正县级）	—	—
饶永军	男	土肥	1990	镇远县羊场镇农业服务中心	—	高级农艺师	—
王国友	男	土肥	1990	福泉市土肥站	—	高级农艺师	—
白治辉	男	土肥	1990	德江县土肥站	—	高级农艺师	—
马登慧	女	果树	1991	施秉县农业局	—	高级农艺师	—
杨远焱	男	经管	1991	锦屏县农经站	—	高级农艺师	—
范爱红	女	农学	1991	黄平县委	常委、宣传部长	—	—
黄 琦	男	农学	1991	丹寨县人民政府	副县长	—	—
龙锦屏	男	农学	1991	凯里市政府办公室	—	—	2001年获贵州省人民政府第五届科技人才奖
吴蓓蕾	男	农学	1991	榕江县农业局	站长	高级农艺师	—
杨进泽	男	农学	1991	锦屏县不动产登记中心	—	高级农艺师	—
张洁涛	女	农学	1991	黄平县农业局种子管理站	站长	高级农艺师	—
杨文香	女	农学	1991	岑巩县农业局	—	—	2002年获农业部农牧渔业丰收二等奖
刘卓刚	男	土肥	1991	黔西南州企业纪工委	书记（副处级）	—	—
龙 森	男	土肥	1991	黔东南州州国土资源局	副局长	—	—
杨 鹏	男	园艺	1991	黔东南州委统战部	常务副部长（正县级）	—	—
汪朝军	男	土肥	1991	黄平县平溪镇农业服务中心	—	高级农艺师	—
王德举	男	土肥	1991	瓮安县天文镇扶贫工作站	—	高级农艺师	—
龙晓东	男	农学	1992	锦屏县农产品质量安全监管站	—	高级农艺师	—
陆伟英	女	园艺	1992	从江县农业局果树服务中心	—	高级农艺师	—
陈荣艳	女	农学	1993	镇远县金堡镇农业服务中心	—	高级农艺师	—
李胜平	男	农学	1993	雷山县人大常委会	副主任	—	—
龙胜权	男	农学	1993	剑河农业局	—	高级农艺师	—
田仁江	男	农学	1993	麻江县龙山镇农业服务中心	主任	高级农艺师	—

续表下3-1-1

姓名	性别	专业	毕业时间	工作单位	职务	职称	获奖（省级以上成果及表彰）
周世洋	男	农学	1993	麻江县农业局蔬菜站	站长	高级农艺师	—
杨世学	男	土肥	1993	岑巩县农业局土肥站	—	—	2002年获农业部农牧渔业丰收二等奖
余有为	男	土肥	1993	雷山县望丰乡人民政府	—	高级农艺师	—
吴庆桃	女	园艺	1993	麻江县农业局	—	高级农艺师	—
舒秀写	女	农学	1993	施秉县农业局	—	高级农艺师	—
杨进胜	男	农学	1993	从江县贯洞镇农业服务中心	—	高级农艺师	—
吴屏玉	男	土肥	1993	德江县复兴镇农业技术服务中心	—	高级农艺师	—
贺代宏	男	农学	1994	黔东南州委常委	榕江县委书记	—	—
黄　刚	男	农学	1994	黔东南民族职业技术学院	—	—	黔东南民族职业技术学院教授
刘承芳	女	农学	1994	北京大学现代农学院	—	长聘副教授博士生导师	—
莫安桥	男	农学	1994	丹寨县扬武镇农推站	—	高级农艺师	—
吴久宪	男	农学	1994	榕江县乡镇农业服务中心	—	高级畜牧师	—
杨远威	男	农学	1994	从江县贯洞镇农业服务中心	—	高级农艺师	—
杨云超	男	农学	1994	榕江县乡镇农业服务中心	主任	高级农艺师	—
李文舜	男	土肥	1994	黄平县人民政府	副县长	—	—
陈永莲	女	园艺	1994	麻江县农业局农推站	站长	高级农艺师	—
梁金峰	男	园艺	1994	从江县下江镇农业服务中心	—	高级农艺师	—
陆龙庭	男	园艺	1994	丹寨县南皋乡农推站	—	高级农艺师	—
陈永双	女	园艺	1994	麻江县农业局	—	高级农艺师	—
吴忠明	男	园艺	1995	黄平县农业局农业产业发展办公室中心	主任	高级农艺师	—
陈　跃	男	农学	1995	黔东南州农业综合执法支队	队长（副县级）	—	—
龙　飞	男	农学	1995	榕江县委	常委、副县长	—	—
吴秀琼	女	农学	1995	台江县政府	—	—	台江县副县长
吴玉生	男	农学	1995	黔东南州政府经济发展研究中心	副主任（副县级）	—	—
韩小忠	男	蚕桑	1995	福泉市政府	常务副市长	—	—

续表下3-1-1

姓 名	性别	专业	毕业时间	工作单位	职务	职称	获 奖（省级以上成果及表彰）
储 志	男	土肥	1995	六枝特区农业局	—	高级农艺师	—
樊有莉	女	土肥	1995	麻江县农业局	—	高级农艺师	—
谭洪震	男	土肥	1995	盘县农业局	—	高级农艺师	—
吴光银	男	土肥	1995	施秉县农业局	—	高级农艺师	—
伍 峰	男	土肥	1995	紫云县农业局	—	高级农艺师	—
王茂凡	女	土化	1995	剑河农业局	—	高级农艺师	—
吴明波	男	土化	1995	施秉县农业局土肥站	—	高级农艺师	—
陈志平	男	土肥	1995	瓮安县中坪镇扶贫工作站	—	高级农艺师	—
王 慧	女	土肥	1995	毕节市农委	—	高级农艺师	—
李兴毅	女	园艺	1996	丹寨县扬武镇农推站	—	高级农艺师	—
吴晓燕	女	农学	1996	黔东南民族职业技术学院	—	副教授	—
陈伍星	男	园艺	1996	丹寨县扬武镇农推站	—	高级农艺师	—
赵富定	男	土肥	1997	台江县纪委	书记	—	—
易永祥	男	牧医	2001	贵州佰仕佳集团	董事长、总裁	—	2015年4月获贵州省劳动模范称号、2014年12月获贵州省行业道德标兵称号
邹远宏	男	土肥	2001	贵州省大地建筑工程有限公司	—	高级工程师	—
林泽利	男	植保	2001	贵州信和工程招标造价咨询有限公司	—	高级工程师	—
唐发智	男	植保	2001	贵州佰仕佳集团	总经理、董事	高级工程师	2014年被中国生产力学会评为“中国优秀创新企业家”，近5年获国家知识产权发明专利6项

二、1985年8月至2020年12月黔东南州卫生学校校友

表下3-2-1

姓 名	性别	专业	毕业时间	工作单位	职 务	职 称
龙秋瑚	女	护理	1985.8	州人民医院	护理部主任	主任护师
罗榕翠	女	护理	1986.8	州人民医院	护理教研室主任	主任护师
王春燕	女	护理	1982.7	州人民医院	护理部副主任	主任护师
胡 红	女	护理	1993.7	州人民医院	护理部副主任	副主任护师
龙 燕	女	护理	1995.7	州人民医院	无	副主任护师
龙 岚	女	护理	1994.7	州人民医院	全科护士长	副主任护师
姚银兰	女	护理	1985.7	州人民医院	儿科护士长	副主任护师

续表下3-2-1

姓　名	性别	专业	毕业时间	工作单位	职　务	职　称
胡玉竹	女	护理	1988.7	州人民医院	儿科副护士长	副主任护师
刘宏菊	女	护理	1989.7	州人民医院	无	副主任护师
杜莉群	女	护理	1994.7	州人民医院	心内二护士长	副主任护师
阮雪琴	女	护理	1985.7	州人民医院	无	副主任护师
吴林芮	女	护理	1994.7	州人民医院	骨二科护士长	副主任护师
王晓玲	女	护理	1985.8	州人民医院	骨四科护士长	副主任护师
铁　梅	女	护理	1997.7	州人民医院	神内二护士长	副主任护师
黄　露	女	护理	1993.7	州人民医院	肾内一护士长	副主任护师
刘曼立	女	护理	1985.7	州人民医院	烧伤整形护士长	副主任护师
梁青芝	女	护理	1984.7	州人民医院	无	副主任护师
罗国珍	女	护理	1984.7	州人民医院	无	副主任护师
梁晓琼	女	护理	1994.7	州人民医院	内分泌副护士长	副主任护师
沈雪光	女	护理	1982.7	州人民医院	手术室护士长	主任护师
杨　琼	女	护理	1984.7	州人民医院	无	副主任护师
龙荣燕	女	护理	1995.7	州人民医院	手术室副护士长	副主任护师
兰素芳	女	护理	1993.7	州人民医院	无	副主任护师
王锡锦	女	护理	1989.7	州人民医院	无	副主任护师
杨光梅	女	护理	1992.7	州人民医院	无	副主任护师
潘贵平	女	护理	1996.7	州人民医院	肿瘤一护士长	副主任护师
黄　毅	女	护理	1993.7	州人民医院	呼吸科护士长	副主任护师
杨莲秀	女	护理	1984.7	州人民医院	肿瘤二护士长	副主任护师
陈　青	女	护理	1983.7	州人民医院	无	副主任护师
潘冬梅	女	护理	1987.7	州人民医院	传染科副护士长	副主任护师
杨慰琼	女	护理	1984.7	州人民医院	传染科护士长	副主任护师
张岑英	女	护理	1989.7	州人民医院	肛肠护士长	副主任护师
袁　荣	女	护理	1994.7	州人民医院	肛肠副护士长	副主任护师
范　敏	女	护理	1993.7	州人民医院	肾内二护士长	副主任护师
严苏萍	女	护理	1992.7	州人民医院	神内一护士长	副主任护师
丁仁菊	女	护理	1982.7	州人民医院	眼科护士长	副主任护师
张竞文	女	护理	1989.7	州人民医院	无	副主任护师
刘远梅	女	护理	1984.7	州人民医院	无	副主任护师
杨松梅	女	护理	1985.7	州人民医院	泌外一护士长	副主任护师
龙冬秀	女	护理	1993.7	州人民医院	胃肠科副护士长	副主任护师
陈振梅	女	护理	1982.7	州人民医院	胃肠科护士长	副主任护师

续表下3-2-1

姓　名	性别	专业	毕业时间	工作单位	职　务	职　称
杜莉群	女	护理	1994.7	州人民医院	护士长	副主任护师
阮雪琴	女	护理	1985.7	州人民医院	无	副主任护师
方　蓉	女	助产	1994.7	州人民医院	产科护士长	副主任护师
孔凡琴	女	护理	1983.8	州人民医院	妇科护士长	副主任护师
江　琴	女	护理	1982.8	州人民医院	无	副主任护师
杨胜兰	女	护理	1982.7	州人民医院	医保科主任	主任护师
吴国玉	女	护理	1983.7	州人民医院	门诊部主任	主任护师
何可秀	女	护理	1985.8	州人民医院	医保科副主任	副主任护师
苑凤梅	女	护理	1982.7	州人民医院	体检中心副主任	副主任护师
方德娟	女	护理	1986.8	州人民医院	无	副主任护师
陈　静	女	中专	1983.8	贵医附二院	护士	正高
张玉奎	男	中专	1987.10	贵医附二院	口腔医学	正高
杨清团	女	中专	1983.9	贵医附二院	护士	正高
高碧秀	女	中专	1983.8	贵医附二院	护士	正高
林海燕	女	中专	1990.7	贵医附二院	口腔医士	副高
沈　尉	女	中专	1995.7	贵医附二院	护士	副高
唐绍涛	女	中专	1989.7	贵医附二院	卫生	副高
李　露	女	中专	1985.9	贵医附二院	护士	副高
傅玉燕	女	中专	1981.9	贵医附二院	护士	副高
余素荣	女	中专	1983.8	贵医附二院	护士	副高
李生群	女	中专	1983.9	贵医附二院	护士	副高
胡引兰	女	中专	1995.7	贵医附二院	助产士	副高
梁纪凤	女	中专	1983.9	贵医附二院	护士	副高
李青松	女	中专	1996.7	贵医附二院	护士	副高
李春霞	女	中专	1993.7	贵医附二院	护士	副高
杨正莲	女	中专	1994.7	贵医附二院	护士	副高
邓开慧	女	中专	1993.7	贵医附二院	护士	副高
何端红	女	中专	1985.9	贵医附二院	护士	副高
王贵成	男	中专	1987.10	贵医附二院	口腔医士	副高
彭明慧	男	中专	1984.9	贵医附二院	口腔	副高
赵灵芝	女	中专	1985.9	贵医附二院	护士	副高
龙小平	女	中专	1985.9	贵医附二院	护士	副高
莫龙香	女	中专	1983.9	贵医附二院	护士	副高
王庆华	女	中专	1983.8	贵医附二院	护士	副高

续表下3-2-1

姓　名	性别	专业	毕业时间	工作单位	职　务	职　称
黄禾江	女	中专	1983.9	贵医附二院	护士	副高
胡敬仙	女	中专	1983.9	贵医附二院	护士	副高
林惠君	女	护理	1989.7	凯里市一医院	妇产科主任	副主任医师
叶　红	女	护理	1992.7	凯里市一医院	口腔科主任	副主任医师
韦　燕	女	护理	1993.7	凯里市一医院	内三科护士长	副主任护师
雍淑平	女	护理	1988.7	凯里市一医院	文化建设办	副主任护师
龚小杰	女	社医	1997.7	凯里市一医院	B超室主任	副主任医师
林萍华	女	护理	1989.7	凯里市一医院	党办主任	副主任护师
杨再兰	女	护理	1992.7	凯里市一医院	副院长	副主任护师
杨　云	女	护理	1988.7	凯里市一医院	—	副主任护师
王松艳	男	医士	1995.7	凯里市一医院	血透中心主任	副主任医师
吴　敬	女	医士	1990.7	凯里市一医院	—	副主任医师
潘朝武	男	医士	1989.7	凯里市一医院	—	副主任医师
杨延祥	男	医士	1991.7	凯里湾溪中心	—	副主任医师
莫廷美	女	护理	1986.7	丹寨县医院	副科级	副主任护师
龙兴国	男	医士	1991.7	丹寨县医院	副院长	副主任医师
陈厚云	女	护理	1982.7	丹寨县医院	人事科主任	副主任护师
孙秋荣	女	护理	1984.7	丹寨县医院	院感科主任	副主任护师
程　莉	女	护理	1992.7	丹寨县医院	医保科主任	副主任护师
莫安道	男	口腔	1992.7	丹寨县医院	口腔科主任	副主任医师
杨正莲	女	医士	1986.7	丹寨县医院	—	副主任医师
张秀芬	女	护理	1987.7	丹寨县医院	—	副主任护师
余国超	男	医士	1987.7	丹寨县医院	康复科副主任	副主任医师
王荣秀	女	医士	1990.7	丹寨县医院	妇产科主任	副主任医师
杨兰平	女	妇幼	1982.7	丹寨县医院	—	副主任医师
王世英	女	妇幼	1994.7	丹寨县医院	—	副主任医师
孙先毅	男	临床	1981.2	丹寨县医院	—	副主任医师
孙海兰	女	护理	1980.8	丹寨县医院	—	副主任医师
王学成	男	医士	1988.8	丹寨疾控中心	中心主任	副主任医师
陆　华	女	护理	1989.7	丹寨疾控中心	—	副主任护师
杨光标	男	医士	1987.7	丹寨龙泉卫生院	院长	副主任医师
胡友霞	女	护理	1996.7	丹寨兴仁卫生院	—	副主任护师
张帮凤	女	护理	1996.7	丹寨扬武卫生院	院长	副主任护师
钱世猛	男	口腔	1991.7	丹寨扬武卫生院	副院长	副主任医师

续表下3-2-1

姓 名	性别	专业	毕业时间	工作单位	职 务	职 称
罗康瑛	女	医士	1987.7	麻江谷硐卫生院	妇产科医师	副主任医师
熊 俊	女	社区	1999.9	麻江杏山卫生院	妇产科主任	副主任医师
罗兴芳	女	护理	1997.7	麻江杏山卫生院	院感科主任	副主任护师
杨再霞	女	妇幼	1992.7	麻江妇幼中心	妇产科医师	副主任医师
韦培群	女	医士	1991.7	麻江妇幼中心	儿保科科长	副主任医师
杨光美	女	助产	1996.7	黄平县医院	妇科主任	副主任医师
潘忠元	男	医士	1989.7	黄平谷陇卫生院	外科主任	副主任医师
潘明有	男	医士	1991.7	黄平野洞河卫院	—	副高
曾应先	女	护理	1988.7	黄平重安卫生院	中医科护士长	副主任护师
阮丽珠	女	妇幼	1984.7	施秉妇幼中心	无	副主任医师
彭 霞	女	护理	1996.7	施秉妇幼中心	无	副主任医师
杨绍华	女	护理	1996.7	岑巩县医院	副院长	副主任护师
洪瑜清	女	妇幼	1990.7	三穗妇计中心	主任	副主任医师
吴小燕	女	助产	1994.8	三穗妇计中心	副主任	副主任医师
周胜碧	女	护理	1993.7	三穗妇计中心	护理部主任	副主任护师
侯兴平	女	民医	1995.10	三穗妇计中心	产科主任	副主任医师
粟周敏	女	助产	1995.1	三穗妇计中心	副主任护师	副主任护师
刘 敏	女	护理	1992.3	三穗妇计中心	副主任医师	副主任医师
唐 荣	女	助产	1996.10	三穗妇计中心	副主任医师	副主任医师
杨代明	女	检验	1997.12	三穗妇计中心	化验室主任	高级技师
潘成荣	女	护理	1982.7	三穗县中医院	护士	副主任护师
何义萍	女	妇幼	1992.7	三穗县中医院	医生	副主任医师
吴婉秀	女	助产	1994.7	三穗县中医院	医生	副主任护师
欧火兰	女	护理	1986.7	三穗县中医院	护士	副主任护师
赵小兰	女	护理	1991.7	三穗县中医院	护士	副主任护师
杨万群	女	护理	1998.7	三穗县中医院	护士	副主任护师
潘年柳	女	护理	1998.7	三穗台烈卫生院	护理	副主任护师
孙根胜	男	医士	1991.7	天柱中心血库	—	副主任医师
王艳芝	女	助产	1996.7	天柱中心血库	—	副主任护师
宋国云	女	护理	1982.7	锦屏县医院	主任护师	主任护师
杨 玲	女	护理	1966.1	锦屏县医院	主任护师	主任护师
杨晓亮	女	妇幼	1993.7	锦屏县医院	副主任医师	副主任医师
郑东屏	女	护理	1983.9	锦屏县医院	副主任护师	副主任护师
滚兰叶	女	护理	1996.7	锦屏县医院	副主任护师	副主任护师
秦小竹	女	护理	1983.8	锦屏县医院	副主任护师	副主任护师

续表下3-2-1

姓　名	性别	专业	毕业时间	工作单位	职　务	职　称
李寒梅	女	护理	1986.12	锦屏县医院	副主任护师	副主任护师
江　茳	女	护理	1982.7	锦屏县医院	副主任护师	副主任护师
杨克鸾	女	助产	1996.7	锦屏县医院	副主任护师	副主任护师
曾令春	女	妇幼	1994.7	锦屏县医院	副主任护师	副主任护师
杨　青	女	护理	1992.7	锦屏县医院	副主任护师	副主任护师
刘培秀	女	护理	1987.7	锦屏县医院	副主任护师	副主任护师
吴灿俊	女	护理	1989.7	锦屏县医院	副主任护师	副主任护师
姜炳竹	女	护理	1982.9	锦屏县医院	副主任护师	副主任护师
姚群英	女	护理	1984.7	锦屏县医院	副主任护师	副主任护师
龚回英	女	护理	1989.7	锦屏县医院	副主任护师	副主任护师
向水花	女	护理	1990.7	锦屏县医院	副主任护师	副主任护师
王丽萍	女	护理	1987.7	锦屏县医院	副主任护师	副主任护师
尹片兰	女	护理	1985.9	锦屏县医院	副主任护师	副主任护师
龙金桃	女	护理	1985.9	锦屏县医院	副主任护师	副主任护师
欧　燕	女	护理	1997.7	锦屏县医院	副主任护师	副主任护师
李必学	女	护理	1992.7	锦屏县医院	副主任护师	副主任护师
沈春凤	女	护理	1995.7	锦屏县医院	副主任护师	副主任护师
姚　俊	女	护理	2003.7	锦屏县医院	副主任护师	副主任护师
王丽萍	女	护理	1987.7	锦屏县医院	副主任护师	副主任护师
姚　俊	女	护理	2003.7	锦屏县医院	副主任护师	副主任护师
蒙向丽	女	护理	1982.7	黎平县中医院	—	副主任护师
宋大仙	女	护士	1982.9	黎平县中医院	—	副主任护师
胡永秀	女	护士	1982.9	黎平县中医院	院感科负责人	副主任护师
吴静波	女	医士	1992.7	黎平县中医院	医技科主任	副主任护师
欧阳帆	男	医士	1994.7	黎平妇幼保健院	院　长	副主任医师
涂正芳	女	医士	1987.9	从江妇健计中心	中心主任	执业医师
梁　毅	男	医士	1993.7	从江妇健计中心	中心副主任	副主任医师
杨汉美	女	护理	1992.7	剑河县医院	副院长	副主任护师
吴通照	男	医士	1985.7	剑河中医院	院长	副主任医师
龙家春	女	护理	1987.7	剑河中医院	护理部主任	副主任护师
陆显梅	女	妇幼	1990.7	剑河中医院	妇产科病区主任	副主任医师
刘金彩	女	医士	1991.7	剑河中医院	功能科主任	副主任医师
杨胜涛	男	医士	1993.7	剑河中医院	外一科主任	副主任医师

三、1981年7月至2020年12月黔东南州财贸学校校友

表下3-3-1

姓 名	性别	专业	毕业时间	工作单位	职 务
曾 键	男	财税	1981.7	贵州省档案局	副局长
吴 明	男	供销会计	1981.7	岑巩县委	书记
袁尚勇	男	商业会计	1985.7	黔东南州政协	副主席
杨德涛	男	企业管理	1982.7	黔东南州工信委	书记
龙国际	男	企业管理	1982.7	黔东南州政府	州长助理
毛晓燕	女	工商行政管理	1984.7	凯里市纪委	书记
周哲云	男	财会	1997.7	凯里市政府	副市长
龙立坤	男	商业企业管理	—	黔东南州供销社	主任
黄 瑜	男	工商行政管理	1984.7	三穗县委	书记
李德堂	男	工业企业管理	1989.7	凯里监狱	副监狱长
张恩莲	女	财政	1989.1	黔东南民族职业技术学院	党委书记
吴述科	男	企业管理	1982.7	黔东南州档案局	局长
刘 莉	女	供销	1981.7	重庆邮电大学计财处	处长
胡国珍	女	工商行政管理	1985.7	黔东南州政协	副主席
吴能福	男	商业物价	1983.7	黔东南州委	常务副秘书长
韦莉萍	女	审计	1990.7	施秉县纪委	书记
罗安明	男	商业会计	1979.7	黔东南州人大	副秘书长
周常娥	女	商业会计	1985.7	黔东南州人大环资委	主任委员
龚校军	男	企业管理	1983.7	黔东南州政府	副秘书长
吴育航	男	企业管理	1982.7	黔东南州政府法制办	副调研员
杨文明	男	企业管理	1982.7	黔东南州烟草专卖局	副调研员
姜汉丽	女	财政	1989.1	黔东南州发改委	党组成员
王 琳	女	—	—	黔东南州工信委	纪检书记
欧阳双	女	企业管理	1982.7	黔东南州人社局	副调研员
李 标	男	—	—	黔东南州环保局	副局长
刘国胜	男	企业管理	1982.7	州林业局世行办	主任
石祖金	男	企业管理	1982.7	黔东南州国资委	副主任
杨瑞良	男	商业会计	1979.7	黔东南州人防办	党组书记
汪启荣	男	—	—	黔东南州法院	副县级审判员
龙帮源	男	—	—	黔东南州政法委	副书记
罗镜喜	男	—	—	黔东南州科协	副主席

续表下3-3-1

姓　名	性别	专业	毕业时间	工作单位	职　务
刘志明	男	—	—	黔东南州科协	副主席
许玉红	女	商业企业管理	1987.7	黔东南州计生协会	副会长
龙圣勇	男	—	—	雷山自然保护区	纪检组长
杨应康	男	—	—	凯运司	副总经理
杨秀海	男	工商行政管理	1985.7	黔东南州工商局	局长
吴　坚	男	工商行政管理	1984.7	黔东南州工商局	副局长
龙　坚	男	财税	1981.7	黔东南州国税局	副调研员
龙武炳	男	—	—	黔东南州工商局	党组成员
张良涛	男	—	—	黔东南州统计局	纪检组长
姚茂勋	男	供销	1981.7	州农发行	行长
曾佑福	男	商业企业	1982.7	炉碧经济开发区	副主任
杨代权	男	财税	1981.7	丹寨县人大	副主任
刘宗凯	男	—	—	丹寨县检察院	检察长
巫四德	男	工商行政管理	1984.7	麻江县委组织部	部长
吴才福	男	审计	1990.7	黄平县法院	院长
欧幸福	男	工商行政管理	1987.7	施秉县委组织部	部长
肖体祥	男	商业企业管理	1983.7	施秉县人大	主任
龙明光	男	商业企业管理	1983.7	施秉县人大	副主任
吴秀祥	男	商业企业管理	1982.7	施秉县政协	副主席
丰家兰	女	农业财务	1991.7	施秉县政协	副主席
戴黔山	男	财政	1989.7	镇远县委	副书记
易尚银	男	企业管理	1982.7	三穗县人大	副主任
兰爱平	男	企业管理	1982.7	天柱县人大	副主任、经济师
吴厚棋	男	会计统计	1981.1	锦屏县人大	副主任
向传奎	男	企业管理	1982.7	锦屏县检察院	检察长
蒋正才	男	财政	1989.7	从江县政府	副县长
杨再亮	男	—	—	榕江县政府	副县长
石世刚	男	—	—	榕江县政协	副主席
龙志波	男	会计电算化	1998.7	雷山县政府	副县长
陆　江	男	—	—	凯里经济开发区	纪委书记
余贵宗	男	供销会计	1981.7	贵州大学法学院	院长
曾祥灵	男	供销	1981.7	黔南州质监局	纪检组长

续表下3-3-1

姓　名	性别	专业	毕业时间	工作单位	职　务
吴　辉	男	商业企业管理	1987.7	州统计抽样调查中心	主任
雷建邦	男	财政	1988.7	学院计划财务处	处长、副教授
龙贤润	男	财会	1993.7	州纪委	副书记
屈金元	女	财政	1988.7	黔东南州运管处	副处长
杨贞斌	男	商业统计	1979.7	江西九江学院	教授
陈礼权	男	财政	1988.7	黔东南州统计局	总经济师
罗永东	男	工商行政管理	1991.7	贵州省凯里监狱政治处	副主任、四级高级警长
龙家茂	男	工商行政管理	1991.7	州政府投资前置审计中心	主任、三级调研员
罗国进	男	工业企业管理	1988.7	州检察院职务犯罪预防局	局长
范丽娟	女	工业企业管理	1989.7	黔东南州劳动监察大队	队长
蒋光烈	男	工业企业管理	1988.7	贵州黔元会计师事务所	注册会计师
高家松	女	审计	1990.7	州人力资源和社会保障局	总会计师
付显康	男	企业管理	1982.7	州劳动人事争议仲裁院	院长

四、1983年7月至2020年12月黔东南州民族林业学校校友

表下3-4-1

姓　名	性别	籍贯	毕业时间	工作单位	职　务
龙笛信	男	锦屏	1983.7	黔东南州林业局	副局长
张　骥	男	剑河	1983.7	凯里汽车运输公司	总经理、党委副书记
张成锦	男	剑河	1987.7	剑河县柳川镇林业站	高级工程师
龙咸勇	男	锦屏	1983.7	锦屏县政协	副主席
吴常青	男	天柱	1992.7	台江县人民政府	常务副县长
龙安平	男	剑河	1992.7	剑河县人民政府	副县长
龙　寻	男	剑河	1992.7	剑河县人大常委会	副主任
吴　凡	男	天柱	1992.7	天柱县营林技术指导站	高级工程师
陈　海	男	剑河	1992.7	剑河县国有林场	高级工程师
黄　鑫	男	施秉	1994.7	施秉县林业局	高级工程师
陈继军	男	雷山	1993.7	雷公山保护区桃江管理站	高级工程师
淳学昌	男	雷山	1992.7	雷山县营林管理中心	高级工程师
郭建强	男	雷山	1994.7	中共雷山县委	常委
李帆羽	女	雷山	1993.7	雷山县林业局	高级工程师
唐秀俊	男	雷山	1995.7	雷公山保护区管理局	高级工程师
王崇君	男	雷山	1996.7	雷山县林业局	高级工程师

续表下3-4-1

姓　名	性别	籍贯	毕业时间	工作单位	职　务
王兴祥	男	雷山	1993.7	雷公山自然保护区	高级工程师
潘年显	男	天柱	1993.7	黔东南州人民政府	副秘书长
许阳平	男	岑巩	1993.7	州委组织部	部务委员
吴昌辉	女	丹寨	1995.7	丹寨县林业局	获全国绿化奖章
莫南萍	女	从江	1998.7	从江县政协	副主席
袁昌选	男	天柱	1993.7	天柱县林业局	全国农业示范区先进个人
陈　勇	男	天柱	1992.7	天柱县林业局	高级工程师
王　梧	男	麻江	1993.7	麻江县林业局	高级工程师
杨　杰	男	锦屏	1992.7	锦屏县森林资源管理站长	省政府授一等功勋章
孙根钦	男	锦屏	1994.7	锦屏县国有林场	高级工程师
吴孝渊	男	锦屏	1995.7	锦屏县林改办公室	高级工程师
安云虹	女	从江	1994.7	从江县林业局	高级工程师
龙必林	男	剑河	1994.7	剑河县敏洞乡林业站	高级工程师
粟海军	男	雷山	1997.7	贵州大学	教授、硕士生导师
范烈梅	女	锦屏	1997.7	锦屏县人民政府	常务副县长
孙　林	男	麻江	1985.7	州商务局	副局长
梁　举	男	从江	1997.7	从江县营林总站	高级工程师
张光辉	男	麻江	1999.7	纳雍县人民政府	副县长
张克伟	男	三穗	1998.7	三穗县人民政府	副县长
姜开义	男	黎平	1993.7	黎平县德顺乡林业站	高级工程师
张　鲁	男	黎平	1996.7	黎平县油茶产业办公室	高级工程师
杨　军	男	雷山	1993.7	雷山县林业局	高级工程师
康秀俊	男	雷山	1995.7	雷公山保护处	高级工程师
欧定勇	男	从江	1998.7	从江林业局	高级工程师
韦兴桥	男	从江	1994.7	从江林业局	高级工程师
金润波	女	施秉	1993.7	施秉县交通局	2001年获省妇联表彰
胡朝慧	女	施秉	1993.7	施秉林业局	2008年获省林业人事厅表彰
潘兴碧	女	施秉	1995.7	施秉林业局	2006年获评省林业厅森林病虫害防治标兵

附　录

一、文献辑存

贵州省人民政府

黔府函〔2001〕423号

省人民政府关于建立黔东南民族职业技术学院的批复

黔南自治州、黔东南自治州、遵义市、安顺市人民政府，省教育厅：

报来《安顺地区行政公署关于将贵州省安顺农业学校、贵州省财贸学校、贵州省安顺地区卫生学校合并新建贵州省安顺职业技术学院的请示》（安署呈〔2000〕27号）及《安顺地区行政公署关于将贵州省安顺农业学校、贵州省财贸学校、贵州省安顺地区卫生学校合并新建贵州省安顺职业技术学院的补充请示》（安署呈〔2000〕43号）、《黔东南苗族侗族自治州人民政府关于合并州卫校、州林校、州农校、州财校创建黔东南民族职业技术学院的请示》（州府呈〔2000〕75号）、《黔南州人民政府关于将黔南民族行政管理学校、黔南民族财贸学校、黔南民族工业学校、黔南民族农业学校合并组建黔南民族职业技术学院的请示》（黔南政呈〔2000〕59号）、《遵义市人民政府关于组建贵州省遵义职业技术学院的请示》（遵义府呈〔2000〕98号）收悉。经研究，现批复如下：

一、同意安顺农业学校、安顺财政学校、安顺地区卫生学校、安顺地区工业学校合并组建安顺职业技术学院；

同意黔东南自治州卫生学校、黔东南自治州民族林业学校、黔东南自治州民族农业学校、黔东南自治州财贸学校合并组建黔东南民族职业技术学院；

同意黔南民族行政管理学校、黔南自治州民族财政学校、黔南自治州民族工业学校、黔南民族农业学校合并组建黔南民族职业技术学院；

同意遵义农业学校、遵义财贸学校、遵义农业机械化学校、遵义商业技工学校和遵义农业机械研究所合并组建遵义职业技术学院。

二、以上4所职业技术学院实行省、州（市）共管，以州（市）为主的管理体制，办学经费各地自筹。

三、州（市）和有关部门对原中等专业学校的拨款渠道不变。

四、原各学校的教职工编制（含离退休人员）划转给相应的职业技术学院统一管理；对干部和教师的安排，由有关部门和职业技术学院按干部管理权限和职称管理的有关规定办理。合并组建期间，原各校均应停止提拔干部和暂停教职工的调动。今年需补充的教师可按原各校的计划办理。

五、原各学校的土地、房产、物资、仪器、设备和图书资料等固定资产，按照国有资产管理的有关规定进行审计后，划拨给相应职业技术学院管理，并报自治州、市人民政府有关部门备案。

六、原各学校的招生任务由相应职业技术学院承担，现有在校学生全部转入相应职业技术学院，继续按原有性质、层次、学制和专业学习，毕业后由相应职业技术学院颁发相应的证书。

七、各职业技术学院以全日制高等职业技术教育为主，同时举办中等职业技术教育。在校生规模暂定为：安顺职业技术学院4000人、黔东南民族职业技术学院5000人、黔南民族职业技术学院7000人、遵义职业技术学院1万人。

八、有关自治州、市人民政府要加强对职业技术学院的领导，加大投资力度、加快学校建设。有关部门要通力合作，积极支持建立职业技术学院的有关工作，切实帮助解决学院建设中遇到的问题和困难。各职业技术学院要加强内部管理和学科专业建设，尤其是师资队伍建设，努力提高教育质量，提高科研水平和办学效益，为经济建设和社会发展作出应有的贡献。

2001年8月10日

贵州省人民政府　章

贵州省发展和改革委员会文件

黔发改社会〔2008〕2144号

关于学院新校区建设发展规划的批复

黔东南州发改委：

你委州发改社会〔2008〕116号“关于呈报黔东南民族职业技术学院新校区建设发展规划的请示”收悉。为进一步加快我省高等人才的培养，满足经济社会发展的需要，经研究，同意黔东南民族职业技术学院新校区建设发展规划方案。现批复如下：

一、黔东南民族职业技术学院新校区建设地点为凯里经济开发区。

二、新校区规划占地面积100.23平方米，总建筑面积34.4万平方米，主要建设内容包括：教学行政用房、实验用房、图书馆、会堂、学生宿舍、学生食堂、教师公寓、教师食堂、风雨操场等。新校区建成后容纳1万名高职在校学生和2000名中职在校生。

三、总投资估算6.32亿元。资金来源为黔东南州政府投入4亿元（含资产置换约3300万元），学校向银行贷款2.1亿元，学校自筹2200万元。

四、新校园建设一次规划，分期实施，规划建设年限为2008年至2012年。本发展规划内分期实施的项目，待条件具备时将另行审批或核准。

请据此抓紧开展各建设项目的前期工作，尽快落实项目建设条件，如期完成校园建设发展规划。

二、各系部教师发表论文一览表

（一）护理系教师发表论文一览表

表下4-2-1

作　者	论文标题	发表刊物名称	发表时间
杨　鹣	谈外科护理教学中无菌观念的培养	医药前沿	2013
	52例胃溃疡的中西医临床疗效观察	亚太传统医药	2014.2
陈镇兰	实验室中如何开设手术室护理	中小企业管理与科技	2010.7
	外科护理学教学中的双证教育	卫生职业教育	2010.9
	“六步教学法”在外科护理学教学中的运用	卫生职业教育	2012.4
	《外科护理》实践教学考核方案探讨	黑龙江科技信息	2012.12
	少数民族地区社区护理工作的现状调查与分析	黑龙江科技信息	2015.4
龙佳佳	在急危重症护理学中运用行动导向课改的效果调查	卫生职业教育	2012
黄平丽	普外科护理临床带教探析	医药前沿	2012
	普外科术后尿潴留的原因及护理措施	中国保健营养	2013.4
	外科护理实践教学中护生无菌观念养成的探讨	时代教育	2015.11
张　敏	五官科护理学课堂教学浅议	内蒙古中医药	2008
	提上睑肌缩短术与额肌瓣悬吊术治疗上睑下垂的体会	内蒙古中医药	2008
	临床实践带教方法的体会	吉林医学	2009
	黔东南苗族侗族就医语言沟通现状分析及对策	大家健康	2014.8
	多媒体眼功能锻炼与间断遮盖治疗对儿童弱视治疗效果的比较	中国妇幼保健	2014
	新生儿泪囊炎填充氧氟沙星凝胶法联合泪道探通术治疗的临床研究	中国妇幼保健	2014
	浅谈微课在五官科护理教学中的应用	医药前沿	2014
	老年性白内障合并心血管病患者围手术期并发心血管事件危险因素分析	中华高血压杂志	2014
	五苓散加减联合激光治疗中心性浆液性脉络膜视网膜病变	中药材	2014
李　芳	医药卫生学生心理问卷调查分析	时代人物	2008
	凯里市居民卫生知识认知情况调查与分析	今日科苑	2009.4
	高职护理专业2005018班《预防医学》考试质量分析	考试周刊	2009
	茶多酚在预防肥胖及糖尿病方面的价值研究	健康必读	2013.11
	穴位敷贴疗法在慢性支气管炎急性发作的预防方面的疗效观察	健康必读	2013.11
	凯里市学龄前儿童近视力调查及干预研究	世界最新医学信息文摘	2015.9

续表下4-2-1

作　者	论文标题	发表刊物名称	发表时间
徐　洪	武汉市第五医院基本药物配备使用现状研究	中国卫生产业	2015
	示范卫生院创建活动对湖北省卫生院服务人次和收入影响	今日健康	2015
叶　玫	刍议班级工作中的四个重要关系	凯里学院学报	2008.6
	医学类职业教育教学方法的思考与探索	中国周刊	2008.7
	糖尿病之营养治疗——饮食疗法及护理	中小企业管理与科研	2010.7
	临床护士压力与对策	黔南民族医专学报	2011.2
郭　倩	碘仿在急性甲沟炎早期护理治疗中的应用	全科护理	2011.1
徐文丽	儿科护理教学中培养护生非语言沟通能力的探讨	全科护理	2012
	高职护理专业PBL教学方法初探	医药卫生	2015
曾菲菲	社区护理课程整体设计与实践	凯里学院学报	2012.6
郭　鹂	行动导向教学法在《基础护理学》教学中的应用	学院学报	2012.8
	如何在基础护理学教学中提高护士的专业素质	中国医学工程	2013
	医护结合的带教模式在护理临床带教中的运用	中国卫生产业	2015.12
	护理安全教育在护理技术操作教学中的应用	中国卫生产业	2015.12
陈爱珍	双黄连注射液应用疗效及不良反应防范措施	医学信息	2012.6
	成年麻疹临床观察及护理	健康必读	2013.12
	1例成年破伤风护理措施及防范	医学前沿	2014.4
	护理实验教学中模拟情境实训法的应用研究	大家健康	2014.8
	浅谈人际沟通及礼仪在高职护理专业的重要性	深圳中西医结合杂志	2014
	浅谈高职学生真人静脉输液穿刺成败探讨	医学信息	2014
彭文亮	高职高专护理专科化教育体系的探索	新教育时代	2014
	高职专科化护理教学方法的改革和探索	教育现代化	2014
	社区护理专科人才培养模式初探	祖国	2014
	高职护理管理课程教学与实训探讨	家庭心理医生	2014
	专科化护理在高职高专护理教育课程中的运用	全科护理	2015
	高职护理专科化教学模式运用的效果研究	护理研究	2015
	以核心能力为导向的少数民族地区高职社区护理人才培养模式研究	当代教育实践与教学研究	2015
吴方化	《肌内注射技术》的说课设计及反思	卫生职业教育	2008
	任务驱动教学法在《基础护理学》教学中的应用	黔南民族医专学报	2012
	双教一体模式在《护理学基础》教学中的应用及效果观察	齐鲁护理杂志	2012
	参与式教学法在《基础护理学》实训课教学中的应用	右江民族医学院学报	2012

续表下4-2-1

作　者	论文标题	发表刊物名称	发表时间
杨先爱	对传染病患者的护理和自我保护	西部大开发	2011
	浅谈社区孕妇卫生保健指导	中国保健营养	2012
	影响护理学生初次真人静脉穿刺成功的原因分析及对策	吉林医学	2012
	高职高专基础护理学实训教学模式探究	医学相信	2013
王艳兰	基层社区居家养老护理员培训教学方法探讨	中国职业技术教育	2010.9
	农村中老年人口腔卫生状况分析及健康教育	社区医学杂志	2011.2
	营养健康教育对社区中老年痛风发作的影响	中国保健营养	2012.9
	行动导向教学在基础护理教学中的应用	中外健康文摘	2012.12
	高职护理专业学生素质能力培养的实践与探索	右江民族医学院学报	2013
	PBL教学法结合案例教学法在老年护理学教学中的应用	卫生职业教育	2013
	黔东南民族职业技术学院　发扬民族文化培养实干人才	教育与职业	2014.12
	五项修炼：职业院校教师专业能力提升的路径——评《职业教育教学素养五项修炼》	教育理论与实践	2014
	Orem自理模式在社区居家养老护理中的应用	中国老年学杂志	2014
	护理程序在农村中老年人营养健康教育中的应用研究	社区医学杂志	2015
张绍敏	浅谈护理技能大赛指导经验	卫生职业教育	2012.5
	有机磷农药中毒14例急救护理	齐鲁护理杂志	2012
	凯里市社区卫生服务现状分析及对策	现代妇女——医学前沿	2014.9
	在护生静脉输液实训教学中采用品管圈活动的效果	卫生职业教育	2015
	分层分组护理管理模式在ICU护理中的应用探析	西藏医药	2015
	产后不同阶段妊娠糖尿病产妇母乳喂养状况及影响因素研究	中国妇幼保健	2015
杨　芸	护理人员对基础护理现状的认识与思考	健康之路	2014.8
吴　萍	侗医药治疗腹痛546例	中国民族医药杂志	2013.9
	面部轮廓整形美容手术预防并发症的护理研究	医学美学美容	2014.7
刘玉兰	浅析心内科老年患者失眠护理实验分析	按摩与康复医学	2011
	论当代中国医患关系紧张的原因及对策	凯里学院学报	2011
	重症患者的临床护理实验探讨	吉林医学	2011
	浅谈妇产科全程护理体会	卫生职业教育	2011
罗银碧	少数民族女大学生月经失调的调查与分析	健康必读	2013
王　政	论唐代租庸调制制度优势之形成	凯里学院学报	2013.10
徐万均	民族地区职业院校开展户外素质拓展的思考	当代体育科技	2014
	体育教学方法的实施及创新策略研究	当代体育科技	2015.3
吴小碧	如何培养职校学生的责任感	成功（教育）	2013.9

续表下4-2-1

作　者	论文标题	发表刊物名称	发表时间
万　英	构建高职院校院园文化的路径选择	佳木斯教育学院学报	2013.8
	现代高职学生思想道德与素质教育的内在逻辑	教育	2015.10
	现代高职学生素质教育中的思想道德提高的路径分析	卷宗	2015.10
	护理专业实习女生的人身安全调查——基于黔东南民族职业技术学院2012级护理专业实习女生的人身安全调查	亚太教育	2015.10
	护理专业实习女生人身安全存在的问题及产生因素分析	新教育时代	2015.10
	现代高职学生思想道德与素质教育的内在逻辑	教育	2015.10
	现代高职学生素质教育中的思想道德提高的路径分析	卷宗	2015.10
	护理专业实习女生人身安全问题的对策研究	高教学刊	2015.11
龚贵兰	浅谈当代大学生心理问题及心理健康的实现	青年与社会	2014
	如何完善在学生心理健康教育工作的方法和机制	学园	2015
	高职心理健康教学实效性的研究与实践	时代教育	2016.1
	试析高职心理教学中心理游戏的运用	才智	2016.1
杨亚琴	中职学校教学中公共课设置的思考及教学对策	教育与职业	2010.11
	国营林场优化产业结构对企业管理的影响	现代商业	2013.5
	不同林龄油茶生理特性及其根区土壤性质研究	河南农业科学	2015.7
杨　洋	女大学生盗窃行为的预防	高校德育创新与发展成果选编（第一辑）	2011.11
	高职护理学生就业竞争力提升探索	成功	2013.9
吴　婷	高职内科学教学中如何培养临床思维能力	中国卫生产业	2012.6
	关于高职内科临床见习方	毕节卫校学刊	2013
凌文霞	高职医学教育核心竞争发展力提升瓶颈要素相关性研究	医学前沿	2013.2
姚本丽	以工作过程为导向的健康评估课程设计与构建	卫生职业教育	2012.6
	构建内科护理学以工作过程为导向的教学模式研究	湖北科教导刊杂志	2015.6
龙凤英	系统化整体护理可持续发展之我见	中国中医药咨讯	2012.4
	心理干预在面部护理联合药物治疗痤疮中的效果观察	中国医疗美容	2014.10
	案例教学法在内科护理学教学中的设计与实施探究	医药	2015.10
徐　倩	人性化护理在痛风患者护理中的价值	中国医学工程	2012.3
	消化性溃疡合并出血疾病的临床护理体会	健康导报	2014.12
	高职教育临床医学专业实习生质量评价体系探究	教育	2015.12
王　娴	35例普儿内科消化系统疾病发生原因	医学美学美容	2014
	102例小儿肺炎感染因素分析	中国医疗管理科学	2014
	新生儿黄疸39例诊治现状分析及面临挑战	医学信息	2014

续表下4-2-1

作　者	论文标题	发表刊物名称	发表时间
张宜坤	职业院校计算机应用基础课程的情境教学研究	考试周刊	2011
	职业教育与计算机应用技术整合探析	教育文化论坛	2011
	基于组态软件与PLC的掘进机远程监控系统	煤矿机械	2014
周水菊	在《健康评估》实验教学中培养学生责任心的体会	基础医学论坛	2011.8
	加强高级护理专业教育提高学生人文素养	成功（教育）	2013.12

（二）临床医学系教师发表论文一览表

表下4-2-2

作　者	论文标题	发表刊物名称	发表时间
杨胜坤	高职学生素质教育初探	卫生高职信息	2003年3月
	减数分裂教学过程中应注意的几个问题	学院学报（综合版）	2004年1月
	如何指导学生写好生物实验报告	怀化学院学报	2005年3月
	如何进行学生思想政治教育与管理	学院学报（综合版）	2006年3月
	如何进行学生思想政治教育与管理	中国教育科学学报	2006年11月
	高职院校实施学生职业生涯教育浅议	学院学报	2007年第三期
	双酶梭菌制剂对家兔生长和消化酶活性的影响	贵州农业科学	2009年8月
	高职学生团队建设及熔炼途径探索	凯里学院学报	2010年第3期
	减数分裂教学过程中应注意的几个问题	成功杂志	2011年1月
	高职院校学生职业生涯教育浅议	成功（教育）	2011年第三期
	高校系部学生思想政治教育工作体系建设研究	学院学报	2011年第3期
	生物教学融入STS教育是推进素质教育的重要做法	大家	2011年第5期
	黄精多糖对糖尿病大鼠血糖水平的影响	中国实验方剂学	2011年8月第17卷，第16期
	善待高职院校学生与善待高职院校	时代教育	2013年第22期
	民族地区高职院校新生期望值调查报告	中国科教创新导刊	2013年第22期
	如何进行学生思想政治教育与管理	学院学报（综合版）	第二卷第三期
	高职学生的“胆商”培养途径探索	学院学报（综合版）	第五卷第二期
	对高职学生户外素质拓展训练课程设计的思考	学院学报（综合版）	第七卷第四期
董　薇	在高职院校的物理教育中实施过程考核的尝试	齐齐哈尔高等专科学校学报	2012年第4期
	多媒体教学方法与传统教学方法	学院学报（综合版）	2012年第4期
	基于行动导向教学法在物理教学上的应用	南昌教育学院学报	2012年第5期
	试论行动导向教学法在物理教学上的应用	长春教育学院学报	2012年第7期

续表下4-2-2

作　者	论文标题	发表刊物名称	发表时间
周媛祚	关于民族职业教育教学方法的几点思考	农业科技与信息	2008年第24期
	华法林在肺血栓栓塞中的治疗应用	中国社区医师	2012年第12期
	苗药苗山妇乐（洁阴专用膏）治疗外阴阴道念珠菌病196例	中国民族民间医药	2014年2月
杨炳英	职业院校实验教学存在的问题及对策	中国科教创新导刊	2011年第20期
	“六步教学法”在外科护理实践教学中的应用	吉林医学	2012年第24期
徐　阳	针灸疗法治疗消化系统疾病临床分析	按摩与康复医学	2012年第8期
	穴位埋线疗法治疗单纯性肥胖症	中国中医药现代远程教育	2012年第14期
李　宏	慢性乙型肝炎防治分析	健康大视野	2013年21卷16期
杨　莹	新形势下临床实践教学中的问题和对策	健康必读（中旬刊）	2013年第5期
	分层教学法在耳鼻喉科临床教学中的应用研究	健康必读（中旬刊）	2013年第11期
陶　霞	妇产科尖锐湿疣临床诊断及治疗效果探析	健康必读	2012年第3期
	使用腹腔镜技术治疗妇科急腹症的效果探究	当代医药论丛	2015年第1期
	经产妇分娩巨大的相关因素及妊娠结局分析	医学信息	2015年第4期
	联用甲氨蝶呤、米非司酮和中药方剂治疗宫外孕的效果研究	当代医药论丛	2015年第14期
尹勤芳	循证医学教育理论在临床教学的应用研究	健康必读	2013年5月第5期中旬
	关于城市中小学生早餐状况调查	中国医疗管理科学	2014年第6期
	B超引导下经皮肺穿刺治疗肺结核空洞患者临床效果分析	家庭心理医生	2014年第10卷第9期
	COPD合并Ⅱ型呼吸衰竭行纳洛酮联合呼吸机治疗的疗效观察	世界复合医学	2015年第2卷第6期
	阴道B超与腹部B超诊断异位妊娠的价值对比分析	信息化建设	2015年10月总第206期
	论医学模拟技术在诊断学实践教学中的应用	高教学刊	2015年第21期
罗建平	子宫肌瘤切除术中悬吊法与气腹法腹腔镜的应用对比分析	医药前沿	2015年5月第5卷第13期
黄德玉	浅谈高职医学美容教学的体会及思考	考试	2013年2月
	激光治疗太田痣后色素脱失的发生及影响因素探究	中国保健营养	2013年3月
李　春	行动导向教学法在内科教学中的应用探讨	内刊学报	2012年第3期
徐　阳	针灸治疗消化系统疾病临床分析	按摩与康复医学	2012年第8期
	穴位强化埋线疗法治疗慢性非特异性溃疡性结肠炎的疗效	亚太传统医药	2013年第2期

续表下4-2-2

作　者	论文标题	发表刊物名称	发表时间
彭莉莎	高职高专外科临床实践教学探讨	中国卫生产业	2013年5月
唐春丽	探讨糖皮质激素联合特布他林对慢阻肺急性加重期的临床疗效	今日健康	2014年8月
陶　霞	经产妇分娩巨大儿的相关因素及妊娠结局分析	医学信息	2015年4月
杨彩鸾	诊断学基础体格检查教学改革探索与实践	中国科教创新导刊	2008年11月
	多元化内科教学法加强学生执业医师资格考试能力的培养	现代医药卫生	2009年1月
	临床内科实习中PBL教学模式与传统教学模式的对比研究	医学信息	2009年4月
	对提高基层医师高血压防治水平的思考	中外医疗	2010年6月
	对高职医学行动导向教学的理性思考	黔东南民族职业技术学院学报	2011年12月
	在内科案例教学中启发式教学法新探	黔东南民族职业技术学院学报	2012年12月
	内科案例教学中行动导向和启发式教学法有机结合——对学生职业能力培养的优势	医药前沿	2013年4月
	内科案例教学探秘——行动导向与启发式教学的有机结合	中国科技创新导刊	2013年5月
	卡托普利联合美托洛尔治疗老年慢性心力衰竭患者的近期与远期疗效	中国老年学杂志	2014年第1期
	绞股蓝茶饮与高血压危险因素的分析	当代医学	2015年第2期
	行动导向教学中通过病例实施启发式教学提升民族地区高职医学教育质量的探究	医学信息	2015年3月
李雪萍	68例腹腔镜治疗宫外孕与开腹手术治疗宫外孕的临床比较	中国卫生产业	2013年4月
	100例过期妊娠合并羊水过少临床观察	中国保健营养	2013年5月
	分析腹腔镜联合药物治疗子宫内膜异位症的临床效果探讨	中外医疗	2013年9月
	保妇康栓配伍小剂量雌激素治疗老年性阴道炎临床观察	中国妇幼保健	2013年12月
	助产专业发展中存在的问题及对策	卫生职业教育	2014年3月
	利用妇产科教学优势开展高职医学类学生性教育探索	长春教育学院学报	2014年10月第30卷
	孕宫1号联合甲氨蝶呤、米非司酮保守治疗异位妊娠的有效性与安全性研究	中国妇幼保健	2015年6月

续表下4-2-2

作　者	论文标题	发表刊物名称	发表时间
康坚强	中医、西医脾脏不“扯皮”	医药前沿	2013年6月
	八珍汤加味治愈子宫肌瘤术后继发性高血压病（气血两虚型）1例临床报道	实用中医内科杂志	2013年6月
	调理任督二脉改善抗药性机理探讨	医学前沿	2015年5月
	探讨在中医护理教学中如何提高学生的自主学习能力	教育界	2015年5月
尹勤芳	B超引导下经皮肺穿刺治疗肺结核空洞患者临床效果分析	家庭心理医生	2014年5月
	关于城市中小学生早餐状况调查	中国医疗管理科学	2014年第6期
	循证医学教育理论在临床教学的应用研究	健康必读	2014年第9期
	阴道B超与腹部B超诊断异位妊娠的价值对比分析	论文出版	2015年10月
康坚强	全国名老中医戴永生教授学术经验传承研讨会资料汇编（学术交流论文集）	名医戴永生教授中医五行辨证治肝病乘土（脾胃）临床经验集粹	2015年 11月
史　霞	高职院校大学生心理健康理论课课堂导入形式	黔东南民族职业技术学院	2014年8月
曹　胜	针灸治疗产后尿潴留1例报告	中外医疗	2008年第13期
	提高外科技能改革尝试	健康大视野	2009年3月第9期
	卵巢癌患者生存影响因素及预测分析	新中医	2012年第11期
	中西医结合妇产科学两段式教学探讨	成都中医药大学学报（教育科学版）	2013年第3期
	肺癌患者生存影响因素及预测分析	中华中医药学刊	2013年第9期
	侗药验方灌肠促卵泡发育的实验研究	凯里市科技局	2015年
唐春丽	外科实验室开放与成效	中小企业管理与科技	2010年1月5日刊
黄春兰	外科实验教学改革与实践	中小企业管理与科技	2010年3月5日刊
彭　丹	课程整体设计在高职外科教学中的应用	佳木斯学报	2013年6月
张明洪	乙肝抗病毒治疗概括分析	内蒙古中医药	2015年9月
	临床思维在外科教学中的应用方法探析	医药卫生	2016年3月

（三）医药技术系教师发表论文一览表

表下4-2-3

作　者	论文名称	发表杂志名称	发表时间（刊号）
刘书华	HPLC测定苗格朗洗剂中苦参碱和氧化苦参碱的含量	中国民族民间医药	2009.18（20）
	苗药复方阿金彩液的主要药效学实验观察	中国药物与临床	2007.7（12）
	贵州省消化系统常见病治疗的药物经济学评价与分析	西北药学杂志	2007.22（1）
	苗药窝播嘎颗粒对小肠平滑肌的影响	江苏医药	2012.38（20）
	苗药复方真不西胶囊治疗偏头痛的疗效对照研究	中国民族医药杂志	2010.16（4）
	苗药道否纳栓剂的毒性学实验研究	时珍国医国药	2007.18（148）
	苗药窝嘎抗炎镇痛作用的实验研究	中国现代医药杂志	2007.9（5）
	苗格朗软膏的药效学实验研究	中华中医药杂志	2008.23
	黔东南州天然民族医药产业现状、问题成因与发展对策初探	黔东南社会科学	2010.6（116）
	对加快黔东南州天然苗侗产业发展的思考	第一届中国贵州黔东南苗侗医药产业发展论坛论文集	—
禹俊梅	HPLC测定恒腑调清玉喷雾剂中苦参碱和氧化苦参碱的含量	母婴世界	2015.9（17）
	苗药复方嘎老梭浸提剂抗菌作用实验研究	医学美学美容	2014.8（8）
	零售药店存在的安全用药问题	中外医疗	2008.27（20）
	中药及其制剂不良反应的临床表现	中外医疗	2010.29（31）
	药剂学教学改革初探	考试周刊	2010.37
	药剂专业应加强《药事管理学》教育	凯里学院学报	2008.26
	谈如何指导学生就业	今日科苑	2008.11
	强化学生用药安全意识，正确认识中药不良反应	卫生职业教育	2008.26（15）
潘大波	Influence of Chirality of Crizotinib on Its MTH1 Protein Inhibitory Acticity：Insight from Molecular Dynamics Simulations and Binding Free Energy Calculations	PLOS ONE	2015.12
	Effects of the Pathogenic Mutation A117V and the Protective Mutation H111S on the Folding and Aggregation of PrP106–126：Insights from Replica Exchange Molecular Dynamics Simulations	PLOS ONE	2015.5
	Search for β2 Adrenergic Receptor Ligands by Virtual Screening via Grid Computing and Investigation of Binding Modes by Docking and Molecular Dynamics Simulations	PLOS ONE	2014.9

续表下4-2-3

作　者	论文名称	发表杂志名称	发表时间（刊号）
潘大波	Understanding the Molecular Mechanism of the Broad and Potent Neutralization of HIV-1 By Antibody VRC01 From the Perspective of Molecular Dynamics Simulation and Binding Free Energy Calculations	Springer	2012.5
	Molecular Mechanism of the Enhanced Virulence of 2009 Pandemic Influenza A(H1N1) Virus From D222G Mutation in the Hemagglutinin：a Molecular Modeling Study	Springer	2012.5
	Prediction of Zanamivir Efficiency Over the Possible 2009 Influerza A(H1N1) Mutants by Multiple Molecular Dynamics Simulations and Free Energy Calculations	Springer	2010.12
	Understanding the Drug Resistance Mechanism of Hepatitis C Cirus NS3/4A to ITMN-191 due to R155K,A156V,D168A/E Mutations：A Computational Study	BBA	2012
	MOlecular Modeling Study on the Resistance Mechanism of HCV NS3/4A Serine Protease Mutants R155K,A156V and D168A to TMC435	Antiviral Research	2012
	Exploring the Molecular Basis of DsRNA Recognition by NS1 Protein of Influenza A Virus Using Molecular Dynamics Simulation and Free Energy Calculation	Antiviral Research	2012
陈　菊	不同质量浓度IBA对中药何首乌扦插的影响	山西农业科学	2013.41（6）
	黔东南太子参连作障碍原因及防治途径探析	中国现代中药	2013.15（7）
	民族民间医药发展的探讨	安徽农学通报	2012.18（22）
杨海莉	凯里市番茄新品种引种试验	内蒙古农业科技	2010.3（223）
	番茄施用沼液与通丰营养液效果初探	耕作与栽培	2011.1（178）
	浅析反季节蔬菜大棚应用技术	大科技	2013.7（14）
	生姜套种玉米效果分析	耕作与栽培	2009.6（171）
	西瓜嫁接育苗技术	学院学报	2011.7（2）
吴晓丽	论自然保护区的景观生态	北京农业	2015.8（628）
	人工林地力维护与可持续经营研究	北京农业	2014.5（584）
	森林生态系统稳定性评价	南方农业	2015.9（24）
姜成菊	尼卡地平治疗高血压急症的Meta分析	中国药物应用与监测	2013.10（5）
	我国过期专利药与仿制药价格及使用现状分析	首都医药	2013.11
余春香	太子参的组织培养研究	贵州农业科学	2004.32（5）
	半夏组织培养关键技术研究	耕作与栽培	2008.3（163）
	毛慈姑种苗组织培养研究	种子	2004.23（12）

（四）物联网技术系教师发表论文一览表

表下4-2-4

作　者	论文名称	期刊名称（是否中文核心期刊）	国内统一刊号（即CN号）	发表期次	独著或第一作者
李民和	化学反应与汽车养护关系探析	汽车维修与保养	CN11-3940/U	2013年第6期	独著
田　荣	基于自动控制系统的汽车电子技术分析	电子技术与软件工程	CN10-1108/TP	2013年12月下半月刊	独著
徐万明	交通灯信号控制器的设计研究	硅谷	11-4775/N	2013年第2期	独著
杨　波	C语言程序设计中for循环语句的教学设计探析	商情	13-1370/F	2013年41期	独著
徐万明	一种Android系统访问SQL Server数据库的方法	电脑知识与技术	34-1205/TP	2013年第9期	第一作者
田　荣	项目教学法在汽车维修专业教学中应用的研究	佳木斯教育学院学报	CN23-1130/G4	2014年5月刊	独著
杨　波	网络对职业院校学生的负面影响及对策研究	时代教育	CN 51-1677/G4	2014年第5期	独著
刘兴琴	当代大学生思想政治教育模式再思考	教育教学论坛	CN 13-1399/G4	2014年第52期	独著
杨　骏	我国新能源汽车发展的SWOT分析	大众汽车	22-1227/U	2014年2月第20卷第二期	独著
李民和	汽车蓄电池漏电故障诊断分析	汽车电器	CN43-1097/TM	2014年第1期	独著
李民和	不同热处理工艺对汽车前轴力学性能的影响	铸造技术（核心）	CN61-1134/TG	2014年第1期	独著
李民和	大学生创业指导服务的社会资源整合及实现过程	中小企业管理与科技	CN13-1355/F	2014年第2期	独著
李民和	经济欠发达地区高职院校学生顶岗实习研究	经营管理者	CN51-1071/F	2014年第2期	第一作者
杨　波	基于计算机网络数据加密及恢复技术探析	计算机光盘软件与应用	CN 11-3907/TP	2014年第6期	独著
刘兴琴	历史一体化教学中学习任务的设计探索——以“汽车离合器的构造与检修任务工单”为例	科技文化	CN 34-1274/G	2014年第10期	独著
李民和	重载工程车辆电磁制动器动态特性分析	机械传动（核心）	CN41-1129/TH	2014年第12期	独著
杨　波	Java的安全特性分析及安全代码开发研究	数字技术与应用期刊	CN 12-1369/TN	2014年第4期	独著
唐　蓉	技术服务在汽车销售中的影响研究	企业技术开发	CN 43-1172/TB	2014年第5期	独著
李民和	汽车油箱9Ni钢焊接接头组织和性能研究	铸造技术（核心）	CN61-1134/TG	2015年第1期	第一作者
唐　蓉	汽车销售人才培养模式研究	北方经贸	CN 23-1373/F	总第356期	独著

（五）建筑工程系教师发表论文一览表

表下4-2-5

姓　名	论文（课题）名称	发表期刊	发表时间
吴开岑	贵州黔东南地区蕨类植物区系初探	贵州农业科学（中文核心期刊）	2013年
	榕江月亮山植物群落特征及多样性研究	贵州农业科学（核心）	2013年
	黔东南民族文化在生态建设中的作用	芒种（核心）	2013年
王永昌	基于工作过程教学模式《农业基础化学》课程教学改革的实践	课程教育研究	2013年
	基于离散脊波变换的农作物图像去噪算法	江苏农业科学（核心）	2015年
吴　限	深部位移监测在偏压隧道中的应用	城市建筑	2014年
	双排减震孔在控制爆破工程的应用分析	城市建筑	2014年
杨伊玲	浅析法律谈判策略的运用	法制博览	2014年
邰昌东	基于建筑外保温抗裂层施工及工艺原理	新材料新装饰	2014年
	建筑工程墙体结构裂缝的预防及治理措施	建筑知识	2014年
全宏旭	土建工程常见技术问题及解决办法	城市建筑	2014年
	沥青混凝土路面压实主要因素及其改进措施	江西建材	2014年
厉　波	浅论园林机械在园林街道绿化中的应用	农村经济与科技	2015年
	简述建设节约型绿化园林的策略	南方农业	2015年
徐文基	建筑安装企业成本控制研究	建筑工程技术与设计	2015年

（六）技能实训中心教师发表论文一览表

表下4-2-6

作　者	论文标题	刊物名称	发表时间
彭兰桂	双基评估为实验教学改革带来优势	卫生职业教育	2006年
	浅谈生理实验教学体会	黔南民族医专学报	2008年第3期
	通过生理实验培养学生的思维能力	凯里学院学报	2008年第26卷
袁　静	生理学教学与临床相结合的探析	中国卫生产业	2013.4
	血型鉴定影响因素分析以及对策	中国卫生产业	2013.6
	人体解剖学教学的探析	现代养生	2014.10
	PBL教学模式在生理学教学过程中的设计与应用	课程教育研究	2015.9
	胃肠外科感染的治疗策略	现代养生	2015.12
粟永华	关于超声内镜联合镜下黏膜切除术治疗黏膜及黏膜下病变的临床分析	世界最新医学信息文摘	2014年第20期第14卷
	短期持续胰岛素输注治疗对初诊Ⅱ型糖尿病患者胰岛β细胞功能影响观察	世界最新医学信息文摘	2014年第25期第14卷

续表下4-2-6

作 者	论文标题	刊物名称	发表时间
宋爱萍	谈多媒体课件在医学基础课教学应用	贵阳学院学报	2008.4
	提高医学微生物学实验课教学质量的几点做法	卫生职业教育	2008.7
	走校企合作之路办好康复技术专业	卫生职业教育	2009.3
	基于行动导向的病原生物与免疫学课程改革初探	卫生职业教育	2012
	改革课堂模式提高教学实效	时代教育	2015
邵正维	医学免疫学实验教学内容改革	医学信息	2013
	在医学微生物教学中加强护理专业学生职业素质培养	今日健康	2014
邓燕红	玫瑰组织培养研究	凯里学院学报	2008
	香叶天竺葵组织培养技术研究	耕作与栽培	2009
	芦荟组织培养技术研究	凯里学院学报	2009

（七）财经系教师发表论文一览表

表下4-2-7

作 者	论文标题	发表刊物	发表时间
龙章烈	浅谈对数函数的两个教学试验	怀化学院学报	2004.4
	浅谈在数学教学中学生创新意识的培养	黔东南民族师范高等专科学校学报	2004.6
	浅谈利用多媒体辅助教学推导锥体体积公式	怀化学院学报	2005.6
杨 群	高职会计模块式教学及其效果分析	—	2006
杨庆华	发展黔东南民族旅游经济推动社会主义新农村建设	大学时代	2006.9
胡 松	科技扶贫班：黔东南农村科技人才的主要培训途径	职业教育研究	2008.2
杨 群	谈高职《基础会计》实施项目教学法	中国成人教育	2008.7
龙仲平	试析内部交易对合并财务报表的影响及抵销处理	现代经济信息	2011.2
吴晓燕	高职会计专业企业纳税会计课程改革之我见	商业文化	2011.3
龙仲平	探索会计电算化中辅助核算应用的学习方法	中国乡镇企业会计	2011.3
龙仲平	典型案例法在金融资产转移会计处理中的应用探讨	现代商贸工业	2011.4
龙仲平	企业固定资产与无形资产处置会计比较	合作经济与科技	2011.5
龙仲平	基于新准则下合同收入与合同费用会计核算的学习研究	经济研究导刊	2011.6
胡 松	金秋梨果醋饮料成分调配及经济效益分析	宁夏农林科技	2011.9
胡 松	职业院校学生思想政治教育要找准突破口	人民出版社	2011.11
龙 旺	高职计算机应用专业基于工作过程的课程开发设计	教育文化论坛	2011.12
杨庆华	基于新准则下长期债券投资的会计处理	现代商贸工业	2012.1
吴晓燕	公式法编制现金流量表	中国乡镇企业会计	2012.2
吴晓燕	全新高职教育理念下会计专业课程的系统研究及应用	当代职业教育	2012.3

续表下4-2-7

作者	论文标题	发表刊物	发表时间
邹金伶	存货经济订货批量模型之修正	财会月刊	2012.3
杨庆华	小企业会计准则与企业会计准则——对短期投资账务处理的比较	中国证券期货	2012.7
龙　旺	计算机实用检测维修方法及应用分析	信息与电脑	2012.7
杨庆华	高职会计专业实训课程设置初探	—	2012.7
曲　波	从文化维度看文化差异对国际人力资源管理的影响	吉林省教育学院学报	2013.2
杨庆华	具有融资性质的分期收款销售商品的处理学习之我见	经济研究导刊	2013.2
龙章烈	劳务经济视角下民族贫困地区农村职业教育发展	教育与职业	2013.3
潘远才	优化产业结构是转变经济发展方式的重要任务	经济视野	2013.3
石　磊	从实践中来，到实践中去	中国乡镇企业会计	2013.5
石　磊	试论技能型课程在中职会计专业的位置及特殊作用	知识经济	2013.5
杨庆华	图解交易性金融资产的核算	经济研究导刊	2013.7
龙章烈	枇杷木虱的发生特点与防治技术（第二作者）	中国植保导刊	2013.8
龙章烈	氮磷钾不同基肥水平对枇杷结果母枝的影响（第二作者）	北方园艺	2013.8
邹金伶	计划成本分配法之改进	财会月刊	2013.8
龙章烈	氮磷钾基肥量对枇杷结果母枝生长结果的影响（第二作者）	中国果树	2013.11
杨晓琳	探讨市场营销中项目管理创新	—	2013.12
潘远才	黔东南民族地区经济发展之我见	企业技术开发	2014.1
潘远才	新形势下又快又好发展黔东南经济社会的建议	现代经济信息	2014.2
龙章烈	中果型枇杷以叶定果的留果量技术研究（第二作者）	湖北农业科学	2014.3
邹金伶	废品损失核算改进思考	财会月刊	2014.3
邹金伶	情境教学法之问题教学法在财务管理教学中的运用——以风险价值衡量为例	教育教学论坛	2014.4
杨庆华	行政单位固定资产管理的难点及对策	经济研究导刊	2014.8
王露佼	论贵州工业化进程在经济发展中的利弊	山东工业技术	2014.10
杨　群 吴晓燕	“T”字账户在一般应付债券溢/折价摊销中的运用	商业会计	2014.12
陈礼松	试论少数民族的政治认同及其培养	—	2015
何克理	加强企业财务管理，提高企业经济效益	现代经济信息	2015.1
冯　香	房地产企业财务风险研究	凯里学院学报	2015.4
杨雨薇	企业人力资源管理外包及其风险管理	管理观察	2015.6
张学杰	公共财政与财政管理的公共化研究	经贸实践	2015.6
潘远才	民族自治地方经济发展战略初探	经贸实践	2015.7
杨雨薇	企业战略人力资源管理目标及过程控制研究	人力资源管理	2015.7
张学杰	试析财政税务制度改革对企业财政管理的影响	现代商业	2015.7
潘远才	高校服务地方经济社会发展在西部民族地区中的探讨	经贸实践	2015.11

（八）马列主义教研部教师发表论文一览表

表下4-2-8

作者	论文标题	刊物名称	发表时间
龙春平	从大学生宗教信仰问题看当代思想政治理论课	成功	2011.11
	新世纪大学生生命教育的反思	时代教育	2012.1
	一天一题　掀起教学“风暴”——新加坡共和理工学院	教育与职业	2013.5
	经济全球化背景下的爱国主义教育研究	兴义民族师范学院学报	2013.4
	高校德育发展的价值诉求与实践追求	教育探索	2015.5
王在朴	新形势下构建高职思想政治理论高效课堂的策略研究	新校园	2015.1
	贵州省情教学中用侗族传统文化激发学生学习的研究	科学与财富	2015.2
	优化职业职院思政课教学方法体系改革的措施	课程教育研究	2015.12
刘光梓	马克思实践辩证法对构建社会主义和谐社会的意义	哈师大社会科学学报	2012.9
	对新时期党员干部读书学习的思考	中国校外教育	2012.12
	情感教育法在政治学科教学中的应用分析	长春理工大学学报	2013.1
	新时期贵州省县域工业发展的问题与对策	凯里学院学报	2013.2
	信息化下的高职院校学生思想工作的挑战与对策	佳木斯教育学院学报	2013.3
	探究高校思想政治理论课教师队伍建设	南昌教育学院学报	2013.4
	学校为主体的青少年思想道德建设	中学政治教学参考	2013.4
	邓小平的国家文化建设思想与践行路径研究	云南社会主义学院学报	2014.2
	企业文化背景下高职学生素质研究与实践	凯里学院学报	2014.8
	国学教育对于高等院校学生人文思想的培养作用	语文建设	2014.8
	高职院校大学生人才思想政治素质提升策略	中国人才	2014.11
	治国，安邦、持家之经典——《三字经》的思想教育内涵	语文建设	2015.5
黄文平	思想政治理论课实践教学课程改革与评价	黑龙江高教研究	2013.5
	高职院校思想政治理论课实践教学实施与评价研究结题报告	佳木斯职院学报 C	2013.12
	立足区域发展的高职思想政治理论课体验式实践教学探索	云南社会主义学院学报	2014.2
	论高职青年教师的成长引导	西部素质教育	2015.7
	高职院校思政课课堂教学改革探析	兰州教育学院学报	2015.10
朱　静	高职院校思想政治理论课实践教学实例分析	教育学文摘	2013.7
	高职院校思政课实践教学现状及对策	黑河教育	2016.9
王诗渊	当代中国工人阶级的结构变化	安顺职院学报	2014.2
刘志贻	墟场文化：民族地区农村思想政治教育新载体	重庆科技学院学报（社会科学版）	2011.10
	高校思想政治理论课教师教学行为影响因素分析	佳木斯教育学院学报	2013.5
	高校思想政治理论课教师教学行为的问题与优化策略	科技信息	2013.10

续表下4-2-8

作者	论文标题	刊物名称	发表时间
周　欣	浅谈行动导向教学模式在新时期高职学生思想教育中的创新	新一代	2012.5
	任务驱动教学模式在职业生涯规划教学中的应用	现代企业教育	2015.7
梁方丽	试论马克思主义与中国优秀传统文化之契合	凯里学院学报	2015.8

（九）生物与环境工程系教师发表论文一览表

表下4-2-9

作　者	论文标题	发表刊物	发表时间
代　勇　马　文　潘晖辉　黄　刚	贵州省凯里市油菜耕作对比试验研究初报	土壤（中文核心期刊）	2003.35（5）
代　勇　胡　铨　刘业海　马　文　姚明英	黔东南州油菜测土推荐施肥研究	土壤（中文核心期刊）	2003.35（6）
代　勇　刘业海　姚明英	黔东南州黄黏泥田水稻测土推荐施肥研究	内蒙古农业科技	2003（2）
代　勇	杂交玉米叶面肥肥效试验	青海农业科技	2005.（1）
代　勇	贵州省凯里市杂交玉米品种密度氮磷钾试验初报	西藏农业科技	2005.27（2）
代　勇　胡　松　姚明英　陈泽美　程　红	养分平衡法在黔东南州油菜测土推荐施肥中的应用研究	土壤研究（中文核心期刊）	2008.39（3）
代　勇　胡　松　姚明英　刘业海　陈泽美　程　红	地力差减法在黔东南州黄黏泥田水稻测土推荐施肥中的应用研究	内蒙古农业科技	2008（6）
王有林	乡村景观在风景园林规划与设计中的意义	中华民居	2012.11月刊总第62期
韦信祥	凯里市景观树种配置初探	中华民居	2012年62期
王有林	宜居城市园林规划设计方法研究	中华民居	2013.2月刊总第71期
邹　波	对发展启蒙酸菜产业的思考	凯里学院学报	2013年第3期
韦信祥	我国木兰科树种及园林应用	中华民居	2013年68期
莘海亮	饲喂低水平DCAD饲粮同时作为体外发酵底物组合对山羊瘤胃发酵的影响	动物营养学报	2015年第3期
杨　平	分布式局部网络的路由选择方法	电子技术与软件工程	2015.11
邹　波	高职院校农业师资及教学资源的有效性分析——以贵州为例	晋城职业技术学院学报	2015年第4期
邹　波	姊妹饭真空包装保质技术试验研究	凯里学院学报	2015年第6期
邹　波	对“职业人”导向教育教学改革的肤浅认识	教育教学论坛	2015年第16期

续表下4-2-9

作　者	论文标题	发表刊物	发表时间
张　森	苗药复方抗雏鸡新城疫病毒感染的临床效果观察	黑龙江畜牧兽医	2015年4月
李魏飞	萘乙酸对铜胁迫下刺槐幼苗生理特性的影响	贵州农业科学	2013年3期
	柑橘的高接换冠技术要点	北京农业	2013年4月下
	谈谈自然保护的必要性和保护措施	吉林农业	2014年
姜云平	刍议盐碱地园林植物栽培养护技术	中华民居	2013年68期
	浅谈园林植物种植设计	中华民居	2013年78期
周德才	园林植物病虫害防治策略的探讨	花卉	2015年11月
龙正龄	花色苷封装应用的研究	课程教育研究	2015年5月上
刘晓东	小鼠胸腺胚后发育的组织学观察和外周血T淋巴细胞亚群的动态变化	四川畜牧兽医	2015年第1期
	四川本地青脚白皮鸡鸡蛋蛋形指数对孵化率的影响	湖北畜牧兽医	2015年第4期
	高钒对雏鸡肝脏的影响	中国兽医学报	2015年第8期
	青少年教育视角下对贵州青少年正义感现状调查研究	知识经济	2015年 总第403期下
田景文	松森桃在凯里地区的适应性及栽培技术研究	安徽农业科学	2010年
	杂交水稻品种引种试验研究	现代农业科技	2011年第17期
	杂交玉米育苗栽培技术	农技服务	2011年第7期

三、各系部教师参编教材一览表

（一）护理系教师参编教材一览表

表下4-3-1

作　者	承担任务	名　称	出版社
曾菲菲	参编	护理技术	北京大学医学出版社
	副主编	护理学基础	北京大学医学出版社
	副主编	护士执业资格考试——护理学基础同步习题	北京大学医学出版社
吴小碧	参编	护理伦理学	第四军医大学出版社
	参编	护理伦理学	中国协和医科大学出版社
叶　玫	参编	护理技术	北京大学医学出版社
	参编	护理学基础同步习题	北京大学医学出版社
	参编	护士执业资格考试——护理学基础同步习题	北京大学医学出版社

续表下4-3-1

作　者	承担任务	名　称	出版社
陈镇兰	副主编	外科护理学	第四军医大学出版社
	主编	外科护理学实践与习题集第二版	中国水利水电出版社
郭　鹂	参编	护理技术	北京大学医学出版社
	参编	护理学基础同步习题	北京大学医学出版社
黄平丽	参编	外科护理学实践与习题集第二版	中国水利水电出版社
罗银碧	参编	妇产科护理学	中国科学技术出版社
王艳兰	第二主编	基础护理学	第四军医大学出版社
	副主编	护理技术	第四军医大学出版社
	参编	护士执业资格考试——护理学基础同步习题	北京大学医学出版社
	参编	护理学基础同步习题	北京大学医学出版社
吴方化	参编	社区护理学	第四军医大学出版社
	参编	护理技术	北京大学医学出版社
	参编	护理学基础同步习题	北京大学医学出版社
	参编	护士执业资格考试——护理学基础同步习题	北京大学医学出版社
杨先爱	参编	护理技术	北京大学医学出版社
张　敏	副主编	眼耳鼻咽喉口腔科护理学	第四军医大学出版社
	主编	护理技术	北京大学医学出版社
	主编	护士执业资格考试——护理学基础同步习题	北京大学医学出版社
	主编	护理学基础	北京大学医学出版社
	参编	老年护理学	第四军医大学出版社
姚本丽	主编	健康评估	北京大学医学出版社
郭　倩	参编	护理学基础同步习题	北京大学医学出版社
	参编	护士执业资格考试——护理学基础同步习题	北京大学医学出版社
杨芳丽	参编	护理学基础同步习题	北京大学医学出版社
雷婍绮	参编	护理学基础同步习题	北京大学医学出版社
龙佳佳	参编	外科护理学实践与习题集（第二版）	中国水利水电出版社
冉　丽	参编	护理美学与礼仪	第四军医大学出版社
杨芳丽	参编	护士执业资格考试——护理学基础同步习题	北京大学医学出版社

（二）临床医学系教师参编教材一览表

表下4-3-2

作 者	承担任务	名 称	出版社
陶 霞	参编	妇产科学	第四军医大学出版社
彭 丹	参编	外科学	北京大学医学出版社
杨炳英	参编	外科护理学实践与习题集（第二版）	中国水利水电出版社
黄春兰	参编	外科护理学实践与习题集（第二版）	中国水利水电出版社
杨彩鸾	主编	内科疾病诊疗（学习指导与习题集）	北京大学医学出版社
唐春丽	参编	内科疾病诊疗（学习指导与习题集）	北京大学医学出版社
黄德玉	副主编	外科学基础	吉林大学出版社

（三）医药技术系教师参编教材一览表

表下4-3-3

姓 名	教材名称	承担任务	出版社名称	出版时间
刘书华	药品销售技术	主编	北京大学医学出版社	2013
禹俊梅	药事管理与法规	参编	科学出版社	2013
潘 江	药事管理与法规	参编	第四军医大学出版社	2013
李全秀	药事管理与法规	参编	中国医药科技出版社	2013

（四）汽车与机电工程系教师著作一览表

表下4-3-4

姓 名	著作或教材名	出版社	出版日期	书刊号	承担任务	个人完成字数（万字）
李民和	汽车发动机构造与维修	西安交通大学出版社	2014年6月第一次印刷	ISBN978-7-5605-6109-7/U.16	主编	10
李民和	汽车底盘构造与维修	西安交通大学出版社	2014年6月第一次印刷	ISBN978-7-5605-6131-8/U.18	主编	12
杨 波	Visual Basic语言程序设计	中国人民邮电出版社	2011年9月第一次印刷	ISBN978-7-115-25478-8	参编	8

（五）马列主义教研部参编教材一览表

表下4-3-5

作 者	承担任务	教材名称	出版社	出版时间
王在朴	主编	形势与政策	四川大学出版社	2014年
龙春平	主编	思想道德修养与法律基础实践训练指导	航空工业出版社	2015年

四、2002年至2015年学院学生情况统计表

表下4-4-1

年度	招生数（人）			在校生数（人）			毕业生数（人）			就业人数（人）			就业率（%）	
	小计	高职	中职	小计	高职	中职	小计	高职	中职	小计	高职	中职	高职	中职
2002	960	272	688	—	254	—	—	—	—	—	—	—	—	—
2003	2207	1700	507	—	1132	—	—	—	—	—	—	—	—	—
2004	2026	1132	894	4130	2647	1483	251	251	—	226	226	—	90.04%	—
2005	2628	1218	1410	4182	2178	2004	1755	1130	625	1549	998	551	88.32%	88.16%
2006	3461	1553	1908	6937	3694	3243	1782	947	835	1596	853	743	90.07%	88.98%
2007	3090	1666	1424	7942	4319	3623	1622	794	828	1458	717	741	90.30%	89.43%
2008	4072	2269	1803	8845	5046	3799	2802	1534	1268	2520	1405	1115	91.59%	87.93%
2009	3558	2351	1207	9329	5942	3387	3255	1332	1923	2976	1266	1710	95.05%	88.92%
2010	4356	2371	1985	10703	6601	4102	2785	1639	1146	2623	1574	1049	96.03%	91.54%
2011	3202	2468	734	10433	6977	3456	3284	2012	1272	3134	1957	1177	97.27%	92.53%
2012	5308	3832	1476	12386	8463	3923	3109	2244	865	3012	2191	821	97.64%	94.91%
2013	6314	3370	2944	14431	9447	4984	3988	2302	1686	3883	2280	1603	99.04%	95.08%
2014	6112	4233	1879	11317	5331	5986	2931	2343	588	2912	2307	565	98.46%	96.08%
2015	4392	4100	292	15616	11373	4243	4796	3784	1012	4673	3721	952	98.34%	94.07%

五、2001年至2015年学院集体获奖情况

表下4-5-1

获奖内容	时间	颁奖单位	等级
2000年度先进团委	2001.3	共青团黔东南州委	县处级
1998—2000年度凯里地区无偿献血先进集体	2001.3	州政府	州厅级
全国高等卫生职业技术教育协作会常务理事单位	2002.1	全国高等卫生职业教育协会	省部级
全省五四红旗团委	2002.1	共青团贵州省委	州厅级
2002年凯里地区“五一”职工趣味体育比赛拔河第二名	2002.4	州总工会　州体育局	县处级
2002年凯里地区“五一”职工趣味体育比赛健身三项第五名	2002.4	州总工会　州体育局	县处级
消防安全重点单位	2002.5	州公安局	县处级
拥军优属先进单位	2002.7	凯里市委　凯里市政府	县处级
州直机关党的十六大和党章知识竞赛组织奖	2003.5	州直机关工委	县处级
全国高等卫生职业技术教育协作会第三届年会论文征稿组织奖	2003.8	全国高等卫生职业教育协会	省部级
凯里地区老年健身秧歌赛优秀奖	2003.9	州委离退休干部工作局	县处级

续表下4-5-1

获奖内容	时间	颁奖单位	等级
黔东南州凯里地区普通话比赛组织奖	2003.9	州委宣传部　州教育局	县处级
州职业教育先进单位	2003.12	黔东南州教育局	县处级
2002年度预算外资金收支决算评比优秀单位	2003.12	州财政局	县处级
“百万职工五月温暖行”荣誉证书	2004.6	州总工会	县处级
无偿献血知识竞赛项目组织奖	2004.12	州卫生局　州红十字会	县处级
2003年度州级预算外资金决算评比三等奖	2004.12	州财政局	县处级
民进全省先进基层组织	2004.12	民进贵州省委	省级
黔东南百题知识竞赛组织奖	2004.12	州委宣传部　州委党史研究室	县处级
中国西部教育顾问单位	2005.5	中国高等教育学会等	省部级
黔东南州直机关“党和人民心连心”文艺汇演三等奖	2005.6	州直机关工委	县处级
州直大中专院校“民族精神代代传”演讲比赛组织奖	2005.6	州直机关工委	县处级
省高校后勤先进集体	2005.11	省教育厅	州厅级
2006年凯里地区第二届大地杯“五一”职工登山比赛团体第二名	2006.4	州总工会　州体育局	县处级
省大学生校园文化活动月组织奖	2006.6	省教育公委　省教育厅	州厅级
全州离退休干部、老年大学学员文艺汇演银奖	2006.6	州委组织部离退休干部工作局	县处级
州直大中专院校《弘扬长征精神　建设美好贵州》“动感地带杯”正文演讲比赛组织奖	2006.6	州直机关工委　州教育局	县处级
建州50周年庆祝活动先进集体	2006.8	州委　州政府	州厅级
2001—2005年全省普法依法治理先进单位	2006.8	省依法治理工作领导小组	州厅级
省“四五”普法依法治理先进单位	2006.8	省依法治理工作领导小组	州厅级
全州民族宗教知识竞赛组织奖	2006.9	州委宣传部　州民宗委	县处级
全省五四红旗团支部（总支）	2006.12	共青团贵州省委	州厅级
“全国中等职业学校计算机技能大赛”贵州选拔赛网络应用团体组二等奖	2007.4	贵州省职业教育学会	州厅级
第三届“大地杯”登山比赛第二名	2007.5	州总工会　州体育局	县处级
“大地房产杯”歌舞大赛三等奖	2007.5	州直机关工委	县处级
贵州省职业院校学生护理技能比赛二等奖、三等奖、优秀奖（高职组）	2007.6	贵州省职业教育学会	州厅级
贵州省职业院校学生护理技能比赛一等奖、二等奖、优秀奖（中职组）	2007.6	贵州省职业教育学会	州厅级
贵州省“科学出版社杯”职业院校学生护理技能比赛二等奖	2007.6	贵州省职业教育学会	州厅级
州直大中专院校“知荣辱　树新风　促和谐”学习教育征文演讲比赛组织奖	2007.6	州直机关工委　州教育局	县处级

续表下4-5-1

获奖内容	时间	颁奖单位	等级
全州人事工资系统先进集体	2007.7	州人事局	县处级
凯里地区中小学大中专院校中老年反排木鼓舞大赛二等奖	2007.7	凯里原生态民族文化艺术节组委会	县处级
2007年州直机关“交通杯”职工篮球赛第二名	2007.12	州委办　州政府办	州厅级
州直离退休干部迎奥运“真情奉献黔东南　共建和谐乐晚年”主题实践活动组织奖	2008.1	州委组织部、州委离退休工作局等	县处级
2007年度周末“整脏治乱”专项行动先进单位	2008.1	共青团黔东南州委	县处级
全州档案工作优秀集体	2008.3	黔东南州档案局	县处级
全国中等职业学校汽车运用与维修技能大赛贵州选拔赛汽车二级维护团体优秀奖	2008.5	贵州省职业教育学会	州厅级
2007年黔东南州“先进基层团委”	2008.5	共青团黔东南州委	县处级
第三届“多彩校园·闪亮青春”全省大学生校园文化活动月先进集体	2008.7	省教育厅、省教育工委、省文明办等	州厅级
第七届高等教育省级教学成果三等奖	2008.8	省教育厅	州厅级
全州“三力”建设活动三等奖	2008.9	黔东南州委	州厅级
教育工会工作先进集体	2008.9	州教育局　州教育工会	县处级
黔东南州首届教育系统民族文化进校园合唱大赛优秀奖	2008.11	州委宣传部、州教育局	县处级
“三八”唱红歌二等奖	2009.3	州委宣传部、州妇联	县处级
凯里地区大地杯“五一”职工第四届登山比赛团体第一名	2009.4	黔东南州总工会等	县处级
2009年贵州省中等职业学校技能大赛暨全国职业院校技能大赛选拔赛优秀组织奖	2009.6	省教育厅	州厅级
园区网互联及网站建设团体二等奖	2009.6	省教育厅	州厅级
汽车二级维护团体三等奖	2009.6	省教育厅	州厅级
学院临床医学系党总支获2009年“五好”基层党组织	2009.6	黔东南州直机关工委	县处级
学院直属机关第三党支部获2009年“五好”基层党组织	2009.6	黔东南州直机关工委	县处级
学院临床医学系党总支获2007—2009年度先进基层党组织	2009.6	黔东南州直机关工委	县处级
全国青少年主题教育“我的祖国”读书征文活动集体优秀奖	2009.7	教育部关心下一代委员会等	省部级
李佳妹、钟平同学分别获全国青少年主题教育“我的祖国”读书征文活动三等奖、优秀奖	2009.7	教育部关工委等	省部级
获全州教育工会工作“先进集体”	2009.8	黔东南州教育局工会	县处级
全国首届护理操作技能大赛三等奖	2009.8	中国职业技术教育协会	省部级
贵州省学生定向越野锦标赛接力赛（高校女子甲组）第三名	2009.9	省教育厅	州厅级

续表下4-5-1

获奖内容	时间	颁奖单位	等级
黔东南州第二届教职工“格兰房地产园丁杯”篮球运动会男子组第四名	2009.9	州教育局　州教育工会	县处级
2010年全省职业院校技能大赛暨全国职业院校技能大赛选拔赛优秀组织奖	2010.5	省教育厅	州厅级
2009年度高校国家助学贷款特别奖	2010.5	省教育厅	州厅级
高职高专院校思想政治教育工作评估优秀单位	2010.6	省教育厅	州厅级
学院党委获五好基层党组织	2010.7	中共黔东南州委	州厅级
计算机网络组建与安全维护二等奖（高职组）	2010.7	省教育厅	州厅级
贵州省学校体育工作先进单位	2010.7	贵州省第二届大学生运动会组委会	州厅级
计算机网络综合布线技术二等奖（中职组）	2010.7	省教育厅	州厅级
汽车二级维护团体三等奖（中职组）	2010.7	省教育厅	州厅级
汽车维修与故障诊断排除团体项目三等奖（高职组）	2010.7	省教育厅	州厅级
省第二届大学生运动会乒乓球比赛男子丙组团体赛第四名	2010.8	贵州省第二届大学生运动会组委会	州厅级
2006—2010年度贵州省高校体育工作先进单位	2010.8	贵州省第二届大学生运动会组委会	州厅级
贵州省第二届大学生运动会体育道德风尚奖	2010.8	贵州省第二届大学生运动会组委会	州厅级
贵州省第二届大学生运动会田径比赛丙组团体总分第七名	2010.8	贵州省第二届大学生运动会组委会	州厅级
贵州省第二届大学生运动会乒乓球比赛女子丙组团体赛第一名	2010.8	贵州省第二届大学生运动会组委会	州厅级
全州拥军优属先进单位	2010.12	州委、州政府、凯里军分区	州厅级
“开展三项建设，努力创先争优”主题活动知识竞赛三等奖	2010.12	黔东南州作风建设年领导小组等	县处级
黔东南州“体育彩票迎元旦”健身展示大赛二等奖	2010.12	黔东南州直机关工委、黔东南州文化体育局	县处级
2010年度贵州省普通高等学校先进班集体	2010.12	省教育厅	州厅级
全州关心下一代工作先进集体	2011.1	州关心下一代委员会等	县处级
学院工会获2010年度工会工作二等奖	2011.3	州总工会	县处级
2011年凯里地区第六届大地杯“五一”职工登山比赛团体第七名	2011.4	州总工会　州文体局	县处级
贵州省职业院校建筑技能大赛“中正·维斯尔杯”工程造价建模竞赛项目第一名　第二名	2011.4	贵州中正建科软件有限公司	—
第六届“青春动力”三人篮球赛第四名	2011.5	省文明办　省教育厅	州厅级
贵州省高职院校艺术创作与社会服务比赛英语口语比赛三等奖	2011.5	省教育厅	州厅级

续表下4-5-1

获奖内容	时间	颁奖单位	等级
五好基层党组织	2011.5	黔东南州委	州厅级
州教育系统教职工红歌合唱大赛二等奖	2011.6	州教工委　州教育局	县处级
全州教育系统先进基层党组织	2011.6	州教工委	县处级
高校优秀校园文化成果暨优秀社会实践成果奖	2011.6	省教育厅等	州厅级
教材建设突出贡献奖	2011.7	全国医药类高专教材建设委员会	省部级
学院党委获全州勤政廉政先进集体	2011.7	中共黔东南州委	州厅级
2011年凯里地区各高校高级中学学生军训技能展示军体拳三等奖	2011.1	州教育局	县处级
2011年凯里地区各高校高级中学学生军训技能展示二等奖	2011.1	州教育局	县处级
贵州省2011年大学生"文明交通行动计划"主题辩论赛黔东南赛区亚军	2011.1	州文明办　州公安局	县处级
2011年全国林业职业院校大学生绿色创业大赛优秀组织奖	2011.11	中国林业教育学会职业教育分会	省部级
州科技进步三等奖	2011.11	州政府	州厅级
2011贵州省职业院校中职护理技能大赛组织奖	2011.11	省教育厅等	州厅级
模范职工之家	2011.12	省工会	州厅级
"创先争优"先进基层党组织	2012.6	州教育工委	县处级
2010—2011年度A级纳税信用企业	2012	省国家税务局、省地方税务局	州厅级
第三届"全国高等院校斯维尔杯BIM系列软件建筑信息模型大赛总决赛"优胜奖	2012.5	中国建设教育协会等	省部级
2012年"多彩校园·闪亮青春"全省大学生校园文化月活动——高校校歌演唱大赛优秀奖	2012.6	贵州省教育厅、共青团贵州省委	州厅级
2012全省大学生篮球锦标赛体育道德风尚奖运动队	2012.1	贵州省教育厅	州厅级
2012年全省大学生篮球锦标赛女子乙组第二名	2012.10	贵州省教育厅	州厅级
2011年度征兵工作先进单位	2012.10	黔东南州征兵工作领导小组	县处级
2012贵州省大学生田径锦标赛丙组团体总分第六名	2012.10	贵州省教育厅	州厅级
贵州省首届优秀校园文化活动三等奖	2012.12	贵州省教育工委、贵州省教育厅	州厅级
2011年度固定资产投资决算报表综合评比先进单位	2012.12	黔东南州财政局	县处级
学院中专部获2012年黔东南州中等职业学校办学水平二等奖	2012.12	黔东南州教育局	县处级
"诵读经典活动"获省首届优秀校园文化活动三等奖	2012.12	贵州省教育工委、贵州省教育厅	州厅级
2012年贵州省"瀚羿杯"高职营销汽车维修职业技能大赛三等奖（2个奖杯）	2012	贵州省教育厅	州厅级
2012年贵州省"龙神杯"中等职业汽车维修职业技能大赛车身修复（钣金）项目三等奖（2个奖杯）	2012	贵州省教育厅	州厅级

续表下4-5-1

获奖内容	时间	颁奖单位	等级
2012年贵州省“龙神杯”中等职业汽车维修职业技能大赛团体赛——汽车二级维护作业项目三等奖（2个奖杯）	2012	贵州省教育厅	州厅级
2012年度黔东南州一级优秀驾校	2013.2	州公安局交通交警支队	县处级
州直机关单位2012年度“巾帼建功”先进集体	2013.3	黔东南州妇女联合会 中共黔东南州直属机关工作委员会	县处级
2012年度省直机关赴农村党建扶贫先进工作队	2013.3	中共贵州省委组织部 贵州省扶贫开发办公室	州厅级
2012年度州直单位工会工作目标绩效考核三等奖	2013.4	黔东南州总工会	县处级
学院临床系获“学习型党组织”称号	2013.4	中共黔东南州委办公室	州厅级
2013年“多彩校园·闪亮青春”全省大学生校园文化月活动先进集体	2013.5	省委教育工委、省教育厅、团省委	州厅级
2013年“多彩校园·闪亮青春”全省大学生校园文化活动月之全省优秀学生社团	2013.5	省委教育工委、省教育厅、团省委	州厅级
全省五四红旗团支部	2013.5	共青团贵州省委	州厅级
“2013年贵州省职业院校技能大赛暨全国职业院校技能大赛”优秀组织奖	2013.5	贵州省教育厅	州厅级
2013年“多彩校园·闪亮青春”全省大学生校园文化月活动之“党的十八大精神”知识竞赛抢答赛优秀奖	2013.5	省委教育工委、省教育厅、团省委	州厅级
2013年“多彩校园·闪亮青春”全省大学生校园文化活动月之优秀大学生社会实践活动成果三等奖	2013.5	省委教育工委、省教育厅、团省委	州厅级
2013年州直教育系统“党的知识竞赛”组织奖	2013.6	黔东南州教工委	县处级
贵州省第二届“天翼Young”校园三人篮球赛第四名	2013.6	贵州省文明办、贵州省教育厅等	州厅级
2011—2012年度贵州省文明驾校	2013.6	贵州省公安厅交警总队	州厅级
2012年度征兵工作先进单位	2013.7	黔东南州征兵工作领导小组	县处级
全省机关企事业单位党建工作“先进党委”称号	2013.7	中共贵州省委党建工作领导小组	省部级
全国模范职工之家	2013.8	中华全国总工会	省部级
2005—2008年连续四年州级“守合同重信用”单位称号	2013.8	黔东南州工商行政管理局	县处级
黔东南州驾培行业理论教员、考核员技能竞赛第二名	2013.8	州公路运输管理处、州驾培行业协会	县处级
贵州省汽车（摩托车）驾驶员培训二类驾校	2013.8	贵州省公路运输管理局	州厅级
贵州省第二届校园文化建设优秀成果二等奖	2013.10	贵州省委教育工委　贵州省教育厅	州厅级
贵州省第一届大学生山地户外运动会三等奖	2013.11	—	州厅级
2013年省大学生五人制足球联赛高职高专组第二名	2013.11	贵州省教育厅	州厅级
2013年全州“传播社科正能量，共筑我州中国梦”社科普及周知识竞赛活动组织奖	2013.12	中共州委宣传部、 州社会科学界联合会	县处级
2012年度固定资产投资决算报表综合评比先进单位	2013.12	黔东南州财政局	县处级
黔东南州2013年度中职学校办学水平二等奖	2013.12	黔东南州教育局	县处级

续表下4-5-1

获奖内容	时间	颁奖单位	等级
2013年凯里地区高校高级中学第二届学生军训军体拳表演第二名	2013.12	黔东南州教工委、州教育局等	县处级
2013年凯里地区高校高级中学第二届学生军训技能展演第二名	2013.12	黔东南州教工委、州教育局等	县处级
黔东南州教职工“园丁杯”篮球运动会男子组道德风尚奖	2013	黔东南州教育局、州教育工会	县处级
2013年贵州省职业院校技能大赛“运华天地杯”交通运输类高职组汽车营销技能比赛二等奖	2013	贵州省教育厅	州厅级
2013年贵州省职业院校技能大赛“运华天地杯”交通运输类高职组汽车营销技能比赛三等奖	2013	贵州省教育厅	州厅级
贵州省安全文化建设示范校园	2014.1	贵州省安全生产委员会	州厅级
2011—2013年全州文明单位	2014.2	中共黔东南州委、黔东南州人民政府	州厅级
2013年度党建工作先进单位	2014.2	中共黔东南州委教育工作委员会	县处级
2012—2013年度学校安全稳定综治工作先进单位	2014.2	贵州省教育厅	州厅级
贵州省安全文明校园	2014.2	贵州省综治办、贵州省公安厅	州厅级
贵州省第四批民族民间文化教育项目学校	2014.2	贵州省教育厅、贵州省民委	州厅级
2013年度州直单位工会工作考核二等奖	2014.3	黔东南州总工会	县处级
学院旅游与商务管理系党总支获学习型党组织	2014.3	黔东南州委	州厅级
第九届全省大学生校园文化活动月先进集体	2014.5	贵州省教育厅、贵州省文明办、共青团贵州省委	州厅级
全省第三届大学生运动会篮球比赛女子丙组第一名	2014.5	贵州省教育厅、贵州省体育局	州厅级
全省第三届大学生运动会足球比赛男子丙组第一名	2014.5	贵州省教育厅、贵州省体育局	州厅级
2013年度全州五四红旗团委	2014.5	共青团黔东南州委	县处级
凯里地区大地杯“五一”职工登山活动中老年组团体第二名	2014.5	黔东南州总工会、凯里市工会	县处级
2014年全省职业院校技能大赛暨全国职业院校技能大赛选拔赛组织奖	2014.5	贵州省教育厅	州厅级
“五好基层党组织”	2014.6	贵州省教工委	州厅级
贵州省第二届高校青年教师教学竞赛优秀组织奖	2014.8	贵州省教育厅	州厅级
学院植物组培中心获“2014年全国教育系统先进集体”称号	2014.9	国家人力资源和社会保障部、教育部	省部级
学院驾校获“凯里驾培协会第三届教师节运动会消防演练第一名”	2014.9	凯里市驾驶员培训协会	市级
学院医药技术系党总支获“五好基层党组织”称号	2014.9	黔东南州委	州厅级
学院旅游与商务管理系党总支获“五好基层党组织”称号	2014.1	贵州省委教育工委	州厅级
贵州省科技文献共享服务平台“黔东南民族职业技术学院服务站”	2014	黔东南州分中心、黔东南州科学技术情报研究所	县处级

续表下4-5-1

获奖内容	时间	颁奖单位	等级
2014年度贵州省中等职业学校先进班集体	2014.11	贵州省教育厅	州厅级
2014年度贵州省普通高等学校先进班集体	2014.11	贵州省教育厅	州厅级
2012—2013年度全国无偿献血促进奖单位奖	2014.12	国家卫生和计划生育委员会、中国红十字会总会、中国人民解放军总后勤部卫生部	省部级
2012—2014年度全省文明单位	2014.12	中共贵州省委、贵州省人民政府	省部级
贵州省校企共建实训基地	2014	贵州省教育厅、贵州省教工委等	州厅级
全省职业院校建筑技能大赛暨全国职业院校技能大赛选拔赛三等奖	2014	贵州省教育厅、贵州省住建厅	州厅级
全省职业院校建筑技能大赛暨全国职业院校技能大赛选拔赛二等奖	2014	贵州省教育厅、贵州省住建厅	州厅级
2014年贵州省职业院校技能大赛“景格杯”交通运输类高职组汽车故障诊断三等奖	2014	贵州省教育厅	州厅级
2014年贵州省职业院校技能大赛“景格杯”交通运输类高职组汽车自动变速器拆装与检测三等奖	2014	贵州省教育厅	州厅级
2014年贵州省职业院校技能大赛中职组加工制造类电机装配与运行检测项目三等奖	2014	贵州省教育厅	州厅级
2014年贵州省职业院校技能大赛中职组加工制造类电机装配与运行检测项目二等奖	2014	贵州省教育厅	州厅级
2014年贵州省职业院校技能大赛“景格杯”交通运输类高职组汽车综合技能三等奖	2014	贵州省教育厅	州厅级
2014年贵州省职业院校技能大赛“合赢杯”交通运输类中职组汽车营销技能比赛三等奖	2014	贵州省教育厅	州厅级
2014年贵州省职业院校技能大赛“景格杯”交通运输类高职组汽车营销比赛三等奖	2014	贵州省教育厅	州厅级
2015年贵州省职业院校技能大赛“凯普特杯”交通运输类（教师组）汽车故障诊断与排除比赛一等奖	2015	贵州省教育厅	州厅级
学习型党组织	2015.2	中共黔东南州委	州厅级
2015年共筑中国梦　庆祝“五一”劳动节职工歌咏比赛二等奖	2015.4	黔东南州总工会	县处级
2015年贵州省职业院校技能大赛电子商务技能（高职组）团体一等奖	2015.5	贵州省教育厅	州厅级
贵州省优秀校园文化育人基地	2015.5	贵州省教育厅	州厅级
贵州省职业院校技能大赛暨全国职业院校技能大赛选拔赛优秀组织奖	2015.5	贵州省教育厅	州厅级
“南方杯”测量技能大赛三等奖	2015.5	南方测绘公司	行业

续表下4-5-1

获奖内容	时间	颁奖单位	等级
“多彩校园·闪亮青春” 第十届全省大学生校园文化活动月之“弘扬宪法精神·建设法治中国”现场知识竞赛三等奖	2015.6	贵州省教育厅、贵州省文明办等	州厅级
“五好基层党组织”	2015.6	贵州省委教工委	州厅级
2015年全国职业院校技能大赛高职组电子商务技能比赛团体三等奖	2015.7	全国职业院校技能大赛组织委员会	省部级
2015年全国职业院校技能大赛高职组中餐主题宴会设计赛个人三等奖	2015.7	全国职业院校技能大赛组织委员会	省部级
全省民族团结进步创建活动示范学校	2015.10	贵州省委宣传部 贵州省委统战部	州厅级
贵州省第二届“联盟杯”高校英语写作大赛组织奖	2015.11	中国高校英语写作教学联盟 贵州省大学外语教学研究会	州厅级

六、学院田径运动会纪录

（一）女子纪录

表下4-6-1

比赛时间	比赛地点	比赛名称	项　目	运动员	成　绩
2004.11	学院田径场	学院第二届田径运动会	铁饼	何树英	18.8米
2005.11.10	学院田径场	学院第二届田径运动会	三级跳远	潘启波	8.9米
2007.11	学院田径场	学院第四届田径运动会	标枪	王振燕	18.6米
2008.11	学院田径场	学院第五届田径运动会	跳高	唐　丹	1.27米
2008.11	学院田径场	学院第五届田径运动会	3000米	吴银娥	13′ 16″ 30
2010.8.10	贵州大学田径场	贵州省第二届大学生运动会	100米栏	龙立英	18″ 91
2010.10.28	学院田径场	学院第一届动感地带运动会	60米竞速（板鞋）	肖克静	21″ 65
2010.10.28	学院田径场	学院第一届动感地带运动会	100米竞速（板鞋）	陈　敏	38″ 81
2010.10.28	学院田径场	学院第一届动感地带运动会	60米竞速（高脚）	马俊淑	12″ 37
2012.10	贵州大学田径场	贵州省大学生田径运动锦标赛	5000米	徐　露	22′ 12″ 88
2013.8	天柱县田径场	黔东南州第二届少数民族运动会	100米竞速（高脚）	王琼娇	16″ 40
2013.8.22	天柱县田径场	黔东南州第二届少数民族运动会	200米竞速（高脚）	王琼娇	35″ 90
2014.7	贵州财大田径场	贵州省第三届大学生运动会田径比赛	10000米	邢昌敏	49′ 54″ 25
2016.10.22	贵州大学田径场	2016贵州省大学生田径锦标赛	跳远	康彩红	4.07米

（二）男子纪录

表下4-6-2

比赛时间	比赛地点	比赛名称	项 目	运动员	成 绩
2010.10.28	学院田径场	学院第一届动感地带运动会	60米竞速（板鞋）	吴 凯	17″ 37
2010.10.28	学院田径场	学院第一届动感地带运动会	100米竞速（板鞋）	王 波	30″ 59
2010.10.28	学院田径场	学院第一届动感地带运动会	60米竞速（高脚）	罗小刚	13″ 06
2011.11.3	学院田径场	学院第七届田径运动会	铁饼	陈宗文	24.27米
2011.11.4	学院田径场	学院第七届田径运动会	100米竞速（高脚）	罗小刚	18″ 07
2012.10.12	贵州大学田径场	贵州省大学生田径运动锦标赛	110米栏	文金亮	18″ 85
2012.10.12	贵州大学田径场	贵州省大学生田径运动锦标赛	400米栏	文金亮	1′ 02″ 25
2012.10.12	贵州大学田径场	贵州省大学生田径运动锦标赛	铅球7.26千克	龙安银	9.9米
2012.10.12	贵州大学田径场	贵州省大学生田径运动锦标赛	跳远	张振磊	6.3米
2013.8.22	天柱县田径场	黔东南第二届少数民族运动会	200米竞速（高脚）	陆承勇	35″ 50
2014.7.18	贵州财大田径场	贵州省第三届大学生运动会田径比赛	400米	冉 军	56″ 36
2014.7.18	贵州财大田径场	贵州省第三届大学生运动会田径比赛	800米	冉 军	2′ 10″ 626
2014.7.18	贵州财大田径场	贵州省第三届大学生运动会田径比赛	标枪	谢 文	38.5米
2014.7.19	贵州财大田径场	贵州省第三届大学生运动会田径比赛	1500米	刘永成	4′ 36″ 183
2014.7.20	贵州财大田径场	贵州省第三届大学生运动会田径比赛	100米	唐 林	11″ 12
2014.7.20	贵州财大田径场	贵州省第三届大学生运动会田径比赛	200米	唐 林	24″ 576
2014.7.20	贵州财大田径场	贵州省第三届大学生运动会田径比赛	1万米	阿约拉者	35′ 57″ 66
2014.7	贵州财大田径场	贵州省第三届大学生运动会田径比赛	5000米	阿约拉者	17′ 57″ 50
2014.7	贵州财大田径场	贵州省第三届大学生运动会田径比赛 半程马拉松：21.0975千米	—	冉 军 沙小文 刘永成 阿约拉者	1：19′ 51″ 70
2014.11.6	学院田径场	学院第九届田径运动会	三级跳远	吴 涛	12.71米
2014.11.8	学院田径场	学院第九届田径运动会	800米	刘永成	2′ 09″ 28
2014.11.8	学院田径场	学院第九届田径运动会	3000米	杨文翔	9′ 52″
2014.11.8	学院田径场	学院第九届田径运动会	铅球5千克	谢 文	12.61米
2014.11.8	学院田径场	学院第九届田径运动会	跳高	高宇航	1.75米

编后记

承载黔东南州职业教育60年曲折发展、成就辉煌的《院志》，经过6年的辛勤耕耘，得以付梓，献于世人。

黔东南民族职业技术学院是黔东南州历史最长、培养职业人才最多的一所大学。为了让学院变迁、发展的过程用文字存录下来，学院决定编修一部系统、完整的院志。这既是学院人的夙愿，也是学院传统教育的好教材；既可作为今人兴院的参考，也可作为后人办学的借鉴；既可宣传推介学院的经验与辉煌，也可达到存史、育人、资政的作用，对促进学院的发展具有重要的历史意义和现实意义。

编修《院志》是学院一项浩繁的系统工程和文化建设工程，历任院领导高度重视。2016年4月，院党委召开专题会议，决定动员全院资源和聘请社会力量，编修《院志》。会上，研究决定了院志编修工作方案、工作任务、工作机构、外聘修志专家、落实经费等事项；选定编辑人员，张恩莲、陈文祥共同担任编委会主任和主编，杨昌权任执行主编，外聘吴谋高、李元星、吴泰苇任总纂，邹黔荣、蒋友财、单桢梅、陈琳任副主编。2016年6月28日，召开全院各部、办、处、系、室、队、馆、所、校等60余人的院志编修启动大会，并对资料收集人员进行培训，院党委书记张恩莲亲临大会进行动员部署。2020年1月，院党委书记张恩莲退休，院长陈文祥调出学院，编委会主任和主编由新任院党委书记邱兴萍、院长杨玲接任。

在资料组织过程中，全院各部门、各单位成立资料收集编写小组，安排人员用4个学期开展资料的收集、整理和反复补充工作。资料收集人员接到任务后，除承担单位本职工作外，凭着对历史负责、对后人负责的精神，兼职而不计报酬地为院志收集整理资料。在此阶段，执行主编杨昌权克服困难，多方协调，保证资料的收集与提供；副主编邹黔荣，不辞劳苦、不厌其烦、认真负责地组织协调各方资料，同时还亲自撰写，为院志资料提供做了大量繁杂而细致的基础工作。特别值得一提的是，学院的屈维彪、吴德诚、宋开旭、吴开岑等教师尽职尽责，通过撰写、查阅档案、召开老职工座谈会，为原黔东南民族农业学校、黔东南州卫生学校、黔东南州财贸学校、黔东南州民族林业学校的资料收集提供大量极具价值的历史资料。编辑部收到资料稿后，进行分类、整理、筛选、补充，为志稿分纂作了充分准备。

2018年初，学院志稿进入分纂。分纂过程中同时将完稿部分返回相关单位，让其提出修改意见，补充完善资料，尽量消除错、漏现象。在编纂分工中，李元星承担了农业学校、卫生学校、财贸学校、林业学校、行政机构、教学机构、教师、学生等部类的编写；吴谋高承担资料分类、资料筛选补充、图片选排、概述、大事记，党群组织、行政机构、教学、科学研究、图书档案网络和人物、后记的编写；吴泰苇承担图片统排、精神文明、后勤保障、校友选录、附录、索引、全志统排，并全面负责编辑部的日常事务工作。分纂完成后，李元星负责前阶段全志的统稿；吴谋高负责后阶段统稿的完善；吴泰苇负责全志统稿，历次审稿会后的资料收集补充、查缺补漏、篇目调整和修改完善以及对全志进行精细打磨。编纂过程中，总纂人员积极与职院相关人员进行交流，听取学院领导对院志编修工作提出的意见及建议，对成稿的内容充分交换意见，对遗缺的内容及时补充，对有待商榷的地方进行商讨。

2018年9月，《院志》初稿完成，打印成75册分发院属各部门、各单位和退休老领导审稿，经数月审查阅读，大家提出了很多很好的修改意见和建议，特别是老领导和专家曾纪长、王家祥、王贵生、屈维彪、张兴权、王俊杰、罗贤光等提出的修改意见和补充的资料，对提高院志质量起到积极作用，收到明显效果。经过学院两次审查后，2020年6月1日，编辑部将终审稿送黔东南州地方志办公室审查，州志办领导、专家提出许多宝贵的修改意见和建议，编辑部根据州志办领导、专家提出的意见和建议进行补充、修改和完善；7月8日，学院召开志稿终审会议，州政府办、州委宣传部、州地方志办、州教育局、黔东南民族职业技术学院的领导、专家和有关人员对《院志》终审稿进行认真评审。认为志稿观点正确、体例完备、内容全面、特色鲜明、记述准确、资料丰富、表达顺畅、文风端正，反映了时代特点和学院特色，是一部较为成熟的志稿。同意通过终审同时对志稿也提出了建议：请职院按州地方志办提出的审稿意见对志稿进行修改、完善，并把好关后再付印出版。会后，编辑部按照终审会意见和建议再次进行修改、补充和完善。

全志分上、中、下篇，上篇学院前身由黔东南民族农业学校、黔东南州卫生学校、黔东南州财贸学校、黔东南州民族林业学校四校构成，每校1章；中篇学院由党群组织、行政机构、教学机构、教师、学生、教育教学、科学研究、图书档案网络、精神文明建设、后勤保障10章构成；下篇人物由人物简介、职工名录、校友选录构成，全志3篇14章4条目，最后成书将达100余万字，图片120页190余幅。志前由编委会、序言、凡例、目录、图片构成；志以概述居首，作为总纲，总括院情，统领全志；次列大事记，为志之经，自1956年至2015年，贯通60年，个别部类延伸65年，简述大事要事；中间排各专志，为志主体，内容翔实，全面、客观记述职院的发展历程，突出时代特征、地方特色、民族特点和办学特长；后置附录、索引、后记，以深化内容，保存史料。

全书按照时间顺序，横排纵述，横不缺项，纵不断线，以体现其连贯性和历史性；以其全面翔实的资料、艰难曲折的发展历程，全方位地展示黔东南民族职业技术学院发展历史、辉煌成就、经验教训，在内容组织上强调鲜明的时代特色和地方风貌，体现职业教育事业与时俱进、开拓创新的工作精神，以展示黔东南民族职业技术学院60年发展之大成。

《院志》出版，得到学院党委的高度重视和正确领导，感谢院属各单位、各部门的大力支持；感谢全院退休老领导、教职员工、全体新老校友的关心和参与；感谢全体编纂人员、供稿人员的辛勤劳动。特别感谢州志办领导和专家在编纂过程中全程悉心指导、三位修志人对本志总纂的辛勤耕耘，院志才得以如期面世。

由于编者水平有限，尽管竭尽全力，仍有错讹疏漏，敬请领导、行家、读者见谅。

编辑部

2022年元旦

索　引

说　明

一、本索引采用主题分析法，索引范围包括类目、分目、条目等，图片未制作索引。

二、本索引中数字、字母开头的条目单独列出，作为非音序排序，其余的按照汉语拼音音序排列。

三、标引词后的数字表示该索引内容所在的页码。

A

B

C

D

F

G

H

J

K

L

M

N

Q

R

S

T

W

X

Y

Z

非音序